PROVENCE

ÉDITION ÉCRITE ET ACTUALISÉE PAR

Christophe Corbel, Emmanuel Dautant, Caroline Delabroy, Amandine Rancoule et Élodie Rothan

Sommaire

Château du Barroux, Vaucluse (p. 248)

⑫ Colorado provençal

⑬ Pays de Forcalquier

⑭ Gorges du Verdon

⑮ Théâtre d'Orange

⑯ Dentelles de Montmirail

⑰ Fontaine-de-Vaucluse

⑱ Gorges de la Nesque

⑲ L'Isle-sur-la-Sorgue

⑳ Abbaye Notre-Dame de Sénanque

㉑ Vins de Châteauneuf-du-Pape

㉒ Vestiges de Vaison-la-Romaine

㉓ Pays de Sault

㉔ Villages du Comtat Venaissin

㉕ Vallée du Toulourenc

25 expériences incontournables

1. Marseille
2. Les calanques
3. Aix-en-Provence et le massif de la Sainte-Victoire
4. Avignon
5. Arles
6. Les Baux-de-Provence
7. Marchés provençaux
8. La Camargue
9. Mont Ventoux
10. Villages du Luberon
11. Plateau de Valensole

Quelques mots sur la Provence

À la simple évocation du mot "Provence", l'imaginaire s'emballe, les yeux s'illuminent, les oreilles bourdonnent et les papilles frémissent ! Tout, ici, invite en effet à la douceur de vivre : climat ensoleillé, gastronomie colorée, accents chantants et paysages rêvés.

Une région fantasmée. On a sans doute tous en tête une image carte postale de la Provence : un ciel d'azur étincelant, un vieux mas entouré d'oliviers, un panier de tomates écarlates accompagné d'un verre de rosé bien frais... Il est vrai que la lumière éclatante donne à la région une aura particulière, appréciée des artistes. Ici, les couleurs ressortent vives et franches. Les étals des marchés débordent de saveurs du terroir, multicolores et gorgées de soleil. On les retrouve généreusement cuisinées sur de grandes tablées autour desquelles l'accent méridional résonne haut et fort. Le soleil à son zénith, on s'abrite dans la fraîcheur des vieilles pierres et l'on s'endort, bercé par le bruissement continu des cigales. La région est bien tout cela, mais plus encore.

Une palette riche et contrastée. Ce qui caractérise sans doute le mieux la Provence, c'est son incroyable diversité. De la sauvage Camargue au chic Luberon, en passant par le rural pays de Sault, le riche Comtat Venaissin, l'aristocrate Aix-en-Provence ou la bouillonnante cité phocéenne, chacun trouvera ici son bonheur selon ses préférences : les explorateurs de grands espaces découvriront les gorges de la Nesque ou les Dentelles de Montmirail ; les amateurs de culture assisteront à l'un des prestigieux festivals d'été ; les vacanciers en recherche de farniente flâneront dans les petits villages de l'arrière-pays ou sur les plages de la côte ; les férus de sites antiques seront comblés à Arles, Orange ou Vaison-la-Romaine ; les sportifs arpenteront le mont Ventoux ou le Verdon ; et les voyageurs en quête d'authenticité mettront le cap sur le pays de Giono, entre Manosque et Forcalquier... Ce n'est pas un, mais dix voyages différents qui s'offrent à vous.

Village d'Aurel (p. 235)

ELOPHOTO/ADOBE STOCK ©

BEABA/ADOBE STOCK ©

De gauche à droite : calanque de Port-Miou (p. 88) ; village de Gordes (p. 178)

Sommaire

Ancienne demeure de Paul Cézanne, Aix-en-Provence

En savoir plus

Carnet pratique

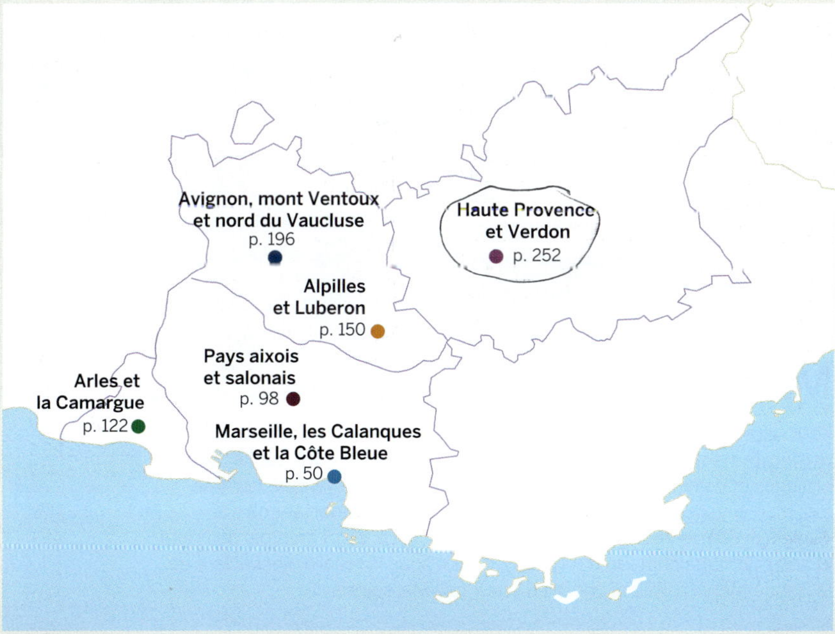

Avant le départ
25 expériences incontournables

Marseille

Pour appréhender la cité phocéenne, pas de recette miracle, juste un comportement simple à adopter : abandonner ses repères, oublier ses préjugés et devenir un observateur curieux de chaque instant, comme lors d'un voyage au long cours. Laissez-vous donc emporter entre le Panier (p. 60), le Vieux-Port (p. 52), la Corniche (p. 65), l'archipel du Frioul et son mythique château d'If (p. 58), le tout sous le regard bienveillant de la Bonne Mère (p. 59), si chère au cœur des Marseillais.

1

OMEGA
PANNE
D'ACCUEIL
VHF 77

Les calanques

D'un côté, un long massif percé d'entailles, offrant de magnifiques balcons sur une eau vert-bleu entre Marseille et Cassis (p. 52 et p. 88). De l'autre, les criques de la Côte Bleue (p. 82) au fond desquelles se nichent de charmants villages. Marseille propose, des deux côtés de sa rade, une prise directe avec une nature sauvage que l'on peut découvrir à pied, en canoë ou pour une simple pause baignade. Ces massifs calcaires nécessitaient depuis longtemps d'être préservés, d'où la création du parc national des Calanques en 2012.

2

SOPHIE LOYD ©

Aix-en-Provence et le massif de la Sainte-Victoire

À deux pas des ruelles fières et cossues de la cité aixoise (p. 100), les premiers contreforts de la montagne chère à Cézanne dévoilent sa silhouette (p. 110). Cette montagne symbolise à elle seule la Provence. Que ce soit sur son versant sud, minéral et tourmenté, ou côté nord sur des pentes plus hospitalières, le massif de la Sainte-Victoire abrite des paysages verdoyants et bucoliques, comme dans la vallée de Vauvenargues (p. 110) où repose un autre peintre, Pablo Picasso. Centre Caumont, Aix-en-Provence (p. 103)

3

LAMAX/ADOBE STOCK ©

Avignon

Plantée au bord du Rhône, Avignon (p. 198) se donne une fière allure de citadelle. La majesté médiévale que dégagent ses remparts dissimule un patrimoine historique important : le pont Saint-Bénezet (p. 198), son palais des Papes (p. 199) et ses ruelles bordées d'hôtels particuliers et de musées de renom. Avignon est aussi connue pour son célèbre festival de théâtre (p. 328).

4

EMMANUEL DAUTANT ©

Arles

Derrière les apparences de ville paisible en bord de Rhône, avec son marché et ses rues piétonnes, Arles (p. 124) bouillonne intérieurement. Riche d'un patrimoine antique exceptionnel (arènes, amphithéâtre et musée de l'Arles antique), elle a l'ambition de devenir une cité de l'image choyée par les nouvelles technologies. Des événements d'envergure, comme ses ferias ou les Rencontres internationales de la photographie, ainsi qu'une vie culturelle et festive foisonnante dessinent progressivement son nouveau destin.

5

PHILOPHOTO/ADOBE STOCK ©

Les Baux-de-Provence

6

Le décor semble avoir été créé de toutes pièces... Construit au sommet d'un gigantesque et spectaculaire piton, le village se détache admirablement des parois calcaires des Alpilles, à l'endroit même où celles-ci sont coupées en deux par une vallée. Au sommet se trouvent les vestiges d'une imposante forteresse médiévale (p. 158), d'où l'on jouit d'une magnifique vue. C'est l'endroit idéal pour découvrir les paysages du massif des Alpilles, mosaïque de champs d'oliviers encadrée de haies de cyprès, qui rappelle par touches la Toscane.

PCHANCEL/ADOBE STOCK ©

Les marchés provençaux

7

Souvent situés sur la place centrale des villages, ces marchés colorés sont aussi un rituel social, baromètre de l'humeur locale, qui, à l'image des fruits et des légumes présents sur les étals, change avec les saisons. Odorants, ils mettent en avant les herbes et les aromates locaux comme le basilic, le thym, le romarin, la sarriette ou l'origan. On peut aussi y respirer des saveurs plus recherchées et discrètement échangées, comme la truffe sur des marchés spécialisés (p. 41).

JULIAM/ADOBE STOCK ©

La Camargue

À la fois terre agricole avec la culture du riz (p. 339), réserve naturelle pour oiseaux migrateurs, terre touristique aux airs de Far West avec ses manades et ses chevaux, le delta du Rhône présente un cocktail étonnant. Cette terre plane parsemée d'étangs (p. 139) est encore un espace sauvage, quadrillé par les canaux et les chemins de terre. Les Saintes-Maries-de-la-Mer (p. 136), la seule localité d'importance en Camargue en dehors d'Arles, vivent principalement l'été et pendant le pèlerinage des gitans à la fin du mois de mai.

8

YANNICK BISSON/ADOBE STOCK ©

Le mont Ventoux

Cette icône des amoureux de la petite reine abrite aussi une faune et une flore hors du commun (p. 230). Aux confins des influences climatiques méditerranéennes et alpines, le "géant chauve", que l'homme a largement façonné, est labellisé réserve de biosphère par l'Unesco. Déjà, en 1336, Pétrarque, humaniste italien, se déclarait "étourdi par la légèreté de l'air et sa vue grandiose". Pas étonnant qu'aujourd'hui encore il soit un paradis pour les randonneurs et même pour les amateurs de ski l'hiver.

9

MARTIN303/ADOBE STOCK ©

Les villages du Luberon

10

Perché sur un piton rocheux, Gordes (p. 178) affiche fièrement ses atouts : un coquet village, une abbaye, des mas bien restaurés... À proximité, Roussillon (p. 181) ou encore Lacoste (p. 185) et Bonnieux (p. 183) ne laissent pas non plus indifférent. Si le charme opère toujours, ces villages symbolisent aussi une Provence envahie de touristes l'été. Heureusement, même dans le Luberon, certains villages ont su garder leur âme. Village de Roussillon

DELKOO/ADOBE STOCK ©

Le plateau de Valensole

11

L'été, les champs de lavandin et de lavande de cette étendue plane se parent de bleu et de violet à l'infini. Une image qui n'en finit pas de faire le tour du monde, de symboliser la Provence... et d'attirer les photographes ! Autrefois fondée essentiellement sur la culture de champs d'amandiers et de chênes truffiers, l'économie du plateau de Valensole (p. 271) s'est progressivement tournée vers l'exploitation de la lavande et des céréales. L'hiver, les cimes enneigées des Alpes du Sud en arrière-plan ont aussi leur charme.

Le Colorado provençal

Le site de Rustrel (p. 173), appelé le Colorado provençal, est spectaculaire avec ses cheminées de fées sculptées par l'eau, le vent et la main de l'homme. Cet ancien gisement, exploité jusqu'en 1956, recense différents parcours, longs de 1 à 13 km, dont le sentier de l'Ocre et des Fées et le sentier du Sahara, très accessibles. Il est interdit de ramasser de l'ocre. Attention à vos vêtements, ça tache !

12

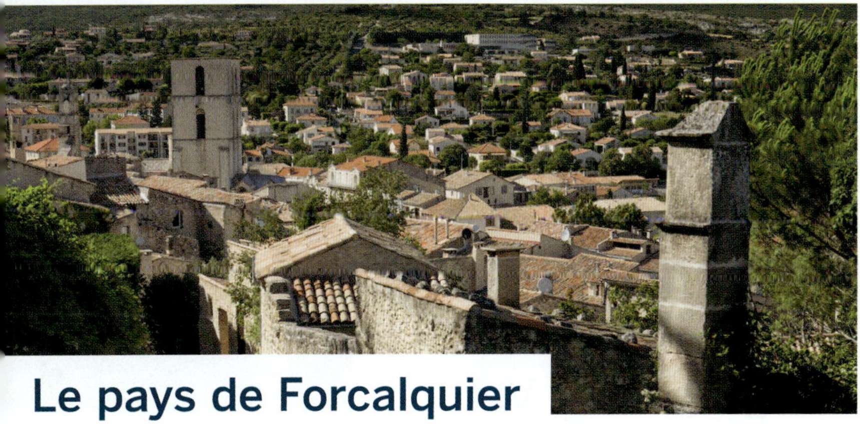

Le pays de Forcalquier

Le pays de Forcalquier (p. 281) et la montagne de Lure, si chers à Giono, témoignent d'une vie paysanne encore importante visible à travers les fermes, les bergeries, les champs aux effluves de lavande et de plantes aromatiques. Le secteur est aussi riche de nombreux villages perchés comme Mane, Lurs, Banon ou Simiane-la-Rotonde (p. 285). Ces paysages au relief tantôt sauvage, tantôt verdoyant raviront les amateurs de randonnée à pied, à cheval ou à vélo !

13

EMMANUEL DAUTANT ©

Les gorges du Verdon

Depuis la Corniche Sublime (p. 257), le Verdon déploie son empreinte vert émeraude au pied de falaises pouvant atteindre 700 m de hauteur. La rivière sinue jusqu'au lac de Sainte-Croix, à proximité du village de Moustiers-Sainte-Marie (p. 263), pittoresque vigie qui semble surveiller le lac. Et, pour découvrir ce paysage unique, un grand canyon made in France, vous aurez l'embarras du choix : canoë depuis le lac de Sainte-Croix, randonnée au fond des gorges, parapente ou escalade pour les plus téméraires.

14

PHILIPPE GROMELLE ©

Le théâtre d'Orange

Splendide vestige de la glorieuse époque d'Arausio – l'antique cité d'Orange –, le théâtre (p. 218) est l'un des mieux conservés du monde romain. Inscrit au patrimoine mondial de l'Unesco, il fut édifié à la fin du règne d'Auguste, entre l'an 10 et l'an 25. Son mur de scène est impressionnant : long de 103 m et haut de 37 m, il affiche une beauté massive, quadrillée de colonnes et ornée d'une sculpture. Chaque été, sa scène revit lors des Chorégies, une manifestation culturelle qui accueille les plus grands chanteurs lyriques du monde.

15

JULIEN LEBLAY/ADOBE STOCK ©

Les Dentelles de Montmirail

Garrigue, forêt et champs de vigne dessinent un paysage vallonné, orné d'un diadème de pierres : les Dentelles de Montmirail (p. 243). À 735 m d'altitude, elles sont un terrain de jeu idéal pour la pratique de l'escalade ou de la randonnée. Sur le flanc nord, les villages de Gigondas, de Séguret ou de Sablet respirent une certaine douceur de vivre. Au sud, les routes en lacet offrent de superbes panoramas, où se découpe au loin la tête blanche du mont Ventoux.

16

ÉLODIE ROTHAN ©

Fontaine-de-Vaucluse

Au pied d'une falaise calcaire haute de plus de 200 m, la source de Fontaine-de-Vaucluse (p. 213) rayonne de ses eaux limpides et vertes. Ayant donné son nom au département, elle est la première source de France et, de par son débit, la 5e mondiale. De toute beauté, le site fut célébré par les sonnets de Pétrarque, car son amour, Laure de Noves, avait coutume de s'y baigner. Dans le village, jeux d'eau, roues à aubes et esplanades arborées sont un délice de fraîcheur.

17

Les gorges de la Nesque

Prenant sa source sur le versant est du mont Ventoux, la Nesque (p. 237) a façonné de grandioses falaises calcaires entre le pays de Sault et la plaine de Carpentras. Avant de se jeter dans la Sorgue, elle court sur 70 km à travers des gorges vertigineuses, classées réserve de biosphère par l'Unesco en 1990. La descente depuis Sault jusqu'à Mormoiron via Monieux, par la D942, est spectaculaire. Des sentiers de randonnée permettent également d'appréhender les gorges en longeant la rivière.

18

19

L'Isle-sur-la-Sorgue

Aujourd'hui haut lieu des antiquaires, L'Isle-sur-la-Sorgue (p. 210) était autrefois un village de pêcheurs construit sur pilotis, au milieu des marais. S'ils sont désormais asséchés, la Sorgue coule toujours : ses bras qui enlaçent la ville lui valent le surnom de "Venise comtadine". Dans les ruelles bordées par les eaux, les vieilles roues à aubes, toujours en action, dégagent un charme particulier. En flânant devant les façades gothiques, Renaissance ou XVIIIe siècle, on trouve son bonheur chez l'un des 350 antiquaires que compte la ville.

20

Abbaye Notre-Dame de Sénanque

Au creux d'un vallon isolé du Luberon, la silhouette noble de Sénanque (p. 179), encadrée par les champs de lavande, est saisissante. Avec les abbayes de Silvacane et du Thoronet, c'est l'une des trois "sœurs provençales" de l'ordre cistercien. Fondée en 1148 pour répondre au vœu de renoncement au monde, elle témoigne de la sévérité du style cistercien primitif, conjuguant dépouillement architectural et ornemental. Depuis 1988, la vie monastique a repris : durant les visites, silence et tenue correcte sont de rigueur.

ÉLODIE ROTHAN ©

REC/ADOBE STOCK ©

ÉLODIE ROTHAN ©

Les vins de Châteauneuf-du-Pape

Ici, la viticulture est, plus qu'un art de vivre, un caractère. Balades œnologiques, visites de caves et dégustations au milieu des cépages se font en compagnie de vignerons passionnés. Mondialement réputés, les vins de Châteauneuf (p. 221) bénéficient de conditions climatiques et géologiques privilégiées : un ensoleillement optimal uni au mistral et un sol fait d'alluvions, de sable et de galets.

21

STUDIO PORTO SABBIA/ADOBE STOCK ©

Les vestiges de Vaison-la-Romaine

Vaison (p. 239) porte bien son nom… depuis 1924 ! C'est en effet à cette date que les fouilles entreprises par l'abbé Sautel révélèrent une telle richesse de splendeurs antiques que l'on rebaptisa la ville "la Romaine". Le site est, encore aujourd'hui, la plus grande superficie archéologique française. Il révèle le passé de l'ancienne Vaison, avec ses riches demeures, ses thermes et un théâtre antique du Ier siècle.

22

JULIANELLIOTT/ADOBE STOCK ©

Le pays de Sault

Dans cette Provence authentique, encore largement rurale, les rangs de lavande quadrillent le paysage. À leur bleu insolent se mêlent de solaires champs de blé, entrecoupés de verdoyantes forêts de chênes. À 766 m d'altitude, Sault (p. 235) domine ce paysage de toute beauté. Ce joli bourg médiéval est le fief de la culture de la lavande, mais sa terre produit aussi d'autres richesses, comme l'épeautre ou le miel. Le mercredi, on déniche ces trésors du terroir à son mythique marché provençal (depuis 1515 !).

23

Les villages du Comtat Venaissin

Compter les quarante fontaines de la ravissante Pernes-les-Fontaines (p. 225) ; admirer le panorama sur un parterre de vignes, de cerisiers et de chênes depuis les terrasses de Venasque (p. 227) ; franchir les portes monumentales du Beaucet (p. 228), hameau de pierres semblant sortir de la roche qui l'amarre... Hors des sentiers battus, les petits villages de cette contrée délicate valent le détour.

24

La vallée du Toulourenc

Entre Drôme et Vaucluse, encadrée d'épaisses forêts, l'étroite vallée longe la rivière du Toulourenc (p. 233). De rares villages émergent de ce paysage sauvage : Reilhanette, majestueusement perché sur un promontoire rocheux, et Brantes, à l'étonnante atmosphère artisanale et artistique. En creux, le Toulourenc invite à la promenade et à la flânerie le long de ses berges bucoliques. En été, le cours d'eau se prête aussi à la baignade. Près d'Entrechaux, le pont des Trois Rivières est un spot apprécié !

25

Avant le départ
Itinéraire : 15 jours

SANS VOITURE

De ville en ville

Marseille, Aix, Arles, Avignon.... Facilement accessibles en transports en commun, ces villes déploieront leurs attraits au fil d'un périple urbain riche en expériences. Avec, à chaque fois, une belle escapade nature.

❶ Marseille (p. 52) et les calanques (p. 78)

La bouillonnante Marseille sera votre porte d'entrée de la Provence. Cette escale haute en couleurs vous fera découvrir le Vieux Port, le Mucem, la "Bonne Mère" et les quartiers branchés de la ville. Prenez le temps d'embarquer pour les îles du Frioul (p. 58), de filer (en bus) jusqu'aux Goudes et, bien sûr, d'atteindre les calanques. Sormiou, Morgiou, Sugiton... Chacune des perles du parc national éblouit. Une perfection qui se mérite : chaussez de bonnes baskets et préparez-vous à une randonnée féerique !

❷ Aix-en-Provence (p. 100) et la Sainte-Victoire (p. 110)

À 45 minutes de Marseille, Aix-en-Provence dévoile une toute autre atmosphère. Flânez entre les hôtels particuliers du quartier Mazarin et les innombrables fontaines du centre ancien. Ne manquez pas la visite du musée Granet (avec la chapelle des Pénitents Blancs) et du Centre Caumont. Ensuite, direction le massif de la Sainte-Victoire, accessible en bus depuis le centre, pour une escapade nature. Il est aussi possible d'en faire le tour à vélo ou à vélo électrique (60 km). À Puyloubier, le Relais de Saint-Ser (voir p. 111) est une halte tout indiquée : les plus sportifs pourront y déjeuner et ceux qui entreprendraient le périple sur deux jours, y passer la nuit. Au retour, vous aurez mérité une escale bien-être aux Thermes Sextius (voir p. 101).

Marseille ➔ Aix-en-Provence (45 min)

À gauche : Mucem, Marseille ; à droite : rue du centre d'Arles

❸ Avignon (p. 198)

Prenez ensuite le TGV pour rejoindre Avignon. La fière cité des Papes vous envoutera par le charme de sa vieille ville, son riche patrimoine, ses multiples musées et théâtres. Outre l'incontournable Palais des Papes (p. 199), la ville possède en effet une étonnante diversité de musées et de nombreux petits théâtres. Passez le pont pour une pause champêtre sur l'île de la Barthelasse (p. 203) et rejoignez Villeneuve-lès-Avignon (p. 209) pour compléter votre séjour par la visite de son étonnant patrimoine (dont la collégiale et les jardins de l'Abbaye).

Aix TGV ➡ Avignon TGV (puis navette vers le centre-ville)

❹ Arles (p. 124) et la Camargue (p. 135)

La nouvelle capitale artistique du sud de la France est en pleine métamorphose : galeries d'art, boutiques en vogue et musées pointus lui donnent une atmosphère résolument moderne et culturelle. Ce qui n'empêche pas les arènes et autres vestiges romains de faire rayonner son passé antique. Non loin, accessible en bus, la Camargue déploie son atmosphère sauvage entre étangs et réserves naturelles. Faites une halte à l'étang de Vaccarès, au parc ornithologique du Pont-de-Gau et, si vous avez le temps, filez jusqu'aux Saintes-Maries-de-la-Mer pour une escapade en bord de mer.

Avignon ➡ Arles (20 min)

Avant le départ
Itinéraire : 7 à 14 jours

SANS VOITURE

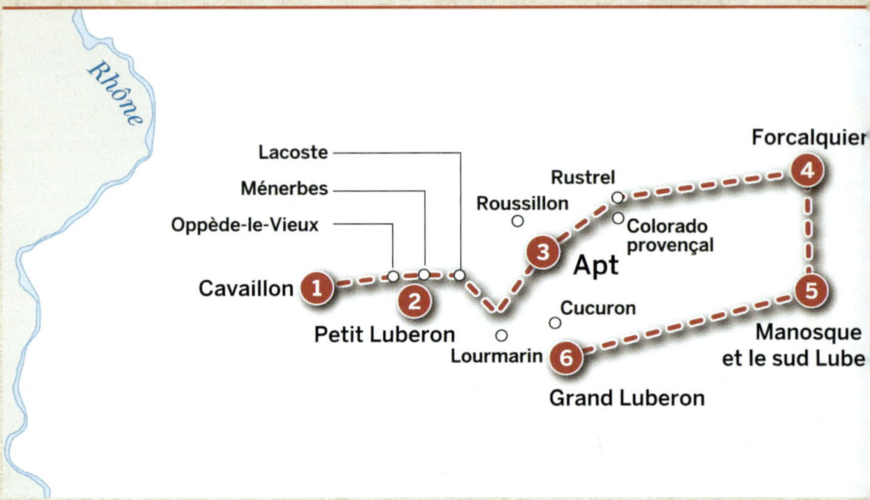

Le Luberon à vélo

Loin d'être réservé aux sportifs, cet itinéraire facile peut s'entreprendre à son rythme et selon ses envies (en vélo électrique par exemple). Il vous fera traverser l'une des plus belles parties de la région, entre Luberon et Alpes-de-Haute-Provence... Villages pittoresques, paysages intemporels et escales gourmandes jalonneront votre périple.

❶ Arrivée à Cavaillon (p. 216)

Vous partirez sans doute d'Avignon, pour rejoindre facilement Cavaillon (en bus ou en TER). Si vous n'avez pas votre matériel, vous pourrez le louer dans la ville. Le site www.veloloisirprovence.com recense tous les prestataires (vendeurs, loueurs, réparateurs, etc.) labellisés "Accueil vélo". Vous y trouverez aussi des informations pratiques sur les possibilités de transfert de bagages, par exemple. Notez aussi que la société Bosh a implanté dans la région de nombreuses bornes de recharges pour vélo électriques, dont la carte est disponible sur le site : www.bosch-ebike.com/en/service/powerstations/. Elles permettent une recharge rapide, le temps d'un déjeuner par exemple. Prêt ? Partez !

Avignon ➔ Cavaillon (35 min)

❷ À travers les villages du Petit Luberon (p. 183)

L'entrée en matière est somptueuse. Vous commencerez en effet le périple par la traversée de certains des plus beaux villages du Luberon. À seulement 12 km de Cavaillon, halte à Oppède-le-Vieux : posez votre vélo le temps d'une balade à travers ses ruines envoûtantes. Rejoignez ensuite Ménerbes, au charme fou. L'endroit est idéal pour une halte gastronomique autour de la truffe. 7 km plus loin, Lacoste

Village de Lacoste

mérite également une halte, tout comme Bonnieux. Vous pourrez passer la nuit dans l'une des nombreuses maisons d'hôtes de charme de la région.

Étape 1 Cavaillon ➔ Oppède-le-Vieux : 12 km
Étape 2 Oppède-le-Vieux ➔ Ménèrbes : 3,5 km
Étape 3 Ménerbes ➔ Lacoste : 7 km
Étape 4 Lacoste ➔ Bonnieux : 6 km

3 Apt (p. 172) et détour par les Ocres (p. 173)

À seulement 13 km de Bonnieux, Apt sera l'occasion de faire des emplettes (essayez d'y être le samedi matin, jour de marché). Offrez-vous ensuite un détour sur l'itinéraire "Les Ocres à vélo" jusqu'à Rustrel et découvrez le fameux "Colorado provençal". Rejoignez ensuite Céreste ou Reillanne, soit en prenant le raccourci via Viens (23 km), soit en revenant sur vos pas et en empruntant la véloroute du Cavalon (25 km).

Les plus téméraires pourront allonger le séjour en empruntant une variante sur la "liaison non balisée de Rustrel à Revest-les-Brousses" jusqu'à Simiane-la-Rotonde, puis suivre l'itinéraire "Lavandes et vieilles pierres" avec une étape à Banon, avant de rejoindre Reillanne.

Étape 1 Bonnieux ➔ Apt : 13 km
Étape 2 Apt ➔ Rustrel : 10 km
Étape 3 Rustrel ➔ Céreste : 25 km

4 Halte à Forcalquier (p. 281)

De Céreste ou de Reillanne, empruntez les petites routes balisées jusqu'à Forcalquier. Vous croiserez en chemin Saint-Michel-l'Observatoire et son Centre d'astronomie (p. 279). À Forcalquier, ne manquez pas la visite du musée Artemisia (voir p. 281).

Étape 1 Céreste ➔ Reillane : 8,5 km
Étape 2 Reillane ➔ Saint-Michel l'Observatoire : 10,5 km
Étape 3 Saint-Michel ➔ Forcalquier : 10 km

5 Manosque (p. 274) et le sud Luberon

Direction plein sud vers Manosque ! En chemin, ne manquez pas l'Écomusée de l'Olivier. Si vous le pouvez, programmez une visite du Paraïs, l'ancienne maison de Jean Giono. Le lendemain, levez-vous de bonne heure pour une journée dédiée à la traversée du sud Luberon afin d'atteindre le village de Cucuron.

Étape 1 Forcalquier ➔ Manosque : 23 km
Étape 2 Manosque ➔ Cucuron : 37 km

6 Le Grand Luberon (p. 188)

Ralentissez ! Installez-vous près de Lourmarin et offrez-vous des journées plus calmes pour savourer la douceur de vivre des villages du Grand Luberon. La route du retour, via Lauris et Mérindol, vous ramènera à votre point de départ, Cavaillon, en 33 km.

Cucuron ➔ Lourmarin : 8 km

Avant le départ
Itinéraire : 7 jours

SANS VOITURE

Le meilleur de Marseille

Choisissez avec soin votre hébergement à Marseille : c'est depuis ce camp de base que vous rayonnerez dans les alentours. Loin d'être un séjour uniquement urbain, cet itinéraire vous offre de belles échappées maritimes ou dans la nature.

❶ Marseille (p. 52)

Immense et bouillonnante, Marseille vous retiendra une ou plusieurs journées. Le temps de flâner sur le Vieux-Port, de visiter le Mucem, de monter à Notre-Dame-de-la-Garde, de faire du shopping au nouveau quartier de la Joliette, une escale arty à la Belle-de-Mai, une soirée festive à la Plaine… Prenez-aussi le temps d'une promenade bucolique au parc Borély ou d'activités nautiques le long des plages.

❷ Les îles du Frioul (p. 58)

Envie d'une échappée loin de la foule ? Embarquez pour l'archipel du Frioul, avec une étape au fameux château d'If.

navettes tous les jours

❸ Le parc national des Calanques (p. 78)

De Marseille à Cassis, ce site sauvage et escarpé offre une succession de roches de calcaire blanc et une végétation aride. Les calanques de Sormiou, Morgiou et Sugiton sont accessible en bus, puis à pied…

23 pour Sormiou, puis 1 heure de marche
22 pour Morgiou, puis 1 heure de marche
21 jusqu'à Luminy, puis 1 heure de marche

❹ La côte Bleue (p. 82)

Moins connues, les calanques de la côte Bleue sont facilement accessibles via un pittoresque trajet en train. Arrêtez-vous à la gare de Niolon ou à celle d'Ensuès-la-Redonne et rejoignez le bord de mer.

Marseille ➔ Niolon : 20 min

Itinéraire : 7 jours

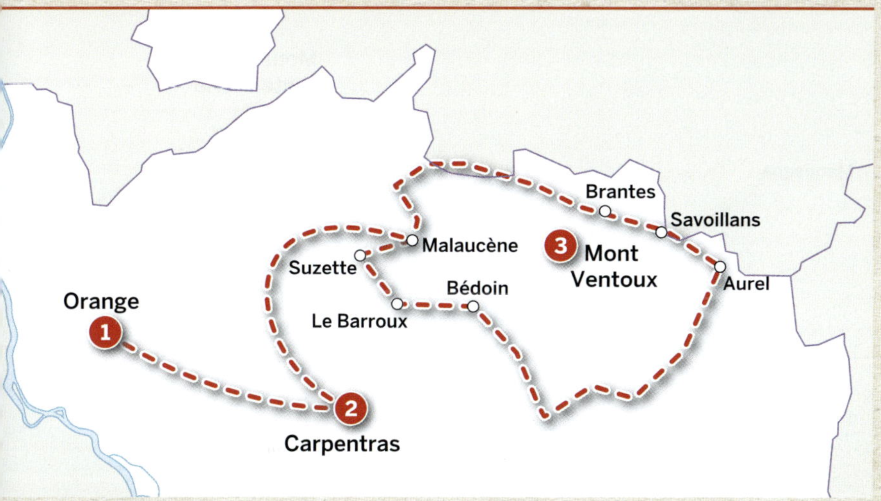

Orange, Carpentras et le mont Ventoux

Après un city break à Orange et une escale à Carpentras, cet itinéraire sportif vous entraine sur une piste VTT à travers les sauvages contreforts du Ventoux. Aventure garantie !

❶ Orange (p. 219)

Prenez le temps de découvrir Orange et ses vestiges, aux premiers rangs desquels figure le magnifique théâtre antique.

❷ Carpentras (p. 222)

De là, rejoignez Carpentras, dont le patrimoine est tout aussi riche. Depuis Carpentras, notez que vous pouvez compléter votre séjour avec les itinéraires à vélo "Au fil du Comtat" et "Autour du canal" (voir p. 224).

Orange ➜ Carpentras : environ 1 heure,

❸ Le mont Ventoux en VTT

Ensuite, rejoignez en bus Malaucène, porte d'entrée nord du Ventoux. Si vous n'avez pas de matériel, louez ici vos VTT. Munissez-vous du topoguide *Grande traversée VTT de Vaucluse*, dont l'itinéraire fait le tour du "Géant de Provence". Il débute par une longue ascension vers la crête du Saint-Amand, redescend jusqu'à Suzette, traverse Le Barroux et, enfin, atteint la première étape : Bédoin (42,7 km). Le lendemain vous attend le tronçon de Bédoin à Aurel (48,8 km), avec une longue ascension au programme... Mais les points de vue sont époustouflants ! Depuis Aurel, vous pouvez rejoindre Savoillans (11,5 km), ce qui vous permettra de faire le premier tronçon du topoguide, entre Savoillans et Malaucène (33,4 km), en traversant la belle vallée du Toulourenc.

Ligne K Trans'CoVe Carpentras ➜ Malaucène : 55 min
Étape 1 : Malaucène ➜ Bédoin : 42,7 km
Étape 2 : Bédoin ➜ Aurel : 48,8 km
Étape 3 : Aurel ➜ Savoillans : 11,5 km
Étape 4 : Savoillans ➜ Malaucène : 33,4 km

Avant le départ
Itinéraire : 7 à 15 jours

SANS VOITURE

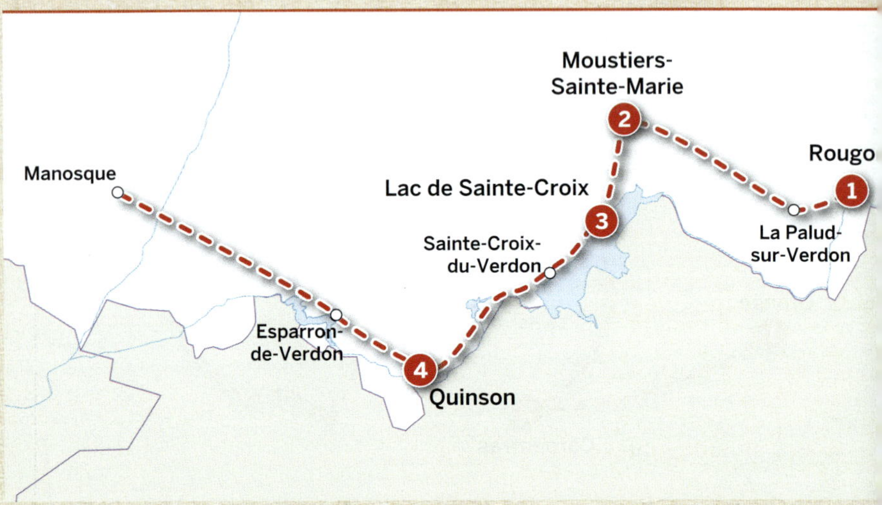

Le long du Verdon

Parcourez les gorges les plus profondes d'Europe, baignez-vous dans les eaux turquoise du lac de Sainte-Croix et découvrez au passage les emblématiques paysages de champs de lavande... Cet itinéraire emporte au cœur de la Provence !

❶ Rougon (p. 259) et La Palud (p. 259)

Rejoignez tout d'abord le village de Rougon depuis Marseille ou Aix, via la ligne LER 27. Si vous avez besoin de peaufiner vos préparatifs, faites halte à La Palud, dont l'atmosphère sportive est tout indiquée (vous trouverez tout le nécessaire sur place). Une fois bien équipés, entamez la randonnée à travers les gorges (p. 260) : c'est l'une des portions les plus époustouflantes ! Vous traverserez le grand canyon, avec le célèbre couloir Samson et, de part et d'autre, des falaises pouvant atteindre les 700 m de hauteur.

❷ Moustiers-Sainte-Marie (p. 263)

Depuis La Palud, suivez le GR4 jusqu'au village de Moustiers. Ne manquez pas la balade jusqu'à la chapelle Notre-Dame-de-Beauvoir et la visite du musée de la Faïence.

❸ Lac de Sainte-Croix (p. 266)

Longez ensuite le lac de Sainte-Croix (pauses baignades autorisées !) jusqu'à Sainte-Croix du Verdon : les eaux turquoise du lac borderont votre route.

❹ Basses gorges du Verdon (p. 268) et Manosque (p. 274)

Vous entamerez la descente des basses gorges, via Quinson et Esparron-du-Verdon : les lieux sont tout indiqués pour une pause aquatique sur le Verdon (en kayak, par exemple). Rejoignez enfin Manosque, où vous finirez votre séjour

La ligne LER 27 relie Marseille et Aix à Castellane via Rougon, La Palud, Moustiers, Gréoux-les-Bains. Manosque est desservie en bus depuis Gréoux-les-Bains par la ligne 132

Itinéraire : 7 jours

Sisteron

Voyage en Haute Provence

À l'écart des sentiers battus, cet itinéraire insolite vous emmènera sur la route qu'emprunta jadis Napoléon, puis vous embarquera pour une virée pittoresque dans le train des Pignes.

❶ Sisteron (p. 293)

La première étape de votre séjour sera Sisteron, véritable porte de la Provence. Attachante, la ville vous dévoilera les secrets de sa citadelle, l'atmosphère sympathique de ses quartiers anciens et vous invitera même à grimper aux arbres (voir p. 295) !

❷ Route Napoléon (p. 292)

Partez ensuite à l'assaut de la route Napoléon, un itinéraire tracé en mémoire de celui que fit l'Empereur en 1815. Vous pouvez aussi le tenter à cheval : toutes les informations pratiques et les prestataires sont recensés sur www.route-napoleon.com. Vous y trouverez aussi une liste d'hébergements sur le parcours. Sachez enfin que ce parcours est aussi celui du GR406. De Sisteron à Digne s'étendent les vallées de la Durance et de la Bléone : la plupart de cette portion se fait en forêt.

❸ Digne-les-Bains (p. 290)

Arrivés à Digne, prenez les temps de découvrir les trésors insoupçonnés de la ville : le musée Promenade, le musée Gassendi, le musée Alexandra David Néel... Embarquez ensuite à bord du train des Pignes pour une escapade jusqu'à Saint-André-les-Alpes (voir p. 301).

Les lignes LER 33 et 37 relient Sisteron à Dignes
Train Digne-Saint-André-des-Alpes : 1 heure environ

Avant le départ
Itinéraires : 2-3 jours

SANS VOITURE

PICTAREN / ADOBE STOCK ©

Idées week-end

L'incroyable diversité de la Provence autorise une myriade de petits itinéraires. Dotée d'un riche patrimoine, chacune de ses villes s'accorde parfaitement avec une escapade nature. En outre, ses innombrables sentiers de randonnée permettent de composer des séjours à la carte. Enfin, sa façade maritime autorise même un séjour uniquement en mer !

❶ Arles (p. 124) et la Camargue (p. 135)

En pleine effervescence culturelle, Arles est devenue une destination très en vogue. Offrez-vous un city break pour savourer son atmosphère unique : superbes vestiges romains, musées d'envergure, riche programme culturel... Prenez ensuite la direction de la Camargue pour découvrir une région encore très sauvage. Après une escale à l'**étang de Vaccarès** et au **parc ornithologique du Pont-de-Gau**, rejoignez les **Saintes-Maries-de-la-Mer**. De là, vous pourrez participer à une journée en manade, une excursion en bateau, une promenade à cheval... À moins que vous ne préfériez louer un vélo pour longer le littoral : d'un côté le ballet féerique des flamants rose, de l'autre une immense plage sauvage... Splendide !

Ligne 50 Arles ➔ Saintes-Maries : 50 min

❷ Avignon (p. 198) et la véloroute du Cavalon

Escale à la Cité des Papes, le temps de flâner dans les méandres de sa vieille ville, de longer ses canaux, de traverser son fameux pont, de se plonger dans l'histoire papale, de visiter l'un ou plusieurs de ses nombreux musées et de passer une soirée au théâtre. Rejoignez ensuite **Cavaillon**

Calanque de Sugiton

(en train, 35 min) où vous pourrez louer des vélos pour entamer la **véloroute du Cavalon** : cette dernière débute au village de Robion, à 6 km (le site est facilement accessible, via l'itinéraire "Le Luberon à vélo"). Longue de 37 km, elle rejoint **Apt**, puis **Volx**, sur un parcours agréable et facile. Vous trouverez toutes les informations sur www.veloloisirprovence.com/page/la-veloroute-du-calavon.

3 La traversée des Alpilles (p. 152)

Très courtisées, les Alpilles sont un véritable petit paradis provençal, à la douceur de vivre particulièrement marquée. Cet itinéraire suit le tracé du GR6 : l'idéal est de le débuter à **Tarascon** (accessible depuis Avignon en train). C'est aussi l'occasion de visiter le fameux château et le sympathique musée Souleiado. Depuis Tarascon, le sentier de randonnée rejoint le hameau de Saint-Gabriel (7,5 km), avant de pénétrer à l'intérieur du massif des Alpilles. Il passe alors à proximité du village des **Baux-de-Provence** (12,5 km) avant de couper vers le nord pour atteindre **Saint-Rémy-de-Provence** (11 km)... Escale obligatoire ! Il repart à nouveau vers le sud et longe la crête vers l'est : vous atteindrez ainsi le ravissant village d'**Eygalières** (13 km). De là, vous avez plusieurs options : soit retourner sur vos pas ; soit rejoindre par la route Maussane, **Fontvieille**, puis retourner à Avignon ; soit encore de continuer le GR6 jusqu'à **Lamanon**. Vous serez alors à quelques kilomètres seulement de **Salon-de-Provence**, où vous trouverez tous les moyens de transport nécessaires pour rentrer.

Avignon ➔ Tarascon : 12 min

4 La Provence en bateau

Avec une façade maritime plein sud, la Provence se prête à merveille à une échappée marine. Si vous savez naviguer, cet itinéraire sera des plus aisés. Sinon, sachez qu'il longe continuellement le littoral et que les distances sont courtes : vous pouvez donc l'adapter à votre mode de transport (bateau électrique, canoë, kayak, paddle). Embarquez aux **Saintes-Maries-de-la-Mer** et longez les immenses plages sauvages de la Camargue. Après **Port-Saint-Louis**, coupez directement vers **La Couronne** : ce passage sera le moins agréable car vous croiserez certains des pétroliers allant à Fos. Les merveilles de la côte Bleue s'égrèneront ensuite sous vos yeux, jusqu'à Marseille. À vous les **îles du Frioul**, la **baie des Singes** et les calanques... Vous atteindrez ainsi **Cassis** et son ravissant petit port. Poussez encore jusqu'à **La Ciotat** (15 km environ), pour longer l'impressionnant cap Canaille et faire halte la calanque du Mugel. Si le cœur vous en dit, vous pouvez prolonger votre périple vers le littoral varois, jalonné de sublimes plages...

Avant le départ
L'agenda

Spectacle dans la cour des Papes, Festival d'Avignon

CHRISTOPHE RAYNAUD DE LAGE ©

Janvier

⁂ Les Oursinades de la Côte Bleue
Sur la Côte Bleue, on fête l'oursin par de grandes dégustations qui affichent un franc succès.

⁂ Messe des Truffes de Richerenches
Le troisième dimanche de janvier, le village de Richerenches célèbre saint Antoine, patron des trufficulteurs.

Février-mars

☆ Hivernales de la Danse d'Avignon
Consacrées à la danse contemporaine, les Hivernales proposent un large panel de spectacles dans et hors Avignon durant deux semaines (www.hivernales-avignon.com).

Avril

⁂ Feria de Pâques d'Arles
Cette célèbre feria ouvre la saison tauromachique arlésienne, tandis que la ville vibre au son des *peñas* : bodegas, concerts, *abrivado* pour quatre jours de fêtes endiablées. Également la Feria du riz en septembre (www.feriaarles.com).

Mai

⁂ Pèlerinage des gitans
Le 24 mai, aux Saintes-Maries-de-la-Mer, Sara la Noire, sainte patronne des gitans, est portée en procession jusqu'à la mer pour sa bénédiction, puis ramenée en musique à l'église. Le lendemain, c'est au tour de Marie Jacobé et de Marie Salomé d'être emmenées au large.

⁂ Fête de la Transhumance
Le lundi de Pentecôte, Saint-Rémy-de-Provence fête la transhumance, à l'occasion de laquelle des bergers se rassemblent, accompagnés de milliers de brebis et de chèvres.

⁂ Cavalcade d'Apt
En mai, à Apt, la Cavalcade, avec corso, fête foraine et bal, célèbre la Pentecôte depuis plus d'un siècle.

Juin

✩ Festival de Marseille

Exigeant et éclectique, ce festival met à l'honneur, pendant un mois à partir de la mi-juin, la danse contemporaine enrichie par du cinéma, de la musique ou du théâtre (www.festivaldemarseille.com).

Fêtes de la Tarasque

Le dernier week-end de juin, Tarascon entre en ébullition autour de la Tarasque, un monstre amphibie fantastique, dévoreur d'enfants.

Fêtes d'Arles

Durant 10 jours, fin juin-début juillet, ces fêtes associent folklore arlésien et courses camarguaises, dont la plus prestigieuse : la Cocarde d'Or.

Fête de la Cerise de Venasque

Fin mai-début juin, Venasque fête la cerise avec dégustations et animations.

✩ Luberon Jazz Festival

Pendant 5 jours, une série de concerts de jazz sont programmés à Apt et alentour (www.luberonjazz.net).

✩ Festival international d'art lyrique d'Aix-en-Provence

Créé en 1948, ce festival aixois fait partie des événements musicaux les plus renommés d'Europe. Durant un mois, dès la fin juin, différents lieux prêtent leur cadre prestigieux aux opéras, aux concerts et aux rencontres (www.festival-aix.com).

Juillet

✩ Rencontres internationales de la photographie d'Arles

Depuis 1969, Arles devient, chaque été, la capitale mondiale de la photo. Des dizaines d'expositions s'ouvrent dans tous les lieux culturels de la ville et se prolongent jusqu'en septembre (www.rencontres-arles.com).

✩ Festival d'Avignon

Créé par Jean Vilar en 1947, ce festival est le rendez-vous international des amateurs de théâtre. Une quarantaine de spectacles "in" répartis sur 24 scènes et plus de 800 "off". Durant un mois, la ville est littéralement transformée (www.festival-avignon.com).

✩ Vaison Danses

Depuis une quinzaine d'années, ce festival de danse ouvre la scène du théâtre antique de Vaison-la-Romaine à des danseurs de renommée mondiale, comme Carolyn Carlson ou Angelin Preljocaj. Audacieux et moderne (www.vaison-danses.com).

✩ Les Chorégies

L'un des plus grands festivals d'art lyrique internationaux. La scène du théâtre antique d'Orange, qui a préservé son "Mur" et bénéficie ainsi d'une acoustique exceptionnelle, accueille chaque été, durant trois semaines, des opéras dont la plupart sont conçus spécialement pour le lieu (www.choregies.asso.fr).

✩ Festival international de piano

Dans le cadre du château de Florans ou de l'abbaye de Silvacane, des concerts classiques ou de jazz donnés en plein air en juillet-août à La Roque-d'Anthéron. Sans oublier la Nuit du piano pour les plus infatigables des mélomanes. N'oubliez pas votre citronnelle, les moustiques sont féroces ! (www.festival-piano.com).

✩ Festival Jazz des Cinq Continents

Le FJ5C se déroule en partie sous les arbres et sur les pelouses du parc Longchamp, à Marseille (www.festival-jazz-cinq-continents.com).

✩ Festival Les Suds

Durant 6 jours, Arles vibre au son des musiques du monde (www.suds-arles.com).

Feria du Cheval

Autour du 14 juillet, durant trois jours, les Saintes-Maries-de-la-Mer sont en fête : spectacles et nuits animées au programme !

✩ Festival Organa

À Saint-Rémy-de-Provence, ce festival musical, qui s'étale sur les mois de juillet et août, met à l'honneur la musique d'orgue à la collégiale Saint-Martin (organa2000.free.fr).

✩ Festival des Tréteaux de Nuit

À Apt, durant la seconde quinzaine de juillet, un ensemble de spectacles rassemblent chanteurs, musiciens, comédiens et humoristes (www.treteauxdenuit.com).

✩ Festival des Musiques d'été

De juillet à septembre, le château de Lourmarin propose un programme de concerts de musique classique.

✩ Semaine du théâtre antique

Début juillet, le théâtre antique de Vaison propose une programmation théâtrale (hadrien2000-vaisontheatreantique.net).

Août

✩ Choralies

Tous les trois ans, début août, Vaison-la-Romaine reçoit des chorales venues du monde entier. La 24e édition des Choralies se tiendra à l'été 2022 (www.choralies.fr).

✩ Argilla

Le premier marché potier de France réunit à Aubagne, pendant deux jours les années impaires, plus de 200 céramistes venus de France et d'Europe (www.argilla.fr).

✩ Les Riches Heures musicales de la Rotonde

Simiane-la-Rotonde accueille début août, en sa belle rotonde, un festival de musique ancienne qui attire les mélomanes du monde entier (www.festival-simiane.com).

✩ Arelate, journées romaines d'Arles

La dernière semaine d'août, Arles redevient l'antique *Arelate* avec des spectacles liés à la romanité (festival-arelate.com).

Carreto Ramado

À Saint-Rémy-de-Provence, le 15 août met en scène ce spectacle traditionnel autour d'une charrette décorée de fleurs.

✩ Soirées d'été de Gordes

Durant la première quinzaine d'août, pièces de théâtre, concerts ou lectures sont donnés au château de Gordes (www.soireesdegordes.fr).

✩ Festival international de quatuors à cordes du Luberon

Ce festival accueille des concerts de musique de chambre dans des lieux à l'acoustique adaptée (églises, abbayes...) (www.quatuors-luberon.org).

✩ Les Luminescences d'Avignon

Depuis 2013, entre le mois d'août et le mois d'octobre, le palais des Papes présente, à la nuit tombée, un magnifique spectacle son et lumière (www.lesluminessences-avignon.com).

✩ Musique à l'Empéri

Chaque été, le château de l'Empéri de Salon-de-Provence accueille des concerts de musique de chambre (www.festival-salon.fr).

Fête de la Lavande

Le 15 août, Sault fête la lavande pour marquer la fin des récoltes : animations, danses folkloriques et concours de coupe à la faucille (www.fetedelalavande.fr).

Septembre

✩ Marsatac

Le rendez-vous incontournable des fans de musique électro, qui a fait récemment son grand retour à la Friche (www.marsatac.com).

✩ Festival des Correspondances

En septembre, ce passionnant festival axé sur l'écriture (cafés littéraires, lectures,

Le festival de musique électronique Marsatac se tient chaque année en juin à Marseille

débats et tables rondes) anime Manosque (www.correspondances-manosque.org).

Feria du Riz
En septembre, à Arles, la Feria du riz propose pendant trois jours défilés équestres et spectacles taurins (www.feriaarles.com).

Jazz à Saint-Rémy
Un sympathique festival de jazz qui se déroule à Saint-Rémy-de-Provence durant une semaine en septembre.

Festival Ventoux Saveurs
De septembre à octobre, un festival de saveurs se tient autour du mont Ventoux faisant honneur aux produits du terroir (www.ventoux-saveurs.fr).

Octobre

Fiesta des Suds
Un rendez-vous musical et festif majeur, qui se déroule au Dock-des-Suds à Marseille. Au programme : une multitude de concerts, mais aussi des arts visuels et des expositions dans une ambiance conviviale et spontanée (www.dock-des-suds.org).

Pèlerinage des Saintes
L'autre pèlerinage des Saintes-Maries, le dimanche le plus proche du 22 octobre.

Novembre

Festival d'Abrivado
Le 11 novembre, les Saintes-Maries-de-la-Mer accueillent ce festival qui regroupe plus de 200 gardians et 1 000 chevaux.

Festival des cinémas d'Afrique du pays d'Apt
Six jours durant, ce festival met à l'honneur le cinéma africain (www.africapt-festival.fr).

Décembre

Foire aux santons
Un rendez-vous incontournable, place du Général-de-Gaulle, à Marseille, pour admirer le savoir-faire des artisans santonniers locaux.

Grand marché Truffe et Gastronomie
À Rognes, le dernier dimanche avant Noël, cet événement incontournable fait honneur à l'"or noir" de Provence (www.festivites-rognes.fr).

Bouch' Trou
DE VACHE
2€ 50 les 5

Semainier des marchés

Lundi : Boulbon , Fontvieille, Saintes-Maries-de-la-Mer (Bouches-du-Rhône) ; Cadenet, Cavaillon, Bédoin et Saint-Didier (Vaucluse) ; Forcalquier (Alpes-de-Haute-Provence)

Mardi : marché de La Plaine à Marseille, La Ciotat, Aubagne, Carry-le-Rouet, Alleins et Tarascon (Bouches-du-Rhône) ; Cucuron, Gordes, Lacoste, Beaumes-de-Venise, Saint-Saturnin-lès-Apt et Vaison-la-Romaine (Vaucluse) ; Gréoux-les-Bains (Alpes-de-Haute-Provence)

Mercredi : Cassis, Arles, Salon-de-Provence et Saint-Rémy-de-Provence (Bouches-du-Rhône) ; Sault, Valréas et Malaucène (Vaucluse) ; Digne, Riez, Sisteron (Alpes-de-Haute-Provence)

Jeudi : marché de La Plaine à Marseille, Martigues, Aubagne, La Roque-d'Anthéron, Maillane, Miramas et Maussane-les-Alpilles (Bouches-du-Rhône) ; L'Isle-sur-la-Sorgue, Ménerbes, Orange et Roussillon (Vaucluse) ; Villeneuve-lès-Avignon (Gard) ; Gréoux-les-Bains (Alpes-de-Haute-Provence)

Vendredi : Cassis, Carry-le-Rouet, Saintes-Maries-de-la-Mer, Fontvieille, Barbentane, Eygalières, Graveson, Lambesc et Saint-Martin-de-Crau (Bouches-du-Rhône) ; Carpentras, Bonnieux, Châteauneuf-du-Pape, Lourmarin, Visan et Sablet (Vaucluse) ; Moustiers-Sainte-Marie (Alpes-de-Haute-Provence)

Samedi : marché de La Plaine à Marseille, Aubagne, Arles et Saint-Rémy-de-Provence (Bouches-du-Rhône) ; Pernes-les-Fontaines et Apt (Vaucluse) ; Banon, Digne, Manosque, Riez, Sisteron (Alpes-de-Haute-Provence)

Dimanche : Aubagne, La Ciotat, Salon-de-Provence et Martigues (Bouches-du-Rhône) ; Ansouis, L'Isle-sur-la-Sorgue et Saint-Saturnin-les-Avignon (Vaucluse)

Marchés quotidiens : marché aux poissons du Vieux-Port de Marseille et de Cassis, Aix-en-Provence

Tlj sf lundi : Avignon

Tlj sf dimanche : marché des Capucins et marché du Prado (Marseille)

Marchés aux poissons du Vieux-Port de Marseille et de **Cassis** (tlj)

Marché aux fleurs d'Avignon (pl. des Carmes ; sam matin) et d'**Aix-en-Provence** (pl. de la Mairie ; mar, jeu et sam)

Marchés paysans de Forcalquier (jeu après-midi), de **Pernes-les-Fontaines** (mer soir avr-oct), de **Salon-de-Provence** (sam matin) et de **Marseille** (mer matin au cours-Julien, lun à la Friche)

Marché aux truffes de **Richerenches** (sam matin fin nov à mi-mars), de **Rognes** (dernier dim avant Noël), de **Carpentras** (pl. du 25-Août-1944 ; ven déc-mars)

À gauche : des banons, un fromage de chèvre AOP

Avant le départ
Voyager en famille

La Provence est une destination idéale pour voyager en famille, que les enfants soient adolescents ou en bas âge. La diversité du territoire est immense et les possibilités infinies. Parcs, jardins, lacs, rivières ou plages promettent des journées riches et intenses.

Activités aquatiques

En été, de nombreuses activités aquatiques sont proposées sur les plages de La Ciotat, de Cassis, de la Côte Bleue et des Saintes-Maries-de-la-Mer, en Camargue… même si un simple bain de mer et un château de sable devraient suffire au bonheur des enfants ! À La Ciotat, la calanque de Figuerolles est particulièrement agréable car mitoyenne du parc du Muguel, où il fait bon pouvoir se mettre à l'ombre. À l'intérieur des terres, les lacs du Verdon disposent de plages de galets et de bases nautiques – avec stages de voile – permettant de s'adonner aux joies de l'eau en toute sécurité. Certaines rivières permettent aussi de se rafraîchir tout en profitant d'un environnement ombragé, d'une eau calme et peu profonde. C'est le cas notamment du Toulourenc, dans le Vaucluse. Près d'Entrechaux, le Pont des Trois Rivières est un site apprécié des familles car le débit de l'eau est un peu plus fort et dévale des rochers lisses faisant office de toboggans naturels : les enfants adorent !

Les plus sportifs s'adonneront aux joies d'une promenade en canoë-kayak dans les calanques. Le kayak se pratique aussi sur le Petit Rhône, en Camargue, et, dans l'arrière-pays, sur la Sorgue : entre Fontaine-Vaucluse et L'Isle-sur-la-Sorgue, cette descente tranquille est très appréciée des familles.

Pour les plus petits, une croisière en bateau sera plus appropriée. Vous aurez cette opportunité à Avignon, en Camargue (sur le Petit Rhône) et dans les calanques. Sur l'archipel du Frioul, vous pourrez combiner traversée en bateau, visite d'un château mythique (If) et baignade sur les plages de l'île !

À gauche : Randonnée dans les gorges du Verdon (p. 254). À droite : Flamants roses, Camargue (p. 135)

TRATTIERITRATTI/ADOBE STOCK ©

Randonnées nature

Randonner en pleine nature est une excellente expérience à partager en famille. L'important est de bien choisir son parcours en fonction de leur âge et de leur aptitude : à partir de 4 ans et jusqu'à 8 ans, ils peuvent marcher de 3 à 12 km ; entre 8 et 12 ans, les itinéraires peuvent aller jusqu'à 15 km/jour ; dès 12 ans, leurs aptitudes deviennent proches de celles d'un adulte. Pensez à bien les protéger avec des lunettes de soleil, un chapeau, de la crème solaire, des vêtements couvrants et emportez des réserves d'eau.

Le mont Ventoux, le parc naturel du Luberon, les Dentelles de Montmirail, le massif des Alpilles, la montagne Sainte-Victoire, par exemple, constituent de merveilleuses aires d'exploration à découvrir à pied. Dans certains endroits (Dentelles de Montmirail, Luberon), il est même possible de s'initier à l'escalade. Les offices du tourisme vous fourniront les détails nécessaires sur les différents itinéraires et les difficultés de terrain.

Les meilleures visites avec des enfants

Les ocres du Colorado provençal (p. 173)

Les flamants roses du parc ornithologique du Pont de Gau (p. 136)

Les santons de la Petite Provence du Paradou, dans les Alpilles (p. 164)

Les projections des Carrières de Lumières aux Baux-de-Provence (p. 159)

Le sentier des Ocres de Roussillon (p. 173)

Escapades urbaines

Les grandes villes réservent aussi de belles surprises aux familles. Les principales métropoles (Marseille, Arles et Avignon) disposent d'un "petit train" bien adapté aux tout-petits. Sachez aussi que les centres anciens d'Aix-en-Provence et d'Arles, notamment, sont en grande partie piétonniers. Balades urbaines se conjuguent aussi facilement avec espaces verts : à Marseille, le parc Borély est l'endroit rêvé pour les familles, avec aires de jeux, étang avec barques et même un accès facile à la plage ; à Avignon, l'île de la Barthelasse ravira petits et grands ; enfin, à Orange, la colline Saint-Eutrope permettra à toute la famille de savourer une pause avec vue imprenable sur le théâtre antique et les environs !

La majorité des musées, monuments et attractions proposent des tarifs réduits voire la gratuité aux jeunes. La plupart des musées d'envergure proposent des visites, des animations, voire même des ateliers et des stages pour les enfants : renseignez-vous à l'avance pour connaître les horaires et les disponibilités. C'est le cas du musée Granet (p. 102), à Aix-en-Provence, avec des visites spéciales "famille" et des ateliers les mercredi et samedi ; de la fondation Van Gogh, à Arles, avec un programme diversifié ; du Mucem, à Marseille, avec une visite numérique adaptée, "l'Odyssée des enfants", mais aussi un programme d'animation, d'ateliers et de spectacles. Notez aussi que le Pavillon Noir (p. 108), à Aix-en-Provence, propose un programme de spectacles et d'ateliers dans le Grand Studio à partir de 5 ans et des "soirées des enfants" avec un atelier créatif dispensé durant le spectacle des parents.

Activités à thème

Quelques sites sont adaptés aux plus petits : c'est le cas des parcours "Accrobranche" tels que Colorado Aventure (à Rustrel, p. 174), Ventoux Aventure (Mormoiron, p. 238), La Passerelle des Cimes (L'Isle-sur-la-Sorgue, p. 211) et même des Anges Trapèze Volant (L'Isle-sur-la-Sorgue, p. 210), qui initiera les enfants à la voltige.

Les animaux font toujours leur effet : en Camargue, vous pourrez facilement approcher les flamants roses du parc ornithologique du Pont de Gau (p. 136) ou observer les oiseaux depuis votre calèche aux marais du Vigueirat (p. 138) ; près des Dentelles de Montmirail, vous pourrez caresser les lamas de la ferme du Barroux (p. 248) ; dans le pays de Forcalquier, faire des balades avec un âne de bât (p. 284 et p. 282) et, dans les environs de Salon-de-Provence, visiter le zoo de la Barben (voir l'encadré p. 284).

Pour des sensations inédites, vous pouvez tenter une exploration souterraine des mines de Bruoux (accessibles aux poussettes ; p. 173), dans le Luberon, ou aux grottes de Thouzon (p. 211), dans le pays des Sorgues, à moins que vous ne préfériez prendre de la hauteur à l'observatoire Sirène (p. 177), à Lagarde-d'Apt, dans le Luberon, pour observer les étoiles lors d'une "balade nocturne" ! Enfin, le centre d'astronomie de Saint-Michel-l'Observatoire (p. 280) propose des activités adaptées aux enfants en été.

Hébergements et restauration

Les hôteliers, les restaurateurs et les propriétaires de chambres d'hôtes ont l'habitude de recevoir les familles. Nombre d'entre eux disposent de chambres familiales ou proposent l'installation d'un lit supplémentaire dans la chambre. Beaucoup bénéficient aussi d'un jardin voire d'une piscine. Attention toutefois, certaines maisons d'hôtes haut de gamme interdisent les enfants jusqu'à un certain âge afin de garantir le calme à leurs hôtes. Notez aussi que la plupart des maisons d'hôtes ne fournissent pas de repas le soir. La grande majorité des restaurants proposent des menus enfant. Même s'il est difficile de sortir de l'éternel steak-frites-glace, de plus en plus d'adresses font des efforts de ce côté. Même les restaurants gastronomiques ou semi-gastronomiques savent désormais s'adapter aux familles.

À ne pas manquer

Musées

Mucem (Marseille) Pour aborder les civilisations de la Méditerranée de façon ludique et numérique avec "l'Odyssée des enfants" (à partir de 4 ans ; p. 53)

Fondation Van Gogh (Arles) Pour s'initier à l'art contemporain – et profiter d'une riche programmation dédiée aux plus petits (p. 128).

Musée extraordinaire (Ansouis) Un lieu atypique et hétéroclite dont, notamment, la "grotte bleue" devrait plaire aux enfants (p. 192).

Musée Requien (Avignon) Une collection zoologique, géologique et botanique accessible gratuitement (p. 203).

Sites naturels

Mont Ventoux De très belles balades en perspective, avec pause baignade dans la vallée du Toulourenc (p. 230).

Parc naturel du Luberon Avec une grande diversité de paysages, il permet une multitude de promenades en famille (p. 174).

Montagne Sainte-Victoire Après un pique-nique au Domaine des Roques-Hautes, on peut se promener à hauteur de ses capacités (p. 110).

Massif des Alpilles Un massif facile qui offre de nombreux itinéraires et un riche programme de découverte à thème (p. 152).

Dentelles de Montmirail Randonnée, vélo mais aussi escalade se pratiquent autour de la collerette de pierres (p. 243).

Colorado provençal (Rustrel) Un site spectaculaire, avec ses cheminées de fées et ses multiples teintes. Le sentier des Ocres de Roussillon offre une balade tout aussi colorée (p. 173).

Plages, criques, lacs et rivières

Parc du Muguel, à la calanque de Figuerolles (La Ciotat) Une calanque assortie d'un parc paysager et ombragé (p. 118).

Lac de Sainte-Croix (Verdon) Les plages de galets devraient permettre à toute la famille de profiter d'un des plus beaux coins de la région (p. 266).

Plages de Saintes-Maries-de-la-Mer (Camargue) Plages aménagées, avec restaurants et activités nautiques p. 136).

Plages de la Côte Bleue (Marseille) Celles de Carry-le-Rouet et de Sausset-les-Pins sont plus accessibles que les adorables mais escarpées calanques de la Côte Bleue (p. 82).

Pont des Trois Rivières (vallée du Toulourenc) Un site en bord de rivière, aux eaux calmes et peu profondes, avec des rochers lisses faisant office de toboggans naturels (p. 233) !

Plages de Bonneveine (Marseille) Une succession de plages urbaines équipées et surveillées, avec restaurants et aires de jeux à proximité (p. 67).

Pauses gourmandes

Un nougat à Saint-Didier (Comtat Venaissin) On suit la fabrication du nougat avant de choisir son parfum en boutique (p. 226).

Un berlingot à Carpentras Le royaume de la fabrication artisanale des petits berlingots (p. 223).

Un gâteau au Haricot Magique (Pernes-les-Fontaines) Un salon de thé-librairie dont les douceurs s'accompagnent d'une riche programmation culturelle (p. 227).

Un fruit confit à Apt (Luberon) Visite de l'usine avant dégustation de fruits confits (p. 175) !

Histoire et patrimoine

Château des Baux-de-Provence Un site grandiose avec catapulte et autres machines de siège que l'on visite avec un livret jeux remis gratuitement (p. 158).

Palais des Papes et pont Saint-Bénezet Le "Palais des Papes raconté aux petits et aux grands" permet de visiter en famille ce palais avant d'aller chantonner "Sur le pont d'Avignon..." au pont Saint-Bénezet (p. 199 et 198).

PHB.CZ/ADOBE STOCK ©

Avant le départ
En avant-goût

EMMANUEL DAUTANT

À gauche : Plateau de Valensole ; Ci-dessus : Plage de Cassis

Livres

Une année en Provence (Peter Mayle, Points, 1996). Une chronique drôlatique des aventures d'un Britannique dans le Luberon.

Corniche Kennedy (Maylis de Kerangal, Folio, 2008). Une écriture âpre et sensuelle, à l'image de la ville de Marseille.

Malicroix (Henri Bosco, Gallimard, 2012). Une plongée solitaire dans les terres indomptées de Camargue.

Lettres à son frère Théo (Vincent Van Gogh, Grasset, 2002). Une découverte picturale du pays d'Arles à travers les mots de Van Gogh.

Collines (Jean Giono, Livre de Poche, 1992). Une évocation de la puissance mystérieuse de la nature provençale.

La trilogie Fabio Montale (Jean-Claude Izzo, Folio policier, 2006). Une plongée attachante et noire dans la cité phocéenne.

Films

Jean de Florette (1986) et **Manon des sources** (1987) de Claude Berri. Une fresque paysanne adaptatée de l'œuvre de Marcel Pagnol.

Marius et Jeannette (1997) de Robert Guédiguian. Au cœur du quartier ouvrier de l'Estaque, à Marseille.

Le Hussard sur le toit (1995) de Jean-Paul Rappeneau, adapté du célèbre roman de Giono.

Musique

Aïollywood (Massilia Sound System). Les maîtres du raggamuffin marseillais version occitan.

Radio Babel (Watcha Clan). Un beau métissage entre électro, percussions, chants traditionnels arabes et juifs.

Un de la Canebière (Vincent Scotto). Le pape de l'opérette marseillaise !

Sites web

My Provence (www.myprovence.fr). Le site tourisme des Bouches-du-Rhône.

Vaucluse en Provence (www.provenceguide.com). Le site officiel du Comité départemental du tourisme du Vaucluse.

Parc national des Calanques (www.calanques-parcnational.fr). Utile notamment pour les randonneurs.

Découverte Paca (www.decouverte-paca.fr). Site officiel du Comité régional du tourisme de la région Paca.

ROMAIN QUÉRÉ/ADOBE STOCK ©

Calanque d'En-Vau (p. 80)

MARSEILLE, LES CALANQUES ET LA CÔTE BLEUE

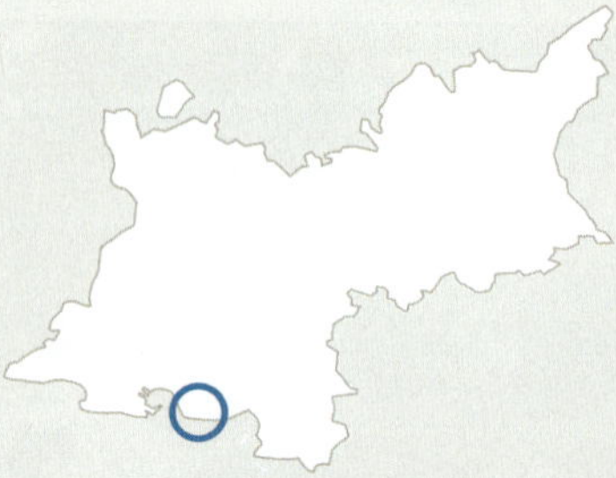

Marseille, les calanques et la Côte Bleue

Au centre de cette portion de littoral, Marseille l'inclassable, passée en quelques années du statut de paria à celui de ville presque tendance. On peut très vite quitter la vie urbaine pour se retrouver en pleine nature : c'est un peu le miracle du secteur. En une vingtaine de minutes de voiture, on touche à l'est au massif des Calanques et, à l'ouest, à la Côte Bleue. Sauvages et protégées, les calanques offrent un paysage aride et calcaire. Une sorte de bout du monde où il fait bon pratiquer la randonnée, l'escalade ou encore la plongée. La Côte Bleue abrite de très jolies calanques et des coins non dénués de charme (Sausset, La Couronne, Carry...). Deux communes méritent également une visite : Cassis et sa discrète voisine, La Ciotat.

☑ Dans ce chapitre

À gauche : vue sur le Vieux-Port depuis le Pharo (p. 59). À droite : quartier du Panier (p. 60).

Étang de Berre
Aéroport de Marignane
D368
A55
Le Rove
L'Estaque
D568
A7
N49
D5
Chaîne de l'Estaque
D9
La Couronne
Carro
Ensuès-la-Redonne
Niolon
Méjean
Sausset-les-Pins
Carry-le-Rouet
Chaîne de l'Étoile
BOUCHES-DU-RHÔNE
Garlaban
Massif de la Sainte-Baume
La Côte Bleue (p. 82)
Îles du Frioul (p. 58)
Île Ratonneau
Île Pomègues
Château d'If
Marseille (p. 52)
Parc Borély
Aubagne
Gémenos
Parc de Saint-Pons
A50
D8
Chaîne de Saint-Cyr
Camp militaire
D3
VAR
La Madrague-de-Montredon
D559
Cassis (p. 88)
Les Goudes
Callelongue
Cap Croisette
Morgiou
Massif du Puget
Calanque de Sormiou
Île de Jarre
Île Calseraigne
Calanque de Surgiton
Île de Riou
Calanque d'En-Vau
Calanque de Port-Pin
Calanque de Port-Miou
Baie de Cassis
D141
Route des Crêtes (p. 92)
La Ciotat
Calanque du Mugel
Calanque de Figuerolles
Île Verte
Les calanques, de Marseille à La Ciotat (p. 78)
MER MÉDITERRANÉE
0
10 km

MARSEILLE ET LES CALANQUES

Plus qu'une simple ville, Marseille est un voyage. On a tant parlé de ses mélanges de cultures, d'accents, de parfums et de couleurs que l'image a pris des allures d'Épinal. Ici, on flirte sans cesse avec les clichés, même si tout cela fait évidemment partie du jeu. Le décor grandiose qui enserre la ville, entre reliefs arides et immensité marine, contribue à ce sentiment d'ailleurs. Ajoutez un ciel splendidement bleu, une lumière de début du monde qui a envoûté tant de peintres et un rapport si particulier au temps qu'il se retrouve parfois suspendu, et vous aurez la juste toile de fond pour imprimer vos images de Marseille et ses calanques.

Marseille

Voici une ville qui ne laisse pas indifférent. Certains en tombent éperdument amoureux, d'autres s'arrêtent à ses défauts. Marseille est une vraie ville du Sud, dans le sens du fatras ambiant, d'une certaine désorganisation urbaine, du caractère bien trempé de ses habitants mais aussi de la circulation des influences, de l'énergie débordante et de la convivialité. Pour appréhender la cité phocéenne, mieux vaut abandonner ses repères, oublier ses préjugés et devenir un observateur curieux de chaque instant. Surtout que Marseille se transforme. Résolument tournée vers le tourisme, elle travaille à soigner son image de ville tendance et a réussi, avec le Mucem et la rénovation du Vieux-Port, à apporter un joli coup de projecteur sur sa façade maritime. Pour autant, la ville résiste encore – et c'est tant mieux d'une certaine façon – à la gentrification massive. Il faut dire qu'un particularisme rebelle, envers notamment tous les pouvoirs centralisateurs, constitue le fil conducteur de ses 2 600 ans d'histoire.

À voir

Vieux-Port et environs

C'est le cœur historique de la ville, son point névralgique, situé sur l'emplacement

Vieux-Port et Notre-Dame-de-la-Garde

CHENPG/ADOBE STOCK ©

EMMANUEL DAUTANT ©

À NE PAS MANQUER

Le Mucem

Inauguré en 2013, année qui vit la désignation de Marseille comme Capitale européenne de la culture, le musée des Civilisations de l'Europe et de la Méditerranée (Mucem) s'est aussitôt imposé dans le paysage marseillais. Cette réussite est d'abord architecturale, le site imaginé par Rudy Ricciotti ayant relevé le pari d'attirer à lui seul des milliers de visiteurs avec 1,5 million en moyenne par an, en devenant un monument incontournable de la ville. Posé au ras des flots à l'entrée du Vieux-Port, le bâtiment principal est habillé d'une très graphique résille de béton noir réactive à la lumière (belles photos garanties depuis son toit-terrasse). Une passerelle suspendue le relie à l'historique **fort Saint-Jean** (édifié au XVIIe siècle), lui-même relié par une autre passerelle au quartier du Panier. Le succès doit beaucoup à la magnificence des lieux, qui offrent des panoramas inédits et superbes de la ville. D'autant que l'on peut y accéder gratuitement : seules les expositions sont payantes. On avoue une préférence pour les expositions thématiques, sur des sujets de société variés. N'hésitez pas non plus à jeter un coup d'œil à la programmation culturelle, de belle facture, et à la belle sélection de la librairie Maupetit. Côté cuisine, le chef étoilé Gérald Passédat orchestre plusieurs tables (www.passedat.fr/#!le-mole).

Sur l'esplanade du J4, la **Villa Méditerranée** (www.villa-mediterranee.org) côtoie le Mucem, avec qui elle n'a aucun lien, si ce n'est celui d'être également un geste architectural fort, avec cette spectaculaire avancée en porte-à-faux en surplomb d'un bassin mis en eau. Une réplique de la grotte Cosquer devrait ouvrir au public en juin 2022, 31 ans après la découverte de la grotte par Henri Cosquer, au large du cap Morgiou.

Infos pratiques

04 84 35 13 13 ; www.mucem.org ; 7 promenade Robert-Laffont, esplanade du J4, accès aussi par la passerelle sur l'esplanade de la Tourette, au niveau de l'église Saint-Laurent, et par l'entrée basse du fort Saint-Jean, au niveau du 201 quai du Port ; tarif plein/réduit/forfait famille 9,50/5/14 €, gratuit -18 ans et 1er dim du mois ; tlj sf mar, tlj en août ; 11h-19h mai-juin et sept-nov, 10h-20h juil-août, 11h-18h nov-avr ; M Vieux-Port ou Joliette, 49, 60, 82 et 82S, 2 arrêt République, Dames ou Joliette

Centre de Marseille

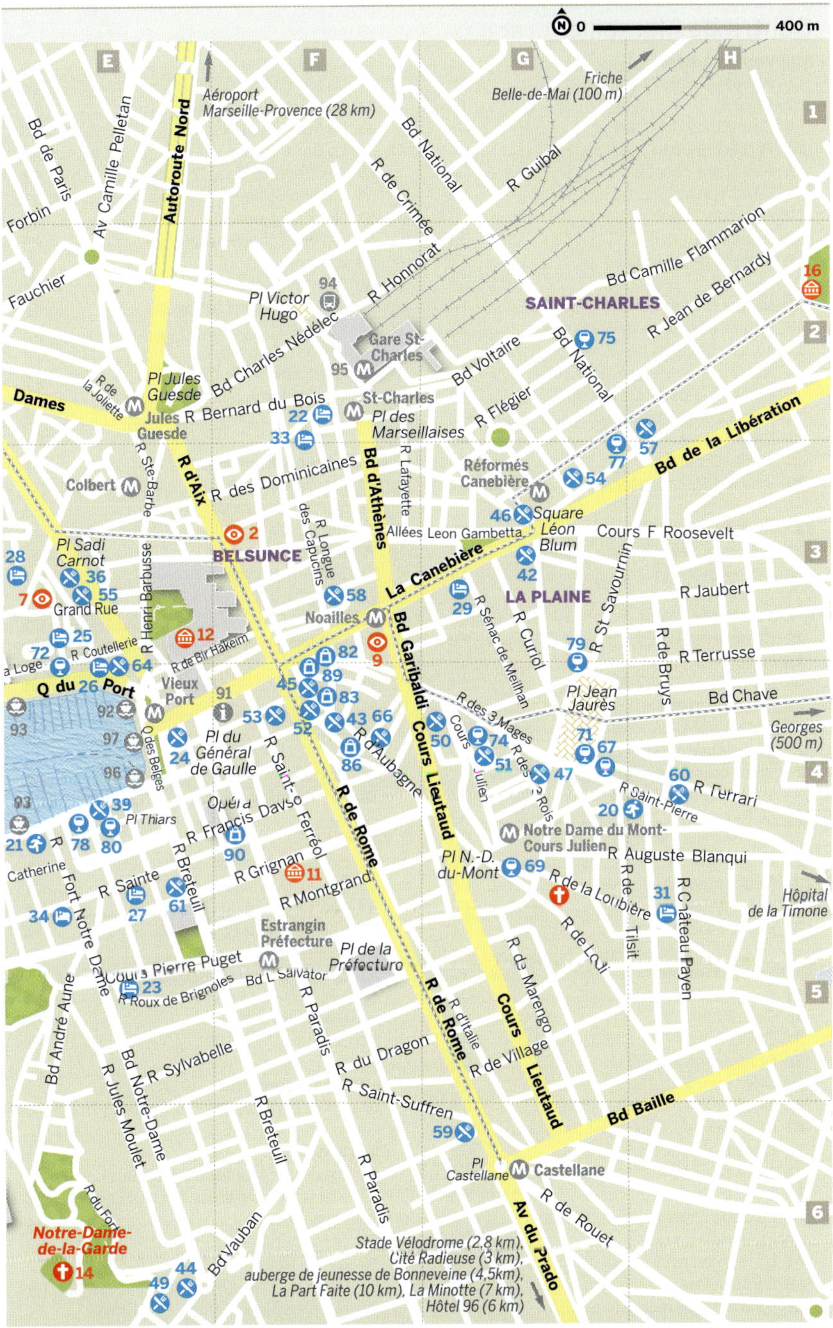
0
400 m
E
F
G
H
1
2
3
4
5
6
Aéroport Marseille-Provence (28 km)
Friche Belle-de-Mai (100 m)
Bd de Paris
Av Camille Pelletan
Autoroute Nord
Forbin
Fauchier
R de Crimée
Bd National
R Guibal
R Honnorat
Pl Victor Hugo
Gare St-Charles
Bd Charles Nédélec
Bd Camille Flammarion
R Jean de Bernardy
SAINT-CHARLES
Bd Voltaire
R de la Joliette
Pl Jules Guesde
Jules Guesde
Dames
R Bernard du Bois
St-Charles
Pl des Marseillaises
R Flégier
Bd de la Libération
R Ste-Barbe
Colbert
R d'Aix
R des Dominicaines
Bd d'Athènes
R Lafayette
Réformés Canebière
Square Léon Blum
R Longue des Capucins
Allées Leon Gambetta
Cours F Roosevelt
Pl Sadi Carnot
BELSUNCE
La Canebière
R Jaubert
LA PLAINE
R St Savournin
Grand Rue
R Henri Barbusse
R Sénac de Meilhan
R Curiol
Noailles
R Coutellerie
R de Bir Hakeim
Bd Garibaldi
R de Bruys
R Terrusse
Q du Port
Vieux Port
R des 3 Mages
Pl Jean Jaurès
Bd Chave
Georges (500 m)
Q des Belges
Pl du Général de Gaulle
R Saint-Ferréol
R d'Aubagne
Cours Lieutaud
Cours Julien
R des 3 Rois
R Ferrari
R Saint-Pierre
Opéra
Pl Thiars
R Francis Davso
Notre Dame du Mont-Cours Julien
R Auguste Blanqui
Catherine
R Fort Notre Dame
R Breteuil
R Grignan
Pl N.-D. du-Mont
R de la Loubière
R de Tilsit
R Château Payen
Hôpital de la Timone
R Sainte
R Montgrand
R de Rome
R de Lodi
Estrangin Préfecture
Pl de la Préfecture
Cours Pierre Puget
Bd L Salvator
R Roux de Brignoles
R Paradis
R d'Italie
R du Marengo
Bd André Aune
Bd Notre-Dame
R Jules Moulet
R Sylvabelle
R du Dragon
R de Village
R Saint-Suffren
Bd Baille
Pl Castellane
Castellane
R de Rouet
Av du Prado
R du Fort
Notre-Dame-de-la-Garde
Bd Vauban
Stade Vélodrome (2,8 km), Cité Radieuse (3 km), auberge de jeunesse de Bonneveine (4,5km), La Part Faite (10 km), La Minotte (7 km), Hôtel 96 (6 km)

Centre de Marseille

À voir et à faire
1 Abbaye Saint-Victor D5
2 Alcazar F3
3 Cathédrale de la Major D3
4 Fort Saint-Jean C4
5 Fort Saint-Nicolas C4
6 FRAC Paca D2
7 Hôtel de Cabre E3
8 Hôtel-Dieu D3
9 Marché des Capucins F3
10 Mucem C4
11 Musée Cantini F4
12 Musée d'Histoire de Marseille E3
13 Musée Regards de Provence C3
14 Notre-Dame-de-la-Garde E6
15 Palais du Pharo C4
16 Palais Longchamp H2
17 Vallon des Auffes A6
18 Vieille-Charité D3
19 Villa Méditerranée C4

Activités
20 Atelier de la Plaine H4
21 Zein Oriental Spa E4

Où se loger
22 Casa Ortega F2
23 Hôtel C2 ..... E5
24 Hôtel Carré Vieux-Port E4
25 Hôtel Hermès E3
26 Hôtel La Résidence du Vieux-Port E4
27 Ibis Budget Vieux-Port E5
28 Intercontinental Hôtel Marseille Hôtel-Dieu E3
29 Le Ryad G3
30 Les Bords de Mer B5
31 Mama Shelter H5
32 New Hotel of Marseille C5
33 Vertigo Centre F2
34 Vertigo Vieux-Port E5

Où se restaurer
35 Au bout du quai D4
36 Chez Fanny E3
37 Chez Fonfon A6
38 Chez Jeannot B6
39 Chez Loury E4
40 Chez Madie – Les Galinettes D4
41 Chez Michel B5
42 Chez Noël G3
43 Chez Sauveur F4
44 Emki Pop E6
45 Épicerie L'Idéale F4
46 La Boîte à sardines G3
47 L'Éléphant rose à pois blancs G4
48 L'Épuisette A6
49 La Bonne Mère E6
50 La Cantinetta G4
51 La Marche à Suivre G4
52 La Mercerie F4
53 La Rose de Tunis F4
54 Le Bar à Pain G3
55 Les Buvards E3
56 Maison Geney D3
57 Nour d'Egypte H2
58 Saf-Saf (chez Erouel) F3
59 Saisons G6
60 Santon Cachon H4
61 Sylvain Depuichaffray E5
62 Tako-San D3
63 Un Petit Cabanon D2
64 Une Table au Sud E4
65 Vanille noire D3
66 Yima F4

Où prendre un verre
67 Bar de la Plaine G4
68 Bar des Treize-Coins D3
69 Bar du Marché G4
70 Café de l'Abbaye D5
71 L'Intermédiaire G4
72 La Caravelle E4
73 La Dame Noir D5
74 La Maison hantée G4
75 La Ruche G2
76 Le 143 ..... D5
77 Le Longchamp Palace G3
78 Le Pelle-Mêle E4
79 Le Petit Nice G4
80 Le Polikarpov E4
81 Le Trolleybus D4

Achats
82 Boutique de l'OM F3
83 Épices du Monde F4
84 La Licorne D4
85 La Maison du Pastis D4
86 Le Père Blaize F4
87 Les Navettes des Accoules D3
88 Les Terrasses du Port D1
89 Maison Empereur F4
90 Sessun F4

Renseignements
91 Office du tourisme F4

Transports
92 Croisières Marseille Calanques E4
et Icard Maritime E4
93 Ferry-boat D4
94 Gare routière F2
95 Gare Saint-Charles F2
96 Navettes Frioul If-Express E4
97 Navette Pointe Rouge et Estaque E4

du Lacydon, l'ancien port antique, où débarquèrent les Phocéens il y a 2 600 ans pour fonder Massalia. Après les travaux qui ont ouvert une grande place piétonne et prolongé la promenade jusqu'au fort Saint-Jean et au Mucem, le Vieux-Port a poursuivi sa mue côté rive Neuve, vers le théâtre de la Criée. Des quais plus larges permettent de mieux profiter des lieux. Avec son plafond miroir, l'**Ombrière** de Norman Foster est devenue un incontournable des photos-souvenir, à côté de l'indétrônable **marché au poisson** face à la mer. Pour rejoindre l'autre rive du port, ne vous privez pas d'une minicroisière de 283 mètres à bord du **ferry-boat** (quai Rive-Neuve/quai du Port, face à la mairie ; traversée 0,50 €, espèces uniquement, gratuit avec le City Pass ; ⏲7h30-20h30). Jusqu'en 1944, un pont transbordeur joignait les deux rives à l'entrée du Vieux-Port, sans entraver la circulation maritime.

Rive droite

Musée d'Histoire de Marseille

Histoire et vestiges

(☎04 91 55 36 63 ; www.musee-histoire-marseille-voie-historique.fr ; 2 rue Henri-Barbusse, 1er, accès par la voie romaine et le jardin ; expo permanente tarif plein/réduit 6/3 €, permanente + temporaire 6-12/3-9 € selon expo, gratuit -18 ans, étudiant -26 ans et 1er dim du mois ; ⏲tlj sf lun 9h30-18h jusqu'à 19h mi-mai à mi-sept ; Ⓜ Vieux-Port). Ne vous étonnez pas de l'emplacement du musée, adossé à une galerie commerciale. C'est en effet au moment de la construction du Centre Bourse que des vestiges de la cité grecque furent mis au jour. Des trois hectares fouillés entre 1967 et 1984, seul le site du port antique est conservé. Le musée s'ordonne autour de ce "jardin des vestiges" et déploie un passionnant et interactif parcours de visite sur l'histoire de Marseille, depuis les premières occupations humaines (avec notamment la découverte de la grotte Cosquer, dans les calanques) et sa fondation, par les Phocéens donc, au VIe siècle av. J.-C. On peut notamment y admirer de belles épaves de navires et l'ancre du *Grand Saint-Antoine* soupçonné d'avoir apporté la peste à Marseille en 1720. Afin d'enrichir la visite, vous pouvez télécharger gratuitement une application pour parcourir la "voie historique" de Marseille.

Vieux-Port

ARTSGRAPHIQUES.NET/ADOBE STOCK ©

À NE PAS MANQUER

L'archipel du Frioul

À une trentaine de minutes de bateau du Vieux-Port, l'archipel du Frioul, intégré au parc national des Calanques, offre une escapade balnéaire décoiffante. S'il est ouvert, les navettes font un premier arrêt au mythique **château d'If** (04 91 59 02 30 ; www.chateau-if.fr/ ; tarif plein/réduit 6/5 €, gratuit -18 ans et jusqu'à 25 ans pour les ressortissants de l'UE et 1er dim du mois nov-mars ; tlj selon météo 10h-18h avr-sept, tlj sf lun 10h-17h oct-mars). Rien ne vous oblige à débarquer, mais si votre cœur a palpité aux péripéties du célèbre comte de Monte-Cristo, vous foulerez l'endroit exact d'où le héros d'Alexandre Dumas s'échappa. Le roman rejoignant ici la réalité, des preuves de son évasion ont été conservées dans l'une des cellules ! Cap ensuite sur l'île de **Ratonneau**, la plus grande de l'archipel, reliée à sa voisine, **Pomègues**, par la digue Berry. Les paysages sont grandioses et désolés. Divers sentiers sont aménagés, notamment vers l'**hôpital Caroline** qui fut construit par Michel-Robert Penchaud au XIXe siècle pour les malades atteints de la fièvre jaune. Aujourd'hui, il n'en reste que des ruines, mais la chapelle, aux allures de temple grec, présente un réel intérêt architectural. Outre d'innombrables criques rocheuses, on trouve au Frioul des plages de sable (la **Maison des pilotes** et **Saint-Estève**, avec son sentier sous-marin) ou de galets (le **Havre de Morgiret** et le **Débarcadère**). Quelques commerces et restaurants donnent sur le port, mais on vous conseille d'embarquer avec votre pique-nique.

Infos pratiques

Navettes Frioul-If Express 04 96 11 03 50 ; www.frioul-if-express.com ; 1 quai de la Fraternité, 1er ; trajet aller-retour adulte/famille Frioul 11,10/8,30 €, If et Frioul 16,70/12,50 €, gratuit -4 ans ; tlj, horaires variables selon les saisons et la météo, au moins une douzaine de départs par jour ; en saison il est impératif de réserver.

Musée Regards de Provence — Beaux-arts

(☎04 96 17 40 40 ; www.museeregardsdeprovence.com ; allée Regards-de-Provence, rue Vaudoyer, 2e ; 4/3,50 €, expo temporaire 6,50/2-5,50 €, gratuit -12 ans ; tlj sf lun 10h-18h ; M Vieux-Port, 49, 60, 82, 2 arrêt République/Dames ou Joliette). Dans l'ancienne station sanitaire maritime, construite par Fernand Pouillon en 1948, ce musée organise des expositions d'art moderne et contemporain d'artistes influencés par la Provence et la Méditerranée. Une salle est dédiée à l'histoire de la station. À signaler, l'agréable terrasse du **Regards Café** (☎04 96 17 40 45 ; tlj sf lun 10h-18h) et sa belle vue sur l'esplanade du Mucem.

Rive gauche

Abbaye Saint-Victor — Édifice religieux

(☎04 96 11 22 60 ; www.saintvictor.net ; 3 rue de l'Abbaye, 7e ; entrée libre, crypte 2 € ; tlj 9h-19h ; M Vieux-Port, 54, 55, 60, 81). Son dépouillement est caractéristique de l'art roman provençal, mais le plus impressionnant, ce sont les cryptes qui abritent la mystérieuse Vierge noire en noyer polychrome. Elle date du XIIIe siècle et se retrouve chaque année au centre de la procession de la Chandeleur.

Parc et palais du Pharo — Jardins avec vue

(58 bd Charles-Livon, 7e ; tlj 7h-21h ; M Vieux-Port, 81, 82, 83). Du haut de ses jardins, la vue sur le Vieux-Port est exceptionnelle. Cette imposante construction fut bâtie sous Napoléon III pour l'impératrice Eugénie, qui n'y habita jamais. Depuis les années 1980, elle abrite un palais des congrès.

Fort Saint-Nicolas — Patrimoine

Construit en 1660, le fort Saint-Nicolas (tout comme le fort Saint-Jean) n'était pas destiné à protéger la ville mais à la surveiller ! Louis XIV entendait affirmer ainsi son autorité sur les Marseillais, rétifs à sa politique d'assimilation. Cette propriété militaire ne se visite qu'exceptionnellement.

Basilique Notre-Dame-de-la-Garde — Bonne Mère

(☎04 91 13 40 80 ; www.notredamedelagarde.com ; rue Fort du Sanctuaire, 6e ; tlj hiver 7h30-18h30, été 7h-19h15 ; 60). Emblème de la ville et haut lieu touristique, la "Bonne Mère", si chère au cœur des Marseillais, est perchée sur une colline culminant à 162 m, d'où la vue est extraordinaire. Fresques et ex-voto s'admirent dans l'église haute et la crypte. À pied, comptez 30 minutes depuis le Vieux-Port (itinéraire disponible à l'office du tourisme). Également accessible en bus et avec le **petit train touristique** (adulte/3-11 ans 8/4 € ; départ au bout du quai du Port).

Centre-ville

Musée Cantini — Art du XXe siècle

(☎04 91 54 77 75 ; 19 rue Grignan, 6e ; grandes expositions tarif plein/réduit 9-12/5-8 € selon expo, collection permanente 6/3 €, gratuit -18 ans, étudiant -26 ans et 1er dim du mois ; tlj sf lun 9h30-18h ; M Préfecture). Outre de passionnantes expositions temporaires, ce magnifique hôtel particulier du XVIIe siècle abrite une belle collection d'art moderne : tous les grands courants de l'art du XXe siècle y sont représentés, avec des œuvres majeures de Signac, Derain, Kandinsky, Picabia ou encore Picasso. Joli coin boutique.

Le Panier et la Joliette

Toute l'âme de Marseille est réunie dans les ruelles étroites et les jolies placettes du Panier. La quasi-absence de voitures et le linge qui pend aux fenêtres lui donnent des airs de village typiquement méditerranéen. S'il n'est plus tout à fait le quartier populaire d'autrefois, le plus vieux quartier de Marseille résiste encore à la gentrification. La Joliette poursuit, elle, sa mue, se rêvant quartier d'affaires et *Marseille sur mer*.

Vieille-Charité — Musées

(☎04 91 14 58 80 ; www.vieille-charite-marseille.com ; 2 rue de la Charité, 2e ; tarif plein/réduit 6/3 € collection permanente, 9-12/5-8 € selon les expositions, gratuit -18 ans, étudiant -26 ans et 1er dim du mois ; tlj sf lun 10h-18h ; M Joliette ou Vieux-Port, 49, 55, 2 arrêt Sadi-Carnot).

Ruelle du Panier

LADYBIRD/ADOBE STOC

Promenade dans le Panier

N'hésitez pas à flâner dans le quartier du Panier, ses ruelles étroites et sinueuses, ses montées abruptes et ses jolies placettes. C'est ici, entre le Vieux-Port et la rue de la République, que bat le cœur du vieux Marseille.

Distance : 2 km
Durée : 2 heures

Départ : quai des Belges, sur le Vieux-Port

❶ Immeubles Pouillon

Le long du quai de la mairie, ces imposants immeubles des années 1950 sont signés Fernand Pouillon, architecte de la reconstruction. En 1943, le quartier fut en effet en grande partie détruit par les Allemands. Juifs et résistants furent déportés et 1 482 maisons disparurent.

❷ Hôtel de ville

On doit probablement son architecture baroque, épargnée par les bombardements de la Seconde Guerre mondiale, à Pierre Puget (1620-1694). Le lieu ne se visite pas, mais vous pourrez admirer le calcaire rosé et les éléments sculptés de la façade. À l'arrière, le pont couvert du XVIIIe siècle est classé monument historique depuis 1948.

❸ Hôtel-Dieu

Impossible de rater ses élégantes arcades. Comme la Vieille-Charité, il accueillait au XVIIIe siècle les malades et les indigents. Ses trois étages d'arcades sont caractéristiques de l'architecture hospitalière. C'est aujourd'hui un hôtel de luxe, qui, en échange d'un bail emphytéotique de 99 ans, a mené d'importants travaux de rénovation. La nuit, le lieu est sublimé par un jeu de lumières.

❹ Montée des Accoules

En continuant rue Caisserie, empruntez sur votre droite la jolie montée des Accoules. Le haut de la montée ménage une perspective sur le clocher des Accoules, seule partie rescapée d'une église du XIIIe siècle détruite pendant la Révolution, et, en contrebas, le pavillon Daviel – l'ancien palais de justice devant lequel se dressait autrefois la guillotine.

❺ Place des Moulins

En empruntant sur la droite la rue des Moulins, vous arriverez à la place du même nom, animée et pleine de charme.

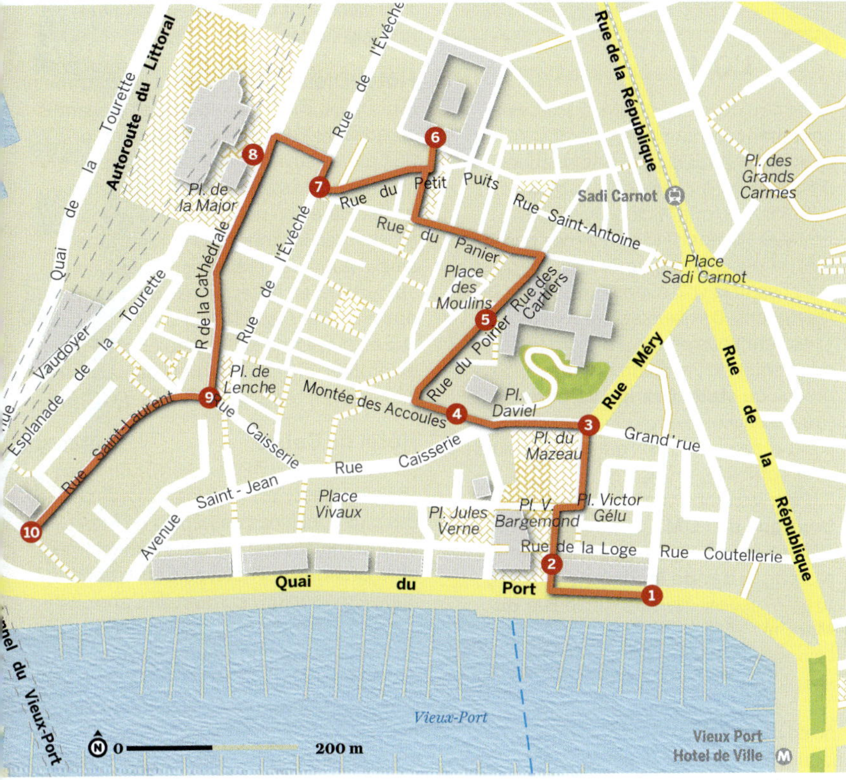

Redescendez ensuite par la rue du Panier, en direction de la Vieille-Charité.

6 Vieille-Charité

C'est le site phare du quartier qui abrite aujourd'hui deux musées (p. 59). On peut aussi simplement y entrer pour admirer la coupole et les rangées d'arcades de cet ancien hôpital du XVIIe siècle.

7 Place des Treize-Cantons

Arrêtez-vous pour boire un verre au fameux Bar des Treize Coins qui attire à la fois une clientèle de quartier et les fans de la série *Plus belle la vie*, qui semblerait s'être inspirée du lieu pour ses décors.

8 Cathédrale de la Major

Édifiée au XIXe siècle dans le style romano-byzantin, elle est bâtie sur un site religieux très ancien, qui remonte au moins au Ve siècle. Les travaux s'éternisèrent de 1852 à 1893, constituant le plus gros chantier religieux du siècle.

9 Place de Lenche

Un autre lieu idéal pour boire un verre et observer des tranches de vie du quartier Ne repartez pas sans avoir dégusté une glace en bas de la place au Glacier du Roi, ou acheté, juste à côté, quelques navettes à la fleur d'oranger.

10 Église Saint-Laurent

En remontant la rue Saint-Laurent, vous arriverez à l'église du même nom (XIIe siècle), paroisse des marins et des pêcheurs. De là, admirez la vue sur le port, la Bonne Mère et le Mucem.

Arrivée : Fort Saint-Jean, Mucem

L'OM

C'est peu de le dire : l'OM et Marseille sont mariés, enchaînés, pour le meilleur et pour le pire. Une relation passionnelle qui dure depuis plus de 100 ans, puisque le club a vu le jour en 1899 ! Même si vous n'aimez pas le foot, impossible d'ignorer l'excitation qui envahit la ville avant et pendant les matchs. Des sensations à vivre, si le cœur vous en dit, à proximité du rond-point du Prado dans l'ambiance unique du **stade Orange Vélodrome** (www.orangevelodrome.com ; visites adulte/6-12 ans 18/12 €), qui se visite aussi avec l'office du tourisme.

Pour les emplettes, direction la **boutique de l'OM** (☎ 01 04 91 39 30 30 ; 44 La Canebière, 1er), et, pour regarder les matchs, le **Bar de la Plaine** (☎ 04 13 63 10 63; 57 pl. Jean-Jaurès, 5e) et le **Bar du Marché** (☎ 04 91 92 58 89 ; 17 pl. Notre-Dame-du-Mont, 6e).

Ancien hôpital au XVIIe siècle, œuvre magnifique de Pierre Puget, la Vieille-Charité est devenue un centre culturel de renom. Le **musée des Arts africains, océaniens et amérindiens (MAAOA)** est à ne manquer sous aucun prétexte ! Situé un étage plus bas, le **musée d'Archéologie méditerranéenne** abrite une belle collection d'art égyptien (la deuxième de France après celle du Louvre). La Vieille-Charité accueille aussi des expositions temporaires.

Cathédrale de la Major Édifice religieux
(pl. de la Major, 2e ; 🕘 été 10h-19h, hiver 10h-18h ; M Joliette ou Vieux-Port, 🚌 49 et 82). Unique en son genre en France, la Major évoque l'Orient avec son style romano-byzantin. Paradoxalement, les Marseillais ne se sont jamais vraiment attachés à leur cathédrale, leur passion allant à Notre-Dame-de-la-Garde. Les entrepôts portuaires sous la cathédrale, qui datent de la fin du XIXe siècle, ont retrouvé leur lustre et accueillent des commerces.

Hôtel-Dieu Patrimoine
(6 pl. Daviel, 2e ; M Vieux-Port). Ses élégantes arcades du XVIIIe siècle, sublimées la nuit par de savants jeux de lumière, sont caractéristiques de l'architecture hospitalière : on pensait que le grand air chassait les miasmes et contribuait ainsi à guérir les maladies ! Transformé aujourd'hui en hôtel de luxe cinq étoiles, où opère le chef étoilé Lionel Lévy, il offre une vue en surplomb sur le Vieux-Port. Pour en profiter, offrez-vous, pourquoi pas, un expresso en terrasse (6 € tout de même !).

Hôtel de Cabre Patrimoine
(27 Grand-Rue, 2e ; M Vieux-Port). Édifiée en 1535, la bâtisse est considérée comme l'une des plus anciennes demeures de Marseille. Situé à l'angle de la rue de la Bonneterie et de la Grand-Rue, l'hôtel de Cabre, encore appelé maison de l'Échevin de Cabre, est classé monument historique. En 1954, lors de la reconstruction du quartier, bombardé en 1943, le bâtiment fut tourné à 90 degrés pour se retrouver dans l'alignement des nouveaux immeubles. Résultat, vous pouvez observer sur la façade les noms inversés des rues Bonneterie et Grand-Rue, placés l'un au-dessus de l'autre !

FRAC Paca Art contemporain
(☎ 04 91 91 27 55 ; www.fracpaca.org ; 20 bd de Dunkerque, 2e ; tarif plein/réduit 5/2,50 €, gratuit dim et -18 ans ; 🕘 été mar-sam 12h-19h, dim 14h-18h, hiver mar-sam 11h-18h, dim 14h-18h, fermé entre deux expositions ; M Joliette, 🚌 49, 🚊 2 arrêt Joliette). Le Fonds régional d'art contemporain s'est offert un bel écrin avec ce bâtiment imaginé par l'architecte japonais Kengo Kuma. Plusieurs expositions y sont organisées dans l'année.

La Canebière, Noailles et Belsunce

Canebière Avenue mythique
Percée sous Louis XIV, la Canebière devint au XIXe siècle une prestigieuse avenue, reliant le Vieux-Port à l'église des Réformés.

L'essor des colonies signa ses heures de gloire avec négociants, hôtels de luxe et salles de music-hall. Aujourd'hui, la célèbre avenue cherche à retrouver son lustre d'antan. En témoignent les ouvertures en juillet 2019 d'un hôtel quatre étoiles et d'une brasserie chic.

À la faveur d'une opération de redynamisation du centre-ville, le bas de la Canebière a récemment été piétonnisé du Vieux-Port jusqu'à Belsunce. Tous les derniers dimanches du mois, l'artère est aussi rendue aux piétons avec l'événement culturel et artistique les "Dimanches de la Canebière". Enfin, en 2021, un cinéma devrait voir le jour en haut de la Canebière.

Noailles — Quartier

Pétulant et métissé, Noailles est un voyage en soi. Les bazars du quartier vendent produits et épices du monde, dans une ambiance de souk oriental. Au **marché des Capucins** (lun-sam 8h-19h ; M Noailles ; 2 Canebière-Capucins), dressé sur la place éponyme, les échoppes proposent fruits et légumes à des prix imbattables. Pour les denrées exotiques, rendez-vous à deux pas de là, place des Halles-Delacroix, chez Tam-Ky. Mais dans ce quartier populaire, promis depuis plusieurs années à un grand plan de restructuration immobilière, la population est souvent délaissée. En novembre 2018, deux immeubles vétustes de la rue d'Aubagne se sont effondrés, tuant 8 personnes. Un drame dont Marseille, meurtrie, peine à se relever.

Belsunce — Quartier

Aménagé au XVIIe siècle, le cours Belsunce devint vite le lieu de promenade des Marseillais avant d'accueillir, en 1857, le music-hall de l'**Alcazar** (04 91 55 90 00 ; 58 cours Belsunce ; mar-sam 11h-19h ; M Vieux-Port ou Noailles, 2 Belsunce Alcazar), où Yves Montand a fait ses débuts ! Le lieu, dont la marquise d'entrée a été préservée, est aujourd'hui une bibliothèque municipale. Aujourd'hui, Belsunce est un quartier qui témoigne du caractère populaire du centre-ville de Marseille.

Cours Julien – la Plaine

C'est le repaire des étudiants et d'une certaine bohème à la marseillaise. Le spot

Marché des Capucins, quartier de Noailles

BASILE VAILLANT ©

AMANDINE RANCOULE ©

De gauche à droite : Belle de Mai ; palais Longchamp ; vallon des Auffes

idéal pour un verre en terrasse, de jour comme de nuit, et pour flâner dans les boutiques de créateurs.

Ne manquez pas le marché paysan du "Cours Ju", comme l'appellent les Marseillais, le mercredi de 7h à 13h, où vous pourrez trouver des produits bio. A quelques mètres, La place Notre-Dame-du-Mont réunit aussi de nombreux bars et restaurants.

Du côté de la Plaine, en proie à un long chantier de réhabilitation, le marché a été déplacé en deux lieux, au Prado et à la Joliette, les mardis, jeudis et samedis. Les travaux de rénovation de la place Jean-Jaurès, longtemps au cœur de vives tensions avec les habitants du quartier opposés au projet, devraient durer jusqu'en décembre 2020.

Quartier Longchamp – Belle de Mai

Le tramway a redonné de l'allant à ce quartier où trône le majestueux palais Longchamp, par ailleurs l'un des rares poumons verts du centre-ville. De là, on peut rejoindre à pied le quartier populaire de la Belle de Mai, où la Friche joue le rôle d'agitateur culturel.

Palais Longchamp — Parc et musées

Inauguré en 1869, le palais Longchamp célèbre avec magnificence l'arrivée des eaux de la Durance à Marseille. Outre sa fontaine monumentale, le site vaut le détour pour la collection permanente et les expositions temporaires du **musée des Beaux-Arts** (04 91 14 59 30 ; musee-des-beaux-arts.marseille.fr ; tarif plein/réduit 6/3 € collection permanente, 6-12/3-8 € selon les expositions, gratuit -18 ans, étudiant -26 ans et 1er dim du mois ; tlj sf lun 9h30-18h ; M Cinq-Avenues, 2 arrêt Longchamp), installé dans l'aile gauche du palais. Un ensemble des plus grands maîtres italiens, français et représentants des écoles du Nord des XVIe et XVIIe siècles y est montré, ainsi qu'une intéressante collection d'œuvres provençales. L'aile droite accueille un **Muséum d'histoire naturelle** (04 91 14 59 52 ; www.museum-marseille.org ; tarif plein/réduit 6/3 €, gratuit -18 ans, étudiant -26 ans et 1er dim du mois ; 9h-18h tlj sf lun ; M Cinq-Avenues, 2 arrêt Longchamp), où la galerie

OLENAZAK/ADOBE STOCK ©

d'animaux empaillés fait généralement le bonheur des enfants. Derrière le palais, le **parc Longchamp** (accès aussi par le bd du Jardin-Zoologique, 4e ; 7h-18h30 oct-mars et 7h-20h avril-sept) est un poumon vert salutaire où il fait bon se promener et pique-niquer. Jeux d'enfants et balades en poneys en prime !

Friche la Belle de Mai — Lieu culturel

(04 95 04 95 95 ; www.lafriche.org ; 41 rue Jobin, 3e ; entrée libre sur le site, tarif plein/réduit 5/3€, gratuit -18 ans, étudiant ; site 8h30-22h30 lun-dim, expositions 14h-19h mer-ven, sam-dim 13h-19h ; 49, 52, M Saint-Charles puis 15 min à pied, 2 arrêt Longchamp puis 10 min à pied). La Friche la Belle de Mai, du nom du quartier qui l'entoure, est un lieu culturel incontournable. La programmation y est foisonnante et éclectique. Cette ancienne manufacture de tabac abrite près de 70 structures témoignant de la créativité de la ville. La Tour-Panorama, conçue par les architectes Matthieu Poitevin et Pascal Reynaud, accueille régulièrement des expositions d'arts visuels et contemporains. L'immense toit-terrasse de 8 000 m² offre l'été des rendez-vous festifs, concerts, DJ sets ou ciné en plein air ! Bref, guettez l'agenda, il se passe souvent quelque chose à la Friche. À noter : la belle programmation pour les enfants, qui disposent d'espaces culturels dédiés. Le sport n'est pas en reste avec une aire de jeux, un playgroud et un skate park. Et, pour se restaurer sur place, quand les food trucks ne sont pas de sortie, il y a le restaurant **Les Grandes Tables** (04 95 04 95 85 ; plats 9-16 € ; midi tlj, soir jeu-sam et soirs de spectacle). Également une petite restauration sur place ou à emporter à midi, dans l'espace café-librairie **La Salle des Machines** (04 95 04 95 95 ; tlj)

La Corniche

Après la belle **plage des Catalans** (été 8h30-20h, hors saison jusqu'à 17h30 ou 18h30 ; 81), ne manquez pas le **vallon des Auffes**, un adorable petit port de pêche où se balancent les "pointus" (barques locales) colorés, entouré de cabanons agrippés en désordre aux rochers. Une carte postale grandeur nature qui vaut le détour. Quelque 300 m plus loin, la

Plage des Catalans

Corniche s'éloigne du bord de mer et délimite la **presqu'île de Malmousque**. Il faut prendre le temps d'y descendre et de flâner dans le lacis des venelles pour humer cette ambiance si particulière. En contrebas des bâtiments de la légion étrangère, un bout de sentier du littoral a été aménagé en agréable promenade, prisée des Marseillais. Surplombée d'un viaduc, l'**anse de la Fausse Monnaie** donne une bonne idée de la topographie qui a inspiré à Maylis de Kerangal le superbe *Corniche Kennedy*. À partir de là, vous pouvez circuler à vélo sur une piste à double sens sécurisée de 2 km, jusqu'au Nhow Marseille, environ. Un banc court tout le long de la Corniche, avant de céder la place au parc balnéaire du Prado.

Le Prado

Cité Radieuse — Architecture utopique

(www.marseille-citeradieuse.org ; 280 bd Michelet, 8e ; accès libre ; tlj ; M Rond-Point-du-Prado, puis bus 21 ou 22). Édifiée entre 1947 et 1951 par Charles-Édouard Jeanneret, dit Le Corbusier, cet édifice imposant est un joyau de l'architecture contemporaine, classé en 2016 au patrimoine mondial de l'Unesco. Son béton brut, ses pilotis et ses loggias polychromes n'ont pas toujours séduit les Marseillais, qui la surnommaient la "Maison du Fada". Il est possible de visiter le bâtiment et un **appartement-témoin** avec l'office de tourisme (tarif adulte/enfant 6-12 ans 10/5 €). Sur le toit-terrasse, le designer Ora-ïto a investi l'ancien gymnase pour y ouvrir un centre d'art baptisé **Mamo** (01 42 46 00 09 ; www.mamo.fr ; entrée libre ; 11h-18h tlj sf mar en juin, juillet et août), pour "Marseille Modulor". Offrez-vous une escapade culinaire gastronomique au **Ventre de l'Architecte** (www.hotellecorbusier.com ; 280 bd Michelet, 8e ; 04 28 31 43 68 ; tlj). Vue imprenable et esprit vintage sont au rendez-vous.

Parc et château Borély — Jardins et musée

Ancienne propriété de la famille Borély, la bastide, construite en 1766, est un chef-d'œuvre d'architecture du XVIIIe siècle. Entièrement rénovée, elle abrite le **musée des Arts décoratifs, de la Faïence et de la Mode** (04 91 55 33 60; 134 av.

Clot-Bey, 8e ; tarif plein/réduit 6/3 € collection permanente, 6-12/3-8 € selon les expositions, gratuit -18 ans, étudiants -26 ans et 1er dim du mois ; tlj sf lun 9h30-18h ; M Rond-Point-du-Prado, puis 19, 44 ou 83), qui offre une belle visite, à l'atmosphère très contemporaine. Au-dehors, le **parc** (6h-21h tlj) de 18 ha, accueillant lac, jardins à la française, roseraie, jardin botanique, pelouses ombragées, est un endroit prisé des sportifs pour le footing ou un tour à vélo. Les familles marseillaises se rendent volontiers au sein de ce remarquable espace vert. Les petits insisteront peut-être pour se balader en voitures à pédales, à louer à l'entrée du parc. Le **jardin botanique** (tarif plein/réduit 3/1,50 € gratuit -18 ans, étudiant-26 ans ; 10h-18h tlj sf lun) vaut le détour avec ses 3 000 espèces végétales et son hôtel à insectes.

Activités

Plages

En famille, préférez les **plages des Catalans** (jusqu'à 20h en été), du **Prophète**, du **Prado**, de la **Pointe Rouge** ou, après l'Estaque, la **plage de Corbières**. Pour un pique-nique au soleil couchant, optez pour les **rochers de Malmousque** ou la **plage de la Verrerie** (également appelée de la Bonne Brise), après la Pointe Rouge.

Pour des coins plus sauvages, cap sur l'**île du Frioul** (p. 58), la **Côte Bleue** (p. 82), les **Goudes** (p. 79), la **baie des Singes** ou, bien sûr, les incontournables **calanques** (p. 78).

Entre la Madrague-de-Montredon et le début de la route des Goudes, le **Montrose** est un rendez-vous gay connu.

Plongée

La cité phocéenne compte des sites de plongée exceptionnels et très variés. De nombreuses épaves, facilement accessibles, renforcent l'attrait de ce secteur. Plusieurs centres accueillent des plongeurs de tous niveaux et proposent des baptêmes de plongée. Parmi eux, vous pouvez contacter :

Archipel Plongée (04 91 25 23 64, 06 09 52 37 12 ; www.plongee-marseille.com ; port de la Madrague-de-Montredon, 42 bd Mont-Rose, 8e ; baptême 70 €)

Centre international de plongée Marseille Pointe Rouge (04 91 72 43 77, 06 18 97 83 45 ; www.cip-marseille.fr ; port de la Pointe-Rouge, 8e, entrée n°3 ; baptême 70 €)

Centre de loisirs des Goudes (04 91 25 13 16, 06 73 87 78 08 ; www.centredeloisirsdesgoudes.com, 2 bd Alexandre-Delabre, 8e ; baptême 61 €)

Randonnée aquatique

Le club de plongée **Dune** (04 88 66 48 14 ; www.dune-marseille.com ; 7 port de la Pointe-Rouge, 8e ; sortie snorkeling d'une durée de 3 heures, adulte/enfant 7-14 ans/famille, un adulte et un enfant, 29/26/52 €) s'est spécialisé dans la randonnée aquatique, et propose également des activités d'apnée.

Kayak de mer

Pour découvrir les calanques en kayak, contactez **Raskas Kayak** (04 91 73 27 16 ; www.raskas-kayak.fr ; 47 impasse du Docteur-Bonfils, 8e ; sortie demi-journée d'une durée de 4 heures 35 €) qui propose différentes sorties (demi-journée, journée, spécial famille, coucher du soleil, etc.).

Hammam

Zein Oriental Spa Bien-être

(04 91 59 11 11 ; marseille.zeinorientalspa.fr ; 16 quai de Rive-Neuve, 1e ; femmes 11h-21h lun et mer, 11h-16h jeu, ven, sam ; mixtes 12h-20h mar, 16h-21h jeu, ven, sam et 13h-21h dim ; hammam 22 €, forfaits 48-149 €). Dans les anciens arsenaux du roi, ce lieu élégant, plongé dans une lumière tamisée, est une ode à la détente.

Où se loger

Auberge de jeunesse de Bonneveine Plages €

(04 91 17 63 30 ; www.ajmarseille.org; impasse du Dr-Bonfils, 8e ; dort 21,20/25,30 €, chambre 2 lits 26,20/27,90 € par pers avec draps et petit-déj, gratuit -3 ans ; fermé mi-déc à mi-jan). À quelques pas du parc Borély et des plages,

BASILE VAILLANT

Où manger une bouillabaisse ?

Pour goûter l'incontournable plat de poissons marseillais, une règle d'or : passer commande au moins 24 heures à l'avance. Voici quelques bonnes adresses :

- **Miramar** (04 91 91 10 40 ; www.bouillabaisse.com ; 12 quai du Port, 2e ; bouillabaisse 69€ ; tlj sf lun ; Vieux-Port). Très touristique, mais il est membre fondateur de la Charte de la bouillabaisse. On peut apprendre à la cuisiner chaque 3e jeudi du mois (sur réservation auprès de l'office du tourisme, 112 €/pers.).
- **Chez Loury** (04 91 33 09 73 ; www.loury.com ; 3 rue Fortia, 1er ; bouillabaisse 48 € ; tlj sf dim ; Vieux-Port). Une bonne option en centre-ville à prix abordables.
- **Chez Fonfon** (04 91 52 14 38 ; 140 rue du Vallon-des-Auffes, 7e ; bouillabaisse 53 € ; tlj ; 83). Pour une bouillabaisse dans le cadre du vallon des Auffes.
- **Chez Michel** (04 91 52 30 63 ; www.restaurant-michel-13.fr ; 6 rue des Catalans, 7e ; bouillabaisse 78€ ; tlj ; 81, 82). Depuis 1946, la famille Michel propose une cuisine traditionnelle à base de poisson. Sa bouillabaisse reste une valeur sûre. Face à la plage des Catalans.
- **L'Espaï du Grand Bar des Goudes** (04 91 73 43 69 ; 29 rue Désiré-Pelaprat, 8e ; bouillabaisse 49€ ; tlj sf mer ; 81, 82). Sur la route des calanques, une adresse coup de cœur pour la vue sur le petit port, la qualité des produits et la gouaille du patron.

cette auberge propose des chambres et dortoirs de 2, 4, 6 et 8 lits, dont certains sont équipés de douche et de lavabos. Sanitaires communs à chaque étage.

Vertigo Vieux-Port Auberge actuelle **€**

(04 91 54 42 95 ; www.hotelvertigo.fr ; 38 rue Fort-Notre-Dame, 7e ; dort/d avec petit-déj à partir de 18/50 € ; ; Vieux-Port, 82, 83). Installée sur le Vieux-Port dans les anciens arsenaux, cette adresse sympathique et stylée loue des chambres-dortoirs impeccables de 2 à 16 personnes. Ambiance auberge internationale, espaces communs arty, cuisine à disposition... Un must en son genre, doublé d'une seconde adresse près de la gare Saint-Charles : le **Vertigo Centre** (04 91 91 07 11 ; 42 rue des Petites-Maries, 1er ; dort/d à partir de 22/50 € ; Saint-Charles).

Ibis Budget Vieux-Port Central et fonctionnel **€**

(08 92 68 05 82 ; www.ibis.com ; 46 rue Sainte, 1er ; ch 56-70 €, petit-déj buffet à volonté 7 € ; ; Vieux-Port). Emplacement exceptionnel (à deux pas du cours d'Estienne-d'Orves) et prix imbattables pour cet établissement en partie situé dans un bâtiment historique, l'ancien arsenal des galères du roi. Les chambres sont petites mais fonctionnelles.

Le Ryad Petit-déjeuner au patio **€€**

(04 91 47 74 54 ; www.leryad.fr ; 16 rue Sénac, 1er ; d 79-169 € selon ch et saison, petit-déj 6 € ; ; Réformés). Vers le haut de la Canebière, ce chaleureux hôtel est logé dans un immeuble traditionnel marseillais. Notes de décoration marocaine, pour des chambres confortables et personnalisées. Dans le patio, petit-déjeuner à la marocaine avec thé et pâtisseries. Possibilité de demander un petit-déjeuner sans gluten et sans lactose. Plusieurs chambres familiales.

Hôtel Hermès Vieux-Port **€€**

(04 96 11 63 63 ; www.hotelmarseille.com/hermes ; 2 rue Bonneterie, 2e ; d 65-135 € selon ch, petit-déj 9 € ; ; Vieux-Port). Bien situé dans une ruelle adjacente au Vieux-Port, côté hôtel de ville, pratique et fonctionnel, cet établissement a un atout majeur :

quelques chambres avec terrasse, dont l'une, véritable nid d'aigle, possède l'un des plus beaux panoramas de la ville. Bar sur le toit-terrasse d'avril à septembre.

Casa Ortega Maison d'hôtes **€€**
(06 80 62 53 21 ; www.casa-ortega.fr ; 46 rue des Petites-Maries, 1er ; d avec petit-déj 90-120 € selon ch ; ; M Saint-Charles). Originale et écosensible, cette maison accueille ses hôtes dans un décor pop et vintage (papiers peints à l'effet visuel garanti !). Atmosphère conviviale et esprit rétro.

Mama Shelter Hôtel design **€€**
(04 84 35 20 00 ; www.mamashelter.com ; 64 rue de la Loubière, 6e ; d 69-139 €, petit-déj buffet à volonté 16 € ; ; M Notre-Dame du Mont ou Baille). La formule Mama Shelter (quartier d'habitation, design à prix modéré, films gratuits, ambiance trendy) est désormais bien rodée. À Marseille elle remplit son office et séduit une clientèle jeune.

Hôtel 96 Près des calanques **€€€**
(04 91 71 90 22 ; hotel96.com ; 96 av. de la Soude, 9e ; d 89-135 €, petit-déj 14 € ; ; M Rond-Point-du-Prado, puis 23). Une bonne option pour les randonneurs et sportifs qui souhaitent séjourner à proximité des calanques. Des chambres claires, modernes et tout confort, certaines en rez-de-jardin, vous y attendent dans une atmosphère familiale. Et pour la détente, jardin, piscine et sauna.

Hôtel Carré Vieux-Port Central **€€€**
(04 91 33 02 33 ; www.hotel-carre-vieux-port.com ; 6 rue Beauvau, 1er ; d 87-149 € selon saison et confort, petit-déj 12 € ; ; M Vieux-Port). Le point fort de cet hôtel trois étoiles est assurément l'emplacement, à deux pas du Vieux-Port. Rénovées, les chambres sont confortables, quoiqu'assez petites pour les premières catégories. Gratuité pour les enfants de moins de 10 ans et tarifs préférentiels pour le parking à proximité.

New Hôtel of Marseille Proche du Pharo **€€€**
(04 91 31 53 15 ; www.new-hotel.com ; 71 bd Charles-Livon, 7e ; d 120-220 € selon ch, petit-déj 16 € ; ; 82 ou 83). Idéalement situé près du Pharo et à 5 minutes à pied de la plage des Catalans, cet hôtel compte de vastes chambres épurées, ainsi qu'une piscine et un bar-restaurant qui rendent le séjour bien agréable.

Hôtel La Résidence du Vieux-Port Chambres avec vue **€€€**
(04 91 91 91 22 ; www.hotel-residence-marseille.com ; 18 quai du Port, 2e ; d 135-220 €, ste 215-250 €, petit-déj 18 € ; ; M Vieux-Port). Ce bel hôtel au style années 1950 offre une vue imprenable sur Notre-Dame-de-la-Garde et le Vieux-Port depuis ses jolies chambres, pour la plupart avec balcon. Différentes catégories de confort, avec mention spéciale pour la suite Notre-Dame, qui tranche par son parquet et son mobilier ancien.

Les Bords de Mer Proche des Catalans **€€€**
(04 13 94 34 00 ; www.lesbordsdemer.com ; 52 corniche Kennedy, 7e ; 180-440 € ch selon saison ; petit-déj 23 €). Le lifting de l'ancien hôtel Richelieu, édifice mythique de la Corniche, est assurément réussi. Le bâtiment Art déco abrite désormais 19 chambres au style discret, tournées vers la Méditerranée. La majorité jouit d'une terrasse ou d'un balcon. Piscine sur le toit.

Hôtel C2 Hôtel atypique **€€€**
(04 95 05 13 32 ; www.c2-hotel.com ; 73 cours Pierre-Puget et 48 rue Roux-de-Brignoles, 6e ; ch classique 199-309 €, luxe 269-379 €, Premium 359-479 €, petit-déj 27 € ; ; M Préfecture). Une adresse luxe et arty, et un ovni dans le paysage hôtelier marseillais. Magnifiquement logé dans un hôtel particulier du XIXe siècle, ce cinq-étoiles ravira les amateurs de design et de déco. Sets DJ et jazz réguliers, bar à cocktails. Plage privée sur l'île Degaby.

Intercontinental Marseille Hôtel-Dieu Bâtiment historique **€€€**
(04 91 01 39 74 ; www.intercontinental.com ; 6 pl. Daviel, 2e ; ch à partir de 225 €, vue port à partir de 355 € petit-déj 29 € ; ; M Vieux-Port). Dans les murs de l'hôtel-

Cours Julien

Dieu, classé monument historique, cet hôtel cinq étoiles possède 194 chambres et suites, dont 72 avec vue sur le Vieux-Port et 33 avec terrasse privative. On retrouve tous les services d'un établissement de cette catégorie : spa, piscine intérieure, restaurant de chef.

Où se restaurer

Vieux-Port et environs

Chez Fanny Street food €

(04 91 44 25 85 ; 27 Grand-Rue, 2e ; sandwichs 5-7 € ; midi lun-ven ; M Vieux-Port). Pour un bon sandwich, avant de visiter le Panier, direction cette petite adresse d'angle, à la devanture vintage. Vous y attendent des sandwichs chauds et froids élaborés avec légumes du primeur, viande de boucher et pain boulanger. Quelques tabourets hauts pour manger sur place.

Les Buvards Bar à vins €€

(04 91 90 69 98 ; 34 Grand-Rue, 2e ; plats 10-17 € ; tlj soir sf dim et lun ; M Vieux-Port). Un bar à vins naturels intimiste et chaleureux où l'on porte haut les couleurs des petits vignerons de qualité aussi bien que des bons plats du jour maison, planches de charcuterie et fromages affinés.

Le Café des épices Cuisine de saison €€

(04 91 91 22 69 ; 4 rue du Lacydon, 2e ; menus midi/soir 27/41 €, plats 17-30 € ; tlj sf dim midi et lun midi ; M Vieux-Port). On aime bien cette table à l'abri de l'agitation du Vieux-Port mais suffisamment proche pour profiter de l'ambiance et d'un brin de vue. Même si le service est inégal, les plats du chef restent inspirés, les produits sont de qualité et le menu est d'une simplicité bienvenue : une viande, un poisson, des pâtes du jour ou une assiette végétarienne. Belle terrasse abritée par les oliviers.

Chez Madie – Les Galinettes Traditionnel €€

(04 91 90 40 87 ; 138 quai du Port, 2e ; plats 11-22 €, formule midi 17 €, menus 27/38 € ; tlj sf dim soir ; M Vieux-Port). Chez Madie, c'est une cuisine provençale de qualité, façon "grand-mère", l'endroit tout indiqué pour goûter sur le Vieux-Port les fameux pieds et paquets marseillais, une bouillabaisse

(sur commande), mais aussi des viandes et tripes, dont les fameux alibofis.

Au Bout du quai Brasserie €€
(04 91 99 53 36 ; 1 av. Saint-Jean, 2e ; plats 18-26 € ; tlj sf dim soir et mar ; M Vieux-Port). Au bout du quai… en direction du Mucem, cette brasserie joliment décorée est d'une belle régularité. De la fine cuisine méditerranéenne est ici concoctée, et le poisson a les honneurs de la carte, comme il se doit.

Sepia Cuisine méditerranéenne €€
(09 83 82 67 27 ; 2 rue Vauvenargues, 7e ; plats 14-20 €, menu soir 41 € ; tlj sf dim et lun ; 54 ou 60). Elle se mérite, mais quelle belle vue depuis le haut du jardin de la colline Puget (pensez à réserver !). Dans les assiettes, de bons produits locaux et une cuisine de saison très convaincante. Atmosphère tendance. Aux beaux jours, les terrasses sous les pins sont bienvenues !

Saisons Cuisine de chef €€€
(09 51 89 18 38 ; 8 rue Sainte-Victoire, 6e ; menus midi 24-29 €, menus soir 55-85 €, plats 50-80 € ; tlj sf sam-dim). Le chef étoilé, Julien Diaz, travaille habilement les produits méditerranéens que le sommelier Guillaume Bonneaud accorde avec finesse. Pensez à réserver : la salle, à la décoration sobre et épurée, compte une trentaine de couverts.

Une Table au Sud Cuisine de chef €€€
(04 91 90 63 53 ; www.unetableausud.com ; 2 quai du Port, 2e ; formules midi 39-56 €, menus 58-135 €, plats 48-78 € ; tlj sf dim soir et lun ; M Vieux-Port). Plus jeune chef ayant décroché une étoile Michelin en 2015, le second de Lionel Levy a bien grandi ! Ludovic Turac excelle dans une cuisine créative aux accents méditerranéens.

Panier et Joliette

Tako-San Japonais traditionnel €
(06 17 62 00 19 ; 36 rue du Petit-Puits, 2e ; plats 7-15 € ; midi jeu-lun, soir ven-sam sur réservation ; M Joliette). Cette enclave japonaise du Panier nous ravit. Vous trouverez non pas ici que des yakitoris et des sushis, mais de vraies spécialités japonaises (en particulier les takoyaki) à emporter ou à déguster dans la petite salle. Bentos tous les midis sauf le dimanche, et certains week-ends les ramen sont à la carte !

Où manger une bonne pizza ?

À Marseille, c'est – après l'OM et la pétanque – l'un des sports favoris : avoir son avis sur la meilleure pizzeria en ville. Outre **Chez Sauveur** (p. 72), celles-ci peuvent prétendre au titre :

- **La Bonne-Mère** (04 91 58 22 05 ; www.pizzeria-labonnemere.fr ; 16 rue Fort-du-Sanctuaire, 7e ; midi ven-sam, soir mar-sam ; M Castellane). Élue meilleure pizza de France en 2016 par le guide Fooding, cette pizzeria conserve ce qui fait son succès : des bons produits et un accueil chaleureux.
- **L'Eau à la Bouche** (04 91 52 16 16 ; www.pizzerialeaualabouche.fr ; 120 corniche Kennedy, 7e ; mer-dim). Une belle carte, et la proximité de Malmousque pour l'option à emporter !
- **Chez Noël** (04 91 42 17 22 ; 174 La Canebière, 1er ; mer-dim). En haut de la Canebière, sympathique et familial.

Maison Geney Sur le pouce €
(04 91 52 44 82 ; 38 rue Caisserie, 2e ; plats 5-8 € ; tlj sf lun, 8h-19h30, dim jusqu'à 18h ; M Vieux-Port, bus 49 ou T2, T3 arrêt Sadi-Carnot). Envie d'un repas sur le pouce mais goûtoux ? Filez les yeux fermés vers cette maison gourmande qui propose de délicieuses focaccias et savoureux sandwichs, soupes et autres plats maison, d'une belle fraîcheur. Les desserts ne sont pas en reste.

Un Petit Cabanon Cuisine méditerranéenne €€
(04 91 90 01 53 ; 63 av. Robert-Schuman, 2e ; plats 12-31 €, menus midi 15-26 €, soir 26-36 € ; midi lun-sam, soir ven-sam ; M Joliette et 2 Joliette). À la Joliette, ce petit cabanon mérite assurément le détour. Sur une

SI VOUS AIMEZ...

Les glaces et les douceurs

Gourmands, vous ne résisterez pas à ces douces tentations...

- **Vanille noire** (07 77 33 68 19 ; 13 rue Caisserie, 2e ; tlj 12h30-19h ; M Vieux-Port). Adeptes de glace artisanale et de créations étonnantes, cédez à l'appel de Vanille noire, vous ne le regretterez pas !
- **La Rose de Tunis** (04 91 52 89 14 ; 5 rue Pavillon, 1er ; tlj 9h-20h30 ; M Jules-Guesde). Une pâtisserie où makrouds, cornes de gazelle et baklavas rivalisent de finesse.
- **L'Éléphant rose à pois blancs** (04 91 47 34 68 ; 25 rue des Trois rois, 6e ; tlj en été, mar-dim en hiver ; M Notre-Dame-du-Mont). Des glaces, de belles pâtisseries, une carte de thés étendue et une décoration toute douce.
- **Emki Pop** (09 72 61 23 98 ; emkipop.fr/ ; 80 bd Vauban, 6e ; tlj sf lun ; 57). Ici, la glace se la joue en mode bâtonnet et garniture au choix. Les cookies ont aussi leur petit succès.100% naturels sans colorants ni conservateurs.
- **Sylvain Depuichaffray** (04 91 33 09 75 ; www.sylvaindepuichaffray.fr ; 66 rue Grignan, 1er ; tlj sf lun ; M Préfecture). Des pâtisseries délicieuses et originales à s'en lécher les babines ; salon de thé pour déguster le tout sur place. Ne manquez pas la chocolaterie, voisine ! (16, rue Breteuil)

partition provençale, les assiettes étonnent par leur créativité. Le cadre, agréable, ajoute au plaisir du moment.

Belsunce, Noailles et Canebière

Saf-Saf (Chez Érouel) — Oriental €

(04 91 91 58 79 ; 29 rue Vincent-Scotto, 1er ; plats 7-16 € ; tlj sf dim ; M Noailles). Un couscous à des prix défiant toute concurrence ! À deux pas du cinéma Les Variétés, voici une sympathique adresse toute simple (grillades, tajines, chorba, bricks...) d'où l'on sort repu et heureux. Le restaurant ne sert pas d'alcool.

Chez Sauveur — Pizzeria €

(04 91 54 33 96 ; www.chezsauveur.fr ; 10 rue d'Aubagne, 1er ; plats 9-15 € ; fermé dim et lun ; M Noailles). S'attabler chez l'incontournable Sauveur, c'est prendre le pouls du quartier et se délecter des savoureuses pizzas, cuites au feu de bois, qui régalent les Marseillais depuis 1943 !

Épicerie L'Idéal — Épicerie fine €€

(09 80 39 99 41 ; www.epicerielideal.com ; 11 rue d'Aubagne, 1er ; plats 10-17 € ; 9h30-20h mar-jeu et sam, 9h30-21h ven ; M Noailles). Une ancienne journaliste gastronomique a composé son épicerie idéale en plein cœur de Noailles. Le plus simple est sans doute de se laisser guider par le menu proposé chaque midi. Sandwichs, houmous magique et petits plats réconfortants (légumes locaux et bio) sont au rendez-vous, à savourer dans une ambiance très delicatessen. Un conseil : arrivez dès 12h. Vous pouvez aussi vous laissez tenter par le petit-déjeuner ou le goûter !

Yima — Cuisine orientale €

(04 91 55 70 13 ; 27 rue d'Aubagne, 1er ; plats 7-21 € ; tlj sf lun-mar 8h30-15h, à partir de 11h30 sam-dim). Contraction de Yemma et Ima, qui signifie "maman" en arabe et en hébreu, Yima sert une cuisine d'inspiration orientale et juive, délicate et parfumée. Ella Aflalo, connue depuis l'émission "Top Chef", et sa brigade de femmes régalent le quartier de Noailles, même au petit-déjeuner (8h30-10h30 ; 9,50 €).

La Mercerie — Bistrot €€

(04 91 06 18 44 ; www.lamerceriemarseille.com ; 9 cours Saint-Louis, 1er ; menus midi 25/29 € ; menu soir 48 € ; mer-dim ; M Noailles, T3, arrêt Cours Saint-Louis). Cet ex-magasin de couture est devenu en quelques mois l'un des lieux branchés du quartier de Noailles. Dans un décor façon chantier, on déguste une cuisine de saison inventive, subtilement mariée aux vins de

BASILE VAILLANT ©

Rue Saint-Ferréol

Laura Vidal, sacrée sommelière de l'année 2020 par le guide gastronomique Gault et Millau. Petit plus : le pain est fait maison. Réservation conseillée.

Cours Julien et la Plaine

Santo Cachon Chilien €

(06 95 99 45 93 ; 40 rue Ferrari, 5e ; plats 5-18 € ; à partir de 19h30 lun-sam ; M Notre-Dame-du-Mont ou T1, arrêt Eugène-Pierre). On croise parfois son food truck lors d'événements marseillais, mais vous pouvez fondre à l'année pour les empanadas, ceviches et autres spécialités de ce chaleureux resto chilien. À accompagner sans aucun doute d'un verre de pisco ou d'un fameux cocktail dont seule la barmaid a le secret!

Georges Bistrot de quartier €€

(09 84 30 53 28 ; 115 bd Chave, 5e ; plats 15-18 €, menu soir 29 € ; 8h-22h mar-sam ; T1, arrêt Camas). Impossible de rater la toile jaune de ce bistrot de quartier, ni la grande terrasse baignée de lumière propice à la détente entre amis. L'ardoise régale les papilles, avec des plats de saison qui tombent juste. En dessert, le cheesecake fait presque partie des classiques.

La Cantinetta Italien €€

(04 91 48 10 48 ; www.restaurantlacantinetta.fr ; 24 cours Julien, 6e ; plats 12-19 € ; tlj sf dim ; M Notre-Dame-du-Mont ou Noailles). Cette table italienne chaleureuse et élégante, un brin tendance, revisite avec brio les standards de la Botte, accompagnés d'une belle sélection de vins de là-bas. L'été, le jardin est un bonheur. Réservation conseillée.

La Marche à suivre Viande €€

(04 91 48 16 44 ; lamarcheasuivre.e-monsite.com ; 12 rue Vian, 6e ; plats 9-29 € ; lun-ven soir ; M Notre-Dame-du-Mont). Avis aux carnivores : de beaux morceaux de viande sont servis sur de larges planches en bois avec légumes et pommes de terre au four. L'ambiance, entre bougies et grands miroirs, convient aux rendez-vous galants comme aux tablées entre amis.

Longchamp et Réformés

Nour d'Égypte Oriental €

(09 80 63 06 56 ; www.nourdegypte.com ; 10 rue Bernex, 1er ; plats 6-15 €, brunch 17 € ;

tlj sf ven midi et dim soir ; M Réformés ou 2 National). La "cantine" de ce centre culturel égyptien est à fréquenter assidûment : produits frais et de qualité, mezze et plats du jour savoureux, et même un brunch oriental le dimanche (uniquement sur réservation), le tout dans un cadre agréable avec le toit-terrasse ouvert aux beaux jours. Pas de vin.

Le Bar à Pain Boulangerie bio €

(06 45 17 37 33 ; 18 cours Joseph-Thierry, 1er ; plats 16-32 € ; mar-ven 8h-20h, jusqu'à 18h sam ; M ou 2 Réformés). Grande terrasse agréable pour profiter des douceurs de ce bar à pain : brioches, cookies, sandwichs et focaccias, selon l'heure. Sans oublier bien sûr le pain au levain ou au petit épeautre, délicieux ! On trouve aussi du pain sans gluten. Citronnade maison, jus bio et accueil charmant.

La Boîte à Sardine Poissonnerie-restaurant €€

(04 91 50 95 95 ; www.laboiteasardine.com ; 2 bd de la Libération, 1er ; plats 16-32 € ; midi mar-sam et soir jeu-ven ; 2 Réformés). Ambiance locale garantie et fraîcheur des produits sans faute, les propositions à l'ardoise variant selon l'arrivage du jour – l'endroit fait aussi poissonnerie. L'addition peut cependant vite grimper. Pensez à réserver.

La Corniche

Chez Jeannot Pizzas et poissons €€

(04 91 52 11 28 ; www.pizzeriachezjeannot.com/ ; 129 vallon des Auffes, 7e ; plats 14-28€ ; tlj ; 83). Adresse mythique du petit port de pêche du Vallon, Jeannot est certes touristique, mais on ne boude pas son plaisir à profiter de la vue, de l'ambiance et de la cuisine familiale du lieu. Pensez à réserver en saison.

L'Épuisette Cuisine méditerranéenne €€€

(04 91 52 17 82 ; www.l-epuisette.fr ; 156 rue du Vallon-des-Auffes, 7e ; menu déj semaine 75 €, menus 110-145 €, plats 55-62 € ; fermé dim et lun ; 83). Le cadre raffiné, les îles du Frioul en toile de fond et un chef créatif formé chez Troisgros font de cette adresse une grande table, gratifiée d'une étoile au Michelin. Une adresse de choix pour les grandes occasions.

Le Petit Nice-Passédat Gastronomique €€€€

(04 91 59 25 92 ; www.passedat.fr ; anse de Maldormé, 7e ; menu midi mar-ven 120-270 €, menus soir 150-390€, plats 115-160 € ; fermé dim et lun ; 83). Tel un bateau amarré aux rochers de Malmousque, une table prestigieuse pour une cuisine méditerranéenne et iodée inventive. Les anémones de mer en beignets légers sont devenues un classique, tout comme le loup Lucie Passédat. Et l'on ne présente plus le chef, Gérald Passédat, le seul à offrir à Marseille trois étoiles au fameux guide rouge.

Chez Aldo Pizzas et poissons €€

(04 91 73 31 55 ; restaurant-chez-aldo.com/ ; 28 rue Audemar-Tibido, 8e ; plats 13-32 € ; fermé dim soir et lun ; 19). Plus loin sur la Corniche, du côté cette fois-ci de la Madrague, on profite de la superbe terrasse face à la mer, jusqu'au coucher du soleil. Au programme : pizzas, poissons à la plancha et bonne humeur décontractée. Bouillabaisse et bourride sur commande.

Le Prado

Café Borély Table bio €€

(04 91 22 46 87 ; www.cafeborely.fr ; 134 av. Clot-Bey, 8e ; plats 17-24 €, brunch 29 € ; 10h-18h mar-dim ; M Rond-Point-du-Prado, puis 19). Un bon point de chute si vous visitez le musée du château Borély, même si assiettes et brunch ne sont pas donnés. Le cadre, déjà, est bien agréable, et les produits proviennent de l'agriculture bio.

Otto Italien €€

(04 91 71 16 52 ; 150 rue Jean-Mermoz, 8e ; plats 26-41 € ; tlj sf dim ; M Rond-Point-du-Prado). Un petit air de trattoria avec ses tables à touche-touche, parfois un peu bancales, où l'on se blottit avec plaisir pour savourer de bons petits plats italiens. Les *linguine alle vongole* en charment plus d'un. Agréable terrasse.

AM Cuisine de chef €€€

(☎04 91 24 83 63 ; www.alexandremazzia.com ; 9 rue François-Rocca, 8e ; menus midi 79-140 €, soir 140-240 € ; ⏲mar-sam ; Ⓜ Rond-Point-du-Prado). Il officiait auparavant au Ventre de l'Architecte de la Cité Radieuse, où son nom faisait déjà sourire de bonheur les gourmets. Alexandre Mazzia est désormais chez lui dans ce restaurant à ses initiales. Avec sa cuisine, le mot créativité prend tout son sens, et l'on embarque comme en voyage dans une succession de dégustations composant le menu. Deux étoiles au Michelin viennent récompenser son talent. Réservation indispensable : l'adresse compte seulement 24 couverts.

Où prendre un verre et sortir

La Caravelle Apéro avec vue

(☎04 91 90 36 64 ; 34 quai du Port, 2e ; ⏲tlj 7h-2h ; Ⓜ Vieux-Port). Vue imprenable sur le Vieux-Port et copieux apéros. Concerts jazz souvent programmés. Passez la porte de l'hôtel Belle-Vue et montez à l'étage.

Café de l'Abbaye Apéro avec vue

(☎04 91 66 87 57; 3 rue d'Endoume, 7e ; ⏲tlj ; 🚌55). Un repaire du quartier Saint-Victor, et un incontournable à l'heure de l'apéro.

Le 143 Bar à bières

(☎06 49 49 53 29 ; 143 rue Sainte, 7e ; ⏲à partir de 16h30mar-sam ; 🚌55). Une adresse design pour les fans de bières : 10 bières à la pression et 20 en bouteille. Planches de charcuterie en accompagnement, et également quelques vins à la carte.

La Ruche Bar à vins et cocktails

(☎04 91 21 62 03 ; 128 rue Sainte, 7e ; ⏲mar-sam 18h-2h ; 🚌55). Un comptoir de 7 m de long, un large choix de cocktails, une ambiance festive et des tapas, bref, l'adresse devenue incontournable de Saint-Victor. Le bar sert jusqu'à 1h.

Le Longchamp Palace Bar

(☎04 91 50 76 13 ; 22 bd Lonchamp, 1er ; ⏲tlj ; Ⓜ Réformés, 🚊National). L'adresse phare de Longchamp, de jour comme de nuit. Brunch le dimanche.

Le Pelle Mêle Jazz

(☎04 91 54 85 26 ; 8 pl. aux Huiles, 1er ; ⏲mar-sam jusqu'à 2h ; Ⓜ Vieux-Port). Un club historique qui a accueilli les plus grands noms du jazz. L'entrée est gratuite, mais les consommations sont majorées pendant les concerts. Carte de circonstance pour les petites faims.

Au Petit Nice Bar

(28 pl. Jean-Jaurès, 5e ; ⏲jusqu'à 2h mar-sam ; Ⓜ Notre-Dame-du-Mont). Une institution du quartier de la Plaine, dont la terrasse est très fréquentée, de jour comme de nuit.

La Maison Hantée Pub-rock

(☎04 91 92 09 40 ; 10 rue Vian, 6e ; ⏲lun-sam 19h-2h ; Ⓜ Notre-Dame-du-Mont). Le bar rock de Marseille. Partie de billard et de babyfoot endiablée.

Le Polikarpov Bar à vodka

(☎04 91 52 70 30 ; lepolikarpov.com ; 24 cours d'Estienne-d'Orves, 1er ; ⏲tlj jusqu'à 1h30 ; Ⓜ Vieux-Port). Un bar à vodka qui réchauffe les soirées quelle que soit la saison.

Le Trolleybus Club

(☎04 91 54 30 45 ; www.letrolley.com ; 24 quai de Rive-Neuve, 7e ; ⏲minuit-6h jeu-sam, mar-sam en été ; Ⓜ Vieux-Port). De l'arsenal des galères il y a 400 ans – à aujourd'hui, les trois salles voûtées du Trolley en ont vu défiler ! Pas de sélection élitiste à l'entrée et mélange des genres côté public réussi.

La Dame Noir Bar DJ

(☎06 95 15 78 12 ; 43 quai de Rive Neuve, 7e ; ⏲mar-sam 18h-2h ; Ⓜ Vieux-Port). Pour festoyer au son d'un label exigeant. On peut aussi manger sur place.

L'Intermédiaire Concerts

(☎04 91 47 01 25 ; 63 pl. Jean-Jaurès, 6e ; ⏲mar-sam 18h-2h ; Ⓜ Notre-Dame-du-Mont).

Marseille trinque à la bière

Capitale du pastis, bien sûr. Mais pas que. En quelques années, la bière a trouvé une place dans le cœur des Marseillais. D'abord avec la **Bière de la Plaine** (04 91 47 32 54 ; 16 rue Saint-Pierre, 6e ; jeu-sam 14h-17h ; M Notre-Dame-du-Mont), brassée depuis 2013 dans l'atelier de la Plaine, où des visites sont organisées, ainsi que des cours de brassage et des "work chope". Depuis 2015, **La Minotte** (09 52 37 78 19 ; 268 av.de la Capelette, 10e ; 16h-20h lun-jeu et 16h-22h ven ; M Castellane puis bus 18, arrêt Fifi-Turin) sort chaque année 800 hl de bière et propose une gamme de 8 bières permanentes brassées à la main. Des cours de brassage sont aussi organisés. **La Part Faite**, 100% bio, arrive tout droit de la microbrasserie des Suds (06 47 35 89 37 ; 6 traverse de la Bounaude, 11e ; M Sainte-Marguerite puis bus 15 arrêt Saint-Loup-de-Trets) qui met en place des dégustations et des visites. Quant aux **Tiboulen**, **Gaby**, **Riou**, **Maïre** et **Planier**, du nom des îles autour de Marseille, elles sont fabriquées à la brasserie artisanale **Zoumaï** (09 53 87 03 79, 7 cours Gouffé, 6e ; 17h30-23h30 mar-sam), pour "Zou" (allez) et "Maï" (encore). Au comptoir, d'autres bières 100% made in Marseille sont proposées ! Depuis peu, Marseille a même son festival de la bière artisanale, Provence bières connexion, au mois de mai. L'illustre fête de la bière bavaroise, Oktoberfest, donne aussi lieu à des soirées arrosées.

Un incontournable des nuits de la Plaine. Scène ouverte et concerts.

Achats

La Maison du Pastis — Apéritif

(04 91 90 86 77 ; www.lamaisondupastis.com ; 108 quai du Port, 2e ; lun-sam 10h-19h, dim 10h-17h mi-juin à mi-sept, lun-sam 10h30-18h30 reste de l'année ; M Vieux-Port). Vente et dégustation de 95 pastis et absinthes différents.

Les Navettes des Accoules — Biscuits

(04 91 90 99 42 ; www.les-navettes-des-accoules.com ; 68 rue Caisserie, 2e ; lun-sam 9h30-19h, dim 10h-18h ; M Vieux-Port). Les célèbres navettes marseillaises mais aussi des macarons et des croquants qui régaleront les gourmands.

La Licorne — Savonnerie

(04 91 39 22 09 ; www.savon-de-marseille-licorne.com ; 112 quai du Port, 2e ; tlj 10h-20h ; M Vieux-Port). Le savon de Marseille fabriqué dans les règles de l'art.

Maison Empereur — Quincaillerie

(04 91 54 02 29 ; www.empereur.fr ; 4 rue des Récolettes, 1er ; lun-sam 9h-19h ; M Vieux-Port ou Noailles, tram 3 Cours Saint-Louis ou tram 2 Canebière-Capucins). L'endroit est génial, on s'y perd avec délices et l'on se prend même à rêver sur des rouleaux de torchons, c'est vous dire ! Bon plan cadeau : le bel espace situé au 1er étage (objets utiles, déco, jouets anciens, etc.) et la boutique de vêtements intemporels ouverte au n°8 de la rue.

Le Père Blaize — Herboristerie

(04 91 54 04 01 ; www.pereblaize.fr/ ; 4 rue Méolan, 1er ; mar-sam 9h30-18h30 ; M Vieux-Port ou Noailles, tram 3 cours Saint-Louis). Le Père Blaize a commencé à soigner les maux des Marseillais en 1815 ! On y vient pour les conseils avisés sur les plantes, les tisanes, les huiles essentielles... En face, la maison Blaize propose de délicieuses tisanes à boire sur place ou à emporter.

Sessùn — Mode

(04 91 52 33 61 ; fr.sessun.com ; 6 rue Sainte, 1er ; lun 13h-19h, mar-sam 10h-19h ; M Vieux-Port). L'une des créatrices qui écrit l'histoire de la mode marseillaise.

Les Terrasses du Port — Centre commercial

(04 91 54 04 01 ; www.lesterrassesduport.com ; 9 quai du Lazaret, 2e ; tlj 10h-20h ; M Joliette, tram 2 et 3 Joliette). Il n'est pas dans nos habitudes de renseigner un centre commercial, mais

ce chouchou des Marseillais, figure de proue du renouveau de la Joliette, se distingue par son emplacement : de la terrasse, au niveau 2, on a une vue superbe sur le port et les paquebots à quai. En saison (avril à septembre), les soirées sur le rooftop sont courues.

Renseignements

Office du tourisme (0826 500 500 ; www.marseille-tourisme.com ; 11 La Canebière, 1er ; M Vieux-Port). L'office propose un **City Pass** (adulte 27/37/43 € pour 24/48/72 heures, enfants 7-15 ans 17/22/26 €). Il inclut le transport illimité sur le réseau RTM, l'entrée aux musées de la ville, l'accès au bateau pour le château d'If, au petit train touristique et à certaines visites guidées de l'office.

Greeters (www.marseilleprovencegreeters.com). Une association qui programme des balades dans la cité phocéenne et aux alentours avec de "vrais" Marseillais.

Hôtel du Nord (hoteldunord.coop). Une coopérative d'habitants qui propose de l'hébergement et des balades patrimoniales à thème pour sortir des sentiers battus, dans les quartiers Nord et la région de Marseille.

Depuis/vers Marseille

AVION

L'**aéroport de Marseille-Provence** (04 42 14 14 14 ; www.marseille.aeroport.fr) est situé à 25 km au nord-ouest de la ville, à Marignane. Fréquentes **navettes** (www.navettemarseilleaeroport.com) de 3h30 à 0h50 de la gare Saint-Charles de Marseille à l'aéroport et de 4h10 à 1h30 de l'aéroport à la gare Saint-Charles de Marseille (entre 30 et 50 min, tarif plein/12-25 ans/6-11 ans 10/7/5 €, gratuit -6 ans, billets vendus à la gare Saint-Charles tlj de 5h30 à 21h30, à l'aéroport tlj de 6h à 22h15, à bord des cars en dehors des horaires précédents). En **taxi**, comptez entre 50 et 65 € depuis l'aéroport.

BUS

La **gare routière** (04 91 08 16 40) se trouve dans le prolongement de la gare SNCF Saint-Charles. Plusieurs compagnies de bus proposent des liaisons entre Marseille et des villes françaises ou européennes (Blablabus, Flixbus etc.).

La Maison du Pastis

TRAIN

La **gare SNCF Saint-Charles** (0 800 11 40 23 ; www.voyages-sncf.com ; square Narvik, 1er) accueille des trains en provenance de toute la France. Des trains directs rallient Marseille en 4 heures 30 depuis Lille, 3 heures depuis Paris, 6 heures 30 depuis Bordeaux, 4 heures depuis Toulouse et 1 heure 40 depuis Lyon. Les TGV **Ouigo** (www.ouigo.com) desservent également la gare depuis Lyon, Paris et Marne-la-Vallée.

Comment circuler

BUS, MÉTRO ET TRAM

Ils sont gérés par la **Régie des transports métropolitains** (www.rtm.fr). Un ticket Solo (bus, métro, tram) coûte 1,80 € (puis 1,70 € en recharge) et reste valable 1 heure. La carte Pass 24 heures et Pass 72 heures à 5,20 € et 10,80 € permet de voyager sans limitation sur l'ensemble du réseau RTM (hors navettes maritimes).

Les deux lignes de métro fonctionnent de 5h à 0h30. Le tramway circule de 5h à 0h45 sur trois lignes. Les bus roulent de 5h à 21h30. Un réseau de nuit, allégé, prend le relais jusqu'à 0h45.

Pour calculer vos itinéraires à Marseille et dans le département, rendez-vous sur www.lepilote.com.

VÉLO

Un ticket 7 jours permet de profiter de la location de vélos en libre service appelés à Marseille **Le Vélo** (www.levelo-mpm.fr ; 1 €, puis 1 €/heure au-delà des 30 premières minutes gratuites).

FERRY-BOAT

Pour traverser le Vieux-Port de la place aux Huiles à la mairie et vice versa, empruntez le ferry-boat (0,50 € ; tlj 7h30-20h30).

NAVETTE MARITIME

De fin avril à fin septembre, la RTM organise trois dessertes maritimes : du Vieux-Port à la Pointe-Rouge (35 minutes de trajet), de la Pointe-Rouge aux Goudes (15 minutes de trajet) et du Vieux-Port à l'Estaque (35 minutes de trajet). Les navettes maritimes proposent un départ toutes les heures (www.rtm.fr ; 5 € avec correspondance pendant 1 heure 30 sur le réseau RTM et 8 € jusqu'aux Goudes avec correspondance garantie à la Pointe-Rouge et pendant 3 heures sur le réseau RTM ; en espèces uniquement, vente à bord).

TAXI

Un numéro unique (0 811 469 090) permet de joindre l'une des 32 bornes de taxis de Marseille, pour commander un taxi proche de votre lieu de départ. Vous pouvez aussi contacter les centrales : **Taxis de Marseillais** (04 91 92 92 92) ou **Taxis Radio Marseille** (04 91 02 20 20).

Les calanques

Il aura fallu une quinzaine d'années de gestation pour parvenir à la création, en 2012, du **parc national des Calanques** (www.calanques-parcnational.fr), paradis pour randonneurs, grimpeurs, plongeurs et baigneurs. Ses spécificités expliquent pour beaucoup cette lenteur, puisqu'il couvre un territoire à la fois péri-urbain, terrestre, marin et insulaire. Son cœur marin compte ainsi 43 500 ha, et son cœur terrestre 8 500 ha, répartis entre Marseille, Cassis et La Penne-sur-Huveaune. On y trouve 140 espèces terrestres et végétales protégées et 60 espèces maritimes patrimoniales !

Même si on peut s'approcher de certains points en voiture, le massif des Calanques se découvre à pied. Quelle que soit votre forme physique, ne partez jamais à l'improviste : sans un minimum d'équipement, ce lieu paradisiaque peut vite se transformer en véritable enfer. N'oubliez donc pas une quantité d'eau suffisante (ne comptez pas en trouver en chemin), un chapeau, des lunettes de soleil, de bonnes chaussures de marche, une crème solaire efficace et une carte (*Les Calanques de Marseille à Cassis*, IGN n°82011 ou le topo-guide *Les Calanques à pied*, en vente à l'office du tourisme). Il peut être utile de contacter la Fédération française de la randonnée pédestre (04 91 32 17 10 ; www.ffrandonnee.fr) qui publie aussi des topoguides. Par ailleurs, une carte interactive du parc est en ligne sur le site du parc (www.calanques-parcnational.fr).

Avant le départ, renseignez-vous sur les conditions d'accès, réglementées du

Calanque d'En-Vau

1er juin au 30 septembre en raison des risques d'incendie (et même à partir d'avril pour Sormiou et Sugiton). En fonction des conditions météo, l'accès au massif peut être ainsi interdit toute la journée. Les prévisions sont données au plus tard à 18h pour le lendemain. Appelez le 0811 20 13 13 pour les connaître ou consultez le site de la préfecture www.bouches-du-rhone.gouv.fr.

Enfin, guettez le site du parc (www.calanques-parcnational.fr) pour trouver toutes les animations gratuites organisées dans le parc toute l'année.

Les Goudes

Ce n'est pas encore les calanques, mais, en poursuivant la route de cet adorable petit village jusqu'à la **baie des Singes**, on en a comme un avant-goût avec un paysage de bout du monde.

Callelongue et Marseilleveyre

Des Goudes, une route file aussi vers Callelongue, pour se terminer en cul-de-sac. Au-delà, débute le domaine des grandes calanques, que l'on peut rejoindre à pied par le GR® qui rejoint Cassis (11 heures à crapahuter) et débute ici. Une petite randonnée classique part de là, en direction de la **calanque de Marseilleveyre**, que l'on atteint en une heure de marche environ. Après une brève montée, qui débute en face du restaurant La Grotte, le chemin contourne un mamelon rocheux coiffé d'un sémaphore désaffecté. On parvient ensuite à la petite **calanque de la Mounine**, frangée d'une minuscule plage de galets. De là, le sentier se poursuit presque à fleur d'eau. Face aux îles de Jarre et de Riou, dominée par le massif haut ici de 432 m, la calanque de Marseilleveyre invite au voyage avec son eau transparente, sa plage et ses quelques cabanons, dont l'un est occupé par le fameux restaurant Le Belge (voir p. 82), ouvert à l'année.

Accès à Callelongue : en voiture (hors période réglementée) par la route des Goudes ou en bus au départ du métro Castellane ; prendre le n°19 direction Madrague-Montredon jusqu'au terminus, puis le n°20 direction Callelongue, jusqu'au terminus (environ 45 min).

Accès à Marseilleveyre : À pied depuis Callelongue.

Sormiou

Cette belle et grande calanque abritée du mistral – l'eau y demeure cependant très fraîche – est habitée, et dotée de restaurants ainsi que de petites criques et de plages de galets. Derrière le promontoire rocheux se love le petit port de Sormiou. Pique-nique et snorkeling s'imposent. C'est aussi un lieu de plongée prisé.

Accès à Sormiou : il est possible de s'y rendre en voiture, hors période réglementée. En transport en commun, prendre le métro jusqu'au Rond-Point-du-Prado, puis le bus n°22 jusqu'au terminus Les Baumettes ou le n°23 jusqu'à La Cayolle. De là, il faut compter 50 minutes de marche pour atteindre à pied la calanque. Vous pouvez aussi y accéder en trois heures de marche au départ de la calanque de Marseilleveyre pour laquelle il faut déjà une heure de marche depuis Callelongue. Attention aux quelques montées escarpées !

Morgiou

Une descente escarpée mène à cette belle calanque appréciée des pêcheurs et des amateurs d'escalade. Au port, les sages rangées de cabanons ont des allures de carte postale. C'est au cap de Morgiou que se trouve la célèbre **grotte Cosquer**, immense grotte sous-marine ornée de peintures rupestres admirablement conservées mais qui ne se visite pas.

Accès à Morgiou : En voiture (hors période réglementée), direction Les Baumettes, puis le col de Morgiou. En bus, au départ du métro Rond-Point-du-Prado, prendre le bus n°22 direction Les Baumettes jusqu'au terminus (environ 40 min). Comme pour Sormiou, comptez une heure de marche pour rejoindre la calanque à partir de ce point.

Sugiton

Très encaissée, fermée à l'est par la perspective de la Grande Candelle, ourlée de criques, c'est probablement la plus séduisante des calanques. L'îlot, juste en face, en forme de sous-marin, s'appelle le Torpilleur. Une montée abrupte offre une vue sur la **calanque des Pierres-Tombées**, prisée des nudistes.

Une autre option peut consister à simplement vous rendre au **belvédère du crêt Saint-Michel**. C'est le même départ à Luminy mais, au lieu de descendre vers la calanque, au niveau du col, on continue en direction du belvédère. Comptez 40 minutes aller. Aux beaux jours, on vient y boire l'apéro le soir en admirant la vue. Idéal aussi pour un goûter avec (ou sans !) des enfants.

Accès à Sugiton : en voiture, se garer sur le campus de Luminy, au niveau de la faculté des Sciences ou de l'école Kedge Business School, qui se trouve un peu avant. En bus, prendre le n°21 au départ du métro Castellane, direction Luminy jusqu'au terminus (environ 25 min). Il faut compter ensuite 1h10 l'aller, en descente très facile, mais davantage pour le retour, bien plus ardu.

En-Vau

L'éblouissante calanque d'En-Vau prend place au creux de hautes falaises, terrain de prédilection des grimpeurs. Attention, des passages escarpés la rendent parfois dangereuse. Les deux aiguilles sont la Petite Aiguille, sur la plage même, et l'aiguille du Doigt de Dieu, qui domine la mer du haut de ses 80 m. Abritée du vent, En Vau bénéficie du soleil uniquement le matin.

Accès à En-Vau : il se fait soit depuis Port-Miou (à 1,5 km du centre de Cassis – attention, à pied, ça grimpe !) par le chemin des Douaniers (comptez alors 45 min de marche), soit au départ du col de la Gardiole entre Marseille et Cassis. Depuis le parking de la Gardiole, comptez 1 heure 15 l'aller. Attention, le retour est éprouvant, et l'accès au parking de la Gardiole peut être fermé par l'ONF en cas de forte affluence.

Port-Pin

Une autre belle calanque propice à la baignade avec sa plage orientée plein sud. Prenez garde, les marches d'accès sont un peu glissantes. Pour un magnifique point de vue sur la rade de Cassis, restez sur les hauteurs et continuez vers la **pointe de la Cacau**. N'oubliez pas de faire un arrêt par le minuscule mais amusant trou du souffleur, appelé couramment "**Martin Bouffe**" généralement indiqué sur les cartes IGN. Il s'agit d'une grotte dont le plafond est percé d'un trou : l'air, comprimé par la pression des vagues, sort en un jet puissant !

Accès à Port-Pin : trente minutes l'aller au départ de Port-Miou, à Cassis, 15 minutes de plus pour la pointe de la Cacau.

Activités

Sorties en bateau

Sur les quais du Vieux-Port, face au café La Samaritaine, **Icard Maritime** (☎04 91 33 03 29 ; www.visite-des-calanques.com) et **Croisières Marseille Calanques** (☎04 91 33 36 79 ; www.croisieres-marseille-calanques.com) proposent des croisières dans les Calanques (adulte/12-17 ans/4-11 ans 30/27/23 € grand circuit, 24/22/19 € petit circuit). Pour plus d'intimité, optez pour les bateaux de **Bleu Évasion** (☎04 91 06 18 87 ; www.bleuevasion.fr ; matin/après-midi 69/99 €, journée sur catamaran 119 € en juillet et en août uniquement ; embarquement à la Pointe-Rouge ou au Mucem).

Escalade

Le secteur est aussi un haut lieu de l'escalade en Europe et de nombreuses parois sont équipées. On peut se procurer le topo-guide *Escalade, les Calanques*. (www.topo-calanques.com). Pour tout conseil ou pour partir accompagné, n'hésitez pas à contacter le **Bureau des moniteurs des Calanques** (☎04 91 22 70 92 ; bmc-escalade.com ; 272 av.de Mazargues, 8e ; sortie accompagnée demi-journée/journée 120/240 €).

Kayak de mer

Les amateurs de kayak de mer s'adresseront à **Raskas Kayak** (voir p. 67) à Callelongue ou à **Provence Kayak Mer** (☎06 12 95 20 12 ; www.provencekayakmer.fr ; 537 chemin de l'Homme-Rouge, La Ciotat, demi-journée 35 €, une journée 55 €) à Cassis, à Marseille et à La Ciotat.

Stand-up paddle (SUP)

Explorez les calanques depuis la mer ! Debout sur une planche, vous avancez de criques en criques à l'aide d'une pagaie. Location de planches ou sorties

Port de Niolon

accompagnées avec **Active Road** (04 88 44 48 57 ; active-road.com ; 30 cours Estienne-d'Orves, 1er ; location paddle 35 € pour une journée, dès 14 ans, sortie calanques 3 heures 42 €, dès 12 ans).

Où se restaurer dans les Calanques

Le Belge Cuisine familiale **€€**

(calanque de Marseilleveyre ; menu autour de 20 € ; tlj jusqu'à 21h en été, midi ven-lun hors saison, panneau affiché à Callelongue en cas de fermeture exceptionnelle). À une heure de marche de Callelongue, l'endroit aux airs de bout du monde est devenu un classique. Pas de poissons ici, mais des spaghettis bolognaise et des côtes de porc-frites qui, avec le rosé, ont conquis plus d'un cœur face à la mer. Pas de carte bancaire.

Le Château Poisson **€€**

(04 91 25 08 69 ; lechateausormiou.fr ; calanque de Sormiou ; 226 chemin de Sormiou, 9e ; plats 21-26 €, bouillabaisse minimum deux personnes 45 €, zarzuela 60 € minimum quatre personnes sur commande, parking 5 € ; tlj sf dim soir avr-sept). La belle terrasse dominant la calanque est la pièce maîtresse de ce restaurant, où l'on sert par ailleurs une cuisine de qualité. En réservant la veille et en donnant sa plaque d'immatriculation, on peut y accéder en voiture. Pas de carte bancaire.

L'ESTAQUE ET LA CÔTE BLEUE

Tout aussi appréciable que le bord de mer cassidain, mais en plus familiale et plus populaire, cette portion de littoral à l'ouest de Marseille a des airs de petit paradis. Sur la route du Rove (D568), après une vaste zone portuaire peu engageante, le petit port de l'Estaque marque la fin de la ville et ouvre sur la Côte Bleue. De l'Estaque à la Redonne, le paysage abrupt égrène des falaises creusées de petites calanques. Puis il s'adoucit progressivement de Carry-le-Rouet à Carro, laissant la place à des plateaux peu élevés où se nichent ports et plages.

Depuis/vers la Côte Bleue

BUS

Les **Bus de la Côte Bleue** desservent, mais assez rarement, certaines communes. Pour 0,90 € puis 0,80 € en recharge, la ligne C8 relie par exemple Sausset-les-Pins à Marseille via Carry, Ensuès et Le Rove et Ensuès. Pour plus d'informations sur les itinéraires et les horaires, appelez le 0 800 713 137 ou consultez le site www.lepilote.com (rubrique "Réseaux", puis "Environs de Marseille", "Les bus de la Côte bleue ").

TRAIN

La Côte Bleue est desservie par le **train de la Côte Bleue** (0891 70 30 00 ; www.ter.sncf.com/paca). Aménagée en corniches le long du littoral, cette ligne touristique traverse de nombreux ouvrages d'art – tunnels, ponts, viaducs – et ménage de magnifiques points de vue sur la mer. C'est le moyen de transport le plus pratique pour découvrir les 32 km de Marseille à Miramas, en passant par l'Estaque, Niolon, Ensuès-la-Redonne, Carry-le-Rouet, Sausset-les-Pins, La Couronne, Martigues, Port-de-Bouc et Istres. L'été (juil-sept), la SNCF propose généralement la carte Bermuda : trajets illimités le week-end sur la ligne de la Côte Bleue (6 €/jour pour une personne ou 10 €/jour pour deux personnes en août). Pour profiter de la vue sur la mer, installez-vous à gauche du train dans la direction de direction Miramas.

VOITURE

De Marseille, prendre l'autoroute A55 et sortir à "Carry/Côte Bleue". On atteint aussi la Côte Bleue en arrivant par Le Rove : suivre alors la route après le port de l'Estaque et la plage de Corbières (D568, puis D5). Gare aux embouteillages l'été !

L'Estaque

On y va pour les chichis frégis, les panisses et l'atmosphère populaire de ce petit port adossé à la montagne et les pieds dans l'eau, sous le charme duquel sont tombés Cézanne, Renoir, Braque, Dufy, Derain, et plus près de nous le réalisateur marseillais Robert Guédiguian. Un circuit pédestre de deux heures baptisé "Chemin des peintres" a été aménagé au départ de la jetée du port.

Achats

Chichis Frégis Spécialités locales

Ne manquez pas les célèbres chichis frégis, des beignets recouverts de sucre ou de chocolat, et les panisses, des tranches frites à base de pois chiches, spécialités incontournables de l'Estaque, vendues dans plusieurs kiosques le long du port. Si vous avez apprécié, sachez que les panisses se trouvent dans le commerce sous forme de rouleau à découper et à frire.

Depuis/vers L'Estaque

BATEAU

Une **navette maritime** (trajet 5 € ; www.rtm.fr) fonctionne de fin avril à fin septembre entre le Vieux-Port de Marseille et l'Estaque.

BUS

Prendre le bus n°35 au départ du métro Joliette (ligne 2).

VOITURE

De Marseille, prendre l'A55, sortie Estaque.

Le Rove

Juste après le quartier de l'Estaque et la plage de Corbière, on commence à longer le massif de la Nerthe, et la traversée d'un tunnel nous fait basculer dans un paysage aride de collines, si caractéristique de la Côte Bleue. Alors que des falaises plongent vers de petites calanques, les hauteurs du Rove abritent encore du pastoralisme. La petite commune est ainsi réputée pour sa brousse 100% chèvre, appellation d'origine contrôlée (AOC) depuis 2018, fabriquée dans les règles de l'art par le dernier chevrier du coin, **André Gouiran** (04 91 09 92 33 ; 17 rue Adrien-Isnardon, Le Rove ; tlj 8h-12h et 17h-19h fév-oct). Après avoir failli disparaître, cette race caprine des Bouches-du-Rhône, reconnaissable par ses cornes, a vu ses effectifs se stabiliser autour de 10 000 têtes. Durant la saison des brousses, du printemps à la fin de l'été, téléphonez assez tôt pour en réserver, car la production quotidienne disparaît vite.

Le Rove peut aussi être le point de départ d'une balade vers le fort de Figuerolles, qui offre l'occasion d'admirer un superbe panorama de la baie de Marseille. Comptez en moyenne deux heures aller-retour. Le parcours, sans difficulté particulière si ce n'est la remontée du retour, part du bout du chemin de la Bergerie.

Le parc marin de la Côte Bleue

Créé en 1983, d'abord sous la forme d'une association puis d'un syndicat mixte, le parc marin de la Côte Bleue, a notamment pour mission de préserver les fonds sous-marins sur 28 kilomètres de littoral entre Martigues et Marseille. Il gère les zones marines protégées de Carry-le-Rouet et de la Couronne, ainsi que les récifs artificiels de Niolon, Ensuès-la-Redonne, Carry-le-Rouet, Sausset-les-Pins, et La Couronne-Carro. Plus de 244 espèces de poissons ont été recensées dans le parc en 2018. Le site a récemment été classé sur la liste verte des aires protégées par l'union internationale pour la conservation de la nature.

Niolon

Au petit port de Niolon, on savoure, à l'abri du mistral, le temps qui semble s'être arrêté. Marseille, que l'on aperçoit, semble soudain bien éloignée. Le lieu est également prisé pour son centre UCPA de plongée sous-marine, à la hauteur de sa réputation. Bon à savoir : la gare SNCF se situe à quelques minutes à peine à pied du port. Une option à privilégier, en particulier de juin à fin août où l'accès à la calanque est réglementé. Réserver dans l'un des restaurants de la calanque vous assure un laissez-passer en voiture, mais il faudra quand même se garer sur le parking dans les hauteurs.

Où se restaurer

La Pergola Poissons €€

(☎04 91 46 90 28 ; www.restaurantlapergola.fr ; 13 chemin de la Pergola, Le Rove ; menus 29 €, plats 16-29 € ; ⏲tlj, fermé mi-déc à mi-fév). Le cadre est idéal – grande terrasse sous pergola, juste au-dessus du petit port –, l'équipe jeune et sympathique (on vous prête même des jumelles pour regarder au large), et le poisson grillé est à l'honneur sur la carte. Cuisine honnête, même si la vue s'en ressent sur l'addition. Ouvert en journée pour un verre.

Auberge du Mérou Cuisine méditerranéenne €€

(☎04 91 46 98 69 ; www.aubergedumerou.fr ; calanque de Niolon, Le Rove ; menus 29/39 €, plats 10-34 € ; ⏲tlj sf dim soir et lun soir hors saison). Ceux qui cherchent des assiettes plus travaillées opteront pour cette bonne adresse de la calanque, qui permet aussi de jouir d'une belle vue sur la mer. Carte "Terre" et "Mer" aux accents provençaux.

Ensuès-la-Redonne

Sertie dans un magnifique écrin de calcaire tacheté de pins et de garrigue, Ensuès-la-Redonne est éclatée en plusieurs hameaux. Du village central, Ensuès, sur le plateau, il faut gagner le littoral, distant d'environ 3 km, où se blottissent les magnifiques calanques de la **Madrague de Gignac**, de la **Redonne** surplombée par la gare SNCF, des **Figuières** et enfin de **Méjean**, la plus orientale, divisée en Petit-Méjean et Grand-Méjean.

En voiture, soyez prudent car la route, étroite par endroits, prend parfois des allures de montagnes russes et nécessite une circulation alternée, voire des marches arrière acrobatiques. N'oubliez pas que l'accès en véhicules aux Calanques est réglementé pendant la saison sauf si vous réservez chez un restaurateur. À pied, vous pouvez emprunter le sentier des douaniers. De la Redonne, il faut parcourir 8,6 km pour se rendre à Niolon, avec quelques passages délicats. La jolie calanque de l'**Érevine**, à une heure de marche depuis Méjean, peut être un bon

Sentier des douaniers de Niolon à la Redonne

JACKY JEANNET/ADOBE STOCK ©

compromis ; elle passe pour être l'une des plus belles de la Côte Bleue.

Où se restaurer

Le Mangetout Poisson **€€**
(☎04 42 45 91 68 ; 8 chemin du Tire-Cul, Petit-Méjean ; plats 12-19,50 € ; ⏲tlj mi-juin à mi-sept, midi mi-sept à Toussaint et Pâques à mi-juin). Ne vous attendez pas à de la grande cuisine : on vient au Mangetout pour sa situation privilégiée dans le port de Méjean et surtout pour ses fritures de mangetouts : de petits poissons que l'on mange entièrement. Un bonheur tout simple mais particulièrement recherché. Pensez à réserver, ce serait dommage d'arriver jusqu'ici sans trouver une table.

Carry-le-Rouet

Après Ensuès, la chaîne de l'Estaque s'adoucit et présente un relief moins tourmenté. Carry-le-Rouet est une agréable station balnéaire, très fréquentée le week-end et en été. L'acteur Fernandel, manifestement séduit par le cadre, y passait ses vacances à la belle saison.

Activités

Plages

La plage de **Cap-Rousset**, surveillée en été, se trouve en pleine zone marine protégée et vous y observerez facilement quantité de poissons avec votre masque et votre tuba. Un sentier sous-marin y a été aménagé et des visites guidées gratuites sont aussi organisées en été les jeudis et samedis (inscription auprès de l'office du tourisme). En longeant la côte sur la gauche quand vous êtes face à la mer, vous arriverez à la **zone naturiste**.

À partir du port de Carry, vous parviendrez à pied à la jolie **calanque de la Tuilière**, en direction de Sausset, en une trentaine de minutes le long de l'agréable et facile **sentier du Lézard**. En direction de Marseille cette fois, après la plage du Rouet, un chemin descend de la chapelle Notre-Dame-du-Rouet vers la **calanque des Eaux-Salées**, qui mérite une petite pause farniente.

Plongée et randonnée subaquatique

Aqua Evasion (☎06 12 54 10 99 ; www.aqua-evasion.com, Gignac-la-Nerthe) propose des baptêmes, des journées d'initiation et des randonnées palmées à partir de 6 ans. Vous pouvez aussi contacter **Plongée Passion Carry** (☎04 42 45 08 00, 06 08 51 78 02 ; www.plongee-passion-carry.com) et le **Club Subaquatique** (☎04 42 44 74 57 ou 06 74 53 80 00 ; clubsubaquatiquecarrylerouet.wordpress.com), des structures conviviales proposant des formations et des explorations pour plongeurs débutants et confirmés.

Kayak et stand-up paddle

Installée dans un chalet en bois au port, la **Base Nature et Nautique** (☎06 22 04 10 93 ou 06 03 74 57 08 ; www.loisirsprovence.fr/ ; location 1 heure stand-up paddle/paddle géant/kayak biplace 13/30/20 €, sortie guidée kayak 3 heures 40 €, bouée tractée 10 min 20 € ; ⏲tlj juil-août, mer-dim juin et sept) loue des paddles et kayaks biplaces de mer pour des balades d'1 à 3 heures, ou à la journée, selon l'itinéraire choisi. Sur réservation, possibilité de sorties accompagnées. Au départ de la plage du Rouet, **Carry Kayak** (☎06 26 28 53 08 ; carry-kayak.fr ; av. Jean-Bart ; location 1 heure monoplace/biplace/triplace 10/20/30 €) loue monoplaces, biplaces et triplaces.

Sorties en bateau

En saison, la société **Albatros** (☎04 42 44 57 23 ; www.promenade-en-mer-albatros-cote-bleue.fr ; adulte/4-12 ans 17-38/11-22 € ; ⏲avr-oct, pas de carte bancaire) organise au départ du port de Carry des sorties en mer sur la Côte Bleue, Marseille, Cassis et ses calanques, allant de 1 heure 15 à la journée entière. Pour des sorties plus personnalisées, avec skipper, vous pouvez contacter **Balade en mer** (☎06 51 16 27 66 ; www.balade-en-mer-marseille.fr ; balade de 2 heures 30 €/pers, 6 pers minimum).

Où se restaurer

Si votre panier pique-nique est vide en sortant du train de la Côte Bleue, vous pouvez le garnir à la boulangerie-pâtisserie **Reynier** (☎04 42 44 68 78 ; av. Joseph-Arrighi) au joli primeur à côté, ou au marché qui se tient les mardis et vendredis matin.

Les châtaignes de mer

En janvier et février, les oursinades, des dégustations d'oursins et de coquillages, s'enchaînent le dimanche sur la Côte Bleue, dans les ports de Sausset-les-Pins, Carry-le-Rouet et Fos-sur-Mer. La ville de Carry-le-Rouet est le berceau de ce festival, né en 1952. Cette année-là, lors d'une dégustation d'oursins à la calanque du Cap Rousset, des pêcheurs offrent au maire de l'époque, Jean-Baptiste Grimaldi, son poids... en oursins. La pêche des oursins est soumise à une règlementation stricte des affaires maritimes, destinée à préserver la reproduction. Elle est autorisée du 1er novembre au 15 avril. En pêche à pied ou en pêche sous-marine, la récolte est de 4 douzaines d'oursins maximum par pêcheur et par jour. Par ailleurs, l'oursin pêché doit avoir atteint 5 cm de diamètre sans les piquants.

Treize 600 Vins Bar à vins **€€**
(04 86 64 79 62 ou 06 07 03 24 05 ; 14 rue Jean-Valensi ; assiettes 7-19,50 €, plats 18,50-23 € ; midi ven-sam, soir mar-sam). Un bistrot à vins qui remplit tout à fait son office ! Une chaleureuse escale tout indiquée à l'apéro, mais pas seulement : quelques plats, variant selon l'humeur de la chef, viennent compléter les classiques planches.

La Villa Madrigal Restaurant avec vue **€€€**
(04 42 44 58 63 ; www.restaurant-lemadrigal.com ; 4 av. du Dr-Gérard-Montus ; menu midi lun-ven 21 €, soir 36/56 €, plats 24/37 €, bouillabaisse sur commande 55 € ; tlj mai-août, fermé lun reste de l'année). D'emblée, on est charmé par la très belle vue sur la mer de ce restaurant situé entre le port et Cap-Rousset. Dans les assiettes, la cuisine provençale fait la part belle à la pêche du jour. La formule du midi est néanmoins plus banale, et le service et l'accueil inégaux.

Renseignements

Office du tourisme (04 42 13 20 36 ; www.otcarrylerouet.fr ; 11-13 route Bleue).

Sausset-les-Pins

La route gagne ensuite Sausset-les-Pins, autre lieu de villégiature, organisé autour de son port de plaisance et du front de mer, où une promenade a été aménagée. Cette partie du littoral, vers l'ouest, dépourvue de calanques et de falaises, a connu un boom immobilier dont a réussi à mieux se protéger sa voisine, Carry. Vous y trouverez quand même de jolies plages de galets.

Activités

Ne vous fiez pas aux apparences : même si les vagues paraissent bien modestes, Sausset est, comme Carro, un spot de surf reconnu.

Côte Bleue Plongée Plongée
(04 42 45 42 42, 06 76 63 82 83 ; www.cote-bleue-plongee.com ; marines du port ; tlj en saison, sur rendez-vous en hiver). Idéal pour découvrir les épaves des alentours ou faire une simple initiation.

Où se restaurer

Plusieurs adresses permettent de manger ou prendre un verre les pieds dans le sable, parmi lesquelles l'attrayante paillote **Le Cabanon** (06 59 19 34 47 ; av. du Général-Leclerc, la Corniche ; plats 16-28 € ; tlj ; avr-fin sept) et, dans un esprit plus pub de plage, **Aloha Beach** (04 42 80 00 76 ; av. du Général-Leclerc ; plats 13-25 € ; tlj en saison, 8h-23h).

Les Girelles Provençal **€€€**
(04 42 45 26 16 ; 15 av. Frédéric-Mistral ; formule midi semaine 25 €, menus 35-70 €, plats 35-42 €, bouillabaisse sur commande 70 € ; tlj sf dim soir et lun). Nappes blanches, petite vue mer (de la salle plus que de la terrasse), service souriant et assiettes soignées : la bonne adresse du coin ne déçoit pas. La "pause du midi" en semaine,

Sausset-les-Pins

avec verre de vin et café compris, est une excellente option.

La Couronne

Réputé pour ses plages de sable, dont Sainte-Croix – le lieu de tournage de la série *Camping Paradis* –, Verdon et Tamaris, très fréquentées l'été, le village fait partie de la commune de Martigues. Autour du cap Couronne, du côté de la zone marine protégée, vous trouverez plutôt des petites criques et des rochers. Pratiquement tous les campings de la Côte Bleue sont concentrés entre La Couronne et Carro et offrent de manière générale des prestations correctes.

Carro

Loin des plages surfréquentées de La Couronne, le petit port de pêche de Carro respire le calme et l'authenticité. Cet agréable hameau a des airs de bout du monde et sa physionomie n'a guère changé depuis le siècle dernier. Le matin, ne manquez pas le marché au poisson.

Activités

Grâce à une grosse prise au vent, le site de Carro est un spot de windsurf réputé dans toute la France, présentant des conditions de navigation idéales pour le windsurf et le kitesurf.

Le Marin Surf Shop Équipement

(04 42 42 88 99 ; www.marinsurfshop.com ; port de Carro, quai Jean-Verandy ; 10h-12h30 et 14h-19h mar-dim). Loue et vend (aussi d'occasion) du matériel de planche à voile, de kitesurf, de surf et de stand-up paddle.

Où se restaurer

Chez Francine Pizzeria et poissons €€

(04 42 80 79 46 ; chemin Soubrats, plage de Carro ; pizzas 12-17 €, plats 18-24 € ; tlj). Avant, on venait surtout pour les pizzas au feu de bois, à présent, l'adresse séduit aussi par ses bons petits plats à l'ardoise, souvent inspirés de la pêche du jour. Une fine cuisine du marché, dans un décor qui a su rester simple !

DE CASSIS À LA CIOTAT

Falaises et points de vue superbes rythment cette portion du littoral avec, à chaque extrémité, deux univers que tout oppose. D'un côté, Cassis, opulente et sûre d'elle, de l'autre, La Ciotat, imprégnée d'un glorieux passé industriel, au tourisme plus timide, mais qui poursuit son ascension.

Cassis

À 20 km à l'est de Marseille, Cassis est blottie dans un amphithéâtre montagneux fermé au nord par les calanques et au sud par le monumental cap Canaille, l'une des falaises les plus hautes d'Europe. Les vignobles qui se dessinent en toile de fond, le petit port, les plages et le cachet des ruelles du vieux Cassis opèrent un charme immédiat – moins palpable malheureusement en saison, où la ville semble souvent au bord de l'asphyxie et le stationnement devient un casse-tête, malgré les nombreux parkings.

À voir

N'hésitez pas à délaisser les quais souvent encombrés pour vous perdre dans les ruelles de la **vieille ville**, pleines de cachet. Les mercredis et vendredis matin, la **place Baragnon** s'anime au rythme du marché. Le samedi matin, un marché des producteurs se tient aussi place Clemenceau. Dans le centre également, le petit **musée municipal méditerranéen d'Art et Traditions populaires** (☎04 42 01 88 66 ; pl. Baragnon ; entrée libre ; ⏲mer-sam 10h-12h30 et 14h30-17h30 oct-mai, 10h-12h30 et 14h-18h juin-sept) occupe un ancien presbytère du début du XVIIIe siècle. Surplombant la baie, le **château** du XIVe siècle est une ancienne propriété de la famille des Baux. Propriété privée, il ne se visite pas et propose des chambres d'hôtes sous forme de suites.

Activités

Plages

Les deux plages principales sont celle de la **Grande Mer**, en centre-ville, et celle du **Bestouan**, un peu plus éloignée, en direction des calanques. La plage de l'**Arène**, en contrebas du cap Canaille, est plus sauvage et garnie de galets. Juste avant **Port-Miou**, la **Presqu'île** offre quant à elle des roches plates pour lézarder, mais l'accès à la mer est moins pratique.

Calanques

Une demi-heure de marche depuis le centre-ville de Cassis vous sépare de la première des trois calanques de Cassis et la plus facile d'accès, **Port-Miou**. De là, il est possible de poursuivre vers **Port-Pin** (1 heure de marche aller) puis **En-Vau** (2 heures de marche aller), d'accès plus sportif, notamment avec la descente vers la plage (voir p. 80 pour plus de détails).

En famille, une autre option de balade consiste à se garer au parking de la Presqu'île (8 €/jour, venir tôt en saison pour ne pas le trouver complet) et à suivre le **sentier du Petit-Prince**, une boucle d'environ 1 heure avec panneaux explicatifs sur les calanques. Depuis ce parking, Port-Miou ne se trouve qu'à une dizaine de minutes à pied, Port-Pin à 35 minutes et En-Vau à 1 heure 30... Autre option en saison, moins coûteuse : emprunter la navette Presqu'île qui part du parking-relais gratuit des Gorguettes (1,60 € aller/retour ; ⏲juil-août tlj 9h-minuit, avr-juin et sept week-ends et jours fériés 9h-20h).

Pour une sortie en bateau dans les calanques, adressez-vous au kiosque des **Bateliers Cassidains** (☎06 86 55 86 70 ; www.calanques-cassis ; adulte/5-12 ans/0-4 ans 16-28/9,50-19/1 € selon nombre de calanques ; pas de réservation par téléphone), sur le port, près de l'office du tourisme. Entre 3 et 9 circuits sont possibles, de 45 minutes à 2 heures si vous incluez aussi les calanques de Marseille. En été, il est conseillé de venir dès l'ouverture pour embarquer dans la journée.

Loisirs nautiques

Pour découvrir les magnifiques sites de plongée du littoral, contactez **Narval Plongée** (☎04 42 01 87 59 ou 06 89 55 82 96 ; www.narval-plongee.com ; 11 av. de la Viguerie ; baptême 68€, plongée 37-63 €, randonnée subaquatique 26 €), club historique qui propose aussi des randonnées palmées, ou **Cassis Calanques Plongée** (06 71 52 60 20 ; www.cassis-calanques-plongee.com ; 3 rue Michel-Arnaud ; baptême 70 €, plongée 60 €). Pour faire du kayak, du stand-up paddle ou de la planche à voile, adressez-vous à **Cassis Sports Loisirs Nautiques** (04 42 01 80 01 ; cassis-kayak.com ; plage de la Grande Mer ; 1 heure kayak mono-/bi-/triplace 15/20/25 € ; 10h-17h mar-dim avr, 9h-18h tlj mai-sept), qui propose aussi, sur réservation, des sorties accompagnées en kayak, à la demi-journée (40 €/pers).

Sur le port, **JCF Boat Services** (06 75 47 25 81 ; www.jcfboat.com ; quai des Moulins ; bateau sans permis matinée/après-midi 100/140 €) loue des bateaux, avec ou sans permis (pneumatiques). Habilité à aller dans les calanques, **Cassimer** (06 60 51 23 17 ; www.cassismer.com ; demi-journée 550 €) loue un bateau avec skipper.

Domaines viticoles

Dès 1936, le **vignoble de Cassis** (www.vinsdecassis.fr) figurait parmi les toutes premières appellations d'origine contrôlée (AOC). Limitée à 215 ha, sa production est notamment réputée pour son vin blanc, particulièrement apprécié avec les poissons et fruits de mer. Il compte douze domaines, dont le **Domaine du Paternel** (04 42 01 77 03 ; www.domainedupaternel.com ; 11 route Pierre-Imbert), le **Clos Sainte-Magdeleine** (04 42 01 70 28 ; www.clossaintemagdeleine.fr ; av. du Revestel ; visite des caves 12 €/pers, sur réservation) ou le **Domaine du Bagnol** (04 42 01 78 05 ; www.domainedubagnol.fr ; 12 av. de Provence ; visite des caves 12 €/pers, sur réservation), qui s'ouvrent peu à peu à l'œnotourisme.

Pour découvrir les vignobles en vélo électrique, vous pouvez contacter **Cassis à vélo** (06 26 04 05 28 ; www.cassisavelo.fr) qui propose une sortie accompagnée de 2 heures 30 (39 €, location incluse). Si vous êtes pressé, la **Maison des vins** (04 42 01 15 61 ; www.maisondesvinscassis.com ; 30 av. de la Marne, route de Marseille, D559 ; 9h30-12h30 et 14h30-19h30 lun-sam, dim matin hiver et dim tte la journée été) compte une belle sélection de vins de Cassis et de Provence à des prix proches de ceux des producteurs.

Cap Canaille et vignoble de Cassis

© GIANLIGUORI/ADOBE STOCK

Où se loger

Sure Hôtel cœur de Cassis By Best Western Au calme €€
(☎ 04 42 01 70 10 ; www.hotelgrandjardin.com ; 2 rue Pierre-Eydin ; d 85-94 € selon ch, petit-déj 12 € ; fermé mi-nov à mi-mars ; P 12 €). Central, à deux pas du marché et du parc pour enfants, cet hôtel propose 28 chambres d'un bon rapport qualité/prix, à la déco simple il est vrai, mais fonctionnelles. L'accueil, souriant, est un vrai plus.

La Bastidaine Chambres d'hôtes €€
(☎ 04 42 98 83 09 ou 06 18 97 66 51 ; www.labastidaine.com ; 6 bis av. des Albizzi ; ch avec petit-déj 119-175 € selon ch et saison ; Pâques-Toussaint ; P). La première maison d'hôtes de Cassis reste une valeur sûre ! Située au milieu des vignes, au calme, cette belle demeure provençale abrite 4 chambres tout confort. La pinède attenante ravira les amateurs de footing et de balades.

Le Jardin d'Émile Hôtel de charme €€
(☎ 04 42 01 80 55 ; www.lejardindemile.fr ; 23 av. de l'Amiral-Ganteaume ; d 90-319 € selon ch et saison, petit-déj 13 € ; fermé mars à mi-nov ; P gratuit). Face à la plage du Bestouan, cet hôtel de charme dégage une atmosphère de vacances. Les 5 chambres et deux suites familiales, toutes différentes, sont relevées d'une décoration provençale, certaines avec terrasse, balcon et/ou vue mer.

Où se restaurer

De façon générale, pensez à réserver en haute saison...

Le Chaudron Provençal €€
(☎ 04 42 01 74 18 06 76 41 55 54 ; 4 rue Adolphe-Thiers ; menus 30/38 €, plats 15-40 € ; soir tlj sf mar, midi uniquement hors saison sam-dim et jours fériés, fermé mi-nov à fin fév). Depuis 1970, c'est toujours la même famille qui tient les rênes. L'accueil est chaleureux et les plats (pâtes, viandes, poissons) sont savoureux. Agréable terrasse dans une ruelle du vieux Cassis.

La Stazione Italien €€
(☎ 04 42 01 16 60 ; 39 av. Victor-Hugo entrée rue Emmanuelle-Agostini ; pizzas 15-19 € plats 19-30 € ; tous les soirs et midi ven-dim). Une adresse devenue classique à Cassis, pour sa cuisine italienne raffinée et authentique et son décor de trattoria des plus réussis. Plats à l'ardoise et pizzas au feu de bois. À emporter également.

A Table Cuisine du marché €€
(☎ 04 42 73 27 51 ; 7 rue du Dr-Séverin-Icard ; menu 29 €, plats 20-22 € ; fermé mar soir et mer). Une agréable adresse qui, sans bouleverser les papilles, remplit son office avec un menu midi d'un bon rapport qualité/prix et des plats alliant saveurs méditerranéennes et épices. Accueil souriant.

La Poissonnerie Laurent Poisson €€€
(☎ 04 42 01 71 56 ; 5 quai Barthélemy ; plats 17-26 €, menus 20-40 €, bouillabaisse sur commande 46 €, bourride 50 € ; tlj sauf lun et jeu midi, fermé déc-jan). Gouaille et fraîcheur des produits garantis dans ce classique du port où l'on est poissonnier de père en fils. N'hésitez pas à goûter la pêche du jour, la bourride (sur commande) ou la soupe de poisson (spécialité de la maison).

La Villa Madie Gastronomique €€€
(☎ 04 96 18 00 00 ; www.lavillamadie.com ; av. Revestel, anse de Corton ; menus 115-165 €, plats 58-114 € ; jeu-lun). Il y a d'abord le cadre, juste magique, au-dessus de l'anse de Corton et au pied du cap Canaille. Et puis il y la fine cuisine iodée de Dimitri Droisneau, auréolée de deux étoiles au Michelin. Le midi en semaine, la **brasserie du Corton** (menus 33 €, plats 24-28 € ; midi lun-ven) propose une formule bistrot à l'étage ; la vue est moins impressionnante qu'en terrasse du restaurant gastronomique, mais pas négligeable non plus !

VAUT LE DÉTOUR

Le pays d'Aubagne : Pagnol et les santons

Pour suivre les pas du père de *Fanny*, *César*, *Jean de Florette* ou *Manon des sources*, il faut gagner Aubagne, à 20 km de Marseille, dans les terres. Sa **maison natale** (04 42 03 49 98 ; 16 cours Barthélemy, Aubagne ; adulte/étudiant/5-12 ans 3/2/1,50 € ; lun-sam 9h-12h30 et 14h-17h30 jan-mars et oct-déc, tlj 9h 30-12h30 et 14h-18h avr-sept), où il vit le jour le 28 février 1895, se visite, reconstitutions d'époque et photos à l'appui. Pour partir à la rencontre des paysages qui ont marqué Pagnol, une balade sur le **massif du Garlaban** s'impose également. Un topo-guide est vendu 2 € à l'**office du tourisme du pays d'Aubagne** (04 42 03 49 98 ; www.tourisme-paysdaubagne.fr ; 8 cours Barthélemy, Aubagne). Au pied du massif, **La Font de Mai** (chemin du Ruissatel, La Font de Mai, Aubagne ; entrée libre, voir l'office du tourisme pour horaires et ateliers) est une ancienne propriété agricole de 100 ha rénovée qui sensibilise le public à la biodiversité provençale. Elle organise de passionnants ateliers nature et propose des sentiers pédestres à travers le massif. La compagnie **Dans la cour des grands** (06 67 63 32 58 42 ; www.danslacourdesgrands.fr) organise également des randonnées ou des balades théâtrales dans les décors des œuvres de Pagnol.

Aubagne est également réputée pour ses santons et ses céramistes. Nichée dans la vieille ville à côté de l'église, la **Cité de l'art santonnier Thérèse Neveu** (04 42 71 17 81 ; 4 cour de Clastre ; entrée libre) accueille régulièrement des expositions. Au même endroit est installé "le petit monde de Pagnol" : 399 objets et santons composent des scènes inspirées des œuvres de Pagnol.

Deux adresses également pour les amateurs de cet art : les santons de **Maryse Di Landro** (04 42 70 95 65 ; www.santons-dilandro.fr ; 582 av. des Paluds, ZI les Paluds ; musée adulte/6-12 ans 3/2 € ; lun-ven 9h30-17h, fermé ven-sam-dim de janv à mars) pour le côté tradition, et, pour le côté création, la **Poterie Ravel** (04 42 82 42 00 ; www.poterie-ravel.com ; av. des Goums ; avr-sept lun-sam 9h30-12h30 et 14h-19h ; sam 9h30-19h oct-mars lun-sam 9h30-12h30 et 14h-18h30, sam 9h30-18h30, ouvert dim matin 10h-13h fin avr à fin juin, visite gratuite des ateliers les jeudis à 10h30), un nom incontournable de la poterie en terre cuite.

Achats

L'Eau de Cassis — Parfums

(04 42 04 25 58 ; www.leaudecassis.com ; 8 rue Saint-Clair ; 10h-19h tlj). Un petit air délicieusement rétro se dégage des parfums, savons, huiles sèches et eaux de toilette aux effluves envoûtants (rose, jasmin sauvage, citron...) fabriqués sur les hauteurs de Cassis. Jolie boutique-musée, avec un film sur l'histoire de ce parfumeur. Également une autre boutique dans le centre (2 pl. Baragnon).

Renseignements

Office du tourisme (0892 39 01 03 ; www.ot-cassis.com ; quai des Moulins). Au bout du port, juste avant le phare.

Depuis/vers Cassis

BUS

De Marseille, prendre la ligne **M8** (www.lepilote.com ; ticket à l'unité 2,10-2,20 €) depuis la place Castellane.

TRAIN

La **gare SNCF** est à 3,5 km au nord du centre-ville de Cassis, mais elle est desservie par une navette, la **Marcouline** (ligne M1 ; www.lepilote.com ; 0,80-0,90 €).

VOITURE

Les parkings sont chers et souvent complets en saison (un affichage dynamique permet de visualiser le nombre de places libres). Pour trouver un parking gratuit, direction le **parking-relais des Gorguettes**, à 2 km du centre, qui

EMMANUEL DAUTANT ©

VAUT LE DÉTOUR

La route des Crêtes

Entre Cassis et La Ciotat, la route des Crêtes (D141) déroule 12 km d'une route étroite et sinueuse aux panoramas exceptionnels. Le sommet de la plus haute falaise de France, voire d'Europe, est jalonné de belvédères spécialement aménagés pour jouir de la vue. Vous serez littéralement suspendu entre ciel et mer.

La route part sans ménagement à plus de 340 m en à-pic au-dessus de l'eau, d'où le regard embrasse toute la baie de Cassis ; au loin, l'île de Riou coupe le souffle. Elle longe ensuite les falaises de Soubeyran, qui culminent à 394 m, avant d'entamer la descente sur La Ciotat, dont on distingue le magnifique golfe, ainsi que les superstructures des chantiers navals. Fermée en cas de vents violents.

est desservi d'avril à octobre par des navettes (1,60 € l'aller-retour, payant à partir de 6 ans) qui permettent de rejoindre soit le centre-ville, soit le départ des calanques (direction Bestouan/Presqu'île).

La Ciotat

Historiquement, La Ciotat, c'est avant tout les chantiers navals, poumon économique et identité de la ville jusqu'au début des années 1980 (témoignage de cette époque, ces superstructures trônent toujours sur la rive ouest du vieux port). Après leur fermeture, personne ne donnait bien cher de la peau de la commune, mais La Ciotat, berceau du cinéma, a repris son souffle, misé sur la plaisance de luxe et l'entretien d'énormes yachts. Le tourisme s'y développe à son rythme, autour du joli centre ancien, d'une véritable authenticité, et de superbes calanques à la physionomie si particulière. Le lifting récent du Port-Vieux contribue à son dynamisme. En 2019, la candidature de La Ciotat pour rejoindre le club des plus belles baies du monde a été acceptée. Le club, constitué en association, réunit 41 baies de 27 pays différents.

À voir et à faire

N'hésitez pas à explorer la vieille ville, en partie piétonne, ses ruelles étroites et ses jolies places. Parmi les monuments notables, on retiendra l'**église Notre-Dame-de-l'Assomption** (début XVIIe siècle), quai Ganteaume, et la **chapelle des Pénitents-Bleus** (1626), remarquable par son clocher octogonal, sur l'esplanade du 8-Mai-1945. Traversez la vieille ville jusqu'à la place Esquiros, où se dresse la **chapelle des Pénitents-Noirs** (1630), à l'architecture typique de la Contre-Réforme. Dominé à l'ouest par les chantiers navals, le **port** a néanmoins su garder un air traditionnel avec ses pointus alignés le long des quais.

Berceau du 7e Art, La Ciotat possède la plus ancienne salle de cinéma au monde : en 1895, les frères Lumière organisèrent la première projection cinématographique privée à l'**Éden** (www.edencinemalaciotat.com ; 25 bd Clemenceau) ! Le lieu, rénové, a rouvert ses portes : projections, festivals, expositions, visites occasionnelles et diverses manifestations y sont organisés.

Ce passé cinématographique et celui des chantiers navals ou de la pétanque (née ici !) sont évoqués au sein de l'attachant **Musée ciotaden** (☎04 42 71 40 99 ; www.museeciotaden.org ; quai Ganteaume adulte/12-16 ans 3,50/2 €, gratuit -12 ans ; ⌚tlj sf mar 16h-19h été, 15h-18h hiver). On y découvre aussi l'histoire couplée de La Ciotat et **Ceyreste**, adorable village limitrophe, côté collines, qui mérite le détour avec ses ruelles anciennes, sa très belle église du XIIe et ses "cabarottes".

À moins de 10 minutes en bateau du vieux port, l'**île Verte** est idéale pour une petite balade et un pique-nique (l'île ne mesure que 430 m de long sur 260 m de large !). La **navette île Verte-La Ciotat** (06 63 59 16 35 ; www.laciotat-ileverte.com ; 12 quai du Général-de-Gaulle ; aller-retour adulte/-10 ans 13/8 € ; Pâques-Toussaint, horaires variables) effectue les liaisons.

Activités

Plages et calanques

Plusieurs **plages de sable** s'étendent au nord-est, après le port de plaisance en direction de Saint-Cyr-sur-Mer, le long des avenues Franklin-Roosevelt et Beaurivage. Plus préservées et plus belles, les **plages de galets** des **calanques du Mugel** et de **Figuerolles** sont facilement accessibles en voiture (ou à pied pour les plus courageux). Elles se distinguent de celles de Marseille et de Cassis par leur conglomérat de galets, de couleur rougeâtre, appelé "poudingue".

À la calanque du Mugel, le très beau **parc botanique** (8h-20h avr-sept, 9h-18h oct-mars), entre terre et mer, vaut de s'y attarder (il compte aussi une aire de jeux pour les enfants).

Pour admirer les calanques depuis la mer, embarquez avec **Visite Calanques** (06 09 35 25 68 ou 06 09 33 54 98 ou 06 01 71 40 06 ; www.visite-calanques.fr ; adulte/4-12 ans 18-32/12-26 € selon circuit ; pas de carte bancaire Pâques à Toussaint), qui part du vieux port, à 50 m de l'office du tourisme. Des circuits incluent les calanques de Marseille.

Plongée et loisirs nautiques

L'école d'apnée en mer **Abyss Garden** (06 80 75 59 96 ; www.abyss-garden.com ; baptême 50 € ; avr-oct) propose des baptêmes d'apnée (à partir de 14 ans) et des sorties d'exploration en apnée dans la baie de La Ciotat. Des stages sont aussi organisés en été pour les) 11-16 ans (3 jours 225 €). L'été, **Atelier Bleu** (04 42 08 07 67 ; adulte/6-14 ans 27/24 € ; www.cpie-coteprovencale.org) organise des sorties pour découvrir avec

Entre Cassis et La Ciotat

Port de La Ciotat

palmes et tuba les fonds sous-marins du Mugel. Pour des plongées classiques, vous pouvez notamment vous adresser à **Plongée Passion** (04 42 08 94 13 ; www.plongeepassion-laciotat.fr ; baptême 40 €) et **GPES** (06 52 65 84 67 ; www.gpesplongee.fr ; baptême 40 €), et, pour des sorties encadrées en kayak, à **Expenature** (04 42 83 64 46 ; www.expenature.fr ; 40 € la demi-journée) et à **Provence Kayak Mer** (06 12 95 20 12 ; www.provencekayakmer.fr ; 35 € sortie coucher du soleil ou demi-journée).

Où se loger

Hôtel Les Lavandes Central €

(04 42 08 42 81 ; www.hotel-les-lavandes.com ; 142 bd République ; d 50-120 € selon ch et saison, petit-déj 8,50 € ; Pâques). Bien tenu et pratiquant des tarifs raisonnables, cet hôtel deux étoiles proche de la plage dégage une ambiance de pension de famille.

Le Rayon vert Chambres d'hôtes €€

(04 42 83 26 22 ou 06 23 49 63 58 ; www.location-laciotat.com ; 24 rue Gueymard ; d avec petit-déj 85-100 € selon ch et saison, 2 nuits min ;). Située en centre-ville, dans une ruelle à 50 m du port, cette jolie maison d'hôtes propose 4 chambres à la décoration soignée et reposante. Aux beaux jours, le petit-déjeuner est servi dans la courette.

À deux pas de l'eau Appart-hôtel €€€

(04 42 70 29 31 ou 06 32 97 49 66 ; www.adeuxpasdeleau-hotel.com ; 35 bd Beaurivage ; d 119-199 €, vue mer 149-229 €, 10 € pers supp, 2 nuits min mai-juin et sept, 7 nuits min juil-août ;). Face à la plage, cette résidence moderne loue onze appartements avec kitchenette et canapé-lit (pour certains deux lits en mezzanine), pouvant accueillir jusqu'à 4 personnes. L'ensemble, neuf et décoré sans surprise au goût du jour, est réchauffé par l'accueil sympathique.

Où se restaurer

Kitch and Cook Provençal inventif €€

(04 42 03 91 36 ; www.kitchandcook.com ; 4 pl. Esquiros ; formules midi 14-16-18 €, menu 31 €, plats 15-24 € ; fermé sam midi et dim). Des

plats originaux et ensoleillés dont un plat végétarien, à déguster sur la terrasse aux couleurs acidulées.

Le Saint-Jean Plage
Bord de mer €€

(☎04 42 73 29 66 ; 30 av. de Saint-Jean ; plats 19-26 €, menus 32/42 € ; ⏰fermé dim soir et lun). Presque cachée à l'arrière de l'hôtel éponyme, l'adresse séduit par sa proximité avec l'eau et ses grillades (poissons et viandes) au feu de bois.

Renseignements

Office du tourisme (☎04 42 08 61 32 ; www.tourisme-laciotat.com ; bd Anatole-France). Au bout du vieux port, près de la gare routière.

Depuis/vers La Ciotat

En bus, comptez 8,70 € pour vous rendre à Aix (ligne 72 du réseau Cartreize ; www.lepilote.com) et 5 ,10€ à Marseille (ligne 69 du réseau Cartreize, à proximité de Castellane). La gare routière, à 5 km du centre-ville, est accessible en bus ou en métro.

Montagne Sainte-Victoire (p. 110)

PAYS AIXOIS ET SALONAIS

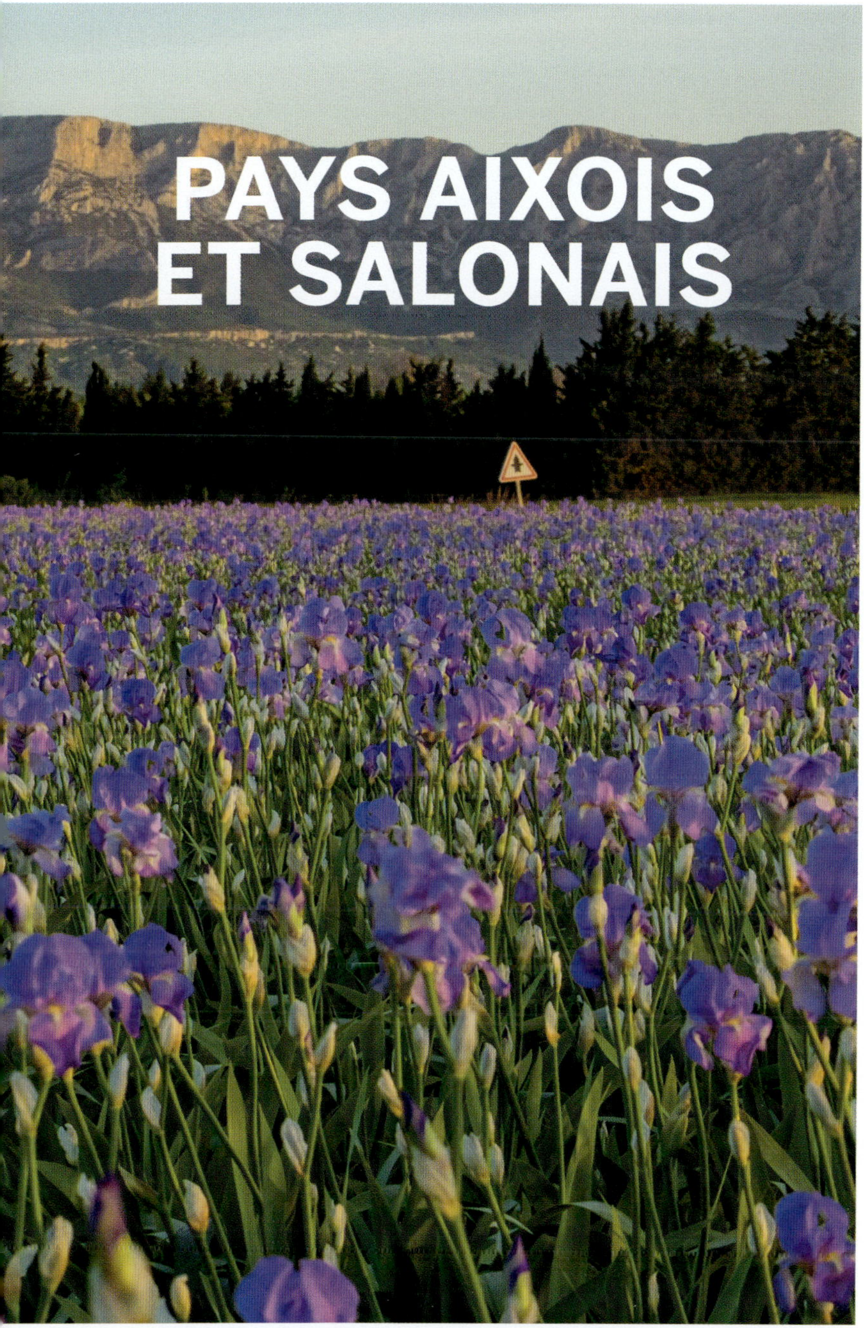

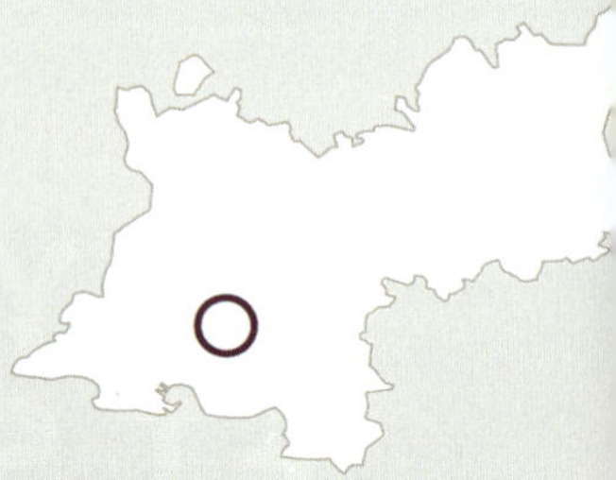

Pays aixois et salonais

Reconnaissable entre toutes, la montagne Sainte-Victoire dessine sa silhouette minérale sur le pays d'Aix. Compacte, vue de l'ouest, elle s'étire à mesure qu'on découvre son profil méridional. Magnifiée dans nombre de ses tableaux, elle fut la muse de Paul Cézanne. Entre le vert des pins, le rouge de la roche et le bleu du ciel, elle dévoile un paysage d'une réelle perfection picturale. Son âme esthète sied parfaitement à la ville d'Aix-en-Provence, de tradition aristocratique. Fontaines, hôtels particuliers, ruelles commerçantes et vie culturelle intense en font un des musts de la région. Très courtisée, la ville cultive un art de vivre paisible et raffiné. Non loin de là, Salon-de-Provence offre en contraste une identité beaucoup plus discrète, mais constitue un point de chute judicieux pour sillonner la région.

☑ Dans ce chapitre

À gauche : Jardins Caumont (p. 103). À droite : Massif de la Sainte-Victoire (p.110)

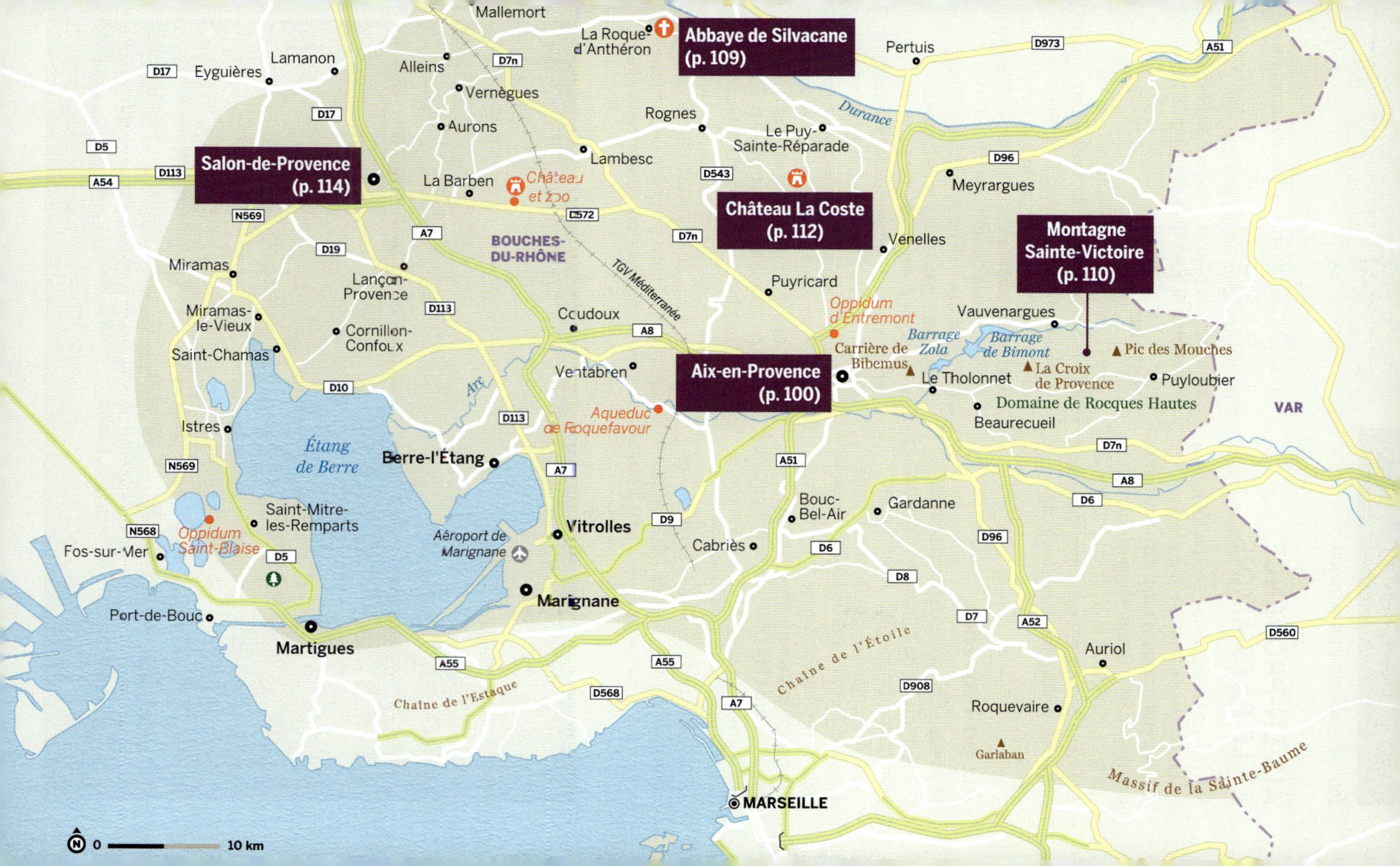
Abbaye de Silvacane (p. 109)
Château La Coste (p. 112)
Montagne Sainte-Victoire (p. 110)
Salon-de-Provence (p. 114)
Aix-en-Provence (p. 100)
Mallemort
La Roque-d'Anthéron
Pertuis
Lamanon
Eyguières
Alleins
Vernègues
Aurons
Rognes
Le Puy-Sainte-Réparade
Durance
Lambesc
La Barben
Château et zoo
Meyrargues
Venelles
BOUCHES-DU-RHÔNE
TGV Méditerranée
Miramas
Lançon-Provence
Puyricard
Oppidum d'Entremont
Miramas-le-Vieux
Cornillon-Confoux
Coudoux
Vauvenargues
Barrage Zola
Barrage de Bimont
Pic des Mouches
Saint-Chamas
Carrière de Bibemus
La Croix de Provence
Puyloubier
Ventabren
Le Tholonnet
Domaine de Rocques Hautes
Beaurecueil
Arc
Aqueduc de Roquefavour
VAR
Istres
Étang de Berre
Berre-l'Étang
Saint-Mitre-les-Remparts
Oppidum Saint-Blaise
Fos-sur-Mer
Aéroport de Marignane
Vitrolles
Bouc-Bel-Air
Gardanne
Cabriès
Marignane
Port-de-Bouc
Martigues
Chaîne de l'Étoile
Auriol
Chaîne de l'Estaque
Roquevaire
Garlaban
Massif de la Sainte-Baume
MARSEILLE
0
10 km
D17
D5
D113
A54
N569
D19
D10
N568
D7n
A7
D572
D543
D973
A51
D96
A8
D113
D9
D6
D8
D7
A52
D560
D908
A55
D568

AIX-EN-PROVENCE ET LE PAYS AIXOIS

Marqué par l'empreinte – ou plutôt le coup de pinceau – de Paul Cézanne, le pays aixois s'étend sous la silhouette éclatante de la montagne Sainte-Victoire. Entre la Durance au nord et la chaîne de l'Étoile au sud, la campagne est parsemée de villages paisibles, d'élégantes bastides et de vignobles.

Aix-en-Provence

Marseille et Aix sont à peine distantes d'une trentaine de kilomètres mais tout les a toujours opposées. Alors que la première, populaire, bouillonne et parle fort, la seconde s'affiche avec beaucoup plus de retenue, de classe et parfois de snobisme. La deuxième ville du département (144 000 habitants) possède un charme tout aristocratique. Personne ne reste insensible à son patrimoine artistique et historique, au cachet de ses hôtels particuliers (près de 200 !) et de ses nombreuses fontaines. "Ville d'art, d'eau et d'histoire", Aix bénéficie d'un dynamisme culturel, économique et universitaire évident. Chaque année en juillet, les amateurs d'opéra se pressent au Festival international d'art lyrique (voir p. 37).

Histoire

Vers 123 av. J.-C., les Romains fondent *Aquae Sextiae* : "eaux de Sextius", en raison de la présence de sources thermales et en hommage à son fondateur, Caïus Sextius. Idéalement située entre l'Italie et l'Espagne, elle devient une colonie romaine prospère. Les invasions barbares dévastent une grande partie de son patrimoine architectural. À la fin du XIIe siècle, Aix renaît progressivement, devenant capitale des comtes de Provence. Cette période faste culmine au XVe siècle sous le règne du "bon roi René", un monarque éclairé dont la cour attire artistes et érudits venus de toute l'Europe (voir l'encadré p. 315). Après des fortunes diverses (notamment des épidémies de peste), Aix connaît un autre âge d'or aux XVIIe et XVIIIe siècles. Les notables font construire de somptueux hôtels particuliers, qui donnent à la ville sa

Place de l'Hôtel-de-Ville

physionomie actuelle. La Révolution sonne l'heure du déclin. Aix perd son statut de capitale de la Provence pour ne devenir que la sous-préfecture des Bouches-du-Rhône. Au XIXe siècle, elle affermit sa vocation universitaire et culturelle, toujours d'actualité. Quelques grands noms de la littérature et de la peinture (Zola, Cézanne) contribuent également à lui donner ses lettres de noblesse.

À voir

Peu étendu, le centre-ville se découvre à pied. Il est entouré d'un boulevard circulaire à sens unique, où il vaut mieux laisser son véhicule au parking.

Centre-ville — Promenade

Sur la **place de la Rotonde** apparaît une imposante fontaine construite en 1860 : les trois statues représentent la Justice (tournée vers Aix), l'Agriculture (vers Marseille) et les Beaux-Arts (vers Avignon). De là part le **cours Mirabeau**, l'artère principale tracée au XVIIe siècle, ombragée de platanes centenaires et bordée de cafés. S'alignent ici d'élégants hôtels particuliers, dont, au n°10, l'**hôtel Isoard de Vauvenargues** (1710) ; au n°20, l'**hôtel de Forbin** (1656), au bel ordonnancement ; au n°38, l'**hôtel Maurel de Pontevès**, dit aussi l'hôtel d'Espagnet (1647), où deux atlantes supportent un balcon ; et d'agréables fontaines, dont la **fontaine d'eau chaude** (1734), dite **moussue**, alimentée par l'eau des thermes. Non loin se trouve le mythique café **Les Deux Garçons** (voir p. 108), où Cézanne avait ses habitudes.

Au sud du cours, le **quartier Mazarin**, huppé et résidentiel, fut construit au XVIIe siècle selon un plan en damier. Agrémentée d'une fontaine du XVIIe siècle, la **place des Quatre-Dauphins** fait partie des places emblématiques de la cité.

Au nord du cours, le **vieil Aix** est en grande partie piétonnier et commerçant. Par le **passage Agard**, vous déboucherez sur la place du palais de justice (1832) et l'**église de la Madeleine** (XVIIe siècle), qui abrite notamment un magnifique retable du XVe siècle. En continuant par la rue Mignet puis Boulegon, vous rejoindrez la place de l'**Hôtel-de-ville** (XVIIe siècle), dominé par la **tour de l'Horloge**, ancien beffroi de la ville. Plus au sud, ne manquez pas non plus la superbe **place d'Albertas** (XVIIIe siècle).

Cathédrale Saint-Sauveur — Art roman

(☎04 42 23 45 65 ; www.cathedrale-aix.net ; rue Gaston-de-Saporta ; ⏲ tlj 8h-19h30).
L'architecture composite de la cathédrale d'Aix comprend des éléments allant du Ve au XVIIIe siècle. Les **portes** extérieures, désormais protégées, ne sont visibles qu'entre 11h15 et 11h45 (lun-sam). La nef romane de l'édifice primitif forme aujourd'hui le bas-côté sud de la structure principale de style gothique (1285-1350). Les chapelles sont des ajouts des XIVe et des XVe siècles et l'abside contient un sarcophage du Ve siècle. Dans la nef, le triptyque du **Buisson ardent** (XVe) de Nicolas Froment n'est ouvert qu'à certaines périodes de l'année (de Pâques à la Pentecôte, en été, en octobre-novembre et de début décembre au 1er dimanche des Rois). Remarquez aussi la tapisserie du XVIIIe et le superbe orgue doré de

Sources du bien-être

"Ville d'eau, ville d'art", Aix-en-Provence annonce d'emblée la couleur – transparente – de sa source, *Aquae Sextia*, naturellement chaude. Déjà appréciée des Romains, qui usèrent de ses propriétés cicatrisantes et construisirent les premiers thermes en 70 av. J.-C., elle est aujourd'hui au centre d'un luxueux complexe de soins, les **Thermes Sextius** (☎04 42 23 81 82 ; www.thermes-sextius.com ; 55 av. des Thermes). Derrière une façade XVIIIe, les vestiges antiques (encore visibles) ont laissé place à une architecture de verre, avec bassins intérieurs et extérieurs. Au menu : vaste gamme de massages, soins esthétiques, mais aussi cures de relaxation, minceur, détox, etc.

style baroque. Autre bijou d'architecture religieuse, le **cloître** se visite uniquement toutes les demi-heures (lun-sam 10h-12h et 14h30-17h30).

Musée Granet Peinture

(04 42 52 88 32 ; www.museegranet-aixenprovence.fr ; pl. Saint-Jean-de-Malte et pl. Jean-Boyer ; tarif plein/réduit 6/5 €, gratuit -18 ans et 1er dim du mois, audioguide 3 € ; mar-dim 10h-19h juin-sept, 12h-18h oct-mai). Sur 4 500 m², voici une remarquable collection de peintures françaises, nordiques et italiennes du XVe au XIXe siècle, une dizaine d'œuvres de Paul Cézanne, ainsi que certains chefs-d'œuvre des maîtres

Aix-en-Provence

européens de l'art du XXe siècle. En été sont organisées des expositions temporaires d'envergure. Autre volet indispensable à la visite : la **collection Planque** exposée dans la superbe **chapelle des Pénitents-Blancs**, place Jean-Boyer, qui rassemble des chefs-d'œuvre de Van Gogh, Picasso, Monet, Dubuffet, De Staël, etc. Le billet inclut l'entrée dans les deux lieux.

Caumont Centre d'art — Lieu d'art

(04 42 20 70 01 ; www.caumont-centredart.com ; 3 rue Joseph-Cabassol ; expo et centre tarif plein/réduit 14/11 €, centre 6,50/5,50 €, visite guidée 20/16 €, gratuit -7 ans ; tlj 10h-19h mai-sept, 10h-18h oct-avr). Au cœur du quartier Mazarin, le superbe **hôtel de Caumont**, bijou du XVIIIe siècle, fait figure de haut lieu d'art de la ville. Magnifiquement restauré, le bâtiment mérite à lui seul la visite. Il accueille une riche programmation culturelle, axée sur deux expositions majeures annuelles. Un film sur Cézanne est également projeté. Ravissant salon de thé (voir p. 108).

Musée des Tapisseries – Palais de l'Archevêché — Tapisseries

(04 42 23 09 91 ; 28 pl. des Martyrs-de-la-Résistance ; 3,70 €, gratuit -25 ans ; tlj sf mar 10h-12h30 et 13h30-18h mi-avr à mi-oct, jusqu'à 17h mi-oct à mi-avr). Logé dans les appartements d'apparat de l'ancien archevêché, le musée renferme une riche collection de tapisseries françaises des XVIIe et XVIIIe siècles, dont la série appelée *Grotesques* (un décor théâtral en six tapisseries réalisé à Beauvais en 1689), les *Jeux russiens* et l'exemplaire unique au monde de *L'Histoire de Don Quichotte*. Également une section sur l'histoire de l'art lyrique, quelques œuvres contemporaines et des expositions temporaires.

Musée Estienne-de-Saint Jean — Traditions populaires

(04 42 91 89 78 ; 17 rue Gaston-de-Saporta ; entrée libre ; tlj sf mar 10h-12h30 et 13h30-17h). GRATUIT Autrefois musée du Vieil-Aix, cet hôtel particulier du XVIIe siècle évoque l'histoire et les traditions aixoises à travers notamment du mobilier, des faïences et, surtout, une singulière crèche parlante.

Pavillon de Vendôme — Patrimoine provençal

(04 42 91 88 75 ; 32 rue Célony ; 3,70 €, gratuit -25 ans ; tlj sf mar 10h-12h30 et 13h30-18h mi-avr à mi-oct). Entouré d'un beau jardin à la française (accès libre), ce pavillon

SI VOUS AIMEZ... Paul Cézanne

Si, à son époque, Cézanne fut boudé par sa ville natale, il y est désormais omniprésent. Pour admirer des œuvres de l'artiste, rendez-vous au musée Granet (p. 102) qui expose 10 de ses toiles. Propriété familiale de Cézanne de 1870 à 1899, la **bastide du Jas de Bouffan**, actuellement en travaux, devrait rouvrir ses portes en 2022 et accueillir un centre de documentation.

◆ Circuit Cézanne à Aix-en-Provence En ville, au départ de l'office de tourisme un **circuit Cézanne** (symbolisé par des "clous" au sol à l'effigie du peintre) relie tous les lieux en rapport avec le peintre : il commence à sa **maison natale** (28 rue de l'Opéra) et se termine au cimetière Saint-Pierre, où l'artiste repose. Itinéraire à l'office du tourisme ou sur www.cezanne-en-provence.com ; visites guidées sur réservation.

◆ Atelier des Lauves À 1,5 km du centre-ville, l'**Atelier des Lauves** (04 42 21 06 53 ; www.cezanne-en-provence.com ; 9 av. Paul-Cézanne ; tarif plein/réduit 6/2,50 €, gratuit -13 ans ; tlj 9h30-18h juin-sept, 10h-12h30 et 14h-18h avr-oct, jusqu'à 17h nov-mars, fermé dim déc-fév) est un site émouvant. Ici plane encore la présence de l'artiste, qui y travailla les quatre dernières années de sa vie.

◆ Carrières de Bibémus (04 42 16 11 61 ; www.cezanne-en-provence.com ; 3090 chemin de Bibémus, D10 vers Vauvenargues ; tarif adulte/13-25 ans 7,70/4,70 €, gratuit -13 ans ; visite guidée sur réservation tlj lun-sam 10h). Le peintre réalisa ici un certain nombre de toiles et d'aquarelles. Le parcours offre une agréable promenade entre pins verts et roche rouge avec, pour seul horizon, la silhouette de la Sainte-Victoire.

expose de nombreux portraits des XVIIe et XVIIIe siècles et des pièces de mobilier provençal. Il présente régulièrement des œuvres d'art contemporain.

Hôtel de Gallifet Centre d'art
(09 53 84 37 61 ; hoteldegallifet.com ; 52 rue Cardinale ; entrée libre ou selon exposition tarif plein/réduit 8/6 € ; juin-sept mar-dim 12h-18h). Situé dans le quartier Mazarin, cet hôtel particulier du XVIIIe siècle accueille des expositions temporaires d'art contemporain. Également un espace de restauration extérieur aux beaux jours.

Fondation Saint-John-Perse Centre littéraire
(04 42 91 98 86 ; fondationsaintjohnperse.fr ; Cité du livre, 8-10 rue des Allumettes ; entrée libre ; mar-sam 14h-18h). GRATUIT À la Cité du livre, la collection de la fondation rassemble plus de 15 000 documents légués par Alexis Léger, dit Saint-John-Perse, Prix Nobel de littérature en 1960. Bibliothèque, expositions, rencontres, lectures et conférences enrichissent la fondation.

Fondation Vasarely Art contemporain
(04 42 20 01 09 ; www.fondationvasarely.org ; 1 av. Marcel-Pagnol, Jas de Bouffan ; tarif plein/réduit/enfant 12/9/5 €, gratuit -5 ans ; tlj 10h-18h). L'architecture de ce musée, à 4 km du centre (bus n°2, arrêt Vasarely), et les œuvres exposées sont des créations du peintre d'origine hongroise Victor Vasarely (1906-1997), l'un des maîtres de l'art cinétique.

Où se loger

L'**office du tourisme** (04 42 16 11 61) assure un service de réservation pour la quasi-totalité des hébergements.

Hôtel Cardinal Demeure historique **€**
(04 42 38 32 30 ; www.hotel-cardinal-aix.com ; 24 rue Cardinale ; s/d 70/80 €, ste 119 €, petit-déj 10 € ;). Superbement située dans le quartier Mazarin, cette demeure bourgeoise du XVIIIe siècle arbore un confort douillet et un décor à l'ancienne avec meubles chinés et objets de famille.

Pavillon de Vendôme (p. 103)

Quelques chambres avec balcon. Plus haut dans la rue, les suites sont logées dans un hôtel particulier. Mention spéciale pour l'accueil.

Hôtel du Globe — Central €€

(☎ 04 42 26 03 58 ; www.hotelduglobe.com ; 74 cours Sextius ; s/d/tr 45-81/96-106/115-131 €, petit-déj 12 € ; ❄ P 📶). Ne vous fiez pas à la façade, un brin austère, qui cache des chambres bien tenues, avenantes et modernes, avec double vitrage (préférez quand même celles sur cour). Grimpez sur la grande terrasse avec, en arrière-plan, la Sainte-Victoire ! Très bon rapport qualité/prix.

Le Jardin de Marie — Chambres d'hôtes €€

(☎ 06 15 93 65 39 ; www.jardindemarie.net ; 47 rue Roux-Alpheran ; s/d/tr avec petit-déj 75-110/90-125/120-145 € selon saison ; ❄ 📶). Cet hôtel particulier du XVIIe s'ouvre sur un jardin secret, au cœur du quartier Mazarin. Trois chambres aménagées, avec (petit) espace salon au rez-de-chaussée et lit(s) en mezzanine. Vous profiterez aussi de l'accueil et la gentillesse de Marie, hôte et guide interprète, qui connaît parfaitement sa région !

Hôtel de France — Charme €€€

(☎ 04 42 27 90 15 ; hoteldefrance-aixenprovence.com ; 63 rue Espariat ; d/ste 109-189/169-229 €, petit-déj 12 € ; ❄ 📶). Une belle adresse en cœur de ville, avec 27 chambres et suites récemment rénovées avec élégance et modernité. Confort et propreté irréprochable, en revanche, certains espaces sont un peu exigus et sa situation centrale se paie cher.

Hôtel Cézanne — Boutique-hôtel €€€

(☎ 04 42 91 11 11 ; hotelaix.com ; 40 av. Victor-Hugo ; d/ste 120-295 € / 205-340 €, petit-déj 20 €, parking 25 € ; ❄ P 📶). Le décor contemporain de ce boutique-hôtel évoque un esprit arty. D'un haut niveau de confort, les chambres et suites affichent des looks audacieux. Fameux petit-déjeuner maison (jusqu'à midi !), boissons et café en libre-service, bars intérieur et extérieur, salle de fitness et de massage. Une prestation de qualité.

Hôtel des Augustins Historique €€€
(04 42 27 28 59 ; hotel-augustins.com ; 3 rue de la Masse ; d/ste 99-249 €, petit-déj 6-13 € ;). Admirablement restauré, cet ancien couvent de moines augustins du XIVe siècle fait office d'hôtel depuis 1958. Séjourner dans ce lieu d'exception se paie au prix fort, mais les prestations ne sont pas toujours à la hauteur.

Grand Hôtel du Roi René Luxe €€€
(04 42 37 61 00 ; www.mgallery.com ; 24 bd du Roi-René ; d à partir de 128 € ;). Cet hôtel mythique propose, au cœur de la ville, le luxe d'un jardin avec piscine chauffée. Intérieurs raffinés, service quatre étoiles et chambres confortables. Promotions attrayantes sur le site Internet.

Dans les environs

Si vous êtes à la recherche d'une adresse d'exception, jetez un coup d'œil aux superbes villas du **château La Coste** (voir p. 112).

La Campagne Chambres d'hôtes €€
(04 42 61 76 40, 06 81 54 19 74 ; www.la-campagne-aix.fr ; 34 av. du Pigonnet ; d avec petit-déj 90-140 € selon saison ;). La campagne non loin de la ville ! À 20 minutes environ à pied du centre-ville, cette belle bastide du XVIIIe est dotée d'un grand jardin avec piscine. Ses quatre chambres sont sobres, soignées et très confortables.

Maison Jalon Chambres d'hôtes €€€
(06 21 35 57 60, 07 77 00 41 76 ; www.maisonjalon.com ; 2575 route de Puyricard ; d avec petit-déj 110-200 € selon saison ;). Derrière l'allure ultra-contemporaine de ce quadrilatère de béton se cache une décoration chaleureuse, colorée et métissée : un mix que l'on adore ! Décorées avec style, toutes les chambres s'ouvrent sur une terrasse privée, donnant sur le jardin et la piscine. Beaux espaces communs, accueil attentionné et petit-déjeuner gargantuesque. À environ 6 km au nord du centre-ville d'Aix.

Où se restaurer

N'hésitez pas non plus à vous attarder au salon de thé du **Centre Caumont** (voir ci-dessous).

Cloître de la cathédrale Saint-Sauveur (p. 102)

La Dolce Italia Italien **€€**
(04 88 14 60 18 ; www.la-dolce-italia.fr ; 67 rue d'Italie ; plats 15-20 € ; mar-sam). Une cantine qui fleure bon l'Italie avec ses pâtes fraîches faites maison, ses risottos et d'excellents produits méditerranéens. Terrasse agréable sur la rue et intérieurs sympathiques.

Les Vieilles Canailles Bistrot **€€**
(04 42 91 41 75 ; vieilles-canailles.fr ; 7 rue Isolette ; plat du jour 14 €, plats 8-20 €, menus midi 19 et 23 € ; tlj sf dim et lun). Un "bistrot du goût'" qui remet au goût du jour d'ancestrales et traditionnelles recettes françaises. Un régal. Petite salle conviviale, avec tables en bois et service sympathique.

Drôle d'Endroit Cuisine et culture **€€**
(04 42 38 95 54 ; www.droledesite.fr ; 14 rue Annonerie-Vieille ; plat du jour 13,60 €, plats 14-20 € ; tlj sf dim, lun et mer midi). Un lieu atypique qui mêle déco originale, culture (espace lecture et expositions temporaires), musique (soirées concert) et cuisine gourmande. Les plats copieux sont savoureux, souvent bio, et le lieu fait aussi salon de thé l'après-midi.

L'Incontournable Méditerranéen **€€**
(09 80 32 86 32 ; 14 rue de Montigny ; menu 39-45 €, plats 16-24 € ; tlj sf dim et lun). Avec ses quelques tables disposées autour de la fontaine des Trois-Ormeaux, et une agréable petite salle, ce restaurant est une adresse de chef : quelques suggestions du jour, uniquement préparées avec des produits du marché et de main de maître.

Les Caves Henri IV – Le Formal Gastronomique **€€€**
(04 42 27 08 31 ; www.restaurant-leformal.com ; 32 rue Espariat ; menus midi 35-38 €, soir 48-52 € ; tlj sf sam midi, dim et lun). Dans une belle cave voûtée, on déguste ici une cuisine délicale, inventive et délicieuse... Les menus proposent des dégustations en 3, 5 ou 7 étapes ou un menu truffe à 85 €. Du grand art !

Douceur d'Aix

Le calisson, cette petite douceur élégante et raffinée, de forme oblongue et recouverte d'un nappage de glace royale, dévoile des arômes d'amande et de melon confit. Cette spécialité d'Aix-en-Provence aurait fait son apparition en 1473 lors du second mariage du roi René, même si les versions divergent. Quoi qu'il en soit, c'est avec l'introduction de la culture de l'amande en Provence au XVIe siècle, que sa fabrication et sa commercialisation prennent de l'ampleur. Son succès ne sera jamais démenti : les premières usines de calissons apparaissent au XIXe siècle et, encore aujourd'hui, quelques confiseries de renom perpétuent la tradition. Le **musée du Calisson** (04 42 39 29 89 ; www.calisson.com ; 5380 route d'Avignon ; visite libre gratuite, visite guidée lun et mar 15h, 5 €, gratuit -18 ans ; lun-sam 9h30-18h30, dim 10h-17h30) GRATUIT de la Confiserie du Roy René retrace son histoire et sa fabrication. Il devrait prochainement s'entourer d'une grande amanderaie.

Mickaël Féval Gastronomique **€€€**
(04 42 93 29 60 ; mickaelfeval.fr ; 11 petite rue Saint-Jean ; formule 29, menus midi 39- 53 €, soir 75-102 € ; mar-sam). La cuisine précise du chef offre une belle symphonie de saveurs dans un esprit minimaliste. Un travail d'orfèvre ! Réservation conseillée.

La Tomate verte Local et bio
(04 42 60 04 58 ; 15 rue des Tanneurs; menu midi 25 €, soir 27,35 € ; mar-dim). Un décor mêlant table en bois et déco industrielle et une cuisine fraîcheur à base de produits locaux : voilà la recette gagnante d'un établissement où la carte présentée sur une grande ardoise change toutes les semaines. Possibilité de brunch et de petit-déjeuner, plats sans gluten et végétariens sur demande.

Marché fermier, place Richelme

Où prendre un verre

Les Deux Garçons — Café mythique

(04 42 26 00 51 ; www.les2garcons.fr ; 53 cours Mirabeau ; tlj 7h-1h). Pas de séjour à Aix sans faire une petite escale aux "Deux G", comme disent les Aixois. Fondé en 1792, c'est le plus célèbre et le plus ancien de la ville, jadis rendez-vous des intellectuels et quartier général de Paul Cézanne.

Café Caumont — Salon de thé et lounge

(04 42 20 70 01 ; www.caumont-centredart.com ; 3 rue Joseph-Cabassol ; plats 13,50-20 €, formules 20-29,5 € ; café tlj à partir de 11h30, soirée lounge mer et sam 19h-23h juin-sept). Au café en journée ou au lounge le soir, dans les jardins à la française aux beaux jours ou dans les salons XVIIIe en hiver, le superbe hôtel de Caumont offre un écrin idéal pour prendre un verre et grignoter. Salades et plat du jour à midi, salon de thé l'après-midi, cocktails et assiettes salées le soir... ! En journée, aux horaires du centre d'art, il faudra vous acquitter d'un ticket d'entrée (la première fois seulement) ou acquérir un pass (12 €, valable 1 an).

Au P'tit quart d'heure — Bar à vins

(www.auptitquartdheure.fr ; 21 forum des Cardeurs ; cave mar-sam 10h-13h et 15h-21h, jusqu'à tard jeu-sam). Un bar à vins convivial où l'on peut acheter des bouteilles de domaines régionaux presque à prix producteur et s'initier à l'œnologie (soirée découverte une fois par mois). En fin de semaine, les apéros se prolongent et l'endroit est toujours animé !

Où sortir

Pavillon noir — Danse contemporaine

(04 42 93 48 00 ; www.preljocaj.org ; 530 av. Mozart). "Météorite tombée en plein cœur d'Aix-en-Provence" en 2006, ce cube "de fer et de béton à la peau de verre", signé Rudy Ricciotti, est un "vaisseau dansant" tout entier conçu et réalisé pour le ballet d'Angelin Preljocaj, dont la renommée internationale est immense. Dédié aux corps et aux mouvements, à leurs forces et à leurs tensions, le bâtiment étire des lignes défiant l'apesanteur : une véritable chorégraphie architecturale, qui contient, en son cœur une salle de spectacle de

386 places. Un Pavillon noir, couleur d'absolu et d'abîme, brandissant le drapeau de la danse, de l'art et de l'émotion.

Achats

Calissons Béchard — Pâtisserie et confiserie

(☎04 42 26 06 78 ; 12 cours Mirabeau ; 🕐8h30-19h mar-ven, jusqu'à 20h sam). Puisqu'il faut choisir, voici notre adresse favorite pour déguster l'incontournable confiserie aixoise à base d'amandes et de melon confit !

Puyricard — Chocolats

(☎04 42 63 39 53 ; www.puyricard.fr ; 7-9 rue Rifle-Rafle ; 🕐9h-19h lun-sam). Depuis 40 ans, une référence en matière de chocolats et de calissons. Chez Puyricard, il est possible de visiter la **chocolaterie** (☎04 42 28 18 18 ; av. Georges-de-Fabry, Puyricard ; visite atelier l'été 8 €) ou de participer à des ateliers de cuisine.

Renseignements

Office du tourisme (☎04 42 16 11 61 ; www.aixenprovencetourism.com ; Les Allées provençales, 300 av. Giuseppe-Verdi). L'office du tourisme vend une carte avantageuse : le **City Pass** (adulte 24h/48h/72h 25/34/43 €, -13 ans 17/21/26 €, gratuit -3 ans) incluant l'entrée de 15 sites touristiques majeurs, des visites guidées, un tour en petit train de la ville, un accès au réseau de bus.

Depuis/vers Aix-en-Provence

AVION

Toutes les demi-heures, des **navettes** (☎04 42 93 59 00 ; 🕐5h30-0h25 lun-dim) relient l'aéroport de Marseille-Provence à la gare routière d'Aix-en-Provence (10 € l'aller, 16 € l'aller-retour, 30 min), via la gare TGV.

BUS

La **gare routière** (☎08 21 20 22 03) se situe avenue de l'Europe. Aix est reliée à Marseille par des **navettes** (www.navetteaixmarseille.com ; 6 €, 35 min) circulant pratiquement toutes les 10 minutes.

TRAIN

La petite **gare ferroviaire** d'Aix se situe à l'extrémité sud de l'avenue Victor-Hugo, qui part de la Rotonde. La **gare TGV** (☎08 92 35 35 35) se trouve à l'écart de la ville, entre Aix et Marignane. Un service de **navettes** (4,30 €, 15 min) la relie à la gare routière.

LAMIO/ADOBE STOCK ©

VAUT LE DÉTOUR

Abbaye de Silvacane

Avec les abbayes de Sénanque et du Thoronet, l'**abbaye de Silvacane** (☎04 42 50 41 69 ; www.abbaye-silvacane.com ; D561, La Roque-d'Anthéron ; tarif plein/réduit 7,50/6 €, gratuit -12 ans ; 🕐10h-18h tlj juin-sept, 10h-13h et 14h-17h mar-dim oct-mars, jusqu'à 17h30 avr-mai, dernière entrée 45 min avant fermeture) est l'une des trois sœurs cisterciennes de Provence. Construite au XIIe siècle, elle témoigne du rayonnement de cet ordre bénédictin réformé, fondé en 1098 par le moine Robert de Molesme. Dégradée pendant les guerres de Religion, laissée à l'abandon à la Révolution puis transformée en ferme, elle fut finalement rachetée après guerre par l'État et restaurée. Désormais gérée par la commune, elle dévoile une architecture magnifique. Le réfectoire est orné de vitraux de l'artiste contemporain Sarkis. De nombreuses manifestations culturelles s'y déroulent tout au long de l'année.

CYRIL COMTAT/ADOBE STOCK ©

Massif de la Sainte-Victoire

Avec près de 60 toiles, Cézanne en a fait son motif de prédilection. Situé à quelques kilomètres à l'est d'Aix, ce massif à l'allure ramassée et puissante n'a cessé d'inspirer les artistes. Orientée est-ouest sur une douzaine de kilomètres, cette forteresse minérale culmine à 1 011 m, au pic des Mouches. Cet espace naturel inestimable est désormais classé Grand Site de France.

Voiture ou vélo

En voiture, on peut faire le tour de la montagne par des routes secondaires. C'est le même itinéraire qui est indiqué (en sens inverse) pour la boucle cyclotouristique "Le Tour de Sainte-Victoire" (60 km ; 4 heures ; niveau difficile ; téléchargeable sur www.myprovence.fr). D'Aix, prenez la direction de Saint-Marc-Jaumegarde, puis poursuivez jusqu'au barrage de Bimont, d'où l'on jouit d'une vue superbe. Reprenez la D10 jusqu'à **Vauvenargues**, localité faisant face au versant nord de la montagne. Le château que l'on y aperçoit – inaccessible – fut l'atelier de Pablo Picasso entre 1959 et 1962, puis sa dernière demeure : il y fut enterré en 1973. En suivant la D10, on franchit le col des Portes (631 m), avant de rejoindre la D23 menant à **Pourrières**. Prenez ensuite la direction de **Puyloubier**, ravissant village environné de vignobles. La D17 longe de près le versant sud de la Sainte-Victoire et rejoint Aix via **Le Tholonet**. Cette commune offre de beaux points de vue sur la Sainte-Victoire : Cézanne vint y poser son chevalet. Dans le centre, face à une allée de platanes, se dresse le château du Tholonet (il n'est malheureusement pas ouvert au public).

Activités sportives

Randonnée

Le versant nord, boisé, accuse une pente plus douce que le flanc sud. De nombreuses randonnées sillonnent le massif, dont le GR9 qui suit la crête. Du barrage de Bimont, on peut grimper jusqu'à la Croix de Provence (5 heures aller-retour, niveau difficile). Un parcours plus accessible vous mènera, depuis le même point de départ, jusqu'à un point de vue sur le lac Zola (2 heures 30 en boucle, facile). Près du Tholonet, le domaine de Roques Hautes déroule, sur 646 ha, des sentiers de promenade ponctués d'aires de pique-nique. C'est l'un des rares espaces boisés ouverts en été. L'entrée se situe sur la D17 entre Le Tholonet et Saint-Antonin-sur-Bayon. L'**Association des excursionnistes provençaux** (AEP ; ☎ 04 42 21 03 53 ; www.aepasso.com ; 4 av. de Grassi, Aix-en-Provence) organise des sorties sur le site de la Sainte-Victoire et édite un dépliant regroupant de nombreux itinéraires.

VTT

Douze circuits de différents niveaux ont été balisés par le Conseil général (disponibles sur le site www.departement13.fr).

Parapente

Contactez le **Club FFVL Parapentes de Sainte-Victoire** (☎ 04 42 66 34 17 ; parapentesaintevictoire.blogspot.fr ; 2 bis rue de Meyne, Puyloubier).

Escalade

La face sud regroupe les principales voies d'escalade, recensées dans le guide "Escalade en pays d'Aix".

Randonnée équestre

Contactez le **Comité départemental du tourisme équestre des Bouches-du-Rhône** (☎ 04 90 57 36 60 ; www.cdte13.com ; quartier Collongues, Alleins).

Infos pratiques

L'accès à Sainte-Victoire est strictement réglementé du 1er juin au 30 septembre pour éviter tout risque d'incendie (renseignements ☎ 0811 20 13 13).

Maison Sainte-Victoire (☎ 04 13 31 94 70 ; chemin départemental 17, Saint-Antonin-sur-Bayon ; 10h-18h lun-ven, 10h-19h sam-dim). Infos sur le massif, avec musée, sentier de découverte et petite restauration.

Maison du Grand Site de Vauvenargues (☎ 04 42 26 67 37 ; www.grandsitesaintevictoire.com ; pl. de Verdun, Vauvenargues ; entrée libre ; 10h-13h et 14h-18h tlj juin-sept et vacances scolaires, sam-lun et jours fériés avr-sept). Renseignements sur le Grand Site, les balades, les circuits et les lieux de visite, espace d'exposition et boutique-librairie. Vous pouvez également vous adresser au **kiosque d'information du Tholonet** (☎ 06 70 74 97 78 ; 3275 route de Cézanne ; tlj sf lun juin-sept).

Bon à savoir

Depuis Aix-en-Provence, il est facile de rejoindre en bus le massif de la Sainte-Victoire : la ligne 110 dessert le sud du massif et Le Tholonet tandis que la ligne 140 rejoint Vauvenargues (horaires à l'office du tourisme ou sur le site www.lepilote.com)

Où se loger et se restaurer

Pour séjourner dans ce cadre de toute beauté, le **Relais de Saint-Ser** (☎ 04 42 66 37 26 ; www.relaisdesaintser.com ; av. Paul-Cézanne, Puyloubier ; d 110-135 €, petit-déj 9 € ; ❄ 🏊 P 📶) dévoile une déco stylée, un confort irréprochable et une piscine avec vue panoramique. La restauration y est aussi de qualité.

À Vauvenargues, vous pouvez vous restaurer **Chez Le Garde** (☎ 04 42 65 19 53 ; www.chez-le-garde.fr ; 342 RD10 ; plats 14-18 € ; tlj sf mar et mer midi) et, au Tholonet, en version plus gastronomique – au **Saint-Estève** (☎ 04 42 24 80 40 ; www.leslodgessaintevictoire.com ; menu midi 62-85 €, soir 125-165 € ; ch à partir de 230 €).

Comment circuler

Quatre **parkings relais** (Krypton, Hauts-de-Brunet, route des Alpes et Malacrida ; www.aixenbus.fr ; 2,20 €/jour ; 6h30-21h lun-sam) situés aux principales entrées de la ville sont desservis par des navettes gratuites.

Une **navette électrique** (04 42 38 07 36 ; www.la-diabline.fr ; 3 circuits ; 0,80 € ; lun-sam 8h30-19h30) circule dans le centre d'Aix.

Un **réseau de bus** (www.aixenbus.fr) couvre le pays d'Aix.

Vous pouvez louer un vélo électrique chez **Bee's Cycloplanet** (04 42 63 24 71 ; www.cycloplanet.com ; 33 av. Sainte-Victoire ; demi-journée/journée 25-36/36-46 €).

Pays aixois

Parsemée de charmants villages, de bastides et de vignobles, la campagne aixoise offre de belles découvertes.

Le Puy-Sainte-Réparade

À une vingtaine de kilomètres au nord d'Aix-en-Provence, Le Puy-Sainte-Réparade est une petite commune sans particularité majeure, si ce n'est d'abriter un étonnant domaine viticole dédié à l'art et à l'architecture contemporains.

À voir

Château La Coste Art & vin

(04 42 61 92 92 ; www.chateau-la-coste.com ; 2750 route de La Cride, Le Puy-Sainte-Réparade ; tarif plein/réduit 15/12 €, gratuit -10 ans ; tlj 10h-19h mars-oct, lun-ven 10h-17h sam-dim 10h-19h nov-fév). Monumental. Un terme qui dépeint au sens propre l'envergure du château La Coste. Dès l'entrée de béton, de verre et d'eau surgit une gigantesque araignée métallique, sculpture de Louise Bourgeois. Un parcours artistique chemine à travers le domaine, ponctué des œuvres signées Alexander Calder, Richard Serra, Tom Shannon, etc. En écho, l'architecture déploie un palmarès de noms illustres : Tadao Ando, Renzo Piano, Jean Prouvé, Frank Gehry, Jean Nouvel... Ici, art et architecture se marient intimement. Autour, les vignes appellent à conclure la visite par un détour au caveau de dégustation (visite des chais 12 € ; tlj 11h et 15h) ! Sur place, vous pouvez faire halte dans deux restaurants semi-gastronomiques, le **Restaurant** (04 42 50 50 00 ; plats 22-52 €, soir menu dégustation à 60, 75 ou 155 € ; tlj midi et soir) dont la cuisine confectionnée à partir des légumes du potager bio a été confiée depuis 2019 à la cheffe Hélène Darroze. Autre option, le **Francis Mallman** (04 42 61 89 98 ; plats 36-91 € ; tlj midi et soir), qui propose une cuisine moderne d'inspiration argentine. Deux autres établissements de type brasserie, **La Terrasse** et **Le restaurant de Tadao Ando** (04 42 61 92 92 ; plats 17-28 € ; mêmes horaires), complètent le dispositif. Les plus fortunés pourront séjourner au sein d'une des villas de luxe de la **Villa Lacoste** (www.villalacoste.com ; à partir de 600 €).

Les Milles

Ce village situé dans une zone urbanisée et commerciale abrite le Camp des Milles.

À voir

Site-Mémorial du Camp des Milles Musée d'Histoire et des Sciences de l'homme

(04 42 39 17 11 ; www.campdesmilles.org ; 40 chemin de la Badesse ; tarif plein/réduit 9,50/7,50 €, gratuit -9 ans ; tlj 10h-19h). On ne soupçonne pas qu'ici, en pleine Provence, est demeuré intact l'un des plus grands camps français d'internement et de déportation. Ce lieu de mémoire émouvant retrace l'histoire de la déportation des juifs durant la Seconde Guerre mondiale. Il témoigne – de par son histoire – de la Shoah, mais se veut aussi un outil citoyen pour lutter contre les discriminations et amener une réflexion contemporaine sur ces sujets. Une de ses autres particularités est d'avoir abrité beaucoup d'artistes renommés (dont Max Ernst ou Hans Bellmer) et d'en avoir gardé des traces.

Bouc-Bel-Air

La commune, dont la fondation date de l'époque des invasions barbares au VIIe siècle, possède sur son territoire un petit bijou : les jardins d'Albertas. Son belvédère offre une très belle vue sur le mont Aurélien, le Garlaban et la chaîne de l'Étoile.

À voir

Jardins d'Albertas Jardins à la française
(04 42 22 94 71 ; www.jardinsalbertas.com ; av. de la Croix-d'Or, RN8, Bouc-Bel-Air ; tarif plein/réduit 4/3 €, gratuit -7 ans ; 15h-19h tlj juil-août, 13h-19h sam-dim et jours fériés mai, sept, oct 14h-18h). Ces magnifiques jardins, imaginés au XVIIIe siècle par le marquis d'Albertas, sont l'occasion d'une promenade hors du temps. Le terrain, en pente, a permis l'aménagement de terrasses et d'escaliers, de bassins étagés et d'une cascade. L'endroit, où se devinent les influences italienne, française et provençale, respire la sérénité. Fin mai, les Journées des plantes rassemblent de nombreux exposants et animations.

Ventabren

Cet adorable **village** (office du tourisme 04 42 28 76 47 ; 4 bd de Provence), perché sur une colline est dominé par les ruines du château de la reine Jeanne.

À voir

Aqueduc de Roquefavour Aqueduc
GRATUIT Avec ses 82,50 m de hauteur et ses trois rangs d'arcade, c'est le plus grand aqueduc en pierre du monde ! 5 000 ouvriers participèrent à sa construction, achevée en 1847. Vous pourrez l'apercevoir en voiture depuis la route de l'Aqueduc, mais mieux vaut prendre le temps d'une promenade (45 min depuis le parking du complexe sportif, en haut du village).

Où se restaurer

L'Eouvé Bistrot chic €€
(04 42 92 25 68 ; leouve.com ; 19 chemin du Cimetière ; plats 17 €, menu 32 € ; mer-dim midi). Atmosphère bistrot vintage, avec mobilier chiné, déco vintage, détails bohème... L'ensemble est plein de charme, et la cuisine, toute en délicatesse.

Dan B. Gastronomique €€€
(04 42 28 79 33 ; www.danb.fr ; 1 rue Frédéric-Mistral ; menus midi/soir 54/79-115 € ; tlj sf lun, mar midi, sam midi avr-sept, tlj sf lun, mar

Village de Ventabren

ISABELLE ESCAPADE/ADOBE STOCK ©

VAUT LE DÉTOUR
La Barben, château ou zoo

Le **château de La Barben** (☎04 90 55 25 41 ; www.chateaudelabarben.fr ; route du Château, La Barben ; adulte/-12 ans 10/8€, visite avec animation médiévale 17/13 € ; ⌚tlj 11h-18h avr à mi-sept, sam-dim 14h-17h mars, mi-sept à mi-oct et vac. scol.) a vu défiler dans ses murs un millénaire d'histoire provençale ! Des visites avec animations médiévales permettent de s'aventurer dans les souterrains et les cachots. Pour les enfants, un jeu d'énigme accompagne la visite et des jeux de piste sont aménagés dans le parc. Tout au long de l'année, diverses activités sont organisées (vide-grenier, visite aux chandelles, etc.) et des chambres d'hôtes permettent de passer une nuit de grand seigneur !

À deux pas, le **parc zoologique de La Barben** (☎04 90 55 19 12 ; www.zoolabarben.com ; route du Château, La Barben ; tarif plein/réduit 17/12 € ; ⌚tlj 9h30-19h juil-août, 10h-18h mars-oct, 10h-17h30 nov-fév et vacances scolaires) est le plus grand parc animalier de la région : il s'étend sur 33 ha où s'ébattent plus de 130 espèces.

midi, dim soir oct-mars). La cuisine de haute volée du chef Dan Bessoudo magnifie les produits et laisse le dégustateur rêveur, face à un écrin architectural audacieux, superbement ouvert sur le paysage. Une halte de haute émotion.

Rognes

Il fait bon se promener dans les charmantes ruelles de Rognes, avant tout réputé pour ses truffes et sa pierre. Chaque année, le dernier dimanche avant Noël se tient le **grand marché Truffes et Gastronomie**, qui attire pas moins de 15 000 visiteurs, venus goûter ce champignon à la saveur incomparable.

Où se restaurer

Le Mas Bottero Gastronomique **€€€**
(☎04 42 67 19 18 ; lemasbottero.com ; 2340 route d'Aix-en-Provence, RN7, Saint-Cannat, à 10 km de Rognes par la D18 ; formule 24 €, menu midi 29 €, soir 42-87 € ; ⌚jeu-lun). Maestro des saveurs, le chef Nicolas Bottero nous fait savourer le Sud à sa façon : en magnifiant les produits et en proposant une cuisine juste, goûteuse, mais aussi généreuse. Terrasse aux beaux jours.

SALON ET LE PAYS SALONAIS

Le pays salonais attire en général bien moins les touristes que le reste du département, mais il réserve aux curieux de belles surprises.

Salon-de-Provence

En général, on ne fait qu'y passer. Pourtant, Salon-de-Provence (44 000 habitants), ville où vécut Nostradamus, fief de la savonnerie et de la Patrouille de France, mérite mieux qu'une visite au pas de course. Sa situation géographique en plein centre du département en fait par ailleurs un bon point de chute pour sillonner la région.

À voir

En contrebas du château, les rues dévoilent, notamment, la **tour de l'Horloge**, du XVIIe siècle, la célèbre **Fontaine moussue** et ses vasques calcaires enveloppées d'un étonnant manteau végétal, sur la place Crousillat, ou l'**hôtel de ville**, à l'architecture XVIIe siècle d'inspiration italienne. Excentrée au nord du centre-ville, la **collégiale Saint-Laurent**, de facture gothique provençale, abrite le **tombeau de Nostradamus**.

Château-musée de l'Empéri — Histoire de la Provence

(☎04 90 44 72 80 ; montée du Puech ; tarif plein/réduit 5,5/3,5 €, gratuit -18 ans et 1er dim du mois, billet combiné avec la maison de Nostradamus 8/6 € ; ⏲mar-dim 9h30-12h et 14h-18h mi-avr à fin sept, 13h30-18h oct à mi-avr). Monumental, ce château, dont les premières traces remontent au Xe siècle, est un remarquable exemple de l'architecture défensive de la fin du Moyen Âge. Sous le Saint Empire romain germanique (d'où son nom), il servit de résidence aux archevêques d'Arles, puis de résidence d'été aux rois de France. Il renferme un musée d'Histoire militaire réputé, où sont exposées d'impressionnantes collections de l'époque napoléonienne. Dans la cour nord du château, un sympathique jardin médicinal recense les plantes utilisées par Nostradamus dans ses recettes.

Maison de Nostradamus — Musée

(☎04 90 56 64 31 ; rue Nostradamus ; tarif plein/réduit 5,5/3,50 €, gratuit -18 ans et 1er dim du mois, billet combiné avec le château-musée de l'Emperi 8/6 € ; ⏲avr-sept mer-lun 9h-12h30 et 14h-18h, oct-avr mer-lun 13h30-18h). Célèbre médecin et astrologue, Nostradamus s'établit à Salon à l'âge de 44 ans et demeura dans cette maison jusqu'à sa mort, en 1566. Il y rédigea notamment ses célèbres prophéties. À chaque étage, des personnages de cire mis en scène rappellent les épisodes marquants de sa vie.

Savonnerie Marius Fabre — Artisanat

(☎04 90 53 24 77 ; www.marius-fabre.fr ; 148 av. Paul-Bourret ; entrée libre ; ⏲musée lun-sam 9h30-12h et 14h-19h avr-sept, jusqu'à 18h oct-mars). GRATUIT Au XIXe siècle, dans le sillage de Marseille, Salon se lance avec succès dans la fabrication du savon, en accord avec l'édit de Colbert de 1688, qui stipule notamment l'utilisation d'huiles d'olive pures. En fonction depuis 1900, la savonnerie se **visite** (⏲lun-ven 10h30 et 14h30 juil-août, 10h30 lun et jeu, 14h30 mer sept-

Hôtel de ville de Salon-de-Provence, place Crousillat

RH2010/ADOBE STOCK ©

SI VOUS AIMEZ...

Les villages du massif des Costes

La discrète campagne salonaise dissimule quelques petits trésors, disséminés dans le massif des Costes.

Aurons De tous les villages du massif des Costes, Aurons est sans doute le plus adorable. On le surnomme d'ailleurs la "Perle du Val de Cuech". La place de l'église, le lavoir et les platanes centenaire lui donnent une allure de carte postale. Grimpez en haut du **rocher du Castelas** pour profiter d'un superbe panorama.

Vernègues Face au "nouveau" se profile la silhouette du vieux village abandonné, dévasté par un tremblement de terre en 1909. Entre les vestiges d'un ancien château seigneurial et d'une église romane, un sentier de randonnée offre une belle échappée panoramique à travers le massif. On y croise un amandier de 500 ans d'âge. Pour une pause gourmande (crêpes, glaces, salades gourmandes), direction le **Repaire** (04 90 59 31 64 ; chemin des Très-Moulin ; plats 7-15 € ; tlj sf mar avr-sept, midi mer-jeu et dim, soir ven-sam oct-mars).

Pelissanne Certainement le plus animé des villages de la région. Enroulé autour de sa belle **église Saint-Maurice**, il offre une pause typiquement provençale. Sur place, l'**Office du tourisme du massif des Costes** (04 90 55 15 55 ; Parc Roux de Brignoles) mérite une halte pour vous aider à découvrir les secrets du massif.

Lambesc Ce village abrite de beaux hôtels particuliers, des fontaines, de vieux lavoirs et pas moins de **11 oratoires** répartis sur les chemins alentour.

Alleins Traversé par le **canal de Craponne**, ce village endormi au pied des vestiges d'un château préserve un beau **beffroi**.

juin) et abrite un musée consacré à l'histoire du savon en Provence.

Où se loger

Grand Hôtel de la Poste Central €

(04 90 56 01 94 ; www.ghpsalon.com ; 1 rue Kennedy ; s/d/tr-qua 47/63-73/85-90 €, petit-déj 7,50 € ;). Face à la Fontaine moussue, cet hôtel occupe un ancien relais de poste du XIXe siècle. Il loue 22 chambres, insonorisées, confortables et rénovées. Les 3 chambres supérieures sont d'un excellent rapport qualité/prix. Pas d'ascenseur, mais une jolie vue depuis le 3e étage. Place de parking à proximité (7,50 €)

Le Mas des Vergers Chambres d'hôtes €€

(04 90 59 64 81, 06 73 26 39 56 ; lemasdesvergers.com ; chemin de Chaillol ; s/d avec petit-déj 85/95 €, panier repas 17 €, table d'hôtes 29 € ;). À 5 km au nord de Salon, cette belle maison s'ouvre sur un grand jardin ombragé, avec piscine, idéal pour flâner. Le gîte, le studio et les deux chambres sont sobres et soignés. Produits bio au petit-déjeuner.

Le Mas de Lure Chambres d'hôtes €€€

(04 90 56 41 24, 06 13 06 27 59 ; www.masdelure.com ; route du Val-de-Cuech, D16 ; s/d avec petit-déj 90-120/100-140 € ;). Sur les hauteurs de Salon, à 2,5 km du centre, ce magnifique mas est lové dans un vaste domaine paysager. Les 4 chambres, entre Orient et Provence, ont beaucoup d'allure.

Garrigae Abbaye de Sainte-Croix Hôtel de luxe €€€

(04 90 56 24 55 ; www.abbaye-de-saintecroix.fr ; route du Val-de-Cuech ; d/ste 2-5 pers 110-165/200-350 €, petit-déj 20 € ;). Surplombant la campagne provençale, cette ancienne abbaye transformée en hôtel haut de gamme jouit d'un site superbe et propose, outre des chambres alliant confort et charme, un domaine de 20 ha, une piscine, un spa et deux restaurants.

Où se restaurer

La Case à Palabres Bio et méditerranéen €€
(06 87 02 66 33 ; www.lacaseapalabres.fr ; 44 rue Pontis ; formules 11,50-16 €, plats du jour 12,5 € ; midi lun-mar, midi et soir jeu-sam). Perrine a repris l'établissement depuis 2018 mais la recette reste la même : produits bio, producteurs locaux, engagement en faveur du commerce équitable et esprit de convivialité. On s'y retrouve pour déguster tartes salées, salades ou plats du jour. Quelques tables en terrasse aux beaux jours et une riche programme d'animation avec une salle cabaret à l'étage.

Le Temps des secrets Terroir €€
(04 90 56 74 77 ; 13 pl. Charles-Latil ; menus midi 12-18 € ; midi mar-sam, soir ven-sam). Bien cachée au pied du château de l'Empéri, cette adresse connue pour sa cuisine de terroir revisité attire une clientèle locale. La carte, minimaliste, change tous les jours. Bel effort de présentation des assiettes. Agréable terrasse aux beaux jours.

Renseignements

Office du tourisme (04 90 56 27 60 ; www.visitsalondeprovence.com ; 249 pl. Morgan). Tous les étés sont organisées des visites contées "Sur les pas de Nostradamus" dans les rues de la ville.

Depuis/vers Salon-de-Provence

TRAIN

La **gare routière** (04 90 56 50 98) se trouve place Morgan et la **gare SNCF**, avenue Émile-Zola.

MARTIGUES ET L'ÉTANG DE BERRE

À quelques kilomètres du pays salonais, l'étang de Berre est, avec ses raffineries, peu engageant à première vue. Il abrite néanmoins d'agréables recoins, dont Martigues, la "Venise provençale".

L'étang de Berre

Un rapide tour d'horizon ne laisse planer aucun doute : l'étang est en grande partie phagocyté par de nombreuses infrastructures industrielles, surtout le long des berges sud. Pourtant, le Nord et l'Ouest cachent quelques lieux préservés. Près de Saint-Mitre-les-Remparts, l'**oppidum Saint-Blaise** (accès libre ; renseignements 04 42 30 30 83) est un site archéologique digne d'intérêt dont l'histoire remonte au VIIe siècle av. J.-C. Plusieurs sentiers de découverte serpentent dans le massif de Castillon. À **Istres**, baladez-vous dans le centre ancien et découvrez les expositions temporaires du GRATUIT **Centre d'art contemporain** (CAC ; 04 42 55 17 10 ; 2 rue Alphonse-Daudet ; entrée libre ; 10h-12h et 14h-18h lun-sam).

Joli village perché, **Miramas-le-Vieux** est parfait pour déguster une bonne glace, par exemple au **Misto** (04 90 50 33 64 ; sous l'horloge du village). Près du territoire de **Saint-Chamas**, émaillé d'habitats troglodytiques, ne ratez pas le **pont Flavien**, bâti par les Romains et encore très bien conservé. **Cornillon-Confoux**, dominant la vallée de la Touloubre, jouit quant à lui d'un panorama exceptionnel sur les Alpilles, le Luberon, le mont Ventoux ou l'étang de Berre.

Martigues

Cette localité de 45 000 habitants réussit un exploit peu commun : se voir qualifiée de "Venise provençale" tout en étant littéralement cernée par un bataillon de complexes industriels parmi les plus importants de France. Quel contraste entre les superstructures pétrochimiques qui hérissent les berges de l'étang de Berre et le cachet tranquille du centre-ville !

ÉLODIE ROTHAN ©

Les canaux de Martigues (ci-dessous)

Martigues, comme posée sur l'eau, a en effet des airs de cité lacustre.

Martigues se compose de trois entités distinctes. Au sud s'étend le quartier de Jonquières, au nord celui de Ferrières. Entre les deux se situe l'Île, reliées aux deux autres parties de la ville par un pont.

À voir et à faire

Des quartiers de **Jonquières** et de l'**Île**, sillonnés par quelques canaux, on appréciera le charme des venelles pittoresques, les jeux de lumière sur les façades pastel et l'architecture typique. Dans l'Île, ne manquez pas l'église Sainte-Madeleine, du style baroque du XVIIe siècle, dans la rue de la République, le **Miroir aux oiseaux**, qui désigne la portion du quai Brescon bordée par des maisons de pêcheurs. Ce site a nourri l'inspiration de nombreux peintres, en particulier Delacroix, Ziem et Corot.

Musée Ziem — Art du XXe siècle

(☎ 04 42 41 39 50, 04 42 41 39 60 ; bd du 14-Juillet ; entrée libre ; ⏲10h-12h et 14h-18h tlj sauff mar juil-août, 14h-18h mer-dim sept-juin). GRATUIT Dans une des rare belle bâtisse du centre-ville, le lieu rassemble des œuvres du peintre Félix Ziem (1821-1911), réputé pour ses paysages et ses marines, ainsi que celles d'autres artistes provençaux. Intéressante collection d'art moderne et contemporain.

Parc de Figuerolles — Multi-activités

(☎ 04 42 49 11 42 ; av. du Grand-Parc ; entrée libre ; ⏲tlj 6h-20h). GRATUIT Au bord de l'étang de Berre, ce parc de 130 ha est dédié aux loisirs verts avec, notamment, des sentiers de randonnée et un parcours VTT. Idéal pour les familles, il propose aussi un **petit train** (☎ 04 42 49 11 42 ; tarif adulte/enfant 2/1 € ; ⏲pendant les vacances scolaires), un **parcours acrobatique** dans les arbres (☎ 09 74 56 37 21 ; www.indian-forest-martigues.com), des **balades à dos de poney** (☎ 06 21 49 04 11 ; enfants 4-12 ans balade 20 min 6 € ; ⏲mer 10h-11h30, sam-dim 10h-11h30 et 14h30-16h30) et une **ferme pédagogique** (☎ 04 42 44 12 78 ; entrée gratuite ; ⏲tlj 9h-18h).

Le caviar martégal

La poutargue (ou boutargue) est une spécialité culinaire de Martigues. Sur les berges du canal Galliffet travaillent les derniers pêcheurs au calen de France. Ce grand filet tendu entre les deux rives permet de piéger les mulets migrants chaque année dans la passe. Les œufs sont extraits des poissons femelles. Ils sont ensuite nettoyés, salés, aplatis et séchés, pour faire la poutargue. C'est un met recherché et coûteux, aussi appelé "le caviar martégal". Il se déguste tranché à l'apéro, râpé dans les pâtes ou en sauce !

Où se loger et se restaurer

Le 5 Central €

(04 42 80 49 16 ; www.le-cigalon.cote-bleue.com; 37 bd du 14-Juillet ; d 54-74 €, petit-déj 7 € ;). Vue l'absence d'adresse de charme, cet hôtel fonctionnel vous dépannera. Ses chambres sont sobres et propres avec douche ou baignoire.

Le Vin'Ile Bistrot gourmand €€

(04 42 40 32 51 ; 2 quai des Anglais ; menu 33 €, plats 12-22 € ; mar-sam soir). Une cuisine moderne et raffinée servie avec le sourire sur une agréable place face à l'église. On aime bien l'assortiment d'entrées, les plats bien concoctés et les desserts surprenants.

Le Garage Bistronomique €€€

(04 42 44 09 51 ; www.restaurantmartigues.com ; 20 av. Frédéric-Mistral ; formule midi 27 €, menus 38-49 € ; mar-sam). Une déco tendance mais une cuisine sans effet de mode ! Sous les yeux des clients, le chef Fabien Morreale mitonne des plats inventifs et bien présentés et propose même des ateliers culinaires. La carte change tous les 15 jours. Pensez à réserver.

Le Miroir **Sur les quais €€**

(04 42 80 50 45 ; www.lemiroir.eatbu.com ; Quai Brescon, l'île ; formule midi 21 €, menu 31 € ; mer midi-dim midi). Une adresse centrale qui a fait ses preuves. La cuisine servie ici, simple et soignée, fait la part belle à la pêche locale : soupe de poisson de roche, moules de Camargue, thon rouge de Méditerranée ou dégustation de Poutargues (5 €).

Où sortir

Théâtre des Salins Salle de spectacle

(04 42 49 02 00 ; www.les-salins.net ; 19 quai Paul-Doumer). Cette scène nationale réputée propose une programmation mêlant danse, théâtre et cirque. Restauration sur place.

Achats

Ne quittez pas Martigues sans avoir goûté à la **poutargue**, caviar de la Méditerranée ! Ce sont des œufs de muges (mulets) salés, pressés entre des pierres et séchés. Ils peuvent se déguster simplement en copeaux sur des tartines de pain. Passez à la **Saveur des Calanques** (04 42 06 10 77 ; www.saveurdescalanques.com ; quai des Sardiniers, Port-de-Bouc), de Frédéric Paez, un des derniers "artisans poutarguier" (production limitée de septembre à décembre).

Renseignements

Office du tourisme (04 42 42 31 10 ; www.martigues-tourisme.com ; rond-point de l'Hôtel-de-Ville)

DELKOO / ADOBE STOCK ©

Parc ornithologique de Pont de Gau (p. 136)

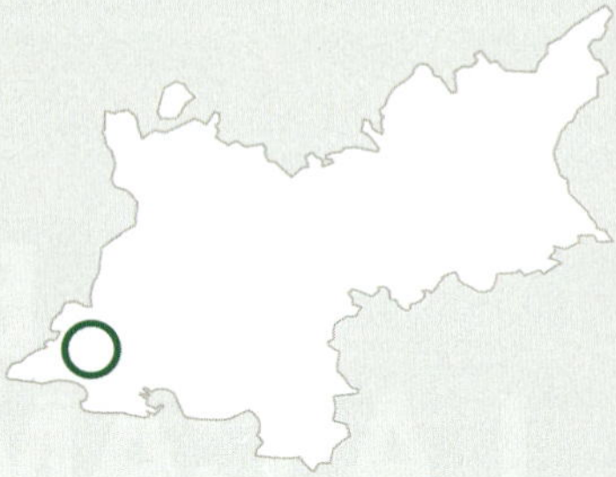

Arles et la Camargue

Univers mouvant de terre et d'eau sous un ciel immense, de taureaux noirs et de chevaux blancs, d'horizons lointains marqués par le fleuve et la mer... la Camargue a l'allure fascinante d'une contrée libre et sauvage. Son caractère rebelle ne s'offre pas, il s'apprivoise. Et, si les hommes ont réussi à se tailler une place entre les bras du Rhône, c'est à force de courage et de persévérance. Manadiers, gardians, ingénieurs, pêcheurs et agriculteurs ont contribué, tels des pionniers et des pionnières, à modeler ce paysage unique. La Camargue se découvre à cheval, à pied ou encore à vélo. Il faut prendre son temps, seule manière d'aborder ses milieux naturels, d'approcher son exceptionnelle faune ornithologique et d'apercevoir le ballet des flamants roses. Aimée des artistes pour sa lumière, Arles est une ville attachante, qui regorge d'édifices antiques, médiévaux et classiques d'une grande beauté. On y apprécie une atmosphère culturelle marquée par de nombreux festivals et d'ambitieux projets artistiques.

☑ Dans ce chapitre

À gauche : ruines romaines, Arles. À droite : abrivado dans les rues d'Arles
LAURENT PRAT/ADOBE STOCK © ; EMMANUEL DAUTANT ©

Abbaye de Montmajour
Arles (p. 124)
Vauvert
Saint-Martin-de-Crau
N113
A54
Canal Philippe - Lamour
Canal du Rhône à Sète
D570
Musée de la Camargue
Gageron
A baron
Parc naturel régional de Camargue
GARD
Petit Rhône
Domaine de Méjanes
Méjanes
D37
Villeneuve
D58
Aigues Mortes
D36B
Grand Rhône
Mas Thibert
BOUCHES-DU-RHÔNE
Mas de Sylvéréal
Château d'Avignon
Draille des Cinq Gorges
Étang de Vaccarès (p. 139)
La Capelière
Le Sambuc
Musée du Riz
Réserve naturelle nationale des Marais du Vigueirat
N568
Salins du Midi
Parc ornithologique de Pont de Gau (p. 136)
Réserve nationale de Camargue
Étang des Caitives
Étang du Roi
Étang de Rollan
Étang des Salants
Étang de Malagroy
Bac du Sauvage
D85
Étang de l'Impérial
Étang du Lion
Salin-de-Badon
D36
Petite Camargue
Phare de la Gacholle
Les Saintes-Maries-de-la-Mer
Digue à la mer (p. 136)
D36C
Étang du Fangassier
Plage de Beauduc
Golfe de Beauduc
Salin-de-Giraud
MER MÉDITERRANÉE
Pointe du Sablon
Salins (p. 138)
D36D
Port-Saint-Louis
Golfe de Fos
Étang de Faraman
Domaine de La Palissade
Plage de Piémanson
0
10 km

ARLES

Accoudée au Grand Rhône, longtemps tournée vers son extraordinaire passé romain, Arles regarde désormais vers l'avenir. La ville, associée aux ferias, aux éditions Actes Sud, au label musical Harmonia Mundi, aux prestigieuses Rencontres internationales de la photographie et aujourd'hui à Frank Gehry avec sa tour pour la fondation Luma, est devenue au fil des ans une destination culturelle tendance, même si encore très saisonnière. La carte postale, il faut dire, est assez complète : de charmantes ruelles dévoilent tour à tour d'impressionnants vestiges impériaux, d'élégants hôtels particuliers et de belles maisons provençales, de même qu'une cascade de tuiles orangée et une lumière aimée tôt des artistes, le tout à la porte de l'extraordinaire Camargue.

Histoire

Inscrits sur la Liste du patrimoine mondial de l'Unesco, les monuments romains et romans retracent la gloire de l'ancienne "petite Rome des Gaules", qui débuta sous Jules César. En effet, en 49 av. J.-C., alors que Marseille prend le parti de Pompée contre Jules César, Arles soutient le second. Victorieux, l'empereur récompense *Arelate*, qui devient seconde capitale du monde romain. Jouissant d'une grande prospérité, elle se dote de prestigieux monuments sous Auguste. L'empereur Constantin y élit résidence. Christianisée dès le Ier siècle, Arles se voit attribuer en 417 la primatie des Gaules par le pape et devient le siège de plusieurs conciles. Au IXe siècle, elle devient la capitale du "royaume d'Arles", nom donné au royaume de Bourgogne-Provence. Ville impériale au XIe siècle, république au XIIIe siècle, Arles perd son autonomie quand elle est rattachée en 1251 aux terres des comtes de Provence. Elle devient française au XVIe siècle et connaît ensuite plusieurs périodes de prospérité, une richesse fondée sur son dynamisme agricole et fluvial.

À voir

Amphithéâtre Arènes

(☎04 90 49 38 20 ; rond-point des Arènes ; tarif plein/réduit avec théâtre antique 9/7 €, gratuit -18 ans ; tlj 9h-19h mai-sept, 9h-18h mars-avr et oct, 10h-17h nov-fév). Très bien conservé, l'amphithéâtre a été édifié au Ier siècle de notre ère. Il pouvait accueillir plus de 20 000 personnes et servait alors aux combats de gladiateurs ou de fauves. Au Moyen Âge, des habitations furent construites dans son enceinte ; plus de 200 bâtiments et deux églises y furent dénombrés en 1826, lors du dégagement des vestiges. Depuis 1830, les arènes accueillent les courses à la cocarde et les corridas.

Théâtre antique Monument romain

(☎04 90 49 59 05 ; rue de la Calade ; mêmes horaires et tarifs que l'amphithéâtre). Construit à la fin du Ier siècle av. J.-C., le théâtre témoigne de l'importance de la colonie d'Arles dès le règne d'Auguste. Quelque 12 000 personnes pouvaient y prendre place ! Converti en carrière de pierres, puis intégré aux remparts de la ville, il est aujourd'hui en partie dégagé. Sa situation au cœur de la ville et la végétation qui l'entoure lui confèrent un charme éminemment romantique. Projections et concerts y sont organisés à l'occasion des festivals d'été ou des soirées **Les Escales du Cargo** (voir l'encadré p. 129).

Cryptoportiques du forum Galeries souterraines

(☎04 90 49 59 05 ; pl. de la République, accès par l'hôtel de ville ; tarif plein/réduit 4,50/3,60 €, gratuit -18 ans ; tlj 9h-19h mai-sept, 9h-18h mars-avr et oct, 10h-17h nov-fév). Accessibles par le grand hall de la mairie, les cryptoportiques sont un ensemble de galeries souterraines, qui soutenaient jadis les portiques à colonnes encadrant l'esplanade du forum. Une déambulation sous ces voûtes humides et faiblement éclairées suscite un étrange sentiment de proximité avec ce passé pourtant vieux de 2 000 ans.

Thermes de Constantin Bains romains
(☎04 90 49 59 05 ; rue Dominique-Maïsto ; tarif plein/réduit 4/3,20 €, gratuit -18 ans ; ⏲tlj 9h-19h mai-sept, 9h-18h mars-avr et oct, 10h-17h nov-fév). Partiellement dégagés, les thermes de Constantin ont probablement été construits vers le IVe siècle, sous le règne de l'empereur Constantin. Une visite permet d'en admirer la coupole et de comprendre comment l'air chaud circulait dans les différentes pièces : par les *tubuli*, des conduits de briques creuses aménagés dans les murs.

Alyscamps Sarcophages romains
(☎04 90 49 59 05 ; av. des Alyscamps ; tarif plein/réduit 4,50/3,60 €, gratuit -18 ans ; ⏲tlj 9h-19h mai-sept, 9h-18h mars-avr et oct, 10h-17h nov-fév). Alignement de sarcophages noyés dans la verdure, à un jet de pierre du centre-ville, les Alyscamps ou Champs-Élysées dégagent une impression mêlant mystère et sérénité. Cet ancien cimetière de l'Antiquité abritait jadis près d'un millier de tombes, dont celles des évêques arlésiens. Il n'en reste aujourd'hui qu'une allée ombragée, menant aux vestiges de l'église romane Saint-Honorat, du XIIe siècle. Le charme des lieux n'échappa ni à Van Gogh ni à Gauguin qui, en 1888, y plantèrent chacun leur chevalet. Plus récemment, Gucci y a même fait un défilé...

Primatiale et cloître Saint-Trophime Cathédrale romane
Construite aux XIe et XIIe siècles, la **cathédrale** (☎04 90 96 07 38 ; 6 pl. de la République) présente un portail illustrant le Jugement dernier, chef-d'œuvre d'art roman provençal. À l'intérieur, la nef de style roman s'élève à plus de 20 m, ornée de chaque côté par des tapisseries d'Aubusson du XVIIe siècle. Le **cloître Saint-Trophime** (tarif plein/réduit 5,50/4,50 €, gratuit -18 ans ; ⏲tlj 9h-19h mai-sept, 9h-18h mars-avr et oct, 10h-17h nov-fév) est un havre de paix aux colonnes sculptées. Il est accessible depuis les anciens bâtiments de l'archevêché qui jouxtent le flanc droit de la primatiale.

Musée départemental Arles antique Trésors du Rhône
(☎04 13 31 51 03 ; www.arles-antique.cg13.fr ; presqu'île du Cirque-Romain ; tarif plein/

Amphithéâtre d'Arles

Arles

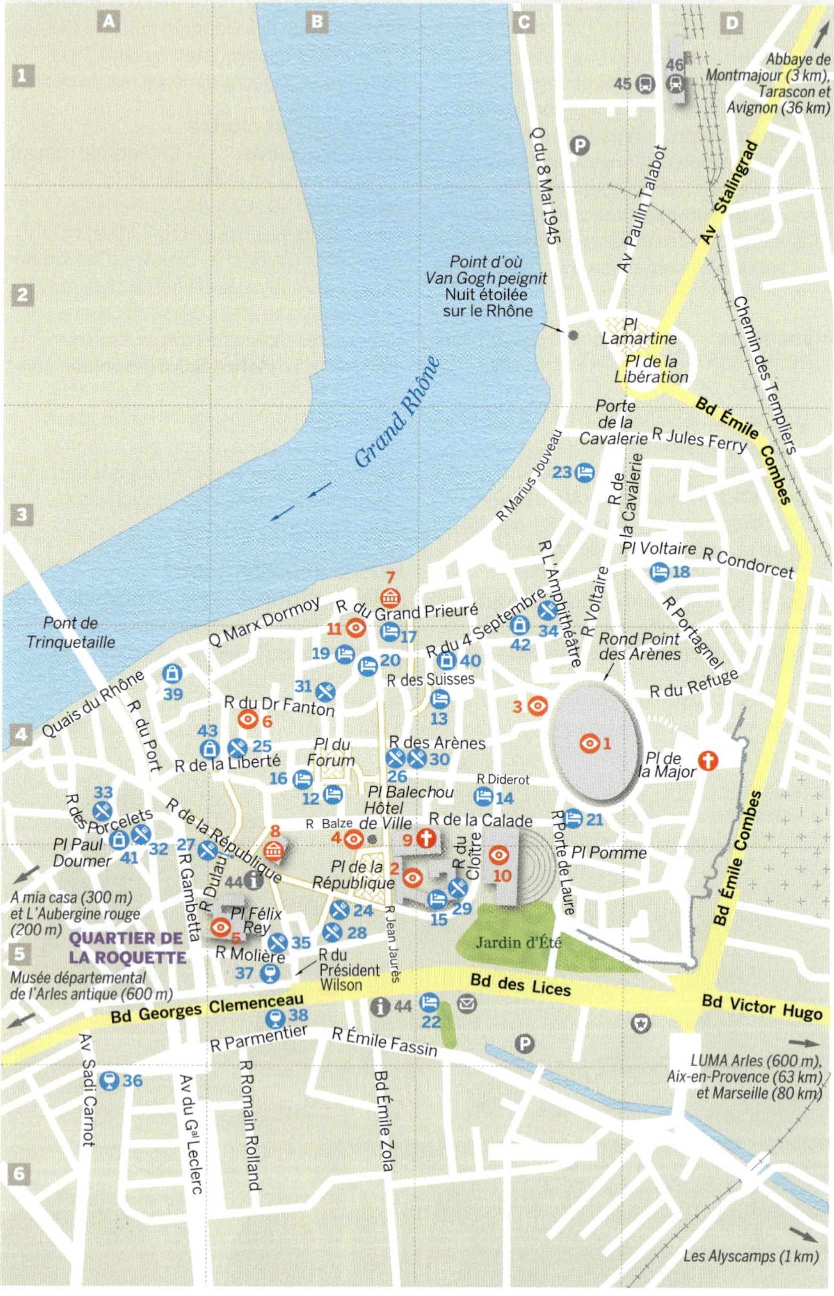

0
200 m
A
B
C
D
1
2
3
4
5
6
Abbaye de Montmajour (3 km), Tarascon et Avignon (36 km)
45
46
Q du 8 Mai 1945
Av Paulin Talabot
Av Stalingrad
Point d'où Van Gogh peignit Nuit étoilée sur le Rhône
Pl Lamartine
Pl de la Libération
Chemin des Templiers
Grand Rhône
Porte de la Cavalerie
R Jules Ferry
Bd Émile Combes
R Marius Jouveau
23
R de la Cavalerie
R L'Amphithéâtre
Pl Voltaire
R Condorcet
18
R Voltaire
R Portagnel
7
R du Grand Prieuré
Q Marx Dormoy
11
17
R du 4 Septembre
34
42
Rond Point des Arènes
Pont de Trinquetaille
19
20
40
R des Suisses
R du Refuge
Quais du Rhône
39
31
R du Dr Fanton
6
13
3
R du Port
43
25
Pl du Forum
R des Arènes
1
R de la Liberté
16
26
30
Pl de la Major
R Diderot
33
12
Pl Balechou
14
R des Porcelets
R de la République
Hôtel de Ville
R Balze
R de la Calade
21
8
4
9
R du Cloître
R Porte de Laure
Pl Pomme
Pl Paul Doumer
41
32
27
R Dulau
44
2
Pl de la République
10
A mia casa (300 m) et L'Aubergine rouge (200 m)
R Gambetta
Pl Félix Rey
24
15
29
Jardin d'Été
Bd Émile Combes
5
28
R Jean Jaurès
QUARTIER DE LA ROQUETTE
R Molière
35
R du Président Wilson
37
Musée départemental de l'Arles antique (600 m)
Bd des Lices
Bd Georges Clemenceau
38
44
22
Bd Victor Hugo
R Parmentier
R Émile Fassin
LUMA Arles (600 m), Aix-en-Provence (63 km) et Marseille (80 km)
Av Sadi Carnot
36
Av du Gal Leclerc
R Romain Rolland
Bd Émile Zola
Les Alyscamps (1 km)

Arles

À voir et à faire
1 Amphithéâtre C4
2 Cloître Saint-Trophime B5
3 Conservatoire du santon provençal C4
4 Cryptoportique du Forum B4
5 Espace Van Gogh B5
6 Fondation Van Gogh B4
7 Musée Réattu B3
8 Museon Arlaten B5
9 Primatiale Saint-Trophime C4
10 Théâtre antique C5
11 Thermes de Constantin B4

Où se loger
12 Grand Hôtel Nord-Pinus B4
13 Hôtel de l'Amphithéâtre C4
14 Hôtel de la Muette C4
15 Hôtel du Cloître C5
16 Hôtel du Forum B4
17 Hôtel du Musée B4
18 Hôtel Voltaire D3
19 L'Arlatan B4
20 L'Atelier du Midi B4
21 Le Calendal C4
22 Le Jules César C5
23 Maison Volver C3

Où se restaurer
24 A Côté B5
25 Cuisine de Comptoir B4
26 Gaudina B4
L'Arlatan .... (voir 19)
27 L'Autruche B5
28 L'Atelier de Jean-Luc Rabanel B5
29 L'Épicerie du Cloître C5
30 Le Chardon B4
31 Le Galoubet B4
32 Le Gibolin A4
33 Mangelire A4
34 Pizzeria La Mamma C3
35 Superfood B5

Où prendre un verre
36 Cargo de nuit A6
37 Le Wallabeer Australian Coffee B5
38 Paddy Mullin's B5

Achats
39 Actes Sud A4
40 Les Grandes Largeurs C4
41 Maison Génin A4
42 Masaki Yamamoto A3
43 Moustique B4

Renseignements
44 Office du tourisme B5

Transports
45 Gare routière D1
46 Gare SNCF D1

réduit 8/5 €, gratuit -18 ans et 1er dim du mois, visite guidée 3 € ; tlj sf mar 10h-18h ; P). Construit à l'écart du centre-ville (compter 15 minutes à pied de la place du Forum ou prendre la navette gratuite Navia A), ce passionnant musée présente de manière claire et didactique l'histoire de la cité, de la préhistoire à l'Antiquité tardive. Il regroupe des statues romaines en marbre, des bronzes dorés, des sarcophages, des mosaïques et de nombreux autres objets du quotidien. Mais surtout, il présente les riches trouvailles issues des fouilles sous-marines du Rhône : un immense chaland de 31 m de long, rare (voire unique) bateau romain complet connu à ce jour, et un buste de César réalisé de son vivant (Ier siècle av. J.-C.), aujourd'hui la véritable star du musée. Au-dehors, la visite se poursuit par une déambulation à travers le jardin **Hortus** (accès libre), d'inspiration romaine.

Musée Réattu — Beaux-arts et photographie

(04 90 49 37 58 ; www.museereattu.arles.fr ; 10 rue du Grand-Prieuré ; tarif plein/réduit 6/4 €, couplé avec la Fondation Van Gogh 12 €, gratuit -18 ans et 1er dim du mois ; tlj sf lun 10h-18h mars-oct, 10h-17h nov-fév). Ancien grand prieuré des chevaliers de l'ordre de Malte, le bâtiment, bâti en bordure du Rhône vers la fin du XVe siècle, dégage une aura particulière. Outre les œuvres d'artistes provençaux, une belle collection d'art contemporain (dont un superbe fonds photographique), une série de dessins de Picasso, mais aussi de Christian Lacroix, et un département de création sonore occupent ce palais Renaissance qui organise par ailleurs de grandes expositions.

Cloître Sainte-Trophime

Fondation Vincent Van Gogh — Autour de Van Gogh

(☎ 04 90 93 08 08 ; www.fondation-vincentvangogh-arles.org ; 35 ter rue du Dr-Fanton ; tarif plein/réduit/12-26 ans 9/7/4 €, couplé avec musée Réattu 12 €, gratuit -12 ans, non inclus dans le pass Avantage et Liberté ; 🕑 tlj 11h-19h avr-sept, tlj sf lun 11h-18h oct-mars). Installée dans un hôtel particulier du XVe siècle, aménagé dans une perspective radicalement contemporaine, la Fondation est un lieu de référence sur l'artiste qui, de février 1888 à mai 1889, s'installa à Arles et y produisit certains de ses plus grands chefs-d'œuvre. Mais, à l'image de son écrin architectural, elle entend porter sur Van Gogh un regard en lien avec la création actuelle : des artistes d'envergure sont ainsi régulièrement exposés.

Museon Arlaten — Musée ethnographique

(☎ 04 13 31 51 99 ; www.museonarlaten.fr ; 31 rue de la République ; voir le site pour les horaires et tarifs). Prévue au printemps 2020, la réouverture de ce musée départemental d'ethnographie inaugure une nouvelle et belle page pour cet espace conçu, à l'origine, par le poète Frédéric Mistral sur le modèle des cabinets de curiosités, en vogue à la fin du XIXe siècle. La muséographie, totalement repensée, invite à un voyage dans le temps jusqu'à nos jours dans tous les aspects de la vie en Provence.

Abbaye de Montmajour — Art roman

(☎ 04 90 54 64 17 ; www.abbaye-montmajour.fr ; route de Fontvieille ; tarif plein/réduit 6/5 €, gratuit -18 ans ; 🕑 tlj 10h-18h30 juin-sept, 10h-17h avr-mai, tlj sf lun 10h-17h oct-mars). À 5 km au nord-est d'Arles, cet édifice massif est un bel exemple d'art roman provençal. Les Bénédictins bâtirent une première chapelle dédiée à saint Pierre au XIe siècle. L'abbatiale Notre-Dame, chef-d'œuvre d'art roman provençal, date du siècle suivant. Le cloître fut achevé au XIVe siècle. Du haut de la tour de l'abbé Pons de l'Orme (26 m) s'étend un magnifique panorama. Intéressantes expositions temporaires.

Conservatoire du santon provençal — Santons

(☎ 04 90 93 48 80 ; 14 rond-point des Arènes ; tarif plein/réduit 3,50/2 €, gratuit -14 ans ; 🕑 tlj sf mar 13h-19h, jusqu'à 17h en basse saison, fermé mi-janv à mi-mars). Situé dans une maison du XVIIIe siècle face aux arènes, ce musée associatif rassemble une belle collection de santons issus de treize santonniers "Meilleurs Ouvriers de France", ainsi que des modèles du XIXe siècle.

Où se loger

A Mia Casa Artistique et familial €
(06 88 03 04 86 ; www.miacasa-arles.com ; 10 rue Croix-Rouge ; s/d 55-70/60-75 €, +10 €/jour pour une seule nuit, les week-ends de pont et périodes spéciales, petit-déj 6,50 €, lit supp. 15 € ;). Dans le quartier de la Roquette, cette maison au look bohème propose d'agréables chambres joliment décorées de mobilier chiné. La plupart sont pourvues d'un coin cuisine et d'un lit d'appoint. On se sent bien dans cet établissement baigné d'une atmosphère artistique.

L'Aubergine rouge Convivial €
(07 81 15 95 82 ; www.laubergine rouge.com ; 23 rue Waldeck-Rousseau ; s/d/suite 53/76/106 €, petit-déj 3-7 € ;). Une atmosphère atypique règne dans cette sympathique maison d'hôtes, placée sous le signe de la convivialité et de la gourmandise ! Trois chambres à la déco originale, dont une avec lit rond et une grande suite sous les toits avec terrasse. Également, cours de cuisine, brunch et autres activités.

Hôtel Voltaire Hôtel-restaurant €
(04 90 96 49 18 ; www.hotel-voltaire.com ; 1 pl. Voltaire ; d/4 pers. 79/119 € haute saison, 69/89 € basse saison, petit-déj 9,50 € ;). Sur l'une des dernières places populaires d'Arles, cet ancien hôtel de pèlerins a été repris par une jeune équipe. Les neuf chambres (dont trois familiales avec lits superposés) sont simples et lookées, et disposent toutes d'un balcon. Côté resto (menu midi 16 €, plats 13-18 € ; tlj en juil-août, fermé dim-lun reste de l'année), bonne cuisine d'inspiration levantine, avec aux beaux jours une formule mezze. Belle terrasse et une façade au style moderniste qui se remarque.

SI VOUS AIMEZ...
Les fêtes et festivals

Arles profite d'un programme culturel riche et varié. Tour d'horizon.

- **Rencontres internationales de la photographie** Au premier rang des manifestations culturelles d'envergure, les **Rencontres de la photographie** (04 90 96 76 06 ; www.rencontres-arles.com ; badge sem d'ouverture en ligne/sur place 50/57 €, forfait journée tarif plein/réduit juil/août 35/30 € sur place, 28/23 € en ligne, sept 33/28 € sur place, 26/21 € en ligne ; juil-sept) métamorphosent, durant la semaine d'ouverture, la cité d'Arles en capitale mondiale de l'image, avec expositions, conférences, rencontres, projections et soirées. Le programme se poursuit tout l'été, à travers des dizaines d'expositions.
- **Ferias et fêtes d'Arles** Le calendrier camarguais est rythmé par une succession de ferias : la **feria de Pâques** (08 91 70 03 70 ; www.arenes-arles.com ; début avr) ouvre la saison tauromachique puis, fin juin-début juillet, c'est au tour des **fêtes d'Arles** d'associer, durant 10 jours, folklore arlésien et courses camarguaises, dont la fameuse "Cocarde d'Or". Enfin, en septembre, la **feria du Riz** propose, trois jours durant, défilés équestres et spectacles taurins.
- **Festival les Suds et les Escales du Cargo** Chaque été, le **Festival les Suds** (04 90 96 06 27 ; www.suds-arles.com ; juil) fait vibrer la ville au son des musiques du monde. En été aussi, les **Escales du Cargo** (04 90 49 55 99 ; www.escales-cargo.com ; juil) investissent le théâtre antique pour y proposer des concerts.
- **Arelate** Durant la dernière semaine du mois d'août, le **festival Arelate** (festival-arelate.com ; août) redonne à la ville son ancienne romanité.
- **Festival Phare** (www.festival-pharo.fr ; août). Un festival dédié aux courts-métrages.

LUMA Arles, l'ambition de la culture

Elle se dresse, tel un totem, sur le site des anciens hangars de la SNCF, à quelques centaines de centaines de mètres du centre historique. La tour futuriste de Frank Gehry, à la structure chaotique en aluminium froissé, joue avec la lumière et incarne les ambitions de Maja Hoffman sur ce parc de 10 ha : faire de "LUMA Arles" un centre culturel pluridisciplinaire et international, à la fois espace de recherche, de production et d'exposition. Après l'inauguration de ce "Bâtiment Ressources" et la restauration des bâtiments industriels (la Grande Halle, les Forges, la Mécanique générale), l'aménagement du parc paysager imaginé par l'architecte belge Bas Smets dicte à présent le calendrier. D'ici à 2021, l'ensemble du site doit être ouvert au public, et une programmation culturelle devrait alors être proposée à l'année. Avec d'ores-et-déjà plusieurs temps forts : les Rencontres photographiques d'Arles, les Luma Days, un forum annuel d'art et d'idées, ou encore le festival de musique du monde les Suds.

Infos pratiques

(04 90 47 76 17 ; www.luma-arles.org ; parc des Ateliers, 45 chemin des Minimes ; été tlj 10h-19h, consultez le site pour les horaires le reste de l'année, et la programmation). Sur place, possibilité de se restaurer locavore au Réfectoire (mêmes horaires que le Parc). Le parc paysager est libre d'accès.

Hôtel de la Muette Atmosphère intime **€€**
(04 90 96 15 39 ; www.hotel-muette.com ; 15 rue des Suisses ; s/d/tr/f 58-90/76-103/100-123/100-133 €, suppt 2 € été, long week-end et feria, petit-déj 10 € ; P 15 €, mi-mars à mi-nov). Petit hôtel intime et familial situé dans une ruelle tranquille, à côté des arènes. Dans les chambres simples, la déco fait la part belle aux tonalités et aux matières naturelles.

Hôtel du Musée Patio fleuri **€€**
(04 90 93 88 88 ; www.hoteldumusee.com ; 11 rue du Grand-Prieuré ; s/d/tr/qua 70-85/80-120/110-135/130-145 €, petit-déj 10,50 € ; mi-mars à mi-nov ; P 20 €). Dans ce bel hôtel particulier du XVIIe siècle, un patio fleuri invite à s'attarder (le petit-déjeuner y est servi en saison). Impeccables, les chambres varient en volume et en tonalité dans un décor bon enfant.

L'Atelier du Midi Artistique **€**
(04 90 49 89 40 ; www.atelierdumidi.com ; 1 rue du Sauvage ; s/d 63/68 € avec petit-déj ; mars-oct ;). Trois chambres gaies, colorées et confortables en cœur de ville, dans une maison dédiée aux arts et à la photographie (galerie en rez-de-chaussée). Accueil sympathique et petits prix.

Hôtel de l'Amphithéâtre Charme **€€**
(04 90 96 10 30 ; www.hotelamphitheatre.fr ; 5-7 rue Diderot ; s/d/tr 65-85/75-139/125-149 €, qua et ste 135-169 €, petit-déj 10 € ;). L'un des meilleurs rapports qualité/prix du centre-ville. Des chambres tout confort entre tradition et modernité, meubles d'époque et notes contemporaines. Quelques-unes sont situées dans une annexe, de l'autre côté de la rue. Petite cour aux faux airs vénitiens.

Hôtel du Forum Avec piscine **€€**
(04 90 93 48 95 ; www.hotelduforum.com ; 10 pl. du Forum ; ch standard/sup/ste 80-100/125-140/160-180 €, petit-déj 6/10 € ; mi-mars à fin oct ; P sur réservation 15 €). Cet hôtel vaut avant tout pour sa piscine, l'une des plus tentantes du centre historique. Les grandes chambres carrelées et meublées d'ancien, le bar rétro avec billard et piano, l'accueil souriant complètent ce tableau plutôt sympathique.

Le Calendal Chambres photographiques **€€€**
(04 90 96 11 89 ; www.lecalendal.com ; 5 rue Porte-de-Laure ; s/d/sup 89-119/119-159/159-

PHIL GOOD/ADOBE STOCK ©

Place de la République, Arles

219 € selon saison, petit-déj 12 € ; wifi, clim, piscine, parking). Atmosphère animée pour cette adresse située entre les arènes et le théâtre antique, également appréciée pour un apéro en terrasse ou dans le jardin à l'arrière (également point de restauration rapide et petit espace de jeux à l'intérieur pour les enfants). Chacune des 38 chambres est décorée autour d'une photographie en tête de lit, signée d'un diplômé de l'École nationale de la photographie, à Arles. En bonus : petit spa (accès compris avec la chambre) comprenant un Jacuzzi avec vue sur les arènes.

Hôtel du Cloître Style bohème-chic €€€

(☎04 88 09 10 00 ; www.hotelducloitre.com ; 18 rue du Cloître ; s/d 80-105/95-185 €, petit-déj 14 € ; wifi). Tout en escaliers menant à un confidentiel toit-terrasse (on peut venir y boire un verre), cet hôtel allie le charme des vieilles pierres et les touches de couleur d'une déco tendance signée de la designer India Mahdavi. Atmosphère boutique-hôtel. Pas de clim mais des ventilateurs Dyson.

Maison Volver Esprit maison d'hôtes €€€

(☎04 90 96 05 88 ; www.maisonvolver.com ; 8 rue de la Cavalerie ; d 80-250 € selon ch et saison, petit-déj 15 € ; clim, wifi). Draps de lit en lin, papiers peints, coussins et lumières cosy, cet hôtel de 12 chambres, bien situé entre la gare et le centre historique, cultive l'esprit maison d'hôtes. Trois catégories de chambre, les standards étant assez petites. Agréable resto sur place, ouvert tous les jours.

Grand Hôtel Nord Pinus Mémoires d'Arles €€€

(☎04 90 93 44 44 ; www.nord-pinus.com ; pl. du Forum ; ch classique/sup/deluxe/suite 99-140/150-180/210-249/270-320 € selon saison, app 338-419 €, petit-déj 16 € ; ⏲mi-mars à fin oct ; wifi). Sur la place du Forum, un hôtel qui d'emblée vous plonge dans l'histoire d'Arles avec ses photos anciennes de stars et son univers tauromachique (du balcon de la chambre 10, les toreros saluaient la foule avant de se rendre à pied aux arènes). Toutes différentes, les chambres de caractère sont décorées de meubles chinés. Au dernier étage, un appartement est loué avec deux chambres et une vaste terrasse sous l'auvent en bois. Accueil adorable, restaurant ouvert en saison et superbe (et historique) bar.

Le Jules César Dans l'antre de Lacroix €€€
(04 90 52 52 52 ; www.hotel-julescesar.fr ; 9 bd des Lices ; d à partir de 139/299 € selon saison, petit-déj 23 €, accès spa 20/30 € ; P). Derrière ses colonnades, un hôtel cinq étoiles qui sait cultiver un accueil chaleureux, à l'image de la décoration signée Christian Lacroix, à qui l'on doit aussi le décorum très pompéien du spa. Les couleurs chamarrées se font plus discrètes dans les chambres du 1er étage. Agréable salle de restaurant et jardin verdoyant avec piscine à l'arrière.

L'Arlatan Vision d'artiste €€€
(04 65 88 20 20 ; www.arlatan.com ; 26 rue du Sauvage ; d 99-659 €, petit-déj 24 € ; P). Maja Hoffmann a donné carte blanche à l'artiste d'origine cubaine Jorge Pardo, qui déploie tout son univers dans cet hôtel particulier du Moyen Âge conçu comme une œuvre globale : luminaires aériens, escalier suspendu en dentelle métallique, panneaux de porte peints à la main, et cette mosaïque qui court comme une explosion de couleurs sur les 6000 m^2 de surface de l'établissement. Dans les 35 chambres, autour du patio, aucun plafond n'est lisse et les jetés de lit en wax n'hésitent pas à jouer la surenchère de couleur. Les amateurs d'art et de design seront sans doute à leur comble.

Où se restaurer

Superfood Bio et vegan sur le pouce €
(04 88 09 23 83 ; 6 rue Molière ; formules 8-10 € ; lun-ven midi). Sur place (petite terrasse) ou à emporter, cette adresse du midi fait carton plein avec ses plats du jour végétariens, tartes, soupes et bowls vitaminés. Et le sourire est au rendez-vous.

Cuisine de Comptoir Tartines sous le gril €
(04 90 96 86 28 ; www.cuisinedecomptoir.com ; 10 rue de la Liberté ; tartines 11-14 € ; tlj sf dim).

Les ponts qui émaillaient autrefois le canal entre Arles et Bouc ont inspiré de nombreux tableaux de Van Gogh

LHATIVE_INC/ADOBE STOCK ©

Des tartines Poilâne aussi simples que bonnes dans un cadre branché à deux pas de la place du Forum. Passées au gril, classiques ou originales, elles sont accompagnées d'une soupe du jour ou de salade.

Le Mangelire Cuisine bio €

(04 90 97 26 31 ; 16 rue des Porcelets ; plats 12-15 € ; lun-ven 9h-19h). Du beau, du bon, du bio ! Plat du jour, assiettes de légumes frais, cakes moelleux et graines craquantes, à déguster dans une ambiance conviviale, entouré de livres à disposition.

Pizzeria La Mamma Familial €

(04 90 96 11 60 ; 20 rue de l'Amphithéâtre ; pizzas 10,20-13,90 €, pâtes 13-14 €, plats 15-17 € ; tlj sf dim-lun). Un classique d'Arles, et une adresse tout indiquée en famille : chacun trouvera son bonheur dans le choix de pizzas, pâtes et autres grillades ou spécialités italo-provençales. Belle ambiance et terrasse.

L'Épicerie du Cloître Tapas en mode bento €€

(04 88 09 10 10 ; 22 rue du Cloître ; tapas 12-19 € ; tlj). Accrochée dans la rue en pente, la terrasse arborée de l'hôtel du Cloître aiguise l'œil et l'appétit. La mini cuisine-épicerie associe des conserves artisanales de qualité et des produits frais, travaillés en mode bento par le chef invité pour la saison. Insolite : possibilité d'explorer des accords mets et saké.

Le Galoubet Bistrot chic €€

(04 90 93 18 11 ; 18 rue du Dr-Fanton ; formules 27/33 € ; tlj sf dim et lun). On cultive ici l'esprit chic et charme, autour d'une cuisine qui fait honneur aux produits de saison, sous la tonnelle en été, près de la cheminée en hiver.

L'Autruche Cuisine de marché €€

(04 90 49 73 63 ; 5 rue Dulau ; plats 22-25 €, formules 27/34 € ; tlj sf lun, mar et mer soir). Une valeur sûre, dont la réputation ne se dément pas d'année en année. La cuisine de marché est goûteuse, parfaitement maîtrisée, à l'image des assiettes soigneusement présentées.

L'oreille de Vincent

Arles n'a gardé aucune toile de Van Gogh. C'est pourtant ici que le peintre, ébloui par la lumière, connut une fureur créatrice le conduisant de l'exaltation aux frontières de la folie. De février 1888 à mai 1889, il y peignit quelque 185 toiles. Parmi les plus célèbres : *Les Tournesols*, *La Chambre*, *Le Café le soir* et l'*Autoportrait à l'oreille bandée*, lié à son altercation avec Gauguin. Transféré à l'hôtel-Dieu de la ville, le peintre sera interné sur requête des Arlésiens. Rebaptisé **Espace Van Gogh** (pl. du Docteur-Félix-Rey ; entrée libre ; lun-sam 10h-19h), l'ancien hôtel-Dieu, avec ses arcades et son parterre de fleurs, est aujourd'hui un havre de tranquillité. Le jardin de ce centre universitaire et culturel est en accès libre. La **Fondation Vincent Van Gogh** (voir p. 128) fait référence à ce séjour arlésien en le confrontant à la création contemporaine. Sur la place du forum, le mythique **Café Van Gogh**, qui inspira l'artiste, ne vaut lui qu'un rapide coup d'œil.

Le Gibolin Bistrot €€

(04 88 65 43 14 ; 13 rue des Porcelets ; formules 28/35 €, plats 18-23 € ; tlj sf dim-mar). Une bonne réputation méritée pour la qualité des produits, la fraîcheur des suggestions à l'ardoise et la sélection de vins nature. Toutefois, l'accueil peut être inconstant.

Gaudina Terroir €€

(04 88 65 29 48 ; 13 rue de l'Hôtel-de-Ville ; formules midi 13,50/17,50€, soir 28/33 €, plats 19-22 € ; tlj sf dim-lun). De l'ancienne boucherie, ce Gaudina tout en sobriété a gardé le goût de la viande et du terroir (bavette de taureau de Camargue, poitrine de cochon confite, rognon de veau rôti, etc.), même si la carte affiche aussi un poisson du moment. Salle et terrasse sont assez petites, mieux vaut réserver.

Histoires d'Arles

Son nom est dans toutes les conversations sur Arles. Marchant dans les pas de son père, grand passionné d'ornithologie à qui l'on doit la création du parc national de Camargue et la Fondation Van Gogh (p. 128), Maja Hoffmann investit Arles de ses ambitions artistiques. Celle qu'on appelle volontiers "la mécène" est devenue une actrice incontournable de la vie locale. Outre la Fondation Luma Arles (p. 130), on lui doit l'étonnante rénovation de l'hôtel Arlatan, mais aussi l'hôtel du Cloître, la Grand Hôtel Nord Pinus, sans oublier la Chassagnette, également dans son giron. De quoi (presque) faire passer au second plan les influents Jean-Paul Capitani et Françoise Nyssen, des éditions Actes Sud (p. 135). Et donner de l'appétit à de nouveaux investisseurs comme Louis-Paul Desanges, ancien gérant du Studio des Ursulines à Paris, à l'origine de la rénovation de l'hôtel Voltaire (p. 129) et de plusieurs adresses du quartier de la Roquette. Les Arlésiens, eux, observent ce bal des prétendants avec un soupçon d'inquiétude. Certains regrettent déjà l'Arles populaire, grignoté peu à peu par les prix du marché et les locations saisonnières, quand d'autres espèrent un ruissellement culturel sur l'économie de la ville.

Le Chardon Chefs en résidence **€€€**
(☎09 72 86 72 04 ; www.hellochardon.com ; 37 rue des Arènes ; menu midi/soir 29/39 € ; ⏲tlj jui-sept, jeu-sam le reste du temps, fermé nov-fév). Un menu unique, et un chef invité pour quelques mois en résidence par le trio du Paris Popup (Harry Cummins, Laura Vidal et Julia Mitton), aujourd'hui installé à Marseille. Une adresse ultratendance et "Instagrammable".

L'Arlatan La carte de la simplicité **€€€**
(☎04 65 88 20 20 ; www.arlatan.com ; 20 rue du Sauvage ; plats 18-26 €, brunch dominical 49 € ; ⏲tlj). Si la déco, toute en mosaïques, est colorée à souhait, l'assiette joue la carte de la simplicité, à l'image du service en tee-shirt. Le veau milanaise arrive ainsi avec sa purée maison et sa salade de pousses d'épinard, dans une assiette généreuse autant que savoureuse. Reste que la note grimpe vite.

L'Atelier de Jean-Luc Rabanel Cuisine d'auteur **€€€€**
(☎04 90 91 07 69 ; www.rabanel.com ; 7 rue des Carmes ; menu midi mer-ven/mer-dim 65/95 €, soir 145/165 € ; ⏲mer-dim). Produits du marché et du potager dictent la partition du chef doublement étoilé Jean-Luc Rabanel, qui aime à parler de "greenstronomie" et détourne les classiques avec style et fantaisie. Pour une version plus accessible et décontractée, optez pour son **Bistrot À Côté** (☎04 90 47 61 13 ; www.bistro-acote.com ; 21 rue des Carmes ; menu 32 €, plats 39 € ; ⏲mer-dim).

Où prendre un verre et sortir

Le Wallabeer Australian Café Pub
(☎04 86 32 93 16 ; 7 rue Molière). Un pub à l'australienne avec terrasse en balcon sur le boulevard.

Paddy Mullin's Irish pub
(☎04 90 49 67 25 ; 5 bd Georges-Clemenceau). Un pub irlandais souvent bondé avec une programmation musicale.

Cargo de Nuit Concerts, club
(☎04 90 49 55 99 ; www.cargodenuit.com ; 7 av. Sadi-Carnot ; ⏲ oct-juin). Salle de concerts et discothèque où viennent mixer des DJ, ce lieu chaleureux est le principal point de ralliement des noctambules. Fin juillet, il organise les fameuses Escales du Cargo au théâtre antique.

Achats

Sur le pourtour de la vieille ville se tiennent deux **marchés** très animés : le mercredi, boulevard Émile-Combes, et le samedi, le plus célèbre, boulevard des Lices.

Actes Sud Librairie
(☎04 90 49 56 77 ; www.librairieactessud.com ; pl. Nina-Berberova ; ⏲13h30-19h lun, 9h-19h mar-sam). Les éditions Actes Sud, installées à Arles depuis 1983, tiennent leur QG sur les quais du Rhône. Véritable temple de la culture, leur librairie comprend aussi un café, un hammam, un cinéma et une salle d'exposition. Rencontres régulières, beau rayon jeunesse et CD-thèque.

Les Grandes Largeurs Librairie
(☎09 54 82 99 03 ; www.lesgrandeslargeurs.com ; 11 rue Réattu ; ⏲10h-19h mar-sam). Cette récente librairie indépendante est venue combler le vide laissé par la fermeture d'Harmonia Mundi. De bons conseils et des lectures-dédicaces. N'hésitez pas à venir vous y procurer l'excellente revue *L'Arlésienne*.

Moustique Concept-store
(☎04 86 32 91 37 ; www.moustiquearles.com ; 2 rue Jouvène ; ⏲10h-20h lun-sam). Le moustique se fait ici signature, dans une jolie déclinaison d'objets et de créations mode, et en un habile contre-pied à cet insecte piqueur de la Camargue.

Maison Génin Boucherie-charcuterie
(☎04 90 96 01 12 ; 11 rue des Porcelets ; ⏲7h-12h30 et 15h30-19h30 mar-sam). Postée à l'entrée du quartier de la Roquette, l'adresse incontournable pour le saucisson d'Arles.

Masaki Yamamoto Pâtisserie-chocolaterie
(☎04 90 96 17 22 ; 37 rue du 4-Septembre ; ⏲7h30-19h mar-sam, 7h30-13h dim). Entre chocolats, pâtisseries, macarons, guimauves et cakes, on ne sait poser le regard tant les propositions sont nombreuses (et délicieuses). Quelques tables pour déguster sur place. Bon à savoir : la tarte citron meringuée et la tarte chocolat cœur caramel sont aussi à la carte desserts du Grand Café Malarte, sur le boulevard des Lices (au n°2).

ⓘ Renseignements

Office du tourisme (☎04 90 18 41 20 ; www.arlestourisme.com ; bd des Lices). Propose un audioguide pour visiter la ville et un "pass Avantage" (tarif plein/réduit 16/13 €, gratuit -18 ans ; accès à tous les monuments et musées sauf la Fondation Van Gogh, valable 6 mois) ou un "pass Liberté" (tarif plein/réduit 12/10 €, gratuit -18 ans ; accès à 4 monuments au choix, le musée Réattu et un musée au choix sauf la Fondation Van Gogh, valable 1 mois).

ⓘ Depuis/vers Arles

AVION

Depuis l'aéroport **Marseille-Provence** (www.mp.aeroport.fr), il faut prendre une navette pour la gare de Vitrolles (5 min) et, de là, un train direct jusqu'à la gare d'Arles. L'aéroport de **Nîmes-Alès-Camargue-Cévennes** (☎04 66 70 49 49 ; www.aeroport-nimes.fr ; Saint-Gilles), situé à 15 km au nord-ouest d'Arles, est seulement desservi par des vols en provenance de Bruxelles, Londres, Fez et Marrakech.

TRAIN

La **gare ferroviaire**, située av. Paulin-Talabot, est desservie par deux TGV directs chaque jour en provenance de Paris. Juste en face, la **gare routière** assure des liaisons vers la gare d'Avignon-TGV.

LA CAMARGUE

Terre d'eau et de lumière, la Camargue n'est autre que le delta du Rhône. Au XIXe siècle, on décida d'endiguer les deux bras du Rhône et de construire une digue à la mer pour isoler le secteur des assauts de la Méditerranée. Cet espace sauvage offre une étonnante diversité de milieux naturels. Au nord du delta s'étend la Camargue sèche, vouée à l'agriculture, notamment à la riziculture. Au centre se déploie l'étang de Vaccarès, réserve naturelle pour les oiseaux migrateurs. Le sud, plus sauvage, est un univers marécageux, royaume des manades et des gardians. Enfin l'extrême sud-est est voué aux marais salants.

La découverte et la compréhension de cet univers subtil exigent patience et sens de l'observation. Autant que faire se peut,

DARIO MARELLI/ADOBE STOCK ©

TICHR/ADOBE STOCK ©

De gauche à droite : chevaux camarguais ; paysage de Camargue ; Les Saintes-Maries-de-la-Mer

préférez les chemins de traverse à la D570. Et prenez le temps de programmer une balade à cheval, à pied ou à vélo, de même qu'une visite de manade, pour vraiment partir à la rencontre de ces paysages fantasmés et des personnages du western camarguais, bien réels ceux-là.

À voir

Les sites ci-dessous sont classés géographiquement depuis les Saintes-Maries-de-la-Mer jusqu'à Salin-de-Giraud.

Saintes-Maries-de-la-Mer — Station balnéaire

Seule localité d'importance en Camargue et ville sanctuaire, les Saintes-Maries-de-la-Mer a tous les attributs d'une station balnéaire, arènes en bord de mer comprises. Ne manquez pas l'**église Notre-Dame-de-la-Mer** (04 90 97 80 25 ; entrée libre, chemin de ronde 3 € ; 10h-12h et 14h-18h lun-sam, 14h-18h dim), des IXe et XIIe siècles. Sa tour crénelée domine le village et ouvre sur une vue panoramique : par beau temps, on voit jusqu'au mont Ventoux. Elle abrite la statue de Sara la Noire, sainte patronne des gitans, ainsi que les reliques de Marie Jacobé et Marie Salomé. Les 24 et 25 mai, elle est au cœur du célèbre pèlerinage des gitans (voir p. 36).

Digue à la mer — À vélo entre plage et marais

Construite au milieu du XIXe siècle pour protéger le delta de l'influence de la mer, cette digue relie les Saintes-Maries-de-la-Mer (accès après le centre de thalassothérapie) et le **phare de la Gacholle** (il faut laisser la voiture au parking 2 km avant le phare, exposition sur le littoral au sein du phare ; 11h-17h week-end et vacances scolaires), et permet d'accéder à 20 km de sentiers pédestres et cyclables. Elle-même longue de 12 km, elle offre une superbe balade à VTT au cœur de la réserve naturelle, entre plage et marais (comptez 3 heures aller-retour, prévoyez de l'eau et évitez les jours de grand vent).

Parc ornithologique de Pont de Gau — Flamants roses

(04 90 97 82 62 ; www.parcornithologique.com ; route des Saintes-Maries, RD570 ; adulte/4-12 ans 7,50/5 €, gratuit -4 ans ; tlj

DIETWALTHER / ADOBE STOCK ©

9h-19h mai-août, 9h-18h avr et sept, 10h-18h reste de l'année). Dans ce remarquable parc privé de 60 ha, plusieurs sentiers de découverte, dont une boucle de 2,5 km accessible avec une poussette, serpentent au milieu des marais et permettent d'approcher au plus près une multitude d'oiseaux. Comptez au moins 2 heures pour faire un tour complet. Ne manquez pas le "dîner" des flamants roses, en fin de journée.

Maison du Cheval Camargue — Manade de chevaux

(☎04 90 97 76 37 ; www.maisonduchevalcamargue.com ; route des Saintes-Maries, RD570 ; adulte/7-12 ans 12/8 €, gratuit -7 ans ; ⏲mer et ven à 10h, avr-sept, sur réservation). Face au château d'Avignon, le Mas de la Cure est aujourd'hui une manade de chevaux de race Camargue, et plus encore un lieu animé par une équipe de passionnés qui s'attachent à valoriser ce patrimoine équestre. La visite, de 2 heures, offre d'approcher les juments et poulains dans leur milieu naturel (le chemin est accessible aux poussettes) et d'évoquer la faune et la flore du domaine, propriété du Conservatoire du littoral. Une démonstration de monte camarguaise est aussi au programme de ce beau moment dédié au cheval.

Maison du Riz — Histoire de la riziculture

(☎06 31 03 40 11 ; www.maisonduriz.com ; Mas de La Vigne, Albaron ; 4 €, gratuit -10 ans ; ⏲tlj 9h30-12h30 et 14h30-18h30 mars-nov, boutique ouverte mer-ven 10h-12h et 14h-17h le reste de l'année). Riz long, riz noir, riz naturellement parfumé... les parcelles cultivées à l'entrée du site offrent une introduction à cette maison, où un parcours de visite retrace l'histoire de la riziculture en Camargue et les différentes étapes de transformation du riz, démonstration à l'appui. On peut emprunter des sentiers pour se promener sur cette exploitation gérée par la famille Rozière. Boutique de produits locaux sur place.

Musée de la Camargue — Histoire des gardians

(☎04 90 97 10 82 ; www.museedelacamargue.com ; Mas du Pont-de-Rousty, route des Saintes-Maries, D570 ; tarif plein/réduit 7/4 €, gratuit -10 ans et 1er dim du mois ; ⏲9h-18h tlj avr-sept, 10h-17h tlj sf mar oct-mars). Fraîchement agrandi d'une salle d'exposition temporaire, agrémenté d'une boutique artisanale et d'un espace librairie, le lieu est idéal pour découvrir le patrimoine naturel et humain de la Camargue. En accès libre, un circuit pédestre balisé de 3,5 km (1 heure 30) prend pour départ l'œuvre *Horizons*, réalisée par Tadashi Kawamata, et permet de se familiariser avec les activités et l'écosystème de la Camargue.

Marais du Vigueirat — Visites nature guidées

(☎04 90 98 70 91 ; www.marais-vigueirat.reserves-naturelles.org ; chemin de l'Étourneau, Mas Thibert, D35 ; sentiers découvertes adulte/6-12 ans 3/1,50 €, visites guidées 15/7,50 €, visites en calèche 19/9,50 €, balade 1 heure à cheval 20/18 € ; ⏲tlj 9h30-17h30 avr-sept, 9h30-17h oct-mars, fermé déc). Sur la rive est du Grand Rhône, entre zone sèche et zone humide, cette réserve naturelle nationale déploie plusieurs sentiers de découverte. Des promenades à cheval et de nombreuses visites guidées sont organisées, dont certaines en calèche, toutes sur réservation. Petite restauration bio sur place (⏲tlj 11h-16h avr-sept).

La Capelière — Balade nature et exposition

(☎04 90 97 00 97 ; www.snpn.com/reservedecamargue ; La Capelière ; tarif plein/réduit 3/1,50 €, gratuit -12 ans ; ⏲9h-13h et 14h-18h tlj avr-sept, 9h-13h et 14h-17h tlj sf mar et tlj vacances scolaires oct-mars). En bordure de l'étang de Vaccarès, La Capelière est le centre d'information de la réserve naturelle nationale de Camargue. Une exposition explique la formation du delta et un sentier nature de 1,5 km constitue une bonne initiation aux différents paysages caractéristiques de la Camargue. Pour les amoureux de la faune, quatre observatoires sont aménagés. Ceux-là pousseront jusqu'à **Salin-de-Badon**, qui donne accès à l'observation d'une grande variété d'oiseaux le long de 4,5 km de sentiers pédestres (autorisation d'accès délivrée par La Capelière).

Beauduc — Plage sauvage

Esprits aventureux et amateurs de kitesurf, dirigez-vous vers la sauvage et immense **plage de Beauduc**, aux paysages de bout du monde. Même en pleine saison, vous pourrez y savourer le luxe de la solitude (prévoyez un équipement adéquat car il n'y a ni ombre ni eau potable). Tout au bout d'une route chaotique, accessible aux seules voitures (pas de camions ou camping-car), vous découvrirez aussi un singulier hameau, encore habité, totalement coupé du monde et comme hors du temps. L'unique accès se fait par le chemin communal de La Bélugue (C130, via la D36C), qui serpente à travers les étangs.

Salin-de-Giraud et les salins — Cité ouvrière

Au sud-est de la Camargue, cette ancienne cité ouvrière aux maisonnettes mitoyennes rappelle les corons de l'Est et du Nord. Créé en 1856, le fief de la **Compagnie des Salins du Midi** emploie encore une quarantaine d'employés pour cultiver les marais pour le déneigement (le sel de table est produit à Aigues-Mortes). Couvrant 11 000 ha au sud de la ville, les salins s'observent depuis un point de vue aménagé (route de la mer, en direction de **Piémanson**) et peuvent se visiter l'été en parcours libre à vélo (☎04 90 58 81 40 ; www.visitesalindegiraud.com ; 15 €, à partir de 8 ans, billet à retirer à l'office du tourisme ou directement au point de vue, auprès du camion saunier ; ⏲tlj 9h30-18h30).

Domaine de la Palissade — Camargue originelle

(☎04 42 86 81 28 ; www.palissade.fr ; Salin-de-Giraud ; 3 €, gratuit -12 ans ; ⏲9h-17h tlj mars-oct, jusqu'à 18h mi-juin à mi-sept, mer-dim 9h-17h nov et fév, fermé déc-jan). Ici, le Grand Rhône n'est plus endigué et opère une dernière courbe avant son embouchure. Le domaine, 700 ha de nature, évoque une Camargue originelle, profonde et sauvage. Trois sentiers de découverte (de 3 à 8 km), dont l'un est accessible aux poussettes, sillonnent ces terres basses magnifiques, et permettent d'en admirer la faune et la flore : chacun a son plan d'eau et sa cabane d'observation. D'avril à octobre, des balades à cheval

À NE PAS MANQUER

Étang de Vaccarès

Cet immense étang est la pièce maîtresse du dispositif naturel camarguais. Au cœur du parc naturel régional de Camargue, classé réserve naturelle nationale depuis 2006, c'est un véritable paradis ornithologique.

Avant l'endiguement du Rhône, le fleuve avait sept "bouches" (d'où le nom du département) et son cours divaguait dans les vastes étendues de Camargue, jusqu'à la Méditerranée. En 1859, la construction de la **Digue à la mer** (voir p. 136), parallèle au littoral, permit de supprimer les incursions d'eau marine. Depuis, l'étang, naturellement salé, est devenu le plus vaste étang de Camargue, avec près de 6 500 ha de superficie.

Site de prédilection du flamant rose, qui vient s'y alimenter, il peut accueillir l'été jusqu'à 30 000 individus.

Il est aisé d'en faire le tour. La D37, la D36b et la draille des Cinq Gorges le longent en partie et ménagent de superbes points de vue. L'une des activités camarguaises phares est de parcourir ces terres à cheval et d'approcher au plus près les flamants. Au sein même de l'étang, le **parc ornithologique de Pont de Gau** (voir p. 136) permet de serpenter au milieu des marais. Côté est de l'étang, **La Capelière** (voir p. 138) regroupe un point d'information et des sentiers de découverte.

Infos pratiques

04 90 97 00 97 ; www.reserves-naturelles.org/camargue D'avril à octobre, les meilleures observations se font en début et fin de journée ; prévoyez de l'eau, car vous ne trouverez aucun point de vente dans la réserve, et un antimoustique ; les véhicules motorisés sont interdits dans l'enceinte de la réserve.

(adulte/enfant 1 heure 17/15 €, 2 heures 35/32 €) sont proposées sur réservation. Seule celle de trois heures (45 €) est réservée aux cavaliers confirmés : elle se termine dans la mer.

Plus loin, le littoral abrite une mythique plage sauvage, désormais interdite au camping, la **plage de Piémanson**. Y aller est déjà un voyage en soi, tant on chemine entre marais et étang (l'accès est cependant plus facile qu'à Beauduc). Marcher 1 km sur la gauche pour trouver la plage naturiste.

Activités

Promenade équestre

Les promenades à cheval sont l'activité phare de la Camargue et l'un des moyens privilégiés d'approcher sa nature sauvage. Dans la mesure du possible, privilégiez les sorties plus longues (minimum 2 heures), qui permettent de s'enfoncer dans des lieux plus sauvages. Signalons :

Les Cabanes de Cacharel (☎04 90 97 84 10, 06 11 57 74 75 ; www.cabanesdecacharel.com ; route de Cacharel). Touristique mais constant.

Le Mas des Barres (☎06 24 28 30 82 ; www.elise-camargue.fr ; Pioch Badet, route d'Arles). Belle balade entre rizière et marais.

Domaine du Sauvage (☎06 80 90 66 49, 06 07 52 21 33 ; www.manade-pages-pierre.fr ; Mas de Pin Fourcat, route du Bac-du-Sauvage, RD85). Situé sur un domaine exceptionnel, qui va jusqu'à la mer.

La Laupio du Mas de Frigoulès (☎04 90 97 51 41, 06 12 48 10 03 ; www.mas-de-frigoules.com ; route de Cacharel). Une sympathique équipe.

Lou Seden (☎06 15 84 49 69, 06 16 56 08 15 ; www.promenadelouseden.com ; Mas de la Marchande, route d'Aigues-Mortes). De nombreuses propositions de balades à la demi-journée ou à la journée en français et en anglais.

Mas Saint-Germain (☎06 16 92 34 98 ; www.massaintgermain.com ; Villeneuve). Un accueil familial.

Pour les amoureux du cheval de Camargue, ne manquez pas la visite de la manade du **Mas de la Cure** (p. 137) et le **spectacle équestre Camarkas** (☎06 20 14 50 35 ; www.camarkas.fr ; billetterie 10 rue Frédéric-Mistral, spectacle Draille des Capelans, Lieu-dit Grazier, à 8 km des Saintes ; adulte/- 10 ans 16/8 € ; ⏱avr-oct), une belle échappée et alliance entre dressage, danse et musique flamenco.

Visites de manades

Les manades sont des élevages de taureaux (ou de chevaux) en semi-liberté. Outre les journées camarguaises (avec en général triage des jeunes taureaux, courses à la cocarde, jeux gardians, démonstration de dressage et monte camarguaise, et pour finir repas camarguais), organisées certains jours en période estivale, il est possible d'en visiter en réservant à l'avance. On rencontre alors le manadier, pour des explications sur cet élevage particulier, et la visite du domaine se fait souvent en chariot tracté. Contactez notamment :

Manade des Baumelles (☎04 90 97 84 14, 06 14 89 49 85 ; www.manadedesbaumelles.fr ; cabanes de Cambon, route d'Aigues-Mortes, RD38).

Manade Cavallini (☎04 90 97 50 06, 06 13 29 12 72 ; www.manadecavallini.com ; Mas de Pioch, route d'Arles, D570).

Manade Blanc (☎04 90 97 27 73, 06 87 01 43 08 ; www.manade-blanc.fr ; domaine de Paulon).

Manade Paul Ricard (☎04 90 97 10 62, 06 09 51 65 94 ; www.mejanes-camague.fr ; Domaine Paul-Ricard, Mas de Méjanes).

Vélo

Deux prestataires proposent la location de vélos aux Saintes-Maries-de-la-Mer, avec conseils d'itinéraires : **Le Vélociste** (☎04 90 97 83 26 ; www.levelociste.fr ; pl. Mireille ; demi-journée/journée 12/16 €, vélo électrique 25/35 €) et **Le Vélo Saintois** (☎04 90 97 74 56 ; www.levelosaintois.com/; 19 av. de la République ; mêmes tarifs). À Salin-de-Giraud, adressez-vous à **Laurelyne Boutique** (☎04 42 86 80 84 ; pl. des Gardians ; demi-journée/journée adulte 12/16 €, enfant 10/12 €).

Navigation sur le Petit Rhône

Kayak-Vert Camargue (04 66 73 57 17, 06 09 56 06 47 ; www.kayakvert-camargue.fr ; 1 heure/journée 10/25-33 € selon parcours ; mars-oct, sur réservation) propose plusieurs itinéraires, accessibles en famille, au départ de sa base de Sylvéréal ou du Paty-de-la-Trinité. Des formules mixent canoë et VTT. Possibilité aussi de louer des pédalos.

De mi-mars à fin octobre, des promenades commentées en bateau d'1 heure 30 sont aussi organisées au départ du port des Saintes-Maries, à bord du **Tiki III** (04 90 97 81 68 ; www.tiki3.fr), des **Quatre Maries II** (04 90 97 70 10 ; www.lesquatremaries.fr) ou du **Camargue** (06 17 95 81 96 ; www.bateau-camargue.com). Comptez en moyenne 13 € pour les adultes et 7 € pour les enfants.

Calèche et petit train

Si vous voyagez en famille, ne négligez pas le **petit train du Domaine Paul Ricard** (04 90 97 10 10 ; www.mejanes-camargue.fr ; adulte/5-10 ans 7/5 € ; mars-nov), qui longe un temps l'étang de Vacarès, ainsi que **Les Balades en calèche de Nico** (06 03 62 50 12 ; Saintes-Maries-de-la-Mer), pour une approche à cheval.

Où se loger

Saintes-Maries-de-la-Mer

Le Fangassier Bon rapport qualité/prix **€€**
(04 90 97 85 02 ; www.hotel-le-fangassier.com ; 12 route de Cacharel ; d/tr 57-95/77-106 €, petit-déj 8,50 € ; mi-mars à mi-nov et Nouvel An ;). À l'entrée du village, cet hôtel deux étoiles offre un très bon rapport qualité/prix. Les chambres, certaines avec terrasse, sont simples et agréables, et les sdb refaites à neuf. Gâteaux et confitures maison au buffet du petit-déjeuner !

Le Bleu Marine Hôtel avec piscine **€€**
(04 90 97 77 00 ; www.hotel-bleu-marine.com ; 15 av. du Docteur-Cambon ; d/tr 60-98/82-119 € selon confort et saison, petit-déj 9 € ; mi-mars à mi-nov ; P). Proche du centre et de la plage, cet hôtel aux 26 chambres claires, fonctionnelles mais jolies avec leurs touches de déco, bénéficie en outre d'une piscine. Certaines ont vue sur le village et un balcon. Accueil souriant.

Manade des Baumelles

VAUT LE DÉTOUR

La Crau

C'est une tache blanche sur la carte de Provence. Une géographie absolument plate, à l'est de la Camargue, avec les replis bleutés des Alpilles pour toile de fond. On la traverse d'ordinaire sans s'arrêter. Et, pourtant, ce terroir âpre a quelque chose de fascinant, celui d'une steppe semi-désertique… La dernière d'Europe de l'Ouest. Ce qui fut autrefois le lit de la Durance offre un double visage : au nord dominent prairies, bocages et vergers ; au sud, le royaume des coussouls, champs de cailloux et d'herbes rases. Derrière leur apparence austère, ils recèlent une subtile diversité de milieux. Aujourd'hui encore, la Crau est un haut lieu de l'élevage ovin, avec, chaque printemps, pas moins de 100 000 brebis paissant ses herbes fraîches. Le foin est un autre de ses trésors, avec quelque 12 000 ha classés en AOC, destinés aux meilleurs haras du monde !

Pour appréhender cet écosystème, direction la **Maison de la Crau** (04 90 47 02 01 ; bd de Provence, Saint-Martin-de-Crau ; tarif écomusée plein/réduit 5/3,50 €, sentier 3/1,50 €, billet couplé 7/4,50 €, gratuit -12 ans ; 9h-17h mar-sam, 9h-17h dim sept-juin), qui abrite un **écomusée** et le **sentier de Peau de Meau**, une boucle de 4,7 km en plein cœur de la steppe (accessible en voiture, à 10 km du village).

Pour faire une pause gustative, ne manquez pas le restaurant **Ô Fil de l'Eau** (04 90 47 04 03 ; www.ofildeleau.com ; 13 av. de la République, Saint-Martin-de-Crau ; menus midi/soir 17,50-21/29-34 € ; tlj sf dim-lun), qui fait honneur aux produits de la mer.

Les Amphores Bord de mer **€€€**
(04 90 97 80 31 ; www.hotelsaintesmariesdelamer.fr/ ; 1 av. Gilbert-Leroy ; d 68-75 €, d vue mer 88-130 €, petit-déj 11,50 € ; mi-fév à fin oct ;). Une bonne option si vous cherchez des chambres bord de mer : cet hôtel trois étoiles de 15 chambres en compte 8 avec terrasse et vue plage. L'accueil adorable joue beaucoup dans le choix de l'adresse, qui pourrait toutefois bientôt changer de propriétaire. Et soyez prévenu si vous aimez la sobriété : la couleur n'est ici pas un vain mot. Véritable parti pris de décoration, le résultat diffère d'une chambre à l'autre.

Côté ouest de l'étang de Vaccarès

Mas de Pioch Esprit manade **€**
(04 90 97 50 06 ; www.manadecavallini.com ; route d'Arles, RD570, à 9 km env. des Saintes ; d/tr/qua 47-62/70-81/82/94 € selon ch et saison, petit-déj 7 € ; mi-fév à mi-nov ; P). La famille Cavallini, qui propose aussi des journées camarguaises, loue à l'étage de son mas des chambres à l'esprit rustique d'un bon rapport qualité/prix. Certaines, communicantes, peuvent accueillir jusqu'à six personnes. Piscine et sentier pédestre pour aller voir les taureaux et chevaux. Également quatre gîtes à la location, dont deux au milieu du domaine.

Le Flamant rose Hôtel-restaurant **€**
(04 90 97 10 18 ; www.leflamantrose.com ; D37, Albaron ; d 68-74 € selon saison, petit-déj 10 €, demi-pension 140 €/2 pers. ; fermé mar-mer oct-mars ; P). Huit chambres simples, nettes, aux couleurs douces et aux détails en bois flotté. Bien situé dans le calme hameau d'Albaron, l'hôtel est à la croisée des chemins de Camargue. Un excellent rapport qualité/prix, notamment pour la restauration (voir p. 146).

Hostellerie du Pont de Gau Accueil familial **€€**
(04 90 49 96 99 ; www.pontdegau.com ; route d'Arles, RD570 ; d 60-110 € selon saison, petit-déj 10 € ; P). À côté du parc ornithologique, cet hôtel familial est une bonne surprise malgré la proximité de la route. Les 10 chambres, sur l'arrière de l'établissement, arborent un style actuel avec ses têtes de lit en bois et ses tonalités

contemporaines. Petit jardin sur l'arrière en bordure du canal. D'avril à septembre, fait aussi restaurant le midi.

Hôtel Les Rizières Style hacienda **€€€**
(04 90 97 91 91 ; www.lesrizieres-camargue.com ; route d'Arles, RD570, à 2,5 km des Saintes ; d 75-135 € selon ch et saison, petit-déj 10 € ; fermé mi-nov à début mars ; P). De plain-pied, donnant sur un grand patio central en mode hacienda, les 27 chambres sont grandes, confortables et décorées sobrement. Une belle piscine (chauffée) et des coins salon en extérieur invitent au farniente. Accueil souriant.

Hôtel La Palunette Chambres sur jardin **€€€**
(04 28 31 31 45 ; palunette.fr ; route d'Arles, D570, à 1 km des Saintes ; d 90-150 € selon ch et saison, petit-déj 12 € ; P). Une bonne adresse, proche du centre des Saintes-Maries mais au calme, face à l'étang des Launes. Claires et fonctionnelles, les chambres sont agréables et s'ouvrent directement sur le jardin avec, à l'horizon, marais et chevaux.

Manade des Baumelles Chambres d'hôtes **€€€**
(04 90 97 84 14 ; www.manadedesbaumelles.fr ; cabanes de Cambon, route d'Aigues-Mortes, D38 ; ch/ste avec petit-déj 95-165/195 € ; P). Cette manade traditionnelle propose de belles chambres d'hôtes aux décors actuels, relevés de superbes éléments en bois flotté, et au confort haut de gamme. La chambre familiale dispose d'une mezzanine et la suite est un véritable appartement !

Mas de Calabrun Hôtel-restaurant **€€€**
(04 90 97 82 21 ; www.mas-de-calabrun.fr ; route de Cacharel, D85A ; d/tr 104-169/159-209 € selon ch et saison, roulotte 125-175 €, petit-déj 17 € ; menus 35/42 € ; mi-mars à mi-nov, restaurant fermé mar ; P). Sur la route de Cacharel, cet hôtel cultive un chic discret en pleine nature : une aile du mas traditionnel donne sur le parc, l'autre sur la piscine. Seules les chambres "supérieures" disposent d'une terrasse, et trois roulottes gitanes sont aussi louées. Parmi les activités proposées, une balade à cheval sur la propriété. Bonne restauration le soir sur place.

Mas du Ménage Chambres d'hôtes **€€€**
(06 10 66 02 12, 06 12 13 77 06 ; www.manadeclauzel.com ; RD570, Saintes-Maries-de-la-Mer ; ch/roulotte 110-160/160 € avec petit-déj ; P). Superbe, la décoration des trois chambres d'hôtes revisite le style camarguais avec caractère et élégance. Toutes profitent de beaux volumes et la suite pour quatre personnes comporte même une baignoire balnéo. Au-dehors, des arènes et une véritable roulotte gitane. Bel accueil camarguais (des visites privées de la manade sont proposées).

Hôtel Cacharel Chic et discret **€€€**
(04 90 97 95 44 ; www.hotel-cacharel.com ; route de Cacharel, D85A ; s/d/tr/qua 139/156/169/189 €, petit-déj 12,50 €, assiettes 19-23 € ; P). Au cœur des étangs, ce domaine chic et discret concentre l'essence de la Camargue. C'est ici que le célèbre roman *Crin Blanc* fut écrit et que son adaptation cinématographique a été tournée. Murs chaulés, chambres décorées dans la pure tradition camarguaise, piscine ornée de lauriers-roses et, au loin, silhouettes de chevaux errant sur les rivages. Et depuis peu, la climatisation dans les chambres.

Mas de la Fouque Hôtel-spa **€€€**
(04 90 97 81 02 ; www.masdelafouque.com ; route du Petit-Rhône, RD38 ; d à partir de 176 €, petit-déj 23 € ; fermé en jan ; P). La Camargue version luxe, pour s'autoriser à vivre cette terre indomptée dans le plus grand confort. À l'écart de la foule, cet établissement cultive la tranquillité autour de chambres sur pilotis en bordure des étangs. Décoration contemporaine tout en blancheur et bois flotté. Superbe spa avec piscine intérieure chauffée et Jacuzzi extérieur avec vue sur les étangs.

Promenade à cheval en Camargue

Côté est de l'étang de Vaccarès

Camping des Bois Flottés — Vue sur les salins €

(04 90 58 25 09 ; www.camping-les-bois-flottes.fr ; route de la Mer, Salin-de-Giraud ; empl. 2 pers 15-27 € selon période, locatifs 4 pers 32-180 € selon période et confort juil-août 7 nuits min pour les locatifs et 2 nuits min pour les empl ; mars-oct ;). De la grande terrasse en bois du café-restaurant, ouvert en juillet-août, comme de la piscine, la vue sur les salins est superbe. En direction de la plage de Piémanson, ce nouveau camping profite d'un bel environnement et de locatifs (mobil-homes, tentes aménagées, lodges...) flambant neufs. Des ombrières en bois flotté atténuent l'absence d'arbres sur les emplacements.

Un Nid en Camargue — Chambres d'hôtes €€

(06 24 00 34 56 ; 15 rue de la Victoire, Salin-de-Giraud ; d/ste avec petit-déj 80-90/110-154 € ;). Cette ancienne maison de maître de Salin-de-Giraud est entourée d'un vaste parc. À l'étage, elle offre trois chambres (dont deux avec sdb commune) et une grande suite de 50 m² pouvant accueillir jusqu'à 4 personnes. Les intérieurs sont soignés, clairs, nets et avec de beaux volumes. Les nouveaux propriétaires perpétuent l'esprit d'accueil.

Mas Saint-Germain — Gîte et chambres d'hôtes €€

(06 16 92 34 98 ; www.massaintgermain.com ; Villeneuve ; ch petit-déj compris 98 €, 2 nuits min. ; gîtes 4 pers. 400-850 €/semaine selon saison, mars-nov ;). Ici, c'est la Camargue agricole. À côté de l'étang de Vaccarès, on loge dans la maison du XVIIe siècle ou dans des dépendances à l'architecture typique (cabane de gardian, pigeonnier, four à pain, etc.). Accueil formidable de la famille Vadon, dont c'est la sixième génération à la ferme, et magnifiques balades à cheval (36 €). Espace jeux pour les enfants.

Les Cabanettes — Hôtel moderniste €€

(04 66 87 31 53 ; www.lescabanettes.com ; D572N, à proximité de Saliers ; s/d/tr/qua

79/95/115/145 €, petit-déj 9,50 € ;). Âmes sixties et passionnés de vintage, vous serez comblés par cet hôtel aux allures de motel moderniste, tout en courbe, posté à l'entrée de la Camargue. Repris par un accueillant couple franco-américain, il offre de grandes chambres au calme et un véritable voyage dans le temps. Seul bémol : le bruit de la départementale que l'on entend depuis la piscine.

Mas de la Forge Chambres d'hôtes **€€€**
(04 90 97 00 76 ; www.masdelaforge.fr ; route de Gageron, Villeneuve ; d/ste avec petit-déj 115/130 €, 30 €/pers supp ;). Les propriétaires de La Telline (voir p. 146) ont eu la bonne idée de restaurer un mas authentique et d'y aménager deux chambres et une suite : élégance rustique, détails soignés et petites attentions en font une belle adresse. On profite en outre du restaurant de qualité.

Le Mas de Peint Hôtel de charme **€€€**
(04 90 97 20 62 ; www.masdepeint.com ; Le Sambuc, D36 ; d 250-535 € selon confort et saison, suite à partir de 395 €, petit-déj 12/22 € ; avr-oct, restaurant fermé jeudi soir en saison et mer-jeu hors saison, sur réservation pour les non-résidents ;). Une longue allée de lauriers rose mène à ce mas raffiné, au cœur de l'immense manade de la famille Bon. Les chambres, de quatre catégories différentes, se répartissent entre la maison principale et des dépendances, où sont logées les suites. Belle piscine (non chauffée) à l'écart. Restaurant locavore, et formule déjeuner l'été au bord de la piscine (menu midi/soir 39/59-69€). Et parmi les activités : balade à cheval ou en 4x4 (60 €), journées camarguaises, course camarguaise...

Où se restaurer

Saintes-Maries-de-la-Mer

En saison, pour un déjeuner en bord de mer, direction le **Farniente** (04 28 31 65 25 ; www.farnienteplage.com ; route d'Aigues-Mortes ; plats 16-28 € ; tlj avr-sept), à l'ouest du village, avec restauration soignée et plage privée.

Casa Romana Cuisine régionale **€€**
(04 90 97 83 33 ; 6 rue Joseph Roumanille; plat/formule du jour déj 16/22 €, menu 31,50 €, plats 19-28 € ; tlj soir sf lun). Un établissement simple et honnête où sont proposés poissons (sole persillée, bourride de baudroie...), fruits de mer, pièce de bœuf grillé, pavé de taureau poêlé et autres spécialités régionales. Atmosphère animée.

La Casita Cuisine à la plancha **€€**
(04 86 63 63 14 ; 3 rue Espelly ; plats 18-26€ ; tlj sf lun et mar soir, avr-nov). Appréciée des locaux, voici une adresse séduisante et sans prétention : la pêche est du jour, la cuisine à la plancha et l'Espagne dans les cœurs (Pata Negra et chipirons figurent à la carte). L'accueil est au rendez-vous. Une bonne option en famille.

Le Brûleur de Loups Spécialités de poissons **€€**
(04 90 97 83 31 ; 9 av. Léon Gambetta ; formule midi sf week-end 16,50€, menus 22/27/40 €, plats 15-27 €, plateaux de fruits de mer 35-68 € ; fermé mar soir et mer). Une carte qui prend le soin de préciser si le produit est frais ou congelé, fait maison ou acheté, ça inspire confiance. Une fois installé dans la véranda avec vue latérale sur la mer, dans un cadre certes un brin désuet, l'impression se confirme : le poisson du jour est parfaitement cuit et accompagné, et les petites attentions nombreuses. À noter : menu végétarien (20 €).

Le Fourmelet Spécialités de poissons **€€**
(04 90 97 96 75 ; www.le-fournelet.fr/ ; 12 av. Léon-Gambetta ; formule semaine 16,50€, menus 21,50-40,50€, menus plats 15-27 €, bouillabaisse 48,50€ ; tlj, fermé mi-nov à fin janv). On vient ici déguster, dans une ambiance chaleureuse, bourride à la Saintoise, bouillabaisse, moules marinières et autres poissons et crustacés, sans oublier l'incontournable taureau de Camargue.

La Cave à huîtres Fruits de mer **€€**
(☎04 90 97 96 60 ; 38 av. Théodore-Aubanel ; plateaux fruits de mer 27-145 € ; ⏲tlj sf mar, fermé oct-mars). En contemplant la mer, on savoure de somptueux plateaux de fruits de mer. Service avenant et vente à emporter.

À Fleur de Sel Fine cuisine locale **€€**
(☎04 90 97 83 42 ; 43 rue Frédéric-Mistral ; menu midi sf week-end 18,50€, menus 29-37 €, plats 16-28 € ; ⏲tlj sf mer). Un menu "Terre de Camargue" mais aussi un menu de saison plus recherché, des assiettes bien présentées, un accueil souriant, ce Fleur de sel est une bonne table pour qui cherche une cuisine régionale fine et iodée.

Côté ouest de l'étang de Vaccarès

Le Flamant rose Cuisine régionale **€€**
(☎04 90 97 10 18 ; www.leflamantrose.com ; D37, Albaron ; plats 14-23 €, formule midi lun-ven 14 €, menus 26/38 € ; ⏲tlj juil-août, fermé mar-mer reste de l'année). Tellines, bouillabaisse d'anguilles, filet de taureau AOP et son jus au pain d'épices, gardiane de taureau et son riz de Camargue...la cuisine, variée et sans fausse note, fait honneur aux produits locaux. L'hiver, on profite de la cheminée dans l'une des deux salles du restaurant.

La Manade des Beaumelles Table d'hôtes **€€**
(☎04 90 97 84 14 ; www.manadedesbaumelles.fr ; Cabanes de Cambon, route d'Aigues-Mortes, D38 ; menus 25/37 € ; ⏲ mar-dim, midi uniquement, sur réservation). Cette adresse réconcilie tourisme et tradition. Une vraie famille de manadiers vous accueille autour de grandes tablées et décline une cuisine succulente.

Le Mazet du Vaccarès En bordure d'étang **€€€**
(☎04 90 97 10 79 ; www.mazet-du-vaccares.fr ; route d'Albaron, D37, Villeneuve ; menu poisson 38 € ; ⏲midi et soir ven-sam, midi dim et jours fériés, fermé Noël à mi-jan). Hélène et Néné, anciens gardiens du phare de Beauduc, ont ouvert ici un endroit magique. La vue sur le Vaccarès est féerique et, dans l'assiette, le menu est invariable (soupe de poissons, tellines ou moules, poisson grillé) et c'est tant mieux. On accède à ce bout du monde (pensez à réserver) depuis la D37 par une route cahoteuse, bien indiquée peu avant le domaine de Méjanes. Pas de carte bancaire.

Côté est de l'étang de Vaccarès

Bar des Sports Brasserie **€€**
(☎04 90 73 35 77 ; 8 rue des Arènes, Salin-de-Giraud ; menu du jour 14/16 €, plats 13-20 € ; ⏲tlj midi). Un esprit social club règne sur ce bar, une institution de Salin. On y mange une honnête cuisine du jour et les assiettes sont copieuses.

L'Estrambord Cuisine locale **€€**
(☎09 70 35 25 51 ; www.lestrambord.fr ; 7 rue de L'Abrivado, Le Sambuc, D36 ; formules 29/32€ ; ⏲midi tlj). On aurait tort d'ignorer ce bar-restaurant, au bord de la route de Salin, ouvert le midi uniquement. La formule est copieuse et les spécialités provençales (bulots à l'aïoli, soles de Méditerranée, carbonade de Taureau...) savoureuses.

Les Salicornes Cuisine du jour **€**
(☎04 90 54 18 76 ; Auberge de Villeneuve ; plat du jour 13 €, formule 19 € ; ⏲midi tlj sf lun). À la croisée des chemins, entre la route de l'étang de Vaccarès et celle reliant Arles et Salin-de-Giraud, cette belle terrasse ombragée occupe le parvis d'une ancienne abbaye. On y savoure des plats frais et simples.

Mas Saint-Bertrand Déjeuner champêtre **€€**
(☎04 42 48 80 69 ; www.mas-saint-bertrand.com ; D36C, Salin-de-Giraud ; plats 15-23 €, menu 25 € ; ⏲tlj midi sf mer, fermé nov-mars). Une halte agréable pour déguster au jardin les produits de la région en toute simplicité. Les dimanches et jours fériés, carte spécial mer (poissons grillés à la plancha, huîtres de Camargue, couteaux...). Depuis Salin, suivre la direction de l'étang de Vaccarès. Pensez à réserver.

La Telline Terroir, option poisson **€€**
(☎04 90 97 01 75 ; www.restaurantlatelline.fr ; route de Gageron, Villeneuve ; plats 15-28 € ;

été jeu soir et ven-lun, hiver ven-dim). Une bonne adresse dont toute la Camargue se fait l'écho. Cette maison très discrète, qui bichonne ses invités, propose une carte assez mince avec, au menu, tellines, poisson et viande grillés. Pas de carte bancaire.

Chez Bob Terroir, option viande **€€**
(04 90 97 00 29 ; www.restaurantbob.fr ; Mas Petite Antonelle, route du Sambuc, Villeneuve ; menu 45 € ; tlj sf lun et mar). Poutargue, charcuteries, côte de taureau, canard... les produits du terroir règnent en maître dans cette institution, où l'on se régale sous les lampions d'une cuisine sans esbroufe. Menu unique et cuisine au feu de bois.

La Chassagnette
Gastronomie au potager **€€€**
(04 90 97 26 96 ; www.chassagnette.fr ; domaine de l'Armellière, route du Sambuc, D36 ; menu midi 55 €, soir 74-125 € ; tlj en été, ts les midis et jeu-sam soir hors saison, fermé mi-déc à mi-mars). Sans doute la plus belle adresse de la région. À la Chassagnette, on est en pleine nature, et on met un point d'honneur à la respecter : c'est le potager (bio) qui dicte le tempo des menus du jour, orchestrés par le chef Armand Arnal, dont la réputation n'est plus à faire. Superbe terrasse protégée des moustiques. Petit conseil : arrivez un peu en avance pour une promenade dans le potager, idéale pour une mise en appétit !

Renseignements

Office du tourisme (04 90 97 82 55 ; www.saintesmaries.com ; 5 av. Van-Gogh, sur le front de mer, Saintes-Maries-de-la-Mer). Pour les informations relevant de l'est de l'étang de Vaccarès, contactez l'office du tourisme d'Arles (p. 135). Un **bureau d'accueil** (04 42 86 89 77 ; www.arlestourisme.com ; rue Tournayre) est aussi ouvert en saison au Salin-de-Giraud.

Depuis/vers la Camargue

BUS

Le ligne **Agglo 50** (04 90 54 86 16 ; www.tout-envia.com) relie les Saintes-Maries à Arles via la route des Saintes-Maries-de-la-Mer, et la ligne Agglo 10 fait la liaison Arles-Salin-de-Giraud (en été, elle se poursuit jusqu'à Piémanson).

BAC

Si vous venez d'Aigues-Mortes, deux solutions pour franchir le Petit Rhône : la D38 par le pont de Sylvéréal ou le **bac du Sauvage** (www.smtdr.fr ; gratuit ; 6h-12h et 13h30-20h avr-sept, 6h30-12h et 13h30-19h oct-mars), à 6 km des Saintes-Maries.

Pour aborder la Camargue par Salin-de-Giraud, optez pour le **bac de Barcarin** (www.smtdr.fr ; voiture 6 €, gratuit pour les vélos et les piétons ; traversée 5 minutes env. ; tlj 4h20-2h), après Port-Saint-Louis-du-Rhône en venant d'Aix ou de Marseille.

Village de Bonnieux (p. 183)

ALPILLES ET LUBERON

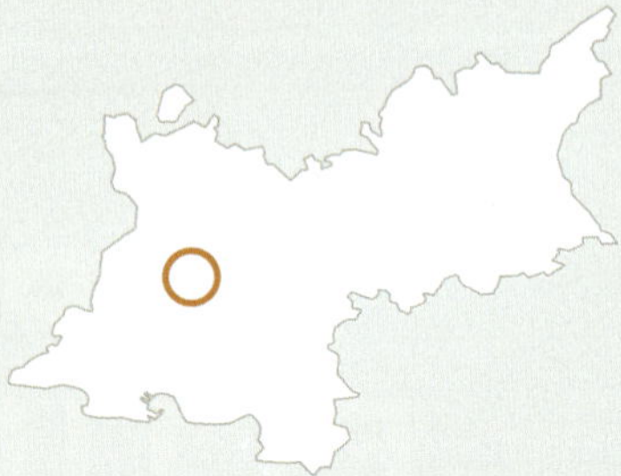

Alpilles et Luberon

D'un côté, les Alpilles : un roulis de collines blanches, un monde de calcaire et de garrigue, de vignobles et d'oliviers, de vallons escarpés et de crêtes dentelées. Sur 35 km de longueur s'étire la chaîne des Alpilles, un petit paradis, objet de toutes les attentions. De l'autre, le Luberon : sous les crêtes de la "montagne bleue", ondoyante sous la lumière, se dessine un puzzle de collines, de forêts, de plaines cultivées où émergent, telles des sentinelles attentives, de pittoresques villages perchés. Dans les deux cas, ne vous y trompez pas : vous êtes dans des régions extrêmement courtisées. Célébrités et grandes fortunes ont posé ici leurs valises. Choisissez une belle demeure centrale, visitez à votre rythme sites et villages, emplissez vos paniers de produits locaux et profitez paresseusement des plaisirs de la campagne. Les matins sont une joie, les journées voluptueuses et les soirées, le théâtre de somptueux couchers de soleil.

☑ Dans ce chapitre

À gauche : randonnée dans le parc naturel du Luberon (p. 174). À droite : village des Baux-de-Provence (p. 157)
EMMANUEL DAUTANT © / ÉLODIE ROTHAN ©

Limite du parc
PARC NATUREL RÉGIONAL DU LUBERON
Saint-Saturnin-lès-Apt
Rustrel
Murs
Abbaye Notre-Dame de Sénanque
Mines de Bruoux
Gargas
Roussillon
Colorado provençal (p. 173)
Villages des bories
Gordes (p. 178)
Sentier des ocres (p. 173)
Apt
Saignon (p. 175)
Goult
Coulon
Oppède-le-Vieux
Lacoste
Buoux
Mourre Nègre (1 125 m)
Ménerbes (p. 186)
Bonnieux
Fort de Buoux
Grand Luberon
Petit Luberon
Lourmarin (p. 188)
Vaugines
Cucuron
VAUCLUSE
Lauris
Jardin conservatoire des plantes à couleur
Ansouis
Cadenet
Pertuis
Durance
Èze
Rhône
Barbentane
Châteaurenard
Boulbon
Abbaye Saint-Michel-de-Frigolet
BOUCHES-DU-RHÔNE
La Montagnette
Graveson
Tarascon
Saint-Rémy-de-Provence
Cloître Saint-Paul-de-Mausole
Les Antiques
Glanum
Eygalières
Sénas
Chaîne des Alpilles
Château des Baux-de-Provence (p. 158)
Fontvieille
Maussane-les-Alpilles
Moulin de Daudet
Aqueducs de Barbegal
Le Paradou
Mouriès
PARC NATUREL RÉGIONAL DES ALPILLES
D2
D4
D22
N100
D36
D943
D973
D956
A7
N
0
10 km

ALPILLES

Qu'est-ce qui fait que ce massif calcaire, planté d'est en ouest comme un dernier rempart avant la plate Camargue et dont l'altitude n'excède pas 490 m, s'enveloppe d'une aura si particulière ? La lumière y est pour beaucoup, saisie par les artistes qui trempèrent ici plumes et pinceaux. Sous un ciel immensément bleu, elle trace sur les paysages des contours purs et nets. Il y a aussi – et surtout ! – la terre, aride certes, mais plantée de vignes, d'oliviers et d'amandiers. Autant dire que la douceur de vivre est au rendez-vous. Ajoutez à cela un patrimoine exceptionnel, l'impressionnant château des Baux-de-Provence et l'antique Glanum en tête, et vous comprendrez pourquoi tant de touristes et *happy few* fortunés ont succombé à la beauté de la région et jeté leur dévolu sur des mas restaurés. Aussi, il vaut mieux éviter la pleine saison pour découvrir ce territoire à la double facette : haut de gamme voire élitiste d'un côté, mais aussi authentique, rural et résolument bio.

Saint-Rémy-de-Provence

Saint-Rémy, c'est chic. Entouré de son cours où se succèdent cafés, boutiques et terrasses en vogue, le centre se dévoile au gré de venelles étroites émaillées de fontaines, d'hôtels particuliers et de jardins secrets. Ici, tout est léché comme un petit Saint-Tropez, ce qui n'empêche pas la vie de suivre son cours ni l'accent méridional de résonner. Outre son ambiance animée, surtout le mercredi matin, jour de marché, Saint-Rémy offre aussi l'occasion de suivre les traces de visiteurs de renom : Charles Gounod, Frédéric Mistral ou encore Vincent Van Gogh, qui fit un séjour prolongé au cloître Saint-Paul-de-Mausole. On peut aussi voir, rue Hoche, la maison natale de Nostradamus (elle ne se visite pas).

À voir

Site archéologique de Glanum Vestiges antiques

(☎ 04 90 92 23 79 ; www.site-glanum.fr ; av. Vincent-Van-Gogh ; tarif plein/réduit 8/6,50 €, gratuit -26 ans et 1er dim de chaque mois nov-

Arc de triomphe, site de Glanum

VOUVRAYSAN/ADOBE STOCK ©

mars ; 9h30-18h30 tlj avr-sept, 10h-17h mar-dim oct-mars ; P). À 1,5 km du centre-ville, en direction des Baux-de-Provence, ce magnifique site archéologique dévoile les vestiges d'une ville qui fut successivement gauloise, grecque puis romaine, avant d'être saccagée vers l'an 260 lors des invasions barbares. On y admire les ruines d'édifices religieux, dont des temples, un forum, des thermes et un quartier résidentiel. De l'autre côté de la route, en accès libre, les **Antiques** sont deux splendides monuments – un arc de triomphe et un mausolée – qui présentent un état de conservation exceptionnel. On prolongera cette visite avec l'hôtel de Sade (voir plus loin) et ses collections archéologiques.

Cloître Saint-Paul-de-Mausole — Sur les pas de Van Gogh

(04 90 92 77 00 ; www.saintpauldemausole.fr ; 2 chemin Saint-Paul ; tarif plein/réduit 6/4 € ; tlj 9h30-19h avr-sept, 10h15-12h et 13h-17h15 oct-nov et mars, fermé 30 déc-6 fév). C'est là que Vincent Van Gogh fut interné pendant un an, de 1889 à 1890, après s'être coupé l'oreille. Au cours de cette période, considérée comme majeure dans l'œuvre du peintre, il peignit plus de 150 toiles, dont *La Nuit étoilée* et *Les Iris*. Dans ce beau cloître du XIe siècle (le plus ancien bâtiment de Saint-Rémy), on peut aussi visiter à l'étage une reproduction de sa chambre.

Musée Estrine — Cubisme et Van Gogh

(04 90 92 34 72 ; musee-estrine.fr ; 8 rue Estrine ; tarif plein/réduit 7/5 €, gratuit -12 ans ; tlj sf lun, 10h-18h mai-juin et sept, 10h-18h30 juil-août, 10h-12h et 14h-18h avr et oct, 14h-17h30 nov et mars, fermé déc-fév). Dans un admirable édifice du XVIIIe siècle, ce musée abrite une riche collection d'œuvres d'artistes de la première heure du mouvement cubiste. Il accueille aussi le **Centre d'interprétation Vincent Van Gogh**, un espace multimédia dédié à la vie et au travail du peintre. Des expositions temporaires sont régulièrement organisées, et des ateliers proposés durant les vacances de la Toussaint et d'été. Au départ du musée, un parcours pédestre (1 km) baptisé **"Les Paysages de Vincent Van Gogh"** permet d'appréhender une vingtaine de ses œuvres dans leur lieu de création (parcours disponible à l'office ou via l'application "Van Gogh Natures").

Musée des Alpilles — Art populaire

(04 90 92 68 24 ; pl. Favier ; tarif plein/réduit 5/3,50 €, gratuit -12 ans ; 10h-18h mar-dim mai-sept, jusqu'à 22h mar juil-août, 13h-17h30 mar-sam oct-avr). Consacré aux arts et aux traditions populaires de la région, cet intéressant musée occupe une belle demeure du XVIe siècle, l'hôtel Mistral de Montdragon, proche de l'hôtel de Sade. Ateliers d'art graphique pendant les vacances scolaires.

Hôtel de Sade — Archéologie

(04 90 92 64 04 ; www.hotel-de-sade.fr ; 1 rue du Parage ; tarif plein/réduit 3,50/3,30 € ; gratuit -26 ans ; tlj 9h30-13h et 14h-18h mi-juin à mi-sept, fermé reste de l'année). Élevé à la Renaissance par Balthazar de Sade sur les ruines d'un monument romain, cet hôtel particulier est superbement restauré. Il présente les collections archéologiques exhumées lors des fouilles du site de Glanum, et forme un complément indispensable à la visite de ce dernier. Une remarquable série de panneaux décoratifs, qui ornaient les murs et les sols de luxueuses résidences, est récemment venue rejoindre l'exposition.

Activités

Randonnée et cyclotourisme

Le GR®6 (marque rouge/blanc et ses variantes chemins de Saint-Jacques-de-Compostelle GR®653a et GR®653d) traverse le massif d'est en ouest par les crêtes, avec de superbes points de vue sur la région. L'office du tourisme dispose aussi d'un dépliant détaillant 7 circuits à pied ou à vélo dans les Alpilles (2 €), dont celui des Deux Vallons (7 km), indiqué pour un public familial. L'itinéraire Les Caisses de Jean-Jean (9 km) est le circuit

MATT MUNRO / LONELY PLANET IMAGES ©

En pleine nature

Créé en 2007, le **parc naturel régional des Alpilles** préserve l'écosystème fragile de ce territoire de 50 000 ha, répartis sur 16 communes – pour limiter les risques d'incendie, l'accès au massif est d'ailleurs réglementé du 1er juin au 30 septembre (☎0811 20 13 13). La **Maison du parc** (☎04 90 90 44 00 ; www.parc-alpilles.fr ; 2 bd Marceau ; ⏲lun-ven 9h-12h et 14h-17h) située à Saint-Rémy-de-Provence abrite des salles d'expositions et un comptoir d'informations. Pour visualiser l'un des 24 parcours balisés (dont 7 à pratiquer en famille), procurez-vous la carte IGN du parc (8,50 €). Carte et topo-guides (Le P'tit Crapahut, 9,50 €) de randonnées sont également en vente sur place. Vous pouvez aussi consulter le site **Chemins des Parcs** (www.cheminsdesparcs.fr) qui répertorie les itinéraires pédestres, cyclistes et équestres sur le territoire des Alpilles. Le parc édite par ailleurs une carte de six balades découverte des oiseaux des Alpilles (téléchargeable aussi sur l'application Balade nature "Les oiseaux des Alpilles"). Si l'ornithologie vous intéresse, vous pouvez également vous rendre au **musée Urgonia** (☎04 90 73 09 54 ; www.musee-urgonia.fr ; chemin des Aires ; ⏲lun-sam 9h-12h et 14h-17h30) à Orgon, qui compte un point d'information dédié.

mythique des Alpilles et le royaume du hibou grand-duc et du tichodrome échelette qui apprécient les parois rocheuses.

Le **parc naturel régional des Alpilles** (voir l'encadré ci-contre) recense lui aussi un ensemble d'itinéraires praticables à pied ou à vélo.

Pour la location de vélos, adressez-vous à **Télécycles** (☎06 11 64 04 69, 04 90 92 83 15 ; www.telecycles-location.com ; jour/sem 20-34/80-180 €), qui livre gratuitement dans un rayon de 20 km autour de la ville. Location de vélos électriques chez Sunebike (tarif journée électrique VTT/vélo de route 20/33-38 €) et Vélo Passion (☎04 90 92 49 43).

Escalade

Le massif des Alpilles est propice à l'escalade avec une bonne dizaine de sites. L'ascension du mont Gaussier par exemple peut se faire à pied mais propose également des passages escalades avec encadrement. Contactez **Alpilles Aventure** (☎06 28 06 13 22 ; alpillesaventure.com ; chemin de Calanquet) pour vous initier à la via ferrata ou au parcours aventure.

Trek et courses

Le calendrier des treks (à pied et à vélo) dans le massif des Alpilles est varié : trail de Glanum (fév), le Di Qieu Blanc à Eygalières (avril), le raid VTT des Alpilles (printemps), le Run'Alpilles au Paradou (mai), la course VTT des As (4 jours en sept) et la ronde des Oliviers à Mouriès (oct).

Vol à voile

Pour profiter des exceptionnelles conditions aérologiques des Alpilles, l'**aéroclub de Romanin** (☎06 03 47 02 98 ; www.aeroclub-alpilles.fr ; route de Marseille) propose des vols d'initiation en planeur (30 min, 95 €).

Où se loger

Le Sommeil des Fées Chambres d'hôtes en ville €
(☎04 90 92 17 66 ; www.angesetfees-stremy.com ; 4 rue du 8-mai-1945 ; s/d/tr 55-70/70-

90/105-110 € avec petit déj, selon ch ; ❄ 📶). Idéalement située au cœur de la vieille ville, cette agréable maison d'hôtes loue cinq chambres chaleureuses et colorées donnant soit sur un jardin, soit sur le patio, où se trouve le restaurant La Cuisine des Anges (voir p. 155). Accès à deux terrasses et parking public gratuit à 5 minutes.

Canto Cigalo Hôtel avec piscine **€€**
(☎04 90 92 14 28 ; www.cantocigalo.com ; 8a chemin de Canto-Cigalo ; d basse/haute saison 75-90/84-100 € selon ch, petit déj 10-13 € ; ⏲fermé nov et janv-fév; ❄ 🏊 📶 P). À l'écart de l'agitation estivale mais proche du centre-ville, cette maison aux volets bleus respire la gaieté, autant par ses intérieurs colorés que par son jardin avec piscine. Chambres claires, aérées et très agréables. Possibilité de petit-déjeuner sans gluten.

Hôtel l'Amandière Très bon rapport qualité/prix **€€**
(☎04 90 92 41 00 ; www.hotel-amandiere.com ; av. Théodore-Aubanel ; d/tr 88-113/107-125 € avec-sans clim, petit-déj 11 € ; ⏲tte l'année ; 🏊 ❄ 📶 P). Un jardin où fleurissent amandiers, citronniers et orangers, une piscine rafraîchissante et de jolies chambres, impeccablement tenues, avec balcon ou terrasse (climatisation possible, en option). Un très bon rapport qualité/prix.

Hôtel Sous les Figuiers Chambres au jardin **€€€**
(☎04 32 60 15 40 ; www.hotelsouslesfiguiers.com ; 3 av. Taillandier ; d basse/haute saison 109-195 € selon ch, petit-déj 15 €, lit supp 35 € ; ⏲fermé début jan à mi-mars ; 🏊 ❄ 📶 P). Autour d'un grand jardin ombragé de figuiers, les cinq chambres, toutes de plain-pied, sont harmonieuses et soignées. Deux s'ouvrent sur une terrasse privative. À deux pas du centre-ville, dans un quartier calme et résidentiel. Près de la piscine, le bar est ouvert tous les jours entre 11h et 20h.

Hôtel Gounod Central **€€€**
(☎04 90 92 06 14 ; www.hotel-gounod.com ; 18 pl. de la République ; d 109-195/129-235 € selon ch, petit-déj 15 € ; ⏲fermé jan-mars ; 🏊 ❄ 📶 P 12 €). Central, cet hôtel cossu habite les murs d'un ancien relais de poste, qui hébergea en 1863 Charles Gounod (il y aurait composé son opéra *Mireille*). Feutré, le décor mêle les styles baroque et contemporain. À l'arrière, les lieux se prolongent d'un jardin avec piscine (sept chambres, les plus demandées, se situent en rez-de-jardin). Sauna et massages sur réservation. Bon accueil.

Le Mas des Carassins Hôtel de charme **€€€**
(☎04 90 92 15 48 ; www.masdescarassins.com ; 1 chemin Gaulois ; d/ste avec petit-déj 115-225/215-274 € selon ch et saison ; ⏲fermé jan-fév ; 🏊 ❄ 📶 P). À 15 minutes à pied du centre-ville, cet hôtel de charme dispose de chambres confortables et personnalisées (lits à baldaquin, boutis, murs en pierre apparente) dotées de jolies salles de bains. Il s'ouvre sur un beau parc arboré avec piscine. Agréable restaurant sur place (www.latabledyvan.com).

Où se restaurer

Les Filles du Pâtissier Restauration légère **€€**
(☎06 12 05 87 58 ; 3 pl. Favier ; plats 13-17 € ; ⏲midi tlj, soir ven-sam avr-oct). Sur une ravissante place ombragée, à côté du musée des Alpilles, cette adresse bohème reçoit dans un méli-mélo de brocante coloré et d'artisanat local. On y goûte des petits plats du marché (13 € au déj), relevés d'herbes fraîches, des tartes salées, des pâtisseries maison et des jus de fruits (bio) ou thés glacés aux saveurs originales. Simple et sympathique.

La Cuisine des Anges Cuisine maison **€€**
(☎04 90 92 17 66 ; www.angesetfees-stremy.com ; 4 rue du 8-Mai-1945 ; menus 35 €, plats 18-28 € ; ⏲tlj juil-août, tlj sf jeu avr-oct, sam-dim fév-mars, fermé nov-jan). Dans un patio verdoyant et coloré, on savoure une cuisine maison en toute simplicité : terrine de campagne et sauté de veau, mais aussi tajine de poulet fermier et crevettes

ELOPHOTOS/ADOBE STOCK ©

Cloître Saint-Paul-de-Mausole, Saint-Rémy-de-Provence (p. 153)

épicées au curry vert. Réservation conseillée (nombre de couverts limités).

L'Estagnol Plats à partager €€
(☎04 90 92 05 95 ; www.restaurant-lestagnol.com ; 7 bd Marceau ; plats 18-28 €, tapas 5-16 €, formule midi sem 16 € ; ⏲tlj sf lun). Aux beaux jours en terrasse sur le cours, l'hiver au bar, au salon cosy ou dans la salle aux murs de pierres, on savoure une cuisine à tendance ibérique (calamars à la plancha, morue grillée, pavé de thon, etc.) mais pas seulement : blanquette de veau, côte de bœuf ou tranche de brie fermier, tataki de bœuf à la thaï figurent aussi à l'ardoise. On opte pour des petites portions à partager, ou un plat principal. Vendredi, c'est aïoli.

La Cantina Pizzeria €€
(☎04 90 90 90 60 ; lacantinasaintremy.com ; 18 bd Victor-Hugo ; plats 8-21 €, pizzas 9-15 €, ⏲fermé lun). On s'installe dans une belle salle aux murs sombres incrustés de bibliothèques à boire (bouteilles de vin). On s'installe au choix au comptoir face à la cuisine ouverte ou attablé devant les baies vitrées qui donnent sur le boulevard. Pizzas croustillantes, assiette de pâtes du jour et desserts français ou italien.

Gus Restaurant Fruits de mer €€
(☎04 90 90 27 61 ; www.gussaintremy.com ; 31 bd Victor-Hugo ; plats 19,50-27,90 €, plateau de l'écailler 30-54 € ; ⏲tlj sf lun). Ici, poissons, fruits de mer et crustacés. Certains ultra-frais, d'autres cuisinés (moules gratinées, accra de tourteaux et couteaux en persillade...).

L'Aile ou la Cuisse Traditionnel €€€
(☎04 32 62 00 25 ; restaurantlaileoulacuisse.com ; 5 rue de la Commune ; menu 37 €, plats 23,50-29,50 € ; ⏲tlj avr-oct, jeu-lun midi nov-mars). Sous les voûtes d'un ancien réfectoire de couvent ou dans un agréable patio à l'arrière, on vient déguster une cuisine de bistrot soignée dont l'incontournable coquelet rôti avec sa mousseline et sa sauce foie gras. Et l'on conclut par de belles pâtisseries !

Restaurant Fanny Rey Gastronomique €€€
(☎04 90 92 15 33 ; www.aubergesaintremy.com ; 12 bd Mirabeau ; formule déj lun-ven 55 €,

menus 95-150 € ; fermé mer, jeu midi et dim soir). Installée dans les murs de l'Auberge de Saint-Rémy, bien agréable l'hiver avec sa cheminée et l'été avec son grand patio, Fanny Rey, passée par l'école Top Chef, a tapé dans l'œil du Michelin (qui l'a élue femme chef de l'année 2017) avec sa cuisine de saison inspirée. Le menu "terre, mer et garrigue" rassemble les produits qu'elle aime travailler : crustacés, poissons ou agneau des Alpilles. Le chef pâtissier Jonathan Wahid signe les desserts.

Achats

Moulin du Calanquet Huile d'olive

(04 32 60 09 50 ; moulinducalanquet.fr ; vieux chemin d'Arles ; visite libre et dégustation gratuite ; 9h-12h30 et 14h-19h tlj avr-sept, 9h-12h et 14h-18h lun-sam oct-mars, visite du moulin fermée de mi-oct à mi-nov pdt la période de production). À 4 km du centre historique, reconnaissable à son champ de pétunias à l'entrée (un hommage au métier de la grand-mère), ce moulin est réputé pour ses cinq huiles monovariétales, assez vertes, qui ont notamment séduit Joël Robuchon (il a jeté son dévolu sur l'huile de Grossane). L'instructive visite du moulin permet de découvrir ses installations modernes et toutes les étapes de fabrication. Un parcours (à pied ou en gyropode) est aussi proposé à certaines périodes dans les oliviers. La **boutique** (04 32 62 09 01 ; 8 rue de la Commune ; 9h-13h et 14h30-19h tlj avr-sept, 10h-13h et 14h30-19h mar-sam oct-mars) à Saint-Rémy rassemble la plupart des produits préparés au moulin (tartinades, pétales de tapenade, olives, etc.).

Confiserie Lilamand Fruits confits

(04 90 21 11 27 ; lilamand.com ; 20 rue de la Commune ; 10h-12h30 et 14h30-19h mar-dim). Dans la belle boutique du centre historique, ou directement à l'**atelier** (04 90 92 12 77 ; 5 av. Albert-Schweitzer ; 10h-12h30 et 14h30-19h mar-sam), une adresse phare pour les fruits confits mais aussi les calissons, sirops et confitures.

Joël Durand Chocolatier

(04 90 92 38 25 ; www.joeldurand-chocolatier.fr ; 3 bd Victor-Hugo ; 9h30-12h30 et 14h30-19h30 lun-sam, 10h-13h et 14h30-19h30 dim). Il joue dans la catégorie des meilleurs chocolatiers de l'Hexagone...

Fromagerie Roumanille Produits bio

(06 77 39 03 40 ; 196 petite route des Jardins ; été 17h30-19h30 lun-sam ou sur rdv). Présente sur les marchés de Saint-Rémy, Maussane et Mas-Blanc-des-Alpilles, cette fromagerie bio ouvre les portes de sa ferme familiale à l'heure de la traite (18h30 en été) et pour des goûters. Bons fromages au lait cru de vache, mais aussi glaces et yaourts !

Renseignements

Office du tourisme (04 90 92 05 22 ; saintremy-de-provence.com ; pl. Jean-Jaurès). Propose en saison des visites guidées (adulte/12-18 ans 6-8/4-6 €) sur les pas de Van Gogh (mardi à 10h mi-avr à mi-oct) et la découverte du centre historique de Saint-Rémy, et un safari-urbain pour les 6-12 ans (juil-août).

Depuis/vers Saint-Rémy-de-Provence

BUS

Cartreize (0810 713 137 ; www.lepilote.com) assure des liaisons vers Avignon (ligne 57) et Arles (ligne 54). La gare ferroviaire la plus proche est celle d'Avignon.

Les Baux-de-Provence

Les Baux ont deux visages. Celui, sauvage et grandiose, d'un château médiéval campé sur un éperon rocheux vertigineux, longtemps fief des seigneurs des Baux, "race d'aiglons jamais vassale". La fierté indomptable de ces prétendus descendants du roi mage Balthazar plane encore dans les ruelles labyrinthiques, érigées comme un défi à la violence du mistral. Sur la proue minérale dominant

CHRISTOPHE CORBEL ©

À NE PAS MANQUER

Château des Baux-de-Provence

Perché tel un nid d'aigle en surplomb du village, le château des Baux-de-Provence constitue une visite instructive, tant par son panorama grandiose (la vue porte jusqu'à la Camargue et la mer, au sud) que par son intérêt historique.

Sur 7 ha, le site déploie divers vestiges du passé tumultueux de la cité : des tours défensives, des fortifications, un donjon du XIIIe siècle, deux chapelles, auxquels s'ajoutent des reconstitutions grandeur nature de machines de siège (catapulte, trébuchet, bélier, baliste, couillard).

N'hésitez pas à accepter l'instructif audioguide, qui vous est remis à l'entrée, avec un livret-jeux pour les enfants de 7 à 11 ans. Un programme d'animations et d'ateliers rythme les week-ends d'avril à juin et, tous les jours d'été, duels d'armes, tirs à la catapulte et à l'arbalète sont alors de la partie.

Un conseil : si vous visitez le site avec des enfants en bas âge, faites attention, près des falaises, notamment les jours de mistral, car les barrières de sécurité sont assez larges. De même les escaliers taillés dans la roche qui mènent aux points de vue sont peu commodes avec des enfants.

L'esplanade devant l'entrée du château est accessible librement et permet de d'apercevoir les vestiges du château. On peut s'en contenter surtout lorsque la période des animations du château est close (sept-mars). L'ensemble du site est géré par une entreprise privée, la même en charge des Carrières de Lumières.

Infos pratiques

04 90 54 55 56 ; www.chateau-baux-provence.com ; tarif plein/réduit avec animations avril-août 10,50/8,50 €, sans animation sept-mars 8,50/6,50 €, gratuit -7 ans, billet combiné Carrières de Lumières et musée Brayer 18-14,50/16-12,50 € ; tlj 9h-20h juil-août, 9h-19h avr-juin et sept, 9h30-18h30 oct et mars, 10-17h nov-fév.

les alentours jusqu'à la Camargue, on mesure l'orgueil féroce et la gloire légendaire d'une telle situation.

L'autre visage, c'est celui d'une icône touristique saturée de visiteurs, aux ruelles bondées, aux files de cars interminables et aux parkings constamment pleins. Pour en capter la majesté, seule solution : évitez la haute saison, les week-ends de Pâques à la Toussaint… ou alors préférez le soir.

Histoire

Dès le XIe siècle, les seigneurs des Baux comptent parmi les plus puissantes dynasties provençales : ils règnent alors sur 79 places fortes de Provence, du Comtat Venaissin, du Dauphiné et jusqu'en terres italiennes. Ces irréductibles au pouvoir centralisateur se bâtissent une gloire légendaire au sein de leur cité imprenable. À la fin du XVe siècle néanmoins, ils passent sous la domination des comtes de Provence, puis sous celle du roi de France. Retrouvant une période faste sous la tutelle du connétable Anne de Montmorency, au XVIe siècle, la cité devient, lors du règne de la famille de Manville, un foyer du protestantisme. À nouveau redoutés, Les Baux sont démantelés en 1632 sur l'ordre de Richelieu.

À voir

Carrières de Lumières — Son et lumière

(04 90 54 47 37 ; www.carrieres-lumieres.com ; route de Maillane ; tarif plein/réduit/pass famille 13/11/37 €, billet combiné château des Baux et musée Brayer 16,50/13/48 €, gratuit -7 ans ; tlj 9h30-19h avr-juin et sept-oct, jusqu'à 19h30 juil-août, 10h-18h nov-jan et mars, dernière entrée 1 heure avant la fermeture). A 200 m du parking des Baux, ne manquez pas cette expérience étonnante : dans d'anciennes carrières de pierre (exploitées jusqu'en 1935, un film raconte cette histoire), un spectacle audiovisuel projeté sur les parois rocheuses. Le visiteur est plongé dans cet espace démesuré transformé en cinéma multidirectionnel accompagné d'une bande son limite tonitruante. Le thème

Carrière de Lumières

SI VOUS AIMEZ...

Les crus des Alpilles

L'**AOP Les Baux-de-Provence** (www.lesvinsdesbaux.com), créée en 1995, regroupe onze domaines, disséminés sur les versants nord et sud du massif. Visite guidée.

- **Mas de la Dame** (04 90 54 32 24 ; masdeladame.com ; route de Saint-Rémy-de-Provence, Les Baux-de-Provence ; 8h30-19h lun-ven, 9h-19h sam-dim, fermeture à 18h oct-mars). C'est l'un des plus anciens et grands domaines viticoles de la région. Il est aujourd'hui dirigé par les arrière-petites-filles du fondateur. Dégustations sur place, également huile d'olive.
- **Domaine Dalmeran** (04 90 49 04 04 ; www.dalmeran.fr ; 45 av. Notre-Dame-du-Château, Saint-Étienne-du-Grès ; visite sur rdv ; 10h-12h30 et 15h-18h30 lun-sam avr-sept, 10h-12h30 et 14h-18h lun-ven oct-mars). Ce domaine tourné vers l'art propose, outre des dégustations, un riche programme d'événements culturels, des expositions, des cours de cuisine et d'œnologie.
- **Mas Sainte-Berthe** (04 90 54 39 01 ; www.massainteberthe.com ; D27, Les Baux-de-Provence ; tlj 9h-12h et 14h-19h juil-août, fermeture 18h ou 18h30 sept-juin). Outre une superbe vue sur la citadelle des Baux, vous pourrez y profiter des 40 ha du domaine à travers un sentier balisé (30 min) ponctué de bornes explicatives.
- **Château d'Estoublon** (04 90 54 64 00 ; www.chateau-estoublon.com ; route de Maussane, Fontvieille ; domaine lun-jeu 10h-13h et 14h-18h ven-dim jusqu'à 19h). On y vient pour une balade sur le sentier des Parcelles (1,6 km, 45 min ; tlj 10h-18h) ou une dégustation.

de l'exposition, liée à l'histoire de l'art ou à un artiste, change chaque année. En été, des soirées intégrales sont programmées pour ceux qui ont raté les expositions passées (Van Gogh en 2019, Dali en 2020...).

Musée Yves-Brayer — Peinture

(04 90 54 36 99 ; www.yvesbrayer.com ; pl. François-de-Hérain ; tarif plein 8 €, gratuit -18 ans avec un adulte ; 10h-12h30 et 14h-18h30 tlj avr-sept, 11h-12h30 et 14h-17h tlj sf mar oct-mars, fermé jan-fév). L'hôtel de Porcelet, du XVIe siècle, présente une rétrospective des œuvres du peintre figuratif Yves Brayer (1907-1990). Le lieu accueille aussi des expositions temporaires. Pour connaître l'univers pictural du peintre sans passer par le musée, quelques peintures murales de l'artiste sont visibles en accès libre dans la chapelle de la confrérie des Pénitents, à côté du musée.

Activités

De Saint-Rémy-de Provence aux Baux-de-Provence — Balade

Comment éviter les embouteillages et le parking payant et rare autour des Baux ? Venir à pied depuis le lac de Peiroou (15 km, GR® et PR), près de Saint-Rémy-de-Provence. Au programme : forêt de pinèdes et points de vue exceptionnels.

Chemin des Trémaïé — Randonnée

(départ depuis le parking en bordure de la D27A, 1,8 km, 1 heure ; fiche disponible à l'office du tourisme ou sur le site www.cheminsdesparcs.fr). Sans difficulté, cette boucle en contrebas du château offre des vues à couper le souffle sur les paysages des Alpilles. Elle passe par la chapelle des "Trémaïe" (les "Trois Marie" en provençal) et, en période hivernale, c'est aussi une belle balade pour observer les oiseaux.

Où se loger et se restaurer

Mas Derrière Château — Chambres d'hôtes **€€**

(06 82 17 84 43 ; masderrierechateau.com ; quartier du Fréchier, D5 ; d avec petit-déj 75-85 € selon ch, suppl 10 € pour 1 nuit ; mi-mars à fin oct ;). Facilement accessible, cette ancienne ferme aux épais murs de pierres propose trois grandes chambres (dont une en rez-de-jardin, et une pouvant accueillir jusqu'à

4 pers) avec vue sur le jardin ombragé de platanes. Accueil charmant, formule gîte et précieux conseils pour découvrir la région (Marie-Laure et Frédérique sont oléiculteurs).

La Reine Jeanne Cuisine du marché **€€**

(☎04 90 54 32 06 ; www.la-reinejeanne.com ; rue Porte-Mage ; plats 23-26 €, d 56-70 € selon ch, petit-déj 8 € ; ⏲tlj fév-oct, tlj sf mar nov-déc, fermé en jan). À l'entrée du village, cet établissement – qui se targue de la plus belle vue des toilettes des Alpilles ! – tient bon la barre malgré l'affluence touristique. Ici, l'aïoli n'est pas proposé que le vendredi, et des plats à l'ardoise changent au gré du marché. Belle vue sur la vallée depuis la salle arrière.

Domaine de Manville Bistrot de luxe **€€€**

(☎04 90 54 40 20 ; www.domainedemanville.fr ; domaine de Manville ; d 285-1 290 € selon saison et catégorie, petit-déj 28 € ; bistrot formule déjeuner 32 €, plats 18-27 €, formule soir 37/49 €, restaurant menus 85-125 € ; ⏲bistrot midi tlj, soir lun-mar, restaurant soir mer-dim ; ❄ 🏊 📶 P). Pour profiter de ce lieu d'exception, on s'offre une pause déjeuner au Bistrot : cadre magnifique, cuisine subtile, ambiance décontractée... On prolonge ensuite le moment par une promenade dans le domaine, une pause baignade, un massage ou même, si l'on peut, une soirée au restaurant gastronomique de haute volée ou une nuit dans une des superbes chambres, aménagées avec des meubles d'époque, des étoffes raffinées et de luxueuses salles de bains.

L'Oustau de Baumanière Hôtel-restaurant de luxe **€€€**

(☎04 90 54 33 07 ; www.oustaudebaumaniere.com ; Val d'Enfer ; d 250-630 € selon saison et catégorie, petit-déj 28 € ; restaurant étoilé menu midi/soir 100/165-215 € ; ⏲fermé début jan à début mars ; ❄ 🏊 📶 P). La renommée des Maisons de Baumanière a largement dépassé les frontières de l'Hexagone. On ne compte plus les hôtes illustres qui y ont séjourné. Cadre enchanteur, intérieurs raffinés, service grand style et gastronomie triplement étoilée... avec des

Vignoble des Baux-de-Provence

tarifs en conséquence. Une bonne option, pour goûter à l'esprit des lieux, consiste à réserver à la grande **table d'hôtes du Cabro d'Or** (☎04 90 54 33 21 ; menu 33 € ; ⏲midi lun-sam, soir réservation possible si plus de 6 pers), autre restaurant du domaine.

Où prendre un verre

Envie d'une pause après la visite du château ? Deux adresses, voisines et sympathiques, ont récemment ouvert dans le village. La Reine Jeanne a imaginé **La Suite** (☎04 90 54 32 06 ; pl. Louis-Jou ; ⏲tlj 10h-21h), un bar lounge-salon de thé tout en longueur sous une salle voûtée. Intérieur cosy et stylé avec un papier peint fleuri, et terrasse. Autre ambiance chez **Les Beaux Jus** (☎09 86 39 84 96 ; rue de la Calade ; ⏲tlj 11h-19h), bar à jus 100 % bio à l'agréable terrasse également. Pâtisseries véganes et assiettes santé (cuisine *raw*) le midi.

Achats

Moulin Castelas — Huile d'olive

(☎04 90 54 50 86 ; www.castelas.com ; Mas de l'Olivier, D27 ; ⏲8h30-18h30 lun-ven, 10h-13h et 14h30-18h30 sam-dim). Ce moulin, qui appréhende l'huile d'olive comme le vin, est réputé dans toute la région pour la qualité de ses crus, multiprimés. D'avril à septembre, une initiation gratuite à la dégustation est proposée les mardis et jeudis à 10h30 (sur réservation), en plus de la visite du moulin. Dégustation et promenade guidée dans les oliviers (5 €, gratuit pour les enfants).

Renseignements

Office du tourisme (☎04 90 54 34 39 ; www.lesbauxdeprovence.com ; Maison du Roy, rue Porte-Mage). En vente : le **Pass Provence** (billet combiné château, Carrières de Lumières et musée Brayer à partir de 7 ans 16,50 € et 18,50 € avec les animations). De juin à septembre est organisée une **visite guidée insolite** (5 €, gratuit -18 ans ; ⏲ven à 10h) ,"Voyage au cœur du village". Jeux de piste remis gratuitement pour les enfants.

Parking payant autour des Baux-de-Provence (5-9 €/1-8 heures).

Eygalières

Une jolie rue animée et un petit condensé des Alpilles au milieu des oliviers : Eygalières est une halte de choix, discrète mais très en vogue. À 1,5 km du village en direction d'Orgon, ne manquez surtout pas la ravissante **chapelle Saint-Sixte**, édifice roman du XIIe siècle isolé sur le flanc d'une colline entourée de cyprès.

À voir

Sentiers de l'Abondance — Herbes et plantes aromatiques

(☎06 17 32 32 59 ; lessentiersdelabondance.com ; Mas des Bœufs ; visite 10 € ; ⏲mer 12h-19h, visite guidée à 14h, mai-oct). Dans ces jardins, on ne joue pas dans le clinquant et l'effet de manche. C'est un vrai projet agro-culturel qui se construit au jour le jour sur ces anciennes terres agricoles : herbes fraîches, plantes aromatiques et médicinales, oseraie, abricotiers se découvrent au fil de l'eau, cultivés en biodynamie et transformés sur place. La visite se veut pédagogique et ludique. Également ateliers à la journée sur la permaculture ou la cosmétique naturelle.

Où se loger et se restaurer

La Bastide — Hôtel-restaurant **€€**

(☎04 90 95 90 06 ; www.hotellabastide.com ; 765 chemin de Pestelade ; d 90-195 selon confort et période, ch 4-5 pers basse/haute saison 155/241 €, supp demi-pension 44 €/pers ; ⏲hôtel ouvert tte l'année, restaurant fermé nov-fév ; ❄ 🏊 P 📶). Situé dans un quartier tranquille et entouré de végétation, cet hôtel ouvert à l'année abrite 15 chambres confortables, une piscine et un restaurant. À 15 minutes à pied du village.

Brasserie Le Progrès — Bistrot **€**

(☎09 64 13 16 88 ; 6 rue de la République ; menu semaine midi 21,90 €, plats 14-19 € ;

Maussane-les-Alpilles

(tlj sf mar). Le bistrot du village, sympathique et animé, sert une cuisine généreuse, goûteuse et peu onéreuse. Chaque jour, le plat du jour change, avec, bien sûr, un aïoli le vendredi.

Chez Paulette Cosy €€

(04 32 62 18 19 ; rue de la République ; plats 17-26 €, formule midi lun-ven 17 € ; tlj, fermé Noël à mi-mars). Une adresse chaleureuse qui attire touristes et habitants. À l'ardoise, une cuisine de bistrot orchestrée autour des produits locaux et de saison. On s'installe dans la courette dans une pièce tapissée de bois ou dans la salle intérieure avec le joli comptoir. Mitoyenne, Chez Emily (fermé lun et mer) propose les produits des meilleurs artisans fromagers des Alpilles.

Maussane-les-Alpilles

Cette bourgade animée s'étire le long de sa rue principale. Sur la place de l'Église se tient l'étonnante fontaine des Quatre Saisons, datée de 1869 et rehaussée de cariatides.

Activités

Le Petit Roman Balades à cheval

(06 98 16 02 01 ; randochevalalpilles.com ; Mas Saint Roman, RD5 ; balade 1 heures 30/3 heures 30/50 € ; tte l'année sur réservation). Vous rêvez de découvrir les Alpilles à cheval ? Voici votre adresse, labellisée par le parc naturel régional. Des promenades ou randonnées sont proposées à l'année. Quittez Maussane en direction de Mouriès, puis prenez à gauche la D78, des panneaux indiquent la direction du mas.

Où se loger et se restaurer

Les Magnanarelles Hôtel-restaurant €€

(04 90 54 30 25 ; 104 av. de la Vallée-des-Baux ; d/tr 72-89/99 €, petit-déj 10 € ; fermé mi-nov à mi-mars ;). Une bonne option : tarifs raisonnables, accueil chaleureux et chambres actuelles, quoique sans climatisation, sont les atouts de cet hôtel avec piscine, installé au centre du village. Côté cuisine, on mitonne ici de bonnes spécialités régionales (formules demi-pension).

Le Mas des Marguerittes Chambres d'hôtes €€
(☎04 90 54 20 48/06 72 21 94 48 ; mas-des-marguerites.com ; chemin de la Pinède ; d basse/haute saison 95-140 € selon ch, 25 €/lit supp ; ⏲tte l'année). Cinq chambres de plain-pied qui s'ouvrent sur un jardin impeccable et une piscine. Mais aussi des tarifs raisonnables pour les Alpilles. Une adresse à 600 m à pied du petit bourg, tenue par un couple chaleureux.

Pizza Brun Pizzeria €
(☎04 90 54 40 73 ; 1 rue Édouard-Foscalina ; pizzas 9-19 € ; ⏲tlj sf lun, fermé lun et mar sept-nov, fermé nov-mars). Conviviale et sympathique, cette guinguette d'habitués propose de délicieuses et imaginatives pizzas cuites au feu de bois, croustillantes à souhait. Pas de service à table, on va soi-même chercher sa pizza. Également vente à emporter. Si la carte évolue au fil de l'année, c'est toujours la même équipe aux commandes.

La Fleur de Thym Fine cuisine provençale €€
(☎04 90 54 54 00 ; www.restaurant-lafleurdethym.com ; 15 av. de la Vallée-des-Baux ; formule midi semaine 17 €, menus fleur ou thym 19,90/36 €, plats 18-32 € ; ⏲tlj sf sam midi, dim soir et lun). Ce petit resto très discret à l'entrée du village offre un rapport qualité/prix imbattable. Au menu, les mets raffinés préservent le goût authentique des produits de qualité, avec la touche en plus digne d'une adresse plus onéreuse. Très joli menu dégustation (58 €).

Achats

Moulin Cornille Huile d'olive
(☎04 90 54 32 37 ; www.moulin-cornille.com ; rue Charloun-Rieu ; ⏲9h30-12h30 et 14h-18h lun-sam, visites guidées gratuites mar et jeu à 11h juin-sept). Réputé pour son fruité noir, c'est l'un des plus importants moulins des Alpilles (et de France). Des célébrités viennent y presser leur propre élixir sous la houlette de Jean-Marie Cornille. Produits aussi en vente au Spar du village.

Mas de Gourgonnier Vins bio
(☎04 90 47 50 45 ; mas-de-gourgonnier.delicenet.com ; Le Destet, Mouriès ; ⏲9h-12h et 14h-18h lun-sam, 10h-12h et 15h-17h30 dim, fermé dim jan-mars). Déjà, vous serez conquis par la superbe route depuis Maussane (D78, direction Mouriès), à faire par exemple à vélo (15 km aller-retour). Puis, sur le plateau du Destet, par ce mas à l'ambiance de ferme traditionnelle qui montre l'autre visage des Alpilles, plus rustique et tout autant de qualité. Vins AOP Les Baux-de-Provence.

Renseignements

Office du tourisme (☎04 90 54 23 13 ; www.maussane.com ; av. des Alpilles). Met à disposition plusieurs circuits pour découvrir le village et ses sentiers de randonnée (téléchargeables également en ligne). Location de vélos à la **station Bees** (☎06 43 31 76 98, à partir de 35 €) face à l'office de tourisme.

Le Paradou

Caché en bord de route, Le Paradou est une localité paisible qui a séduit de nombreux artistes.

À voir

La Petite Provence du Paradou Santons
(☎04 90 54 35 75 ; www.lapetiteprovenceduparadou.com ; 75 av. de la Vallée-des-Baux ; adulte/6-11 ans 9/5,50 €, gratuit -6 ans ; ⏲tlj 10h-12h30 et 14h-19h juin-sept, jusqu'à 18h30 avr-mai et déc, jusqu'à 18h jan-mars et oct-nov). Les enfants se réjouiront de cette reconstitution miniature d'un village provençal... Les parents un peu moins des tarifs pratiqués. Santons en vente à la boutique.

Où se loger et se restaurer

La Part des Anges Maison d'hôtes €€€
(☎04 90 97 91 76, 06 12 48 33 54 ; www.maisondhotes-alpilles.com ; chemin de la Burlande ; d/ste avec petit-déj 1re nuit 120-150/140-180 €

NANCY/ADOBE STOCK ©

Moulin de Fontvieille

selon saison, nuits suivantes 90-120/110-140 € ;). Trois chambres (dont une avec un lit rond !) qui rivalisent de style, un salon cosy, une atmosphère musicale, un jardin métissé avec piscine, une autre, à l'intérieur, chauffée et, au bout du chemin, le massif des Alpilles qui se dévoile au loin. Ça y est, vous êtes aux anges.

Hameau des Baux Hôtel de luxe **€€€€**
(04 90 54 10 30 ; www.hameaudesbaux.com ; chemin de Bourgeac ; d/ste 210-380/450-610 €, petit-déj 27 € ;). Au cœur de 5 ha de champs d'oliviers, un hameau reconverti en boutique-hôtel, meublé de pièces design et vintage, ultrabranché, ultraconfort et profitant d'un service haut de gamme. Coin librairie avec une sélection proposée par les Éditions Actes Sud et formule bistrot de village au **Camion Bleu** (plats 22-26 € ; 19h-22h ven-mardi en été) sur une placette plantée de platanes.

Le Bistrot du Paradou Terroir **€€€**
(04 90 54 32 70 ; 57 av. de la Vallée-des-Baux ; menu unique 55 € ; tlj sf dim-lun juin-sept, midi mar-sam, soir ven-sam oct-mai). Ne vous fiez pas à son allure anodine, en bordure de route : c'est un des lieux les plus branchés des Alpilles. Dans la bonne humeur générale, ce bistrot au look campagne rassemble habitués et célébrités autour d'une seule formule midi et soir (entrée, plat, fromage, dessert, vin et café). Pas bon marché mais accueil sympathique et ambiance chaleureuse.

Fontvieille

Typiquement provençale, cette charmante localité est indissociable du nom d'Alphonse Daudet (1840-1897), qui l'a immortalisée dans *Les Lettres de mon moulin*. Lequel **moulin** trône à la sortie de la ville. Cette grosse bourgade animée dévoile un décor minéral, mêlant habitations troglodytiques, corniche en surplomb et galeries souterraines. Cette configuration particulière est le fruit de l'exploitation des carrières de calcaire qui, au XIXe siècle, creusa tout le centre du village. On y découvre aussi la **tour**

des Abbés, une tour d'observation et de défense qui fut édifiée au XIVe siècle, durant la guerre de Cent Ans.

À voir et à faire

Promenade sur les pas d'Alphonse Daudet — Moulins

Depuis le château de Montauban (ou l'office du tourisme), une boucle dans la pinède vous fera passer devant trois moulins dont le fameux **moulin de Daudet** (ouvert en saison à la visite – 2 € – mais le moulin s'admire aussi bien de l'extérieur). Construit en 1814, il a fonctionné jusqu'en 1915. L'ensemble étant facilement accessible à pied depuis le centre-ville, attention à ne pas vous garer au parking du moulin (3 €).

Château de Montauban — Patrimoine

(☎04 90 54 67 49 ; chemin Montauban ; tarif 5 € ; ⏲mar 15h-18h, mer-dim 10h-12h30 et 15h-18h juil-août, horaires variables le reste de l'année, appeler avant). Daudet avait coutume de séjourner chez ses cousins, dans cette belle demeure de la fin du XVIIIe siècle. Au rez-de-chaussée, quelques témoignages sur l'écrivain et au 1er étage une exposition sur Fontvieille au Moyen Âge.

Aqueducs romains de Barbegal — Vestiges romains

À environ 3 km au sud du village (D33 conduisant au moulin de Daudet, puis tout droit), vous pourrez observer les étonnants vestiges d'aqueducs romains. Ils alimentaient la ville d'Arles et l'ancienne meunerie de Barbegal. Depuis le moulin de Daudet, une boucle pédestre (Les Crottes d'Aubert, 10 km) rejoint l'aqueduc avec un retour par la forêt.

Où se loger et se restaurer

Le Madeleno — Hôtel-restaurant €€

(☎04 90 54 73 15 ; www.laripaille.com ; route des Baux ; d/tr/qua 59-89/79-119/99-139 € selon ch et saison, petit-déj 11 €, menu 29 €, plats 15-20 € ; ⏲restaurant soir jeu-mar mars-oct ; [clim] [piscine] [wifi] [P]). Ambiance familiale et décontractée dans cette bastide rouge, entourée de pinède, qui opère depuis quelques années rénovations et changements, tout en restant fidèle à l'esprit des lieux. Chambres bien équipées (optez pour une catégorie supérieure pour une sdb plus grande), jardin et piscine invitant au farniente, et restaurant servant une bonne cuisine du coin. Bref, un bon rapport qualité/prix pour la région ! À 2 km de Fontvieille.

Villa Regalido — Hôtel de charme €€€

(☎04 90 54 60 22 ; www.villa-regalido.com ; 118 rue Frédéric-Mistral ; d classique haute-basse saison 99-165 €, sup 169-250 €, petit-déj 18 € ; parking 15 € ; [clim] [piscine] [wifi] [P]). Le charme de cette adresse chic et discrète réside dans son jardin avec piscine (un peu petite), son spa, ses beaux volumes, sa décoration soignée et son accueil prévenant. Table d'hôtes (La Table d'Emma, le soir, mai-oct tlj sf dim, déc-avril mer-dim 39 €) proposée dans le jardin en été ou au coin du feu en hiver.

La Cuisine au Planet — Provençal €€

(☎04 90 54 63 97 ; lacuisineauplanet.fr ; 144 Grand'rue ; menu 3 plats 31 € ; ⏲tlj sf lun midi juin-oct, fermé lun et mar midi avr-juin, fermé dim soir, lun et mar midi oct-avr). Ornée de vigne vierge, cette maison du XVIe siècle, l'une des plus anciennes du village, invite à s'attarder sur son agréable terrasse ou dans ses beaux intérieurs. La carte privilégie une cuisine soignée, de saison et selon l'inspiration du chef.

Le Patio — Gastronomique €€€

(☎04 90 54 73 10 ; www.lepatio-alpilles.com ; 119 rue du Nord ; menus midi/soir 32/45/52 €, plats 29-35 € ; ⏲tlj sf mar soir et mer). Élégance et raffinement vous attendent dans cette ancienne bergerie du XVIIIe siècle, affaire de famille depuis plusieurs générations. Côté saveurs, on se régale d'une cuisine provençale bien enlevée, qui revisite les incontournables de saison, ou d'un intrigant menu "Huile d'olive".

Renseignements

Office du tourisme (04 90 54 67 49 ; www.fontvieille-provence.com ; av. des Moulins)

TARASCON ET LA MONTAGNETTE

Moulins à vent posés sur de douces collines, abbaye de conte de fées, château de chevaliers... Au nord des Alpilles, sur une chaîne ne dépassant guère les 165 m d'altitude, la Montagnette dévoile un décor romanesque. On le dirait tout droit sorti de l'imagerie du célèbre Tartarin. L'autre bonne surprise, c'est que l'on bénéficie ici de prix plus raisonnables.

Tarascon

Postée au bord du Rhône, entre le pays d'Arles, les Alpilles et Avignon, la cité est blottie au coin d'un château digne d'un roman de chevalerie. De ses vieilles ruelles émane un charme certain et, dans le quartier du château, de superbes hôtels particuliers témoignent de la fortune passée de la ville. Immortalisée par Alphonse Daudet (1840-1897) dans *Tartarin de Tarascon* (1872) – un bronze rend hommage à Tartarin place Louis-Gonthier –, la ville souffre néanmoins d'un déficit de reconnaissance. Tarascon offre pourtant une atmosphère plus populaire, tranquille et authentique que certaines de ses clinquantes voisines.
Le dernier week-end de juin, elle entre en ébullition lors de la fête de la Tarasque (voir p. 37).

À voir

Château de Tarascon Féodal

(04 90 91 01 93 ; chateau.tarascon.fr ; bd du Roi-René ; adulte/18-24 ans/10-17 ans 7,50/6,50/3,50 €, gratuit -10 ans ; tlj 10h-18h30 mai-sept, tlj sf lun 10h-17h oct-mars, tlj 10h-17h avr). Magnifique ouvrage défensif, ce château, posé au bord du Rhône sur un îlot rocheux, a fière allure. Il compte parmi les plus beaux châteaux féodaux de France. Déjà, à l'époque romaine, un castrum occupait le site. En 1400, Louis II, duc d'Anjou et comte de Provence, débuta

Château de Tarascon

ÉLODIE ROTHAN ©

Abbaye Saint-Michel de Frigolet

Au cœur de la Montagnette, dans un paysage verdoyant alternant forêts de pins et garrigues, apparaissent d'abord les clochers en pierre de l'abbaye de Frigolet (qui vient de férigoule, thym en provençal). Une communauté monastique appartenant à l'ordre des Prémontrés, qui suit la règle de vie de saint Augustin, occupe le site depuis 1858. La basilique abbatiale a été construite entre 1863 et 1866, dans le style néogothique. On peut visiter l'église Saint-Michel et le cloître, bien plus anciens (XIIe siècle). À noter : il est possible d'y organiser une retraite et une boutique propose les produits des moines à la vente, dont d'excellentes liqueurs et des sirops "Frigolet".

Infos pratiques

04 90 95 70 07; www.frigolet.com ; D81 depuis Boulbon ; entrée libre, don apprécié ; extérieurs en accès libre, église 7h-12h30 et 14h15-19h30, basilique 8h-18h, monastère visite dim 15h, 7 €, min 10 personnes).

son édification, qui fut achevée par ses successeurs Louis III et le Roi René. À partir du XVIIIe siècle et jusqu'en 1926, il servit de prison. Son style à la fois gothique et Renaissance se découvre dans de majestueuses pièces, non meublées (pas moins de 33 pièces à parcourir, comptez au moins 1 heure !). Expositions thématiques annuelles et animations pour les enfants en été et pendant les vacances scolaires.

Collégiale royale Sainte-Marthe — Art gothique

(04 90 91 09 50 ; 1 pl. de la Concorde ; entrée libre ; 9h-18h tlj). Presque en face du château, un édifice élégant dont l'architecture gothique emprunte à différents styles (splendide portail roman), témoins des remaniements effectués du XIIe au XVe siècle. À l'intérieur, on peut apercevoir quelques tableaux de l'école française des XVIIe et XVIIIe siècles, ainsi qu'une crypte contenant le sarcophage de sainte Marthe.

Musée d'art et d'histoire — Patrimoine

(04 90 91 38 71 ; entrée libre ; pl. Frédéric-Mistral ; entrée libre ; 10h-12h et 14h30-18h mar-sam juin-sept, 10h-12h et 14h-17h30 lun-ven oct et fév-mai, 10h-12h et 13h30-17h lun-ven nov-jan). Construit vers 1550, l'ancien couvent des Cordeliers abrite, dans ses galeries voûtées, ce musée qui présente des expositions dédiées aux traditions de Tarascon, dont certaines sont temporaires.

Musée Souleiado — Tissu provençal

(04 90 91 08 80 ; souleiado-lemusee.com ; 39 rue Charles-Deméry ; tarif plein/réduit 7/5 €, gratuit -10 ans, visite guidée sur réservation tlj sf ven 10 € ; lun-sam 10h-19h avr-sept, 10h-18h30 oct-mars). C'est ici, dans ce bel hôtel particulier rénové, qu'étaient fabriqués les tissus provençaux Souleiado dont la notoriété dépasse largement les frontières régionales. On peut se familiariser avec l'histoire de ces étoffes et leur processus de fabrication, des indiennes à nos jours. Dans la cour du musée, l'entrée de la boutique de prêt-à-porter ainsi qu'un salon de thé où l'on peut se restaurer.

Où se loger

Hôtel du Viaduc — Petit budget €

(04 90 91 16 67 ; www.hotelduviaduc.com ; 9 rue du Viaduc ; d/tr 60-105/80-115 € selon ch, petit-déj 8 € ;). Situé derrière la gare ferroviaire, cet établissement propose des chambres simples dans un coin tranquille de Tarascon. Le bâtiment

ne paye pas de mine de l'extérieur et certaines parties communes ou salles de bains mériteraient une rénovation complète, mais les tarifs sont avantageux et on profite même d'un petit bassin pour se rafraîchir. Parking fermé et accueil chaleureux.

Hôtel de Provence Central €€

(04 90 91 06 43/06 99 58 19 58 ; www.hotel-provence-tarascon.com ; 7 bd Victor-Hugo ; d avec/sans terrasse 59-83/75-97 € selon le confort, petit-déj 9 € ;). En plein centre de Tarascon et facile d'accès en voiture, cet hôtel propose une dizaine de chambres, plus ou moins confortables. Elles sont meublées et décorées avec élégance, bien qu'un peu désuètes. Certaines profitent d'une petite terrasse qui donne sur le cours planté de platanes.

Hôtel de Leautaud de Mas-Blanc Chambre d'hôtes €€

(06 25 42 49 44 ; 3 rue Joseph-Clerc-de-Molières ; d/qua 80/120 €, 2 nuits min en été ; tte l'année). Ce somptueux édifice du XIVe siècle dans le cœur de Tarascon abrite une grande chambre avec tommettes au sol et mobilier ancien. En été, les murs épais gardent la fraîcheur, tandis qu'en hiver la cheminée du grand salon encense toute la maison. Plein de charme et accueil de la propriétaire toute en discrétion. Une petite chambre avec 2 lits superposés peut servir aux familles avec enfants.

Où se restaurer

Le Comptoir des Gourmets Épicerie fine €

(04 90 47 73 23 ; 18 pl. du Colonel-Berrurier ; planches 14-18 €, menu du jour 10 € ; tlj jusqu'à 19h sf dim et lun après-midi). Face à la gare, le décor tout en noir, bois et blanc, dans un esprit postindustriel, est réchauffé par un concept qui tourne rond : un plat du jour, des planches de bons produits (charcuterie, fromages) et des prix tenus. Service continu.

Le Bistrot des Anges Bistrot €

(04 90 91 05 11 ; 20 pl. du Marché ; plats 12-16 € ; midi tlj sf sam-dim, plus ven soir en saison). Salades, tartes salées, planche de charcuterie et plats du jour frais et bien préparés. Une salle au décor tout simple et une terrasse sur le cours principal, ombragé de platanes. Service jusqu'à 15h en hiver, 16h en été.

Achats

T Rodéo Sellerie et vêtements

(04 90 91 06 10 ; www.sellerietrodeo.com ; rue Charloun-Rieu ; tlj sf dim et lun matin). Une boutique (face à l'entrée du château) qui nous rappelle que la Camargue n'est pas loin ! Pour admirer les selles et harnachement, et, pourquoi pas, craquer pour des bottes et chapeaux camarguais...

Ciergerie des Prémontrés Cierges et bougies

(04 90 99 59 34 ; www.ciergerie.fr ; 20 rue des Charpentiers, ZAC du Roubian ; lun-ven 9h-12h30 et 13h30-17h). Située auparavant dans les murs du musée Souleiado (certains produits y sont encore vendus), la dernière ciergerie artisanale de Provence a déménagé dans la zone artisanale. On peut y acheter des cierges traditionnels, et, le matin, découvrir leur fabrication selon des techniques datant du XVe siècle (à la plongée ou à la louche).

Renseignements

Office du tourisme (04 90 91 03 52 ; www.tarascon-tourisme.com ; 62 rue des Halles). Plusieurs brochures pour explorer la ville : "À la découverte du patrimoine", "À la recherche de la Tarasque" et "Belles demeures".

Depuis/vers Tarascon

BUS

Les réseaux **STD Gard** (0810 33 42 73 ; www.edgard-transport.fr), **Cartreize** (0810 00 13 26 ; www.lepilote.com) et **Rapides du Sud-Est**

(04 90 14 59 00) desservent Arles, Saint-Rémy-de-Provence, Avignon, Aix-en-Provence, Salon-de-Provence, Nîmes et Marseille. Départs devant la gare SNCF.

TRAIN

La **gare SNCF** (36 35) se trouve place du Colonel-Berrurier, en bordure du centre-ville.

Une **ligne TER** (www.ter-sncf.com) relie Marseille-Miramas-Arles-Tarascon-Avignon.

La Montagnette

Ne voyez aucune nuance péjorative dans ce diminutif. On y découvre des paysages harmonieux qui dégagent une indéniable âme romanesque, magnifiée par la plume de Daudet.

Boulbon

L'arrivée à Boulbon est impressionnante. Imaginez un château en ruine, jouant d'équilibre sur un rocher de guingois, jouxtant une colline bien ronde, plantée d'un moulin et serpentée par un sentier parfait, en dessous desquels se pelotonne un village endormi.

Où se loger et se restaurer

La Bastide de Boulbon Hôtel-restaurant €€€

(04 90 93 11 11 ; www.labastidedeboulbon.com ; rue de l'Hôtel-de-Ville ; d basse/haute saison 145-205/165-240 € selon ch, petit-déj 18 €, menu 37 € ; tlj fermé mi-oct à mi-avril ;). Un jardin aux platanes séculaires entoure cette bastide du XIXe siècle. Soignées, les chambres et suites arborent un style contemporain autour de matières et de tons naturels. Agréable piscine et restauration de qualité.

Café du Commerce Bistrot €

(04 90 43 99 65 ; 10 pl. Gilles-Léontin ; plats 10-18 € ; restaurant midi lun-ven, et l'été le soir ven-sam, bar tlj). Pour s'attarder à Boulbon, une seule adresse : l'incontournable Café du Commerce, ici revisité dans une version vintage pleine de charme. Pour se sustenter, peu d'options et un plat du jour unique. Desserts maison et aïoli le vendredi midi. L'une des scènes de *Sans toit ni loi*, film d'Agnès Varda, fut tournée ici avec Sandrine Bonnaire.

Barbentane

Tapi sur le flanc nord de la montagnette, le village de Barbentane est dominé par la tour Angelica, ancien donjon d'un château du XIVe siècle. Au détour de ses charmantes ruelles, vous apercevrez le fameux château du XVIIe siècle, "Petit Trianon du Soleil", qui fait la réputation du village mais qui, malheureusement, ne se visite plus.

Où se loger et se restaurer

Mas Paloma Chambres d'hôtes €€€

(06 47 06 06 56 ; www.mas-paloma.com ; 7 impasse de la Croix-Blanche/7 rue Pujade ; d avec petit-déj 120-140 € selon ch ; tte l'année ;). Dans cette maison de village aux accents de vacances, quatre chambres, dont deux avec terrasse, jouent une fine partition décorative toute en rondeurs. Des volées d'escaliers, une grande cuisine accueillante et dans les anciennes caves, le bain d'Ochun dévoile une piscine intérieure chauffée... un trésor ! Une adresse tenue avec bienveillance et dynamisme par Elsa.

Graveson

Postée à l'est de la Montagnette, cette commune paisible accueille notamment le **musée des Arômes et du Parfum** (04 90 95 81 72 ; museedesaromes.com ; petite route du Grès ; 5,50 €, gratuit -12 ans ; tlj 10h-19h juil-août, 10h-12h et 14h-18h sept-juin), qui dévoile les secrets de la distillation des essences. Dans le village se trouve aussi le **musée Auguste Chabaud** (04 90 90 53 02 ; www.museechabaud.com ; cours National ; tarif plein/réduit 4-5/2-2,50 € selon expo temporaire ou non, gratuit -12 ans ; 10h-12h et 13h30-18h30 tlj juin-sept, tlj sf sam matin et dim matin oct-mai) qui évoque la vie de ce peintre (1882-

HÉLÈNE DE VUN/ADOBE STOCK ©

Château de Boulbon

1955) de la famille des artistes fauves, avec Matisse et Derain.

De mai à octobre, un **marché paysan** (www.lemarchepaysan.com) se tient tous les vendredis après-midi.

Où se loger

Le Clos des Cyprès Chambres et table d'hôtes **€€€**
(06 24 00 00 62 ; leclosdescypres.com ; route de Châteaurenard, Graveson ; d basse/haute saison avec petit-déj 125-165/155-195 € selon ch, menu 39 € ;). Trois chambres et une suite sobres et soignées dans une belle bastide avec piscine et, surtout, une table d'hôtes gastronomique, réputée de longue date.

Maillane

Frédéric Mistral, chantre du provençalisme et Prix Nobel de littérature en 1904, naquit à Maillane en 1830. Après son mariage en 1875, il fit construire cette maison qu'il habita jusqu'à sa mort en 1914 et dans lequel a été aménagé un petit **musée** (04 90 95 84 19 ; museemistral.fr ; 11 av. Lamartine ; tarif plein/réduit 4/3 €, gratuit -12 ans ; tlj sf lun 9h30-12h et 13h30-18h mi-mars à mi-oct, sur rdv à partir de 10 pers reste de l'année), qui se découvre lors d'une visite guidée.

Où se restaurer

Le Café du Soleil Bistrot chic **€€**
(04 90 90 80 89 ; www.lebistrotdemaillane.com ; 11 pl. Frédéric-Mistral, Maillane ; formule midi sem 2 plats 19 €, menu 31 €, plats 18-23 € ; midi tlj, soir jeu-sam). Un ancien bar devenu restaurant rénové dans l'air du temps, avec un look stylé, de grandes baies vitrées, des tables dépareillées et une cuisine ouverte. Une décontraction branchée et des assiettes savoureuses.

Oustalet Maianen Provençal **€€**
(04 90 95 74 60 ; 16 av. Lamartine, Maillane ; formule midi 2 plats 24 €, menus 33-44 €, plats 18-28 € ; tlj sf dim soir, lun et mar). Près du musée, l'adresse de référence du village de Maillane, à la réputation méritée. Une bonne petite table classique, mais toujours juste.

LUBERON

On l'appelle la "Montagne Bleue". Sur ses flancs boisés, les crêtes soulignent les frontières naturelles du pays : le Petit et le Grand Luberon au sud et les monts de Vaucluse au nord. Plantés à flanc de coteaux, les villages perchés émergent d'un paysage de collines, de forêts, de falaises ou de plaines cultivées. Extrêmement courtisée, la région attire célébrités internationales et grandes fortunes. Sans polémiquer sur ce tourisme élitiste ni sur les prix délirants de l'immobilier, on cultive ici la discrétion, d'un côté comme de l'autre. Hormis les foules saisonnières qui envahissent Gordes et Roussillon, le pays conserve une allure conviviale, authentiquement soignée, et les amateurs de solitude trouveront des chemins de traverse encore sauvages.

Apt

"Capitale" du Luberon, la ville s'est illustrée dans la production de fruits confits, de faïence, d'ocre et d'essence de lavandin. Si cet héritage s'est étiolé depuis les années 1940, quelques ateliers maintiennent encore la tradition. Le marché du samedi matin, rendez-vous incontournable de la région, emplit le centre ancien d'une animation joyeuse.

À voir

Quelques hôtels particuliers jalonnent la vieille ville, en bordure de laquelle coule le Calavon. Rue des Marchands, la **cathédrale Sainte-Anne** (visites guidées en saison) fut reconstruite du XIIe au XVIIIe siècle. Elle recèle un retable du XVe siècle et deux cryptes, dont l'une contient un autel du Ve siècle.

Musée de l'Aventure industrielle — Ocre, faïence et fruits confits

(☎04 90 74 95 30 ; 14 pl. du Postel ; tarif plein/réduit 5/3 €, gratuit -18 ans ; ⏲10h-12h et 14h-18h30 lun-sam juil-août, 10h-12h et 14h-17h30 mar-sam sept-juin, fermé jan). Installé dans l'ancienne usine de fruits confits, ce musée est consacré à l'histoire de l'activité industrielle de la région depuis le XVIIIe siècle, de la production de fruits confits aux ocres, en passant par la faïence. Le musée d'histoire et d'archéologie (rue de l'Amphithéâtre) est accessible uniquement pour les groupes de plus de 10 personnes.

Fondation Blachère — Arts africains

(☎04 32 52 06 15 ; www.fondationblachere.org ; 384 av. des Argiles ; entrée libre ; ⏲tlj 14h-18h juil-août et nov-déc, lun-sam 14h-18h reste de l'année). Un endroit atypique dédié à l'art contemporain venu du continent africain : centre d'art, expositions temporaires, galerie, librairie, boutique d'artisanat. Blachère est une entreprise d'Apt, spécialiste de l'éclairage festif en milieu urbain.

Distillerie des Agnels — Lavande et lavandin

(☎04 90 04 77 00 ; www.lesagnels.com ; route de Buoux ; visite guidée 6 €, gratuit -15 ans ; ⏲avril-sept tlj 10h-19h et visite guidée à 11h et 16h, oct-mars lun-sam 10h-17h30 et visites guidées sur rdv uniquement). À 3 km d'Apt sur la route de Buoux, cette distillerie était autrefois l'une des plus importantes d'Europe. Aujourd'hui plus artisanale, elle développe une gamme de produits bien-être (huiles essentielles, eaux florales, etc.) et ouvre son exploitation au public. Démonstration de distillation traditionnelle lors des visites guidées et vente de produits dans la boutique.

Activités

Randonnée et vélo

Pour les randonneurs, Apt se trouve au carrefour de nombreux GR® qui permettent de découvrir à pied les moindres recoins du Luberon : le GR®9, des monts de Vaucluse à Buoux, le GR®6, entre Rustrel et Gordes, le GR®92, vers le Mourre Nègre (sommet du Luberon à 1 125 m), et le GR®97, qui fait un grand tour du massif (une semaine minimum).

PHB.CZ / ADOBE STOCK ©

À NE PAS MANQUER

Sentier des Ocres et Colorado provençal : la palette bio

Pigment minéral naturel, l'ocre est utilisé depuis la préhistoire. Il a non seulement été employé dans les arts, mais aussi en médecine, en cosmétique, en maçonnerie, en teinture textile ou comme colorant alimentaire. C'est Jean-Étienne Astier, un Roussillonnais, qui eut l'idée, à la fin du XVIIIe siècle, de passer le sable dans plusieurs bassins de décantation afin d'en dégager l'ocre, puis de la faire cuire pour en maîtriser la couleur. L'arrivée du chemin de fer à Apt, en 1877, entraîna son exploitation de manière intensive. Aujourd'hui, la région d'Apt ne compte plus qu'un gisement en exploitation et une seule usine de fabrication. Plusieurs sites permettent néanmoins de découvrir ce produit.

- **Roussillon** Le **sentier des Ocres** (tarif 3 €, gratuit -10 ans ; 2 parcours 30 min/1 heure ; tlj 9h-19h30 juil-août, 9h-18h30 juin, 9h30-18h30 mai et sept, 9h30-17h30 avr, 10h-17h30 oct à mi-nov, 10h-17h mars, 11h-15h30 mi-nov à fin fév) part du village et sillonne une ancienne carrière d'ocre. À 1 km, le **Conservatoire des ocres et de la couleur** (04 90 05 66 69 ; www.okhra.com ; usine Mathieu, D 104 à la sortie de Roussillon ; tarif 7 €, gratuit -10 ans, combiné sentier des Ocres 7,50 €, gratuit -10 ans ; tlj 10h-19h juil-août, 10h-18h avr-juin et sept-oct, 14h-17h nov-déc, 10h-13h et 14h-17h fév-mars) relate l'histoire et la fabrication de l'ocre.

- **Rustrel** Ses cheminées de fées sculptées par l'eau, le vent et la main de l'homme valent à ce site spectaculaire le surnom de **Colorado provençal** (04 90 04 96 07 ; www.colorado-provencal.com ; parking 5 €, entrée libre ou visite guidée adulte/enfant 6/3 € sur réservation ; tlj 8h-19h juil-août, 10h-16h reste de l'année). Cet ancien gisement recense différents parcours, longs de 1 à 13 km, dont le **sentier de l'Ocre et des Fées** (1 km, 30 min à pied) et le **sentier du Sahara** (1,5 km, 45 min), très accessibles, permettant de plonger dans une palette de couleurs variant du rouge au jaune.

- **Gargas** Les **mines de Bruoux** (04 90 06 22 59 ; www.minesdebruoux.fr ; 1434 route de Croagnes, Gargas ; tarif plein basse-haute saison/-12 ans 8,90-7,90/6,50 € ; visites à heures fixes ; tlj 10h-19h juil-août, 10h-18h le reste du temps, fermé mi-nov à mi-mars), toujours exploitées, invitent à parcourir 650 m de galeries sculptées par les ocriers. Attention, la température avoisine les 10°C !

Le parc naturel régional du Luberon

Créé en 1977, ce parc naturel régional s'étend sur un territoire de 185 000 ha entre Vaucluse et Alpes-de-Haute-Provence. Il est reconnu réserve de biosphère et géoparc mondial par l'Unesco. Quelque 77 communes ont adhéré à sa charte et œuvrent pour la préservation de l'environnement, en s'engageant à maîtriser au mieux la pression foncière, à protéger et à valoriser le patrimoine culturel et naturel. Le parc s'est aussi engagé dans des programmes de partenariat avec des agriculteurs et de sensibilisation du public.

Logée dans le centre d'Apt, la **Maison du parc naturel régional du Luberon** (04 90 04 42 00 ; www.parcduluberon.fr ; 60 pl. Jean-Jaurès ; entrée libre ; 8h30-12h et 13h30-18h lun-ven) propose des expositions thématiques et un espace géologie pour appréhender les spécificité du Luberon. Chaque année, de mi-septembre à mi-octobre, des visites guidées et randonnées accompagnées sont proposées pour explorer sa biodiversité. Consultez le site du parc pour le programme détaillé, et le site **Chemins des Parcs** (www.cheminsdesparcs.fr) pour connaître et télécharger gratuitement toutes les balades à faire dans le parc, à pied, à vélo et même à cheval.

À vélo, les familles apprécieront la voie verte du Calavon (37 km, de Robion à Saint-Martin-de-Castillon) qui rejoint depuis Apt le pont Julien, un magnifique ouvrage romain de plus de 2 000 ans. Plusieurs loueurs de vélos se trouvent sur le boulevard entre l'office du tourisme et le centre d'Apt.

D'autres circuits sont détaillés sur le site **Vélo Loisir Provence** (04 90 76 48 05 ; www.veloloisirprovence.com ; cartes téléchargeables en ligne), une plateforme qui regroupe l'ensemble des prestataires. Le circuit "Autour du Luberon à vélo" est un itinéraire de 236 km, qui s'adresse autant aux cyclistes aguerris qu'aux simples amateurs. Il forme une boucle qui va de Cavaillon à Apt, en passant par le nord du massif, puis rejoint Forcalquier et Manosque, avant de revenir vers Cavaillon via Lourmarin au sud. L'itinéraire "Les Ocres à vélo" (de 15 à 51 km) est accessible aussi à tous, la version courte de la boucle du Rustrel s'adressant notamment aux familles. Il offre à voir le superbe massif des Ocres.

Parapente et montgolfière

À Rustrel, à 10 km au nord-est d'Apt, l'école de parapente **Jok Air Parapente** (06 80 40 23 42 ; jokair.parapente.free.fr) organise des baptêmes de parapente en vol biplace (75 €). Autre activité originale, un vol en montgolfière est proposé par **Vol-terre** (06 03 54 10 92 ; www.montgolfiere-luberon.com ; vol 1/2/4 pers 230/450/850 €) au départ de Roussillon.

Parcours aventure

À Rustrel, **Colorado aventures** (06 32 85 64 66 ; coloradoaventures.com ; sur la D22 ; grand/petit parcours 20/7 €, sur réservation ; 9h30-19h30 tlj juil-août et vacances scolaires, 10h-19h sam-dim et jours fériés mars-nov) vous entraînera dans les cimes. Les deux parcours sont jalonnés de tyroliennes, de ponts suspendus et de balançoires pour progresser en l'air. Également possibilité de saut à l'élastique "à l'envers" (propulsion vers la cime des arbres ; 5 €) et laser game en extérieur !

Où se loger et se restaurer

Hôtel Sainte-Anne Charme **€€**
(04 90 74 18 04 ; www.apt-hotel.fr ; 62 pl. Faubourg-du-Ballet ; d/tr/q 80-100/120/140 €,

petit-déj 12 € ; ❄ wifi P 10 €). Dans une demeure du XIXe siècle, ce petit hôtel propose sept chambres claires, aux proportions généreuses, aménagées avec goût et sobriété. La maison s'articule autour d'un patio, parfait pour le petit-déjeuner bio.

Le Pourkoi Pas Table bio **€€**
(☎04 90 05 54 14 ; 63 rue Eugène-Brunel ; plats 13-32 €, menu 27 € ; ⏲midi lun-sam). Une adresse bien agréable pour déjeuner ou dîner d'un plat réconfort (poisson en papillote, tartiflette au potimarron, tajine de légumes, pissaladière chèvre et salade, dhal lentilles corail et tofu). Quelques tables le long de la rue piétonne.

Le Platane Cuisine traditionnelle **€€**
(☎04 90 04 74 36 ; 25 pl. Jules-Ferry ; formule midi mar-ven 17,50 €, menu 30,50 €, plats 16-25 € ; ⏲tlj sf dim et lun). Un peu à l'écart des rues commerçantes et animées, ce restaurant offre une jolie terrasse ombragée. Idéale pour déguster une cuisine traditionnelle, toute en fraîcheur et en subtilité. Menu végétarien à la carte.

Les Valseuses Parfums d'Asie **€€**
(☎07 66 63 52 61 ; 16 pl. du Septier ; plats 12-15 € ; ⏲lun-sam). Une grande salle avec comptoir et cuisine semi-ouverte où sont confectionnés des plats qui débordent de légumes frais aux saveurs asiatiques (lasagnes de pleurotes, raviolis et choux chinois, boulettes de bœuf aux poireaux citronnés, gyozas maison...). Ambiance chaleureuse à toute heure de la journée et particulièrement le samedi à l'after du marché de 13h. Au mur, Depardieu fait un clin d'œil au client "On est pas bien là ? Décontracté du gland ?", réplique culte du film de Bertrand Blier.

Achats

Aptunion - la Maison du Fruit Confit Fruits confits
(☎04 90 76 31 66 ; www.lesfleurons-apt.com ; D900, quartier Salignan, à l'entrée d'Apt en provenance d'Avignon ; visites gratuites ; ⏲10h-12h30 et 14h-18h 30 lun-sam, ouvert les dim de déc, visites guidées lun et mer à 10h30 juil-août). Leader du marché de la production et de la commercialisation de fruits confits, cette confiserie propose, à la Maison du Fruit Confit, outre sa boutique, un espace musée et, en juillet et août, des visites (gratuites) de l'usine suivies d'une dégustation. En centre-ville, vous pouvez également vous rendre chez les artisans-confiseurs suivants pour rapporter des fruits confits : **Confiserie Le Coulon** (☎04 90 74 21 90 ; 24 quai de la Liberté) et **Confiserie Marcel Richaud** (☎04 90 74 43 50 ; 112 quai de la Liberté).

Renseignements

Office du tourisme (☎04 90 74 03 18 ; www.luberon-apt.fr ; 788 av. Victor-Hugo). Des visites guidées (5 €, gratuit -12 ans) sont organisées en été.

Depuis/vers Apt

BUS

La **gare routière Transdev Sud-Est** (☎04 90 74 20 21 ; www.sudest-mobilites.fr ; 286 av. de la Libération) relie Avignon/gare TGV (ligne n°15, plein tarif 2,60 €), Sault (n°16) et Cavaillon (n°17).

Pays d'Apt

Le pays d'Apt s'étend sur la vallée du Calavon entre les monts de Vaucluse au nord et les montagnes du Luberon au sud. De nombreux vergers parsèment le paysage et produisent, entre autres, la fameuse cerise confite. Dans ce territoire tranquille se nichent le délicieux village de Saignon et l'abrupt fort de Buoux.

Saignon

Bâti en terrasses à flanc de roche, le village domine la vallée d'Apt. Maisons, calades, fontaine et église romane forment un ensemble parfait, à l'élégance discrète. On navigue avec ravissement entre son cimetière fleuri, ses placettes délicieuses et son rocher ocre. À 4 km, le long de la D48, se trouve le paisible hameau d'Auribeau, passage obligé pour rejoindre le Mourre Nègre, point culminant du massif du Luberon à 1 125 m.

Où se loger et se restaurer

Le Parfum des Collines Maison d'hôtes de luxe €€€€
(04 32 52 93 46, 06 08 00 08 42 ; www.parfum-collines.com ; D48, route de Saignon, Auribeau ; d/ste avec petit-déj 230/280-320 € ; table d'hôtes 35-45 € ; P ❄ ≋ wifi). Une adresse pur luxe dans la campagne entre Saignon et Auribeau : cinq chambres et suites personnalisées, tout confort, réparties autour d'un mas du XVIe siècle, dans un coin perdu du Luberon. Superbe piscine avec vue, spa, table d'hôtes, service haut de gamme...

Chez Christine Boulangerie-salon de thé €
(04 90 04 50 10 ; rue Saint-Louis, Saignon ; plats 9-12 € ; 7h30-19h30 tlj sf mer). Une excellente halte légère et gourmande est ici proposée autour d'un salon de thé, ouvert à toute heure, et d'une petite restauration bien orchestrée : assiettes fraîcheur, tourtes, omelettes, etc. Un petit délice.

Au Petit Bouchon Restaurant €€
(04 90 75 15 65 ; au-petit-bouchon.fr ; rue de Cilly ; plats 19-22 €, menu 27 € ; fermé mar). Pas besoin d'arpenter longtemps Saignon pour se retrouver nez-à-nez devant ce petit bouchon plein de charme entre vieilles pierres et plantes grasses. On s'installe à l'ombre en extérieur ou dans la salle intérieure voûtée. Au menu : filet de faisan, selle d'agneau, filet de bar ou tournedos de canard. Du costaud mais toujours servi avec des légumes de saison.

Renseignements

Mairie de Saignon (04 90 74 16 30 ; pl. de l'Église)

Buoux

Adossé au vallon de la Loube, ce hameau cultive une simplicité plaisante, à l'ombre d'amandiers, de noyers et de cerisiers.

À voir et à faire

À l'intersection de trois milieux naturels – le **plateau des Claparèdes**, le **vallon de l'Aiguebrun** et la **combe de Lourmarin** –, Buoux est réputé pour ses falaises magnifiques : ses 300 voies équipées constituent un site d'escalade prisé des alpinistes. Pour tenter l'aventure, contactez **Aptitudes Escalade** (06 81 46 19 73 ; www.aptitudes-escalade.com).

Fort de Buoux Médiéval
(04 90 74 25 75 ; route D113 ; tarif plein/réduit 5/4 €, gratuit -10 ans ; tlj 10h-17h sauf mardi et dans le cas d'intempéries). À 2 km au sud du village, le site a été occupé dès la préhistoire. Ses vestiges, de même que la vue sur le Luberon, sont exceptionnels. Le site, construit sur un immense socle de falaises abruptes, occupé par les Ligures, puis par les Romains, a subi les ravages des guerres de Religion. Habité par les Vaudois jusqu'en 1545, il fut démantelé en 1660 sur l'ordre de Richelieu. La visite passionnante, mais assez sportive, demande d'être vigilant en raison de l'escarpement du site. Munissez-vous de bonnes chaussures de marche et gardez vos enfants à vos côtés.

On peut garer son véhicule aux parkings avant l'auberge des Seguins et faire la route à pied jusqu'au fort (1,6 km).

Où se loger et se restaurer

La Sparagoule Gîte et chambres d'hôtes €
(04 90 74 47 82 ; www.lasparagoule.com ; quartier de la Loube ; dort 17 €, s/d/tr 43/55/69 € ; P). Dans cette maison en pierres avec jardin, les chambres, comme les dortoirs du gîte d'étape (4 pers, 2 chambres), sont propres, pratiques et lumineuses. Coin cuisine et possibilité de repas certains jours (bonne cuisine maison).

Auberge des Seguins Hôtel-restaurant €€
(☎04 90 74 16 37 ; www.aubergedesseguins.com ; dort seul/demi-pension 14/44 €, s/d/tr demi-pension ch 1/2/3/4 pers 89/138/179/220 € ; menu 25 € tous les soirs et dim midi ; fermé mi-nov à fév ; P). À 2 km du village en direction du fort, cette auberge fera le bonheur des amateurs d'escalade et de randonnées. Terrasses et piscine jouissent d'un cadre superbe et reculé (les voitures ne circulent plus ici). Fraîches, sans fioritures, les chambres arborent la trilogie murs blancs, carreaux crème et bois foncé. Restauration rustique et buvette ouverte à la journée.

Renseignements

Mairie de Buoux (☎04 90 74 36 05 ; www.buoux-village.com)

Lagarde d'Apt

Sur le plateau d'Albion, ce village de poche est le plus élevé du pays d'Apt. Il mérite le détour pour ses vastes étendues de lavande, la vue sur le mont Ventoux et une très bonne adresse gourmande !

À voir et à faire

Observatoire Sirene Astronomie
(☎04 90 75 04 17 ; www.obs-sirene.com ; Lagarde-d'Apt ; visite de jour adulte/7-14 ans 10/5 €, gratuit -7 ans ; visite jeu à 14h pdt les vacances scolaires, sur réservation uniquement). Installé dans une ancienne base militaire, ce centre d'astronomie est un site unique. Il propose de découvrir le ciel provençal lors de balades nocturnes (20 €), de soirées découverte (200 € pour 2 pers) ou de Nuits des étoiles. Attention, les nuits sont fraîches (on est à 1 100 m d'altitude !). Également visite en plein jour (2 heures, 10 € et sur rdv).

Où se restaurer

Le Bistrot de Lagarde Gastronomie en altitude €€€
(☎04 90 74 57 23 ; lebistrotdelagarde.free.fr ; RD 34 Lagarde d'Apt ; formule midi semaine 39 €, menus 67/79 € ; mer-dim, fermé de nov à fév).

Falaise de Buoux

Étonnant lieu que celui-ci, un peu paumé il faut bien le dire. À 1 100 m d'altitude, en bordure d'un champ de panneaux solaires, dans un ancien bunker réaménagé en lieu cosy et chaleureux, place à une cuisine fine, inventive et généreuse de l'étoilé Lloyd Tropeano (ici, les entrées et les desserts se dégustent en farandole de trois !).

Monts de Vaucluse

Dans ce paysage sauvage, maquis, garrigues et forêts côtoient harmonieusement des falaises ocre, des champs de lavande et des vignes. S'y égrènent un chapelet de villages perchés aux noms aussi évocateurs que Gordes ou Roussillon…

Gordes

Lorsqu'on aperçoit Gordes de loin, se forme l'image quasi irréelle d'un village de restanque bâti dans le prolongement naturel de la roche. Face à une combe aux formes généreuses, accolées sur un promontoire strié de terrasses, les maisons usent d'une harmonie pastel comme pour mieux renvoyer la lumière. Concentrées autour de son château depuis le Moyen Âge, ses ruelles cachent, derrière de hauts murs de pierres parfaitement restaurés, des demeures et des mas bien ordonnés, refuges de célébrités plus ou moins en vogue. On ne saurait que trop conseiller d'éviter le village en saison (foule, parking plein, prix démesurés, etc.).

À voir et à faire

Château — Patrimoine

(04 90 72 98 64 ; www.gordes-village.com ; entrée payante, tarif selon les expositions ; ouvert pendant les expositions temporaires, jours et horaires variables selon les années, fermé nov-mars). D'époque Renaissance, ce château a été construit en 1525 sur l'emplacement d'une forteresse du XIIe siècle. Dominant le village, il abrite l'office du tourisme et accueille, en saison, des expositions temporaires.

Caves du palais Saint-Firmin — Patrimoine

(04 90 72 98 64 ; caves-saint-firmin.com ; rue du Belvédère ; visite guidée tarif plein/réduit 6/5 €, gratuit -5 ans ; 10h-18h tlj juin-août, 10h30-13h et 14h30-18h tlj sf mar avr-mai et sept-oct). Entre l'église et le belvédère, ces caves, une cinquantaine en tout, semi-troglodytiques dateraient de la fin du XVIe siècle. Elles abritaient autrefois un vaste moulin à huile d'olive qui a fonctionné jusqu'à la fin du XVIIIe siècle.

Village des bories — Patrimoine

(04 90 72 03 48 ; www.levillagedesbories.com ; adulte/12-17 ans 6/4 € ; tlj 9h-coucher du soleil). À 4,5 km de Gordes, il rassemble des maisons construites en pierre sèche sans mortier, de la toiture aux murs. Leur origine remonterait aux Ligures. Habité par des bergers et des paysans jusqu'en 1839, le village a ensuite été abandonné. Sa restauration a permis de reconstituer sa structure originelle.

Musée de la Lavande — Essences naturelles

(04 90 76 91 23 ; www.museedelalavande.com ; 276 route de Gordes, Coustellet ; Visite audioguidée tarif plein/réduit/11-16 ans 8/7/4 € ; tlj 9h-19h mai-sept, 9h-12h15 et 14h18h oct-avr, fermé jan). Dans le village de Coustellet, à 8 km au sud de Gordes, ce mas regroupe une importante collection d'alambics et raconte l'histoire de la lavande du XVIe siècle à nos jours. Boutique de produits cosmétiques naturels. À coupler avec le **marché paysan** (dim matin , avr-déc) au Coustellet.

Musée du Verre et du Vitrail — Artisanat

(04 90 72 22 11 ; www.1sitemagique.com ; D148, route de Saint-Pantaléon ; tarif plein/réduit 5/3,50 €, billet combiné avec moulin 7,50/5,50 € ; 10h-12h et 14h-18h tlj sf mars, fermé sam-dim et à 17h nov-mars). Depuis la perle de verre, le travail du vitrail et jusqu'aux utilisations scientifiques de la fibre de verre, ce beau musée retrace l'épopée verrière. Sur le même site se

CHANTALS/ADOBE STOCK ©

À NE PAS MANQUER

Abbaye Notre-Dame de Sénanque

Lorsqu'on aperçoit l'abbaye Notre-Dame de Sénanque, on est saisi par son imposante austérité. Les champs de lavande, en fleur aux mois de juin et juillet, adoucissent l'effet par contraste. Avec les abbayes de Silvacane (p. 109) et du Thoronet (dans le Var), c'est l'une des trois sœurs cisterciennes de Provence. Fondée en 1148 dans ce lieu isolé pour répondre au vœu de renoncement au monde, elle a gardé intacts bâtiments, dortoir, église abbatiale et cloître. Depuis 1988, la vie monastique a repris. Les moines vendent des produits à base de lavande et de miel dans la boutique. Attention à la route qui mène à l'abbaye, escarpée et étroite.

Infos pratiques

04 90 72 18 24 ; www.senanque.fr ; D177 en venant de Gordes ; adulte/18-25 ans/6-18 ans 8/5/3,50 €, gratuit -6 ans, réservation vivement conseillée ; visites non guidées avec tablette numérique 9,50/5/3,50 €, 9h-11h juin-août, 9h30 ou 10h sept-mai, visites guidées à heures fixes, consultez le site ou appelez avant ; pas de visite les jours de neige.

visite le **moulin des Bouillons**, un site gallo-romain renfermant un antique pressoir à huile de 7 tonnes, classé monument historique.

Où se loger

Les adresses situées à Gordes "intramuros" étant particulièrement onéreuses, voici une sélection à une courte distance du village.

Hôtel Carcarille Hôtel-restaurant €€
(04 90 72 02 63 ; www.carcarille.com ; route d'Apt, D2, Gordes ; d 83-178 € selon ch, demi-pension 2 pers 202-292 €, petit-déj 15 € ; formule bistrot midi lun-sam 27 €, menu 3 plats 47 €, plats 25-30 € ; fermé mi-nov à début fév ;). Au calme, à 1 km du bourg dans la vallée, cet hôtel pratique des tarifs raisonnables pour des chambres impeccables, au style provençal ou

Ruelle de Gordes

contemporain et toutes avec terrasse. De plus, on profite d'une bonne table sur place.

Le Jas de Joucas Hôtel avec piscine €€€
(☎04 90 05 78 54 ; www.lejasdejoucas.com ; La Pinède, route de Murs, Joucas ; ch 114-360 € selon catégorie et saison, petit-déj 14 € ; ⌚fermé oct à Pâques ; 📶❄🏊🅿). Un domaine entouré d'une pinède de 5 ha, une piscine à débordement, un Jacuzzi, des chambres (comme des bungalows indépendants) claires et un service attentionné : l'adresse, de 7 hébergements, a tout bon. Possibilité aussi de louer à la semaine un appartement et un mobil-home chic (2 à 4 pers).

Où se restaurer

Cercle Républicain Bistrot avec vue €
(☎04 90 72 10 95 ; pl. Pantaly). Si l'authenticité vous manque, allez prendre un verre dans ce bistrot chaleureux, une institution qui date de 1911 et dont la terrasse à pic possède la plus belle vue du village et l'endroit idéal pour un coucher de soleil (pas plus de 15 personnes !). Après ce moment romantique, la salle de billard pourrait vous inciter à prolonger votre soirée au Cercle.

La Trinquette Avec vue €€
(☎04 90 72 11 62 ; rue des Tracapelles ; formule midi 25-30 €, menu 38 €, plats 19-22 € ; ⌚tlj sf mar, fermé nov-fév). Juste en dessous du précédent, ce petit restaurant, à l'allure de bistrot stylé, propose une adorable petite terrasse, idéale pour un dîner en amoureux à l'heure du crépuscule. Cuisine maîtrisée avec quelques touches d'originalité.

Renseignements

Bureau d'informations (☎04 90 72 02 75 ; www.luberoncoeurdeprovence.com ; le Château). De mi-juin à mi-sept, visites guidées (adulte/12-18 ans 5/3 €, gratuit -12 ans, durée 1 heure 30) du village les mardis et jeudis à 17h et 18h30.

Roussillon

Construit au cœur d'un des plus importants gisements d'ocre au monde (voir l'encadré p. 173), Roussillon est un site unique en son genre. Ruelles pentues, escaliers, vieilles demeures : l'ensemble harmonieux rappelle le temps où la ville ne vivait que de ce pigment. De la place Pignotte, point culminant du village, le panorama à 180° est exceptionnel. Comme Gordes, c'est un village très fréquenté en haute saison.

Où se loger

Les Sables d'Ocre Style provençal €€

(☎04 90 05 55 55 ; www.sablesdocre.com ; quartier Les Sablières, 338 av. Jean-Étienne-Astrée ; d 90-160 € selon ch et saison, petit-déj 13 € ; fermé mi-nov à mi-mars ;). Au calme, proche du Conservatoire des ocres et des couleurs, cet hôtel dispose de chambres confortables, relevées par des notes de couleurs. La catégorie Privilège dispose de terrasses privatives donnant sur le jardin et la piscine.

La Maison des Ocres Hôtel design €€€

(☎04 90 05 60 50 ; lamaisondesocres-hotel.com/fr ; 457 av. Dame-Sirmonde, route de Gordes ; s/d 103/123-163 € selon ch, petit-déj 12 € ; fermé mi-nov à mi-avr ;). D'emblée, le ton de ce nouvel établissement est donné : le salon, où se prennent aussi les petits-déjeuners à une grande table, arbore livres, meubles et objets design. Contemporaines et tout confort, les 18 chambres (dont 3 avec terrasse) jouent sur des tons d'ocre jaune et d'ocre rouge. Celles de l'étage bénéficient d'une jolie vue, et une vraie single est aménagée sous les toits. Jolie piscine cachée de l'autre côté de la route.

Où se restaurer

La Treille Au village €€

(☎04 90 05 64 47 ; rue du Four ; formule du jour 19,50 €, plats 15-23 € ; tlj sf dim, midi uniquement, fermé jan-mars). Salades composées, omelette aux truffes, filet de dorade grillée, entrecôte charolaise : dans le centre du village, cette adresse connue pour sa vigne plus que centenaire sert une cuisine correcte et sans prétention.

Le Piquebaure Provençal €€

(☎04 32 52 94 48 ; Les Estrayas, route de Gordes ; menus 25-44 €, plats 26-29 € ; tlj sf mar-mer, soir uniquement, fermé nov-mars). Une partition délicate et de qualité, dans une salle à la déco soignée, un rien

SI VOUS AIMEZ...

Les villages perdus du Luberon

Le Luberon réserve des trésors de villages du "bout du monde", à mille lieues de l'agitation touristique.

- **Murs** À Murs (prononcez "Murse"), les maisons accolées se succèdent en cascade, surplombées par une église du XIIe siècle et un **château** de l'ancien domaine d'Agoult (des seigneurs de Sault). Depuis le village, par la D5, vous pouvez rejoindre les chemins de randonnée longeant le fameux **"mur de la peste"**, érigé lors de l'épidémie qui ravagea la région au début du XVIIIe siècle.
- **Lioux** À 10 km de Murs, poursuivez la D4 jusqu'au paisible hameau de Lioux, blotti contre une haute et imposante falaise (près de 100 m de hauteur sur 700 de largeur) : le site est impressionnant.
- **Sivergues** Blotti au fond d'un cul-de-sac, Sivergues est un hameau de "bout du monde". Composé de quelques maisons construites sur un plateau, il domine un vaste paysage de chênes et de maquis. Le village a été investi au XVIe siècle par sept familles vaudoises. Une légende raconte que l'évêque d'Apt se serait rendu ici en compagnie de six jeunes femmes pour fonder le monastère des six vierges, ce qui lui aurait donné son nom.

branchée. On apprécie la fraîcheur des produits, les suggestions du moment et la carte des vins.

Renseignements

Office du tourisme (04 90 05 60 25 ; www.roussillon-en-provence.fr ; pl. de la Poste).

Goult

Entre le plateau des monts de Vaucluse et les montagnes du Luberon, ce village, loin de l'effervescence touristique de Gordes, préserve son authenticité. De belles maisons anciennes s'alignent le long de son petit centre jusqu'au **moulin de Jérusalem**, qui offre un superbe panorama. Le sentier botanique du **Conservatoire des terrasses de cultures** est une jolie balade à travers 5 ha de terrasses.

Où se restaurer

Café de la Poste Bistrot €

(04 90 72 23 23 ; rue de la République ; menu semaine/week-end 22/24 €, plats 16-26 € ; tlj sauf lun, restauration midi uniquement, fermé jan à mi-fév). L'incontournable et convivial café du village est devenu une place forte d'habitués en période estivale. À midi, on y sert une cuisine simple et familiale. Le soir, les croustillantes pizzas du comptoir d'en face se dégustent directement sur les tables du bistrot ! De juin à septembre, apéro musical les vendredis à partir de 18h.

Auberge de la Bartavelle Fine cuisine provençale €€

(04 90 72 33 72 ; 29 rue du Cheval-Blanc ; menu 47 € ; tlj soir sf mar juil-août, fermé mar-mer et ouvert dim midi sept-mai, fermé mi-nov à fév). Avec son menu-carte, le chef met en valeur toutes les saveurs de la Provence. On s'installe dans la salle voûtée ou la courette de style bistrot chic pour déguster les mets raffinés.

Renseignements

Maison de village (04 90 72 38 58 ; www.goult.fr ; pl. Saint-Pierre)

Mairie de Roussillon

PIERRE VIOLET/ADOBE STOCK ©

Saint-Saturnin-lès-Apt

À 9 km au nord d'Apt, Saint-Saturnin-lès-Apt est un village tranquille et accueillant, plutôt à l'écart des circuits touristiques. De l'église, passez sous la porte d'enceinte et empruntez le sentier pavé. Sur les hauteurs, depuis les vestiges du château, à l'emplacement de l'ancien bourg médiéval, le panorama est saisissant. Dans les environs se visitent les mines de Bruoux (voir l'encadré p. 173).

Où se loger et se restaurer

L'Estrade Cuisine maison €

(04 90 71 15 75 ; 6 av. Victor-Hugo ; menu midi 17 €, plats 14-21 €, pas de carte bancaire ; tlj sf lun-mar). Le bouche-à-oreille a fait mouche pour cette adresse discrète et savoureuse. Sur une terrasse en bois un brin vintage, on y sert une cuisine de saison inventive, gustative et généreuse. Une halte conviviale.

Le Saint-Hubert Restaurant €

(04 90 75 42 02 ; www.le-saint-hubert-luberon.com ; 1 pl. de la Fraternité ; ch 62-72 €, petit-déj 8,50 €, formules midi semaine 16-21 €, menu 31 € ; fermé mar matin et mer-jeu ;). Vous serez bien accueilli dans ce restaurant repris par un jeune couple et qui propose une formule au déjeuner imbattable. Lors de notre dernier passage, il était prévu une rénovation des chambres à l'étage.

Petit Luberon

Avec une altitude ne dépassant pas les 700 m, le Petit Luberon déploie des flancs verdoyants, cisaillés de falaises et de gorges. À ses pieds, la plaine fertile du Cavalon déroule vignes et cerisaies. Émaillant ce territoire peu peuplé, des villages perchés dominent la vallée. Chacun préserve une personnalité bien distincte : Bonnieux, convivial et branché, Lacoste, auguste et mystérieux, Oppède-le-Vieux, sauvage et pittoresque, et Ménerbes, à l'âme d'artiste.

Bonnieux

Une harmonie toute provençale se dégage des toits en cascade, des calades sinueuses et des vieux remparts. Lieu de prédilection de célébrités, Bonnieux a cependant conservé sa tranquille bonhomie. Ses venelles qui n'en finissent pas de descendre et de monter rendent sa visite assez sportive...

À voir et à faire

Pour un moment de pure contemplation, grimpez jusqu'au belvédère, près de l'ancienne église du XIIe siècle, à l'ombre des cèdres centenaires : le panorama à 360° y est à couper le souffle. Vous pouvez aussi jeter un coup d'œil au petit **musée de la Boulangerie** (04 90 75 88 34 ; 12 rue de la République ; tarif plein/réduit 4/2 €, gratuit -18 ans et 1er dim du mois ; tlj sf mar-mer, 10h30-13h et 14h30-18h, fermé oct-mars sf pour les groupes), aménagé dans un ancien fournil.

Si vous aimez les jardins remarquables, inscrivez à votre parcours le superbe **Jardin de la Louve** (www.lalouve.eu ; 10 €, gratuit -13 ans ; sur réservation avril-oct, voir le calendrier en ligne, fermé en août), mais il faut bien cibler et prendre rendez-vous : il ne se visite qu'une fois par mois.

Activités

Randonnée

Depuis Bonnieux, un sentier pédestre (2 km aller-retour, accessible aussi en voiture) mène à l'**enclos des Bories** (06 08 46 61 44 ; www.enclos-des-bories.fr ; quartier Le Rinardas ; entrée 5 €, gratuit -12 ans ; tlj 10h-19h avr-nov), vestiges d'un hameau en pierre sèche.

Dans la même direction, ne manquez pas la magnifique **forêt des Cèdres** (12 km aller-retour) sillonnée d'un sentier botanique. Plantée dans les années 1860, originaire des montagnes d'Afrique du Nord, cette espèce résiste bien aux canicules et aux feux de forêt. De là, on peut poursuivre par la route des Crêtes, un chemin pédestre qui mène jusqu'à Cheval-Blanc, près de Cavaillon.

Toujours depuis Bonnieux, un sentier part vers le nord et rejoint le pont Julien (10 km aller-retour, connexion avec la véloroute du Calavon), un ouvrage romain parfaitement préservé.

Où se loger

Le Clos du Buis Hôtel €€€

(04 90 75 88 48 ; www.leclosdubuis.fr ; rue Victor-Hugo ; d 110-183 € selon ch et saison, petit-déj 12 € ; fermé mi-nov à mi-mars ;). Cette coquette demeure à l'entrée du village abrite huit chambres bien tenues, ayant chacune leur personnalité (murs blancs, meubles anciens et couvre-lits colorés). Celles côté jardin offrent un panorama sur toute la vallée et le lointain Mont Ventoux. Superbe salle commune où l'on peut se détendre dans des fauteuils clubs (cheminée et piano...). Le jardin et la piscine se trouvent en contrebas de la pièce où l'on prend le petit-déjeuner. Mi-nov à mi-mars, un studio de 2 personnes est loué à la nuit dans un bâtiment adjacent.

Maison Fontaure Chambres d'hôtes €€

(04 90 71 62 09 ; www.fontaure.com ; chemin du Four ; d/tr avec petit-déj 100/135 € ; table d'hôtes 30 € ;). Cette belle maison de pierre abrite trois jolies chambres s'ouvrant sur la campagne. Dans le jardin, le bassin d'eau de source est un délice en été. Succulent petit-déjeuner bio avec confitures maison et miel produit sur place (une merveille !).

Maison Valvert Cabane perchée €€€

(06 72 22 37 89 ; www.maisonvalvert.com ; route de Marseille ; basse/haute saison avec petit déj ch 150-170/215-240 €, cabane 220-310 € ;). À 2 km de Bonnieux, ce beau et paisible domaine, entouré de végétation, abrite une cabane perchée tout confort, dotée d'une terrasse offrant une vue privilégiée, idéale pour les escapades romantiques ainsi que quatre chambres d'hôtes impeccables.

Où se restaurer

L'Heure bleue by Yoha Cuisine du marché €€

(04 90 75 60 83 ; www.lheurebleuebyyoha.com ; pl. Gambetta ; menu 28 € ; tlj sf mer midi et jeu, oct-avril aussi mer soir). Cuisine inventive et ultra-fraîche à base de produits bio, locaux, à un très bon prix, telle est la juste équation de l'Heure bleue. À tout moment, on se régale de succulents plats du jour, d'assiettes gourmandes et de quelques tapas. Brunch le dimanche.

L'Arôme Cuisine du terroir €€€

(04 90 75 88 62 ; www.restaurant-bonnieux-larome.fr ; 2 rue Lucien-Blanc ; formule midi 31 €, menus 49 €, plats 29 € ; tlj sf mer et jeu midi, fermé mi-nov à mi-mars). L'Arôme fait partie des bonnes adresses de Bonnieux, où l'on savoure dans un cadre typique et agréable (belle salle voûtée l'hiver) une cuisine de terroir inspirée. Un menu s'orchestre autour d'un produit de saison.

Le Fournil Cuisine de chef €€€

(04 90 75 83 62 ; www.lefournil-bonnieux.com ; 5 pl. Carnot ; plats 18-27 € ; mer-dim). Une table coup de cœur, à la fois chic et décontractée, comme on les aime. La place ombragée et les intérieurs design semi-troglodytiques dressent le cadre d'une pause dédiée aux plaisirs culinaires. La cuisine délicate se réapproprie les goûts du terroir avec fraîcheur et inventivité.

La Bergerie Bistronomique €€€

(04 90 75 89 78 ; capelongue.com ; Les Claparèdes, chemin des Cabanes ; menu 3 plats 38 €, plats 18-30 €, d basse/haute saison 130-175/420-560 € selon la ch ; tlj, toute l'année). Logé dans le luxueux et impeccable domaine de Capelongue, la Bergerie profite du même chef que le restaurant deux étoiles (Édouard Loubet) mais dans une version accessible et décontractée. On s'installe dans une longue salle confortable aux larges baies vitrées ouvertes sur un jardin tiré au cordeau. Toute l'année la cheminée crépite pour griller les viandes au feu de bois. Légumes et plantes sont issus des jardins

du domaine. Une dizaine de chambres viennent compléter le dispositif dont l'une est aménagée dans un élégant pigeonnier. Accessibles hors saison, les prix des chambres s'envolent en été.

Renseignements

Office du tourisme (☎04 90 75 91 90 ; www.luberon-apt.fr ; 7 pl. Carnot). **Plusieurs loueurs de vélos dont Rentbike Luberon** (☎06 09 82 78 36).

Lacoste

Ce somptueux village ravive en premier lieu la réminiscence d'un célèbre occupant de son château (en 1771) : le scandaleux marquis de Sade. Planant au-dessus des calades envoûtantes, l'ombre de l'écrivain impose une aura scabreuse. Désormais presque entièrement aux mains du couturier Pierre Cardin (qui a racheté le château en 2001 et près d'une cinquantaine de maisons depuis) et d'une école d'art américaine (le Savannah College of Art and Design), le village a subi d'immenses travaux de rénovation. À l'image d'une beauté froide, Lacoste lèche ses atours et ressemble aujourd'hui à une sorte de musée à ciel ouvert. Portes, remparts, beffroi et maisons bordant les calades pavées dessinent un superbe décor de théâtre, qui accueille l'été plusieurs soirées culturelles (art lyrique et théâtre). Reste que la vie semble avoir déserté ces ruelles impeccablement rénovées... À vous de vous faire une opinion.

Où se loger et se restaurer

Le Café de France Bistrot €

(☎04 90 75 82 25 ; chambrescafedefrance@hotmail.fr ; face à la mairie; d lavabo/douche et WC 45/60 €, petit déj 7 € ; menu 16 €, plats 12-20 € ; ⌚midi tlj, midi et soir juil-août, fermé nov-mars). Ce café-restaurant de village profite d'une vue splendide sur les collines boisées et le village de Bonnieux. Faites-y halte pour siroter un verre ou savourer l'une des assiettes à la cuisine sans prétention. Tarifs raisonnables, quelques chambres à louer mais pas de carte bancaire.

Village de Lacoste

Renseignements

Office du tourisme (☎04 90 06 11 36 ; www.lacoste-84.com ; La Cure, pl. de l'Église). Le village se visite à pied ; parking avant le Café de France.

Ménerbes

Campé sur un éperon rocheux, Ménerbes, dont la physionomie fait penser à un navire, possède un charme fou. Lézardant le long d'une échine rocheuse, le village laisse courir ses ruelles pavées dans un dédale de vieilles pierres, de voûtes et de cascades végétales. Jardins et demeures raffinées rappellent les personnalités qui vécurent ici : le peintre Nicolas de Staël ou Dora Maar, photographe-peintre et compagne de Picasso. Plus récemment, l'écrivain Peter Mayle (auteur du best-seller *Une année en Provence*, 1989) y laissa une indéniable empreinte touristique.

La **Maison de la truffe et du vin** (☎04 90 72 38 37 ; www.vin-truffe-luberon.com ; pl. de l'Horloge ; entrée libre ; tlj 10h-18h avr-oct et jeu-dim 10h-17h déc-mars), installée dans un superbe bâtiment du XVIIe siècle, permet de découvrir et de déguster ces produits du terroir autour d'une boutique et d'un bar à vin-restaurant (la Cantine des Gourmets, voir Où se restaurer).

On peut également visiter la **maison de Jane Eakin** (☎06 14 75 50 33, rue Sainte-Barbe, visite libre ; juil-août lun-ven 15h-18h30, juin et sept mar-ven 14h30-18h, fermé oct-mai), peintre américaine qui a légué son œuvre et son atelier au village de Ménerbes.

Dans la plaine, au pied de Ménerbes, le plaisant **musée du Tire-Bouchon** (☎04 90 72 41 58 ; museedutirebouchon.com ; domaine de la Citadelle, route de Cavaillon ; tarif plein/réduit 5/3,50 €, gratuit -15 ans ; 10h-12h et 14h-19h tlj mai-oct, 9h-12h et 14h-17h lun-ven et sam nov-avr) rassemble une collection privée de plus de 1 000 pièces, du XVIIe siècle à nos jours. On peut également déambuler dans le jardin botanique du domaine.

Renseignements

Office du tourisme (☎04 90 72 21 80 ; menerbes.fr ; av. Marcellin-Poncet)

Où se loger et se restaurer

Au ralenti du Lierre Chambres d'hôtes **€€**
(☎04 90 72 39 22 ; www.auralentidulierre.com ; Les Beaumettes ; d avec petit-déj 120 € ; fermé nov-mars ; ❄ 🏊 📶 P). Dans le tranquille hameau des Beaumettes, à 4 km de Ménerbes, cette maison du XVIe siècle révèle un délicieux jardin en restanque, avec piscine. Intérieurs pleins de charme, avec matériaux d'origine (poutres, pierres, tomettes) et meubles chinés.

La Bastide de Marie Hôtel de luxe **€€€€**
(☎04 90 72 30 20 ; www.labastidedemarie.com ; 64 chemin des Peirelles, Ménerbes ; d/ste avec petit-déj 214-740/376-940 € selon ch et saison ; fermé nov mi-déc et janv-mars ; ❄ 🏊 📶 P). Une adresse de prestige nichée dans une superbe demeure provençale, où l'on a souci de vous faire sentir comme à la maison. Murs de pierres et poutres massives soulignent le raffinement de la décoration provençale. Piscine et spa s'ajoutent au cadre idyllique. La table est réputée dans toute la région.

Chez Auzet Quiches, tartes et biscuits **€**
(☎04 90 72 37 53 ; 52 rue du Portail-Neuf ; plats 5-10 € ; tlj lun). Un atelier-cuisine ouvert, quelques tables en terrasse ou à l'intérieur, des quiches aux noix et au roquefort, des tartes aux fruits colorés, ce salon de thé-restaurant s'avère idéal pour grignoter sur le pouce en profitant de la vue sublime sur le mont Ventoux. Il est tenu par un ancien boulanger-pâtissier de Cavaillon et son fils. Tout ici est fait maison. À côté de la maison de Dora Maar.

Cantine des Gourmets Terroir **€€**
(☎04 90 72 38 37 ; pl. de l'Horloge ; spécialités à la truffe 10-37 €, plats et planches 15-20 € ; midi tlj sf sam, soir aussi en saison, avr-oct). Ici, la truffe est à l'honneur : autour d'un menu d'été (truffe blanche) ou d'hiver (truffe noire). Assiettes gourmandes, brouillades, foie gras et mets raffinés complètent la carte. À côté, la boutique

vend, entre autres, huile de truffe, vinaigre ou truffe fraîche. Bien sûr, belle carte des vins, dégustation et vente sur place.

L'Imprévu Bistrot de pays €

(04 32 50 17 91 ; www.bistrotdepays.com/l-imprevu ; Les Beaumettes ; menu 24 €, plats 18-24 € ; tlj sf mer, tlj en saison). Dans le calme village des Beaumettes, ce bistrot-restaurant propose une cuisine maison, à base de produits locaux. Également trois chambres à louer (61-86 €, petit-déj 7 €)

Oppède-le-Vieux

Site singulier s'il en est, Oppède-le-Vieux constitue une visite pittoresque à lui tout seul. Dans un décor de verdure et de roches, cette magnifique sentinelle campée en haut d'une crête élève la silhouette sauvage et dentelée d'une forteresse abandonnée.

Le parking (3 € en été) se situe en contrebas du village que l'on rejoint après une courte promenade sous les chênes. Sur la **place de la Croix**, où se distinguent la halle et la mairie, se trouvent quelques commerces.

Passé les remparts s'ouvre un univers fantomatique et envoûtant. Sous une avalanche de végétation apparaissent ici et là demeures en ruine, façades Renaissance, fenêtres à meneaux, voûtes moyenâgeuses ou portails médiévaux. Partis dans la plaine au début du XXe siècle, les habitants ont pris soin de détruire les toitures de leur maison pour ne plus payer d'impôts. Aujourd'hui, seules deux maisons sont restaurées, le reste n'étant plus que ruine. En haut des calades devenues sentier, l'**église Notre-Dame-d'Alydon** a été magnifiquement restaurée. Le style gothique provençal domine dans les six chapelles où subsistent quelques fragments de fresques murales. Devant l'église se découpent les vestiges d'un château, labyrinthe dentelé d'une rare beauté. L'édifice est fermé au public mais une équipe de bénévoles passionnés tente de le restaurer (forteresse-oppede.org).

De mi-juin à mi-septembre, des **visites guidées** (04 90 71 32 01 ; adulte/10-18 ans 5/3 €) du village sont organisées le lundi à 10h.

Maison d'hôtes Au ralenti du Lierre

INSOLITE !
Carré magique

Gravé sur le mur d'une ruelle discrète d'Oppède (à gauche avant les remparts) se cache un palindrome parfait : une phrase pouvant être lue de droite à gauche, de gauche à droite, de bas en haut et de haut en bas : SATOR, AREPO, TENET, OPERA, ROTAS. Ce fantastique jeu de mots en latin signifierait "Le semeur prend soin de sa charrue et de son travail". On retrouve ce palindrome dans une vingtaine de lieux en Europe, dont deux à Pompéi. De nombreuses hypothèses ont été avancées à son sujet, mais le mystère demeure entier.

Renseignements

Office du tourisme (04 90 71 32 01 ; www.luberoncoeurdeprovence.com ; Cavaillon).

Où se restaurer

Le Petit Café Bar à vin-restaurant €€
(04 90 76 74 01 ; www.lepetitcafe.fr ; 12 rue Sainte-Cécile ; d/tr avec petit-déj 85-90/120 € selon ch ; menu 32-41 €, plats 18-25 € ; fermé mer et mi-déc à fin fév). Avec sa petite placette ombragée, c'est l'endroit idéal pour s'attabler dans une ambiance provençale. Cuisine fraîche et variée, aux accents méditerranéens. Également à l'étage trois chambres bien tenues et sans fioritures, avec une terrasse commune sur le toit.

La Bergerie Traditionnel €€
(04 90 76 83 95 ; 75 chemin du Puits-de-Grandaou, Maubec ; menu midi 35 €, plats 11-23 € ; tlj sf dim soir). Loin de la foule, à Maubec, cette agréable adresse au cadre rustique et à l'ambiance conviviale sert, en toute décontraction, une cuisine de qualité qui satisfera tous les appétits : plat du jour, pizzas croustillantes, salades, viandes à la plancha, pâtes et autres spécialités (daube, pieds et paquets, confit de canard, gratin d'aubergines, etc.). Soirée musicale, chaque premier jeudi du mois. Jolie carte de vins des côtes du Luberon.

Grand Luberon

Passé une combe étroite et sinueuse (la D943 qui rallie Apt, seule voie transversale du Luberon) serpentant entre les falaises boisées, apparaît le village de Lourmarin, porte d'entrée du Luberon versant sud. Dominé par le Mourre Nègre (1 125 m), le Grand Luberon déroule des flancs plus rebondis et une végétation plus méditerranéenne que le Petit Luberon.

Lourmarin

Avec son château bien visible depuis la route, ce village est devenu l'un des fiefs du Luberon. Ici, la vie suit le rythme des saisons sans jamais s'éteindre. Patrie d'Albert Camus ou d'Henri Bosco (qui reposent tous deux au cimetière), Lourmarin a conservé une âme lettrée : nombre d'intellectuels, d'écrivains, d'artistes et de grandes fortunes ont élu résidence ici. Chaque été, une exposition consacrée à Albert Camus est présentée à la médiathèque, avant les **Journées d'octobre** (www.rencontres-camus.com) qui lui sont tous les ans consacrées. Les quelques ruelles piétonnes de Lourmarin dévoilent boutiques en vogue, magasins de décoration, galeries d'art et cafés léchés dans une rondeur élégante que certains taxeront de snob. N'empêche, le charme opère.

À voir et à faire

Château de Lourmarin Renaissance
(04 90 68 15 23 ; www.chateau-de-lourmarin.com ; tarif plein/réduit/10-16 ans 7,50/6/3 €, gratuit -6 ans ; tlj 10h-18h45 mai-août, 10h30-13h15 et 14h30-17h45 avril et oct, 10h30-12h45 et 14h30-17h15 nov-mars). Sur une butte à distance du village, le château a connu plusieurs transformations depuis son édification au XIIe siècle. La plus remarquable fut celle de l'aile Renaissance qui en fit le premier château de ce style

NORA DOA/ADOBE STOCK ©

Château de Lourmarin

en Provence. À l'intérieur, on peut voir un escalier à vis à double torsade, du mobilier du XVIe au XIXe siècle, ainsi que des gravures. En saison, le château accueille récitals (Festival des musiques d'été) et concerts (Festival Yeah), ainsi que des expositions. L'hiver, des conférences y sont organisées. Visite libre et jeu de piste pour les enfants.

La Ferme de Gerbaud Plantes aromatiques
(☎04 90 68 11 83 ; www.plantes-aromatiques-provence.com/ ; chemin de Gerbaud ; 5 €, gratuit -12 ans ; ⏲visite guidée 1 heure 30, mar, jeu et sam à 17h avr-oct, dim 15h nov-mars, boutique 14h-19h avr-oct). Après la visite de ce superbe site, logé dans un vallon sauvage et sans eau, vous ne regarderez plus les herbes de Provence de la même manière ! Paula y cultive les plantes aromatiques (thym, romarin, sauge, sarriette, origan, lavandin) et prend le temps d'expliquer cette culture régionale, et son utilisation en cuisine. La boutique est ouverte les après-midi, vous y trouverez des herbes brutes et transformées (huiles essentielles, huiles aromatiques, tisane, navettes, etc.), ainsi que du miel local.

Musée de la Vannerie Artisanat
(☎04 90 68 06 85 ; av. Philippe-de-Girard, Cadenet ; tarif plein/réduit 4/2 €, gratuit -18 ans et 1er dim du mois ; ⏲tlj 10h30-13h et 14h40 18h sf mar-mer, fermé nov-mars). Dans le village de Cadenet, à 5 km de Lourmarin, ce petit musée raconte l'histoire et les techniques de cette spécialité locale, à travers une collection d'outils et d'objets en rotin ou osier.

Sentier de Pierrouret Balade
(boucle 3,7km, dépliant à l'office du tourisme). Au pied du château, ce sentier à suivre en famille (balisage jaune) traverse des paysages typiques de vignes, oliviers, amandiers, pins, et un cours d'eau propice à une pause les pieds dans l'eau.

Où se loger

La Cordière Studios €
(☎04 90 68 03 32 ; www.cordiere.com ; impasse de la Cordière, rue Albert-Camus ; studio semaine 495 € selon saison, nuitée 80 €, mais pas

de réservation possible ; fermé jan-fév et nov à mi-déc ;). Dans une belle demeure de village, autour d'une cour intérieure fleurie, se répartissent plusieurs studios de caractère, pouvant accueillir jusqu'à trois personnes : indépendants, ils disposent tous d'une cuisine et d'un coin repas. Ils se louent à la semaine sur réservation et au dernier moment à la nuitée.

Villa Saint-Louis Chambres d'hôtes €

(04 90 68 39 18 ; www.villasaintlouis.com ; 35 rue Henri-de-Savournin ; d avec petit-déj 65-90 € ;). Au cœur du village, une élégante demeure du XVIIe siècle, bordée par un jardin paysager. À l'intérieur, meubles, peintures et tentures donnent du caractère aux pièces, un brin désuètes. Les chambres au style romantique sont bien agencées. Bon rapport qualité/prix.

Mas de Foncaudette Chambres d'hôtes avec piscine €€

(04 90 08 42 51 ; www.foncaudette.com ; lieu-dit La Lombarde, Puyvert ; d avec petit-déj 90-100 € selon saison, ste 2/3/4 pers avec petit-déj 115-130/135-155/155-170 € ; fermé nov-mars ;). À 4 km de Lourmarin, cette ancienne commanderie des Templiers possède deux chambres et trois suites, idéales pour les séjours en famille. Charme provençal, terrasses verdoyantes et piscine.

Où se restaurer

Pour prendre un verre ou manger sur le pouce, direction la **Maison Café** (04 86 78 48 16 ; 2 montée du Galinier ; tlj en saison, jeu-dim hors-saison), sur sa terrasse en hauteur, à l'atmosphère branchée et musicale. Mitoyenne, la Maison du Gibassié (04 90 68 00 94), épicerie-boulangerie, vend les produits pour se confectionner un casse-croûte croustillant.

L'Insolite Brasserie €€

(04 90 68 02 03 ; brasserie-linsolite.fr/ ; pl. de la Fontaine ; plats 16-23 €, salades 16-19 € ; tlj, fermé mi-nov à début déc). Une vraie carte brasserie (tartares, salades, viandes avec sauce au choix, etc., avec quand même l'aïoli du vendredi et des hamburgers pour tous les âges), une belle terrasse au calme, des assiettes copieuses et joliment présentées (et même végétariennes), bref une adresse conviviale et un bon rapport qualité/prix à Lourmarin. La déco composée d'affiches politiques et de unes de la presse est mise à jour chaque année.

Bambou Thaï Thaïlandais €€

(04 90 68 88 15 ; www.bamboothai.fr ; Le Paradou, route d'Apt ; menu 18,50 €, plats 13,50-28,50 € ; tlj, fermé mar hors saison, fermé mi-nov à mi-mars). Pour un périple plein de saveurs exotiques, prenez la direction de ce petit vallon isolé à la sortie du village sur la route d'Apt et de Bonnieux.

Le Numéro 9 Bistronomique €€

(04 90 79 00 46 ; 9 rue du Temple ; menu midi/soir 30/48 €, plats 27-32 € ; tlj sf dim soir juil-août, fermé aussi jeu hors saison, fermé jan-fév). Ravissante terrasse autour d'une fontaine ou intérieur cosy avec véranda : tel est le décor pour savourer la fine cuisine servie ici. Accords justes, produits parfaits et présentations soignées sont au rendez-vous.

Achats

De la Cuisine au 20 Épicerie fine

(06 13 32 46 62 ; rue du Temple ; tlj 10h-21h juil-août, jeu-dim hors saison, fermé jan). Gourmands, méfiez-vous ! Il sera difficile de ne pas succomber aux délices de la région, choisis avec soin. Un endroit idéal pour rapporter huiles d'olive primées, miel de lavande ou vins de Lourmarin, dont l'excellent domaine du Château La Verrerie à Puget.

Renseignements

Office du tourisme (04 90 68 10 77 ; www.luberoncoeurdeprovence.com/ ; pl. H.-Barthélemy). De mi-juin à mi-sept, des **visites guidées** (adulte/12-18 ans 5/3 €, gratuit -12 ans, durée 1 heure 30) du village sont proposées les lundis et mercredis à 17h. Plusieurs balades nature et ciel étoilé (8/5 €) sont aussi programmées en été.

Cucuron

Grosse bourgade aussi sympathique que les syllabes de son nom, Cucuron vit derrière son enceinte médiévale et autour de son ravissant bassin d'eau planté de platanes centenaires. Un donjon, entouré de végétation à la manière d'un jardin secret suspendu, offre une vue à 360° jusqu'aux Alpilles. Le village a servi de cadre au film *Le Hussard sur le toit*, de Jean-Paul Rappeneau, inspiré du roman de Jean Giono. Au détour des ruelles, le **musée Marc-Deydier** (☎04 90 77 25 02 ; rue de l'Église ; tarif plein/réduit 2/1 €, gratuit -16 ans ; ⏰horaires variables, se renseigner) est un lieu insolite dans lequel on navigue entre archéologie, ethnographie et photographies.

Où se loger et se restaurer

Hôtel de l'Étang Hôtel €€

(☎04 90 77 21 25 ; www.hoteldeletang.com ; pl. de l'Étang ; ch 2/3 pers 84-110/130 €, petit-déj 12 € ; ❄🅿📶). Sur la place du bassin d'eau, où il fait bon flâner sous les platanes, cet établissement quelconque possède six chambres simples, sans cachet particulier.

La Petite Maison de Cucuron Gastronomique €€€

(☎04 90 68 21 99 ; www.lapetitemaisondecucuron.fr ; pl. de l'Étang ; menus 60/80 € ; ⏰mer-dim). Une belle table gastronomique, où le chef Éric Sapet prépare une cuisine du marché raffinée et explore avec bonheur toutes les saveurs de la Provence.

Vaugines

Entre Lourmarin (à 5 km) et Cucuron (à 2 km), ce village étagé et cerné de vignes jouit d'une atmosphère paisible et rafraîchissante. Il a servi de cadre à certaines scènes des films *Manon des sources* et *Jean de Florette*, de Claude Berri, d'après l'œuvre de Marcel Pagnol.

Où se restaurer

Le P'tit Resto Cuisine de chef €€

(☎04 90 77 11 08 ; www.leptitrestovaugines.com ; 33 pl. de la Mairie ; petite formule midi mar-ven 12,50 €, menus midi/soir 22/35 € ; ⏰tlj sf dim, lun et mer soir). Sur la place

Église de Cucuron

CHRISTOPHE CROBEL ©

du village, une table pleine de fraîcheur et d'inventivité. Délice de cuisine et excellent rapport qualité/prix !

Ansouis

Face aux montagnes du Luberon et dominant la plaine fertile de la Durance, Ansouis, depuis son éperon rocheux, soigne son image et son château.

À voir

Château — Visite privée

(04 90 77 23 36, 06 84 62 64 34 ; www.chateauansouis.fr ; tarif plein/-15 ans 10/8 € ; visites guidées jeu-lun 15h et 16h30 de mi-juin à mi-sept, 15h avr à mi-juin et mi-sept à oct, fermé nov-mars). Édifié entre le Xe et le XVIIIe siècle, il domine de sa superbe les plaines alentour, où la vue se déroule jusqu'à la Sainte-Victoire. Architecture austère, mobilier, tentures et jardin à la française méritent une visite.

Église Saint-Martin — Patrimoine

Mitoyenne du château et adossée sur le piton sud du rocher, cette église construite autour du XIIIe siècle se visite librement. Ses murs élevés assuraient autrefois un rôle défensif comme en témoignent les archères percées au-dessus du chapiteau.

Musée extraordinaire — Collection marine

(04 90 09 82 64 ; www.musee-extraordinaire.fr/ ; quartier du Colombier ; tarif plein/réduit 3,50/1,50 € ; tlj 10h-19h en saison, 14h-18h reste de l'année). Cet étonnant musée témoigne de la passion d'un homme, Georges Mazoyer, pour la mer, la préhistoire et les fossiles. Une collection et des créations hétéroclites, mais intéressantes.

Atelier Daniel Galli — Santon

(rue du Petit-Portail). N'hésitez pas à pousser la porte de l'atelier de cet artisan santonnier installé à Ansouis depuis fort longtemps. Vous pourrez y admirer la crèche qui lui a valu le prix de Meilleur Ouvrier de France et acheter quelques-uns des santons peints ou à peindre.

Village d'Ansouis

Où se loger et se restaurer

Un Patio en Luberon — Chambres d'hôtes €€

(04 90 09 94 25 ; www.unpatioenluberon.com ; rue du Grand-Four ; d avec petit-déj 98-127 € ; fermé jan à mi-mars ;). Au cœur du village, dans une maison du XVIe siècle, deux chambres au décor recherché (ciels de lit, meubles patinés, étoffes harmonieuses) dégagent une sérénité qui fera le bonheur de vos nuits.

L'Art glacier — Glaces artisanales €

(04 90 77 75 72 ; www.artglacier.com ; Les Hautes Terres ; plats 10-18 € ; tlj juil-août, fermé lun-mar hors-saison, fermé nov-mars sf pour la boutique). On vient de loin pour déguster les parfums originaux (melon, lavande, coquelicot, etc.) de cet artisan-glacier à 2 km du village. Vue magnifique sur le Luberon, depuis la terrasse.

La Closerie — Gastronomique €€€

(04 90 09 90 54 ; bd des Platanes ; menus midi/soir 36/54-78 € ; tlj sf mer, jeu et dim soir, fermé jan). Tout le monde dans la région s'accorde sur la qualité de cette adresse. On y déguste une cuisine aux accents méditerranéens, autour de poissons savoureux, de légumes frais et de gourmandises mémorables.

Renseignements

Office du tourisme Luberon Côté Sud

Bureau de Cucuron (04 90 77 28 37 ; www.luberoncotesud.com ; 12 cours Saint-Victor). Fournit des renseignements sur Vaugines.

Bureau d'Ansouis (09 77 84 33 64 ; www.luberoncotesud.com ; pl. de la Vieille-Fontaine)

Pont Saint-Bénezet, Avignon (p. 198)

AVIGNON, MONT VENTOUX ET NORD DU VAUCLUSE

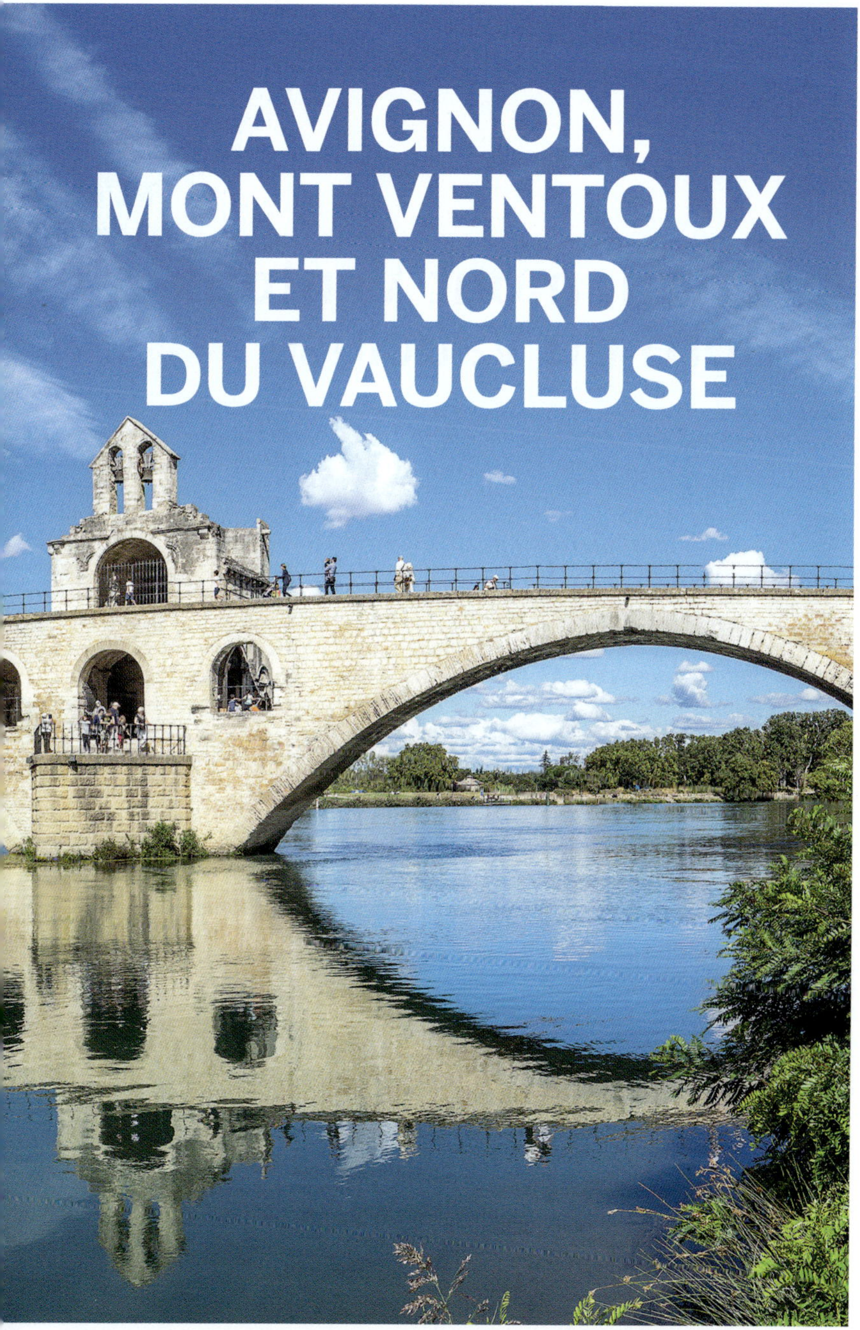

Avignon, mont Ventoux et nord du Vaucluse

Au cœur de la Provence, le Vaucluse jouit d'une notoriété immense et attire une foule de visiteurs. Richesse du patrimoine, élégance des villages, diversité des paysages, haute gastronomie, crus prestigieux et douceur de vivre sont ici conjugués. Outre la majestueuse Avignon, les villes d'Orange, de Carpentras ou de Vaison-la-Romaine renferment des sites historiques uniques, associés à des manifestations culturelles de grande renommée. Entre le pays des Sorgues et le Comtat Venaissin, le mont Ventoux et les gorges de la Nesque, les lavandes du pays de Sault et les rocheuses Dentelles de Montmirail, la nature déploie une beauté singulière. Marchez, pédalez, grimpez, nagez ou même volez... Chaque saison est un ravissement : soleil en été, fleurs au printemps, sublime palette rouge et or en automne ou diamant noir en hiver !

☑ Dans ce chapitre

À gauche : mont Ventoux (p. 230). À droite : Malaucène (p. 229)

Enclave des Papes
DRÔME
Vaison-la-Romaine (p. 239)
Pont des Trois Rivière
Bollène
Rasteau
Cairanne
Sainte-Cécile-les-Vignes
D975
Entrechaux
Mont Serein (1 428 m)
Brantes
Toulourenc
Reilhanette
Dentelles de Montmirail (p 243)
N7
Séguret
Beaumont-du-Ventoux
(1 912 m)
D976
Sablet
Malaucène
Mornas
Mont Ventoux (p. 229)
D974
Chalet Reynard
Aurel
Sérignan-du-Comtat
Suzette
Piolen
Gigondas
D938
Lafare
D974
D164
Saint-Trinit
Vacqueyras
Bédoin
Montmirail
D8
D977
Le Barroux
Sault
Orange (p. 219)
D1
D30
Eaumes de-Venise
Plateau d'Albion
Monieux
Aubignan
D974
Rocher du Cire
Caderousse
D950
Mormoiron
D7
Saint-Christol
A7
Ouvèze
Sarrian
Mazan
D942
Belvédère de Castellaras
Carpentras
Châteauneuf-du-Pape
Pernes-les-Fontaines (p. 225)
Gorges de la Nesque
D943
D4
Blauvac
D17
Méthamis
Saint-Didier
Rhône
GARD
Sorgues
Le Beaucet
Venasque
La Sorgue (p. 210)
C31
VAUCLUSE
D942
Île de la Barthelasse
Saumane-de-Vaucluse
Villeneuve-lès-Avignon
D6
Grottes de Thouzon
Fontaine-de-Vaucluse
N100
Avignon (p. 198)
L'Isle-sur-la-Sorgue
N7
N100
D22
Cavaillon
BOUCHES-DU-RHÔNE
ALPES-DE-HAUTE-PROVENCE
0
10 km

AVIGNON ET LE PAYS DES SORGUES

Marquée à jamais par le séjour des souverains pontifes, Avignon recèle un patrimoine exceptionnel que ses remparts semblent maintenir hors du temps. Mais si la cité des Papes attire vers elle tous les projecteurs, en face, Villeneuve-lès-Avignon, avec sa chartreuse et son abbaye, abrite des trésors insoupçonnés. Plus loin, L'Isle-sur-la-Sorgue a choisi les antiquités pour réveiller les berges de sa rivière. Amateurs de brocantes ou simples promeneurs apprécieront son âme esthète et son charmant entrelacs canaux. Merveille chantée par les sonnets de Pétrarque, où son amour avait coutume de se baigner, la source de Fontaine-de-Vaucluse rayonne de ses eaux limpides et vertes.

Avignon

Au nom d'Avignon fait écho celui du palais des Papes. Derrière de hauts remparts élevés en bordure du Rhône, ses tours étincelantes dessinent leurs silhouettes crénelées. Les siècles peuvent passer, la noblesse architecturale de l'ancienne capitale de la chrétienté demeure intacte. Mais la belle cité a plus qu'un pont pour fredonner comptine. Désormais arlequine, elle danse au rythme d'un festival dont l'envergure est telle qu'il omet de s'appeler "de théâtre" (voir l'encadré p. 328). Version in, vous verrez Avignon l'été, foisonnante, excessive, presque submergée. Version off, vous la découvrirez hors saison, fière et austère dans son enceinte de pierres.

Histoire

Au XIIe siècle, la construction du pont confère à Avignon un rôle économique de première importance : c'est alors le seul point de passage du Rhône au sud de Lyon. Au XIVe siècle, l'arrivée des papes italiens lui donne un nouvel élan. En effet, devant l'insécurité qui règne à Rome, Clément V décide d'y installer provisoirement sa cour, en raison de la proximité du Comtat Venaissin, propriété de l'Église, et de l'allégeance du roi Charles II d'Anjou, comte de Provence. Entre 1309 et 1403, neuf papes s'y succèdent. Avignon passe propriété pontificale en 1348, lorsque Clément VI achète la ville à la reine Jeanne. Avignon devient alors une cité de premier plan. Son commerce est florissant, son espace urbain métamorphosé, son dynamisme culturel intense, avec notamment l'arrivée d'artistes italiens (comme Simone Martini) et une université de droit renommée. Mais, en 1378, l'élection de deux papes provoque le Grand Schisme : l'un règne à Avignon, l'autre à Rome. En 1403, le retour définitif des papes à Rome marque la fin des années fastes pour la ville.

À voir

Pont Saint-Bénezet Pont d'Avignon

(04 32 74 32 74 ; www.avignon-pont.com ; porte du Rhône, rue Ferruce ; tarif plein/réduit 5/4 € tablette incluse, gratuit -8 ans, billet combiné avec palais des Papes 13,50/10,50 € ; mêmes horaires que le palais). Le fameux pont d'Avignon n'a conservé que 4 des 22 arches qui enjambaient autrefois le Rhône. Entre Lyon et l'embouchure du fleuve, c'est le pont le plus ancien que l'on connaisse. Sa première pierre a été posée en 1177 par saint Bénezet qui aurait, selon la légende, obéi à l'injonction de voix célestes. Terminé en 1186, il fut une première fois détruit en 1226 avant d'être régulièrement victime des crues violentes du fleuve. À la fin du XVIIe siècle, on renonce à le réparer et ses arches tombent une à une. Deux chapelles sont édifiées sous son tablier : l'une, romane, est dédiée à saint Bénezet, l'autre à saint Nicolas, patron des bateliers.

Rocher des Doms Jardin

(accès libre ; tlj 7h30-21h juin-août, jusqu'à 20h avr-mai et sept, 19h mars, 18h30 oct, 18h fév et nov, 17h30 déc-jan). Habité dès la préhistoire, puis aménagé sous le Second Empire, cet îlot calcaire a été transformé en jardin exquis, étagé sur plusieurs niveaux. Allées

EMMANUEL CAUTANT ©

À NE PAS MANQUER

Palais des Papes

Dominant la ville du haut de ses tours et de ses murs massifs, à la couleur ocre éclatante, le palais des Papes est un chef-d'œuvre d'architecture palatiale gothique et s'apparente autant à une forteresse qu'à une abbaye ou à un château. Il a été habité par les papes entre 1334 et 1376. Dans sa majeure partie, sa construction (1334-1352) a été entreprise par deux souverains pontifes : Benoît XII (le palais Vieux) et Clément VI (le palais Neuf). Une attention toute particulière fut apportée à l'ornementation, reflet de la puissance et de la gloire de la papauté. Les salles laissent imaginer les fastes de la cour pontificale, grâce à la beauté de certaines fresques conservées et malgré l'absence quasi totale de meubles.

Le parcours commence par la **Cour d'honneur**, jonction entre le palais Vieux, au nord-est, d'une grande rigueur architecturale, et le flamboyant palais Neuf, au sud-ouest. On visite ensuite la Grande Trésorerie, la salle du Trésor bas, la salle de Jésus et la **salle du Consistoire**, ancien tribunal et salle d'audience. Dans la **chapelle Saint-Jean**, admirez les fresques du Siennois Matteo Giovannetti (vers 1322-1367), peintre officiel de Clément VI. Dans la tour des Anges, la **chambre du Pape** (avec ses murs parsemés de vignes, d'écureuils et d'oiseaux) et la **chambre du Cerf** témoignent de la modernité de l'art décoratif du XVIe siècle. Après la chapelle Clémentine, longue de 50 m et haute de 20 m, la montée au sommet de la **tour de la Gâche** offre une vue superbe sur le rocher des Doms et le pont Saint-Bénezet. Ne passez pas à côté de la magnifique **chapelle Saint-Martial** et ses fresques peintes, récemment restaurées, après des années de fermeture au public.

En plus de nombreuses visites thématiques tout au long de l'année, vous pourrez participer à une **visite contée du palais des Papes** (tarif plein/réduit 16,50/11,5 € ; durée 1 heure 30 ; ⏲ tlj août, variable le reste de l'année) mêlant citation d'écrivains célèbres et détails de la vie quotidienne au temps des fastes du palais. Se renseigner auprès de l'office de tourisme.

Infos pratiques

☎ 04 32 74 32 74 ; www.palais-des-papes.com ; pl. du Palais ; tarif plein/réduit 12/10 €, gratuit -8 ans, billet combiné avec pont Saint-Bénezet 14,50/11,50 € ; ⏲ tlj 9h-20h août, 9h-20h30 juil, 9h-19h avr-juin, 9h30-19h nov-fév, 9h-17h45, sept-nov 9h-19h, mars 9h-18h30

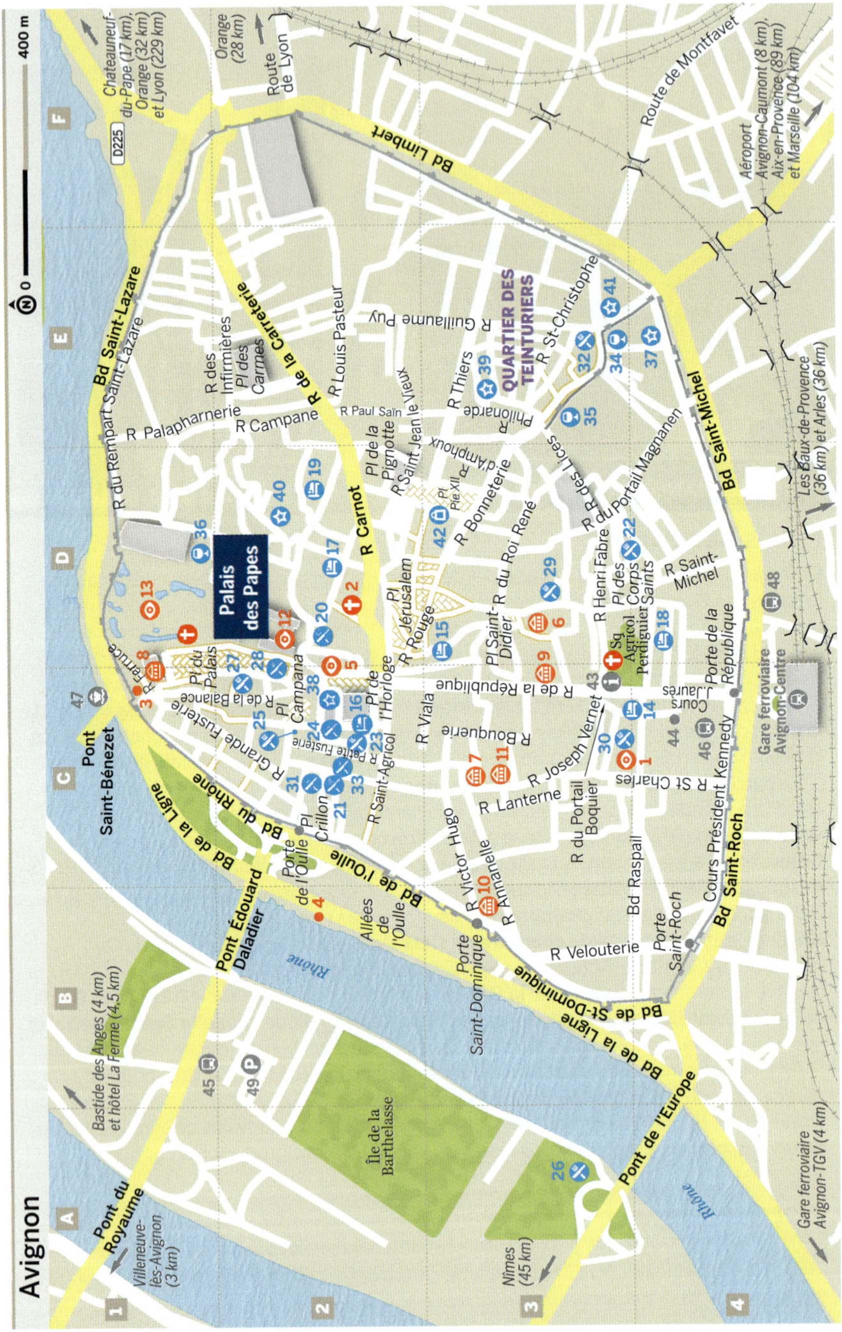
Avignon
400 m
Palais des Papes
QUARTIER DES TEINTURIERS
Pont Saint-Bénezet
Pont Édouard Daladier
Pont du Royaume
Pont de l'Europe
Île de la Barthelasse
Rhône
Bd Saint-Lazare
Bd Limbert
Bd Saint-Michel
Bd Saint-Roch
Bd de St-Dominique
Bd de la Ligne
Bd de l'Oulle
Bd du Rhône
R du Rempart Saint-Lazare
R Palapharnerie
R Campane
R Carnot
R de la Carreterie
R Louis Pasteur
R Paul Saïn
R des Infirmières
Pl des Carmes
R Guillaume Puy
R Thiers
R Philonarde
R d'Amphoux
R Bonneterie
R Saint Jean le Vieux
Pl de la Pignotte
Pl Pie XII
R St-Christophe
R des Lices
R du Portail Magnanen
R Henri Fabre
Pl des Corps Saints
R Saint-Michel
R du Roi René
Pl Saint-Didier
Sq Agricol Perdiguier
R de la République
Porte de la République
Cours J. Jaurès
Cours Président Kennedy
R St Charles
R Joseph Vernet
R du Portail Boquier
Bd Raspail
R Velouterie
Porte Saint-Roch
R Lanterne
R Bouquerie
R Viala
R Rouge
Pl Jérusalem
Pl de l'Horloge
R Saint-Agricol
R Victor Hugo
R Annanelle
Porte Saint-Dominique
Allées de l'Oulle
Porte de l'Oulle
Pl Crillon
R Petite Fusterie
R Grande Fusterie
R de la Balance
Pl Campana
Pl du Palais
R Ferruce
Gare ferroviaire Avignon-Centre
Châteauneuf-du-Pape (17 km), Orange (32 km) et Lyon (229 km)
D225
Orange (28 km)
Route de Lyon
Route de Montfavet
Aéroport Avignon-Caumont (8 km), Aix-en-Provence (89 km) et Marseille (104 km)
Les Baux-de-Provence (36 km) et Arles (36 km)
Gare ferroviaire Avignon-TGV (4 km)
Nîmes (45 km)
Villeneuve-lès-Avignon (3 km)
Bastide des Anges (4 km) et hôtel La Ferme (4,5 km)
A
B
C
D
E
F
1
2
3
4

Avignon

À voir et à faire

1 Collection Lambert en Avignon C3
2 Église Saint-Pierre D2
3 Entrée du pont Saint-Bénezet (pont d'Avignon) C1
4 Grands Bateaux de Provence B2
5 Maison Jean-Vilar D2
6 Musée Angladon D3
7 Musée Calvet C3
8 Musée du Petit Palais C1
9 Musée lapidaire C3
10 Musée Louis-Vouland B3
11 Musée Requien C3
12 Palais des Papes D2
13 Rocher des Doms D1

Où se loger

14 Hôtel Boquier C3
15 Hôtel de Garlande D3
16 Hôtel de l'Horloge C2
17 La Banasterie D2
18 Les Corps Saints D4
19 Numéro 15 .... D2

Où se restaurer

20 Christian Étienne D2
21 Estaminet, Arômes et Tentations C2
22 Ginette et Marcel D3
23 L'Essentiel C2
24 La Fourchette C2
25 La Petite Pêche C2
26 La Treille A3
27 Le 46 .... C2
28 Le Carré du Palais C2
29 Le Caveau du Théâtre D3
30 Le Violette C3
31 Les 5 Sens C2
32 Numéro 75 .... E3
33 Simple Simon C2

Où prendre un verre

34 Caves des Passages E3
35 L'Explo E3
36 La Manutention-Bistrot Utopia D1

Où sortir

Ajmi Jazz Club .... (voir 37)
37 Café-théâtre de la Tache d'encre E4
38 Opéra-théâtre d'Avignon C2
39 Théâtre du Bourg-Neuf E3
40 Théâtre du Chêne-Noir D2
41 Théâtre du Chien qui fume E3

Achats

42 Marché couvert des Halles D3

Renseignements

43 Office du tourisme C3
44 Bureau du festival d'Avignon C4

Transports

45 Arrêt de bus La Barthelasse B1
46 Arrêt navette Gare TGV C4
47 Bac du Rocher des Doms D1
48 Gare routière D4
49 Parking gratuit B1

arborées, bassins et parterres de vignes s'ouvrent sur des terrasses au panorama exceptionnel : le Rhône, les îles, Villeneuve-lès-Avignon et le fort Saint-André, ainsi que les Dentelles de Montmirail ou le mont Ventoux se détachent distinctement. Ne manquez pas la **grotte**, le curieux **cadran solaire** au sol ni, à la sortie, la **cathédrale Notre-Dame-des-Doms**.

Musée du Petit Palais — Art primitif italien

(04 90 86 44 58 ; www.petit-palais.org ; palais des Archevêques, pl. du Palais-des-Papes ; entrée libre ; 10h-13h et 14h-18h tlj sf mar). Installé dans l'ancienne demeure des archevêques, il recèle l'une des plus belles collections de primitifs italiens (XIIIe-XVIe siècle) hors d'Italie : Sandro Botticelli, Vittore Carpaccio, Ridolfo Ghirlandaio, Simone Martini... Trois salles sont consacrées à l'école avignonnaise du XVe siècle. Salon de thé sur place.

Collection Lambert en Avignon — Art contemporain

(04 90 16 56 20 ; www.collectionlambert.com ; 5 rue Violette ; tarif plein/réduit 10/8 €, gratuit -6 ans ; 11h-19h tlj juil-août, 11h-18h tlj sf lun sept-juin). Agrandi et rénové en 2015, l'écrin architectural de la collection Lambert se déploie désormais dans deux hôtels particuliers pour exposer à la fois le fonds permanent et accueillir des expositions temporaires réputées. Le fonds regroupe une partie des acquisitions du galeriste Yvon Lambert, marchand d'art réputé, qui comprend plus de 500 œuvres contemporaines de tous les mouvements marquants des années 1960 à nos jours (land art, art vidéo, photographie...).

ELODIE ROTHAN ©

TRAVEL VIEW/ADOBE STOCK ©

De gauche à droite : musée Calvet, pont Saint-Bénezet, vue d'Avignon depuis la tour de la Gâche

Musée Angladon Collection privée

(04 90 82 29 03 ; www.angladon.com ; 5 rue Laboureur ; tarif plein/réduit/étudiant/7-14 ans 8/6,50/3/1,50 €, gratuit -7 ans ; tlj sf lun 13h-18h avr-oct, tlj sf dim-lun en hiver). Ce musée présente la remarquable collection privée du couturier parisien Jacques Doucet. Dans un hôtel particulier du XVIIIe siècle, dont certaines pièces meublées d'époque, sont exposés des tableaux des XVIIIe et XIXe siècles, de l'impressionnisme et du début du XXe siècle : Chardin, Van Gogh, Cézanne, Degas, Manet, Sisley, Derain, Picasso et Modigliani. Sont également présentés des objets d'art asiatique, des masques africains, des porcelaines et des meubles précieux.

Musée Calvet Cabinet de curiosités

(04 90 86 33 84 ; www.musee-calvet.org ; 65 rue Joseph-Vernet ; tarif plein/réduit 6/3 €, gratuit -12 ans, billet combiné avec Musée lapidaire 7/3,50 € ; tlj sf mar 10h-13h et 14h-18h). Installé dans un élégant hôtel particulier du XVIIIe siècle, il possède une fabuleuse collection couvrant des domaines aussi variés que l'archéologie, la peinture (Bruegel, Sisley, Bonnard...), l'art asiatique et les arts décoratifs, sur une période allant de la préhistoire au XXe siècle.

Musée lapidaire Archéologie

(04 90 14 62 45 ; www.musee-lapidaire.org ; 27 rue de la République ; entrée libre ; tlj sf lun 10h-13h et 14h-18h). Dans la chapelle baroque du collège des Jésuites, ce musée abrite depuis 1933 la collection archéologique du musée Calvet (sculptures antiques et paléochrétiennes, objets égyptiens, grecs, étrusques ou romains).

Musée Louis-Vouland Art déco

(04 90 86 03 79 ; www.vouland.com ; 17 rue Victor-Hugo ; tarif plein/réduit 6/4 €, gratuit -12 ans ; tlj sf lun 14h-18h). Installé dans l'hôtel de Villeneuve-Escaplon, une belle demeure fin XIXe siècle, ce musée rassemble quelque 200 pièces retraçant l'histoire de la faïencerie française des XVIIIe et XIXe siècles. Également : des meubles signés des plus grands ébénistes de l'époque, ainsi que des tapisseries d'Aubusson et des Gobelins. Des expositions temporaires ont lieu au rez-de-chaussée, d'où l'on peut accéder au jardin.

OLGA DEMCHISHINA/ADOBE STOCK ©

Musée Requien Histoire naturelle
(04 90 82 43 51 ; www.museum-requien.org ; 67 rue Joseph-Vernet ; entrée libre ; 10h-13h et 14h-18h mar-sam). GRATUIT Les collections zoologiques, géologiques et botaniques sont assez variées et pourraient plaire aux enfants. Expositions temporaires tout au long de l'année.

Maison Jean Vilar Théâtre
(04 90 86 59 64 ; www.maisonjeanvilar.org ; 8 rue de Mons ; entrée libre ; mar-ven 14h-18h, sam 11h-18h, fermé août). GRATUIT Un lieu dédié au théatre populaire qui permet aussi de mieux connaître cet immense homme de théâtre à l'origine du festival. Le lieu abrite aussi une bibliothèque multimédia et des expositions temporaires en lien avec le théâtre.

Activités

Île de la Barthelasse Balade nature
Couvrant 700 ha, l'île de la Barthelasse est la plus longue île fluviale de France. L'**île Piot**, au sud, a été rattachée au fil des siècles à cette vaste bande de terre.

Véritable coin de campagne posé au milieu du fleuve, l'île est jalonnée de vergers. Les joggeurs et les cyclistes apprécieront les berges aménagées face au pont d'Avignon. Facilement accessible en voiture ou à pied (depuis le pont Daladier), elle peut également se rejoindre par le **bac du Rocher des Doms** (gratuit ; départ ttes les 15 min en saison, tlj 11h-20h45 juil-août, 10h-12h15 et 14h-18h15 avr-sept, mer 14h-17h15 sam-dim 10h-11h45 et 14h-17h15 fév-déc, fermé jan-15 fév) qui part du relais nautique, à 300 m à l'est du pont d'Avignon.

Grands Bateaux de Provence Croisières fluviales
(04 90 85 62 25 ; www.mireio.net ; embarcadère allée de l'Oulle ; durée 1 heure ; croisière + repas 59/92 € selon formule, enfant 26 € ; départ avr 15h, mai, juin et sept 15h et 17h, juil-août 14h, 15h15, 16h30, 17h). La compagnie des Grands Bateaux de Provence organise des croisières déjeuners ou dîners vers Arles ou Châteauneuf-du-Pape.

Où se loger

Notez que la plupart des hôtels augmentent leurs tarifs d'environ 20% en juillet durant le festival de théâtre. La location d'un

Ruelle du centre historique

JENIFOTO/ADOBE S

Promenade dans le vieil Avignon

Élégantes ruelles, places ombragées, églises et cloîtres pleins de beauté... Une promenade à travers le patrimoine avignonnais s'apprécie en toutes saisons.

Distance 2,5 km
Durée 2 heures 30

Départ : place de l'Horloge

❶ Place de l'Horloge

Centrale et animée, cette place est bordée de terrasses de café. Située sur l'emplacement de l'ancien forum romain, elle est dominée par la tour du Jacquemart, seul vestige du palais d'un cardinal du XIVe siècle, englobé depuis le XIXe siècle dans l'hôtel de ville.

❷ Place du Palais

Impossible de manquer la majestueuse façade du palais des Papes, dont la perspective est fermée au sud par l'hôtel Calvet de la Palín, ancien siège de la Banque de France, à l'ouest par l'hôtel des Monnaies à la façade baroque italienne, et au nord par le Petit Palais.

❸ Verger Urbain V

Voici une escale un peu à l'écart des flux touristiques, derrière le palais des Papes. Des ateliers d'artisans et un centre culturel y ont été aménagés. De là, on rejoint facilement la superbe église Saint-Pierre (XIVe-XVIe siècle), dont la façade gothique flamboyant s'élève sur une ravissante place.

❹ Rue Banasterie

Flanquée d'hôtels particuliers, elle ouvre la voie d'un entrelacs de ruelles qui forment le cœur d'un village paisible, aux vieilles maisons de pierre. On remarquera, au 8 bis rue Sainte-Catherine, le théâtre du Chêne-Noir, installé depuis 1971 dans l'église d'un couvent édifié vers 1251.

❺ Couvent des Carmes

En suivant la rue Sainte-Catherine et la rue des Trois-Pilats, vous arrivez à la place des Carmes, qui s'étire le long de l'ancien couvent des Carmes, du XIVe siècle, dont

on visite le cloître et l'église. Pendant le festival, il offre une scène à ciel ouvert qui peut accueillir près de 500 spectateurs.

❻ Quartier des Teinturiers

Investie autrefois par les fabriques textiles, la rue des Teinturiers est aujourd'hui le centre névralgique du festival "off". Elle longe la Sorgue, force motrice qui animait jadis des roues à aubes, dont subsistent 4 exemplaires sur les 23 existant en 1817. Vous passez devant l'ancien couvent des Cordeliers, l'un des plus vastes d'Avignon, mais dont il ne reste que la chapelle et le clocher. Vous longez également la chapelle des Pénitents-Gris, seule confrérie de la ville encore en activité.

❼ Église Saint-Didier

Cet édifice du XIVe siècle illustre parfaitement le gothique provençal. L'architecture intérieure est sobre, inspirée de l'art cistercien alors influent à la cour pontificale. L'église renferme notamment les reliques de saint Bénezet, le constructeur du fameux pont d'Avignon.

❽ Temple Saint-Martial

Ce temple protestant se trouve à l'angle de la rue des Lices et de la rue de la République. À l'origine, il fut le palais de la reine Jeanne, mais aussi un Muséum d'histoire naturelle.

Arrivée : temple Saint-Martial

appartement peut être plus économique. L'office du tourisme (p. 210) fournit une liste de résidences prévues à cet effet.

Hôtel Boquier Charme **€**
(☎04 90 82 34 43 ; www.hotel-boquier.com ; 6 rue du Portail-Boquier ; s/d/tr/qua 56-84/56-89/75-94/80-110 €, petit-déj 9 € ; ❄📶). Dans une rue au calme, à deux pas de la gare, un hôtel tout simple, aménagé dans un bel immeuble du XVIIIe siècle. Les chambres, toutes différentes, sont charmantes et l'accueil attentionné. Une bonne option.

Hôtel Les Corps Saints Hôtel **€**
(☎04 90 86 14 46 ; www.hotel-les-corps-saints.fr ; 17 rue Agricol-Perdiguier ; s/d 55-60/65-90 €, petit-déj 9 € ; ❄📶). À côté du parc de la reine Jeanne, dans une rue très calme, un petit hôtel accueillant aux chambres simples mais attrayantes. Accueil très prévenant.

Hôtel de Garlande Provençal **€€**
(☎04 90 80 08 85 ; www.hoteldegarlande.com ; 20 rue Galante ; d/tr/qua 69-189/169/194 €, petit-déj 15 € ; ⏲fermé fév ; ❄📶). Derrière une belle porte en bois, dans une rue piétonne, proche du palais des Papes, cet hôtel installé dans un bâtiment du XVIIIe siècle loue des chambres arrangées avec goût. Accueil aimable.

Hôtel de l'Horloge Confort **€€**
(☎04 90 16 42 00 ; www.hotel-avignon-horloge.com ; 1 rue Félicien-David, pl. de l'Horloge ; s/d/ste 81-127/74-259/131-289 €, petit-déj 18 € ; ❄📶). Les confortables chambres de cet hôtel très bien situé conjuguent sobriété et contemporanéité dans de beaux volumes. Certaines disposent d'une terrasse qui se paie cher. Accueil avenant.

La Banasterie Chambres d'hôtes **€€€**
(☎06 87 72 96 36 ; www.labanasterie.com ; 11 rue de la Banasterie ; d/ste avec petit-déj 115-160/165-215 € ; ❄📶). À deux pas du palais des Papes, dans une belle demeure du XVIe siècle, les chambres et suites aménagées avec faste portent des noms liés au chocolat. Un patio fleuri orné d'une fontaine et une terrasse ombragée complètent le tableau.

Numéro 15 Chambres d'hôtes **€€€**
(☎06 99 00 43 45 ; www.15avignon.fr ; 15 rue Saluces ; d/ste 145-190/165-220 € ; ❄🏊📶). Au fond d'une ruelle, derrière le palais des Papes, cette belle maison de pierre recèle un trésor en centre-ville : un ravissant jardin verdoyant avec piscine. Alliant charme et confort, trois chambres et deux suites permettent de savourer ce luxe.

Sur l'île de la Barthelasse

Hôtel La Ferme Avec piscine **€€**
(☎04 90 82 57 53 ; www.hotel-laferme.com ; 110 chemin des Bois ; d 69-201 €, petit-déj 10-14 € ; ❄🏊📶P). Sur les chemins de l'île se niche un petit bonheur estival : un hôtel à la fois simple, calme et discret. Avec leurs fenêtres ouvertes sur la campagne, les chambres sans fioritures sont plaisantes. Piscine et restaurant sur place. Demi-pension possible.

La Bastide des Anges Chambres d'hôtes **€€€**
(☎04 90 82 56 04 ; www.la-bastide-des-anges.com ; 1634 chemin des Vignes ; d/qua avec petit-déj 93-135/150-180 € ; 🏊❄📶P). Cette maison claire repose sur l'île, en pleine campagne, avec piscine et parc arboré. Soignées, les chambres déclinent avec goût une décoration provençale. Il est aussi possible de passer la nuit dans une roulotte aux couleurs chatoyantes !

Où se restaurer

Ginette et Marcel Tartines **€**
(☎04 90 85 58 70 ; 27 pl. des Corps-Saints ; tartines 6-9,90 € ; ⏲tlj 12h-minuit). Pour satisfaire un petit creux ou pour prendre un verre, n'hésitez pas à vous attabler dans ce bistrot à tartines. À l'intérieur règne une ambiance années 1950 très bien rendue. Agréable terrasse bordant une fontaine sous les platanes.

Simple Simon Snack-salon de thé **€€**
(☎04 90 86 62 70 ; 26 rue Petite-Fusterie ; plats 12-19 €, brunch 28 € ; ⏲12h-18h30 tlj sf lun, mar-dim 12h-18h30, jeu-sam 20h-24h, fermé août). Dans ce restaurant-salon de thé aux allures

de cottage anglais, on vient à l'heure du thé, mais aussi pour se rassasier d'une salade, d'un tartare, d'un burger ou d'une tarte salée. Excellent brunch le dimanche midi.

Le 46 — Bar à vins €€

(☎04 90 85 24 83 ; www.le46avignon.com ; 46 rue de la Balance ; plats 15-26 € ; ⏰tlj sf sam midi et dim midi, tlj juil). Dans ce restaurant-bar à vins, la succulente cuisine est préparée de main de maître. Très bon rapport qualité/prix.

Violette — Fusion €€

(☎04 90 85 36 42 ; www.collectionlambert.fr ; 5 rue Violette ; plat du jour 13 €, plats 17-20 € ; ⏰mar-dim midi sf mar soir). Une cuisine fraîche aux accents volontiers asiatiques (tartare de thon wakamé, yakitori de poulets au santé...). À déguster dans une belle salle voûtée à la déco contemporaine ou dans le cadre prestigieux de la cour de la Collection Lambert sous les platanes. Bon rapport qualité/prix.

Estaminet, Arômes et Tentation — Cuisine du marché €€

(☎04 90 83 46 74 ; www.restaurant-eat.com ; 8 rue Mazan ; plats midi/soir 12-18 € ; ⏰tlj sf mar et mer soir, fermé août). Fraîcheur avant tout, avec des suggestions à l'ardoise qui varient selon les saisons, les humeurs du chef et les produits du marché ! Cuisine traditionnelle revisitée de qualité, petite salle et quelques tables dans la rue.

La Petite Pêche — Poisson €€

(☎04 90 86 02 46 ; 13 rue Saint-Étienne ; menus 18-25 €, plats 16-24 € ; ⏰tlj sf dim). Petite la pêche, mais bonne ! Dans un décor tout simple aux tables de bistrot, on vient se régaler de poissons grillés, d'une simple soupe de poisson ou d'une assiette de fruits de mer.

Le Caveau du Théâtre — Bistrot €€

(☎04 90 82 60 91 ; www.caveaudutheatre.com ; 16 rue des Trois-Faucons ; menu midi/soir 14-17/25-29 €, plats 9-17 € ; ⏰tlj sf sam midi et dim, tlj juil). Une carte gourmande qui change tous les mois, des plats originaux et une ambiance bistrot jazzy. Réservation conseillée.

Le Carré du Palais — Accord mets et vins €€

(☎04 65 00 01 01 ; www.carredupalais.fr ; 1 pl. du Palais ; menus 26-30-40 €, plats 10-22 € ;

Rocher des Doms (p. 198)

tlj sf sam midi et dim, tlj juil). Ouverte en 2017 dans les murs de l'hôtel Calvet de la Palùn, cette brasserie chic au design épuré est promise à un bel avenir grâce à sa situation idéale face au palais des Papes. Bonne surprise dans l'assiette avec une cuisine inventive et fraîche. La carte évolue toutes les semaines. Des plats à marier avec la collection pléthorique de vins au verre des côtes du Rhône – une trentaine sont proposés à la dégustation – et les 600 références de la cave.

Numéro 75 — Cuisine raffinée €€€

(04 90 27 16 00 ; 75 rue Guillaume-Puy ; menus 32-38,50 €, plats 10-27 € ; tlj sf dim). Un havre exquis dans le centre-ville ! Ce superbe hôtel particulier se prolonge d'un jardin-terrasse, avec tables en fer forgé. Les mets conjuguent simplicité et raffinement. Piano-bar le jeudi soir (sept-mai).

L'Essentiel — Gastronomique €€€

(04 90 85 87 12 ; www.restaurantlessentiel.com ; 2 rue Petite-Fusterie ; menus midi 18-25-32 €, soir 36-48 € ; tlj sf dim et lun). On aime cette cuisine audacieuse et inventive, joliment sophistiquée et parfaitement savoureuse. Cadre clair, soigné, et un agréable patio intérieur, calme et ombragé. Très bon rapport qualité/prix.

La Fourchette — Provençal €€€

(04 90 85 20 93 ; www.la-fourchette.net ; 17-17 bis rue Racine ; plats 21 €, menus midi 24-38 € ; tlj sf sam-dim, fermé août). À deux pas du palais des Papes, une adresse très prisée des Avignonnais, où l'on sert une cuisine toute régionale et charnue (filet de loup façon pistou, pieds et paquets à la provençale, etc.). Réservation impérative.

Les 5 Sens — Gastronomique €€€

(04 90 85 26 51 ; www.restaurantles5sens.com ; 18 rue Joseph-Vernet ; formule midi 19-35 €, menus soir 37-39-45 € ; tlj sf mer et jeu). Un mélange réussi d'une ambiance zen et de mets délicats aux saveurs inventives : pavé de magret infusé au côtes-du-rhône, amandes caramélisées…

Christian Étienne — Gastronomique étoilé €€€

(04 90 86 16 50 ; www.christian-etienne.fr ; 10 rue de Mons ; menus midi 35-48 €,

Durant le festival, les murs d'Avignon se couvrent d'affiches de spectacle

EMMANUEL DAUTANT ©

VAUT LE DÉTOUR

Villeneuve-lès-Avignon

Voici une escapade indispensable lors d'un séjour à Avignon !

La **chartreuse du Val-de-Bénédiction** (04 90 15 24 24 ; www.chartreuse.org ; tarif plein/réduit 8/6,50 €, gratuit -18 ans ; tlj 9h30-18h30 avr-sept, 10h-17h oct-mars), fondée au XIVe siècle, dégage une saisissante harmonie architecturale. Outre les trois superbes cloîtres, on remarquera le mausolée d'Innocent VI, bijou gothique, ainsi que la chapelle ornée de fresques signées Matteo Giovannetti.

Poussez ensuite votre visite jusqu'au **fort Saint-André** (04 90 25 45 35 ; www.fort-saint-andre.fr ; montée du Fort ; tarif plein/réduit 6/5 €, gratuit -26 ans ; tlj 10h-18h juin-sept, 10h-13h et 14h-17h oct-mai), érigé en 1292 par Philippe le Bel, lorsque le Rhône marquait la frontière du royaume de France et du territoire des papes. Surtout, ne manquez pas les **jardins de l'abbaye** (04 90 25 55 95 ; www.abbayesaintandre.fr ; montée du Fort ; tarif plein/réduit 7/6 €, gratuit -8 ans ; tlj sf lun 10h-18h mai-sept, 10h-13h et 14h-18h avr, jusqu'à 17h mars et oct, fermé nov-fév), qui constituent une enclave enchanteresse.

Admirez ensuite la très belle collection d'art religieux du XIVe au XVIIe siècle du **musée Pierre-de-Luxembourg** (04 90 27 49 66 ; musee.gard.fr ; 3 rue de la République ; tarif plein/réduit 3,60/2,50 €, gratuit -18 ans ; tlj sf lun 10h-12h30 et 14h-18h avr-sept, 14h-17h oct-mars, fermé jan). Non loin, construite en 1333 par le cardinal Arnaud de Via, la **collégiale Notre-Dame** (04 90 27 49 23 ; impasse Gaston-Moutardier ; entrée libre ; tlj sf lun 10h-12h30 et 14h-18h mai-oct, 14h-17h nov-fév, fermé jan), d'architecture gothique, recèle une copie de la célèbre *Pietà* de Villeneuve-lès-Avignon (l'original se trouve au Louvre).

S'il vous reste un peu d'énergie, grimpez les 172 marches de la **tour Philippe-le-Bel** (04 32 70 08 57 ; tarif plein/réduit 3,50/3 €, gratuit -18 ans ; tlj sf lun 10h-12h30 et 14h-18h mai-oct, 14h-17h fév-avr, fermé nov-jan) pour jouir de la vue.

Infos pratiques

Office du tourisme de Villeneuve-lès-Avignon 04 90 25 61 33 ; www.avignon-tourisme.fr ; 1 pl. Charles-David ; renseignements sur les billets combinés et les visites guidées.

soir 78-133 € ; tlj sf dim-lun). *La* table gastronomique d'Avignon. Sous une cascade de vigne vierge, la terrasse en véranda domine la place du Palais. Dans les assiettes, les produits provençaux sont à l'honneur, avec un étonnant menu "Tomates" dès les beaux jours. Un must.

Sur l'île de la Barthelasse

La Treille Méditerranéen €€€

(04 90 16 46 20 ; www.latreille-avignon.fr ; 26 chemin de l'Île-Piot ; menus midi/soir 26/34-48-75 € ; tlj sf dim soir et lun). La belle table de l'île, avec mets sophistiqués et cadre de charme, autour d'une bastide XIXe siècle.

Où prendre un verre

La Manutention – Bistrot Utopia Café-bar culturel

(04 90 82 65 30 ; 4 rue des Escaliers-Sainte-Anne ; 11h-1h mar-dim midi). Situé dans le complexe culturel du cinéma Utopia, c'est un lieu fréquenté principalement par les cinéphiles et les étudiants. Petite restauration, brunch le dimanche (17 €).

Cave des Pas sages Bar à vins

(04 32 74 25 86 ; www.cavedespassages.com ; 41 rue des Teinturiers ; 13h-1h lun-sam). Amateurs de bons vins, noctambules et spectateurs du "off" se rejoignent ici au cours du festival, dans une salle voûtée àl'atmosphère décontractée.

L'Explo Bar à bières artisanales
(04 90 31 06 35 ; 2 rue des Teinturiers ; mar-sam 17h-1h). Au bord de la Sorgue, sur une grande terrasse, on profite de la fraîcheur d'une bière issue de brasseurs provençaux. Petite restauration sur place.

Où sortir

Festival oblige (voir l'encadré p. 328), Avignon compte un grand nombre de théâtres, dont la majorité sont regroupés dans le quartier de la rue des Teinturiers. On retiendra les suivants :

- **Théâtre du Chien qui fume** (04 90 85 25 87 ; www.chienquifume.com ; 75 rue des Teinturiers)
- **Théâtre du Bourg-Neuf** (04 90 85 17 90 ; www.bourg-neuf.com ; 7 rue du Bourg-Neuf)
- **Théâtre du Chêne Noir** (04 90 86 74 87 ; www.chenenoir.fr ; 8 bis rue Sainte-Catherine)
- **Café-théâtre de la Tache d'encre** (04 90 85 97 13 ; www.latachedencre.com ; 1 rue Tarasque)
- **Opéra-théâtre d'Avignon** (04 90 14 26 40 ; www.operagrandavignon.fr ; pl. de l'Horloge). Pour ses opéras et ses concerts classiques.
- **Ajmi Jazz Club** (04 90 86 08 61 ; www.jazzalajmi.com ; 4 rue des Escaliers-Sainte-Anne ; tarif plein/réduit 16/8 €). Concerts jazz, jam-sessions et animations autour du jazz tout au long de l'année.

Achats

Halles d'Avignon Gastronomie
(04 90 27 15 15 ; www.avignon-leshalles.com ; tlj sauf lun, 6h-13h mar-ven, 6h-14h sam-dim). Que ce soit pour flâner ou faire ses emplettes, une visite des étals des halles d'Avignon est un voyage initiatique au cœur de la gastronomie provençale. Le week-end, l'ambiance bat son plein, avec animation culinaire par des chefs locaux le samedi matin.

Renseignements

Office du tourisme (04 32 74 32 74 ; www.avignon-tourisme.com ; 41 cours Jean-Jaurès).

Bureau du Festival d'Avignon (billetterie du cloître Saint-Louis 04 90 14 14 14 ; www.festival-avignon.com ; 20 rue du Portail-Boquier)

Vaucluse Tourisme (www.provenceguide.com). Une mine d'informations pour préparer son séjour à Avignon et trouver des idées de balades.

Depuis/vers Avignon

TRAIN

La **gare TGV** (36 35), à 3 km du centre, est reliée à la vieille ville par une navette qui assure le trajet toutes les 10 minutes. L'arrêt se trouve près de la poste, à l'intérieur des remparts. En face de la porte Saint-Michel, se trouve la **gare ferroviaire Avignon-Centre** (bd Saint-Roch).

Pays des Sorgues

Dans ce pays plat qui s'étire entre Carpentras et Cavaillon, s'écoule la Sorgue, avec ses eaux vert émeraude. De Fontaine-de-Vaucluse, où elle prend sa source, à L'Isle-sur-la-Sorgue, ses méandres rappellent qu'autrefois les marais conditionnaient la vie des hommes. La plaine n'a pas échappé aujourd'hui à l'urbanisation brouillonne, mais quelques îlots font de la résistance.

L'Isle-sur-la-Sorgue

Simple village de pêcheurs construit sur pilotis au milieu des marais au Moyen Âge, puis cité spécialisée dans la soie et la toile à partir du XVIIe siècle, la "Venise comtadine" est désormais devenue le fief des antiquaires et des brocanteurs.

À voir et à faire

Cernée par la Sorgue, L'Isle-sur-la-Sorgue est jalonnée de 17 roues à aubes, derniers vestiges du passé industriel de la ville, et de beaux hôtels particuliers du XVIIIe siècle. Sur la place de la Liberté, la collégiale Notre-Dame-des-Anges, du XIIIe siècle et remaniée au XVIIe siècle, est de style baroque provençal.

Campredon Centre d'art Art contemporain
(04 90 38 17 41 ; www.campredoncentredart.com ; 20 rue du Docteur-Tallet ; tarif plein/

réduit 7,50/5,50 €, gratuit -14 ans ; mar-dim 10h-12h30 et 14h-17h30). Dans cet hôtel particulier construit en 1773 pour le marquis de Campredon sont organisées de remarquables expositions d'art moderne et contemporain (peintures, sculptures). Librairie et boutique au rez-de-chaussée.

Antiquaires et brocanteurs Chiner

Avec 350 antiquaires, L'Isle-sur-la-Sorgue est aujourd'hui le troisième marché d'Europe de la brocante après Londres et Paris. En général ouvertes les samedis, dimanches, lundis et jours fériés, les boutiques sont regroupées entre l'avenue Charmasson (en direction d'Apt) et celle des Compagnons-de-la-Libération (en direction d'Avignon). Le "village" le plus important se situe au 2 bis av. de l'Égalité (04 90 38 04 57) dans une ancienne filature du XIXe siècle. Chaque dimanche, un grand marché à la brocante (8h-18h) se tient sur le quai de l'avenue des Quatre-Otages ; à Pâques et autour du 15 août ont lieu deux foires internationales de grande renommée.

Le partage des eaux Sorgue

À environ 1,5 km du centre-ville, au bout d'une agréable promenade le long de la Sorgue se trouve le site du partage des eaux : le lieu où la rivière se divise en deux branches. Eaux limpides, roues à aubes et végétation luxuriante font du lieu une halte agréable. En été, nombreux sont ceux qui bravent l'interdiction de baignade, mais attention, fraîcheur assurée (eau constante à 13°C) !

Grottes de Thouzon Stalactites

(04 90 33 93 65 ; www.grottes-thouzon.com ; 2083 route d'Orange, D16, Le Thor ; tarif plein/réduit et 12-17 ans/5-11 ans 9,2/8/6,70 €, gratuit -5 ans ; tlj 10h-18h45 juil-août, 10h15-12h15 et 14h-18h sept-nov et avr-juin, fermé nov-mars). La "grotte aux fées" nous emmène dans une exploration souterraine, où stalactites "macaronis" (très fines) et stalagmites forment d'incroyables sculptures minérales.

René Char

Né à L'Isle-sur-la-Sorgue, René Char (1907-1988) est sans doute l'un des plus grands poètes du XXe siècle. Attaché à la Provence, où il passa son enfance (aux Névons, près de L'Isle-sur-la-Sorgue), puis la plus grande partie de sa vie, René Char adhéra, en 1929, au mouvement surréaliste, avant de s'en éloigner vers le milieu des années 1930. Durant la Seconde Guerre mondiale, il s'illustra en tant que figure de la Résistance, rejoignant, dès le mois de mai 1942, l'Armée secrète. Après la guerre seront publiées certaines de ses œuvres poétiques majeures, telles que *Seuls demeurent* (1945), *Feuillets d'Hypnos* (1946), *Le Poème pulvérisé* (1947) ou *La Parole en archipel* (1962).

Dans le poème *Qu'il Vive !* (*Les Matinaux*, Gallimard, 1950), il parle d'un pays qui n'est qu'un "vœu de l'esprit" :

"*Dans mon pays, les tendres preuves du printemps et les oiseaux*
mal habillés sont préférés aux buts lointains (...)
On ne croit pas à la bonne foi du vainqueur.
Dans mon pays, on remercie."

Activités

CCKI Canoë-kayak

(04 88 61 28 20, 06 11 72 02 17 ; www.ccki.fr ; La Cigalette, av. Charles-de-Gaulle, L'Isle-sur-la-Sorgue ; tarif plein/réduit 19/16 €). Le Club de canoë-kayak Islois organise des descentes de la Sorgue au départ de Fontaine-de-Vaucluse accompagnées par des moniteurs diplômés. Voir aussi p. 215.

Passerelle des Cimes Accrobranche

(04 90 38 56 87 ; www.accrobranche-vaucluse.com ; D24, Lagnes ; adulte/enfant à partir de 2 ans 20/7-12 €). À environ 6 km de L'Isle-sur-la-Sorgue, différents parcours dans les pins. Snack sur place.

OLGA DEMCHISHINA / ADOBE STOCK ©

Roue à aube, L'Isle-sur-la-Sorgue

Où se loger

Les Terrasses by David et Louisa Hôtel-restaurant €
(04 90 38 03 16 ; www.lesterrassesbydavidetlouisa.com ; 2 av. du Général-de-Gaulle ; d/ste 59-87/75-95 €, petit-déj 9 € ;). À deux pas de la cité des antiquaires, bordant la Sorgue, ce petit hôtel offre huit chambres simples, mais propres, dont certaines avec vue sur la rivière. Agréable restaurant en bord de Sorgue.

Hôtel Les Névons Central €
(04 90 20 72 00 ; 205 chemin des Névons ; www.hotel-les-nevons.com ; s/d/tr/qua 60-87/ 65-129/99-149/109-189 €, petit-déj 10 € ; fermé mi-déc à fin jan ; P). Loin d'un hôtel de charme, son apparence extérieure, version immeuble des années 1970, n'est pas très engageante. Malgré tout, les chambres sont propres, pas trop chères, et proches du centre. La petite piscine est un plus, parking privé sur place.

Le Pont des Aubes Chambres d'hôtes €€
(04 90 38 13 75 ; www.lepontdesaubes.com ; 189 route d'Apt, N100 ; d avec petit-déj 90-110 €, gîtes 400-580 €/sem ; P). Dans cette ancienne magnanerie du XVIIe siècle, sise dans un grand jardin bordé par la Sorgue, trois chambres d'hôtes confortables vous attendent. Quatre gîtes fonctionnels sont également proposés à la location.

Grand Hôtel Henri Hôtel de luxe €€€
(04 90 38 10 52 ; 1 cours René-Char ; www.grandhotelhenri.com ; d/ste 137-279/319-399 €, petit-déj 17 € ; menus midi lun-ven 24-30 €, soir 44-69 € ; P). Seul et unique hôtel de luxe de L'Isle-sur-la-Sorgue, le Grand Hôtel Henri nous accueille dans un bâtiment historique appartenant à la même famille depuis trois générations. Confort haut de gamme et élégance à la française sont au rendez-vous. Côté restaurant, le chef Olivier Bouzon concocte une cuisine bistronomique de saison à déguster en salle ou sur une belle terrasse. Idéal aussi pour boire un verre dans un décor raffiné.

Où se restaurer

Suzette Crêperie gourmande €
(04 65 81 72 18 ; 6 quai Jean-Jaurès ; crêpes 9,5-14,5 € ; tlj mer-dim midi). Dans cette crêperie

ouverte en 2018 par Lulu et Pat, les crêpes au sarrazin lorgnent volontiers du côté de la gastronomie. Préparées à base de farine bio, elles se nomment Thérèse, Marcelle ou Jacqueline et convoquent volontiers l'andouille de Guémené ou le magret de canard. La fameuse crêpe suzette se déguste elle avec un zeste d'orange confite… et un bol de cidre bien sûr ! Belle terrasse en bord de Sorgue.

Le Carré d'Herbes Cuisine du marché **€€**
(04 90 38 23 97 ; www.lecarredherbes.eu ; 13 av. des Quatre-Otages ; menu midi/soir 29-36/49 € ; tlj sf mer et jeu). À l'écart de la foule, dans le village des antiquaires, voici une adresse que l'on adore : un style déco brocante décontracté, un rien raffiné, et une cuisine soignée ultrafraîche, en retour de marché, servie autour d'un menu à prix impeccable.

Umami Cuisine du marché **€€**
(04 90 20 82 12 ; www.restaurant-umami.fr ; 33 rue Carnot ; formules midi 14,50-18 €, menu soir 30 €, plats 16-21 € ; tlj sf lun et mar midi). Ici, point de terrasse ni de foule, mais une petite salle actuelle où l'on déguste une cuisine bien faite, juste et créative : les habitués sont ravis et le lieu ne désemplit pas.

Café Fleurs – Au Jardin d'Aubanel Gastronomique **€€€**
(04 90 20 66 94 ; www.cafefleurs.com ; 9 rue Théodore-Aubanel ; menus midi/soir 21-36,50/46,50 €, plats 25-32 € ; tlj sf mer, fermé jan). Voici une belle adresse, avec une terrasse au bord de l'eau, une seconde à l'étage et deux salles tendrement aménagées. La cuisine est soignée et l'accueil chaleureux. Formules midi d'un excellent rapport qualité/prix. Il est prudent de réserver.

Où prendre un verre

FMR Café culturel **€**
(04 90 94 92 86 ; www.fmr-lecafeculturel.fr ; plats 5-15 €, spectacle gourmand 18 € ; pl. de l'Église ; mar-mer et dim 8h-15h, jeu-sam 8h-21h). À la fois bar, restaurant et lieu d'exposition, ce lieu dédié à la culture sous toutes ses formes propose notamment des spectacles gourmands le jeudi soir avec concert et des animations le vendredi soir (jeu, concert…).

Pétrarque : amour et poésie

"L'aure dont l'haleine délicieuse agite le vert Laurier et l'or de la belle chevelure, fait, par ses jeux gracieux et nouveaux, émigrer les âmes de leurs corps" (CCXLVI, *Canzoniere*, Éd. Gallimard, 1983). S'il y a un chef-d'œuvre de l'amour chanté, le *Canzoniere* de Pétrarque est peut-être celui-ci. Né en Italie à Arezzo, Francesco di ser Petracco, dit Pétrarque (1304-1374), fut très jeune attiré par les livres. Âgé de 6 ans lorsque sa famille s'exile à Carpentras, il fit ses études de droit à Montpellier puis à Bologne. En 1326, il revient à Avignon à la cour papale. L'année d'après, sa rencontre avec Laure de Noves, mariée et vertueuse, scella son destin. Deux versions relatent ce coup de foudre : la première a pour cadre l'église Sainte-Claire d'Avignon, la seconde les eaux de la fontaine de Vaucluse. En parallèle d'une brillante carrière diplomatique et de nombreux voyages (France, Italie, Allemagne), Pétrarque célébrera sa muse tout au long de sa vie et même après le décès de Laure, en 1348. Commencé vers 1330, travaillé et enrichi jusqu'à sa mort, en 1374, son poème est un poignant témoignage des tourments de l'amour et du désir.

Renseignements

Office du tourisme (04 90 38 04 78 ; www.oti-delasorgue.fr ; pl. de la Liberté). Fournit un guide des antiquaires.

Fontaine-de-Vaucluse

Merveille chantée par les sonnets de Pétrarque, où son amour, Laure de Noves, avait coutume de se baigner, la source de Fontaine-de-Vaucluse rayonne de ses eaux limpides et vertes, au pied d'une falaise calcaire haute de plus de 200 m. Dans le village, jeux d'eau, roues à aubes ou esplanades arborées sont un délice de fraîcheur. En surplomb apparaît la silhouette d'un château en ruine construit avant l'an mille, propriété des évêques de Cavaillon au XIIIe siècle (accessible via une randonnée). Un conseil, évitez le village le week-end en saison, la circulation routière restant le point noir du site. À moins de dormir sur place, sachez aussi qu'il vous faudra payer 4 € en saison pour garer votre véhicule.

À voir

La Source Fontaine-de-Vaucluse

Ne manquez pas la balade à pied jusqu'à la source (10 minutes depuis le centre du village), sertie au creux d'un cirque rocheux de toute beauté. En hiver et au printemps, lorsqu'elle est en crue, le spectacle des eaux furieuses se précipitant sur les rochers moussus est saisissant. C'est la première source de France et, de par son débit, la cinquième mondiale.

Musée François-Pétrarque Poésie

(04 90 20 37 20 ; tarif plein/réduit 5/3 €, gratuit -12 ans ; tlj sf mar-mer 11h-13h et 14h-18h avr-sept). Il expose lettres manuscrites, gravures, dessins, et surtout les recueils des poèmes de Pétrarque (voir l'encadré p. 213), beaux exemples de la typographie ancienne. Le musée est aussi le point de départ d'une petite promenade bucolique sur la rive gauche de la Sorgue.

Moulin à papier Artisanat

(04 90 20 34 14 ; www.moulin-vallisclausa.com ; chemin de la Fontaine ; entrée libre ; tlj 9h-19h30 juil-août, 10h-12h30 et 14h-19h mai-juin et sept, jusqu'à 18h30 avr et oct, 10h-12h30 et 14h-18h fév-mars et nov, jusqu'à 17h30 déc-jan). GRATUIT Aujourd'hui transformé en écomusée, cet ancien moulin reproduit la fabrication "à l'ancienne" du papier sous les yeux du visiteur. On trouve aussi les produits d'une vingtaine d'artisans travaillant sur place.

Musée d'Histoire 1939-1945 Histoire

(04 90 20 24 00 ; chemin du Gouffre ; tarif plein/réduit 7/4 €, gratuit -12 ans ; tlj sf mar-mer 11h-13h et 14h-18h avr-sept). Par une bonne

Kayak sur la Sorgue (p. 211)

ÉLODIE ROTHAN ©

scénographie, ce musée retrace l'époque de la guerre et de la Libération.

Activités

Kayak Vert Canoë-kayak

(☎04 90 20 35 44, 06 88 48 96 71 ; www.canoevaucluse.com ; av. Robert-Garcin, Fontaine-de-Vaucluse ; adulte/13-18 ans/6-12 ans 20/15/10 € ; ⌚fin avr-oct). La descente de la Sorgue depuis Fontaine-de-Vaucluse, où la rivière prend sa source, est très populaire. Facile et ne nécessitant aucune expérience particulière, elle peut se pratiquer en famille. Attention quand même, l'eau est fraîche (13°C) !

Où se loger et se restaurer

La Figuière Chambres d'hôtes-restaurant €

(☎04 90 20 37 41, 06 32 89 01 10 ; www.lafiguiere-provence.fr ; chemin de la Grangette ; d avec petit-déj à partir de 67 € ; menus 26-40 €, plats 14-18 € ; ⌚restaurant tlj sf lun juil-août, fermé lun et mar midi reste de l'année, fermé nov-fév). Au cœur du village, dans une maison du XIXe siècle, les trois chambres provençales sont d'un bon rapport qualité/prix. La terrasse ombragée accueille un restaurant, où l'on peut déguster, entre autres, des pieds paquets à la provençale ou un menu truffe en saison.

Hôtel du Parc Confort €€

(☎04 90 15 65 20 ; hotelrestaurantduparc.fr ; rue des Bourgades ; d/ste 4 pers 65-190/155-290 €, petit-déj 8-14 € ; [climatisation] [piscine] [wifi] [P]). Un bel hôtel-restaurant actuel et confortable, délicieusement lové en bord de Sorgue. Chambres impeccables, nettes et assez haut de gamme. Certaines profitent d'une vue (et parfois même d'un balcon) sur la rivière. Dîner concert en saison les vendredis.

Hôtel du Poète Charme €€€

(☎04 90 20 34 05 ; www.hoteldupoete.com ; le Village ; d/ste 98-240/295-325 €, petit-déj 17 € ; ⌚fermé déc-jan ; [climatisation] [P] [wifi] [piscine]). Juste à l'entrée du village, cet ancien moulin a été aménagé en hôtel de charme : les 24 chambres raffinées jouissent la plupart d'une superbe vue. Le cadre du parc, avec piscine et Jacuzzi en bord de rivière, est exquis. Accueil charmant.

LAMIO/ADOBE STOCK ©

Une source mystérieuse

La fontaine de Vaucluse préserve ses secrets. Savants et poètes ont cherché à percer son mystère, avançant des hypothèses plus ou moins vraisemblables. En 1597, un manuscrit latin évoque une tradition situant la provenance des eaux de la source "dans les parages de l'océan Indien" ! Si la supposition fait sourire, les techniques actuelles n'ont toujours pas réussi à faire une totale lumière sur ses origines. Géologues, hydrographes, spéléologues et plongeurs ont tenté de nombreuses explorations. De 23 m de profondeur en 1878, on a établi aujourd'hui, grâce à un traçage chimique, une corrélation entre les eaux de la fontaine et un gouffre profond de 668 m et distant de 40 km. Ces recherches ont permis d'avoir une idée assez précise du mode d'alimentation et de fonctionnement de la fontaine. Mais sa topographie exacte n'est toujours pas établie.

Restaurant Philip Traditionnel €€

(☎04 90 20 31 81 ; chemin de la Fontaine ; menus 30-49 € ; ⌚mi-juin à août, midi tlj avr-mai et sept, fermé oct-mars). Vous voilà attablé pratiquement au pied de la cascade, sur une terrasse où le bruit de l'eau couvre les conversations, et prêt à déguster l'un des plats traditionnels qui sentent bon le terroir (truites sauvages, asperges, agneau...). Affaire familiale depuis plusieurs générations, l'endroit fait aussi salon de thé.

Dans les environs

Bistrot de Saumane Avec vue **€€**

(☎09 53 48 99 78 ; pl. du 18-Juin, Saumane-de-Vaucluse ; plats 19-24 € ; ⏲tlj sf mer en saison, jeu-dim hors saison, fermé mi-nov à fév). Pour échapper à la foule et découvrir un village pittoresque, grimpez jusqu'à Saumane et installez-vous sur la terrasse en belvédère de ce bistrot sympathique. Les petits plats mélangent les saveurs dans la bonne humeur.

Renseignements

Office du tourisme (☎04 90 20 32 22 ; www.oti-delasorgue.fr ; résidence Jean-Garcin). À proximité du pont de la Sorgue.

Cavaillon

Cavaillon est établie dans la vallée de la Durance, où les plaines cultivées donnent fruits et légumes. Occupée dès l'époque romaine, elle fut rattachée au Saint-Siège au XIIIe siècle, puis devint un refuge pour les familles juives bannies du royaume de France au XIVe siècle, comme le rappelle la synagogue. La ville, prospère et active, mais assez banale, est dominée par la colline Saint-Jacques, dont on peut gravir les escaliers taillés dans la roche pour observer le panorama. Tous les lundis matin, sur le cours Bournissac, le marché est la référence incontournable du fameux melon.

À voir

À côté de l'office du tourisme, on aperçoit l'arc romain datant du Ier siècle, déplacé à cet endroit au XIXe siècle. En prenant le passage Vidau, on arrive à la cathédrale Notre-Dame-Saint-Véran, dont les premières pierres furent posées au XIIe siècle et qui recèle des œuvres de Nicolas Mignard. Sur la colline trône la chapelle Saint-Jacques (entrée libre ; ⏲15h-18h30 mi-juin à sept) accolée à un petit ermitage.

Synagogue et Musée juif comtadin Patrimoine

(☎04 99 72 26 86 ; rue Hébraïque ; tarif plein/réduit 5/3 €, gratuit -12 ans ; ⏲tlj sf mar mai-sept visites 9h30, 10h30, 11h30, 14h, 15h, 16h et 17h, oct-avr visites 10h, 11h, 14h, 15h et 16h). Dans la rue Hébraïque, vous verrez une synagogue du XVIIIe siècle, chef-d'œuvre de l'art comtadin, dont l'intérieur a été restauré dans les années 1980. Les murs et les lambris peints composent un ensemble polychrome tout à fait singulier. Au rez-de-chaussée est aménagé le Musée juif comtadin où sont conservés des objets relatifs à l'histoire des juifs de la ville.

Chapelle du Grand Couvent art contemporain

(☎04 99 72 26 86 ; tarif plein/réduit 5/3 €, gratuit -12 ans ; ⏲tlj sf mar juin-nov, juin-sept 10h-12h et 15h-19h, oct-nov 10h-12h et 14h-18h). Tous les ans, la chapelle de cet ancien couvent de Bénédictines accueille des expositions temporaires l'été de belle facture (photographies, peintures, sculptures...).

Activités

Via ferrata

Sur la colline Saint-Jacques, accessible depuis le centre-ville (derrière l'office du tourisme), une **via ferrata** (renseignements et accès auprès de l'office du tourisme, montée César de Bus, 15 min à pied ; 2 itinéraires 2/4 heures ; accès libre ; ⏲tte l'année) aménagée, avec passerelles et échelons, jouit d'une belle vue sur les environs. Deux parcours sont proposés, chacun de 2 heures environ. Coordonnées de guides accompagnateurs et des magasins de location de matériel disponibles à l'office du tourisme. Vous pouvez aussi contacter **AB Cycles** (☎04 90 74 30 12, 06 81 24 72 73 ; www.jpcycles.fr ; 196 pl. François-Tourel ; location "kit de via" 15 €) situé juste à côté de l'office du tourisme.

Où se loger et se restaurer

Hôtel du Parc Central **€€**

(☎04 90 71 57 78 ; www.hotelduparccavaillon.com ; 183 pl. François-Tourel ; petit-déj 9 €, d à partir de 59 €, tr 100 € ; ❄ P 📶). Au pied

SANTI RODRIGUEZ/ADOBE STOCK ©

Cathédrale Saint-Véran, Cavaillon

de la colline Saint-Jacques, cet hôtel de 40 chambres dont une aile vient d'être entièrement rénovée est un bon compromis pour les budgets serrés. Autour d'un patio central, les chambres et salles de bains de cette maison de maître du XIXe sont impeccables. Parking couvert payant (9 €), parking public gratuit devant l'hôtel.

Restaurant Prévôt Gastronomique **€€€**
(☎04 90 71 32 43 ; www.restaurant-prevot.com ; 353 av. de Verdun ; menu midi 35 €, soir 60-82 € ; mar-sam). Une adresse étoilée, réputée pour le savoir-faire de son chef, Jean-Jacques Prévôt. Chaque saison, un produit du terroir devient la star d'un menu particulier : asperges de printemps, melon d'été, champignons d'automne, truffe d'hiver... Belle qualité.

Renseignements

Office du tourisme (☎04 90 71 32 01 ; www.luberoncoeurdeprovence.com ; pl. François-Tourel). Un parcours historique dans le centre-ville recensant les principaux monuments de la ville de l'Antiquité à l'époque moderne est disponible sur place.

Depuis/vers Cavaillon

BUS

La **gare routière** se situe av. Pierre Semard. Des bus relient Cavaillon à Avignon, Carpentras via L'Isle-sur-la-Sorgue, Roussillon via Gordes, Apt, Pertuis et Aix-en-Provence.

TRAIN

La **gare ferroviaire** jouxte la gare routière.

ORANGE ET LE COMTAT VENAISSIN

Au XXIe siècle, la grandeur de la cité d'Orange tient essentiellement à sa splendeur passée : elle fut l'Arausio des Romains, devint comté puis principauté et donna à des héritiers hollandais leur titre de princes d'Orange. Aujourd'hui encore, la beauté massive du théâtre antique ravive cette gloire ancestrale, dont les Chorégies marquent le temps fort. Plus

À NE PAS MANQUER

Théâtre antique d'Orange

Inscrit au patrimoine mondial de l'Unesco, le théâtre antique compte parmi les mieux conservés du monde romain. Édifié à la fin du règne d'Auguste, entre l'an 10 et l'an 25, il pouvait accueillir 10 000 spectateurs. Long de 103 m et haut de 37 m, le **mur de scène** mérite à lui seul la visite. Ses dimensions et son excellent état sont impressionnants, tant de l'extérieur que du haut des gradins. Autrefois orné de sculptures, de marbres et de mosaïques, il n'a gardé que quelques-unes de ses 76 colonnes. Ses ouvertures, ses niches et ses avancées composent un relief qui donnait plus de force aux voix sans produire d'écho. Elles permettaient aux acteurs de multiples jeux de scène : ils apparaissaient et disparaissaient au gré des rebondissements de l'intrigue. Au-dessus de la porte "royale", qui perce la paroi, on peut encore voir la **statue de l'empereur**, qui date sans doute du Ier siècle. Le théâtre était recouvert d'un toit en tuiles.

Chaque été, le théâtre antique d'Orange accueille les plus grands ténors du monde lors des **Chorégies** (☎04 90 51 83 83 ; www.choregies.fr). Le plus ancien des festivals de France (1869) est le premier à avoir réhabilité les spectacles en plein air. Chères au cœur des Orangeois, les Chorégies (du grec *choreos*) tirent profit de l'acoustique exceptionnelle du mur de scène romain, extrêmement bien conservé.

La visite audioguidée du site commence par un intéressant film qui retrace l'histoire tumultueuse du théâtre après son abandon au IVe siècle. En grimpant sous les gradins, plusieurs petites salles de projection relatent les grandes heures du théâtre antique : les festivals de rock des années 1970, les premières représentations du XXe siècle ou les grands moments des Chorégies.

Infos pratiques

☎04 90 51 17 60 ; www.theatre-antique.com ; rue Madeleine-Roch ; tarif plein/réduit incluant musée d'Art et d'Histoire 9,50/7,50 €, gratuit -7 ans ; 🕒tlj 9h-19h juin-août, 9h-18h avr-sept, 9h30-17h30 mars et oct, 9h30-16h30 nov-fév

loin, entre plaines et canaux, le Comtat Venaissin, avec pour fief Carpentras, englobe la ravissante Pernes-les-Fontaines et plusieurs villages perchés.

Orange

Pour certains, Orange est la ville historique où l'on vient juste, en été, assister à un opéra au théâtre antique ; pour d'autres, c'est la ville qui, longtemps, abrita une garnison de la Légion étrangère et fit parler d'elle sur le plan politique. Ce qui est certain, c'est que son patrimoine est assez exceptionnel et qu'Orange mérite une halte, ne serait-ce que pour ses vestiges romains.

Histoire

La ville est fondée vers 35 av. J.-C. par les vétérans romains de la 2e légion gallique chargés de surveiller le point de jonction entre le nord et le sud de la Gaule. Son importance administrative et son étendue sont aujourd'hui avérées par les différentes découvertes archéologiques. En 1530, le destin de la ville bascule : par le jeu des héritages, la cité passe sous la férule de la branche hollandaise de la très influente maison de Nassau, qui dirige également les Pays-Bas. Mais, en 1703, la ville est prise par les troupes de Louis XIV. Les protestants sont alors expulsés. Le traité d'Utrecht marque officiellement l'annexion d'Orange au royaume de France en 1713.

C'est seulement au XIXe siècle que débute la restauration du théâtre antique. Déjà, des premiers spectacles ont lieu : ils deviendront par la suite les fameuses Chorégies (voir l'encadré p. 218). Dans les années 1960, la Légion étrangère s'installe à Orange ; elle y reste cantonnée jusqu'en 2014.

À voir

Avec ses places bordées de platanes où résonne le bruissement des fontaines, Orange se prête à une promenade agréable. Du théâtre antique, empruntez la rue du Mazeau jusqu'à la place aux Herbes, puis gagnez la cathédrale Notre-Dame-de-Nazareth au très beau portail de style roman.

Musée d'Art et d'Histoire — Histoire de la ville

(04 90 51 17 60 ; www.theatre-antique.com ; rue Madeleine-Roch ; tarif plein/réduit 5,50/4,50 €, gratuit -7 ans, billet combiné avec théâtre antique 9,50/7,50 € ; mêmes horaires que le théâtre antique). Ce petit musée, en face du théâtre, retrace l'histoire de la ville. Le rez-de-chaussée, consacré à l'époque romaine, rassemble de belles mosaïques et les vestiges d'anciens cadastres romains gravés sur des plaques de marbre. À l'étage, cinq peintures du XVIIIe siècle, provenant de l'ancien salon des manufacturiers Wetter (propriétaires de la manufacture des indiennes d'Orange) illustrent la fabrication des indiennes (tissus peints ou imprimés).

Arc de triomphe — Monument romain

(av. de l'Arc-de-Triomphe). Édifié au Ier siècle à l'extérieur des remparts, cet arc de triomphe de l'époque augustéenne est inscrit au patrimoine mondial de l'Unesco. Haut de 19,21 m, il possède trois arches et un double attique. Son décor sculpté foisonnant est exceptionnellement bien conservé sur la face nord. L'ensemble célèbre la gloire des soldats de la 2e légion gallique qui ont fondé la ville. Construit en l'honneur d'Auguste, l'arc a ensuite été dédié à l'empereur Tibère.

Colline Saint-Eutrope — Parc

Dominant la ville du haut de ses 105 m (ce qui en fit un point stratégique pour les Romains), la colline est un grand parc où subsistent les vestiges du château des princes Nassau d'Orange (XIIe-XVIIe siècle). Elle offre une vue plongeante sur le théâtre antique et un beau panorama des environs.

Où se loger

Attention, la plupart des établissements augmentent leurs tarifs durant les Chorégies.

L'Herbier d'Orange — Central €

(04 90 34 09 23 ; www.lherbierdorange.com ; 8 pl. aux Herbes ; s/d/tr/qua 50-55/62-79/62-96/79-92 €, petit-déj 6,50/9,50 € ; fermé fév ;

Arc de Triomphe, Orange

). Du bois, de la pierre et des couleurs claires font de cet hôtel situé sur une jolie placette une adresse centrale, d'un excellent rapport qualité/prix. Son patio aux murs naturels et faux gazon a un air de jardinet. Accueil adorable.

Hôtel Cigaloun Charme **€€**

(04 90 34 10 07 ; www.hotel-loucigaloun.com ; 4 rue Caristie ; d/tr/qua 68-99/90-134/111-147 €, petit-déj 9,50 € ;). Ce bel hôtel dispose de 24 chambres soignées, confortables et aménagées avec goût. Les catégories de chambres varient selon leur taille, préférez celles donnant sur la cour (plus calme et jolie), envahie de vigne vierge. Bon rapport qualité/prix.

Hôtel Arène Avec piscine **€€€**

(04 90 11 40 40 ; www.hotel-arene.fr ; pl. de Langes ; d 100-170 €, ste 150-230 €, petit-déj 14 € ;). Sur une charmante placette à l'écart de la foule, une adresse de standing, avec des chambres confortables d'allure contemporaine, certaines avec terrasse. Petite piscine extérieure, spa, sauna et salle de fitness. Bar et restaurant attenant à l'hôtel.

Dans les environs

L'Accroche-Cœur Chambres d'hôtes **€**

(04 90 51 91 54 / 06 16 86 67 43 ; www.accroche-coeur.fr ; 6 rue des Courtines, Caderousse ; d avec petit-déj 65-80 € ; fermé nov-mars ;). À 7 km au sud d'Orange, une adorable maison de village abrite trois chambres, dont la "Galet", véritable invitation au bord de mer. Des petits trésors à un prix très accessible.

Mas Julien Chambres d'hôtes **€€**

(04 90 34 99 49 ; www.mas-julien.com ; 704 chemin de Saint-Jean, Orange ; d/tr avec petit-déj 85-140/125-165 € ;). Cette belle maison agréable et conviviale profite d'un grand jardin, d'une vaste piscine et d'une situation idéale, entre Orange et Châteauneuf-du-Pape. Les quatre chambres confortables sont joliment agencées et votre hôte, Valère, vous accueillera avec gentillesse et professionnalisme.

L'Atelier du Renard Argenté Chambres d'hôtes et gastronomie **€€€**

(09 67 25 71 99, 06 09 39 33 14 ; www.renarda.com ; 90 chemin des Chèvres, Mornas ; d avec petit-déj 120-245 € ;). À 13 km au nord d'Orange, cette adresse est digne d'un palace. À l'élégance provençale d'un mas de pierres rénové avec goût, entouré d'un délicieux jardin avec piscine, s'ajoutent un service cinq étoiles et, surtout, une cuisine de haut vol orchestrée par le chef Christian. Une halte d'exception que nous vous recommandons chaudement !

Où se restaurer

Le Salon de Charlotte — Salon de thé - snack €

(09 52 69 58 52 ; 4 pl. Georges-Clemenceau ; plats 8-14 € ; jusqu'à 20h tlj sf lun et mar). Sur une placette au calme, cette petite adresse au style brocante oscille entre salon de thé et restauration maison : plats du jour, tartes maison, plats végétariens et desserts gourmands sont servis à toute heure.

Au Petit Patio — Cuisine du marché €€

(04 90 29 69 27 ; 58 cours Aristide-Briand ; menu midi 19 €, soir 30-42 €, plats 20-25 € ; tlj sf mer soir, jeu soir et dim). Réputation constante pour cette petite adresse nichée autour d'un patio, le long du cours Aristide-Briand. Menus "de marché" et "de saison" sont à l'honneur autour de produits frais et bien cuisinés.

Le Parvis — Semi-gastronomique €€

(04 90 34 82 00 ; www.leparvisorange.com ; 55 cours Pourtoules ; menu midi 20 €, soir 31-41-51-65 € ; avr-oct mar-dim midi, oct-avr mer-dim midi). Reprise en 2018 par le chef Nicolas Jay, cette élégante maison bourgeoise affirme un peu plus sa vocation gastronomique dans une ambiance feutrée, à deux pas des arènes. Service attentionné et large choix de vins.

Le Forum — Cuisine de chef €€

(04 90 34 01 09 ; www.restaurant-leforum-orange.fr ; 3 rue du Mazeau ; formule midi lun-sam 15 €, menus 31 € ; tlj sauf mardi). Une cuisine réputée, soignée et de saison, que l'on déguste dans une petite salle intérieure, au décor sobre et contemporain ou en terrasse aux beaux jours. Réservation fortement conseillée.

ELODIE ROTHAN ©

VAUT LE DÉTOUR
Châteauneuf-du-Pape

Des conditions climatiques et géologiques privilégiées ont contribué à la réputation mondiale du village et à la qualité de son vin. Sur ce plateau situé à 10 km au sud d'Orange, les vignes bénéficient d'un sol fait d'alluvions, de sable et de galets.

Le **château**, dont vous pouvez voir les vestiges, surplombe le village et offre une vue splendide. Vous pourrez également admirer la **chapelle romane Saint-Théodoric** et l'**église Notre-Dame-de-l'Assomption**. Au **musée du Vin** (04 90 83 59 44 ; www.brotte.com ; av. Pierre-de-Luxembourg ; 6 € avec dégustation ; tlj 9h-13h et 14h-19h mi-avr à mi-oct, 9h-12h et 14h-18h reste de l'année), vous saurez tout sur son histoire et sa production. La **Maison des vins Vinadea** (04 90 83 70 69 ; www.vinadea.com ; 8 rue du Maréchal-Foch ; tlj) vend l'ensemble des crus de domaine à prix producteur, ainsi qu'une sélection quotidienne en dégustation. Aux alentours, de nombreuses caves permettent de faire ses achats.

Infos pratiques

Office du tourisme de Châteauneuf-du-Pape (04 90 83 71 08 ; www.chateauneuf-du-pape-tourisme.fr ; pl. du Portail-Vignes, Châteauneuf-du-Pape)

À la Maison — Avec terrasse €€

(04 90 60 98 83 ; 4 pl. des Cordeliers ; formule 15 €, plats 15-22 € ; tlj sf dim). On y vient d'abord pour le cadre... Juste devant le théâtre, face à une fontaine, une terrasse au calme, joliment décorée. Repris en 2017 par de nouveaux propriétaires, l'établissement a gardé la même recette : une cuisine simple et sans prétention avec des standards (burger, tartare, carpaccio), des salades et quelques plats d'inspiration italienne.

Renseignements

Office du tourisme (04 90 34 70 88 ; www.orange-tourisme.fr ; 5 cours Aristide-Briand). Distribue un plan de la ville avec deux parcours thématiques, l'un reliant les vestiges de l'époque romaine et l'autre consacré aux princes de Nassau.

Depuis/vers Orange

BUS

La **gare routière** (04 90 34 15 59 ; 201 cours Pourtoules) se situe à côté de l'arc de triomphe.

TRAIN

Orange se trouve sur la ligne du TGV reliant Paris et Avignon. La **gare ferroviaire** (04 90 11 88 03 ou 36 35) est à 1 km à l'est du centre-ville, au bout de l'avenue Frédéric-Mistral.

Comtat Venaissin

Les vergers s'étendent dans une plaine grignotée peu à peu par les constructions citadines, les canaux s'étirent à l'ombre des arbres, les vignobles épousent avec vaillance les contreforts du mont Ventoux et les champs de lavande annoncent le pays de Sault : voici la délicate et discrète terre du Comtat Venaissin.

L'Empire romain, les comtes de Toulouse et le Saint-Siège ont convoité cette terre. En 1313, le pape Clément V s'y installe juste après son élection et fait de Carpentras sa capitale. Mais il reste le seul pape comtadin de l'histoire, car l'incendie du palais épiscopal conduit les cardinaux à quitter Carpentras pour trouver refuge à Avignon. À partir de 1348, Comtat Venaissin et État d'Avignon coexistent, et ce jusqu'au 14 septembre 1791, date à laquelle ils sont rattachés à la France.

Carpentras

Située à la limite de la plaine du Comtat et des coteaux du Ventoux, Carpentras est encore aujourd'hui une ville relativement agricole, malgré l'urbanisation intense de ses faubourgs. Son riche passé transparaît lorsqu'on déambule dans la vieille ville. Ceinturée de platanes, elle abrite hôtels particuliers, commerces et cafés à l'atmosphère simple et chaleureuse. Comme d'autres villes du Comtat, Carpentras est un haut lieu du patrimoine juif méditerranéen. Nombre de familles juives, chassées du royaume de France en 1394, trouvèrent refuge dans les terres du pape (voir l'encadré p. 312).

À voir

Place de Monseigneur-d'Inguimbert se découvrent les vestiges d'un arc de triomphe du Ier siècle. Non loin, le passage Boyer est un exemple de l'architecture industrielle du XIXe siècle. Enfin, le seul vestige des remparts défensifs jalonnés jadis de 32 tours (1357-1395) est la porte d'Orange, haute de 26 m, d'où s'étend un superbe panorama sur la ville et les Dentelles de Montmirail.

Le dimanche après-midi, l'allée des Platanes est consacrée au marché aux puces et à la brocante. De mi-novembre à début mars, chaque vendredi matin, le marché aux truffes a lieu sur la place Aristide-Briand.

Cathédrale Saint-Siffrein — Art gothique

(04 90 63 08 33 ; pl. du Général-de-Gaulle ; 7h30-12h et 14h-17h lun-sam). Construit entre 1405 et 1618 sur les vestiges d'une église du XIIe siècle, l'édifice est un bel exemple d'architecture gothique méridionale. Sur son flanc sud se trouve la "porte juive" (1470-1480), de style gothique flamboyant, qui fait référence au chemin qu'empruntaient, lors du baptême, les juifs contraints de se convertir au catholicisme.

Synagogue Édifice religieux

(☎04 90 63 39 97 ; www.synagoguedecarpentras.com ; pl. Maurice-Charretier ; 5 € ; ⏲lun-jeu 10h-12h et 14h-17h, ven 10h-12h et 14h-16h). Édifiée en 1367, puis reconstruite au XVIIIe siècle sur les vestiges du bâtiment originel, c'est l'une des plus anciennes synagogues de France. À l'intérieur, le rez-de-chaussée abrite les pièces les plus anciennes (bains rituels, boulangeries, salle de Jérusalem) et le 1er étage, la salle de prière, aux ornements fastueux.

Musée Sobirats Arts déco

(☎04 90 63 04 92 ; 112 rue du Collège ; 6 € ; ⏲visites guidées uniquement). Meubles, objets, faïences de Moustiers, tapisseries d'Aubusson et tableaux de cette collection sont disposés de telle manière que l'on a l'impression de pénétrer dans une riche demeure provençale du XVIIIe siècle, baignée d'ombre et de lumière. À noter que le musée est plus ou moins en sommeil dans l'attente du transfert de ses collections à la bibliothèque-musée de l'Inguimbertine.

Patrimonia Centre d'interprétation du patrimoine

(☎04 90 67 69 21 ; 97 pl. du 25-Août-1944 ; entrée libre ; ⏲tlj sf dim 9h30-12h30 et 14h-18h, mar à partir de 15h). Adossé à l'office du tourisme, dans les beaux volumes d'un ancien couvent dominicain, cet espace muséal permet d'appréhender le patrimoine architectural de Carpentras et l'histoire du comtat via des supports interactifs et ludiques. Une excellente introduction à une visite de la ville.

Confiserie artisanale du Mont Ventoux Berlingots

(☎04 90 63 05 25 ; www.berlingots.net ; 1184 av. Dwight-Eisenhower ; ⏲9h-12h et 14h-18h45 mar-sam). Célèbre pour ses fameux berlingots, Carpentras dévoile ses gourmandises dans cette confiserie. C'est le royaume de la fabrication artisanale des berlingots (anis, café, cerise, citron, fraise, melon, menthe, orange) et des nougats blancs et noirs. Visites gratuites avec dégustation, mais, pour voir la fabrication en direct, il faut réserver.

Canal de Carpentras (p. 224)

L'Inguimbertine à l'Hôtel-Dieu Bibliothèque-musée

(04 90 63 02 92 ; inguimbertine.carpentras.fr ; 180 pl. Aristide-Briand ; entrée libre ; mar-ven 12h-18h, sam 14h-18h, dim 9h-18h). Ce magnifique hôtel-dieu du XVIIIe siècle renferme une célèbre apothicairerie, celle de Malachie d'Inguimbert (1683-1757), ancien évêque de Carpentras, ainsi qu'une chapelle baroque et une grande galerie. Depuis 2017, le bâtiment a subi d'importants travaux ; il abrite aujourd'hui une bibliothèque multimédia jalonnée d'œuvres d'art et de documents patrimoniaux. Lors de la rédaction de ce guide, l'édifice était en travaux. Il exposera les collections d'Inguimbert restituées dans leurs rayonnages d'origine et les différentes collections muséales de la ville.

Activités

Promenade le long du canal

Une des balades à ne pas manquer est celle qui longe le canal de Carpentras. Un plan et des brochures sont disponibles à l'office du tourisme, qui propose aussi des itinéraires détaillés d'une durée variant de 20 minutes à 2 heures.

Vélo

Un itinéraire à vélo de 33 km "Au fil du Comtat" au départ de Carpentras rejoint Mazan, Saint-Didier et Pernes-les-Fontaines. Une autre boucle de 34 km "Autour du canal" rallie Beaumes-de-Venise et emprunte certains tronçons le long des berges du canal de Carpentras.

Dépliant disponible à l'office du tourisme et téléchargeable sur le site www.provence-a-velo.fr. Location de cycles : **Vélo Center** (04 90 41 91 28 ; 71 bd Louis-Giraud).

Où se loger

Hôtel du Fiacre Demeure ancienne **€€**

(04 90 63 03 15 ; www.hotel-du-fiacre.com ; 153 rue Vigne ; s/d/tr 70-90/80-120/105-140 €, ste 150 €, petit-déj 10 € ;). Un des rares hôtels du centre-ville. Cet hôtel particulier a du cachet, même s'il aurait besoin d'un petit rafraîchissement. Il garde un air de maison de famille cossue. Dans de beaux volumes XVIIIe siècle, les chambres spacieuses ont une décoration classique, assez désuète. Accueil professionnel.

Mas de Plein Pagnier Chambres d'hôtes vigneronnes **€€**

(04 90 69 75 66 ; www.plein-pagnier.com ; 2033 route de Moirmoiron, Mazan ; d avec petit-déj 75-105 € ;). Mettez-vous au vert dans cette propriété viticole située à 10 km de Carpentras. Elle compte trois chambres spacieuses, au décor épuré et moderne, dont les terrasses privatives offrent une vue superbe sur le mont Ventoux et les Dentelles de Montmirail. L'une possède une kitchenette, une autre une cuisine séparée. Les petits-déjeuners à base de produits bio se prennent l'hiver devant la cheminée et l'été sur une belle terrasse agrémentée d'un bassin et de chaises longues. Accueil sympathique, ambiance bucolique, possibilité de déguster les vins du domaine au caveau. À 10 km de Carpentras

Où se restaurer

Pâtisserie Jouvaud Pâtisserie **€**

(04 90 63 15 38 ; www.patisserie-jouvaud.com ; 40 rue de l'Évêché ; tlj). Oui, c'est bien une pâtisserie. Mais son décor de salon de thé, ses douceurs irrésistibles et ses formules salées délicieuses en font aussi l'une des meilleures adresses de la ville ! Impossible de repartir sans les fameux berlingots.

Chez Serge Terroir **€€**

(04 90 63 21 24 ; www.chez-serge.com ; 90 rue Cottier ; formules midi 17,50-19,50 €, menu 33 €, menu truffe 59-69 €, plats 19-32 € ; tlj). Demandez dans toute la région quel restaurant a les faveurs des gourmets... On vous répondra : "Chez Serge !" Sur la terrasse en hauteur ou dans une salle "bistrot chic", on déguste des plats recherchés et, toute l'année, la truffe (d'hiver ou d'été) est à l'honneur. Très belle carte des vins.

Renseignements

Office du tourisme de Carpentras/Maison de Pays (04 90 63 00 78 ; www.ventoux-provence.com ; 97 pl. du 25-Août-1944). Édite une carte avec un itinéraire permettant de découvrir les principaux monuments du centre-ville.

Depuis/vers Carpentras

BUS

La **gare routière** est située place Terradou, à 150 m de la place Aristide-Briand. Toutes les communes des alentours sont desservies. Pour les liaisons plus lointaines (Avignon, Cavaillon, Sault, Orange, Vaison-la-Romaine), une autre gare routière est située à côté de la gare ferroviaire.

TRAIN

Une nouvelle ligne TER relie directement la **gare de Carpentras** (270 av. de la Gare) à Avignon Centre (30 min) et Avignon TGV (40 min).

Pernes-les-Fontaines

À 6 km au sud de Carpentras, ce bourg ravissant est l'ancienne capitale du Comtat Venaissin (entre 968 et 1320). Il ne compte pas moins de 40 fontaines, édifiées du XVe au XVIIIe siècle, qui lui ont donné son nom et toute sa personnalité. Le centre-ville comporte aussi une dizaine d'hôtels particuliers, trois portes fortifiées et la tour de l'Horloge (XIIe siècle).

Sur la place Frédéric-Mistral, un marché paysan a lieu le mercredi soir (avr-oct) et, sur le quai de Verdun, un marché provençal le samedi matin.

À voir et à faire

Fontaines, tours et portes Promenade

Un itinéraire dédié aux fontaines est proposé par l'office du tourisme (téléchargeable en ligne). La porte Notre-Dame est la plus impressionnante des portes fortifiées du village, avec deux tours semi-circulaires. Montez ensuite à la tour de l'Horloge, seul vestige massif du château des comtes de Toulouse. En redescendant,

SI VOUS AIMEZ...

Les marchés

Indissociables de l'art de vivre provençal, les marchés sont un régal des yeux et des papilles !

- **Marchés provençaux** Les étals colorés des marchés provençaux, où s'alignent les merveilles du terroir, sont la promesse de beaux festins. Les plus emblématiques sont sans doute ceux de **Carpentras** (allées Jean-Jaurès ; ven matin) et de **Cavaillon** (centre-ville ; lun matin).
- **Marchés aux truffes** En hiver, il est possible de se procurer un peu d'or noir de Provence... Le plus fameux des marchés aux truffes se trouve à **Richerenches** (sam matin fin nov à mi mars), mais sa partie "truffe" n'est accessible qu'aux professionnels. Sinon, celui de **Carpentras** (pl. Aristide-Briand ; ven matin fin nov à mi-mars) réserve un espace à la vente au détail aux particuliers, sur le parvis de l'office du tourisme.
- **Brocantes** Bien sûr, la palme de la catégorie revient à **L'Isle-sur-la-Sorgue** (dim matin, foires Pentecôte et Toussaint, foires internationales avr et août), véritable temple en la matière ! Mais d'autres cités, telles **Avignon** (mar et jeu pl. Pie, dim pl. des Carmes), **Carpentras** (parking des Platanes ; dim) ou **Pernes-les-Fontaines** (quai de Verdun ; dernier dim du mois) proposent aussi des brocantes régulières et moins connues, où l'on peut faire de très bonnes affaires !

vous arrivez à la tour Ferrande (visite guidée en saison, sur réservation à l'office du tourisme ; juin-sept), qui contient de superbes fresques médiévales. À côté, rue Victor-Hugo, la fontaine du Gigot (1757) est de style baroque. En poursuivant tout droit dans la rue Gambetta, la porte Villeneuve est flanquée de deux tours rondes. En remontant la rue Émile-Zola, passez devant la chapelle des Pénitents-Blancs. Puis, en longeant le boulevard circulaire, vous accédez à la porte Saint-Gilles, la plus ancienne de la ville (XIVe siècle). Non loin, la fontaine Reboul date du XVe siècle, et la fontaine du Cormoran, de style baroque, porte les emblèmes de la ville.

Maisons comtadines — Maisons-musées

(04 90 61 31 04 ; entrée libre ; tlj sf mar 10h-12h30 et 15h-18h30 mi-juin à mi-sept, 15h-18h30 avr à mi-juin et mi-sept à fin sept). À la maison du Costume comtadin (rue de la République), on découvre, dans un ancien magasin de drapier, de beaux costumes d'époque. À la maison Fléchier (pl. Fléchier) sont mises à l'honneur les traditions comtadines dans un beau bâtiment du XVIIe siècle.

Dans les environs

Nougats Sylvain — Nougaterie

(04 90 66 09 57 ; www.nougats-silvain.fr ; route de Venasque, Saint-Didier ; visites 10h15 mar-jeu juil-août, mer reste de l'année, boutique tlj 10h-12h et 14h-18h mar-dim, fermé jan). Dans le village de Saint-Didier, le Comptoir des Douceurs des frères Sylvain est une institution pour les gourmands d'ici et d'ailleurs. Vous pourrez assister gratuitement à la fabrication du nougat avant de choisir votre parfum préféré à la boutique ou de le déguster tranquillement au salon de thé.

Où se loger

La Margelle — Hôtel-restaurant €€

(04 90 40 18 54 ; www.lamargelle-hotel-pernes.fr ; 56 pl. Louis-Giraud ; menu midi/soir 15/32 €, d/ste 95-140/130/170 €, petit-déj 10 € ; P). Repris par de nouveaux propriétaires en 2016, le seul établissement du centre ouvert à l'année bénéficie d'une belle situation. Cet hôtel particulier du XVIIe siècle dévoile de beaux volumes et un décor actuel épuré avec un beau jardin traversant. Les chambres

Porte Notre-Dame, Pernes-les-Fontaines

PIERRE VIOLET/ADOBE STOCK ©

mélangent mobilier d'époque et touches contemporaines. Restauration sans prétention mais terrasse agréable.

Le Temps Suspendu Chambres d'hôtes **€€€**
(06 46 91 66 95 ; www.temps-suspendu-provence.com ; 118 rue de la Condamine ; d avec petit-déj 99-230 € ;). Cette halte haut de gamme, nichée dans la vieille ville, recèle tel un trésor un ravissant jardin avec piscine. Cinq chambres et suites ultra-confort, dont certaines avec Jacuzzi, mais tarifs en conséquence. Et un hammam sous les toits assez tentant (40 € !). Les prix ont tendance à s'envoler en saison.

Où se restaurer

Le Haricot Magique Librairie-salon de thé **€**
(04 88 50 85 05 ; lehmagique.fr ; 95 pl. Louis-Giraud ; gourmandises 4-12 € ; mar-sam 10h-12h30 et 14h-19h). Une sympathique librairie-salon de thé, avec thés et cafés bio, jus de fruits, infusions aux feuilles d'olivier et maté argentin. Glaces artisanales, pain d'épice et autres gourmandises accompagnent ces nectars. La programmation culturelle mêle goûters littéraires, expositions, ateliers créatifs ou même séances de massages.

Dame l'Oie Traditionnel **€€**
(04 90 61 62 43 ; www.dameloie.fr ; 56 rue Troubadour-Durand ; formules midi 14,50-17,50 €, menu 29,50 € ; tlj sf lun midi). Une jolie réputation pour des plats très classiques mais bien réalisés (cuisse d'oie confite, sauce madère et crème de cocos blancs, filets de rouget barbet en croûte de noisettes). Déco d'antan (clim en été) et service agréable.

Au Fil du Temps Gastronomique **€€€**
(04 90 30 09 48 ; 51 pl. Louis-Giraud ; menus midi/soir 26-36 €/40-60 € ; tlj sf dim et lun). Une belle table gastronomique, cotée dans la région. Dans une atmosphère feutrée, on savoure des plats préparés avec soin faisant honneur aux produits de la région. Jolie carte des vins.

Auberge La Camarette Auberge **€€**
(04 90 61 60 78 / 06 19 72 74 22 ; www.domaine-camarette.com ; 439 chemin des Brunettes ; menu unique midi/soir 20/35 €, uniquement sur réservation d avec petit-déj 75-95 €, 15 €/pers suppl ;). À seulement un kilomètre du centre-ville de Pernes-les-Fontaines, cette auberge sise sur un domaine viticole est devenue en quelques années une adresse incontournable dans la région. Avec une formule simple : un menu du jour unique à base de produits frais que l'on déguste dans la cour d'une ferme du XVIIe siècle. Les propriétaires du domaine louent également deux chambres d'hôtes simples, spacieuses, mais surtout très bon marché.

Renseignements

Office du tourisme (04 90 61 31 04 ; www.tourisme-pernes.fr ; pl. Gabriel-Moutte)

Pays de Venasque

En bordure des monts de Vaucluse, dominant un parterre de vignes, de cerisiers et de chênes, les villages perchés de Venasque et du Beaucet, comme sortis du roc, forment un ensemble harmonieux. En mai-juin, goûtez la délicieuse cerise locale.

Venasque

Entre l'église romane, en contrebas de la Grand'Rue (l'artère principale), la fontaine du XVIIIe siècle au centre du bourg et les tours édifiées par les sarrasins qui s'élèvent en haut du village, plusieurs terrasses naturelles s'ouvrent sur de superbes panoramas. L'église Notre-Dame, du XIIe siècle, abrite une Crucifixion, œuvre de l'école d'Avignon (1498).

Construit au VIe siècle, plusieurs fois remanié entre le XIe et le XIIIe siècle, le **baptistère** (04 90 66 62 01 ; pl. de l'Église ; 3 €, gratuit -12 ans ; tlj 9h-13h et 14h-18h30 mi-avr à début oct, 9h15-13h et 14h-17h reste de l'année, fermé mi-déc à début jan) est l'un des plus vieux monuments religieux de France.

Château de Venasque

Où se loger et se restaurer

Les Remparts Hôtel-restaurant €

(04 90 66 02 79, 04 90 66 66 07 ; www.hotellesremparts.com ; rue Haute, Venasque ; s/d/tr avec petit-déj 60-70/80-90/100-110 € ; menus midi 22 €, soir 28-36 € ; tlj mi-mars à mi-nov ;). Dominant la vallée, cet hôtel loue huit chambres aménagées avec goût (lits anciens, pierres et poutres apparentes, carrelages provençaux, mobilier chiné) et avec sdb rénovées. Bon rapport qualité/prix. Magnifique panorama depuis la terrasse du restaurant (tarifs demi-pension intéressants), atmosphère décontractée et accueil attentionné. L'accueil de l'hôtel se fait désormais au bar Le Petit Chose, place de la Fontaine ; il est tenu par les mêmes propriétaires.

Maison La Fontaine Cave à vin – cave à bière – salon de thé €€

(04 90 60 64 05 ; www.maisondecharme-venasque.com ; pl. de la Fontaine, Venasque ; fermé nov et fév-mars ;). Une belle sélection de vins régionaux au verre, majoritairement bio, à déguster devant la fontaine du village. Également une cinquantaine de références de bières, un salon de thé et une boutique de déco chic.

Côté Fontaine Cuisine de chef €€

(04 90 66 64 85 ; www.restaurant-cotefontaine.fr ; pl. de la Fontaine, Venasque ; formules midi 16-19,50 €, menus 22-27-38 € ; tlj sf mar et mer). À Venasque, au-dessus de la place de la Fontaine, cette adresse chic sert une cuisine étonnamment subtile et raffinée. Les produits sont uniquement de saison et locaux. Menu végétarien.

Renseignements

Office du tourisme (04 90 66 11 66 ; www.ventouxprovence.fr ; Grand'Rue, Venasque)

Le Beaucet

Aux portes du parc naturel régional du Luberon, ce village semble sortir de la roche. En cascade s'arriment de belles maisons aujourd'hui restaurées, parmi des constructions en pierre sèche traditionnelles, des ruelles pavées et les vestiges du château, qui fut détruit par un incendie en 1783. En contrebas, les deux portes monumentales de l'ancienne forteresse marquent les entrées du bourg.

Méthamis

Paisible village niché sur un promontoire, environné de vignobles, Méthamis est également connu pour sa crèche vivante du 24 décembre. Ruelles et église du XIIIe siècle se prêtent à la flânerie.

Où se loger

Métafort Maison d'hôtes **€€€**
(☎04 90 34 46 84 ; www.metafort-provence.com ; 31 montée du Vieil-Hôpital, Méthamis ; d avec petit-déj 158-230 € ;). À l'entrée de Méthamis, cette belle maison d'hôtes jouit d'un cadre superbe, avec notamment un espace piscine au bord des murailles. Les six chambres claires et design sont pourvues d'un Jacuzzi privatif et l'une d'elles propose un lit à roulettes sur la terrasse pour passer une nuit à la belle étoile !

MONT VENTOUX ET PAYS DE SAULT

Du haut de ses 1 912 m, le mont Ventoux est le bien nommé Géant de Provence. Omniprésent dans le paysage du Vaucluse, son sommet dénudé, un désert de pierre calcaire, s'apparente à des neiges éternelles. Sur son flanc nord, la vallée du Toulourenc épouse les courbes de la rivière qui serpente entre le Vaucluse et la Drôme pour en dessiner la frontière naturelle. Des paysages sauvages et majestueux sont ponctués de rares villages accrochés à la roche. Plus au sud, la Nesque se faufile entre des falaises calcaires façonnant des gorges vertigineuses. Elle débouche sur le pays de Sault, où champs de lavande et villages bucoliques dessinent un cadre de toute beauté.

Bédoin

Cette commune agricole, aux rues plus aérées et arborées que d'autres bourgs alentour, poursuit sa vie bon enfant et animée. De son centre, les ruelles filent vers le sommet de la colline. Là, le parvis de l'église Saint-Pierre ouvre sur un superbe panorama. Encore plus haut, sur la colline Saint-Antonin, au milieu des ruines d'un château seigneurial, la vue s'étend à 360°.

Où se loger et se restaurer

Hôtel La Garance Avec piscine **€**
(☎04 90 12 81 00 ; www.lagarance.fr ; Sainte-Colombe ; s/d 75-85/85-95 €, petit-déj 14 € ; fermé mi-nov à mi-mars ; P). Un petit hôtel situé à 3 km de Bédoin sur la route du mont Ventoux. La tranquillité et l'esprit bucolique donnent tout son charme à l'endroit, avec sa piscine coincée entre vergers et champs de vignes. Les chambres aux tons gris et crème sont fonctionnelles, propres et confortables, et certaines possèdent une terrasse privative. Deux restaurants accessibles à pied depuis l'hôtel contribuent à faire de l'établissement une très bonne option dans le secteur. Accueil adorable.

La Colombe Cuisine de chef **€€**
(☎04 90 65 61 20 ; www.la-colombe.fr ; 3890 route du Mont-Ventoux, Sainte-Colombe ; menus 31-42 €, midi 19 € ; soir tlj sf lun, midi ven-dim). Dans le hameau de Sainte-Colombe, on s'attable sous les tonnelles ombragées, surplombant les vignes, ou dans la grande salle à l'esprit bistrot chic. Et l'on savoure les mets concoctés par le chef Jean-Luc Gabriel, justes et subtils, et mettant à l'honneur les produits du Ventoux (épeautre, légumes, vin, truffes...). Réservation conseillée.

Renseignements

Office du tourisme (☎04 90 65 63 95 ; www.ventouxprovence.fr ; pl. Portail-Olivier)

Malaucène

Malaucène constitue la porte d'entrée nord du Ventoux. Cet ancien village fortifié concentre son peu d'animation le long de sa place principale, appelée Le Cours, où

Mont Ventoux

Parfaitement reconnaissable à son sommet dénudé, le mont Ventoux culmine à 1 912 m d'altitude. Synonyme pour beaucoup d'étape légendaire du Tour de France, il est le rendez-vous des cyclistes chevronnés. L'ambiance de ses flancs rudes, où le mistral peut souffler jusqu'à 300 km/h et la neige périodiquement s'installer, est au sport. La richesse de son milieu naturel lui vaut d'être classé réserve de biosphère par l'Unesco depuis 1990.

Côté sud, le paysage peu escarpé affiche des airs méditerranéens. Dans la plaine et sur les coteaux s'étendent vergers, oliviers et vignes, ponctués de villages et d'habitations. Les forêts, dont les essences multiples ont été préservées jusqu'à aujourd'hui, ajoutent à sa richesse et en font un espace rare. Dans les environs de Bédoin apparaît la plus grande cédraie d'Europe et, sous le col de la Frâche, une vaste forêt de hêtres.

Au nord, le paysage est plus sauvage et les perspectives sont nettement plus spectaculaires. Cette ancienne propriété des seigneurs de Beaumont, placée sous la tutelle de l'État à la Révolution, fut pendant longtemps la partie sombre du Ventoux, ignorée car trop pauvre et dépourvue d'intérêt. Entièrement déboisé en 1893, ce versant devra attendre bien des années avant de voir ses flancs reverdir.

Attention, il existe une différence de température (environ 10°C) avec la plaine.

Le vent souvent violent souffle en moyenne 130 jours par an et la neige peut bloquer les cols d'accès, en général fermés de mi-novembre à Pâques.

En **randonnée**, le GR®4 couvre tout le versant nord du Ventoux et rejoint, au mont Serein, le GR®9, qui continue sur Sault. Le versant sud est parcouru par le GR®91 depuis Bédoin.

Le Ventoux à vélo

Pour les cyclistes, le mont Ventoux est une légende. Il doit son aura aux courses mythiques qui s'y déroulent, à l'image du Critérium du Dauphiné, du Paris-Nice et, bien sûr, du Tour de France. Les arrivées au sommet, toujours spectaculaires, incitent de nombreux cyclistes à venir se frotter aux pentes du mont Chauve. Un "pèlerinage" qui attire chaque année près de 100 000 cyclistes. La route partant de Bédoin reste la plus emblématique et la plus utilisée par le Tour de France, ses 21,5 km et 1 610 m de dénivelé positif affichent une pente moyenne de 7,45%. Depuis Malaucène, l'ascension est à peine moins dur : 21 km pour une pente moyenne de 7,3%. L'ascension par Sault reste la plus facile mais aussi la plus longue avec 26 km et une pente moyenne à 4,7%.

Aujourd'hui, la vogue du vélo électrique permet à une nouvelle clientèle de s'élancer à l'assaut du mont Ventoux et la fréquentation des cyclistes ne tarit pas, bien au contraire. Avec la multiplication des boutiques de vélos (réparation, location, vente), les villages de Bédoin et de Malaucène profitent pleinement de la fascination qu'exerce le Ventoux.

Les passionnés de cyclisme pourront louer un vélo à **Bédoin Location** (☎04 90 65 94 53 ; www.bedoin-location.fr ; Le Cours, Bédoin) ou **Ventoux Bikes Cyclisme** (☎04 90 62 58 19 ; www.ventoux-bikes.fr ; 1 av. de Verdun, Malaucène) ou encore admirer les vélos et les maillots des plus grands cyclistes ayant grimpé le Ventoux (Merckx, Bobet, Virenque, Pantani, Froome...) au sympathique **musée de l'Histoire du vélo de compétition** (☎06 11 92 35 68 ; 119 rue du Marché-aux-Raisins, Bédoin ; tarif adulte/enfant 4 €/gratuit ; ⏲sam-dim avr-mai et sept-oct, tlj juin-août).

Pour des sensations fortes, contactez **Ventoux Parapente** (☎06 50 64 22 50 ; www.ventoux-parapente.com ; baptême 70 €).

L'hiver, le mont Ventoux permet aussi de skier. Sur le versant nord, la **station du Mont Serein** (☎04 90 63 42 02 ; www.stationdumontserein.com ; forfaits journée adulte/enfant 17,3/11,50 €), familiale et populaire, est la plus importante du Ventoux (9 remontées mécaniques, 12 km de pistes et 3 circuits de raquettes). Sur le versant sud, la **station du Chalet Reynard** (www.stationventouxsud.com ; forfait journée/demi-journée 12/10 €, enfant 8/6 € ; ⏲9h-17h mer, sam et dim, tlj pendant vacances scolaires) possède 2 remontées mécaniques, 7 pistes de ski, un espace de luge et un parcours de raquettes.

Infos pratiques

Pour le versant nord, contactez l'office du tourisme de Malaucène (p. 233). Pour le versant sud, celui de Bédoin (p. 229) ou de Sault (p. 237).

Où se loger et se restaurer

Sur le versant nord

Chalet Inter Club du Mont Ventoux (☎04 90 30 95 58, 07 69 24 78 18 ; www.chaletinterclub.com ; Mont Serein ; ch en demi-pension 70 €/pers ; P). Sous des airs de chalet massif, cet établissement propose des chambres fonctionnelles, propres et avec sdb. Demi-pension uniquement.

Sur le versant sud

Chalet Reynard (☎04 90 61 84 55 ; www.chalet-reynard.fr). Restauration rustique.

Vendran (☎04 90 60 29 25 ; sommet du mont Ventoux ; formules 10-20 €, plats 8-20 € ; ⏲tlj mi-avr à mi-oct). Restauration rustique, avec splendide panorama en sus.

Cyclistes au pied du mont Ventoux (p. 230)

les échoppes pour cyclistes se multiplient. Dans l'entrelacs de ruelles endormies se détache l'église Saint-Michel, du XIVe siècle. Sur la route menant au mont Ventoux (p. 230), à 1,5 km de Malaucène, la belle **source du Groseau** est un site parfait pour pique-niquer.

Où se loger et se restaurer

La Ferme du désert Chambre et gîte à la ferme €

(04 90 65 29 54 ; www.gite-vaucluse-ventoux.com ; route de Beaumont-du-Ventoux ; d/tr à partir de 2 nuits 60/75 €, gîte 420 €/sem ; P). Un petit bout du monde, perdu en pleine nature devant un panorama magnifique. Au milieu des oliviers et des arbres fruitiers, une vieille maison de pierres vous attend. Tentures et tissus chamarrés habillent les intérieurs au charme rustique. Cuisine à disposition.

Le Pont de l'Orme Restaurant et chambres de charme €€

(09 87 55 79 20 ; www.pontdelorme.com ; route de Suzette ; s/d/qua 95-115/105-165/105-185 € petit-déj inclus ; menus 19-38 € ; restaurant mar-sam, fermé déc-jan). Au bout d'une superbe allée d'ormes centenaires, cette ravissante adresse reprise par de nouveaux propriétaires en 2017 bénéficiait déjà d'une très belle réputation. La continuité est de mise côté cuisine : la carte propose des plats provençaux revisités (brochette de poulet grillé, sauge, citron vert, cochon du Ventoux aux olives de Nyons). Formule du déjeuner toujours très attrayante. La bastide abrite cinq chambres à la décoration sobre mais chic mêlant matériaux traditionnels (tomettes, moulures, beaux volumes) et touche de modernité. Soirée vin et tapas le dimanche soir. Prix des chambres revus à la hausse.

Domaine des Tilleuls Hôtel avec piscine €€

(04 90 65 22 31 ; www.hotel-domainedestilleuls.com ; route du Mont-Ventoux ; s/d/tr/qua 77-92/ 77-115/99-129/111-135 €, petit-déj 10-13 €, lodge 749-1043 €/sem ; P). Il faut franchir la grille de cette ancienne magnanerie pour oublier l'apparence massive des bâtiments et découvrir un parc plein de charme. Grands arbres, allée et piscine confèrent au lieu une certaine

poésie. Dans cette demeure, les chambres confortables aux salles de bains agréables sont empreintes d'une touche romantique un brin campagnarde. Au fond du parc également deux lodges, plus impersonnels mais impeccables, en location à la semaine. Accueil charmant.

Chez Laurette Provençal **€€€**
(04 90 65 24 88 ; 29 av. de Verdun ; menu midi/soir 20/37/42/56 € ; tlj sf dim). Une adresse chaleureuse et conviviale, à l'écart sur l'avenue de Verdun. Quelques tables posées sous un grand chêne permettent de déguster une bonne cuisine traditionnelle à base de produits du terroir et de saison. Plats végétariens pour les amateurs.

Activités

Spa Ventoux Provence Spa et soins
(04 90 37 05 49 ; spa-ventoux-provence.com ; rte de Beaumont ; entrée espace aqua-détente 31 € ; tlj 9-20h). Dans un écrin ultramoderne, une immense piscine chauffée, un sauna finlandais, un hammam, un jaccuzzi ou encore une une grotte à sel ainsi qu'une large gamme de soins (massages, cryothérapie...). Restaurant sur place.

Renseignements

Office du tourisme (04 90 65 22 59 ; www.ventouxprovence.fr ; cours des Isnards)

Vallée du Toulourenc

L'étroite vallée, qui s'étire entre Drôme et Vaucluse, a pour seule ligne directrice la rivière du Toulourenc. De chaque côté de la D40 qui la longe, des forêts montent la garde. Reilhanette et Brantes sont les rares villages alentour qui se distinguent face au "Géant". Il faut poursuivre jusqu'au bout de la vallée pour atteindre le village d'Entrechaux, plus animé. Les amateurs de randonnées pourront suivre le cours d'eau, qui se prête aussi à la baignade en rivière (non surveillée) : prenez la D40, puis la D40a en direction du hameau de Veau, au pont du Toulourenc. Des parkings (des deux côtés de la rivière) vous indiqueront les accès. Les routes de la vallée sont assez dangereuses... prudence donc en voiture ou à vélo !

Entrechaux

Dominé par un château (privé), Entrechaux est la porte d'entrée ou de sortie de la vallée du Toulourenc. Non loin du village se trouve le **pont des Trois Rivières** : la confluence du Toulourenc, de l'Ouvèze et de l'Aygues forme un minibarrage idéal pour une promenade ou une pause baignade.

Brantes

Avec ses maisons serrées les unes contre les autres et son entrelacs de ruelles, le minuscule village perché de Brantes a fière allure. Hier abandonnée, cette ancienne place forte a été depuis quelques années réinvestie et restaurée par des artistes et des artisans de qualité. Vous y trouverez notamment un atelier de faïence et un atelier de santons. Un joli **sentier botanique** (2,5 km, environ 1 heure 15 ; départ de la mairie de Brantes ; livret disponible à la mairie et à l'Auberge de Brantes, p. 234) a été aménagé et balisé sur le thème des "plantes médicinales et toxiques".

Reilhanette

Perché sur un promontoire entouré de montagnes vertes, le site est majestueux. En contrebas trône une église romane du XIIe siècle (remaniée vers 1700) dédiée à l'archange saint Michel. Dans un dédale de pierres, d'escaliers et de voûtes, la minuscule rue pavée au fier nom de "Grand'Rue" nous emmène jusqu'au faîte de ce surprenant village. Devant des ruines centenaires, faites une pause pique-nique face à un magnifique panorama.

Où se loger

Les adresses des villages de la vallée du Toulourenc sont rassemblées ci-dessous. Voir aussi l'Auberge d'Anaïs, page ci-contre.

Le Mas en Provence Chambres d'hôtes **€€**
(04 86 71 44 14, 06 60 31 55 32 ; www.lemasenprovence.com ; 188 chemin des

Trois-Cyprès, Entrechaux ; d avec petit-déj 105-135 € ;). Entourée d'oliviers, de vignes et de chênes truffiers, cette ferme charme par ses intérieurs provençaux élégants. Les quatre chambres sont soignées et raffinées ; demandez celle avec la vue sur le château d'Entrechaux ! Au-dehors, le jardin profite d'une belle piscine d'eau claire. Petits-déjeuners bio servis sous la tonnelle aux beaux jours, assiette gourmande (18 €) servis les lundis, mercredis et jeudis. Tarifs dégressifs à partir de trois nuits.

L'Oustau de la Font Hôtel **€€**

(04 75 28 83 77 ; www.oustaudelafont.com ; Reilhanette ; d/qua 79-97/85-105 €, petit-déj 11,50 € ;). Seule option au cœur de la vallée, cette adresse confortable est située dans le village de Reilhanette. Elle comporte six chambres, dont certaines profitent d'une terrasse. Une demi-pension est proposée au restaurant L'O des Sources (mêmes propriétaires), à 1,5 km de là, à Montbrun-les-Bains. Tout occupé à cette adresse, le personnel est un peu absent des lieux.

Où se restaurer

Le jardin singulier Café-librairie **€**

(06 15 52 51 77 ; www.editions-espritdeslieux.com ; Maison forestière de Chanteperdrix, D40, Saint-Léger-du-Ventoux ; avr-oct). Trois kilomètres avant le village de Brantes, cet endroit plein de poésie ouvert en 2019 propose en lisière de forêt installations de land art, exposition de photos en plein air et même quelques hamacs pour faire la sieste ! Dans l'ancienne maison forestière, vous trouverez une librairie et un espace restauration à base de produits locaux et de saison (tartes chaudes, salades, gâteaux maison).

L'Auberge de Brantes Auberge-restaurant **€**

(04 75 28 01 68, 06 44 26 77 76 ; Brantes ; d 63-68 €, petit-déj 6,50 € ; menus 16-25 € ; tlj été, tlj sf mar mars-sept, mer-dim oct-fév). Épicentre du village de Brantes, l'auberge propose une bonne cuisine maison, goûteuse et généreuse, servie sur une terrasse sous les canisses avec une belle vue. Également des chambres rustiques

Village de Brantes

EMMANUEL DAUTANT ©

avec salle de bains ou lavabo et toilettes sur le palier. Demi-pension possible.

Le Saint-Hubert Terroir **€€**
(☎04 90 46 00 05 ; restaurantsthubert.free.fr ; Entrechaux ; menu midi 15 €, soir 27,5-51 € ; ⏲tlj sf mar-mer, fermé fév à mi-mars). À l'ombre d'une treille et d'un vieux tilleul, ce restaurant, dans la même famille depuis les années 1920, privilégie une cuisine de terroir et les produits de la mer : bouillabaisse, coquillages, pigeon rôti, gibiers... Gentillesse de l'accueil.

L'Auberge d'Anaïs Hôtel-restaurant **€€**
(☎04 90 36 20 06 ; www.aubergeanais.com ; 132 chemin d'Anaïs, Entrechaux ; d/tr avec petit-déj 85-100/95-105 € ; menu midi 15,50 €, soir 20-24-28 € ; ⏲tlj sf mar-mer, également lun soir nov-jan, fermé déc à mi-mars ; 🏊 P). En pleine campagne, face aux vignes et sous les oliviers, la table de l'Auberge d'Anaïs jouit d'un cadre enchanteur. Dommage que la cuisine d'inspiration provençale servie ici ne soit pas toujours à la hauteur du cadre et verse parfois dans la facilité. Les sept chambres toutes simples sont aux couleurs de la région et profitent d'un beau jardin avec piscine.

ℹ Renseignements

Les offices du tourisme de Sault (p. 237) et de Montbrun-les-Bains, dans la partie Drôme de la vallée du Toulourenc, vous fourniront également des renseignements sur la vallée. Le point d'information touristique d'Entrechaux n'est ouvert que pendant la saison estivale.

Point d'information touristique d'Entrechaux
(☎04 90 12 89 94 ; www.vaison-ventoux-tourisme.com)

Office du tourisme de Montbrun-les-Bains
(☎04 75 28 82 49 ; www.baronnies-tourisme.com)

Pays de Sault et plateau d'Albion

Entre les contreforts du Ventoux, les monts de Vaucluse et la montagne de Lure, le pays de Sault s'unit au plateau d'Albion en un vaste territoire. Les champs de blé, entrecoupés de forêts de chênes, se mêlent au bleu de la lavande en fleur et dessinent un paysage de toute beauté. Dans ce pays de grands espaces, la nature est sans état d'âme, les hivers rudes et les villages rares. La culture de la lavande, celle des céréales et l'élevage de moutons mettent encore aujourd'hui en valeur ce territoire rural.

Sault

Blotti à l'est du Vaucluse, ce joli bourg médiéval est le village phare de la culture de la lavande. À 766 m d'altitude, un superbe panorama s'étend à ses pieds. En vous baladant, vous devinerez les vestiges d'un château féodal du XIIIe siècle et, un peu plus loin, l'église Notre-Dame-de-la-Tour, de style roman. Le 15 août se tient la fête de la Lavande, qui marque la fin des récoltes. Tous les mercredis a lieu le mythique marché provençal (depuis 1515 !).

La **distillerie de lavandes Aroma' Plantes** (☎04 90 64 14 73 ; www.distillerie-aromaplantes.com ; route du Mont-Ventoux ; ⏲tlj 10h-19h mai-sept, 10h-18h oct-avr) propose des visites guidées gratuites de l'exploitation, un espace muséal, des sentiers de découverte, ainsi qu'une petite boutique et un espace bar. En été, durant la récolte, sont organisées des "sorties lavande".

Un petit **Musée municipal** (☎04 90 64 02 30 ; rue du Musée ; entrée libre ; ⏲15h-18h tlj sf dim juil-août) rassemble des pièces archéologiques, une bibliothèque et quelques œuvres picturales.

Aurel

De Sault à Aurel, la D942 parcourt, sur 5 km, un environnement aux formes alanguies et aux larges horizons, semé de champs de lavande et de forêts de chênes. S'il ne reste à Aurel que quelques ruines, une tour de son château et une église romane du XIIe siècle, le cœur de ce minuscule village, construit à flanc de rocher, a conservé tout son charme.

Saint-Christol d'Albion

Dans les années 1960, le plateau d'Albion abritait une infrastructure militaire

EMMANUEL DAUTANT ©

Village d'Aurel

destinée à des missiles nucléaires, la base aérienne Apt–Saint-Christol. Après son démantèlement en 1996, le site a été repris par la Légion étrangère.

Le village est désormais surtout connu pour être un haut lieu de la spéléologie. L'association **Accueil spéléologique du plateau d'Albion** (☎ 04 90 75 08 33 ; www.aspanet.net ; rue de l'Église ; lit 13,50 €, sortie à partir de 35 €/pers) constitue une adresse de référence : gîte d'étape, c'est aussi un rendez-vous des spéléologues. Le plateau d'Albion et les monts de Vaucluse comptent en effet de nombreux sites d'exploration, incluant gouffres et galeries. Depuis le centre du bourg, un parcours fléché de 2,5 km permet de surplomber l'entrée de trois avens, dont l'un en liaison avec la mystérieuse fontaine de Vaucluse (voir p. 213).

Dans le village se trouve également le récent **musée Marceau-Constantin** (☎ 06 84 37 96 76 ; www.musee-marceau-constantin.com ; Le Cours ; 2 €, gratuit -18 ans ; 🕒 mer-dim 15h-18h mi-juin à sept, sur rdv reste de l'année) qui expose les œuvres de cet artiste natif du village.

Activités

Ventoux Passion nature — Randonnée

(☎ 06 58 29 43 10 ; www.randonnee-vaucluse.org ; rue de la République, Sault). Sous la houlette de Daniel Villanova, accompagnateur en montagne, cette structure propose une vaste gamme de randonnées thématiques autour du Ventoux et du pays de Sault. Parmi les thèmes de randonnée : les plantes médicinales et culinaires, lever et coucher du soleil sur le Ventoux, aquarando dans le Toulourenc, brame du cerf...

Albion Cycles — Location de vélos

(☎ 04 90 64 09 32 ; www.albioncycles.com ; route de Saint-Trinit, Sault). Pour explorer les champs de lavande autour de Sault ou partir à l'assaut des contreforts du Ventoux, location de vélo de route, VTT, VTC et vélo à assistance électrique.

Où se loger et se restaurer

Les adresses du pays de Sault sont rassemblées ci-dessous :

Hôtel Le Louvre Hôtel-restaurant €
(☎04 90 64 08 88 ; www.louvre-provence.com ; pl. du Marché, Sault ; d/tr 82/89 €, petit-déj 12 € ; menus 19/25/39,5 € ; ⏲fermé mi-oct à mi-avr ; 📶). Au cœur de Sault, sur une ravissante placette, cet hôtel accueillant et bien tenu dispose de 16 jolies chambres de style traditionnel (pas de TV), certaines avec balcon. Restauration maison de qualité.

Le Relais du mont Ventoux Chambres d'hôtes – restaurant €
(☎ 09 86 38 67 90 ; www.relais-du-mont-ventoux.com ; Aurel ; d avec petit-déj 75 €, demi-pension 24,5 €/pers ; menus 16-25 € ; ⏲fermé mi-nov à mi-mars ; 📶). Améliorées d'année en année, les chambres de cet ancien relais de poste, en contrebas du village d'Aurel, déclinent un style montagnard tempéré par des tissus chamarrés et de multiples coussins. Accueil chaleureux et restauration correcte au rez-de-chaussée à **La Table d'Audrey**.

Hôtel d'Albion Fonctionnel €
(☎04 90 64 06 22 ; www.hotel-sault-ventoux.com ; av. de l'Oratoire, Sault ; d/tr 65-70/85 €, petit-déj 8 € ; 📶). Accueil attentionné pour cet hôtel certes un peu désuet, mais propre et fonctionnel. Chambres côté rue ou côté cour, toutes avec salle de bains et TV.

Hostellerie Val de Sault Hôtel de luxe €€€
(☎04 90 64 01 41 ; www.valdesault.com ; route de Saint-Trinit, Sault ; d/ste 90-170/230-280 €, petit-déj 21 € ; ⏲fermé nov-mars ; ❄ 🏊 📶 🅿). C'est l'adresse haut de gamme de la région, néanmoins en perte de vitesse. Belles chambres et suites, piscines extérieure et intérieure, salle de gym, Jacuzzi, restaurant gourmet et accueil attentionné. L'ensemble est peu entretenu pour un quatre-étoiles : guettez les offres promotionnelles (fréquentes) pour bénéficier d'un meilleur rapport qualité/prix.

ℹ Renseignements

Office du tourisme de Sault (☎04 90 64 01 21 ; www.ventoux-sud.com ; av. de la Promenade, Sault). Propose des topo-guide de randonnée et des brochures sur la région et vous renseignera sur les villages d'Aurel et de Saint-Christol-d'Albion.

Gorges de la Nesque

Classées réserve de biosphère par l'Unesco en 1990, les gorges de la Nesque relient le pays de Sault à la plaine de Carpentras et forment un site spectaculaire. Courant sur 70 km avant de se jeter dans la Sorgue, la rivière traverse un paysage de falaises calcaires grandiose.

La descente depuis Sault jusqu'à Mormoiron via Monieux, par la D942, est de toute beauté. Une stèle dédiée à Frédéric Mistral a été placée sur le **belvédère du Castelleras**, face au rocher du Cire (872 m) décrit par le poète. De Monieux, la D96, puis la D5, jusqu'à Méthamis, dessinent encore d'autres points de vue. Des **sentiers de randonnée** permettent également d'appréhender les gorges en longeant la rivière et de voir la **chapelle troglodytique de Saint-Michel**.

Monieux

Ce hameau, arrimé au flanc sud-est de la montagne, marque l'entrée des gorges de la Nesque (à 6 km de Sault). Dans ses ruelles en calade empreintes d'un irrésistible charme bucolique, vous apercevrez de belles maisons des XVIIe et XVIIIe siècles, ainsi que l'église Saint-Pierre. La localité s'est spécialisée dans la culture du petit épeautre.

Le **musée de la Truffe du Ventoux** (☎04 90 64 14 14 ; pl. Jean-Gabert ; ⏲avr-sept tlj 9h-12h et 14h-17h30, oct-mar lun-ven 9h-12h et 14h-17h30) relate l'histoire de la rabasse (truffe noire), ses provenances, ses méthodes de récolte et sa rencontre avec l'art culinaire.

Blauvac

À 3 km de Méthamis, Blauvac est un autre minuscule hameau perché sur une crête s'ouvrant sur un panorama intéressant, englobant le mont Ventoux et les premiers contreforts du plateau de Vaucluse.

À environ 1 km à l'est du village, la **chapelle Notre-Dame-des-Neiges**, du XIe siècle, fait face au "Géant".

Activités

Ventoux Aventure Accrobranche et tyrolienne
(☎04 90 61 98 67 / 06 14 02 46 77 ; www.ventouxaventure.com ; 920 chemin des Salettes, Mormoiron ; grand parcours/miniparc/pitchoun 19/12/8 € ; ⏲9h-17h tlj juil-août, uniquement week-end et vacances scolaires avr-sept). Le plus grand parc d'Accrobranches de la région déploie, sur 4 ha, plusieurs parcours adultes (environ 3 heures) de différents niveaux, incluant des tyroliennes jusqu'à 150 m de longueur. Également un miniparc pour les enfants à partir de 6 ans et un parcours "pitchoun" à partir de 3 ans.

Où se loger et se restaurer

Les Lavandes Semi-gastronomique **€€€**
(☎04 90 64 05 08 ; www.restaurant-les-lavandes.fr ; pl. Léon-Doux, Monieux ; plats 22-29 €, formule midi 26 €, soir menu 45,50 € ; ⏲tlj juin-août, tlj sf dim soir et lun sept-mai). Autour de la fontaine du village ou en salle, une table d'excellente réputation qui met en avant les spécialités de la région. On vous proposera des plats jouant avec les saveurs locales comme l'agneau, le petit épeautre, la truffe ou le cochon du Ventoux.

Renseignements

Office du tourisme de Monieux (☎04 90 64 14 14 ; pl. Jean-Gabert ; www.ventoux-sud.com). Dans le même bâtiment que le musée de la Truffe du Ventoux.

HAUT VAUCLUSE

Entre garrigue, forêts et champs de vignes, le paysage vallonné dessine des courbes sensuelles, couronnées d'un diadème de pierres au relief acéré : les Dentelles de Montmirail. Bijoux d'architecture médiévale, les villages de Gigondas, Séguret, Sablet ou Beaumes-de-Venise viennent en point d'orgue à cette parure naturelle. Il fait bon s'attarder sur ces

Gorges de la Nesque (p. 237)

terres tranquilles, encore préservées d'un trop grand afflux touristique. Ici, la bonne chère s'unit avec délice aux bons vins, tandis que les chemins de traverse invitent aux joies de la randonnée, de l'escalade... ou du farniente ! Non loin, Vaison-la-Romaine affiche un patrimoine antique exceptionnel : les sites archéologiques de la ville basse témoignent d'un glorieux passé romain. De l'autre côté de l'Ouvèze, accrochée à la roche, la ville haute offre une pérégrination à travers les siècles.

Vaison-la-Romaine

Ce sont avant tout les sites antiques qui attirent les visiteurs à Vaison-la-Romaine. Séparées par l'Ouvèze, rivière impétueuse dont les crues sont surveillées, ville basse et ville haute incarnent deux identités bien distinctes, liées par le pont gallo-romain. Animation et urbanisation règnent dans la ville basse, construite par les Romains dès le IIe siècle avant J.-C. Silence, unité de style et points de vue sur la plaine prédominent dans la ville haute, d'époque médiévale. Accrochée à la roche, son dédale de calades s'étire jusqu'aux vestiges du château fort des comtes de Toulouse, refuge de la population au XIIIe siècle (attention, ça grimpe !).

Tous les trois ans ont lieu les Choralies, un célèbre festival international de chant.

Histoire

Vaison-la-Romaine, de son nom antique Vasio, était la capitale celto-ligure des Voconces. Après les conquêtes romaines du IIe siècle av. J.-C., elle obtint le statut privilégié de cité fédérée (et non de colonie), conservant ainsi une large autonomie. La cité prospéra et devint, au IIe siècle, l'une des villes les plus riches de la Narbonnaise, province romaine. Après la chute de l'Empire, la ville fut dirigée par des évêques avant de tomber aux mains des comtes de Toulouse, qui édifièrent, au XIIe siècle, un château fort. Devenue territoire pontifical en 1274, la ville fut finalement rattachée à la France en 1791.

À voir

Puymin et la Villasse — Vestiges gallo-romains

(04 90 36 50 48 ; pl. Burrus ; pass tous monuments 24h tarif plein/réduit 9/4 €, gratuit -11 ans ; tlj 9h30-18h30 juin-sept, jusqu'à 18h avr-mai, 10h-12h et 14h-17h30 mars et oct, 10h-12h et 14h-17h nov-fév, fermé jan). À partir de 1907, l'abbé Joseph Sautel entreprit un travail archéologique et mit au jour ces deux sites, dont l'importance fut jugée si grande que la ville de Vaison prit la dénomination "la Romaine" en 1924. Couvrant 15 ha, le site de Puymin est le plus vaste site archéologique français. Il abrite un **théâtre antique** de 6 000 places, construit au Ier siècle et d'un diamètre de 96 m. Dans les deux anciens quartiers romains se dessinent les ruines de riches demeures, des thermes et le tracé des rues commerçantes. Les résultats des fouilles sont présentés au **musée archéologique Théo-Desplans** (entrée incluse dans le pass).

Quartier médiéval — Promenade

Pour accéder à la ville haute, on traverse tout d'abord le **pont gallo-romain** du Ier siècle. Sinistrement célèbre pour les dommages de la crue de 1992 (le niveau atteint par l'eau est visible sur la façade de la première maison avant le pont), il a été depuis restauré.

De l'autre côté se dressent les **remparts** de la ville haute et son **beffroi**, surmonté d'un campanile. Vous suivrez alors un circuit balisé au gré des calades, parsemé de placettes, de fontaines et d'hôtels particuliers. Notez l'**hôtel Fabre de Saint-Véran** ou la **chapelle de la confrérie des Pénitents-Blancs**. Vous déboucherez ensuite sur la **place du Vieux-Marché**, qui accueillit ledit marché de 1883 jusqu'à la fin du XIXe siècle et qui comporte une belle fontaine du XVIIIe siècle. Montez encore jusqu'aux vestiges du **château**, d'où la vue est splendide, et arrêtez-vous en redescendant à l'**église-cathédrale**, du XIIIe siècle.

PIERRE VIOLET/ADOBE STOCK ©

MANGALLYPOP@ER/ADOBE STOCK ©

De gauche à droite : cloître de la cathédrale de Vaison-la-Romaine ; pont gallo-romain ; vestiges gallo-romains

Cathédrale Notre-Dame-de-Nazareth Art roman

(av. Jules-Ferry ; entrée libre ; tlj 9h30-18h avr-sept, se renseigner le reste de l'année, cloître fermé nov-début mars). Dans la ville basse, la cathédrale et son cloître comptent parmi les plus beaux édifices romans de Provence. En prenant le joli chemin du Bon-Ange, vous accéderez à la **chapelle Saint-Quentin** dont l'abside triangulaire date du XIIe siècle.

Jardin des Neuf Damoiselles Jardin poétiqe

(av. de Martigny ; accès libre). Sur la route d'Orange, à environ 1 km de la ville, vous trouverez cette œuvre d'art insolite. Ce jardin constitué de 81 pierres, érigées en un cercle concentrique et gravées de citations poétiques du monde entier, a été créé en l'an 2000 afin de réhabiliter le site frappé par la crue de l'Ouvèze de 1992.

Activités

Oxygène Parc Aventure Parc de loisirs

(06 50 67 75 75 ; www.parc-aventure-vaison.com ; av. César-Geoffray ; 3-12 ans/+12 ans 18/13 € ; juil-août 10h-19h, avr-oct week-end et jours fériés 10h-18h). Huit parcours dans les arbres mais aussi tyrolienne géante, slackline, mur d'escalade, le tout en bord de rivière.

Observatoire de Vaison Astronomie

(07 88 37 08 75 ; www.observatoiredevaison.com ; D51 ; veillée adulte/enfant 15/10 €). Tout au long de l'année, des soirées d'observation des étoiles sont organisées par une équipe de passionnés. Également des stages pour adultes et enfants.

Où se loger

Ville haute

L'Évêché Chambres d'hôtes **€€**

(04 90 36 13 46 ; eveche.free.fr ; rue de l'Évêché ; d/ste avec petit-déj 100-160/125-175 € ; wifi). Ancien hôtel épiscopal, ce bâtiment du XVIe siècle a fière allure. Espace salon et bibliothèque, ainsi que chambres et suites dégagent une atmosphère feutrée et élégante. La vue depuis les terrasses est splendide. Vélos à disposition.

PIERRE VIOLET/ADOBE STOCK ©

Hostellerie Le Beffroi Hôtel avec piscine €€

(☎ 04 90 36 04 71 ; www.le-beffroi.com ; 2 rue de l'Évêché ; d/tr 76-195/150-230 €, petit-déj 12 €, menu midi 24 €, soir 32 € ; fermé fév-mars ;). Avec son jardin aromatique, son restaurant panoramique **La Fontaine**, sa piscine et ses hôtels particuliers des XVIe et XVIIe siècles, le Beffroi a fière allure. Escaliers à vis, couloirs sombres et lits hauts rappellent les anciennes demeures bourgeoises : une certaine austérité de la vieille France qui en oublie parfois d'être douillette. Garage payant (12 €), demi-pension possible.

Ville basse

Les Tilleuls d'Élisée Chambres d'hôtes €

(☎ 04 90 35 63 04 ; www.vaisonchambres.info ; 1 av. Jules-Mazen, chemin du Bon-Ange ; d/tr/qua avec petit-déj 65-80/95-115/110-120 € ; P). À quelques minutes à pied du centre-ville, cette bastide de pierre aux volets bleus se cache à l'ombre des tilleuls. Ses cinq chambres agréables, au style provençal, sont très bien tenues. Excellent rapport qualité/prix. Pas de carte bleue.

Hôtel Burrhus Contemporain €

(☎ 04 90 36 00 11 ; www.burrhus.com ; pl. Montfort ; d 65-110 €, app 120-140 €, petit-déj 9 € ;). Orné d'œuvres d'art contemporain, cet hôtel au style dépouillé alterne tons gris souris, bleu marine et ocre. Mobilier post-années 1960 et sol en tomettes ou jonc de mer dans les chambres. Ambiance agréable et belle terrasse à l'ombre d'un platane qui surplombe la place.

Dans les environs

Le Jour et La Nuit Chambres d'hôtes design €€

(☎ 06 80 48 66 47 ; www.journuitvaison.fr ; quartier Le Plan, Vaison ; d avec petit-déj 90-125 € ; P). Au milieu des vignes à 3 km de Vaison, cette maison de pierre révèle un bel accord entre ancien et moderne. Contemporaines et colorées, les chambres lumineuses et tout confort invitent à s'attarder, de même que la magnifique piscine.

L'École Buissonnière Chambres d'hôtes €

(☎ 04 90 28 95 19 ; www.buissonniere-provence.com ; D75, Buisson ; s/d/tr/qua avec petit-déj

57-60/
67-83/85-100/105-113 € ;). À 7 km de Vaison, vous serez chaleureusement reçu par Monique et John dans leur maison conviviale. Les chambres sont spacieuses et harmonieuses. Petit-déjeuner avec confitures maison, cuisine à disposition et bassin de nage dans le jardin.

Où se restaurer

Ville haute

Bistrot du O' Cuisine de chef **€€€**
(04 90 41 72 90 ; www.bistroduo.fr ; rue Gaston-Gévaudan ; menus midi 28 €, soir 43-73 € ; tlj sf dim et lun). Après plusieurs reprises, ce restaurant semble avoir retrouvé un bon niveau grâce au chef Philippe Zemour. La cuisine de saison, soignée et inventive, est servie dans un cadre actuel et épuré. Située en bas de la ville haute, l'adresse est facilement accessible.

Ville basse

La Lyriste Provençal **€**
(04 90 36 04 67 ; 45 cours Taulignan ; menus midi 11, 14,50 €, soir 29 €, plats 17,50-26,50 € ; tlj sf dim et lun). Certainement l'un des meilleurs rapport qualité/prix des environs. Une cuisine alliant plats du terroir – rognons de veau à la vigneronne, pintade rôti sauce madère abricot et farigoule – à des planches de charcuterie et de fromage à déguster dans une charmante petite salle ou en terrasse.

La Bartavelle Traditionnel **€€**
(04 90 36 02 16 ; www.restaurant-bartavelle.fr ; 12 pl. Sus-Auze ; menus midi 17 €, soir 23-30-39 € ; tlj sf ven midi, dim soir et lun). Niché derrière la place Montfort, ce restaurant convivial entièrement rénové, à la déco pagnolesque et contemporaine, jouit d'une bonne réputation avec sa cuisine de terroir. Agréable terrasse à l'ombre de joncs de mer.

Le Bateleur Cuisine de chef **€€€**
(04 90 36 28 04 ; www.restaurant-lebateleur.com ; 1 pl. Théodore-Aubanel ; menus midi 19-23 €, soir 39-59 € ; mar-sam). Dans une salle contemporaine avec vue sur l'Ouvèze, Adriana et Nicolas le chef vous concoctent une cuisine soignée, qui revisite certains classiques régionaux et s'ouvre sur d'autres saveurs méditerranéennes. Une valeur sûre.

O'Natur'elles Local et bio **€**
(04 90 65 81 67 ; pl. Montfort ; menu midi 18 €, assiettes 10-20 € ; midi lun-sam). Avec sa cuisine à base de produits bio, cette adresse installée sur la place Monfort ne désemplit pas. Dans une salle ornée d'œuvres d'art ou en terrasse, on déguste des assiettes copieuses (italiennes, printanières...), quelques plats chauds (ravioles, camembert au four), des plats végétariens et végans.

Dans les environs

La Fleur bleue Cuisine inventive et gîtes **€€**
(04 90 36 23 45 ; www.lafleurbleue.fr ; Crestet ; menus midi 15 €, soir 24-38,50 € ; tlj sf mer, dim et sam midi). Une adresse que l'on adore : gentillesse de l'accueil, délicatesse d'une décoration chinée et, surtout, une cuisine à la fois simple et très inventive, mitonnée avec des produits ultrafrais et locaux. Également deux gîtes, ravissants et rustiques, en location à la semaine (550-675 €/sem).

Le Girocèdre Grillades **€€**
(04 90 46 50 67; www.legirocedre.fr ; montée du Portalet, Puyméras ; formules midi 17-19 €, plats 20-23 €, menu 29 € ; tlj sf lun et mar midi). Poissons sauvages et viandes grillées au feu de bois se dégustent sous une cascade de vignes, dans un cadre bucolique à souhait. Réservation conseillée.

La Belle Étoile Fusion **€€**
(04 90 37 31 45 ; 1234 rte des Prince-d'Orange, Roaix ; formules midi 21 €, plats 22-27 € ; ven-mer, fermé jan-mars). Quelques notes de musique et des plats d'inspiration brésilienne (le patron tenait un restaurant au Brésil), une décoration faisant la part belle aux tons pastel, une cuisine inventive mélangeant volontiers le sucré et le salé (agneau de Provence confit à l'orange et aux épices, magret de canard en croûte d'abricot, sardines farcies au caviar de tomates) font de cet établissement une

Dentelles de Montmirail

adresse plus que recommandable à l'âme voyageuse. Agréable patio.

Renseignements

Office du tourisme (☎04 90 36 02 11 ; www.vaison-ventoux-tourisme.com ; pl. du Chanoine-Sautel)

Dentelles de Montmirail

On aperçoit de loin leurs crêtes ciselées. À 735 m d'altitude, les Dentelles dressent dans le paysage vallonné une couronne de roches cisaillées, tranchantes, presque féroces. En venant d'Orange, la perspective de cette collerette grise, surpassée par l'imposante silhouette du Géant à tête blanche (le Ventoux), est de toute beauté. C'est donc presque avec surprise qu'en approchant ces dents abruptes on leur découvre un aspect plus amical. De près, elles perdent un peu de leur superbe en devenant un terrain de jeu pour la randonnée ou l'escalade. Gigondas, Séguret ou Sablet respirent une certaine douceur de vivre. Sur l'autre versant, la route de Malaucène à Beaumes-de-Venise, via Suzette, déroule d'impressionnantes perspectives : entre le Ventoux qui s'éloigne et les Dentelles qui se découpent, les collines alternent vignes, forêts et oliviers.

Activités

La région se prête particulièrement aux **balades à vélo**. Des itinéraires tous niveaux autour de Vaison-la-Romaine et des Dentelles de Montmirail sont détaillés sur le site www.provence-a-velo.fr.

Pour les grimpeurs, les Dentelles offrent 600 voies et constituent pour les débutants un bon terrain d'apprentissage de l'**escalade**. Un topo-guide les recensant est disponible dans les offices du tourisme (17 €). Vous pouvez aussi contacter Régis Leroy, de **Roc'Dentelles** (☎07 77 31 69 60 ; www.rocdentelles.com ; rue des Quatre-Maires, Gigondas).

Au départ de Suzette et de Gigondas, de belles randonnées sont à faire au pied des Dentelles. Des fiches rando et des topo-guides sont disponibles dans les offices du tourisme.

SI VOUS AIMEZ...
Le vin

Dans le Vaucluse, la culture viticole est, plus qu'un art de vivre, un caractère. Voici quelques sites :

- **Vacqueyras** Les **Vignerons de Caractère** (04 90 65 84 54 ; www.rhonea.fr ; route de Vaison-la-Romaine ; tlj) rassemblent plus de 80 familles de vignerons autour d'une démarche de développement durable. Espace dégustation-vente, visite de caves et promenade à travers les vignes.
- **Beaumes-de-Venise** Cette appellation produit un vin doux naturel à partir de muscat blanc à petit grain, à siroter à l'apéritif. La cave **Balma Vénitia** (04 90 12 41 00 ; www.rhonea.fr) propose diverses formules de découverte du terroir.
- **Cairanne** La **maison Camille Cayran** (04 90 30 82 05 ; www.cave-cairanne.fr ; route de Bollène, Cairanne ; visite libre ; tlj mi-juin à mi-sept 9h-18h, mi-sept à mi-juin 9h-11h30 et 14h-17h), qui regroupe les vignerons de Cairanne, propose une excellente introduction à la culture de la vigne dans la basse vallée du Rhône qui mettra en émoi vos cinq sens grâce à un parcours sensoriel. Visite suivie d'une dégustation.

Gigondas

Le village, qui a fait partie de la principauté d'Orange pendant près de huit siècles, a de tout temps été viticole (ci-dessus). Flânez dans les ruelles, longez l'enceinte fortifiée et montez jusqu'au parvis de l'église : la vue est superbe. Des vestiges du château féodal et de l'ancien hospice (1678) sont encore visibles. Dans le haut du village, un **cheminement de sculptures contemporaines** renouvelé chaque année depuis 1994 (accès libre ; gigondas-sculptures.com ; 11h-12h30 et 14h-18h) a été aménagé.

Où se loger et se restaurer

Carré Gourmand Petite restauration €
(04 90 37 11 28 ; rue du Corps-de-Garde ; plats environ 10 € ; 10h-18h tlj juil-août, fermé lun hors saison, fermé jan-mars). Une adresse charmante dans une ruelle grimpante. L'esprit déco est sympathique et la petite restauration, alléchante : plats du jour, gâteaux maison, glaces artisanales et formule salon de thé.

Gîte d'étape des Dentelles Gîte €
(04 90 65 80 85 / 06 10 26 98 33 ; www.gite-dentelles.com ; faubourg des 4-Maires ; dort/ch 18/20 €/pers, draps 4 €). Avec deux dortoirs de 13 lits, 10 chambres doubles et une chambre triple, ce gîte d'étape est très bien tenu. Sanitaires communs impeccables, cuisine bien équipée à disposition et vaste salle à manger avec terrasse.

L'Oustalet
Cuisine de chef et chambres €€€
(04 90 65 85 30 ; www.loustalet-gigondas.com ; pl. du Village ; d/ste 130-180/170-210 €, petit-déj 15 € ; plats 25 €, menus midi 36 €, soir 42/46 € ; tlj sf dim-lun). Un rien branchée et décontractée : voici l'adresse chic du coin. Son jeune chef y concocte des mets raffinés. Agréable terrasse, service attentif et belle carte des vins (menu accords mets et vins possible). Pour se loger, trois belles chambres, sobres, chics et confortables, sises dans une belle maison de village à 100 m du restaurant.

Les Florêts Hôtel-restaurant €€€
(04 90 65 85 01 ; www.hotel-lesflorets.com ; route des Dentelles ; d 90-180 €, petit-déj 17 € ; menus midi 26-29 €, soir 43 € ; fermé jan-fév ; P). Pour côtoyer les Dentelles au plus près, dans un site exceptionnel. Les chambres arborent un style provençal

GMOULART/ADOBE STOCK ©

Gigondas

et, au-dessus de la bâtisse principale, des petites maisons claires comptent quatre chambres avec terrasse, juste à côté de la piscine. Bonne table sur place.

Renseignements

Office du tourisme de Gigondas (04 90 65 85 46 ; ventoux-provence.com ; rue du Portail)

Sablet

La physionomie circulaire de ce village viticole est assez amusante. Au centre de ces circonvolutions se trouvent l'église du XIIe siècle et une table d'orientation. Les remparts et les tours sont du XIVe siècle.

Où se restaurer

Dans les environs

Campagne, Vignes et Gourmandises Cuisine de chef €€

(04 90 63 40 11 ; www.restaurant-cvg.com ; route de Suze-la-Rousse, Sainte-Cécile-les-Vignes ; menus midi 20 €, soir 26/33/42 € ; tlj sf lun en saison, tlj sf dim soir, lun et mar hors saison). C'est chic, tendance, léger et ça plaît. Les échos sont élogieux sur cette adresse au nom sympathique. Les mets délicats se dégustent dans une salle actuelle ou en terrasse, à l'ombre d'un grand mûrier.

Le Tourne au Verre Bistronomique €€

(04 90 30 72 18 ; www.letourneauverre.com ; 5 route de Carpentras, Cairanne ; menu midi 17/18,5 €, plats 16-27 € ; tlj sf dim soir et lun). Menu unique à l'ardoise pour ce bistrot convivial, tout à fait dans l'air du temps : salle actuelle et colorée, terrasse décontractée et ombragée, cuisine goûteuse et de marché. Aïoli les vendredis.

Coteaux et Fourchettes Gastronomique €€€

(04 90 66 35 99 ; www.coteauxetfourchettes.com ; croisement de la Courançonne, Cairanne ; menus midi 22-28 €, soir 33-79 € ; tlj sf jeu sauf juil-août). Une des meilleures adresses gastronomiques de la région. Installé dans un décor feutré et sophistiqué, entouré d'un service prévenant, on déguste des mets soignés, parfaitement maîtrisés, jonglant avec les saveurs méditerranéennes. Plus de 500 références de vins !

VAUT LE DÉTOUR

L'Enclave des Papes

Situé dans la Drôme, cet îlot de 21 km de longueur sur 24 km de largeur fait en réalité partie du Vaucluse. Son histoire commence en 1317, lorsque le Saint-Siège, installé à Avignon, décide d'étendre son domaine aux villages alentour afin de garantir aux finances pontificales des revenus supplémentaires. Lors de la création des départements (1790), Richerenches, Valréas, Grillon et Visan se prononcent pour un rattachement au Vaucluse, tout en souhaitant conserver le nom d'Enclave des Papes.

Valréas

Capitale de l'Enclave, Valréas domine un paysage de plaine. Son patrimoine compte de beaux édifices, comme l'**église Notre-Dame-de-Nazareth**, le **château de Simiane** (l'actuel hôtel de ville) et la **chapelle des Pénitents-Blancs**. Le **musée du Cartonnage et de l'Imprimerie** (04 90 35 58 75 ; 3 av. Maréchal-Foch ; tarif plein/réduit 5/3 €, gratuit -18 ans ; tlj sf mar et mer avr-oct 10h-18h) revient sur ce savoir-faire local, renommé depuis le XIXe siècle.

Richerenches

Ce charmant village aux enceintes bien conservées, où pointent quatre tours du XVIe siècle, est lié à l'ordre des Templiers qui s'y était installé au XIIe siècle. De mi-novembre à début avril, la saison des truffes anime le village : le **marché aux truffes** (réservé aux professionnels) du samedi matin est l'un des plus importants de la région. Un **musée de la Truffe et du Vin** (04 90 28 05 34 ; www.richerenches.fr ; pl. Hugues-de-Bourbouton ; entrée libre ; lun-ven 13h-17h30 sam 9h-12h30) permet de mieux connaître cet or noir. Deux adresses pour s'en délecter : l'**Escapade** (04 90 28 01 46 ; www.alescapade.com ; 247 av. de La Rabasse ; menus 30-40 € ; tlj sf lun et mar) et **O Rabasse** (09 52 97 34 93 ; www.orabasse.com ; 5 pl. de la Pompe ; menus midi/soir 29-33/50-120 € ; jeu-lun avr-oct, jeu-dim nov-mars), plus gastronomique.

Visan

Entouré de vignes, ce village garde les vestiges d'un château du XIIe siècle. Derrière ses portes fortifiées du XIVe siècle, ses ruelles, parfois très pentues, dévoilent de belles demeures du XVIe au XVIIIe siècle. Ne manquez pas la **chapelle Notre-Dame-des-Vignes**, à la sortie du village. Pour se restaurer dans le village, direction **Les Troubadours** (04 90 41 98 60 ; www.lestroubadours.fr ; pl. Humbert-II ; menus midi 15-17 €, soir 19-32 € ; avr-sept jeu-mar midi, nov-mars ven-mar).

Grillon

Ce charmant village médiéval a conservé ses anciens remparts et ses ruelles pavées. Arrêtez-vous devant la tour de l'Horloge et le beffroi.

Infos pratiques

Office du tourisme de Valréas 04 90 35 04 71 ; www.grignanvalreas-tourisme.com ; av. Maréchal-Leclerc

Séguret

Superbement restauré, Séguret est un village bien léché. Le long des ruelles pavées, étroites et pentues, se sont installés restaurants, boutiques d'artisanat et galeries. La rue des Poternes, avec la **fontaine des Mascarons** (XVe siècle) et le beffroi, est l'artère principale du village. Passé la voûte, elle se prolonge jusqu'à la porte des Huguenots (XIVe siècle). Depuis la place entourant l'église Saint-Denis (XIIe siècle), le panorama sur les vignobles est de toute beauté.

Où se loger et se restaurer

Le Patio des Vignes Chambres d'hôtes €€€

(04 90 65 47 96 / 06 78 33 37 98 ; patiosdesvignes.com ; route de Sablet ; d avec petit-déj 100-150 € ;). Cette maison lumineuse et contemporaine offre quatre belles chambres et suites, chaleureusement décorées. Un confort haut de gamme, de beaux points de vue sur les villages de Sablet et de Séguret et une superbe piscine chauffée donnant sur les Dentelles !

La Maison d'Églantine Petite restauration €

(04 90 46 81 41 ; rue des Poternes ; plats 10-15 € ; midi tlj, fermé jan-mars). Face à la fontaine, ce salon de thé au charme suranné propose quelques tartes salées, des gourmandises maison, des spécialités sans gluten, de bonnes glaces artisanales et une large sélection de thés. Pas de carte bancaire.

Côté Terrasse Restaurant avec vue €€

(04 90 28 03 48 ; rue des Poternes ; menus 18-28 €, plats 15-28 € ; tlj sf lun). La terrasse panoramique est bien sûr l'atout fort de cette adresse, qui propose des mets plutôt classiques en portions généreuses. Rien d'exceptionnel dans la cuisine, mais l'ensemble est agréable.

Montmirail

Le hameau fut rendu célèbre par l'eau verte de sa source, réputée pour ses vertus purgatives. Ouvert en 1875, un vaste établissement thermal connut un grand succès jusque dans les années 1920, avant de fermer vers 1950. Un sentier permet de découvrir les fontaines, aujourd'hui encore alimentées par cette eau sulfurée.

Beaumes-de-Venise

Beaumes-de-Venise est réputé pour son cru de muscat, un vin doux naturel très prisé des connaisseurs (p. 244). Protégé du mistral par les Dentelles, le village roucoule sous le soleil. Entre les anciennes murailles, les ruelles, en escalier sur les roches, mènent à de charmants points de vue. Sur les hauteurs du village, la chapelle Notre-Dame d'Aubune, joyau de l'art roman cerné de vignes, offre un cadre enchanteur et un beau panorama des environs.

Où se loger et se restaurer

Auberge Saint-Roch Chambres d'hôtes € et restaurant-

(04 90 65 08 21 ; www.auberge-saintroch-84.fr ; 9 route des Carombs ; d avec petit-déj 69 € ; plats 17-25 €, menus 25-38 € ; tlj sf jeu ;). Une cuisine traditionnelle revisitée, savoureuse et ensoleillée, servie avec attention. Un prix très doux pour la qualité. Chambres très sobres à l'étage, mais bien tenues.

Dans les environs

La Ferme des Sablons Chambres d'hôtes €€

(04 90 65 53 41, 06 82 37 35 03 ; www.lafermedessablons.fr ; 902 route des Hautes-Ribes, Sarrians ; d avec petit-déj 80-95 € ;). Un coup de cœur, et sans doute le meilleur rapport qualité/prix de toute la région. On aime cette maison discrète et son jardin aux essences méditerranéennes (olivier, figuier, arbousier, cyprès, magnolia..), sa piscine et ses trois chambres à la déco inventive et aux tonalités colorées. Accueil adorable de Frédérique.

Renseignements

Maison des Dentelles (04 90 62 94 39 ; www.ventouxprovence.fr ; 122 pl. du Marché, Beaumes-de-Venise)

Suzette

Situé entre Malaucène et Beaumes-de-Venise, ce hameau d'une dizaine de maisons domine un paysage de coteaux de vignes avec, en contrepoint, les Dentelles de Montmirail et le mont Ventoux. La sinueuse D90 qui y mène ménage de somptueux

Chapelle Notre-Dame d'Aubune, Beaumes-de-Venise

points de vue. Superbe et à l'écart des circuits touristiques, l'environnement de Suzette vaut le détour. Descendez jusqu'à la minuscule église : entouré d'amandiers, son clocher se découpant sur la silhouette du "Géant" compose une carte postale pleine de poésie.

Où se loger et se restaurer

Gîte d'étape de Lafare Gîte €

(04 90 82 20 72 ; gitelafare.free.fr ; Lafare ; dort 19 €, d 40 €). Face aux Dentelles, dominant un paysage de vignes, cette maison de village transformée en gîte d'étape propose deux dortoirs de quatre personnes, un de cinq personnes et une chambre double. Séjour et cuisine équipée à disposition. André Charmetant, le propriétaire, est guide de haute montagne et organise des sorties d'escalade.

Ferme Le Dégoutaud Chambres à la ferme €

(04 90 62 99 29 ; www.degoutaud.fr ; route de Malaucène ; s/d/tr/qua avec petit-déj 68-73/73-83/88-93/98-103 € ; P). Cette ferme sympathique est située à 2 km de Suzette en direction de Malaucène dans un décor champêtre au milieu de vieux outils agricoles. Les trois chambres en rez-de-chaussée dévoilent un décor provençal rustique. Au-dehors, depuis le grand bassin d'eau de source, se déploie un superbe panorama sur le paysage.

Bistrot de Lafare Bistrot de pays €€

(04 90 28 19 44 ; www.bistro-lafare-vaucluse.fr ; pl. du Château, Lafare ; plats 14,5-22 €, menu midi 19,5 € ; midi mer-dim, soir sam-dim). Dans le hameau de Lafare, un bistrot de pays comme on aime, avec des plats simples et savoureux, qui sentent bon le terroir (estouffade de taureau au muscat de Beaumes-de-Venise, pied et paquets). Ambiance conviviale.

Le Barroux

Ce village de 615 habitants, aux maisons anciennes parfaitement restaurées et aux ruelles en pente douce, a gardé des pans entiers de sa structure fortifiée.

Sur un piton rocheux, le **château du Barroux** (04 90 62 35 21 ; www.chateau-du-barroux.com ; adulte/enfant 5 €/gratuit ;

tlj 10h-19h juil-sept, 14h30-19h juin, sam-dim 10h-19h avr-mai, 14h-18h oct) domine le village – panorama sur la plaine de Carpentras, les monts de Vaucluse et le Ventoux.

Pour une halte insolite, vous pouvez visiter la **ferme des lamas du Barroux** (04 90 65 25 46 ; leslamasdubarroux.com ; 685 chemin de Choudeirolles ; adulte/-14 ans 6/3 €, gratuit -6 ans ; visite guidée 1 heure 30 sur rdv, fermé déc-fév).

Où se loger et se restaurer

Entre'potes — Bistronomie et cuisine de chef €€

(04 90 65 57 43 ; www.gajulea.com ; 201 cours Louise-Raymond, Le Barroux ; menus 16/18/27 € ; mar-dim midi). Dans un ancien entrepôt, au milieu d'une déco bistrot-brocante où les tonneaux côtoient les caisses de vin, Cyril Philibert propose, une cuisine simple, généreuse et créative accompagnée d'une belle sélection de crus locaux. Dans le même bâtiment **Le Gajulea** (04 90 62 36 94 ; menus 47/62/77 € ; mar-sam soir et dim midi), tenu par son père, Michel Philibert, ancien chef étoilé et grand spécialiste de la truffe, met la barre un peu plus haut. La salle à l'ambiance feutrée se prolonge par une belle terrasse panoramique.

Le Mas de la Lauze — Chambres d'hôtes €€

(04 90 62 33 33 ; www.provence-gites.com ; 40 chemin de Geysset, Le Barroux ; d/ste avec petit-déj 91/109 €, gîtes 500-700 € sem ; table d'hôtes tlj sf mer et dim 28 €, assiette 15 € ;). Dans cette maison familiale, vous logerez dans des chambres indépendantes, bien tenues, aux notes fleuries. Le jardin en escalier, avec une piscine entourée d'oliviers, est idéal pour paresser. Table d'hôtes savoureuse et tarifs dégressifs à partir de trois nuits. Les propriétaires louent également deux gîtes confortables avec vue sur le Ventoux.

L'Aube Safran — Chambres d'hôtes €€€

(04 90 62 66 91 ; www.aube-safran.com ; 450 chemin du Patifiage ; d/ste avec petit-déj 175-210/185-225 € ; table d'hôtes 45 € sur réservation ;). Oui, c'est bien de safran dont il s'agit ici. Sur des parcelles en restanque, les propriétaires se sont mis à la culture de cette fleur précieuse. Ils ont aussi aménagé 5 chambres d'hôtes spacieuses, lumineuses et ouvertes sur l'environnement alentour. Lin, chaux, tadelak ou galets : les matériaux naturels sont à l'honneur. Une piscine à débordement fait face au paysage.

Escalade au-dessus du lac de Sainte-Croix (p. 266)

HAUTE PROVENCE ET VERDON

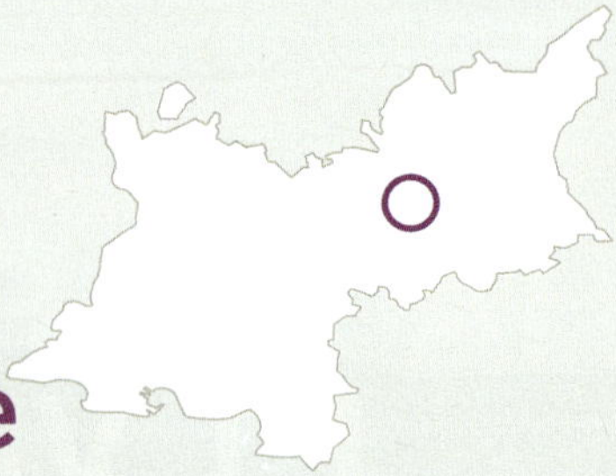

Haute Provence et Verdon

Cultivant un certain esprit d'indépendance, cette région a, indéniablement, du caractère. Ici, point de ville majeure qui jouirait d'un monopole exagéré : tout réside dans l'équilibre des différentes identités des territoires, à la personnalité affirmée, à la vie paysanne encore intense et, surtout, aux trésors naturels exceptionnels. Elle est ainsi l'écrin des dantesques gorges du Verdon, dont les falaises vertigineuses atteignent, au cœur du grand canyon, des hauteurs de 700 mètres. Elle abrite aussi le plateau de Valensole, dont les images des champs de lavande en fleur, aux nuances bleu-violet infinies, font chaque été le tour du monde. Sous la silhouette de la montagne de Lure s'étend le pays de Forcalquier, aux mystérieuses ondulations maintes fois chantées par Jean Giono. Moins connu, le pays dignois s'entoure d'incroyables trésors géologiques, témoignages grandeur nature de l'histoire de notre Terre.

☑ Dans ce chapitre

À gauche : jardins du prieuré de Salagon (p. 278) ; À droite : village de Lurs, pays de Forcalquier (p. 276)
EMMANUEL DAUTANT ©

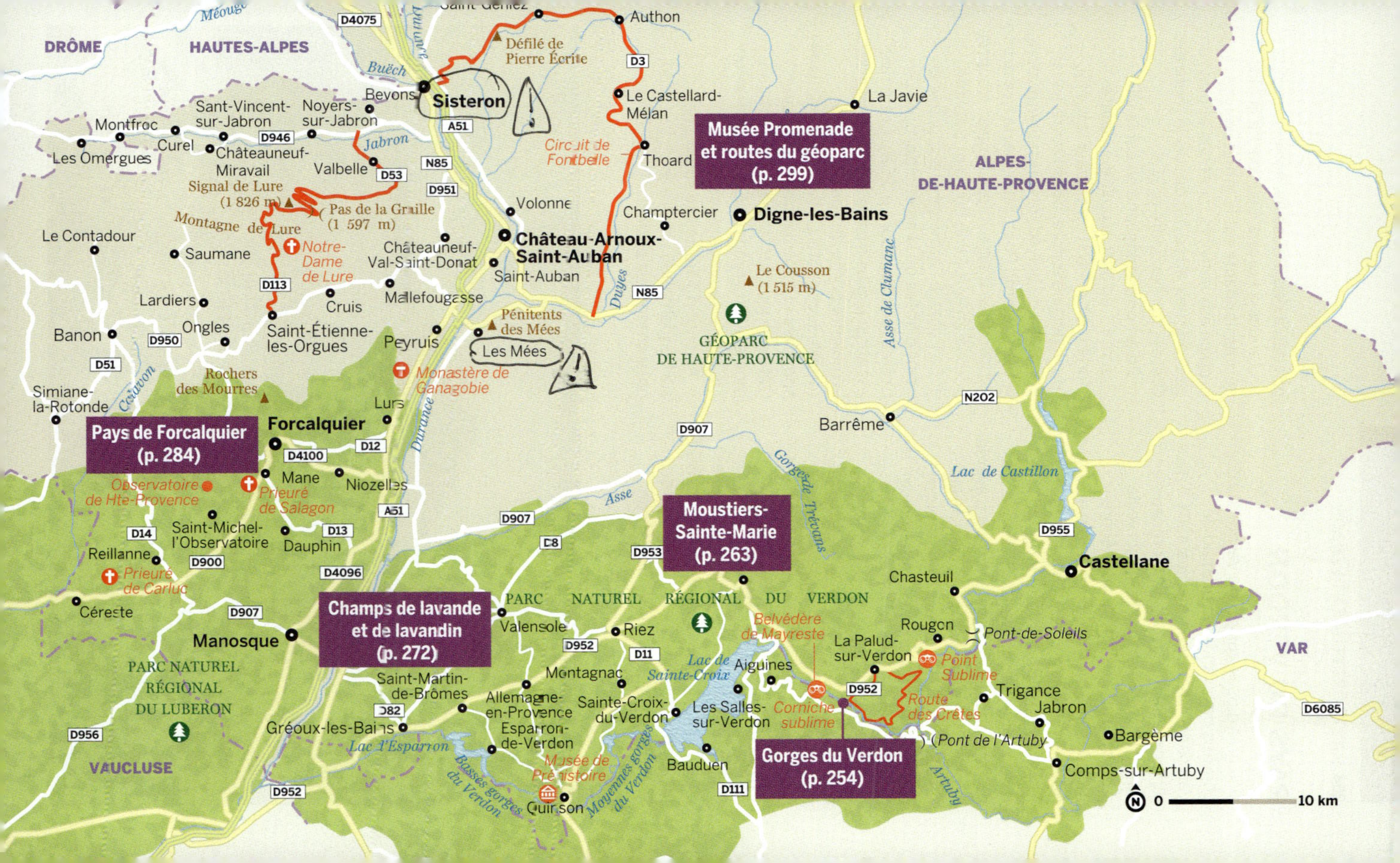

DRÔME
HAUTES-ALPES
ALPES-DE-HAUTE-PROVENCE
VAR
VAUCLUSE
Musée Promenade et routes du géoparc (p. 299)
Pays de Forcalquier (p. 284)
Moustiers-Sainte-Marie (p. 263)
Champs de lavande et de lavandin (p. 272)
Gorges du Verdon (p. 254)
Sisteron
Digne-les-Bains
Château-Arnoux-Saint-Auban
Forcalquier
Manosque
Castellane
Authon
Défilé de Pierre Écrite
Le Castellard-Mélan
Thoard
Circuit de Fontbelle
La Javie
Bevons
Noyers-sur-Jabron
Sant-Vincent-sur-Jabron
Montfroc
Curel
Les Omergues
Châteauneuf-Miravail
Valbelle
Jabron
Buëch
Durance
Méouge
Signal de Lure (1 826 m)
Pas de la Graille (1 597 m)
Montagne de Lure
Notre-Dame de Lure
Le Contadour
Saumane
Lardiers
Cruis
Ongles
Banon
Saint-Étienne-les-Orgues
Mallefougasse
Châteauneuf-Val-Saint-Donat
Saint-Auban
Volonne
Champtercier
Le Cousson (1 515 m)
GÉOPARC DE HAUTE-PROVENCE
Asse de Clumanc
Duyes
Pénitents des Mées
Les Mées
Peyruis
Monastère de Ganagobie
Rochers des Mourres
Simiane-la-Rotonde
Calavon
Lurs
Mane
Niozelles
Observatoire de Hte-Provence
Prieuré de Salagon
Saint-Michel-l'Observatoire
Dauphin
Reillanne
Prieuré de Carluc
Céreste
PARC NATUREL RÉGIONAL DU LUBERON
Barrême
Lac de Castillon
Gorges de Trévans
Asse
PARC NATUREL RÉGIONAL DU VERDON
Valensole
Riez
Montagnac
Saint-Martin-de-Brômes
Allemagne-en-Provence
Esparron-de-Verdon
Gréoux-les-Bains
Lac d'Esparron
Basses gorges du Verdon
Musée de Préhistoire
Quinson
Moyennes gorges du Verdon
Sainte-Croix-du-Verdon
Les Salles-sur-Verdon
Lac de Sainte-Croix
Bauduen
Aiguines
Belvédère de Mayreste
Corniche sublime
La Palud-sur-Verdon
Point Sublime
Route des Crêtes
Rougon
Chasteuil
Pont-de-Soleils
Trigance
Jabron
Pont de l'Artuby
Artuby
Bargème
Comps-sur-Artuby
D4075
D3
A51
D946
N85
D53
D951
D113
N85
D950
D51
N2O2
D907
D4100
D12
A51
D14
D13
D900
D4096
D907
C8
D953
D907
D952
D11
D952
D82
D956
D952
D111
D955
D6085
0
10 km

PAYS DU VERDON

Des grandioses gorges du Verdon aux champs de lavande du plateau de Valensole, en passant par les eaux d'azur du lac de Sainte-Croix, ce morceau de haute Provence panache à merveille paysages spectaculaires et décors méditerranéens. Protégé par le parc naturel régional du Verdon, créé en 1997, le pays s'étire de part et d'autre de la rivière, entre Alpes-de-Haute-Provence et Var. Long de 165 km, le Verdon traverse le grand canyon, débouche dans le lac de Sainte-Croix, se fraie à nouveau un passage dans les basses gorges, jusqu'au lac d'Esparron, puis se jette dans la Durance. La région est le haut lieu des loisirs sportifs (escalade, rafting, canoë, VTT, vol à voile, randonnée, etc.).

Hautes gorges du Verdon

Bien souvent, on ne vient que pour elles. Se frayant un passage sur 25 km à travers le plateau calcaire du sud de la haute Provence, les eaux vertes du Verdon ont peu à peu creusé les gorges les plus profondes d'Europe. Leur partie la plus impressionnante est le grand canyon, propice aux activités sportives et que l'on peut admirer en partie depuis la route des Crêtes (voir l'encadré p. 258).

En amont, Castellane en est la ville "source" ; en aval, Moustiers-Sainte-Marie (voir p. 263) en signale la sortie (ou la porte d'entrée, dans l'autre sens). Ponctuée de belvédères vertigineux, dont le bien nommé Point Sublime, la rive droite est jalonnée d'agréables villages : Rougon, perché en surplomb du Point Sublime, et La Palud, à l'atmosphère sportive et point d'accès de la splendide route des Crêtes (voir l'encadré p. 258). Cette rive est aussi la plus fréquentée : elle regroupe la majeure partie des prestataires touristiques (hôtels, restaurants, activités sportives et informations touristiques). Côté rive gauche, les paysages sont au moins aussi grandioses et possèdent un caractère sauvage plus marqué.

Attention, l'été, le site souffre de surfréquentation ; le village de La Palud, notamment, est parfois difficile à traverser.

Castellane

PICTURE NEWS/ADOBE STOCK ©

Castellane

À 723 m d'altitude, la cité s'étend au pied d'un rocher monumental, appelé le "Roc", couronné d'une chapelle portant une statue de la Vierge. Non loin, le Verdon, imperturbable, déroule ses flots vert émeraude.

À voir

Juchée comme une vigie bienveillante à 180 m à l'aplomb de la ville (comptez 45 min en montée), **Notre-Dame-du-Roc** renferme une série d'ex-voto. Lieu de pèlerinage depuis le Moyen Âge, en particulier de la part des jeunes mariés qui allaient demander protection à la Vierge, la chapelle a plusieurs fois été détruite avant de prendre son apparence actuelle à la fin du XIXe siècle. En redescendant vers le centre-ville, vous passerez près des vestiges des **remparts** édifiés au XIVe siècle, avec la **Tour pentagonale** fortifiée de mâchicoulis.

Musée Sirènes et Fossiles Fossiles
(04 92 83 19 23 ; www.maison-nature-patrimoines.com ; pl. Marcel-Sauvaire ; tarif plein/réduit/enfant 4/3/2 € ; 10h-13h et 15h-18h30 tlj 15 juin-15 sept, vacances scolaires Pâques et Toussaint, mer et sam-dim avr-15 juin et fin sept, fermé nov-mars). Sis dans la maison Nature et Patrimoines, ce musée invite à découvrir le monde des siréniens, un groupe de mammifères marins auquel appartiennent les lamantins et les dugongs. Selon la mythologie, ils descendraient des sirènes ; on a retrouvé un gisement fossile exceptionnel à quelques kilomètres de là. La visite de la **vallée des Sirènes fossiles**, au col des Lèques, à 8 km au-dessus de Castellane, est complémentaire du musée. Comptez 1 heure 30 environ (4 km aller-retour).

Activités

Castellane (avec La Palud) est l'un des hauts lieux de la pratique des sports d'eau vive dans le Verdon : rafting, canoë-kayak, nage en eau vive... Proposées d'avril à octobre, les prestations sont soumises aux aléas du niveau de l'eau, qui dépendent notamment des lâchers d'eau du barrage EDF (irréguliers d'avril à juin et en sept, plus réguliers en juil-août) : les prestataires ne les connaissent que la veille au soir. Préparez-vous donc à une certaine souplesse dans vos attentes.

Bureau des guides de canyon (04 92 83 05 64, 06 61 44 50 54 ; www.procanyon.com ; 3 rue du Mazeau)

Aboard Rafting (04 92 83 76 11 ; www.aboard-rafting.com ; 8 pl. de l'Église)

Ride The Verdon (06 77 93 69 89 ; ridetheverdon.com ; 13 rue Nationale)

Buena Vista Rafting (04 92 83 77 98 ; www.buenavistarafting.com ; hameau de la Baume)

Où se loger et se restaurer

La Forge Hôtel-restaurant €
(04 92 83 62 61 ; pl. de l'Église ; d/f 47-68/70-75 €, petit-déj 7 €, plat du jour 10 €, menu 22 € ; restaurant tlj sf sam, fermé ven soir et dim soir hors saison, fermé jan-fév ;). À côté de l'église, ce deux-étoiles familial possède huit chambres à des tarifs intéressants et au confort très acceptable. Cuisine traditionnelle à la carte du restaurant.

Gîte d'étape de la Baume – Aux Délices du Verdon
Gîte d'étape et chambres d'hôtes €
(04 92 83 70 82 ; www.gite-de-la-baume.com ; hameau de la Baume, D402 ; gîte d'étape 25 €/pers avec petit-déj, d/tr-qua avec petit-déj 70-75/90-120 €, table d'hôtes 20 € ; fermé mi-oct à Pâques ; P) La vue sur le lac de Castillon est magnifique. Plein de charme, ce gîte d'étape est aussi très convivial. Il propose, outre ses lits d'étape impeccables, trois ravissantes chambres, dont une avec terrasse privée et une autre familiale (pour 3/4 pers). Table d'hôtes sur réservation et panier pique-nique sur demande (9 €).

Nouvel Hôtel du Commerce Hôtel-restaurant €€€
(04 92 83 61 00 ; www.hotel-du-commerce-verdon.com ; pl. Marcel-Sauvaire ; s/d/tr/ste avec petit-déj 80-120/90-140/110-270/155-

Le Verdon, ruban vert émeraude

Depuis les sommets surplombant le col d'Allos, à plus de 2 500 m d'altitude jusqu'à sa confluence avec la Durance, près de Vinon-sur-Verdon, le Verdon parcourt près de 165 km. Englobée au sein du parc naturel régional du Verdon, sa portion entre Castellane et le lac d'Esparron est la plus touristique. Il y a de multiples façons de la découvrir : en voiture, en randonnée, en sports aquatiques... Tour d'horizon de ses différentes portions et des possibilités qu'elles offrent.

De Castellane au défilé Samson

De Castellane, la route longe le Verdon jusqu'au hameau de Chasteuil, nid d'aigle cramponné au flanc de la montagne. Peu après vient la **clue de Chasteuil**, haut lieu des sports d'eau vive, puis la **clue de Carjuan**, qui forme un défilé impressionnant.

Pour les activités sportives dans cette portion, contactez les prestataires à La Palud ou à Castellane (voir p. 255).

Le grand canyon

Le tronçon entre le défilé Samson et le lac de Sainte-Croix est de loin le plus spectaculaire. Il constitue le **grand canyon du Verdon** à proprement parler. Ici, le

Verdon a creusé des entailles franches, des falaises calcaires qui atteignent par endroits 700 m.

Vous pouvez en avoir quelques aperçus depuis la route des Crêtes (voir p. 258), l'approcher au cours d'une activité nautique (la seule façon de découvrir le défilé Samson) ou d'une randonnée sur le sentier Martel (voir p. 260) et le Sentier de l'Imbut (voir p. 260). La portion entre la fin du sentier de l'Imbut et le lac de Sainte-Croix est surnommée le "**Verdon Secret**" : la seule façon de l'approcher est de contacter un professionnel pour une sortie sur mesure. On peut autrement visionner le moyen métrage en 3D *Verdon Secret*, projeté à l'Écociné de Gréoux-les-Bains.

La rive droite et la route des Crêtes

Ne manquez pas le **Point Sublime**, un belvédère ménageant une perspective somptueuse sur le célèbre **défilé Samson**, un étroit défilé, large d'à peine une dizaine de mètres, qui signe l'entrée du **grand canyon**. Juste après viennent le pittoresque village de **Rougon** (p. 259), accessible via la D17, puis **La Palud-sur-Verdon** (p. 259) – d'où part la **route des Crêtes** (p. 258). En direction de Moustiers, le **belvédère de Mayreste**, à 10 minutes à pied de la route, offre également un beau coup d'œil sur les gorges. Après le col de l'Olivier (711 m), le **belvédère du Galetas** embrasse une perspective incomparable sur l'extrémité des gorges et le **lac de Sainte-Croix** (p. 266). En moins de 10 km, vous arriverez ensuite à Moustiers-Sainte-Marie.

Depuis Moustiers (voir p. 263), vous pouvez remonter en partie les gorges.

La rive gauche

De Castellane, la D952 en direction de Moustiers mène à **Pont-de-Soleils**, où la D955 vous conduira jusqu'à **Trigance**, charmant village blotti autour de son château féodal (à 6 km). Une fois sur la D71, roulez environ 7 km jusqu'aux **balcons de la Mescla** : un point de vue exceptionnel où l'on voit, en contrebas, les eaux de l'Artuby se mêler à celles du Verdon. La route descend ensuite jusqu'au **pont de l'Artuby**, d'où l'on peut pratiquer le saut à l'élastique. Plus loin, elle longe le précipice sur une dizaine de kilomètres : c'est la **Corniche sublime**.

Infos pratiques

La **Maison du parc** (04 92 74 68 00 ; www.parcduverdon.fr ; Domaine de Valx, Moustiers-Sainte-Marie ; 9h-12h30 et 14h-17h30 lun-ven) est installée dans le beau domaine de la bastide de Valx, à 3 km de Moustiers. Vous y trouverez des fiches rando en vente (0,90 €/fiche) décrivant des possibilités de randonnées autour des gorges du Verdon. Également sur place, un sentier de découverte de la flore (45 min) ponctué de panneaux explicatifs.

Une **antenne relais** est également ouverte du 1er mai au 30 octobre à Castellane, dans la maison Nature et Patrimoine. Voir p. 259.

Le lac de Sainte-Croix et les basses gorges

À la fin du canyon, à **Aiguines** et à Moustiers (p. 263), se découvre la magnifique étendue du **lac de Sainte-Croix** (p. 266), idéal pour les loisirs nautiques. La rivière se fraie ensuite à nouveau un passage dans des gorges, jusqu'au **lac d'Esparron** (p. 270). Cette portion, appelée **basses gorges du Verdon** (p. 268), est moins spectaculaire, mais aussi moins fréquentée. Un barrage bloquant le passage au niveau de Quinson, on peut naviguer soit entre les gorges de Baudinard et Quinson, soit entre Quinson et le lac d'Esparron.

Depuis Moustiers, il est possible de naviguer sur le lac mais aussi de remonter les gorges. Toutes les autres localités en bordure du lac proposent des activités nautiques. Pour les basses gorges, rendez-vous à **Montpezat** (p. 270) et **Artignosc** (p. 270) pour la partie haute, et à **Quinson** (p. 270) ou **Esparron** (p. 270) pour la partie basse.

VAUT LE DÉTOUR

La route des Crêtes à vélo électrique

A mi-chemin de Castellane et de Moustiers par la D952, cette route offre de magnifiques points de vue sur le grand canyon, dont elle longe la section la plus impressionnante. Elle décrit une boucle de 24 km au départ de La Palud-sur-Verdon. Depuis le centre-ville, suivez la D952 en direction du Point Sublime et de Castellane, puis le panneau indiquant la route des Crêtes (D23). Celle-ci monte progressivement et rejoint une série de belvédères. Pas moins de 14 ont été aménagés, livrant chacun des panoramas époustouflants : **belvédères de Trescaïre**, de la **Carelle**, de l'**Escalès**, de la **Dent d'Aïre**, etc. De nombreuses voies d'**escalade** partent de ces à-pics vertigineux. Au **belvédère du Pas de la Baou**, point culminant de la route, à 1 285 m, le dénivelé atteint sa cote maximale : le Verdon coule 715 m en contrebas. La route plonge ensuite en lacets jusqu'au **chalet de la Maline**, ponctuée de points de vue sur les gorges et la rive sud, avant de se détourner du Verdon et de remonter jusqu'à La Palud, le long du **ravin de Mainmorte**. Mémorable !

Infos pratiques

La meilleure façon de découvrir cette route (23 km) est de louer un vélo électrique chez **Verdon-e-Bike** (06 88 10 91 73 ; verdonebike.pagesperso-orange.fr ; 2 heures 30 environ ; 28 €/pers) au départ de La-Palud-sur-Verdon.

Attention, pour les voitures, la route est à sens unique entre le Jas d'Aire et La Maline : pour faire le tour complet, il faut donc prendre l'itinéraire dans le bon sens (celui des aiguilles d'une montre : prendre direction Castellane depuis La Palud et suivre les indications).

Entre fin novembre et fin mars, une partie de la route est fermée : seuls les accès à La Maline et au belvédère de la Carelle sont ouverts (demi-tour nécessaire).

300 €, petit-déj 15 € ; fermé nov-mars ;). Une valeur sûre, au centre de Castellane. Dans un ancien relais de poste du XIXe, les chambres "supérieures" ont été rénovées dans un style gustavien : belle décoration et confort irréprochable. Au dehors, on profite d'une agréable piscine chauffée.

Renseignements

Office du tourisme (04 92 83 61 14 ; www.castellane.org ; rue Nationale)

Maison Nature et Patrimoines (04 92 83 19 23 ; www.maison-nature-patrimoines.com ; pl. Marcel-Sauvaire). Ce relais du parc naturel régional du Verdon vous informera sur les différentes activités de découverte.

Rougon

À 960 m d'altitude, ce village montagnard surplombe le Point Sublime et toise des paysages exceptionnels. Sous les ruines d'un ancien château, ses minuscules ruelles dévoilent de belles maisons du XVIIe siècle et un touchant lavoir.

En levant les yeux vers les falaises, vous apercevrez certainement le vol majestueux du vautour. En effet, depuis sa réintroduction en 1999, le village est devenu un observatoire privilégié de l'espèce. L'été, **Verdon Nature** (06 82 23 21 71 ; www.verdon-nature.com ; 20 €/pers, sur réservation, jumelles fournies ; mar et ven juil-août, sur demande le reste de l'année) organise des sorties découverte des vautours de 4 heures 30 au départ de la chapelle du village.

On accède au village par la pittoresque D17 qui s'élève en lacet sur 3 km depuis le parking du Point Sublime.

La Palud-sur-Verdon

Il se dégage de La Palud une atmosphère authentique et sportive. Les conversations dans les cafés bruissent de récits d'escalade, des petits et grands exploits du jour. La Palud est la Mecque de tous les passionnés de grimpe. Située à mi-chemin de Moustiers et de Castellane, la cité est aussi un point de passage obligé pour découvrir le grand canyon du Verdon.

Village de Rougon

EMMANUEL DAUTANT ©

EMMANUEL DAUTANT ©

Randonneurs sur le sentier Blanc-Martel

Le tourisme s'y est beaucoup développé, mais l'ambiance est demeurée conviviale.

Activités

Randonnée

La randonnée est une des activités phares du secteur. Une dizaine de sentiers sont balisés, le plus mythique étant le sentier Blanc-Martel.

Sentier Blanc-Martel Randonnée mythique rive droite

(15 km, 470 m de dénivelé en descente, 370 en montée, 6-7 heures de marche aller). Ce sentier spectaculaire est une portion de l'itinéraire originel emprunté par le spéléologue Édouard-Alfred Martel (en compagnie d'Isidore Blanc, un instituteur de Rougon), lors de la première exploration du grand canyon : en 1905, ils sont les pionniers des 21 km de rivières séparant le couloir Samson du lac de Sainte-Croix. Inauguré en 1928 par le Touring-Club de France, le sentier actuel fut entièrement rénové et sécurisé en 2013, plus de 80 ans après sa première mise en service. Il débute sur la rive droite du Verdon, sur la route des Crêtes, au niveau du **chalet de la Maline**. Il remonte ensuite le cours du Verdon sur 15 km, jusqu'au Point Sublime. Une bonne condition physique est nécessaire, car la randonnée peut se révéler éprouvante – et vertigineuse ! La **brèche Imbert** et son impressionnant escalier métallique marquent la mi-parcours. Dans la partie finale, l'étroitesse des gorges au niveau du **couloir Samson** nécessite de traverser deux tunnels (pensez à prendre une lampe de poche). Juste après, il vous faudra encore gravir le **belvédère Samson** (30 min) pour rejoindre le parking du **Point Sublime**. Le plus sage est d'emprunter une navette ou un taxi (voir p. 262) pour rejoindre le chalet de la Maline.

Sentier de l'Imbut Randonnée mythique rive gauche

(6-8 km, 340 m de dénivelé en descente, 400 m en montée, 4 à 6 heures aller-retour). Sur la rive gauche du Verdon, cette randonnée plonge au cœur des gorges, s'approchant au plus près du "Verdon secret". Elle est l'une des plus belles du Verdon. Mais attention ! C'est un parcours technique et difficile, déconseillé aux randonneurs sans expérience ou sujets au vertige. Le mieux est sans doute de l'entreprendre en compagnie d'un guide.

Sports d'eaux vives

Les mêmes activités qu'à Castellane sont proposées ; elles sont soumises aux mêmes conditions (voir p. 255).

Maison des guides du Verdon (☎04 92 77 30 50 ; www.escalade-verdon.fr ; rue Grande)

Aventures et Nature (☎04 92 77 30 43, 06 82 18 45 71 ; www.aventuresetnature.com)

Des Guides pour l'Aventure – Bruno Potié et William Michel (☎secrétariat 06 85 94 46 61 ou 06 70 76 03 36 ; www.guidesaventure.com ; en été à Moustiers, en hiver à La Palud-sur-Verdon)

Escalade

Haut lieu de l'escalade, le secteur compte près de 1 500 voies, cotées de 5 à 9.

Des Guides pour l'Aventure (voir ci-dessus pour leurs coordonnées)

Lei Lagramusas (☎04 92 77 33 39 ; www.leilagramusas.fr). Le club d'escalade édite un topo-guide, *Escalade au Verdon*.

Verdon Escalade – Fred Devoluet (☎04 92 83 75 51 ; www.verdonescalade.com ; Les Subis)

Saut à l'élastique

Avis aux amateurs de frissons : sur la rive gauche, le pont de l'Artuby est le plus haut site de saut à l'élastique d'Europe. **Latitude Challenge** (☎04 91 09 04 10 ; www.latitude-challenge.fr ; 130 € ; ⏲week-end avr-nov sur réservation), qui se réclame "dealer officiel d'adrénaline", sera votre partenaire pour le grand saut.

Où se loger et se restaurer

Rive droite

Le Mur d'Abeilles Gîte d'étape et crêperie €
(☎04 92 83 76 33 ; le village, Rougon ; ch avec/sans petit-déj 27/20 €, ch demi-pension 44 € ; crêpes 7-13 € ; ⏲tlj Pâques-oct). Au bout du village de Rougon, dans un cadre champêtre, ce lieu fait à la fois gîte d'étape et crêperie. Il propose une sélection de crêpes sucrées ou salées en version L ou XL. Secret bien gardé, la terrasse de l'établissement offre une vue plongeante sur le Verdon.

Le Perroquet Vert Chambres d'hôtes-restaurant €
(☎04 92 77 33 39 ; www.leperroquetvert.com ; rue Grande, La Palud ; d 60 €, pers supp 26 €, petit-déj 8 €, demi-pension 30 € ; ⏲magasin tlj sf mar, restaurant mer-sam soir avr-juin et sept, mer-lun soir juil-août ; wifi). Une adresse incontournable de La Palud, tenue par un couple de passionnés d'escalade, avant tout connue pour être un magasin de matériel d'escalade et de randonnée. C'est aussi un restaurant convivial et une haute maison biscornue abritant quatre chambres de caractère (et une petite maison à louer à la semaine).

Domaine de la Graou Chambres d'hôtes-gîte €
(☎06 30 55 03 15 ; www.chambres-hotes-gorges-du-verdon.com ; route des Crêtes, La Palud ; ch sans/avec sdb 30/35 € par pers, studio 2 pers 45 €/pers, petit-déj 8 € ; table d'hôtes 22 € ; ⏲tte l'année). Nichée dans un vallon près de la route des Crêtes, cette adresse sympathique propose des chambres et un studio, décorés de bois brut, de couleurs pimpantes et dotés d'un bon confort. Salle à manger lumineuse et immense terrasse solarium. Table d'hôtes sur réservation et pique-nique (8-10 €). Également location d'un gîte à la semaine.

Gîte de Chasteuil Chambres d'hôtes €€
(☎04 92 83 72 45 ; www.chasteuil.com ; Chasteuil ; s/d/tr-qua 75/82-88/102-122 € avec petit-déj ; ⏲fermé nov-mars). À 2,5 km de la D952 (entre Rougon et Castellane), perché au-dessus du hameau de Chasteuil, Pascal et Nancy ont habilement restauré l'ancienne école communale et louent cinq chambres, petites mais ravissantes.

Pique-nique sur commande (11 €) – le GR®4 passe au pied du gîte.

Le Provence & Le Styx Hôtel et restaurant **€€**
(☎04 92 77 38 88 ; www.hotel-provence-verdon.com ; La Palud ; d 85-130 €, petit-déj 12 €, plats 12-21 € ; ⏲mi-avr à mi-oct). Belle atmosphère stylée et décontractée pour cette adresse reprise par la famille de l'Hôtel & Spa des Gorges du Verdon (voir ci-dessous). Résultat : 20 chambres déco et confortables, à des tarifs raisonnables ; et un restaurant convivial, de bonne facture. Entre bagels et bonnes salades, on y trouve aussi, chaque jour, une spécialité à l'honneur (navarin d'agneau, coq au vin, daube provençale, aïoli, etc.).

Auberge du Point-Sublime Hôtel-restaurant **€€**
(☎04 92 83 60 35 ; www.auberge-pointsublime.com ; Point Sublime, D952, Rougon ; s-d/tr/f 76-86/96-106/116-126 €, petit-déj 12 € ; formule 20 €, menus 28,50-39,50 € ; ⏲fermé nov-avr ; Wi-Fi P). Située, comme son nom l'indique, au Point Sublime – à 3 km en contrebas de Rougon –, cette auberge familiale sert une cuisine très correcte sur une agréable terrasse ombragée. Une bonne option pour faire étape, tout comme les 13 chambres, claires et nettes. Possibilité de demi-pension.

Rive gauche

Pour une halte panoramique, signalons l'**Auberge des Cavaliers** (☎04 94 76 91 31 ; falaise des Cavaliers, D71) dont la terrasse surplombe un à-pic de 300 m. Avertissement : ni la cuisine, ni les chambres, ni l'accueil ne sont à la hauteur de la beauté du lieu.

Grand Hôtel Bain Hôtel-restaurant **€**
(☎04 94 76 90 06 ; www.grand-hotel-bain.fr ; 1 rue de Praguillen, Comps-sur-Artuby ; d/tr/qua 68/88/105 €, petit-déj 9,50 € ; formule midi 18,50 €, menus 20-42 € ; ⏲restaurant tlj, fermé mi-nov à fév ; P 6 €). Une vénérable institution, familiale s'il en est : elle est tenue de père en fils depuis 1737 ! Sympathique pour le gîte – les chambres sont un peu désuètes mais impeccables –, elle est idéale pour le couvert, avec une cuisine de grande et belle tradition.

Château de Trigance Hôtel médiéval chic **€€€**
(☎04 94 76 91 18 ; www.chateau-de-trigance.fr ; Trigance ; d/ste 120-200/205-225 €, petit-déj 14,50 € ; plats 16-24 € ; ⏲restaurant tlj, fermé nov-mars). Surplombant Trigance, vous logerez dans un château au décor médiéval superbement mis en valeur. Les 10 chambres au luxe feutré, avec lit à baldaquin, sont toutes personnalisées. Le petit-déjeuner, ou l'apéritif, se prend sur les remparts avec vue panoramique sur les gorges. Le restaurant est installé dans une ancienne salle d'armes voûtée. Pensez à réserver.

Hôtel & Spa des Gorges du Verdon Hôtel de luxe **€€€**
(☎04 92 77 38 26, 06 89 13 33 66 ; www.hotel-des-gorges-du-verdon.fr ; Trigance ; d/ste 190-320/400-500 €, petit-déj 17 € ; menus 32-42 € ; ⏲mi-avr à mi-oct). Le Verdon version luxe, c'est ici ! Isolé sur une colline, ce quatre-étoiles déploie chambres contemporaines, terrasses en cascade, piscines intérieure et extérieure, spa, restaurant gourmet... Cette belle halte privilégie en outre les produits locaux et les gestes de développement durable.

Renseignements

Maison des gorges du Verdon (☎04 92 77 38 02 ; www.lapaludsurverdon.com ; Château/Mairie, La Palud ; ⏲avr-oct). Elle abrite un sympathique écomusée.

Depuis/vers les gorges du Verdon

Un système de **navettes** (autocars Delaye ; ☎04 92 34 22 90 ; www.autocars-delaye.fr ; ⏲tlj juil-août, week-end, vacances scolaires et jours fériés avr-juin et sept) fonctionne entre La Palud-sur-Verdon et Saint-André-les-Alpes, via Rougon et Castellane. Très utile pour les randonneurs,

MARTIN M303/ADOBE STOCK ©

Sur les hauteurs de Moustiers-Sainte-Marie

il dessert aussi le Point Sublime et le départ du sentier Martel (chalet de la Maline). Vous pouvez aussi contacter **Taxi Verdon** (06 68 18 13 13 ; sem/week-end à partir de 30/40 €, jusqu'à 8 pers) pour vous déplacer dans les gorges.

Moustiers-Sainte-Marie

Aux portes des gorges du Verdon, cette petite cité a fière allure. Tel un décor de crèche, Moustiers est adossé à des falaises formant une immense voilure minérale. Entre deux pitons coule le Riou, un torrent se jetant en cascade avant de traverser le village sous une série de ponts étagés. Classé à juste titre parmi les plus beaux villages de France, Moustiers doit aussi sa renommée à ses ateliers de faïenciers présents depuis le XVIIe siècle.

À voir

Église Notre-Dame-de-l'Assomption — Église paroissiale

Trônant au centre du village, elle se signale par son magnifique clocher roman (XIIe siècle) d'inspiration lombarde. Réalisé en tuf, il est constitué de cinq niveaux, les trois étages supérieurs étant ornés de baies géminées et de bandes lombardes. La nef est également romane, mais le chœur, construit au XIVe siècle, est clairement gothique.

Chapelle Notre-Dame-de-Beauvoir — Chapelle perchée

Véritable nid d'aigle dévoilant une vue à couper le souffle sur la ville, la vallée et le plateau de Valensole, la chapelle Notre-Dame-de-Beauvoir (reconstruite au XIIe siècle puis remaniée au XVIe) est accessible en un quart d'heure environ par une calade escarpée, jalonnée des 14 stations du chemin de croix.

Étoile de Moustiers — Curiosité

Au-dessus de la chapelle Notre-Dame-de-Beauvoir est suspendue cette curiosité à laquelle Moustiers doit son surnom d'"étoile de Provence" : une chaîne tendue entre deux pitons rocheux supporte une grande étoile (elle mesure 1,25 m !) dorée à l'or fin. C'est aujourd'hui une copie... De nombreuses légendes entourent cette étoile, dont la plus célèbre relate qu'elle

Chapelle Notre-Dame-de-Beauvoir

aurait été rapportée par le chevalier de Blacas. Prisonnier des sarrasins lors d'une croisade au XIIe siècle, il l'aurait érigée à son retour en guise de remerciement.

Musée de la Faïence — Artisanat

(☎04 92 74 61 64 ; rue du Seigneur-de-la-Clue ; tarif plein/réduit 3/2 €, gratuit -16 ans ; ⏱tlj sf mar 10h-12h30 et 14h-19h juil-août, jusqu'à 18h avr-juin et sept-oct, sam-dim 10h-12h30 et 14h-17h nov-mars, fermé jan). Ouvert en 1929 et rénové en 2014, ce musée est une bonne introduction à l'histoire de la faïence à Moustiers. À travers une scénographie réussie, il présente les plus belles pièces des ateliers de faïenciers locaux.

Activités

Visite d'ateliers

Plusieurs **ateliers de faïenciers** ouvrent leurs portes au public pour des visites (adressez-vous à l'office du tourisme pour une liste complète). Signalons l'**Atelier Soleil** (☎04 92 74 61 62 ; www.ateliersoleil.fr ; chemin de Quinson ; visites sur rdv), où Franck Scherer vous fera découvrir cette "Entreprise du Patrimoine Vivant".

Activités nautiques

En louant une embarcation (bateau électrique, canoë, kayak, pédalo, bateau à voile, etc.), vous pourrez naviguer sur le lac de Sainte-Croix ou remonter les gorges du Verdon. Situé sur la plage, **La Cadeno** (☎07 82 10 67 03 ; lacadeno.free.fr ; ⏱avr-oct) loue des planches à voiles et des catamarans. Au niveau du pont de Galetas, la **base nautique de l'Étoile** (☎07 68 94 17 87 ; ⏱avr-oct) loue des pédalos (1 heure/2 heures 20/40 €), des canoë-kayak (10-20/20-40 €) et des bateaux électriques (40/80 €).

Randonnée

Il existe de nombreuses possibilités au départ du centre du village : bonne introduction à Moustiers, le **tour du village par les Claux** (1 heure, 2,5 km) passe par la chapelle Notre-Dame-de-Beauvoir ; le sentier botanique du **chemin de Tréguier** mène quant à lui à un belvédère au-dessus du ravin d'Angouire (2 heures, 4 km) ; enfin, le **circuit de Vincel** (4 heures, 10 km) rejoint les hauts plateaux surplombant le village. Renseignez-vous auprès de l'office du tourisme, qui propose une carte détaillée recensant 12 itinéraires et organise aussi l'été des randonnées accompagnées deux fois par semaine.

Parapente

L'école de parapente **Roc n'Vol** (06 89 30 75 74 ; www.rocnvol.com ; vol à partir de 80 €) propose des baptêmes d'une durée de 30 minutes incluant le survol du village de Moustiers.

Où se loger

Notez aussi le gîte de **La Cantine** (voir ci-dessous).

La Fabrique Chambres d'hôtes contemporaines **€€€**
(04 92 74 64 10 ; lafabrique04360.com ; la Maladrerie ; d/f 98-135/135-150 € avec petit-déj, table d'hôtes 25 € ; wi-fi). En contrebas du village, cette ancienne maison a été rénovée dans un esprit contemporain – tendance industriel – savamment rehaussé de notes chaleureuses. Dans l'air du temps, la déco fait un sans-faute et les cinq chambres, au confort impeccable, donnent envie de s'attarder. L'une profite d'une terrasse privée et une suite familiale dispose de deux chambres. Bons petits déjeuners maison. Un sentier mène au village en quelques minutes à pied.

La Bastide de Moustiers Hôtel Ducasse **€€€**
(04 92 70 47 47 ; www.bastide-moustiers.com ; chemin de Quinson ; d à partir de 215 €, petit-déj, menus 65-90 € ; clim, piscine, wi-fi, parking). Ouverte en 1999, la légendaire adresse d'Alain Ducasse offre un havre de raffinement : chambres élégantes sises dans une demeure du XVIIe siècle, jardins odorants, terrasses ombragées, piscine... Bien entendu, la table est une référence en matière de gastronomie (une étoile Michelin), sous la houlette du chef Frédéric Garnier.

Où se restaurer

Les gourmets se rendront aussi au restaurant étoilé de la **Bastide de Moustiers** (voir ci-dessus).

La Cantine Restaurant et gîte **€**
(04 92 71 01 33, 06 40 23 14 94 ; www.lescalo.com ; rue de la Bourgade ; plats 9-16 €, formule 18,50 € ; fermé mi-jan à mi-mars, tlj sf dim et lun midi ; wi-fi). Au cœur de Moustiers, ce restaurant sert, dans une ambiance sympathique, des mets bien confectionnés. La maison de village du XVIIe comprend également un gîte à la location (2 nuits min ; 230-280 €/nuit).

La Treille Muscate Restaurant provençal **€€**
(04 92 74 64 31 ; www.restaurant-latreillemuscate.fr ; pl. de l'Église ; menus 28-38 € ; tlj sf mer juil-août, fermé mer soir et jeu hors saison, fermé déc-jan). Une valeur sûre ! Subtile, la cuisine puise son inspiration dans le répertoire provençal. Le cadre est charmant : une petite salle en pierre prolongée par une terrasse, en surplomb de la rivière et au cœur du village.

La Grignotière Restaurant provençal **€€**
(04 92 74 69 12 ; chemin Marcel-Provence ; plats 13,50-24 € ; tlj sf lun avr-oct). Un peu à l'écart du village, ce restaurant sert une cuisine simple et honnête mêlant viandes grillées à la fleur de thym et menus fraîcheur à base de salades ou de gaspacho. Belle atmosphère au calme sous les oliviers ou dans une véranda en fer forgé.

Ferme Sainte-Cécile Restaurant gastronomique **€€€**
(04 92 74 64 18 ; www.ferme-ste-cecile.com ; route des Gorges-du-Verdon ; menu 39 € ; tlj sauf dim soir et lun, fermé mi-nov à fin fév). Quittez Moustiers en direction de Castellane et vous parviendrez rapidement à cette halte gastronomique au cadre romantique. Une terrasse, des murs en pierre, des tables joliment dressées, un service à la hauteur et une cuisine fine (pigeonneau cuit à basse température,

presa de cochon grillé) feront votre bonheur. Sélection de vins au verre.

Où prendre un verre

La Part des Anges Panoramique €

(06 25 57 53 66 ; av. Frédéric-Mistral ; plateaux 16-18 € ; tlj). Pour boire un verre ou grignoter un de leurs excellents plateaux de tapas, direction cette sympathique adresse qui, outre une ravissante décoration, profite d'une terrasse panoramique. Cocktails, bières artisanales, sélection de thé... La halte est pleine de charme. Petit espace boutique.

Renseignements

Office du tourisme (04 92 74 67 84 ; www.moustiers.fr ; pl. de l'Église)

Maison du parc (04 92 74 68 00 ; www.parcduverdon.fr ; domaine de Valx, Moustiers-Sainte-Marie ; 9h-12h30 et 14h-17h30 lun-ven). Installée dans le beau domaine de la bastide de Valx, la maison du parc naturel régional du Verdon est ouverte au public. Vous y trouverez des fiches rando en vente (0,90 €/fiche) décrivant des possibilités de randonnées autour des gorges du Verdon. Également sur place, un sentier de découverte de la flore (45 min) ponctué de panneaux explicatifs.

Lac de Sainte-Croix

Changement de décor et d'ambiance. Après le spectaculaire tronçon du grand canyon, le relief s'assagit, la végétation méditerranéenne s'adoucit et le paysage prend des allures balnéaires : le Verdon débouche sur le lac de Sainte-Croix, vaste mer intérieure aux eaux turquoise. Mise en eau en 1973, cette troisième retenue artificielle de France (2 200 ha) est aujourd'hui le paradis des loisirs nautiques. Pour bénéficier de vues spectaculaires, prenez la direction de **Sainte-Croix-du-Verdon**, au départ de Moustiers-Sainte-Marie.

Sainte-Croix-du-Verdon

Bâti sur un promontoire rocheux, Sainte-Croix-du-Verdon jouit de vues superbes sur le lac et dispose de plages,

Bauduen

d'aires de pique-nique et de nombreuses infrastructures nautiques.

Bauduen

Des villages qui bordent le lac, la petite localité varoise de **Bauduen** est sans doute la plus attachante. Les pieds dans l'eau, c'est un havre idéal notamment pour la pratique de la voile. Le charme de ses ruelles escarpées, étagées à flanc de colline, est resté intact.

Les Salles-sur-Verdon

Sans attrait particulier, le récent village des **Salles-sur-Verdon** bénéficie d'excellentes infrastructures touristiques. L'**île de Coste Belle** – que l'on peut rallier en bateau électrique – fait face au village et, plus à l'ouest, le lac est parsemé de jolies criques.

Activités

Activités nautiques

Dans presque tous les villages bordant le lac, des prestataires louent des canoës, des kayaks, des pédalos et de petits bateaux électriques. Des bases nautiques permettent de pratiquer la voile et la planche à voile. En été, mieux vaut réserver à l'avance ou venir le matin. Pour l'île de **Coste Belle**, mieux vaut partir des Salles-sur-Verdon. Quelques prestataires :

Sainte-Croix-du-Verdon

Le Petit Port (06 73 65 60 09 ; avr-oct). Location de bateaux électriques et de pédalos avec toboggan.

Association voile et nautisme (04 92 77 76 51 ; www.voileverdon.fr ; mars-nov). Activités liées à la voile, avec cours, stages et location de planches à voile, d'avirons, de kayaks, de paddles, etc.

Lac-Loc (06 72 70 69 95 ; www.lacloc-saintecroix-verdon.com). Location de bateaux électriques, de canoës et de pédalos.

Bauduen

Centre nautique de Bauduen (04 94 70 09 22 ; www.cnbauduen.com ; quartier Les Aires ; 9h-19h tlj juil-août, mar-sam 9h30-17h30 avr-juin et sept-oct). Location de barques, canoës, funboards, planches à voile, dériveurs et catamarans.

Alizé Électronic (04 92 75 44 69 ; www.location-bateau-verdon.fr ; mai-sept). Location de bateaux électriques (voir aussi p. 271).

SI VOUS AIMEZ...

Les petits villages du Verdon

Le pays du Verdon recèle de petits villages calmes et pittoresques :

- **Saint-Julien-le-Montagnier** À une quinzaine de kilomètres au sud de Gréoux-les-Bains, perché à 583 m d'altitude sur une colline en forme de pain de sucre, ce village médiéval offre un panorama à 360°. Par temps clair, le regard embrasse au moins six départements ! Saint-Julien-le-Montagnier a conservé une partie de ses fortifications et une église romane. Passé la porte Gourdane (XIIIe siècle) s'étire la bien nommée "aire du bout du monde", hérissée de vieux moulins à vent. Très vaste, la commune s'étend jusqu'au lac d'Esparron, que l'on peut rejoindre à pied par un chemin forestier.
- **Saint-Martin-de-Brômes** Cramponné à la rive droite du Colostre, ce village typiquement provençal est particulièrement attachant. Dominées par une imposante tour carrée de 24 m de hauteur et par l'**église Saint-Martin** (15h-19h tlj sf lun mai à mi-sept), du XIIe siècle, les ruelles sont parsemées de jolies fontaines moussues. Pour l'anecdote, Jean Giono y a marié l'une de ses filles.
- **Allemagne-en-Provence** Ce bourg rural et perdu doit sa renommée à son superbe **château Renaissance** (04 92 77 46 78 ; chateaudallemagneprovence.com ; visite uniquement sur rdv pour les groupes ;). Autour du château, les propriétaires louent également deux gîtes très confortables (4 et 10 pers).

Les Salles-sur-Verdon

Club nautique des Salles-sur-Verdon (04 94 70 21 49 ; www.cnsv.fr). Installé au pied du village, il permet de pratiquer voile et planche à voile, surf-bike, bateau électrique, pédalo, canoë-kayak... Il abrite aussi un club d'aviron.

Randonnée

Si vous souhaitez randonner autour du lac, empruntez la portion de GR®99 qui longe le lac et permet de relier Bauduen et Les Salles (boucle de 4 heures). Renseignements à l'office du tourisme de Bauduen (p. 268).

Où se loger et se restaurer

Sainte-Croix-du-Verdon

Ferme Para Lou Chambres d'hôtes panoramiques **€€**
(04 92 77 73 63, 06 32 66 52 01 ; www.fermeparalou.com ; route de Moustiers ; d 85-95 € avec petit-déj ; avr-oct ;). Panorama cinq étoiles ! Depuis le jardin en terrasse doté d'une jolie piscine, la vue sur le lac de Sainte-Croix bleu azur est fabuleuse. Dans cette adresse secrète, aux tarifs raisonnables, on profite de quatre chambres – aux tonalités provençales prononcées –, trois gîtes et une roulotte. Cuisine à disposition, jeux pour les enfants et accueil sympathique.

Les Terrasses du Lac Restaurant panoramique **€€**
(04 92 77 82 42 ; www.lesterrassesdulac04.fr ; formules 19-25 €, plats 13-25 € ; tlj juil-août, fermé mer reste de l'année, fermé nov-mars). On aime cette adresse pour sa terrasse avec splendide vue sur le lac et ses tarifs abordables. Côté cuisine, du simple, peu de choix, mais c'est bon : salades, fritures, souris d'agneau...

L'Actuel Cuisine de chef **€€€**
(04 92 77 87 95 ; www.saintecroixduverdon.lactuel.fr ; le Village ; formule midi 25 €, menus 30-40 € ; tlj sf lun juil-août, mer-dim mai-sept). Benjamin Blanchet mitonne une cuisine gourmande avec des produits locaux soigneusement sélectionnés : écrevisses et poissons du Verdon, agneaux, légumes de saison et foie gras maison. Le cadre, à la fois feutré et contemporain, comprend bien sûr une terrasse avec vue sur le lac. Belle sélection de vins de Provence bio.

Bauduen

Auberge du Lac Hôtel-restaurant **€€**
(04 94 70 08 04 ; www.auberge-du-lac.info ; rue Grande ; d 87-97 €, menus 29-32 € ; tlj sf lun, restaurant fermé nov-mars, hôtel ouvert tte l'année). Une auberge familiale comme on les aime, qui vaut autant pour ses hébergements que pour sa savoureuse cuisine. Sur les 11 chambres, 7 ont vue sur le lac et 5 profitent d'une terrasse ! Dans le restaurant avec vue, on sert une réconfortante cuisine du terroir, généreuse et goûteuse.

Les Salles-sur-Verdon

Auberge des Salles Hôtel **€€**
(04 94 70 20 04 ; www.aubergedessalles.com ; 18 rue Sainte-Catherine, Les Salles-sur-Verdon ; d/tr-qua 78-98/106-144 €, petit-déj 12 € ;). La vue sur le lac est superbe. On en profite depuis l'extérieur, mais aussi depuis la plupart des chambres (dont certaines avec balcon). Hormis cet atout, les prestations sont assez communes, quoique tout à fait correctes : chambres propres et accueil sympathique.

Renseignements

Office du tourisme de Sainte-Croix-du-Verdon (04 92 77 85 29 ; www.stecroixduverdon-tourisme.fr ; entrée du village)

Office du tourisme de Bauduen (04 94 84 39 02 ; 20 rue Longue, Bauduen)

Office du tourisme d'Aiguines (04 94 70 21 64 ; www.aiguines.fr ; allée des Tilleuls, Aiguines)

Basses gorges du Verdon

S'étirant en aval du lac de Sainte-Croix, de Montpezat jusqu'au lac d'Esparron, les basses gorges du Verdon sont moins célèbres et moins spectaculaires que le

Musée de Préhistoire, Quinson

grand canyon. Néanmoins, leurs paysages, ponctués de petits canyons et de lacs, sont magnifiques, idéals pour la baignade et ont l'avantage d'être moins fréquentés. Une retenue artificielle barrant le passage un peu en amont du village de Quinson, la découverte complète des gorges se fait en deux temps : le premier, entre le canyon de Baudinard et Artignosc ou Montpezat, le second – sans doute le plus beau – entre Quinson et le lac d'Esparron. Le secteur abrite aussi de nombreux vestiges préhistoriques, notamment dans les immenses grottes percées par l'érosion : grotte de l'Église à Baudinard, abri des Points-Rouges, grotte Saint-Maxime et, surtout, la Baume-Bonne de Quinson.

Quinson

Implanté dans la plaine, en contrebas du plateau de Valensole et au bord du Verdon, ce village de 350 âmes est jalonné de huit fontaines. Dans ce décor provençal, la structure futuriste en forme d'amande signée Norman Forster détonne : elle abrite le musée de Préhistoire.

À voir

Musée de Préhistoire des gorges du Verdon Préhistoire
(04 92 74 09 59 ; www.museeprehistoire.com ; route de Montmeyan ; adulte/enfant 8/6 €, gratuit 6 ans, animation village préhistorique 5/4 €, visite de la Baume-Bonne 5/4 € ; 10h-20h tlj juil-août, 10h-19h tlj sf mar avr-juin et sept, 10h-18h tlj sf mar fév-mars et oct à mi-déc, fermé mi-déc à fin jan). Ce musée retrace un million d'années d'aventure humaine en Provence grâce à des éléments trouvés sur plus de 60 sites archéologiques, fouillés depuis les années 1950 autour du Verdon. Dommage que la scénographie ne soit pas vraiment à la hauteur. Livret-découverte pour les enfants. En complément, un **village préhistorique** a été reconstitué à 500 m du musée (animations uniquement certains jours, se renseigner). Enfin, sur réservation les 1er samedis du mois, le musée organise des visites guidées de la **grotte de la Baume-Bonne**, habitée pendant près de 500 000 ans : c'est le plus important des sites archéologiques du secteur. Il est nécessaire d'être bien

chaussé pour la découvrir (niveau difficile ; comptez 4 heures, dont 2 heures 30 de marche ; à partir de 7 ans).

Esparron-de-Verdon

Dominé par la tour du château des Castellane (XIIIe siècle), Esparron-de-Verdon s'étage sur une pente plongeant dans le **lac d'Esparron**, retenue artificielle créée en 1967 pour alimenter Marseille, Aix et Toulon. Très ancien, le village surprend aujourd'hui par son allure de station balnéaire. À proximité subsistent les vestiges, en partie immergés, d'un tronçon du premier canal du Verdon construit sous Napoléon III. Propice aux activités nautiques, le lac offre une **petite plage** aménagée, en contrebas du village. Depuis Gréoux-les-Bains, via la D8 puis la route du Lac, on peut aussi accéder à la **plage de Saint-Julien**, sur l'autre rive du lac.

Activités

Activités nautiques

Les gorges sont idéales pour les loisirs nautiques. Attention, en été, sur toutes les bases de départ, il vaut mieux réserver votre embarcation plusieurs jours à l'avance.

Montpezat et Artignosc

De Montpezat, vous pouvez remonter les gorges jusqu'au canyon de Baudinard (8 km). Vous pouvez aussi descendre jusqu'à Quinson (4 km), avant d'être arrêté par le barrage.

Aquattitude (06 79 21 03 77 ; www.aquattitude.com ; tlj juil-août). À Montpezat, location de canoës, de kayaks et de pédalos.

Base nautique d'Artignosc (06 60 98 37 05 ; www.base-nautique-artignosc.fr ; tlj juil-août). Sur la plage d'Artignosc, location de bateaux électriques, de canoës, de kayaks et de pédalos.

Quinson

Quinson est une base idéale pour descendre les basses gorges en pédalo, kayak ou bateau électrique jusqu'au lac d'Esparron (9 km).

Loisirs Aventure Kayak (04 92 74 01 36, 06 78 05 85 81 ; www.bateau-location-verdon.

Lac d'Esparron

SEB HOVAGUIMIAN/ADOBE STOCK ©

com ; allée des Prés-du-Verdon, Quinson ; tlj avr-sept) loue canoës, kayaks, pédalos et paddles.

Verdon Électronautic (04 92 74 08 37 ; www.verdon-electronautic.com ; allée des Prés-du-Verdon, Quinson). Location de bateaux électriques sans permis.

Lac d'Esparron

Vous pouvez naviguer sur le lac mais aussi remonter les gorges du Verdon (sur 9 km) jusqu'à Quinson. Quelques prestataires :

La Perle du Verdon (04 92 77 10 74, 06 66 07 50 19 ; www.laperleduverdon.fr ; le port ; avr-oct) propose une croisière d'une heure sur un bateau mouche (adulte/enfant 10/5 €), des locations de bateaux électriques (5-7 pers, 1 h/2h/demi-journée/journée 23-30/46-54/60-84/130-160 €), de canoës ou kayaks (5-10/10-15/15-22/22-34 €), de pédalos (12-18/24-36/31-60 €) et de paddles (10/18/26 €).

Club Nautique (04 92 77 15 25 ; cnev.online.fr ; Le Port, Esparron-de-Verdon ; tlj avr-sept, tlj sf lun oct-nov, tlj sf dim mars, fermé déc-fév). Location de voiles, planches à voile, aviron, canoës, kayaks et paddles.

Alize electronic (04 92 75 44 69 ; www.location-bateau-verdon.com ; Esparron-de-Verdon ; heure/journée 18-40/110-280 € selon modèle ; tlj 9h-19h). Location de bateaux électriques : un accueil en bas du village (avr-oct) et un autre sur la plage de Saint-Julien (accès via la D8 depuis Gréoux-les-Bains ; juin-sept). Également à Bauduen (mai-sept), sur le lac de Sainte-Croix.

Randonnée

À l'occasion des 20 ans du parc régional du Verdon, en 2017, un nouvel itinéraire de randonnée a été inauguré, le GR "Tour du lac d'Esparron", qui longe une petite partie des gorges.

Où se loger et se restaurer

Relais Notre-Dame Hôtel-restaurant **€€**
(04 92 74 40 01 ; www.relaisnotredame-04.com ; Quinson ; d/f 84-109/112-164 €, menus 20-41 € ; restaurant tlj sauf lun soir et mar, fermé 15 déc-15 fév, hôtel fermé 15 nov-mars ;). À deux pas du musée de Préhistoire, cette belle façade ocre aux volets vert olive abrite un hôtel-restaurant trois étoiles. Dans une salle de style bistrot, ou sur la terrasse de l'autre côté de la rue en été, vous goûterez une cuisine traditionnelle provençale. Cet ancien relais de poste abrite également 13 chambres joliment décorées. Agréable jardin à l'arrière avec piscine.

Moulin du Château Hôtel de charme **€€€**
(04 92 74 02 47 ; www.moulin-du-chateau.com ; Saint-Laurent-du-Verdon ; d 91-131 €, petit-déj 10 €, dîner 29 € ;). Charmant et champêtre, cet ancien moulin à huile offre 10 chambres simples et agréables. La situation est pratique pour découvrir les lacs alentour, l'atmosphère sympathique et l'établissement s'est engagé en matière de développement durable (label "Hôtel au Naturel"). Dîners réservés aux hôtes tous les soirs sauf lundi et jeudi (produits majoritairement bio). Ateliers yoga occasionnels.

Renseignements

Office du tourisme de Quinson (04 92 74 01 12 ; www.quinson.fr ; chapelle de la rue Saint-Esprit)

Plateau de Valensole

Combien de fois ne l'aura-t-on pas photographié pour illustrer la Provence éternelle ! Il faut relire Giono, dont les écrits évoquent si bien son âpre beauté. Énorme masse tabulaire campée entre 500 et 600 m d'altitude, taillée dans le poudingue (une roche détritique formée de galets agglomérés), le plateau de Valensole constitue une véritable curiosité géographique et paysagère. En été, lorsque s'étendent à perte de vue les champs de lavandin en fleur, la vision est féerique.

Valensole

Bâtie en amphithéâtre sur le flanc d'une colline, cette bourgade accueille en été

Un pays couleur lavande

Les mille nuances de bleu-violet des champs de lavandin en fleur reflètent dans l'imaginaire commun l'image rêvée de la Provence... Une Provence éternelle, immuablement violette sous un ciel d'azur. Or, ce spectacle – grandiose il est vrai – ne dure que très peu de temps : un mois environ, entre les alentours du 15 juin et du 15 juillet, selon les années et selon le tempo des récoltes. Par ailleurs, il est assez récent : si cette couleur fétiche s'incarne aujourd'hui à merveille sur le plateau de Valensole, on lui a en effet, pendant longtemps, préféré le blanc printanier des fleurs d'amandier. Jusqu'à la fin du XIXe siècle, l'amandier fut ainsi l'arbre roi du plateau, alimentant les confiseries de Provence pour la fabrication des nougats ou des calissons.

Vous pouvez suivre une portion des **Routes de la Lavande** (www.routes-lavande.com ; brochure sur demande à l'office du tourisme), indiquant les fermes, les distilleries, les musées, les entreprises et les activités locales sur plus de 1 000 km d'itinéraire, depuis Grasse (dans les Alpes-Maritimes) jusqu'à Montélimar (dans la Drôme).

Trois fêtes annuelles sont liées à la lavande : la **fête de la Lavande**, à Valensole, a lieu fin juillet ; le **Corso de la lavande** est célébré à Digne – décrétée "capitale de la lavande"–, le premier week-end d'août (depuis 1939 !) ; ainsi que la **Foire de la lavande** à la fin du mois d'août.

À Valensole, plusieurs **distilleries** ouvrent leurs portes : **Gradian père et fils** (☎04 92 74 91 43), **Lavandes Angelvin** (☎04 92 74 80 53), **Terraroma Jaubert** (☎04 92 73 77 70).

À Digne, vous pouvez visiter le **musée de la Lavande** (☎04 92 31 14 90 ; www.musee-lavande-digne.fr ; 32 bd Gassendi ; tarif adulte/enfant 5,50/2,50 €, gratuit -14 ans ; ⏲tlj 10h-19h juil-août, mar-sam 10h-13h et 15h-19h sept-juin) avec démonstration gratuite de distillation (⏲tlj 11h et 16h).

des foules de visiteurs venus pour la lavande et le lavandin en fleur (la fête de la Lavande a lieu fin juillet). Privilégiez plutôt le reste de l'année pour goûter à l'esprit provençal de ce village qui ne s'est pas encore "luberonnisé".

Riez

Entre Gréoux et Moustiers, dans un vallon qui entrecoupe le plateau de Valensole, Riez porte l'empreinte d'une histoire féconde. Elle s'honore en effet de vestiges romains et paléochrétiens de premier ordre, aux portes de la ville, tandis que le centre est imprégné d'éléments médiévaux et Renaissance caractéristiques des bourgades provençales. Un mélange étonnant pour une si petite commune.

Où se loger et se restaurer

Riez

Hôtel des Colonnes Maison d'hôtes **€€**
(06 18 29 39 02 ; www.hoteldescolonnes-riez.fr ; rue René-Cassin, Riez ; d/ste 4 pers 85-110/190-210 € avec petit-déj ;). Plein de vie et de charme, cet ancien hôtel a retrouvé sa vocation première sous l'égide de la pétillante Géraldine. La belle demeure (tomettes anciennes, escalier du XVIIe, gypseries) est magnifiée par une décoration audacieuse – et réussie ! Adorable jardin bucolique pour prendre le petit-déjeuner.

Le "M" Chambres d'hôtes **€€**
(06 85 29 79 31 ; www.le-m-riez.com ; 12 pl. Saint-Antoine, Riez ; d 85-95 € avec petit-déj ;). Idéalement situé au cœur de la vieille ville, cet ancien hôtel particulier du XVIIe a été rénové avec goût par Béatrice, la maîtresse des lieux. Elle propose des chambres aux beaux volumes, sobrement aménagées de mobilier chiné et de matières naturelles. Une belle adresse.

La Bastide du Colombier Chambres d'hôtes et gîte **€€**
(06 15 09 35 28, 06 09 07 17 79 ; www.labastideducolombier.com ; Vallon de Valvachères, Riez ; d/bergerie 4 pers 105/150 € petit-déj inclus ;). À 1 km du village, cette magnifique bastide abrite deux agréables chambres d'hôtes et, à l'écart, une ancienne bergerie restaurée avec deux chambres (idéale pour les familles) et une piscine hors sol privée. Un vrai luxe !

L'Orchidée Restaurant thaïlandais **€**
(04 92 75 24 86 ; 16 rue du Marché, Riez ; plat du jour 13 €, menu 23 € ; mar-sam). Belle surprise que ce petit restaurant situé dans une ruelle de Riez. La propriétaire d'origine thaïlandaise concocte un menu d'inspiration asiatique, renouvelé quotidiennement. Également vente à emporter.

Dans la région du plateau de Valensole

La Fontaine Hôtel-restaurant **€**
(04 92 78 02 05 ; www.verdon-tourisme/lafontaine ; pl. Arsène-Bulle, Saint-Martin-de-Brômes ; s/d/tr 47/56/63 €, petit-déj 7 € ; plats 16-22 €, menus 22-36 € ; restaurant tlj mi-fév à mi-déc, fermé mi-déc à fév ;). Au cœur du village de Saint-Martin-de-Brômes, cet hôtel familial et bien tenu résiste à l'usure du temps. Sobres et claires, ses 10 chambres présentent un rapport qualité/prix honorable. Côté restaurant, cuisine régionale sincère.

Le Jardin de Celina Chambres d'hôtes et restaurant **€€€**
(04 92 74 83 35 ; lejardindecelina.com ; ancien chemin d'Allemagne, Valensole ; d 95-139 € avec petit-déj, plats 20-25 €, menus 30-40 € ; jeu-lun midi ;). Une adresse raffinée au cadre superbe : la grande bastide provençale est entourée d'un beau jardin avec piscine, avec une grande terrasse ombragée pour savourer des mets fins. Belle cave à vin. Les quatre chambres d'hôtes, contemporaines et confortables, sont d'un bon standing. Espace sauna et massage sur demande. À 300 m du village.

Achats

À Valensole, vous trouverez une antenne de **Couleurs Paysannes** (04 92 72 14 96 ; www.couleurs-paysannes.fr ; les Quatre-Chemins, Valensole), qui vend les produits en direct des producteurs.

Maison de produits du pays Produits locaux
(04 92 77 40 24 ; produits-artisans-verdon.fr ; 3103 route de Riez, Allemagne-en-Provence ;

tlj 9h30-20h juil-août, 9h-19h juin et sept, 9h30-12h30 et 14h-19h oct-mai, fermé jan). Huiles d'olive, miel de pays, lavande, lavandin, artisanat local... Cette boutique est une mine de produits locaux !

Renseignements

Office du tourisme de Valensole (04 92 74 90 02 ; www.valensole.fr ; 2 rue du Docteur-Chaupin)

Bureau du tourisme de Riez (04 92 77 99 09 ; www.ville-riez.fr ; pl. de la Mairie ;)

PAYS DE MANOSQUE, DE FORCALQUIER ET MONTAGNE DE LURE

Chantés par Giono, le pays de Manosque, Forcalquier et la montagne de Lure incarnent à merveille une Provence ancestrale. Délimitée à l'est par la vallée de la Durance, au sud par le Luberon, à l'ouest par le plateau d'Albion et au nord par la vallée du Jabron, ce territoire riche est résolument agricole. À l'exception des contreforts de la montagne de Lure, ces collines qui ondulent entre 600 et 800 m d'altitude forment une mosaïque complexe d'où émerge Forcalquier, seule localité d'importance, et, près de la Durance, Manosque, ville la plus peuplée du département.

Manosque

Manosque évoque bien entendu Giono, dont la maison natale est située rue Grande. Entrelacs de ruelles animées, la vieille ville dégage un charme tout provençal. Cette cité dynamique constitue une bonne base pour découvrir les trésors cachés de la Durance et du pays de Forcalquier.

À voir

Du patrimoine architectural manosquin, on retiendra principalement les constructions fortifiées d'origine médiévale : la **porte Soubeyran**, au nord, est coiffée d'un campanile en fer forgé en

Manosque

Giono, enfant du pays

S'il y a un auteur emblématique de la Provence, c'est certainement Jean Giono, né et mort à Manosque (1895-1970). Bien nommé le "voyageur immobile", il se rendit assez peu à l'étranger, rechignant à quitter cette ville dans laquelle il se sentait si bien. L'ensemble de son œuvre est pétri de cette nature méditerranéenne, à la fois âpre, paysanne et sauvage – caniculaire en été, glaciale en hiver –, dans laquelle les hommes, confrontés à la montagne et enveloppés par elle, basculent dans la fiction. De *Colline* à *Un roi sans divertissement*, en passant par *Regain*, *Le Hussard sur le toit* ou *Noé*, les romans de Giono sont de formidables compagnons de route pour approcher les mystères de l'âme provençale...

À l'occasion du cinquantième anniversaire de sa mort (2020) est remise à jour la **Route Jean Giono**, un itinéraire de 152 km autour de la montagne de Lure (via le plateau du Contadour ou la vallée du Jabron). Vous pourrez vous procurer la carte (téléchargeable en ligne), ainsi qu'un ouvrage illustré enrichi de six balades littéraires ("Marcher un livre à la main").

forme de poire érigé en 1830 ; au sud, la **porte Saunerie**, crénelée, date de 1382.

Au centre de la vieille ville, l'**église Notre-Dame-de-Romigier** mérite le coup d'œil pour son sarcophage paléochrétien (Ve siècle) et sa Vierge noire du Xe siècle. Arpentez la **rue Grande**, la principale artère commerçante, qui s'enorgueillit de quelques hôtels particuliers. Au **n°14**, une plaque signale un immeuble où habita Jean Giono. L'**hôtel de ville**, de style classique, témoigne également d'une belle finesse d'exécution.

En septembre, le passionnant **festival des Correspondances** (correspondances-manosque.org), axé sur l'écriture, anime la ville (cafés littéraires, lectures, débats et tables rondes).

Centre Jean Giono — Centre culturel et littéraire

(☎ 04 92 70 54 54 ; www.centrejeangiono.com ; 3 bd Élémir-Bourges ; tarif 6/5 €, gratuit -18 ans ; ⏲ mar-sam 10h-12h30 et 14h-18h avr-sept, 14h-18h oct-mars, fermé vacances de Noël). C'est avec plaisir que l'on se plonge dans l'univers de l'écrivain manosquin à travers une petite exposition permanente bien ficelée. En plus d'expositions temporaires, centrées autour d'un thème récurrent dans son œuvre, le centre organise toute l'année des **balades littéraires** (8 €) de grande qualité.

Le Paraïs – Maison de Jean Giono — Maison d'écrivain

(☎ 04 92 70 54 54 ; www.centrejeangiono.com ; montée des Vraies-Richesses ; visite sur réservation 8/7 €, gratuit -18 ans, durée 1 heure ; ⏲ mar-sam 10h30, 14h30 et 16h avr-sept, 14h30 et 16h reste de l'année). Né au n°1 rue Torte, ayant vécu une partie de sa vie au n°14 rue Grande, Jean Giono gagna, en 1929, les hauteurs du Paraïs, sur les flancs du mont d'Or, et y habita plus de 40 ans. Après sa mort, la maison est restée telle quelle. Longtemps gérée par l'association Les Amis de Jean Giono, la demeure est désormais propriété de la ville : l'organisation et la tarification des visites sont susceptibles d'être modifiées. Néanmoins, tout lecteur de Giono sera saisi en découvrant cette demeure, son atmosphère, ses détails et ses anecdotes. Elle abrite notamment une impressionnante bibliothèque (plus de 8 500 ouvrages) méticuleusement constituée par l'auteur entre 1920 et 1970. La visite guidée se fait en petits groupes ; elle est assez peu adaptée aux (petits) enfants. Début août, l'Association des amis de Jean Giono organise les **Rencontres Giono** (www.rencontresgiono.fr).

Fondation Carzou — Chapelle peinte

(☎ 04 92 87 40 49 ; www.fondationcarzou.fr ; 7-9 bd Élémir-Bourges ; 5 €, gratuit -15 ans ; ⏲ 10h-12h30 et 14h-18h mar-sam avr-oct,

SI VOUS AIMEZ...
L'univers des livres

Festivals, librairie, pôle d'excellence rural, "pays du livre et de l'écriture" autour de Forcalquier... La culture de l'écrit et du livre reste forte au pays de Jean Giono.

Banon Sa gigantesque **librairie Le Bleuet** (p. 286) est devenue au fil des ans une attraction pour les amateurs de livres et un poumon économique pour le village.

Manosque Tous les ans en septembre, le célèbre **Festival des Correspondances** (correspondances-manosque.org) anime Manosque et ses environs. Les amateurs de Jean Giono ne manqueront pas la visite du **Centre Jean Giono** (p. 275) et de sa maison **Lou Paraïs** (p. 275) tout comme, début août, les **Rencontres Giono** (www.rencontresgiono.fr), organisées par l'Association des amis de Jean Giono.

Lurs Depuis le village, le **Chemin des écritures** (www.delure.org ; Lurs ; guide de visite disponible à l'office du tourisme) est un court et passionnant parcours en plein air à travers l'histoire de la typographie. Tous les ans, le village est le siège des **Rencontres internationales de Lure** (www.delure.org), créées par le typographe Maximilien Volx et Jean Giono en 1952.

14h-18h mer-sam nov-mars). Atypique et saisissante, cette chapelle de style néoclassique a été entièrement peinte par l'artiste Jean Carzou à la fin des années 1980, sur le thème d'une apocalypse moderne.

Écomusée de l'Olivier Autour de l'olivier
(☎04 86 68 53 15 ; www.ecomusee-olivier.com ; RD13, ancienne route de Forcalquier, Volx ; entrée libre ; ⏲10h-18h tlj juil-août , mar-sam 10h-13h et 14h-18h mars-nov, fermé jan-fév). À 7 km de Manosque, ce musée relate l'histoire de la culture de l'olivier autour de la Méditerranée et accueille, de mai à octobre, des expositions d'art contemporain. Dégustation et boutique sur place.

Activités

Au nord de Manosque, cinq sentiers de randonnée, parfaits pour marcher en famille, sont balisés dans la **forêt domaniale de Pélicier**, ainsi qu'un sentier VTT de 12 km (dénivelé de 300 m). Au sud-est de Manosque, huit **parcours aventure** (☎06 89 98 69 29 ; www.verdon-aventure.com ; Vinon-sur-Verdon) sont également aménagés (à partir de 5 ans).

Pour louer des vélos, adressez-vous à **Bachelas Cycles** (☎04 92 72 15 84 ; www.bachelasbikeshop.com ; 24 bd de la Plaine ; ⏲mar-sam), qui dispose aussi d'une boutique à Forcalquier (voir p. 282).

Maison de la biodiversité Ferme pédagogique
(☎04 92 87 74 40 ; www.parcduluberon.fr ; chemin de la Thomassine, direction Dauphin ; 4 €, gratuit -18 ans ; ⏲visite libre 10h30-13h et 15h-18h30 mar-sam juil-sept, 10h-12h30 et 14h-16h30 mer oct-juin). Sur les hauteurs de Manosque, cet écrin végétal composé de huit jardins en terrasses abrite un verger conservatoire rassemblant plus de 400 variétés fruitières et un potager de légumes oubliés, vendus sur place en saison. Possibilité de pique-niquer.

Où se loger

Hôtel du Terreau Central €
(☎04 92 72 15 50 ; www.hotelmanosque.fr ; 21 pl. du Terreau ; d/tr-qua 47-75/70-95 €, petit-déj 8,50 € ; wifi, clim). Sur la place du Terreau, cet hôtel deux étoiles abrite 18 chambres de diverses catégories : les "provençales" sont plus cosy, mais toutes offrent un bon rapport qualité/prix. Accueil agréable.

La Bastide de l'Adrech Chambres d'hôtes et gîtes €€
(☎04 92 71 14 18 ; www.bastide-adrech.com ; av. des Serret ; d/tr/qua 85/120/135 € avec petit-déj, table d'hôtes 26 € ; wifi, P). Au cœur d'un domaine oléicole, cette belle

bastide du XVIIIe abrite cinq chambres de charme et deux gîtes. Dans l'élégante salle à manger, on savoure la délicieuse table d'hôtes de Robert Le Bozec, qui dispense aussi des cours de cuisine à la Bastide. Petit-déjeuner pantagruélique ! Dans le jardin, une jolie piscine (chauffée) attend les hôtes. Depuis Manosque, suivez les panneaux Pierrevert.

Où se restaurer

Le Petit Lauragais Sud-Ouest et Méditerranée **€€**
(04 92 72 13 00 ; 6 pl. du Terreau ; menus 26,50-37 € ; mar-sam). Une bonne table du terroir, mêlant les spécialités méditerranéennes à celles du Sud-Ouest. Décor élégant en salle et plus décontracté en terrasse.

Sens et Saveurs Créatif **€€€**
(04 92 75 00 00 ; www.sensetsaveurs.com ; La Filature, 43 bd des Tilleuls ; menus midi 24 €, soir 30-64 €, plats 31-32 € ; midi mar-dim, soir mar-mer et ven-sam). Une pépite que cette affaire familiale ! Escalopes de foie gras de canard poêlées, pain d'épices et grains de raisin... la cuisine de terroir est revisitée avec brio par le chef Sylvain Nowak. Grande salle voûtée ou terrasse les beaux jours. Bon rapport qualité/prix.

Le Bouchon catalan Semi-gastronomique **€€€**
(04 92 79 37 45 ; www.lebouchoncatalan-manosque.fr ; 21 pl. du Terreau ; formules 14,50-19,50 €, menus midi 24,50 €, soir 35 €, plats 17-25 € ; tlj sf dim). Rien de catalan dans cette cuisine, si ce n'est son influence méditerranéenne... En revanche, on reste dans l'esprit du bouchon lyonnais. Le chef Laurent Urbano allie ainsi les saveurs lyonnaises et méditerranéennes dans des mets assez sophistiqués. Une belle adresse.

Achat

Couleurs paysannes En direct des producteurs
(04 92 72 14 96 ; www.couleurs-paysannes.fr ; 5 pl. du Terreau ; lun-sam 9h-12h30 et 14h30-19h). Une large gamme de produits locaux (beaucoup en bio) en provenance directe des exploitations (fruits, légumes, fromages, huiles d'olive, etc.).

Renseignements

Office du tourisme (04 92 72 16 00 ; www.manosque-tourisme.com ; pl. de l'Hôtel de Ville)

Depuis/vers Manosque

BUS

La **gare routière** (04 92 87 55 99) se situe bd Charles-de-Gaulle. Le **bus LER n°26** (www.payan-voyages.com) au départ de la gare SNCF de Manosque permet de relier la gare TGV d'Aix-en-Provence et l'aéroport Marseille-Provence.

TRAIN

La ville est desservie par la ligne **TER Marseille-Briançon** (0809 400 415 ; www.info-ler.fr). La gare SNCF se trouve place Frédéric-Mistral, à environ 1,5 km du centre-ville (bus n°3).

Céreste

Très proche du Luberon voisin, le village est surtout animé sur le cours Aristide-Briand, longé de façades colorées et de fontaines. À proximité, mais en pleine nature, le **prieuré de Carluc** est un site étonnant et quasi mystique, qui fut une source d'inspiration pour de nombreux poètes et artistes. La visite des vestiges, libre, se fait à l'aide de 11 panneaux didactiques retraçant la vie du prieuré à travers 1 000 ans d'histoire. En été, le festival **Les Nuits de Carluc** (infos à l'office du tourisme) organise des concerts au prieuré mais aussi dans les villages alentour.

Où se loger et se restaurer

Les gourmands feront halte à l'excellent glacier bio **Scaramouche** (04 92 79 48 82 ; www.glaces-scaramouche.com ; cours Aristide-Briand ; tlj 11h-12h30 et 14h-23h).

SI VOUS AIMEZ...

Les senteurs de Provence

Une **Route des saveurs et des senteurs** (www.routedessaveursetdessenteurs.fr) invite à découvrir le savoir-faire de 17 entreprises de haute Provence. Pour humer de délicats parfums et faire vibrer vos narines !

○ Ateliers sensoriels à Forcalquier Dans le couvent des Cordeliers, le musée **Artemisia** (voir p.281 ; environ 2h ; adulte/enfant 30-45/15-25 €) propose des ateliers sensoriels ouverts à tous : l'atelier du parfumeur (avec création de parfums), herboristerie (avec confection d'un macérât), aromathérapie, fabrication d'un baume, découverte de la lavande ou des mystères du pastis !

○ Séances de distillation à Mane L'**Institut des huiles essentielles Florame** (04 92 71 07 71 ; www.institut-des-huiles-essentielles.florame.com ; entrée libre, ateliers 25 € ; tlj 10h-19h30 juil-août, mer-lun 10h-19h sept-juin) propose un jardin botanique, des séances de distillation, des visites de son laboratoire de recherche, un centre de soins (voir encadré p. 297) et un espace boutique.

○ Jardins de Salagon à Mane Sûrement le plus étonnant des jardins du prieuré de Salagon (voir p. 280), près de Mane, le **jardin des Senteurs** privilégie les espèces dont les différentes parties (feuilles, fleurs, tiges, écorce, fruits) rappellent les bonnes et les mauvaises odeurs du quotidien.

○ Jardin et musée de L'Occitane à Manosque Sur place, une belle boutique-musée et un jardin méditerranéen ; sur réservation, il est possible de visiter gratuitement l'usine de **L'Occitane**.

Auberge de Carluc Restaurant provençal **€€**
(04 92 79 06 32 ; cours Aristide-Briand, Céreste ; menus 24-30 €, plats 12,50-18 € ; tlj sf mer soir et jeu). Une excellente adresse ! Tenu par un couple sympathique, ce restaurant concocte une succulente cuisine régionale, simple et goûteuse, à un bon rapport qualité/prix. Terrasse aux beaux jours et belle salle voûtée avec pierres apparentes et tables élégamment dressées.

La Maison d'Emma Chambres d'hôtes de charme **€€**
(04 92 74 19 21 ; www.maison-emma.com ; pl. Saint-Michel, Céreste ; s/d avec petit-déj 85/90 €). Au cœur du village, cette belle maison du XVIIIe siècle abrite trois chambres charmantes, soigneusement décorées (décor toile de Jouy, ambiance boudoir ou style classique). En outre, on profite d'un petit extérieur avec bassin de nage. Bons petits-déjeuners et accueil attentionné.

Reillanne

Enroulé autour d'une colline, ce joli village a une vocation essentiellement agricole (céréales, élevage ovin, lavande et lavandin). N'hésitez pas à vous perdre dans le dédale des ruelles du vieux village sur la butte Saint-Denis. Les bâtiments les plus anciens – la porte Saint-Pierre surmontée de végétation et la tour-clocher – datent du XIIe siècle. Du haut de la butte, on jouit d'une superbe perspective sur les crêtes du Luberon, les Préalpes et la vallée de l'Encrême en contrebas.

Où se loger et se restaurer

Dans le centre, vous trouverez deux bistrots animés : le **Café de la Place** et, plus haut, le **Café du Cours**.

Auberge de Reillanne Hôtel de charme **€€**
(04 92 76 45 95 ; Reillanne ; s/d 65/80-85 €, petit-déj 9 € ; avr-oct ; P). À 2 km

Observatoire de Haute-Provence

de Reillanne, cette bastide pleine de charme est noyée sous un lierre grimpant et entourée d'un parc arboré où sont disposés chaises longues et hamacs... L'envie de s'attarder est immédiate. Spacieuses, les six chambres aux teintes pastel privilégient les matières naturelles. Dans la salle à manger, les innombrables photos du Népal de la propriétaire (elle y vit une partie de l'année) prolongent une ambiance bohème. Possibilité de restauration sur place le soir.

Domaine de Pradaous Chambres et restaurant **€€**
(04 92 74 98 99 ; www.domainedepradaous.com ; Reillanne ; d avec petit-déj 80-130 €, menu 28 € ; restaurant ven-mar ;).
Entièrement rénovée dans un style contemporain, cet ancien relais de poste du XVIIe siècle accueillit, en 1806, Stendhal. Il propose aujourd'hui quatre chambres confortables, toutes décorées dans un style différent. Certaines peuvent accueillir jusqu'à quatre personnes. À l'extérieur, une grande piscine attend les hôtes. Quant aux anciennes écuries, elles abritent le restaurant, qui met à l'honneur chaque jour des suggestions du marché (produits bio et locaux). À noter aussi, un sympathique bar à vins et tapas, avec bibliothèque, billard, coin "fitness" et, de temps en temps, cours de yoga ! Panier pique-nique sur demande.

Renseignements

Office du tourisme de Reillanne (04 92 76 45 37 ; www.reillanne-en-provence.com ; cours Thierry-d'Argenlieu)

Saint-Michel-l'Observatoire

Bien conservé, ce village est surtout réputé pour son ciel, qui serait l'un des plus purs de France. Pas étonnant donc que le CNRS ait installé ici, dès 1937, l'**observatoire de Haute-Provence** (04 92 70 65 40 ; www.obs-hp.fr ; tarif plein/réduit 5/3 €, gratuit -6 ans, billets à l'office du tourisme ; juil-août selon le programme de l'Été Astro, se renseigner à l'office du tourisme, avr-oct mer 14h15, 15h et 16h). Visibles de loin, ses 13 coupoles blanches abritent des télescopes, dont l'un a permis la découverte de la première exoplanète en 1994, qui a valu aux astrophysiciens Michel Mayor et Didier Queloz le prix Nobel de physique en 2019.

Activités

Centre d'Astronomie Séances d'observation
(04 92 76 69 69 ; www.centre-astro.fr ; plateau du Moulin à Vent ; sur réservation à l'office de tourisme). À 2 km du ville, le centre accueille le grand public avec, notamment, des séances d'observation du Soleil et des étoiles grâce à un Sidérostat (un modèle de télescope unique en France). De juillet à septembre, l'**Été Astro** propose un dense programme d'observations, d'animations et de soirées sur le thème de l'astronomie.

Où se loger

Hôtel Galilée Contemporain avec vue **€€**
(04 65 10 00 26, 06 75 80 99 58 ; www.hotelgalilee.com ; 1 rue du Gérant, Saint-Michel-l'Observatoire ; s/d/tr 55/80/100 €, petit-déj 8 € ; P). Au cœur du village, cet hôtel récent arbore une belle architecture contemporaine sur trois niveaux, recouvrant une maison de village d'un bardage de bois. Épurée et réussie, la décoration se limite à des boiseries claires et à des murs blancs. La plupart des chambres profitent d'une terrasse, avec une très belle vue sur le pays de Forcalquier.

Renseignements

Office du tourisme (04 92 76 69 09 ; www.haute-provence-tourisme.com ; pl. de la Fontaine, Saint-Michel-l'Observatoire)

Mane

Non loin de Forcalquier, ce village est organisé autour d'une citadelle du XIIe siècle – la seule fortification complète antérieure au XVe siècle en haute Provence. Ses belles calades pentues et son patrimoine bâti, à commencer par l'agréable prieuré de Salagon, méritent que l'on s'y attarde. En été, les **Rencontres musicales de Haute Provence** (www.rmhp.fr) organisent des concerts de musique classique au prieuré ainsi qu'au couvent des Cordeliers de Forcalquier.

À voir

Prieuré de Notre-Dame-de-Salagon Prieuré et jardins
(04 92 75 70 50 ; www.musee-de-salagon.com ; Mane ; tarif plein/réduit 8/6 €, gratuit -6 ans ; tlj 10h-19h mai-sept, tlj sf mar 10h-18h oct-avr, fermé mi-déc à fin jan). Édifié sur des **ruines gallo-romaines**, cet ancien **prieuré** et sa magnifique **église romane** du XIIe siècle abritent plusieurs expositions permanentes : l'une est consacrée aux 2 000 ans d'occupation du site, l'autre au travail du fer (tonnelier, forgeron). Mais c'est surtout pour ses 6 ha de **jardins à thème**, parmi lesquels un Jardin médiéval, un jardin de Simples, un jardin de Senteurs ou un jardin des Temps modernes, que le site vaut assurément une visite. Possibilité de pique-niquer sur place. Belle librairie consacrée aux plantes.

Château de Sauvan Château et jardin classique
(04 92 75 05 64 ; www.chateaudesauvan.com ; Mane ; adulte/enfant 10/5 €, parc uniquement 4/1 € ; visite guidée 15h30 tlj juil-août, jeu-lun mai-sept, jeu sam et dim avr à mi-nov, fermé 16 nov-mars). À 2 km de Mane, sur la N100 en direction d'Apt, ce château du XVIIIe siècle, surnommé le "Petit Trianon provençal", se caractérise par l'élégance de ses volumes et le sobre ordonnancement de sa façade. Son jardin à la française est classé jardin remarquable. Pas de carte bancaire.

Où se loger et se restaurer

La Manne Céleste Méditerranéen **€**
(04 92 75 05 70 ; www.lamanneceleste.fr ; le Grand Chemin, Mane ; plats 11-18,50 € ;

(mar-ven et sam soir). Une belle salle aux murs en pierre et poutres apparentes, une agréable cour ombragée et une cuisine à la bonne franquette avec quelques incartades exotiques. Pizzas au feu de bois du jeudi au samedi.

Le Mas du Pont Roman Hôtel de charme **€€€**
(04 92 75 49 46 ; www.maspontroman.com ; chemin de Chateauneuf, Mane ; s/d/ste 70-80/100-120/145 €, petit-déj 12 € ;). Une adresse de charme aux tarifs raisonnables. Non loin du centre, ce petit hôtel familial abrite neuf chambres, très soignées, au style provençal. La bastide du XVIIIe siècle s'entoure de terrasses et d'une petite piscine extérieure. Également un bassin intérieur (accès libre) avec sauna (10 €) et des gîtes (qui manquent un peu d'intimité).

Couvent des Minimes Hôtel-restaurant de luxe **€€€**
(04 92 74 77 77 ; www.couventdesminimes-hotelspa.com ; chemin des Jeux-de-Maï, Mane ; d/ste 250-655/475-1 785 € ;). Installé dans un ancien couvent du XVIIe siècle, cet hôtel cinq étoiles offre un décor dans l'air du temps et, cela va sans dire, des prestations très haut de gamme (spa by L'Occitane, tennis, piscines intérieure et extérieure, restaurant gastronomique). Autour de jardins en terrasses, le cloître recouvert d'une magnifique charpente en bois dévoile un univers design et acidulé. Une ambiance qui se prolonge dans les 38 chambres et suites de l'hôtel. Surplombant la piscine de l'hôtel, le bistrot **Le Pesquier** (plats 26-30 €, menu midi/soir 35/45 € ; tlj), ouvert aux visiteurs, est une bonne occasion pour découvrir cet écrin.

Forcalquier

Ville emblématique de haute Provence, pôle culturel dynamique et accueillant, Forcalquier mérite une visite approfondie, de préférence un lundi, quand la cité est envahie par les étals du marché, l'un des plus célèbres de la région.

En été, des concerts ont lieu au couvent des Cordeliers de Forcalquier et au prieuré de Salagon à Mane dans le cadre des **Rencontres musicales de Haute Provence** (www.rmhp.fr).

À voir

Au cours de votre promenade, admirez la **cathédrale Notre-Dame-du-Bourguet**, à la charnière entre l'art roman et le gothique, et, non loin de là, le **couvent des Cordeliers** (XIIIe siècle), qui abrite aujourd'hui le musée **Artemisia**. Ne manquez pas de visiter son cloître et son agréable **jardin** (tlj 8h-20h).

Montez ensuite au sommet de la colline par la rue Saint-Mari et régalez-vous du panorama qui se déploie du Luberon aux Préalpes. Voisin de la **chapelle Notre-Dame-de-Provence** (érigée en 1875), se trouve un **carillon** unique en son genre : c'est le seul carillon de 37 cloches exclusivement manuel de toute la Provence. Tous les dimanches, entre 11h et 12h, un bénévole vient y jouer à "coups de poing". Le **cimetière**, classé pour son étonnante architecture végétale, plantée au début du XIXe siècle, vaut également le détour.

Appréciée des artistes et créateurs, la ville compte de nombreux ateliers d'art qu'il est possible de découvrir grâce à l'association **Les Ateliers Forcalquier** (www.les-ateliers-forcalquier.fr), à travers ses événements mais aussi par un itinéraire téléchargeable en ligne.

Artemisia Musée des Senteurs
(04 92 72 50 68 ; www.artemisia-museum.fr ; couvent des Cordeliers ; adulte/enfant 6/4 €, gratuit -10 ans ; tlj 9h30-12h30 et 13h30-19h mai-sept, lun et mer-sam 10h-12h30 et 14h30-18h oct-avr, fermé jan). Installé dans le couvent des Cordeliers, ce magnifique musée ravira enfants et parents à travers une scénographie contemporaine, ludique et didactique. On touche, on sent et l'on découvre ici avec bonheur l'univers des plantes de la haute Provence. De nombreux ateliers sont également proposés.

SI VOUS AIMEZ...
Les villages perchés du pays de Forcalquier

Remarquablement bien préservés, ces villages sont souvent d'anciens *oppida* (villes fortifiées) romains édifiés au sommet de pics rocheux, devenus au cours des siècles de petites forteresses servant de refuges à chaque période troublée. Dominées par le donjon d'un château et protégées d'épaisses murailles, leurs ruelles tortueuses accueillent en leur centre une place avec une fontaine.

- **Dauphin** Au sud de Forcalquier, ce magnifique village perché, dominant une vaste plaine, a conservé son caractère médiéval avec ses remparts et leurs tours.
- **Ongles** Au pied de la montagne de Lure, Ongles est composé d'une dizaine de hameaux dont un, le Rocher d'Ongles, est littéralement perché au-dessus de la vallée de la Laye. Le village abrite la **Maison d'histoire et de mémoire d'Ongles** (☎04 92 74 04 37 ; www.mhemo.org ; château d'Ongles ; tarif plein/réduit 4/2 €, gratuit -12 ans ; 🕒11h-16h mar, jeu-ven), relatant l'histoire de l'accueil des familles de harkis dès 1962.
- **Oppedette** Situé à 6 km au sud de Simiane-la-Rotonde, le village d'Oppedette domine les **gorges du Calavon** (communément appelées les gorges d'Oppedette), qui invitent à une belle mais sportive promenade.
- **Vachères** Véritable vaisseau minéral, le vieux village offre une vue panoramique sur les paysages alentour et abrite le petit **musée d'Archéologie et de Paléontologie Pierre Martel** (☎04 92 75 62 15 ; plein/réduit 4/2,50 €, gratuit -11 ans ; 🕒tlj sf mar 15h-18h juil-août, dim avr-nov, sur rdv reste de l'année).

Activités

Adressez-vous à **Bachelas Cycles** (☎04 92 75 12 47 ; www.bachelasbikeshop.com ; 5 bd de la République) pour la location de vélos.

Rochers des Mourres — Balade géologique
(à 6 km environ de Forcalquier ; parking sur place). Idéale en famille, cette promenade d'une heure environ vous fera traverser cet étonnant site géologique aux stupéfiants rochers sculpturaux.

Les Ânes de Forcalquier — Randonnée avec un âne
(☎06 89 15 08 63 ; www.anes-forcalquier.com ; ancienne route de Dauphin ; balades 2 heures 25-30 € par âne, rando demi-journée/journée 30/45 € par âne ; 🕒tte l'année sur réservation). Différentes formules de balades avec un âne, de 2 heures à la journée (chasse au trésor, coucher du soleil, etc.).

Vol en montgolfière — Dans les airs
(☎03 80 97 38 61 ; www.franceballoons.com ; vol à partir de 190 € ; 🕒avr-oct). Pour une expérience hors du commun, montez à bord d'une montgolfière et survolez les magnifiques paysages de Provence ! D'une heure environ, les vols sont soumis aux aléas de la météo et sont susceptibles d'être annulés au dernier moment. Départ au petit matin (entre 6h45 et 7h).

Où se loger

Les adeptes de pratiques douces ne manqueront pas le **Mas de Fontfiguières** (voir l'encadré p. 295).

Grand Hôtel — Central €
(☎04 92 75 00 35 ; www.grandhotel-forcalquier.com ; 10 bd Latourette ; s/d/tr/qua 55-68/62-75/75/99-110€, petit-déj 8,50 €, dîner 19 € ; 📶). Au cœur de la ville, ce deux-étoiles est un excellent point de chute. Si les parties communes sont un peu désuètes, les 13 chambres – toutes refaites et insonorisées côté boulevard – offrent un bon confort. Terrasse et jardin ombragé à l'arrière. Possibilité de repas sur place le soir.

Quartier de la Citadelle, Forcalquier

Charembeau Hôtel trois étoiles **€€**
(04 92 70 91 70 ; www.charembeau.com ; route de Niozelles ; d/ste 75-160/120-210 €, petit-déj 15 € ; fermé mi-nov à fin fév ;). Cette auberge de caractère occupe une ancienne ferme du XVIIIe siècle, au milieu d'un domaine de 7 ha. Plusieurs des 24 chambres, toutes différentes et de bon confort, profitent d'une terrasse. Certaines se louent à la semaine. Piscine, tennis, ping-pong, badminton, location de vélo...

Villa Saint-Marc Gîte et chambres d'hôtes **€€**
(09 83 32 45 23 ; www.villa-st-marc.com ; 5 av. des Lavandes ; à partir de 51 €/pers avec petit-déj ;). Une belle option pour être à la fois proche du village (sur lequel on a une vue magnifique) et profiter d'un cadre bucolique avec piscine. Élégante, cette demeure de maître du XVIIIe siècle a été parfaitement restaurée, préservant le charme naturel de l'architecture. Elle propose cinq chambres d'hôtes aux belles hauteurs sous plafond, un "Penthouse" de 185 m² sous les combles (2 chambres) et un "Cottage" (2-4 pers).

Campagne Saint-Lazare Gîte et chambres d'hôtes **€€€**
(04 92 75 48 76 ; www.stlazare.net ; ancienne route de Dauphin ; d 100-130 €, app 2/4 pers 110-170/170-260 €, petit-déj 16 € ; menus 25-45 € ; restaurant tlj Toussaint-Pâques, sur réservation reste de l'année ;). À 1 km du centre-ville, cette belle maison de pierres est entourée d'un immense jardin où coule une source, repose une piscine et où est tracé un chemin de la biodiversité, entre mares, potager, prairie et forêt ! Ici, les prestations sont à la carte : studios et appartements (tous avec cuisine) sont loués avec ou sans services (petit-déjeuner, ménage, linge, etc.). Restaurant sur place, écolabel et produits bio et locaux.

Où se restaurer

Dans le centre

Aux 2 Anges Terroir **€**
(04 92 75 04 36 ; 3 pl. Saint-Michel ; menu 17,50 € ; tlj sf lun soir et mar, fermé jan). Une carte minimaliste, un décor presque kitsch avec des anges du sol au plafond. Mais

À NE PAS MANQUER

Le pays de Forcalquier à pied, à vélo ou à cheval

Sans être spectaculaires, les paysages de ce territoire n'en sont pas moins envoûtants. De multiples activités permettent de le découvrir à votre rythme :

Randonnée pédestre

Traversée par le GR®4 et le GR®6, la région se prête à merveille à la randonnée. Le topo-guide *Le Pays de haute Provence* est en vente à l'office du tourisme de Forcalquier (voir p. 285), qui vend par ailleurs une carte recensant 28 balades sur le territoire. Une des plus belles promenades traverse le **plateau du Contadour**, sur les hauteurs de Banon : un lieu cher à Giono, ponctué de bergeries.

Randonnée avec un âne de bât

Pour randonner avec des ânes de bât, adressez-vous aux gîtes **Les Granges** (☎06 34 77 08 98 ; www.chevalenprovence.com ; 2/3/5 jours 80/190/380 €), à Ongles, ou aux **Écuries de Madiba** (☎06 76 52 67 45 ; la Tuilière, Revest-des-Brousses ; tlj juil-août, mer et sam reste de l'année) : balades à cheval, à poney, randonnées, etc. Voir aussi à Forcalquier p. 282.

Vélo

Un itinéraire sur route, balisé, de 78 km relie Forcalquier à Aubenas-les-Alpes en passant par le piémont de la montagne de Lure. L'itinéraire "Le Luberon à vélo" (235 km), qui relie Cavaillon à Manosque, passe par Céreste et Forcalquier. Renseignez-vous auprès de l'association **Vélo Loisir Provence** (☎04 90 76 48 05 ; www.veloloisirprovence.com).

Randonnée équestre

À cheval, la "Route du hussard" est, par exemple, un circuit qui permet de partir sur les traces d'Angelo, le héros de Giono. Renseignements auprès du **Comité départemental de tourisme équestre** (☎04 92 34 34 60 ; www.crte-region-sud.fr).

surtout une cuisine du terroir délicate qui fait la part belle aux produits frais. Une adresse généreuse et conviviale, où l'on est servi dans une petite salle l'hiver (il est prudent de réserver) et sur la place Saint-Michel, en terrasse, l'été.

L'Esperluette Cuisine du marché **€€**
(☎04 92 72 53 57 ; 28 bd Latourette ; menu midi/soir 17/25 € ; ⏰midi lun-ven, soir jeu-ven). En contrebas du village, cette adresse discrète recèle une belle salle contemporaine et une agréable terrasse ombragée, à l'écart des bruits de la ville. On pioche à l'ardoise des plats du jour joliment tournés. Ils s'accompagnent d'une sympathique sélection de vins. Accueil agréable.

Avanti Bio & végétarien **€**
(☎06 76 39 38 23 ; pl. Saint-Michel ; assiettes 10-18 € ; ⏰tlj sf mar). Ici, tout est bio, végétarien et fait maison ! Très peu de choix, donc, mais des saveurs authentiques et de bons produits méditerranéens. On profite aussi de l'agréable emplacement sur la place, ou d'un décor assez décalé dans les intérieurs.

Vers Niozelle

Le Café de Niozelle Bistrot de pays **€€**
(☎04 92 73 10 17 ; pl. des Tilleuls, Niozelle ; menu 28 € ; ⏰tlj sf mer soir et jeu midi). Dans le hameau de Niozelle, à 6 km à l'est de Forcalquier, ce sympathique bistrot de pays concocte un menu du marché simple et savoureux. Atmosphère agréable et décontractée. Grande terrasse aux beaux jours.

Auberge du Bois Cuisine de terroir **€€**
(☎04 92 76 61 56 ; rte de Niozelle ; menu 30 €, plats 22-24 € ; ⏰midi jeu-dim, soir mar-dim). Cette ferme du XVIIIe siècle vous accueille dans sa belle salle provençale ou dans une cour ornée d'une fontaine. On y déguste une cuisine du terroir, confectionnée à partir de produits locaux. Belle qualité et cadre agréable.

Renseignements

Office du tourisme Pays de Forcalquier-montagne de Lure (☎04 92 75 10 02 ; www.haute-provence-tourisme.com ; 13 pl. du Bourguet)

Depuis/vers Forcalquier

BUS

Un service de bus relie Forcalquier à Marseille via Mane, Dauphin, Manosque et Aix-en-Provence (appelez l'office du tourisme pour les horaires).

Pays de Banon et montagne de Lure

Le pays de Banon exalte le lyrisme délicat d'une Provence encore secrète, loin des foules du Luberon voisin. Souvent bâtis sur des éperons rocheux, les villages sont de petits bijoux provençaux, reliés entre eux par un réseau de petites routes peu fréquentées. Culminant à 1 826 m, la majestueuse silhouette de la montagne de Lure (voir p. 287) est à la fois discrète et farouche.

Simiane-la-Rotonde

Superbement étagé sur un contrefort du plateau d'Albion, le village est surtout connu pour sa rotonde (voir ci-dessous). Véritable déambulation à travers les siècles, une promenade dans le village vous fera découvrir le clocher Saint-Jean de 1585, l'église Sainte-Victoire du XVIe siècle ou encore la place couverte, une ancienne halle du XVIe siècle, le tout ponctué d'échoppes de brocanteurs, d'artisans et d'artistes.

À voir

Rotonde Donjon et aromathérapie
(☎04 92 73 11 34 ; tarif plein/réduit 5,50/3,50 €, gratuit -12 ans, billet combiné avec le jardin de Valsaintes 10/5,50 € ; ⏰tlj 10h-19h mai-août, tlj sf mar 10h-12h30 et 14h-17h mi-mars à mi-nov, fermé reste de l'année). Chef-d'œuvre d'art roman militaire (XIIe siècle), la rotonde est l'ancien donjon circulaire

du château médiéval des Agoult-Simiane : l'intérieur de la coupole découvre 12 chapiteaux sculptés de masques humains. Le 1er étage du château abrite le **laboratoire Young Living** (04 92 75 98 90 ; www.youngliving.com ; tlj 11h-19h mai-août, tlj sf mar 14h-17h avr-sept, sam-dim 14h-17h mars à mi-nov), qui propose de s'initier aux vertus des huiles essentielles. Chaque année, début août, le site accueille un festival de musique ancienne, **Les Riches Heures musicales de la Rotonde** (04 92 75 90 14 ; www.festival-simiane.com), qui attire les mélomanes du monde entier.

Jardin de l'abbaye de Valsaintes Plantes méditerranéennes

(04 92 75 94 19 ; www.valsaintes.org ; tarif plein/réduit 7/3,50 €, gratuit -12 ans, tarif couplé avec le château 10/5,50 € ; tlj 10h30-19h mai-sept, 14h-18h avr et oct, 14h-17h nov-mars, fermé mi-déc à mi-fév). À seulement 4 km du centre du village, à proximité des vestiges d'une abbaye cistercienne, le jardin présente une belle collection de plantes méditerranéennes et de roses. Pépinière et vente sur place.

Où se loger et se restaurer

Dans le décor magnifique de l'ancienne halle du XVIe siècle, vous pourrez déguster une assiette pleine de fraîcheur à **La Palette** (04 92 75 20 27, 04 92 75 95 43 ; plats 14-18 € ; tlj 10h-19h juin-août).

Le Clos de Rohan Suites d'hôtes €€€

(04 92 74 49 42, 06 20 06 59 76 ; www.le-clos-de-rohan.eu ; Le Clos de Rohan, D30, Simiane-La-Rotonde ; ste 120-140 € avec petit-déj, table d'hôtes 30 € ; P). Uniquement deux suites, mais magnifiques : grand salon, chambre et terrasse panoramique se déclinent dans des teintes claires, des matières naturelles et du mobilier chiné. Ancienne ferme du XVIIIe parfaitement restaurée, le "Clos" s'entoure également d'un immense jardin avec piscine. Massages sur réservation. L'adresse a été certifiée Ecolabel européen.

Banon

Une fée bienveillante semble s'être penchée sur ce vieux village médiéval. Cerné de champs de lavande, Banon est célèbre pour son fromage de chèvre AOP, enveloppé dans des feuilles de châtaignier. Mais on s'y presse aussi pour sa **librairie Le Bleuet** (04 92 73 25 85 ; www.lebleuet.fr ; pl. Saint-Just ; tlj), véritable pôle culturel rural au fonds impressionnant, ses échoppes d'artisans et ses bonnes tables. En grimpant dans ses ruelles, on atteint le village médiéval fortifié dont l'entrée est marquée par un imposant portail à mâchicoulis du XIVe siècle.

Où se loger et se restaurer

Les gourmands apprécieront l'échoppe des délicieuses glaces artisanales et bio **Scaramouche** (voir aussi p. 277) en face de la librairie.

La Parenthèse Chambres d'hôtes €

(09 50 79 45 71 ; laparenthese-banon.com ; route de Forcalquier, Banon ; s/d/fam 69/73-77/79-82 € avec petit-déj ; P). À l'entrée du village, cette maison d'hôte propose de belles chambres contemporaines et confortables avec, pour les familles, des espaces très adaptés. Cuisine à disposition, sauna et joli petit jardin ouvert sur le paysage. Bon rapport qualité/prix.

Les Vins Au Vert Bar à vins €

(04 92 75 23 84 ; restaurant-caviste-banon-04.fr ; rue Pasteur, Banon ; ardoise midi 13,50 €, soir 15 €, plat du week-end 12,50 € ; tlj sf lun juil-août, midi mer-dim, soir jeu-sam le reste de l'année). On adore ce sympathique "bar à manger" à la déco dans l'air du temps. On s'y restaure de produits régionaux : peu de choix, mais la qualité est excellente. En accompagnement, on pioche dans un tout aussi excellent choix de vins (250 références, la plupart bio !), avec certains crus rares disponibles au verre.

D'Arsule Concept Store à manger €

(04 92 74 05 93 ; rue Pasteur, Banon ; plats 5-30 € ; 10h-18h tlj juil-août, sam-mar le reste de l'année). L'ancienne Table de Panturle

T.LIO ET PAOLO/ADOBE STOCK ©

Banon

s'est métamorphosée en ce concept store sympathique où l'on peut chiner, siroter un verre de vin, déguster un gâteau, picorer une assiette, lire un livre ou s'attabler autour d'un plat du jour fait maison... Déco sympa et agréable cour intérieure.

Dans les environs

Lupin Blanc Bistrot de pays €

(04 92 73 25 41 ; www.lupinblanc.fr ; pl. du Village, Revest-les-Brousses ; formule 16,50 €, menus 22-28 €, d 45-60 € avec petit-déj ; tlj juil-août, tlj sf mar soir, mer et dim soir le reste de l'année). À 9 km au sud de Banon, dans le village de Revest-les-Brousses, ce sympathique bistrot de pays propose une cuisine gourmande, goûteuse et soignée. Animations certains jours (aïoli, concert...). Également deux chambres simples et impeccables.

Renseignements

Office du tourisme Haute Provence Pays de Banon (04 92 72 19 40 ; www.hauteprovencepaysdebanon-tourisme.fr ; pl. de la République, Banon)

Villages de la montagne de Lure

Passage obligé pour accéder à la montagne de Lure en venant de Forcalquier, **Saint-Étienne-les-Orgues** s'étale au pied de son versant sud. Le village est une étape très prisée des cyclistes pour l'ascension qui mène jusqu'au Signal de Lure, à 1 826 m d'altitude. De Saint-Étienne-les-Orgues, la D113 s'élève en lacet. Après 8 km, une piste cabossée mène à l'**abbaye Notre-Dame de Lure** (1 236 m). Cette sobre construction romane, dont certains éléments datent du XIIIe siècle, se blottit entre des noyers et des tilleuls pluricentenaires.

À 6 km à l'est de Saint-Étienne-les-Orgues, **Cruis** est un petit village endormi à l'ombre de son église Saint-Martin, qui abrite un retable en bois doré du XVIIe siècle et une "mystérieuse" pierre sculptée du VIe siècle. Le village se réveille début août en musique lors de **Cruis en Jazz** (www.cruisenjazz.fr). Un peu plus loin, **Mallefougasse** séduit aussi par ses belles maisons en pierre sèche, ses ruelles étroites, ses andrônes (ruelles en escalier couvertes) et son église romane.

Activités

Pour découvrir les secrets de la montagne de Lure, vous pouvez contacter la **Compagnie des Grands Espaces** (☎06 68 69 04 50, 04 92 73 15 98 ; www.compagniedesgrandsespaces.com) qui organise des randonnées thématiques à pied et en raquette.

Station de la montagne de Lure Ski et activités sportives
(☎04 92 77 17 21 ; www.stationmontagnedelure.com ; forfait demi-journée/journée 6/10 € ; hiver 9h30-16h30 mer, sam-dim et vacances scolaires, été 13h-18h ven-mer). Quand les conditions d'enneigement le permettent, cette station reprend du service avec pratique du ski alpin (deux pistes), du ski de randonnée, de la luge ou de la raquette. Une station idéale pour une première découverte de la neige. En été, elle propose un espace VTT, "tubbing" (sorte de bouée gonflable) et deux sentiers de randonnée, dont un **sentier des Planètes**, ponctué de neuf stations dédiées aux planètes. Sur place, vous trouverez le sympathique restaurant d'altitude **La Sauvagine** (☎04 92 73 05 02 ; mer-lun, soir sur réservation, tte l'année).

Où se loger et se restaurer

Le Fougassais Bistrot de pays €
(☎04 92 77 00 92 ; www.le-fougassais.com ; Mallefougasse ; menu 23,50 €, plats 12,50-20 € ; mar soir dim avr-sept, jeu-dim oct-mars, fermé mi-déc à mi-jan). Un sympathique bistrot de pays dont la terrasse sous les cannisses offre un panorama dégagé. Saine et généreuse, la cuisine contentera tous les appétits (pizzas, suggestions du jour, spécialités régionales). À 200 m du village sur la D951.

Maison d'hôte de Champmailay Chambres d'hôtes €€
(☎04 92 73 15 99 ; www.hoteldechampmailay.fr ; rue du Longeon, Saint-Étienne-les-Orgues ; d 70-90 € avec petit-déj ; mai-sept ; wifi, P). Au cœur de Saint-Étienne-les-Orgues, cet hôtel particulier du XVIIe s'ouvre sur un superbe parc arboré. Les dépendances abritent de vastes chambres d'hôtes, pouvant accueillir jusqu'à trois personnes.

Le Jas du Bœuf Chambres d'hôtes de charme €€€
(☎04 92 79 01 05 ; www.lejasduboeuf.fr ; lieu-dit Parrot, Cruis ; s/d avec petit-déj 85-130/95-140 € ; wifi, piscine, P). Après 800 m de piste cabossée, vous découvrirez cet ancien corps de ferme entouré de chênaies, d'amandiers et de mûriers platanes. Les chambres sont décorées dans un style mêlant matières brutes (bois, pierre) et touches design. Très belle vue sur le pays de Forcalquier depuis une belle terrasse en bois. Les propriétaires sont de bon conseil. Belle piscine et cuisine d'été à disposition.

Renseignements

Office du tourisme Pays de Forcalquier-montagne de Lure, antenne de Saint-Étienne-les-Orgues (☎04 92 73 02 57 ; médiathèque)

Lurs

Depuis la terrasse du village, juché en balcon au-dessus de la Durance, on jouit d'un panorama époustouflant sur la vallée et ses oliveraies. Admirablement restaurées, les ruelles pavées de galets de la Durance et les belles maisons de pierre de Lurs s'alignent autour de la tour de l'horloge, coiffée d'un joli campanile. On y trouve aussi la librairie **L'Arbousier** (☎04 92 78 61 08 ; larbousier.blogspot.fr ; pl. de la Poste). Depuis le centre du village, la **promenade des Évêques** (5 km environ), ponctuée de 15 oratoires, permet de rejoindre la **chapelle Notre-Dame-de-Vie** perchée dans le maquis. Notez aussi le **Chemin des écritures** (voir p. 276).

Où se loger et se restaurer

Maisons Chante Oiseau Hameau d'hébergements €
(☎04 92 75 24 35 ; www.chanteoiseau-provence.com ; Sigonce ; d 65-80 € ; piscine, P, wifi).

Comme dans un véritable hameau, ce petit paradis déploie chambres d'hôtes, gîtes, cabanon, tentes et cabane dans les arbres : un vaste choix où chacun trouvera son bonheur. Dans ce domaine de 6 ha, on profite également d'une jolie piscine et d'un espace repas.

La Terrasse de Lurs Bistrot de pays **€€** (04 92 87 77 52 ; www.laterrassedelurs.fr ; rue de la Mairie, Lurs ; menu 25 €, plats 13-16 € ; jeu-lun). Côté cadre, une terrasse, prolongée d'un petit jardin, jouit d'une vue plongeante sur la Durance. Côté cuisine, les plats d'inspiration bistronomique font la part belle aux produits bio et locaux.

VAL DE DURANCE, SISTERONAIS ET PAYS DIGNOIS

Principal axe de communication de la haute Provence, la vallée de la Durance est pour ainsi dire bordée par la nationale et l'autoroute, qui relient le Dauphiné et les Alpes à la Méditerranée. Avec sa citadelle et son impressionnant rocher de la Baume, Sisteron en est l'avant-poste. À l'écart de ces grandes voies, la préfecture du département des Alpes-de-Haute-Provence, Digne, se situe aux confins de la Provence, avec déjà un caractère préalpin marqué.

Val de Durance

Entre le pays de Forcalquier et le pays du Verdon, la Durance roule ses eaux nonchalantes en direction du sud, bordée par la nationale, l'autoroute et une ligne de chemin de fer. Quelques localités se succèdent : **Peyruis**, **Les Mées**, blotti au pied d'imposantes falaises coniques, et **Château-Arnoux**, qui doit son essor à son imposante usine chimique, mais qui abrite aussi le **lac de l'Escale**, un site ornithologique où 161 espèces d'oiseaux sont recensées. Ce secteur contraste singulièrement avec le reste du département, au caractère sauvage plus marqué. Il peut néanmoins être une bonne option pour rayonner de part et d'autre de la vallée.

Les Pénitents des Mées

EMMANUEL DAUTANT ©

À voir

Édifié par Pierre de Glandevès, entre 1510 et 1530, le **château de Château-Arnoux** est entouré d'un parc arboré et abrite un bel escalier en colimaçon. Appelez la mairie (04 92 33 20 00) pour le visiter.

Les Pénitents des Mées — Promenade géologique

Ces spectaculaires formations géologiques forment un dense alignement d'immenses blocs rocheux adossés aux contreforts du plateau de Valensole. Mélange de galets, de sable et de grès, le site a été façonné par l'érosion voici 25 millions d'années. Selon la légende, il s'agirait de moines pétrifiés pour avoir été tentés par la beauté envoûtante de sept sarrasines. Offrant de belles perspectives sur la vallée de la Durance, le **sentier des Pénitents**, boucle de 4 km (environ 2 heures), permet de contourner la silhouette des Pénitents depuis le centre du village : remontez la rue Clovis-Picon et contournez le camping, avant de vous enfoncer sous les pins (suivre le balisage jaune). Informations et fiche randonnée disponible au syndicat d'initiative des Mées.

Abbaye de Ganagobie — Église

(04 92 68 00 04 ; www.ndganagobie.com ; Ganagobie ; entrée libre ; visite libre de l'église 14h30-17h mar-dim et hors offices). Fondé au Xe siècle, le prieuré est aujourd'hui habité par des moines bénédictins. Seule l'église se visite : elle renferme notamment une remarquable mosaïque du XIIe siècle. Le cloître, d'une grande beauté, ne se visite pas : on l'aperçoit seulement à travers une petite fenêtre. En venant de Peyruis, accès depuis la N96.

Activités

Vol à voile

La vallée de la Durance présente des conditions aérologiques exceptionnelles. Le centre de la Fédération française de vol à voile, réputé au niveau international, est établi à **Saint-Auban**, à côté de Château-Arnoux. Le site, où s'entraînent les équipes de France, a accueilli en 2008 le championnat du monde de vol à voile. Si vous souhaitez faire un vol d'initiation en planeur ou découvrir les joies de la glisse aérienne lors de stages plus approfondis, contactez l'**Association vélivole de Château-Arnoux Aérodrome** (04 92 64 54 70 ; avcasas.free.fr , vol d'initiation 100 €).

VTT

Une quinzaine d'itinéraires VTT de différents niveaux ont été balisés sur le territoire du Val de Durance, soit près de 550 km de sentiers. Labellisé base VTT, l'office du tourisme de Château-Arnoux (p. 291) pourra vous renseigner sur ces itinéraires (carte en vente sur place, 3 €). Possibilité de location de VTT et de VTT électrique (à partir de 10/12 € la demi-journée) sur place. Casques et antivols fournis.

Où se loger et se restaurer

Le Moulin de Bicail — Bergerie et cabanon €€

(04 92 77 00 28 ; www.lemoulindebicail.com ; route de Puimichel, Le Castellet-d'Oraison ; bergerie/jas 2-4 pers 70-99/89-119 € selon saison ; fermé jan à mi-fév ; restaurant tlj juil-sept, fermé lun-mar reste de l'année ;). Tout aussi adorables l'un que l'autre, le Jas et la Bergerie offrent le plaisir d'un hébergement de charme, indépendant et de caractère. Idéaux pour les familles, ils abritent chacun deux chambres et une cuisine équipée. Joli jardin avec piscine, accueil adorable et calme absolu, dans une vallée tranquille, derrière Oraison.

L'Auberge des Galets — Hôtel déco €

(04 92 35 27 68 ; auberge-les-galets.fr ; quartier Pont-Bernard-RN96, Peyruis ; auberge d/tr/ste 55-79/85-95/99-110 € petit-déj 12 €, villa d 89-140 €, menu 30 €, plats 19-21 € ; resturant lun soir-sam-soir juil-août, tlj sf lun, sam midi et dim soir reste de l'année ; P). Soignée, cette jolie adresse propose d'un côté une auberge de 12 chambres élégantes et, de l'autre, une villa avec

huit chambres plus haut de gamme. Petite piscine et bonne cuisine.

Le Mas Saint-Joseph Chambres d'hôtes €

(04 92 62 47 54 ; www.lemassaintjoseph.com ; Châteauneuf-Val-Saint-Donat ; d et roulotte avec petit-déj 65 €, 58 € à partir de 2 nuits, table d'hôtes 22 € ; fermé nov-début avr ;). Une ancienne ferme rénovée, dans un cadre de toute beauté, avec vue sur le massif des Monges et les Préalpes dignoises. Écurie, four à pain, bergerie ont été subtilement transformés en charmants hébergements (chambres ou gîte) avec entrée indépendante. Espace piscine et cuisine à disposition.

La Bonne Étape Restaurant-hôtel de luxe €€€

(04 92 64 00 09 ; www.bonneetape.com ; 2 chemin du Lac, Château-Arnoux ; d/ste 176-240/234-430 € selon confort et saison, menus midi 35 €, soir 80-100 € ; fermé jan à mi-fév ; restaurant tlj juil-sept, fermé lun-mar reste de l'année ;). Cette adresse réputée et étoilée au Michelin offre à déguster, dans un cadre raffiné, de savoureux produits du terroir, dans leur belle et exigeante simplicité. L'établissement compte en outre onze chambres et sept suites décorées dans un style rustique-chic. Sur place, ne manquez pas de visiter le jardin potager du chef Jany Gleize, planté de légumes et de plantes comestibles.

La Marmite du Pêcheur Restaurant gastronomique €€€

(04 92 34 35 56 ; www.lamarmitedupecheur.com ; bd des Tilleuls, Les Mées ; formule 21 €, menus midi 26 €, soir 39-59 € ; tlj sf mar-mer). En contrebas des Pénitents des Mées, cette salle discrète est une belle étape culinaire. La cuisine de Christophe Roldan se décline autour d'une carte faisant la part belle aux produits de la mer, avec notamment une bouillabaisse sur réservation (60 €/pers).

Renseignements

Office du tourisme du Val de Durance

(04 92 64 02 64 ; www.valdedurance-tourisme.com ; ferme de Font Robert, av. de la Bastide, Château-Arnoux ;)

LeJabron, affluent de la Durance, donne son nom à une vallée enchanteresse (voir p. 292)

Napoléon, en route jusqu'à Notre-Dame

"L'aigle avec les couleurs nationales volera de clocher en clocher jusqu'aux tours de Notre-Dame" : c'est en ces termes que Napoléon Bonaparte considère l'avenir lorsqu'il foule pour la première fois le continent à Golfe-Juan le 1er mars 1815, après son exil sur l'île d'Elbe. Le fin stratège qu'il a toujours été décide de rallier Lyon par des chemins de traverse, en empruntant les routes de montagne, plutôt que de croiser le chemin des royalistes. Il parcourt ainsi 324 km en 6 jours, de Golfe-Juan jusqu'à Lyon. En haute Provence, il traverse successivement Castellane, Senez, Barrême, Digne, Aiglun, Malijai, Château-Arnoux, Volonne et Sisteron. Le 20 mars, Napoléon est aux Tuileries, comme il se l'était promis. Chacune de ses étapes est ponctuée d'anecdotes. Pour en savoir plus, consultez le site www.route-napoleon.com. Le musée de la **citadelle de Sisteron** (ci-contre) évoque aussi cette épopée.

Variante pédestre initiée dans le cadre du bicentenaire de la **Route Napoléon**, le GR®406 relie Grasse à Sisteron en passant par Digne (165 km). Les six étapes reliant Castellane à Digne sont parmi les plus spectaculaires. Cet itinéraire peut également se pratiquer à **cheval** (renseignement sur www.cdte04.fr).

Vallée du Jabron

Ne passez pas à côté de cette merveille de vallée, à quelques kilomètres au sud-ouest de Sisteron (ci-contre) et qui reste encore un secret bien gardé. Encore largement agricole, elle ravira les amateurs de nature, de randonnée et de villages authentiques au pied de la face nord de la montagne de Lure.

À voir

De Sisteron, prenez la N85 plein sud sur environ 4 km, puis bifurquez à droite dans la D946, l'unique route qui serpente dans la vallée. Vous traverserez **Bevons**, puis **Noyers-sur-Jabron**, charmant village typiquement provençal. Un panneau indique la direction de **Vieux-Noyers**, un ancien village perché à 3,5 km dans la montagne, aujourd'hui abandonné. Au milieu des ruines émerge l'église romane, admirablement restaurée. Après Noyers, on rejoindra **Saint-Vincent-sur-Jabron**. Juste avant, la D303 fait un crochet sur la gauche et traverse **Châteauneuf-Miravail** et **Lange**, au pied de la montagne de Lure, avant de retrouver la D946. Lange, avec ses maisons de pierre, son église et sa fontaine, ne manquera pas de vous séduire. Plus loin, on arrive à **Curel**, puis à **Montfroc**, enclave du département de la Drôme, où l'on remarquera le château et dont la foire bio (1er week-end d'octobre) est un rendez-vous incontournable. Après Montfroc, la vallée forme une brèche étroite, spectaculaire, aux allures de petites gorges. On atteint ensuite **Les Omergues**, dernier village des Alpes-de-Haute-Provence, alors que la route continue vers le Ventoux et les Baronnies. Si vous avez le temps, rejoignez ensuite la vallée de la Durance via les gorges de la Méouge.

Activités

Au pied du versant nord de la montagne de Lure, la vallée du Jabron se prête à merveille à la pratique de la **randonnée**. Une carte (2 €) recensant 16 itinéraires est en vente au syndicat d'initiative des Omergues (ci-contre) ou à l'office du tourisme de Sisteron.

La pratique du **trail** a récemment fait son apparition dans la vallée du Jabron. Cinq parcours au départ de Valbelle, Montfroc, Bevons, Noyers-sur-Jabron et Les Omergues sont disponibles au syndicat d'initiative des Omergues l'été ou sur Internet (www.stationsdetrail.com).

Où se loger et se restaurer

L'Étape Hôtel-restaurant €
(☎04 92 62 06 21 ; www.etape-provence.com ; Les Omergues ; s/d/tr 32/48/72 €, petit-déj

6 €, demi-pension 48 €/pers ; menus 15-21 € ; ⌚restaurant tlj sf mer, fermé mi-jan à mi-fév ; P). Dans le centre du dernier village de la vallée avant la Drôme, cet établissement propose 10 chambres colorées et bien tenues ainsi qu'un "bistrot de pays" concoctant une cuisine provençale de terroir (aïoli tous les vendredis de mai à septembre).

Le Mas du Figuier Chambres d'hôtes **€€**
(☎04 92 32 28 81 ; www.chambre-hote-gite-cabane-sisteron.com ; chemin de la Fontaine, Bevons ; d/tr-qua/cabane avec petit-déj 70-90/100-120/85-100 € petit-déj inclus ; table d'hôtes 25 € ; P). Loin de tout (à 2,6 km de la route principale, au bout d'une petite route de montagne) et avec un superbe panorama, cet ancien corps de ferme rénové abrite quatre chambres d'hôtes (dont une avec hammam et terrasse privée), une sympathique cabane dans les arbres et deux gîtes. Cuisine à disposition et table d'hôtes certains soirs.

Le Hameau des Liesses Chambres d'hôtes **€€**
(☎06 60 50 03 25 ; www.lehameaudesliesses.com ; hameau de Langes, Châteauneuf-Miravail ; d avec petit-déj 85 €, tables d'hôte 25 € ; ⌚tte l'année ; P). Dans un cadre naturel de toute beauté, ce hameau a été patiemment et soigneusement restauré. Il propose quatre vastes hébergements, joliment aménagés de mobilier chinés et disposant d'un accès indépendant.

Renseignements

Point info (☎07 86 40 63 86 ; Maison de Pays, Les Omergues ; ⌚juil-août tlj 10h-19h). Également produits locaux et artisanat.

Sisteron

Point de passage entre la Provence et le Dauphiné, Sisteron fait figure de "porte" naturelle du pays provençal : la vieille ville fortifiée se blottit au pied d'une butte, sur laquelle trône, magnifique et imposante, la citadelle. Sur l'autre rive de la Durance, le titanesque rocher de la Sainte-Baume forme une clue (ou "cluse", un défilé encadré par des escarpements), curiosité géologique et haut lieu d'escalade.

En raison de sa position, la ville a, dès l'origine, rempli une fonction défensive et stratégique. Durant la période romaine, la cité borde la *via Domitia*, la voie romaine qui relie l'Espagne et l'Italie. Sisteron fit ensuite partie du comté de Provence et fut évêché du Ve au XVIIIe siècle.

À voir

Découvrez à pied le lacis des ruelles de la vieille ville émaillée de multiples andrônes (passages médiévaux), d'escaliers, de fontaines et de placettes. Un parcours fléché parcourt les différents quartiers, dont le quartier paysan, très typique, en contrebas. Sur les 12 d'autrefois subsistent encore 5 tours, dont la **tour de l'Horloge**, du XIVe, dotée d'un campanile en fer forgé.

Labellisée "Ville et Métiers d'Art", Sisteron abrite un nombre étonnant de galeries et d'ateliers de créations : rendez-vous autour de la rue Mercerie notamment, à l'**Espace d'Ornano** (☎04 92 61 54 50 ; 8 rue Saunerie ; ⌚mar-sam), qui organise des expositions d'envergure, à la **Galerie Domnine** (☎04 92 61 54 50 ; 4 rue Mercerie ; ⌚mar-sam) ou encore à **L'Atelier Sist-Art** (36 rue Mercerie ; ⌚mer et sam 10h-12h et 15h-18h, ven 15h-18h).

Citadelle Forteresse
(☎04 92 61 27 57, 04 92 61 06 00 ; www.citadelledesisteron.fr ; 1 allée de Verdun ; tarif adulte/enfant 6,60/2,90 €, gratuit -6 ans ; ⌚tlj 9h-19h30 juil-août, jusqu'à 19h juin et sept, 18h30 mai, 18h mars-avr et oct, 10h-17h nov). Perchée sur une butte, elle offre un panorama incomparable. Le soir venu, ses illuminations donnent à la ville une aura superbe. Ce rocher a toujours rempli une fonction défensive et l'ouvrage actuel intègre des éléments de diverses époques. Vauban y a bien sûr mis son empreinte. La citadelle abrite un musée qui évoque le passage de Napoléon à son retour de

Citadelle de Sisteron

l'île d'Elbe (voir l'encadré p. 292). Un parcours ludique est proposé aux enfants de 4 à 12 ans. Visite guidée uniquement le dimanche matin à 10h.

En été, le festival les **Nuits de la Citadelle** (www.nuitsdelacitadelle.fr) organise des représentations de théâtre ou de danse et certains dimanches ont lieu des démonstrations de rapaces. Pour vous y rendre, vous pouvez emprunter un **petit train** (départ devant la mairie tte les 40 min ; adulte aller/AR 6/7 €, enfant 3/4 € ; tlj sf sam matin 10h-12h et 14h-18h juil-août).

Cathédrale Art religieux

(pl. du Général-de-Gaulle ; mar-sam avr-oct). Ne manquez pas la **cathédrale Notre-Dame-et-Saint-Thyrse**, belle construction d'inspiration lombarde datant du XIIe siècle et communément surnommée "des Pommiers". Elle arbore des voûtes en arc brisé, un porche en marbre rose de Guillestre, des stalles en noyer du XVIIe siècle et, enfin, un retable du XVIIe siècle orné de deux œuvres de Nicolas Mignard (*La Sainte Famille entourée d'anges musiciens* ; le *Père Éternel*).

Terre et Temps Mesures du temps

(04 92 61 61 30 ; 6 pl. du Général-de-Gaulle ; entrée libre ; mar-sam 10h-12h30 et 14h30-18h juil-août, 14h30-18h mai-sept). Dans l'ancienne chapelle des Visitandines (XVIIe siècle), des objets insolites retracent et expliquent le mécanisme du temps : clepsydre (horloge à eau primitive), pendule de Foucault, cadrans solaires... Vous pouvez poursuivre la thématique en empruntant la **route du temps** du Géoparc (voir p. 297), allant de Sisteron à Mallemoisson et jalonnée de pupitres explicatifs.

Musée gallo-romain Archéologie

(04 92 61 58 40 ; 8 rue Saunerie ; entrée libre ; mar-sam 11h-19h dim-lun 15h-19h juin-août, mar-sam 10h-12h et 14h-18h sept-mai). Il expose et explique les pratiques funéraires de l'époque gallo-romaine.

Écomusée du Pays sisteronais Arts et traditions populaires

(04 92 32 48 75 ; rond-point Melchior-Donnet ; entrée libre ; 10h-12h et 15h18h mer et ven-sam, 15h-18h mar jeu et dim juil-août, 14h-18h

SI VOUS AIMEZ...

Le thermalisme et le bien-être

La région recèle deux cités de thermalisme et plusieurs lieux de bien-être :

Thermes de Gréoux-les-Bains Au Ier siècle, les Romains découvrirent les vertus des eaux sulfuro-calciques, qui émergent ici à 42°C. Sur le site gallo-romain, l'**établissement thermal** de **Gréoux-les-Bains** (0826 46 81 85 ; www.chainethermale.fr ; av. du Verdon ; mars-déc) propose des cures médicales mais aussi un **espace forme et détente** (0826 46 81 84) avec spa et institut de beauté.

Thermes de Digne-les-Bains La ville doit sa notoriété à ses **thermes** (04 92 32 32 92 ; www.thermesdignelesbains.com ; 29 av. des Thermes ; lun-ven et sam matin mars-nov, lun-ven déc-fév), dont l'eau soulage les rhumatismes et les pathologies ORL. Un projet d'espace bien-être est en cours.

Spa by L'Occitane et Institut Florame À Mane, l'hôtel de luxe le Couvent des Minimes (voir p. 281) accueille un **Spa by L'Occitane** (04 92 74 77 77 ; www.couventdesminimes-hotelspa.com ; chemin des Jeux-de-Maï, Mane ; 30/60 min 65/120 €), avec piscine intérieure et soins haut de gamme – dans la pure tradition méditerranéenne. Non loin, l'Institut Florame (voir p. 278) abrite un **centre de soins** (04 92 71 07 71 ; www.institut-des-huiles-essentielles.florame.com ; soins 30-95 €), aux tarifs plus accessibles.

Hôtel du Bien-être À Forcalquier, le **Mas de Fontfiguières** (04 92 74 04 04 ; www.mas-de-fontefiguieres.com ; ancienne route de Dauphin ; d/ste 99-159/179 € ; mi-avr à mi-oct ;) est tourné sur la thématique du bien-être. Les tarifs incluent l'accès au programme de pratiques douces encadrées et aux équipements sportifs. Les lieux sont conçus dans un souci de développement durable et tous les repas sont confectionnés avec des produits bio.

mar-dim sept). Ce petit musée retrace les us et coutumes locales à travers l'artisanat, la vie agricole et les métiers d'antan.

Activités

Randonnée, VTT et escalade

L'office du tourisme vend dans sa boutique des topo-guides de circuits VTT. Côté **randonnée**, il vend également des cartes-guides (2 €) sur 18 balades à faire autour de Sisteron et organise des sorties découverte avec accompagnateur. Le **rocher de la Baume** se prête à l'escalade : une centaine de voies, de 15 à 80 m, sont dénombrées, offrant des difficultés de tous niveaux (topo escalade en vente à l'office du tourisme).

Via ferrata

Au-dessus du village du Caire, à 20 minutes au nord-est de Sisteron, les amateurs de sensations fortes tenteront la **via ferrata de la Grande Fistoire** (04 92 68 40 39 ; www.viaferrata-alpes.com ; accès 6,50 €, location équipement complet 15,50 € ; tlj) : deux parcours, deux niveaux et trois tyroliennes.

Accrobranche

En plein cœur de Sisteron, à deux pas de la citadelle, **Sisteron Aventure** (06 63 48 36 10 ; www.sisteron-aventures.com ; montée de la citadelle ; parcours 10-22 € selon niveau ; tlj 10h-19h juil-août, 14h-19h sam-dim mai-juin et sept-oct et tlj vacances Pâques et Toussaint) propose des parcours aventure dans les arbres pour tous niveaux. À partir de 3 ans.

Baignade

À 16 km au nord-ouest de Sisteron, la **vallée de la Méouge**, classé zone Natura 2000, est un secret encore bien gardé : longue de 10 km, la rivière serpente entre les falaises calcaires et forme des vasques naturelles creusées dans la roche, avec cascades et toboggans naturels, notamment près du pont romain de Moulin. Prendre la D948 en direction de Ribiers, puis la D942.

Où se loger

Lors de notre passage, l'Hôtel **La Nouvelle Citadelle** (04 92 61 13 52 ; www.hotel-lacitadelle.com ; 126 rue Saunerie) était en pleine rénovation et annonçait à l'orée 2020 de nouvelles suites avec Jacuzzi ainsi qu'un toit panoramique avec vue sur la citadelle.

Hôtel Tivoli — Hôtel €

(04 92 62 26 68, 06 51 36 17 75 ; www.hotel-tivoli.fr ; 21 pl. René-Cassin ; d/tr/ste 65/71/77 €, petit-déj 10,50 € ; P 6 €). Au cœur de la ville, dans la rue qui monte à la citadelle, ce deux-étoiles propose une quinzaine de chambres à la décoration moderne et d'inspiration zen. La moitié des chambres ont vue sur la citadelle, les autres sur les montagnes environnantes.

Le Patio de Sophie — Hôtel de charme €€€

(04 92 68 42 10, 06 89 25 00 44 ; www.lepatiodesophie-sisteron.com ; 208 rue Droite ; d 100-160 €, petit-déj 13 € ; tte l'année). Une adresse coup de cœur, lovée dans deux anciennes demeures réunies du quartier historique. Ici, tout est soigné et la décoration de caractère donne charme et personnalité aux lieux : poutres apparentes, couleurs chaudes, tomettes anciennes, textiles ethniques, carreaux de ciment... L'hôtel compte sept chambres ravissantes et confortables (mention spéciale pour la chambre Citadelle, avec terrasse !), dont certaines peuvent communiquer. Bel accueil, bons petits-déjeuners et une table sympathique pour picorer : **Le Patio de Sophie** (plats 14-21 € ; mar-sam), en contrebas. Garage sur demande.

Où se restaurer

En Catimini — Végétarien €

(06 41 30 91 84 ; 89 rue de Provence ; plats 8-16 € ; tlj sf mar jusqu'à 18h, dim jusqu'à 14h). Ici, vous trouverez uniquement des produits frais, locaux et d'origine biologiques, mitonnés selon le marché et la saison ! Au menu : des plats végétariens, des cakes, des salades, des jus frais et des douceurs maison. Une cantine parfaite.

Le Segustero — Semi-gastronomique €€

(04 92 34 75 59 ; www.le-segustero.fr ; 7 allée des Frênes ; formule 14 €, menu midi/soir 22/32 €, plats 19-24 € ; tlj sf dim soir et lun tte l'année). À 6 km au nord de Sisteron, cette ancienne bergerie offre un décor propice à la halte, entre salle voûtée et terrasse ombragée. Le chef Nicolas Bremond, maître-restaurateur, prépare, entre autres, un carpaccio de dorade au citron vert mousse citron combawa, un smoothie de carottes jaunes au gingembre mousse lait de coco et chips de parmesan ou encore un duo menthe poivrée et chocolat noir Inaya, tuile de grué. Une belle promesse... tenue !

Renseignements

Office du tourisme (04 92 61 36 50 ; www.sisteron-tourisme.fr ; 1 pl. de la République)

Depuis/vers Sisteron

BUS

À la **gare routière** (04 92 34 47 23 ; pl. de la République), les **autocars Payan** (04 92 61 12 26 ; www.payan-voyages.com) assurent une liaison entre Sisteron et Digne, via les petites communes des environs. Une autre ligne rallie Nice et Grenoble ; une autre Marseille, via Aix-en-Provence, et Briançon, via Gap.

TRAIN

Sisteron compte une **gare SNCF** (av. de la Libération).

Digne-les-Bains

À la fois alpine et provençale, la préfecture du département est magnifiquement sertie dans un écrin montagneux, à la confluence de trois vallées. Tirant de l'eau sa relative richesse, c'est aussi un centre

À NE PAS MANQUER

L'Unesco Géoparc de Haute-Provence

La géologie a façonné des paysages extraordinaires autour de Digne et de la vallée du Bès. Créé en 2000, l'**Unesco Géoparc de Haute Provence** (☎ 04 92 36 70 70 ; www.geoparchauteprovence.com), fut le 1er Géoparc au monde (il en existe aujourd'hui 140, dont 13 en France). Basé au Musée Promenade (voir p. 299), il met en valeur un territoire dont la géologie retrace plus de 300 millions d'années d'histoire. Le territoire à appréhender est immense. Il regroupe 5 routes "découverte", dont la plus emblématique est sans doute la **route des empreintes d'art dans la mémoire de la terre** (au départ de Digne, vers le nord), qui emprunte, au cœur de la Réserve, la vallée du Bès.

Sur ce territoire, géologie et arts sont en outre intimement liés. Un partenariat avec des artistes du land art s'est ainsi étoffé d'année en année et la région est désormais jalonnée d'œuvres d'une trentaine d'artistes (dont le *Refuge d'Art* d'Andy Goldsworthy). On y trouve également une route de l'art contemporain, VIAPAC, reliant Digne à la ville italienne de Caraglio.

Voici quelques sites incontournables :

- Le **belvédère du Vélodrome** et la **lame de Facibelle** : vision hallucinante d'une lame verticale de 70 m de hauteur au cœur d'un gigantesque arc de cercle minéral de 400 m de hauteur. Plusieurs randonnées permettent de l'approcher.
- La **dalle aux Ammonites** : on compte plus de 1 550 ammonites sur ce mur de 320 m^2 qui se dresse au bord de la D900 un peu après le Musée Promenade.
- L'**ichtyosaure de la Robine** (col de Jas) : ce reptile marin fossilisé de 4 m de longueur a 185 millions d'années !
- Les **Clues de Barles** : une entaille gigantesque ouverte par le Bès dans le calcaire. Au bord de la route, une "sentinelle" en forme d'œuf d'Andy Goldsworthy marque l'entrée dans ces gorges étroites. À 16 km de Digne par la D900a.

Infos pratiques

☎ 04 92 36 70 70 ; www.geoparchauteprovence.com. Carte des 5 routes à télécharger en ligne.

INSOLITE !

Refuge d'art par Andy Goldsworthy

Artiste du land art de renommée mondiale, Andy Goldsworthy a collaboré avec le musée Gassendi (voir p. 298), le géoparc de Haute-Provence et le CAIRN pour créer "Refuge d'Art", une œuvre itinérante totalement insolite : un itinéraire pédestre de 150 km, relie trois "sentinelles" (des sculptures évoquant les cairns, faisant office de frontières) et sept refuges d'art (d'anciens habitats en ruine, des chapelles ou des fermes abandonnées qui ont été restaurées, transformées en œuvres et en refuges pour les randonneurs). Les refuges, le chemin mais aussi le marcheur font ainsi partie intégrante de l'œuvre.

Le seul moyen d'accéder aux œuvres est la marche : on peut faire le parcours dans sa totalité en une dizaine de jours de marche, ou le découvrir en plusieurs étapes par de courtes randonnées.

Informations pratiques

☎04 92 31 45 29 ; www.refugedart.fr ; départ devant le musée Gassendi. Fiches d'accès aux différents refuges d'art sur le site du musée Gassendi ou auprès de l'office du tourisme, qui vend aussi une carte topographique reprenant l'ensemble de l'itinéraire. Certains refuges nécessitent de récupérer une clé au préalable au musée. Entreprendre le parcours dans sa totalité est réservé aux randonneurs expérimentés ; outre la technicité du parcours et le confort spartiate des refuges, la principale difficulté réside dans l'approvisionnement. Une des solutions consiste à l'entreprendre avec un mulet. Vous pouvez contacter l'association d'accompagnateurs en montagne **L'Art en Chemin** (☎07 83 86 13 14 ; www.artenchemin.fr).

de thermalisme, actif depuis les années 1930. Porte d'entrée du premier Géoparc au monde, elle tisse d'étonnants liens entre arts et géologie.

Très prospère au Moyen Âge, elle était notamment réputée pour ses foires. Au XVIIe siècle, une dure épidémie de peste la frappa et la ville perdit les deux tiers de ses habitants.

À voir

Digne ne compte pas de monuments notables, mais on signalera toutefois la **cathédrale Saint-Jérôme**, à la façade du XVe siècle et, attenant, le **campanile de la tour de l'Horloge** (XIVe siècle), en fer forgé de style provençal. Sur la place principale, vous noterez la plaque dédiée à la **Charte des Droits de la mémoire de la Terre**, signée il y a 4 ans. La ville accueille aussi un petit **musée de la Lavande** (voir l'encadré p. 272).

A l'est de la ville, la **cathédrale romane Notre-Dame-du-Bourg** (☎04 92 32 06 48 ; entrée libre ; ⏲mar-dim 15h-18h30 juin à mi-sept) abrite la **crypte archéologique** (☎04 92 61 09 73 ; tarif plein/réduit 4/2 €, gratuit -12 ans ; ⏲tlj sf mar 10h-12h et 15h-18h juin-sept, deux ven/mois à 14h ou sur rdv reste de l'année), qui rassemble des vestiges datant de l'Antiquité jusqu'au haut Moyen Âge.

Musée Gassendi — Sciences, beaux-arts et land art

(☎04 92 31 45 29 ; www.musee-gassendi.org ; 64 bd Gassendi ; tarif plein/réduit 6/4 €, gratuit -12 ans ; ⏲tlj sf mar 11h-19h mi-mai à sept, 9h-12h et 13h30-17h30, fermé matin sam-dim oct-mars). Arts et science nouent un fructueux dialogue dans cet ancien hospice, dont la visite constitue une bonne introduction aux richesses et aux mystères du territoire de Digne. Les collections du musée se découvrent à la manière d'un cabinet de curiosités, assez éclectique. On découvre ainsi la vie et l'œuvre de **Pierre Gassendi**, philosophe, astronome et savant, né en 1592 près de Digne. À la célèbre formule de Descartes, son contemporain et ami, il proposa une variante – Ambulo ergo sum ("je marche donc je suis") –, qui résonne de façon toute particulière en ces terres géologiques. D'autres salles sont dédiées à **Andy Goldsworthy**, maître du

MARINA/ADOBE STOCK ©

Musée Promenade

land art, avec qui le musée a entamé une collaboration au long cours (voir l'encadré p. 298) ; aux œuvres botaniques de l'artiste néerlandais **Herman de Vries**, dont le projet Traces jalonne aussi le territoire ; aux **étoiles pentacrines**, une tradition d'orfèvrerie remontant au XIXe siècle et aujourd'hui remise au goût du jour, présentant de véritables petits fossiles en forme d'étoile sertis dans des bijoux. La visite se poursuit *in situ* autour des œuvres de land art disséminées sur le territoire.

Musée Promenade — Géologie et art contemporain

(04 92 36 70 70 ; www.museepromenade.com ; parc Saint-Benoît, 10 montée Bernard-Dellacasagrande ; tarif plein/enfant/réduit 8/5/6 €, gratuit -7 ans ; tlj 9h-19h juil-août, 9h-12h et 14h-17h30 avr-juin et sept-nov ; visites commentées des sentiers à 11h et 14h30 tlj mi-avr à mi-sept). À 2 km du centre de Digne, dans le parc Saint-Benoît, le Musée Promenade fait dialoguer science et art contemporain dans une atmosphère bucolique. Depuis le bâtiment du CAIRN (Centre d'art informel de recherche sur la nature), qui abrite des expositions temporaires, les lieux se visitent à travers des sentiers thématiques : vous monterez d'abord par le **sentier de l'Eau** (25 min) – jalonné d'œuvres in situ et ponctué d'une cascade "pétrifiée" – pour arriver à la **Maison des remparts**, un musée qui synthétise 300 millions d'années d'histoire géologique. En redescendant, vous suivrez le **sentier des Cairns** (15 min) et découvrirez le **sentier des Papillons** (5 min), où plus d'une centaine d'espèces de papillons de jour ont pu être observées. Les lieux sont aussi le siège du géoparc de Haute Provence (p. 297)

Musée Alexandra David-Néel — Maison d'écrivain

(04 92 31 32 38 ; www.alexandra-david-neel.fr ; 27 av. du Maréchal-Juin ; tarif plein/réduit 6-8/4 €, gratuit -12 ans ; tlj sf lun 10h-18h avr-nov, 14h-17h déc-mars). GRATUIT La maison de l'écrivain et exploratrice Alexandra David-Néel (1868-1969), Dignoise d'adoption, accueille un musée à son nom. La visite commentée (environ 1 heure, uniquement sur réservation) de ses

VAUT LE DÉTOUR

Circuit de Fontbelle, de Digne à Sisteron

Plutôt que de rallier Sisteron par la classique route Napoléon (N85), empruntez cet itinéraire de 55 km qui vous fera traverser des paysages grandioses, à l'écart des circuits touristiques habituels.

De Digne, bifurquez vers la commune de **Champtercier**. La D3 vous fera ensuite franchir le col du Pas de Bonnet (886 m) avant de basculer dans la **vallée des Duyes**. Faites une halte à **Thoard**, agréable village bâti sur un promontoire rocheux. La route monte ensuite jusqu'au village du **Castellard-Mélan**. L'ascension se poursuit dans un paysage exceptionnel, où l'on remarque **les Robines**, éboulis de couleur noirâtre, marnes dégagées par l'érosion. Entouré d'un superbe massif forestier, le **col de Fontbelle** (1 304 m) se prête très bien à un arrêt pique-nique. La route se prolonge en corniche dans un paysage sublime, suspendu entre ciel et terre, au-dessus de la vallée du Vançon, jusqu'à **Authon** et à **Saint-Geniez**. Prudence !

À Saint-Geniez, vous pourrez rencontrer la faune sauvage de la montagne (daims, cerfs, marmottes, mouflons, chamois, chevreuils, sangliers, moutons racka, etc.) à **La Vallée sauvage** (☎04 92 61 52 85 ; parcanimalier.lavalleesauvage.com ; Saint-Geniez ; tarif adulte/enfant 11/8 €, gratuit -3 ans ; ⏲10h-19h tlj juil-août, 13h-18h tlj mai-sept, sam-dim avr et oct-nov, tlj pendant les vacances scolaires), un parc animalier de 14 ha.

Ensuite, la route entame une longue descente jusqu'à Sisteron, en longeant la **vallée du Riou du Jabron**. Celle-ci se resserre jusqu'à former un défilé spectaculaire, appelé **défilé de Pierre-Écrite**. Ce site doit son nom à une inscription du Ve siècle gravée dans la roche, au bord de la route (signalée). Sisteron n'est plus qu'à environ 8 km.

appartements et celle, libre, du musée attenant vous familiariseront avec l'univers et la vie étonnante de cette femme hors du commun, connue pour avoir réussi à pénétrer Lhassa en 1924, ville tibétaine alors interdite aux étrangers. Sa vie est relatée grâce à ses photographies, témoignages saisissant d'une Asie disparue. C'est dans une chambre touchante de simplicité avec sa petite table de camping qu'Alexandra David-Néel décéda en 1969 à l'âge de 101 ans. À 1,5 km du centre-ville, face au stade Jean-Rolland.

Activités

Randonnées

Le territoire regorge de possibilités de randonnées.

Une des plus accessibles depuis le centre de Digne est celle de la **chapelle Saint-Pancrace** (6 km, 2 heures ; départ des thermes) : elle croise un Refuge d'Art d'Andy Goldsworthy (voir p. 298) et offre un beau panorama de la ville et des montagnes alentour.

Les marcheurs les plus hardis s'attaqueront au **Cousson**, la montagne qui domine Digne du haut de ses 1 500 m (comptez la journée).

L'Unesco Géoparc (voir p. 297) invite à découvrir de nombreux sites géologiques emblématiques, souvent ponctués d'œuvres d'artistes. Parmi eux, on nous a conseillé la **randonnée du Vieil Esclandon** (3 heures aller-retour) et celle du **Sanctuaire de la nature de Roche-Rousse** (3 heures aller-retour), toutes deux autour situées autour de la lame de Facibelle (voir p. 297).

Une carte des différents circuits de randonnée et de VTT est en vente à l'office du tourisme. La carte du Géoparc et celle des refuges d'Art vous fourniront aussi des renseignements utiles.

Train pittoresque

Reliant Digne à Nice dans un milieu presque intégralement montagnard, le **train des Pignes** (☎04 97 03 80 80 ; www.trainprovence.com ; aller Digne-Nice 25 € environ, durée 3 heures 30 ; ⏲tlj 4 trains/jour, tte l'année) est

Refuge d'art du vieil Escanglon, d'Andy Goldsworthy

sans doute la ligne de chemin de fer la plus pittoresque de l'Hexagone. Sur 150 km, elle emprunte 25 tunnels, 16 viaducs et 15 ponts métalliques. Grâce à sa vitesse réduite, on a le temps d'admirer le paysage. Au départ de Digne, vous rallierez Saint-André-les-Alpes, Thorame-Haute, Annot, Entrevaux (avec une citadelle édifiée par Vauban), Puget-Théniers, Touët-sur-Var, Villars-sur-Var, avant de plonger vers Saint-Martin-du-Var, Colomars puis enfin Nice. Une des portions réputées les plus jolies se situe entre Saint-André-les-Alpes et Entrevaux (voire Annot). Un dépliant (disponible à l'office du tourisme de Digne et à la gare) recense les possibilités d'excursion depuis les différentes gares du parcours (un arrêt autorisé avec le même billet). Entre avril et octobre, un **train à vapeur** (un seul aller/retour dans la journée ; 20 € ; dim avr-oct, jeu-dim juil-août) fonctionne entre Puget-Théniers et Annot. La gare se trouve à 10 minutes environ à pied du centre de Digne. À la suite d'éboulements, la portion entre Digne et Saint-André-les-Alpes était, lors de notre passage, en travaux : la correspondance était assurée par navette.

Via ferrata

Vous pourrez vous élancer à l'assaut de la **Via ferrata du rocher de Neuf Heures** (chemin de Pied-Cocu) qui surplombe la ville. L'office du tourisme loue du matériel d'escalade (tarif plein/réduit 12/10 €) et propose une liste de moniteurs diplômés. Accessible aux enfants à partir de 1,40 m et 40 kg.

Accrobranche

À la sortie de Digne, **Arbre et Aventure** (04 92 35 29 79 ; Mallemoisson ; www.arbre-aventure.com ; tarifs adulte/10-13 ans/7-9 ans/3-6 ans 22/20/17/15 € ; tlj 10h-19h juil-août, 13h30-18h sam-dim et tlj vacances scolaires Pâques et Toussaint) est une référence en la matière (il a équipé des sites dans le monde entier). Il propose 8 parcours de toutes difficultés, équipés d'une ligne de vie continue. À partir de 3 ans. Buvette et tables de pique-nique.

VTT

Les fans de VTT se rendront à l'**Evo Bike Park** (06 26 63 43 93 ; www.evobikepark.com ; D900 route de Barcelonette ; journée/

demi-journée 29/19 € ; ven-lun 9h-18h), un des plus grands Bike Park d'Europe, qui propose 235 m de dénivelé et quatre pistes.

Baignade

Pour une pause baignade, rendez-vous au **Plan d'eau des Ferréols** (04 92 32 42 02 ; route de Nice ; accès libre ; tlj 10h-19h30 juil-août, dim 14h-18h30 mai-juin et sept), aménagé au bord de la Bléone, à 2 km du centre-ville.

Où se loger

Ce Nid d'aigle — Chambres d'hôtes panoramiques €

(04 92 31 45 71 ; www.cenidaigle.com ; 4 hameau des Hautes-Sièyes ; d 69-87 € avec petit-déj ; fév-déc ; P). Littéralement perchée au dessus de Digne, cette belle maison en pierre est un excellent point de chute à seulement 5 km de Digne. Adossée à une touchante église romane, elle abrite une jolie chambre confortable, une belle suite (deux chambres) et un gîte pour quatre personne. Du centre-ville, traverser la Bléone et prendre la direction des Hautes-Sièyes.

Hôtel Villa Gaïa — Hôtel de charme €€

(04 92 31 21 60 ; www.hotelvillagaia.fr ; 24 route de Nice ; s/d 65-130/84-150 €, petit-déj 13 €, dîner 28 € ; mi-avr à fin oct). À 3,5 km du centre, cette belle demeure vous accueille dans un magnifique parc arboré. Charme rétro, calme bucolique, ambiance "pension de famille" et excellente cuisine en font une halte de choix. La villa abrite 12 chambres, avec parquet et meubles en bois (pas de TV). Nous ne pouvons que vous recommander de goûter à l'excellente cuisine maison qui y est servie au dîner (à 20h !). Vélos, hammam-Jacuzzi (10 €). Arrêt du train des Pignes à 200 m. Il est prudent de réserver.

Le Grand Paris — Hôtel-restaurant €€€

(04 92 31 11 15 ; www.hotel-grand-paris.com ; 19 bd Thiers ; d/ste 85-165/160-190 €, petit-déj 17 €, menus midi 28 €, soir 38-75 €, plats 27-33 € ; avr-nov ; P). Propriété de la famille Ricaud depuis 1930, cet ancien couvent du XVIIe siècle est à la fois un hôtel quatre-étoiles (légèrement vieillissant) et un restaurant gastronomique, de très bonne réputation. Belle terrasse sous les platanes, demi-pension possible.

Où se restaurer

Les gourmets se rendront au restaurant du **Grand Paris** (voir p. 302). Sur la place principale, optez pour une halte chez **Bleu Cerise** (04 92 32 31 24 ; 14 pl. Général-de-Gaulle ; formules 18 €, menu 23 € ; lun-sam). Pour une pause gourmande, direction le salon de thé **Le Macaron de Provence** (06 58 05 69 74 ; 34 bvd Gassendi ; mar-sam 7h30-19h), créateur de macarons.

Nusa Café — Végétarien €

(04 92 83 79 24 ; 10 av. du Maréchal-Juin ; plats 11-13,50 € ; mar-sam 10h-17h). Cette petite perle se trouve juste en face du musée Alexandra David Néel. La décoration y est ravissante, entre couleurs claires et matières naturelles. Et la cuisine ultra-fraîche, d'origine locale et biologique. On se régale d'un bowl végétarien ou d'une copieuse tartine relevée d'herbes fraîches, de graines de grenade, de fleurs ou autres surprises gustatives. Également petits-déjeuners ou salon de thé avec jus frais, thés matcha, rooïbos...

L'Olivier — Traditionnel €

(04 92 31 47 41 ; www.resto-lolivier.fr ; 1 rue des Monges ; plats 10-18 €, formule 14 €, menu 27 € ; tlj sf mar et mer). Une adresse sympathique à la cuisine simple et généreuse : côtelettes d'agneau grillées, cuisse de canard confite ou poisson du moment... Service agréable et bon rapport qualité/prix. Terrasse sur la place.

Le Chaudron — Terroir €€

(04 92 31 24 87 ; 40 rue de l'Hubac ; menus 25-34 €, plats 13-18 € ; ven-mar). Intime et rustique, la petite salle plaît à l'œil. Et la cuisine au feu de bois réjouit les papilles, avec des produits du terroir et de saison préparés avec une touche inventive.

L'Auberge Cuisine de chef **€€**
(04 92 31 56 42 ; 19 pl. de l'Évêché ; formule 18 €, plats 14-24 € ; mar-sam). "Cuisine créative, produits locaux" : l'annonce ne trompe pas pour cette belle table dignoise, tenue par un jeune chef. Dans les assiettes, les mets bien présentés offrent une symphonie de saveurs tandis que la salle, avec baie vitrée dominant la ville, est agréable.

Renseignements

Office du tourisme (04 92 36 62 62 ; www.ot-dignelesbains.fr ; pl. du Tampinet). Organise des visites guidées de la ville (mar après-midi et mer matin mars-nov). Si l'on vient pour la journée, il propose également des formules avec taxis pour visiter les routes de la lavande ou le Géoparc.

Depuis/vers Digne-les-Bains

AVION

Une **navette quotidienne** (0891 02 40 25) relie quatre fois par jour Digne-les-Bains et l'aéroport de Marseille-Provence.

BUS

La **gare routière** (04 92 31 50 00 ; pl. du Tampinet) se trouve juste derrière l'office du tourisme. Des navettes relient Digne à Nice et à Grenoble ; à l'aéroport Marseille-Provence, via la gare TGV d'Aix-en-Provence ; à Marseille, via Aix ; à Avignon et Avignon TGV, via Forcalquier et Apt.

TRAIN

Une **navette** (0821 202 203) directe relie Digne et la gare TGV d'Aix-en-Provence (p. 109). Par ailleurs, le train des Pignes (p. 300) relie Digne à Nice.

Pétanque

En savoir plus

Vieux port de Marseille

VALERY ROKHIN/ADOBE STOCK ©

La Provence aujourd'hui

À l'image de la Méditerranée qui la berce depuis toujours, la Provence est accueillante, chaleureuse, pleine de dynamisme et d'énergie. Ambitieux et tourné vers le monde, son beau visage ne doit cependant pas faire oublier ses zones d'ombre, parmi lesquelles viennent en premier lieu de grandes disparités sociales.

Une région attractive

La région Provence-Alpes-Côte d'Azur est la neuvième de France par sa taille (31 400 km^2), la septième par sa population (5 millions d'habitants) et la cinquième pour son PIB (150 milliards d'euros, soit 7% du PIB français). Très urbanisée (à 91% contre 80% en France), sa population se concentre autour des grandes agglomérations. En contraste, viennent des pans entiers de territoires très peu peuplés (23,3 hab/km^2 dans les Alpes-de-Haute-Provence).

Diversifiée, son économie est largement orientée vers le tertiaire. Le tourisme joue un rôle capital (12% du PIB régional) et constitue un maillage serré sur tout le territoire. Le tissu industriel, implanté notamment autour de l'étang de Berre et dans le couloir rhodanien, est orienté vers des secteurs relativement épargnés par les mutations industrielles (construction aéronautique et navale, microélectronique, agroalimentaire, etc.). Par ailleurs, le grand port maritime de Marseille demeure le 1er port français, le 2^{e}

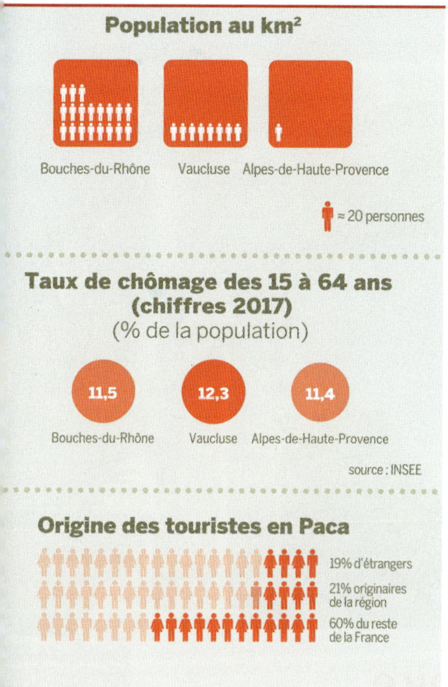

de Méditerranée et le 5e d'Europe. De son côté, l'agriculture, si elle ne pèse que 6% du PIB régional, affiche un palmarès qui laisse songeur : 1re productrice bio, 1re productrice de fruits et légumes, de fleurs, de vin rosé, d'olives et 4e région productrice de vins AOP.

ITER, un projet mondial

C'est l'un des projets scientifiques les plus importants du monde. Avec pour objectif d'apporter une réponse aux besoins d'énergie du futur, ITER va chercher à reproduire une énergie semblable à celle créée naturellement au cœur du soleil. La Chine, l'UE, l'Inde, le Japon, la Corée du Sud, la Russie et les États-Unis s'y sont associés. Le site se trouve à Cadarache, à une quarantaine de kilomètres au nord d'Aix-en-Provence. Les premiers essais sont prévus en 2020.

La Méditerranée pour horizon

Autre cap fondamental pour l'avenir de la Provence, son développement au sein d'une zone "euroméditerranéenne". Au regard de l'histoire et de sa situation géographique sur l'axe stratégique majeur du Rhône, la région a en effet de tout temps eu vocation à développer des échanges. La LGV Méditerranée qui relie, depuis 2001, Marseille à Paris en 3 heures (la continuation de la ligne vers Nice et l'Italie est en projet) a renforcé cette position. Depuis 1995 est menée une politique de grande ampleur autour de sa ville phare, Marseille. L'opération de restructuration urbaine, le projet Euroméditerranée, a été classée d'intérêt national et l'extension de son périmètre, toujours en cours, illustre bien cette volonté de faire entrer la cité phocéenne dans le cercle des grandes métropoles européennes.

Disparités sociales, un enjeu politique

La région fait face à une fracture sociale profonde. En témoigne un taux de chômage élevé (10,2% en 2019 contre 8,5 % en France). Le taux de pauvreté y est aussi plus important qu'ailleurs (plus de 15 hab sur 100). Sur ces deux points, les départements du Vaucluse et des Bouches-du-Rhône sont les plus touchés. Le niveau de formation des actifs est par ailleurs insuffisant et une forte proportion d'habitants est couverte par le RSA. Terre d'accueil et d'immigration, la région a vu arriver, dans la seconde partie du XXe siècle, une importante population d'Afrique du Nord, aujourd'hui disséminée sur le territoire.

Entre inégalités sociales et cosmopolitisme, la porte des tensions politiques s'est ouverte, derrière laquelle apparaît régulièrement le spectre de l'extrême droite. Au premier tour des élections présidentielles de 2017, Marine le Pen est ainsi arrivé en tête dans la région avec 28% des suffrages, avant de s'incliner au deuxième tour face à Emmanuel Macron, non sans avoir rassemblé 44,5% des électeurs, soit dix points de plus que dans le reste du pays.

Le site de Glanum (p. 146)a été occupé du VIIe siècle av. J.-C. jusqu'en 260

Histoire

Au cours de son histoire tumultueuse, la région s'est nourrie de multiples influences, des Romains aux Italiens, en passant par les sarrasins, d'où son patrimoine incroyable qui témoigne encore aujourd'hui de la richesse de ce passé. Refusant régulièrement d'entrer dans le rang, elle a également su se montrer indépendante et fière quand les circonstances l'ont exigé.

900-500 av. J.-C.
Formation d'une civilisation celto-ligure.

600 av. J.-C.
Fondation de Massalia (Marseille) par les Phocéens.

125-121 av. J.-C.
Implantation des Romains en Gaule du Sud, qui devient *Provincia romana*.

Au commencement

Aux temps les plus anciens, la mer remontait jusqu'à Lyon. Des champs de fossiles découverts en haute Provence (certains datant de 300 millions d'années) témoignent du comblement progressif de la région.

Des traces, visibles dans la grotte de l'Escale (Bouches-du-Rhône) ou sur le site de Quinson dans les gorges du Verdon, attestent d'une présence humaine dans la région au paléolithique. Tout aussi importante fut la découverte, en 1991, des peintures pariétales de la grotte sous-marine Cosquer, près de Cassis, datées entre -27 000 et - 19 000 av. J.-C. Les témoignages de la période néolithique sont rares. Les monuments funéraires de la fin de cette période se concentrent surtout dans le voisinage d'Arles.

Des bories, les premières habitations construites aux environs de 3 500 av. J.-C., subsistent encore à Gordes. Ces huttes en forme de ruche d'un ou deux étages, bâties en pierres sèches, restèrent habitées jusqu'au XVIIIe siècle.

Des Grecs aux Romains

Durant la protohistoire, la côte provençale est peuplée par les Ligures, peuple originaire d'Italie du Nord, qui développent d'importantes relations commerciales avec les autres sociétés du pourtour méditerranéen. Aux Ligures se mêlent des Celtes entre 900 et 500 av. J.-C., formant une civilisation celto-ligure. De cette époque datent les premières places fortes (un *oppidum* en latin) en haute Provence (celui de Forcalquier, par exemple), dans le Vaucluse et le nord des Bouches-du-Rhône (Entremont, près d'Aix-en-Provence).

Le littoral est fréquenté par des peuples navigateurs : les Phéniciens s'installent sur l'emplacement d'Arles dès le IXe siècle av. J.-C. et, vers 600 av. J.-C., les Phocéens venus de la mer Ionienne fondent Massalia (Marseille). Près de Saint-Rémy-de-Provence, les vestiges de Glanum, cité érigée par les Salyens, occupée par les Grecs puis par les Romains, témoignent encore de l'attraction qu'exerçait la région dès l'Antiquité. Avec la civilisation grecque et l'essor du commerce, la Provence connaît une profonde mutation.

Moins d'un siècle après sa fondation, Massalia est une puissance dont la richesse et le rayonnement s'accompagnent d'une grande indépendance. Le commerce maritime permet des échanges avec l'Orient et offre un débouché aux produits régionaux (vin, sel et plantes, notamment). La cité entretient d'excellents rapports avec Rome, puisqu'elle est son alliée dans les guerres puniques, contre Carthage (IIIe siècle av. J.-C.). Lorsque les Celto-Ligures menacent la cité phocéenne vers 125 av. J.-C., les Romains franchissent les Alpes et s'implantent en Provence, sous prétexte de protéger le territoire des invasions.

Entre 125 et 121 av. J.-C., tout le sud de la Gaule devient la *Provincia romana* – d'où vient le mot Provence.

Aquae Sextiae (Aix-en-Provence) est fondée en 123 près de l'ancien *oppidum* d'Entremont. Le territoire conquis par Rome (littoral, rive gauche du Rhône et actuel bas Languedoc) répond au nom de Narbonnaise, ou province narbonnaise.

58-51 av. J.-C.
Jules César administre la province et conquiert la Gaule chevelue.

Ier-IIIe siècle
Développement de la civilisation gallo-romaine (Digne, Riez, Manosque, Apt). Début de la christianisation de la Provence.

536
Intégration de la Provence au royaume franc fondé par Clovis.

★ Les meilleurs... musées et sites préhistoriques

Musée de Préhistoire des gorges du Verdon à Quinson (p. 269)

Village des bories de Gordes (p. 178)

Musée lapidaire d'Avignon (p. 202)

Bories en pierres sèches, Gordes

PANO SUD/ADOBE STOCK©

En 58 av. J.-C., la province est administrée par Jules César, qui entreprend la conquête de la Gaule du Nord. Massalia soutient Pompée dans sa lutte pour le pouvoir contre César. Après la victoire de César, Massalia perd, en 49 av. J.-C., toute puissance au profit d'autres colonies, parmi lesquelles Arles, élevée au rang de seconde capitale de l'Empire.

Le règne d'Auguste, entre 27 av. J.-C. et 14 ap. J.-C., inaugure plus de 200 ans de *pax romana*. Dès lors, la Narbonnaise se romanise véritablement. L'empreinte latine apparaît dans la structure architecturale des villes, dans le domaine administratif, dans la vie quotidienne et par l'usage du latin. Jusqu'au IIIe siècle, la province connaît une remarquable prospérité. La construction de la *via Domitia* (voie Domitienne), première route recensée sur le territoire, devait relier l'Espagne à l'Italie. Il en subsiste encore quelques tronçons en Provence. La proximité de cette voie permet ainsi à Sisteron (*Segustero*) et à Forcalquier de prendre de l'importance.

L'implantation du christianisme

Dès la seconde moitié du IIIe siècle, le christianisme s'implante dans les villes. Deux siècles plus tard, il gagne la campagne. En 415, Jean Cassien, venu d'Orient, crée l'abbaye Saint-Victor à Marseille. Arles, christianisée très tôt, reçoit le titre de primatie des Gaules en 417. Paroisses et évêchés sont délimités. La vie monastique a une forte implication dans la vie sociale.

La formation du comté de Provence

À la fin du Ve siècle, la Provence est confrontée aux invasions barbares. Wisigoths, Burgondes et Ostrogoths envahissent la région et se la partagent. Arles sert un temps de refuge au préfet des Gaules, consolidant ainsi sa stature de capitale provinciale. Toutefois, le passage des troupes dévaste les campagnes et amoindrit sa puissance au profit de Marseille.

Durant la mise en place des royaumes barbares, l'Église maintient sa position et une certaine unité grâce à des personnalités ecclésiastiques comme Césaire (vers 470-543), évêque d'Arles après 503.

VIIIe-Xe siècle
Invasions et razzias des sarrasins. En 883, ils s'installent dans les Maures et sèment, pendant plus d'un siècle, la terreur dans le pays.

972
Guillaume le Libérateur, comte d'Arles, chasse définitivement les sarrasins de la province et devient marquis de Provence.

1125
Le comté de Provence est attribué aux comtes de Barcelone. La Provence crée un art roman original.

En 536, la Provence est cédée au royaume franc. Le pays provençal va devoir obéir à des maîtres nordiques, étrangers à ses traditions latines. Le nom de *Provincia* (Provence) réapparaît, soulignant une entité géographique, voire politique, et l'autonomie de la région. Selon les héritages, le royaume franc est régulièrement partagé et la Provence démembrée, tandis que les querelles politiques et les conflits meurtrissent les populations. Orange, Avignon, Arles et les campagnes environnantes sont dévastées et nombre de villages et de villes, abandonnés. Seule Marseille, en raison de ses relations avec Rome et l'Orient, parvient à maintenir un semblant de vie culturelle.

À l'orée du VIIIe siècle (époque où les derniers rois mérovingiens, dits "rois fainéants", n'ont plus qu'un rôle de façade), les comtes administrent la province d'une façon presque autonome.

La terreur sarrasine

Entre 880 et 972, des pirates sarrasins (Arabo-Berbères), établis sur les rives du golfe de Saint-Tropez, sèment la terreur dans toute la Provence orientale. Au cours de leurs razzias sanglantes, ils pillent églises et monastères, rasent des villes. Terrifiée, la population se réfugie sur les hauteurs de l'arrière-pays, créant les fameux villages perchés.

Pendant un siècle, leurs raids dévastateurs restent souvent impunis par manque de volonté des seigneurs du Midi. Quand les sarrasins prennent en otage un abbé de Cluny, une croisade se constitue pour mettre un terme à leurs forfaits : en 972, le comte d'Arles Guillaume réussit enfin à les chasser définitivement en s'emparant de leur tête de pont établie dans les Maures, à Fraxinet (La Garde-Freinet). Ce haut fait lui vaut le surnom de Guillaume le Libérateur et le titre de marquis de Provence.

Les invasions des sarrasins

De 838 à 973, Marseille et les environs d'Arles, puis la haute Provence et les Alpes subissent les incursions sanglantes des pirates sarrasins, installés à La Garde-Freinet (Var), et, plus ponctuellement, des pirates grecs, normands ou maures. Les monastères sont saccagés et les villes détruites. L'insécurité conduit les populations à se réfugier à l'intérieur des terres et sur les hauteurs, créant les fameux villages perchés.

En 974, les sarrasins sont définitivement vaincus par Guillaume, seigneur d'Arles, dit Guillaume le Libérateur (voir l'encadré ci-dessus). Sous son règne, la Provence renoue avec sa prospérité d'antan. En 1032, la Provence est rattachée au Saint Empire romain germanique, mais les comtes qui l'administrent jouissent d'une indépendance de fait.

Les Bosonides

Durant le Moyen Âge, trois dynasties de comtes se succèdent à la tête de la Provence. Les comtes bosonides (879-1112), du nom de son fondateur, Boson, s'illustrent avec Guillaume le Libérateur. Sous son règne, la région renoue avec sa prospérité d'antan. Les terres sont

XIe-XVe siècle
La Provence relève du Saint Empire romain germanique, mais elle est administrée par des comtes qui jouissent d'une indépendance de fait.

1209-1245
Règne de Raimond Bérenger V, qui instaure une administration centralisée ; Aix devient capitale du comté.

1309
La cour pontificale s'installe à Avignon où sept papes vont se succéder jusqu'en 1376.

Les communautés juives en Provence

Après la chute de Massada en l'an 73, une partie de la diaspora juive trouva refuge dans des villes de la Gaule romaine comme Arles, Vienne ou Narbonne. La Provence demeura une terre hospitalière après 1394, date de l'expulsion des juifs du royaume de France. Mais, en 1481, une fois rattachée à ce dernier, la région dut appliquer les mêmes mesures. Les juifs provençaux furent définitivement bannis en 1501. Ils partirent alors vers l'Italie, l'Afrique du Nord, la Salonique ou les terres pontificales : désormais ne subsistèrent de communautés juives que dans l'enclave constituée par les possessions du pape, à Avignon et dans le Comtat Venaissin.

Accueillis, les juifs n'en furent pas moins victimes, jusqu'au XVIIIe siècle, de mesures discriminatoires, d'expulsions et de pogroms. Leurs synagogues firent l'objet de pillages ou de destructions et leur reconstruction dut obéir à des règles strictes. Le port de la rouelle (petite roue de tissu) fut imposé, avant d'être remplacé par le port d'un chapeau jaune pour les hommes et par un morceau de tissu cousu sur la coiffe pour les femmes. Dès la fin du XIIIe siècle, les juifs furent assignés à résidence au centre des villes, dans un espace réduit et fermé appelé "carrière".

La Révolution française et le rattachement du Comtat Venaissin à la France marquèrent le début d'une ère nouvelle, puisque les juifs se virent accorder la citoyenneté française. Toutefois, les carrières demeurèrent des ghettos institués. Leur destruction n'intervint réellement qu'au XIXe siècle. Il n'en subsiste aujourd'hui que les noms de rues et les synagogues de Carpentras (p. 214) et de Cavaillon (p. 208).

à nouveau cultivées. La construction de canaux, de systèmes d'irrigation et l'assèchement de zones marécageuses renforcent la productivité. Sur le plan intellectuel et festif, c'est aussi une période féconde où prennent naissance de nombreuses traditions, telles les fêtes niçoises. À partir du XIe siècle, et au siècle suivant, se développe une nouvelle langue poétique, littéraire et lyrique, créée par les troubadours, qui chantent essentiellement l'amour courtois.

Les comtes catalans

Au XIIe siècle, les villes acquièrent une nouvelle autonomie administrative avec la création des consulats. La Provence est alors partagée entre une vingtaine de grandes familles. Quand l'héritière de la dynastie des comtes de Provence épouse le comte de Barcelone, la région est partagée entre les comtes de Barcelone (catalans) et les comtes toulousains (1125). Si les deux parties rêvent un temps d'une Occitanie unie face au royaume de France, elles vont rapidement s'opposer et la croisade des albigeois va exacerber la lutte. En 1229, un traité de paix fait finalement de la rive droite du Rhône une terre royale, tandis que l'autre rive reste aux mains du Catalan Raimond Bérenger V.

1378-1417
Grand Schisme d'Occident. La papauté se divise entre Rome et Avignon.

1434-1480
René d'Anjou (le "Bon Roi René") est comte de Provence.

1481
Rattachement de la Provence à la France.

Citadelle de Sisteron

★ Les plus beaux... forts et citadelles

Forts Saint-Jean et Saint-Nicolas à Marseille (p. 53 et p. 59)

Fort de Buoux à Buoux (p. 169)

Citadelle de Sisteron (p. 285)

Raimond Bérenger V (1209-1245) est le dernier comte catalan de Provence mais le premier à administrer directement la province. Il instaure une administration centralisée et efficace et fait d'Aix sa capitale. La Provence connaît alors un bel essor économique : la terre gagne sur les marais ; les échanges commerciaux sont au beau fixe et le développement du commerce en Méditerranée enrichit les villes ; la population augmente et de nouveaux villages se créent. Le renouveau économique s'accompagne d'une intensification de la vie religieuse, tandis que s'épanouit une brillante école d'architecture romane : les abbayes de Sénanque et de Silvacane, les églises de Valréas ou de Moustiers-Sainte-Marie témoignent de la maîtrise de la sculpture ornementale.

La dynastie angevine

L'unique héritière de Raimond Bérenger V, Béatrix, épouse en 1246 Charles Ier comte d'Anjou, frère cadet du roi de France Louis IX, qui devient comte de Provence et de Forcalquier.

Pendant près de deux siècles, la Provence demeure terre angevine. Durant le règne de Charles Ier, entre 1246 et 1285, la Provence connaît une sécurité appréciable. Le brigandage est pourchassé, la justice rendue, et les finances sont équilibrées. Les Angevins font de la région une base privilégiée de leur politique. À l'extérieur, Charles Ier se rend maître des royaumes de Sicile (qu'il perdra en 1282) et de Naples.

Son successeur, Charles II (1285-1309), demeure roi de Naples. Il tente en vain de reconquérir la Sicile et d'étendre sa domination dans le sud-est de la France, en Dauphiné particulièrement. Malgré les revers, les Angevins unissent durant plus d'un siècle le comté de Provence, qui s'étend alors de la lisière du comté de Forcalquier à l'autre versant des Alpes, au royaume de Naples, d'où ils sont définitivement chassés en 1442.

Les papes à Avignon

Les guerres en Italie conduisent le pape Clément V à s'installer dans le Comtat Venaissin en 1305. À sa suite, c'est toute la cour pontificale qui s'installe entre Avignon et Carpentras. Jusqu'en 1376, sept papes régnèrent à Avignon.

1524 et 1536
Invasions de la Provence par l'armée impériale de Charles Quint.

1591-1596
Marseille s'érige en république indépendante.

1702
Orange, principauté des princes d'Orange-Nassau, est rattachée au royaume de France.

Palais des Papes, Avignon

YVANN K/ADOBE STOCK ©

La présence des papes à Avignon a sans conteste stimulé l'activité économique et la vie intellectuelle de la région, les trésors de la bibliothèque papale attirant nombre de lettrés de toutes nationalités. Après la mort de Grégoire XI en 1378, l'élection de deux papes, l'un à Rome, l'autre à Avignon, fait naître le Grand Schisme (1378-1415). La reine Jeanne, en prenant le parti de Clément VII (Avignon) contre Urbain VI (Rome), provoque des troubles en Provence et en Italie. Avignon et le Comtat Venaissin deviennent également le refuge des juifs, expulsés du royaume de France en 1394 (voir l'encadré p. 312). Amputée d'Avignon, meurtrie par les querelles d'héritage au sein de la maison d'Anjou et dévastée par la peste en 1347-1348, la Provence se relève mal de ce néfaste XIVᵉ siècle. La tranquillité ne revient qu'au XVᵉ siècle, marqué par le règne de René d'Anjou (voir l'encadré ci-contre). À sa mort en 1480, les querelles de succession divisent à nouveau le pays.

Le rattachement à la France

En 1486, les États de Provence ratifient l'union du comté de Provence et de la couronne de France. Officiellement, il s'agit d'une union paritaire entre États. Mais, progressivement, la Provence va se voir assimilée. La création d'un Parlement à Aix en 1501, puis la signature de l'édit de Joinville (1535), qui transforme totalement l'organisation administrative de

1707
Invasion de la Provence par les impériaux autrichiens.

1720
Grande peste venue de Marseille (plus de 100 000 morts en Provence).

1790
La Provence est divisée en 3 départements : Bouches-du-Rhône, Var et Basses-Alpes.

la province, contribuent à aligner ses institutions sur celles du royaume. En août 1539, l'ordonnance de Villers-Cotterêts impose la rédaction de tous les actes officiels en français. Coup fatal pour le latin et le provençal !

Parallèlement, l'importance stratégique de la Provence est mise en évidence lors des guerres d'Italie menées par les rois de France. Ces guerres durent le temps de trois règnes, de 1495 à 1559. La Provence devient une province vitale et une terre de passage pour les troupes royales. À plusieurs reprises, elle est menacée par l'armée de l'empereur Charles Quint. La résistance dont elle fait preuve (1524 et 1536) témoigne d'un loyalisme envers la monarchie française.

Le "Bon Roi René"

René d'Anjou (1408-1480), héritier du comté de Provence en 1434, passe les dix dernières années de sa vie à se consacrer exclusivement à la région. Il fixe sa cour à Aix (capitale administrative depuis 1409), tout en visitant régulièrement ses palais d'Avignon, de Marseille et de Tarascon. Amateur d'art, mécène et auteur de quelques doctes ouvrages, René d'Anjou favorise la création artistique et entretient une cour brillante. Dans toute la Provence, la prospérité économique revient. À Marseille, le roi augmente les privilèges des pêcheurs, restructure l'administration et favorise le commerce. De ses bienfaits et du sentiment plus général de sécurité vient, sans doute, l'appellation de "Bon Roi René", qui est restée attachée au personnage.

Les guerres de Religion

L'affaire des Vaudois du Luberon préfigure les guerres de Religion entre catholiques et protestants. Depuis la fin du XVe siècle, les montagnes du Luberon ont en effet été repeuplées par des groupes originaires du Piémont et du Dauphiné, se réclamant de la secte vaudoise qui remet en question la hiérarchie et les cadres de l'Église romaine. Constamment pourchassés depuis le XIIe siècle, les Vaudois adhèrent tout naturellement à la Réforme protestante, dont les idées se répandent en Provence dès 1530.

Après les avoir dénoncés comme hérétiques en 1501, l'Inquisition entreprend d'éradiquer la secte au début des années 1530. Le pillage par les vaudois de l'abbaye de Sénanque provoque, en 1545, un premier bain de sang et la destruction d'une dizaine de villages du Luberon. Au total, 3 000 personnes sont assassinées et 600 envoyées aux galères.

Ces massacres et ces persécutions n'empêchent pas le protestantisme de s'étendre dans les provinces du Midi. En haute Provence, les protestants saccagent les églises (1560). Orange devient le fief politique de la Réforme.

À partir de 1576, les agissements de la Ligue, coalition catholique menée par Henri, duc de Guise, qui s'oppose également au roi, conduit à une autre guerre civile. La Provence se trouve divisée. Cette lutte ne prend fin qu'avec l'abjuration d'Henri IV, en 1593. Pour le nouveau roi, reste à résoudre le cas de Marseille, qui depuis 1591 vit en république indépendante. Ce sera fait cinq ans plus tard.

1791
Avignon et le Comtat Venaissin sont annexés à la France.

1794-1795
Terreur révolutionnaire puis Terreur blanche.

1800
Retour de l'ordre public et administration napoléonienne.

La Provence baroque

À l'aube du XVIe siècle, la répartition des rôles est parfaitement établie entre Marseille, la commerciale, et Aix, la capitale administrative et politique. En arrivant au pouvoir, Richelieu entreprend l'unification de la marine provençale.

Cette période s'accompagne d'un foisonnement culturel et de nouvelles campagnes de construction. Les ordres religieux (Capucins, Jésuites, Ursulines) et les confréries (comme celle des Pénitents) se multiplient, le haut clergé se révélant toujours aussi influent dans les affaires politiques.

Au milieu du XVIe siècle, lors de la minorité de Louis XIV, la Fronde (1648-1653) remet en question l'absolutisme monarchique et la politique fiscale de Mazarin. La monarchie a toutefois la force militaire pour elle et tout soulèvement est aussitôt étouffé.

En 1660, l'intégration institutionnelle de la Provence au royaume de France est acquise. Toutefois, Orange ainsi qu'Avignon et ses environs ne sont alors provençaux qu'au sens géographique, économique et culturel du terme. Politiquement, Avignon et le Comtat Venaissin appartiennent toujours au pape, tandis qu'Orange forme une principauté aux mains de la maison d'Orange-Nassau – elle ne sera annexée au royaume qu'en 1702 (lorsque la branche de la famille s'éteint) pour être rattachée finalement en 1713... au Dauphiné !

Une province prospère

Malgré la grande peste de 1720 partie de Marseille (voir l'encadré ci-contre) et les tentatives ponctuelles d'invasions des Autrichiens (en 1707 et 1746-1747), la Provence connaît, de 1660 à la Révolution, une histoire plus paisible. Désormais intégrée au royaume, la province partage le destin de la France. L'expansion démographique et économique est particulièrement forte sur la côte. L'amélioration des liaisons à la fois vers l'intérieur et vers les autres pays méditerranéens favorise toute une économie d'échanges, centrée sur l'exportation de vin, d'olives, de cuir, de papier, de savons et de soieries. Le long du littoral s'égrènent des villes et des gros "bourgs urbanisés".

Si l'agriculture stagne, l'essor des manufactures, encouragé par Colbert (1619-1683), donne naissance à une trame industrielle que les siècles futurs consolideront. Les phares de l'industrie régionale sont alors la meunerie, les papeteries, les savonneries (Marseille), le tissage, la faïencerie (Moustiers) et les fonderies. Marseille consolide sa toute-puissance de ville portuaire et de négoce, Aix déploie un cadre de vie des plus agréables et Avignon affiche un fort penchant pour l'Italie. Néanmoins, les impôts pèsent toujours plus lourdement sur les populations campagnardes et les injustices féodales perdurent.

Au XVIIIe siècle, le fossé entre la Provence rurale et une grande ville comme Marseille est flagrant. Tissus, faïences, parfums, huiles et vins sont au cœur des échanges des riches négociants marseillais. Autre grand pôle commerçant : Nîmes, qui exporte dans tout le bassin méditerranéen les productions des fabriques de soie et de tissage.

1815
Seconde Terreur blanche.

1848-1870
Sous le second Empire, la Provence s'affiche clairement républicaine.

1851
Temps des "révoltes rouges".

La Révolution

Dès avant 1789, les revendications populaires se font entendre. Le gel des oliviers, conséquence du terrible hiver de 1788-1789, la hausse des prix et la disette sont autant de raisons de se soulever contre la société hiérarchisée de l'Ancien Régime et le maintien des privilèges. C'est dans les villes (Marseille, Aix, Avignon, Arles et Digne) qu'est né le mouvement révolutionnaire. Le petit peuple des cités se révolte, pille et revendique. Les campagnes suivent.

En 1790, l'Assemblée constituante divise la Provence en trois départements : les Basses-Alpes (chef-lieu Digne), les Bouches-du-Rhône (chef-lieu Aix) et le Var (chef-lieu Toulon). À la fin de 1791, Avignon et le Comtat Venaissin, annexés à la France, sont partagés entre les Bouches-du-Rhône, la Drôme et les Basses-Alpes. En 1792-1793, la Révolution atteint son paroxysme. Pillages et incendies de châteaux se multiplient. L'aristocratie est pourchassée. C'est dans ce contexte que se forme le célèbre bataillon de volontaires, qui monte à Paris aux accents du *Chant de guerre pour l'armée du Rhin*, nom originel de *La Marseillaise*.

La contre-révolution n'a pas pour autant désarmé. Des révoltes éclatent à l'été 1793 à Marseille, à Aix et à Arles. En septembre 1793 commence la Terreur qui se poursuit jusqu'en septembre 1794. Le village vauclusien de Bédoin est incendié et nombre de ses royalistes sont exécutés. En un an, les tribunaux révolutionnaires de Marseille et d'Orange condamnent à mort 597 personnes. Les émigrations se multiplient. Marseille perd le quart de ses habitants – négociants, courtiers, fabricants, nobles et membres du clergé essentiellement. La haute Provence sert parfois de base de repli.

Née en Provence après l'échec des insurrections jacobines (avril-mai 1795), la Terreur blanche marque une nouvelle vague d'assassinats. Royalistes et fanatiques religieux pourchassent et massacrent à Marseille, à Aix, à Tarascon... C'est dans ce contexte troublé qu'émerge Napoléon Bonaparte, dont la première victoire militaire a été la reprise de Toulon aux Anglais en 1793.

La grande peste de 1720

Ce n'était pas la première fois que la ville endurait ce fléau, mais la grande peste de 1720 – la dernière – fut terrible par son ampleur et demeure ancrée dans les mémoires marseillaises : la moitié de la population de la ville, soit environ 50 000 personnes, fut décimée. C'est un navire de commerce, le *Grand Saint-Antoine*, avec à son bord des étoffes, en provenance de Méditerranée orientale, qui apporta la maladie. Malgré un dispositif sanitaire strict, assorti d'une quarantaine, s'appliquant à tous les bateaux, et bien que des décès suspects au sein de l'équipage aient été constatés, le *Grand Saint-Antoine* fut autorisé à décharger... Imprudence, négligence, corruption ? L'épidémie se répandit comme une traînée de poudre et sévit jusqu'en 1722, faisant plus de 100 000 morts.

1854
Création par Frédéric Mistral du félibrige, afin de restituer au provençal son rang de langue littéraire.

1860
Crise agricole et début de l'exode rural des régions de la haute Provence.

1864
Le chemin de fer dessert la région.

Midi blanc, Midi rouge

Si la Provence disparaît en tant qu'entité politique lors de la Révolution, les départements qui lui succèdent conserveront longtemps une tradition d'opposition au reste du pays.

Engagés précocement dans la Révolution, les Provençaux sont nombreux à changer brusquement de camp en 1793 pour soutenir la révolte fédéraliste contre le pouvoir parisien. La Terreur blanche, débutée en 1795, est marquée par une vague d'assassinats perpétrés par des royalistes et des fanatiques religieux. La tendance ultraroyaliste atteint son apogée avec la Terreur blanche de 1815 qui massacre anciens révolutionnaires et bonapartistes. La Restauration est bien accueillie.

Puis, en quelques décennies, nouveau retournement. Aux élections de 1848, les Bouches-du-Rhône se démarquent du reste du pays qui élit triomphalement Louis Napoléon Bonaparte. Sous la IIIe et la IVe République, la gauche radicale, voire socialiste, domine mais la fracture gauche-droite se creuse. Puis, avec les amples mouvements démographiques, qui modifient profondément sa population, les départements du Midi passent progressivement à droite, voire à l'extrême droite.

La Provence blanche (1800-1835)

Napoléon Bonaparte devient Premier consul en 1799 et, dès l'hiver 1800, entreprend de remettre sur pied l'administration du pays. Des préfets énergiques, étrangers au Midi, ramènent l'ordre public. Le catholicisme est restauré, les émigrés encouragés à rentrer, et certains nobles se voient même attribuer le fauteuil de maire. Mais l'établissement d'une lourde taxe, le conflit avec le pape et la conscription ternissent le prestige de Bonaparte, sacré empereur en 1804.

Après 1814, la Provence se trouve, par deux fois, sur la route de l'empereur déchu : lors de son départ pour l'île d'Elbe, où il est envoyé en exil, puis à son retour en mars 1815 lors des Cent-Jours. La nouvelle de la défaite de Waterloo entraîne la seconde Terreur blanche (juin 1815), encore plus violente que la première. Anciens révolutionnaires et bonapartistes sont tués. Le maréchal Brune, fidèle à Napoléon, est assassiné à Avignon. Louis XVIII ne désavouera pas pour autant les ultraroyalistes.

C'est une bourgeoisie libérale et conservatrice qui gouverne alors. La révolution de juillet 1830 provoque peu d'engouement. Éprouvée par tant d'années de conflits, la région aspire à la paix. En 1835, une terrible épidémie de choléra ternit cette aspiration.

La Provence socialiste...

Lorsque, dans les années 1820-1830, les saint-simoniens commencent à parler de révolution sociale, les grandes concentrations ouvrières sont rares en Provence. Seul le compagnonnage

1919-1930
Mouvements sociaux et grèves ; forte poussée de la gauche.

1935
Assassinat à Marseille du roi de Yougoslavie et du ministre des affaires étrangères Louis Barthou.

1942
Invasion de la Provence par les troupes allemandes.

est alors la voie de transmission de leurs idéaux. La révolution de 1848 est une surprise pour la plupart des Méridionaux, même si la révolte des ouvriers de l'arsenal de Toulon a constitué une première dans la région. Les Provençaux ont en effet moins souffert de la récession économique qui touche la France depuis 1847. Reste que la Provence de l'intérieur, celle des Basses-Alpes et du haut Vaucluse en particulier, est encore principalement rurale et connaît une misère sociale grandissante.

Aux élections de 1848, à la différence du reste de la France qui élit triomphalement Louis Napoléon Bonaparte, les Bouches-du-Rhône et le Var se démarquent. Lorsque s'instaure le second Empire en 1851, après le coup d'État de Napoléon III, la Provence résiste et fomente quelques "révoltes rouges" (à Digne notamment, où la préfecture est prise), mais elle est matée militairement. Cette répression se solde par la déportation des opposants en Algérie.

... et républicaine

En 1860, la Provence s'affiche dans son ensemble profondément républicaine. Des notables de la région proposent à Gambetta et à Clemenceau des sièges de députés, bien qu'ils ne soient pas du pays. Une fracture gauche/droite se dessine.

À partir de 1871, la Provence connaît également un profond bouleversement économique. La grande industrialisation du nord-ouest de l'Europe et l'ouverture du canal de Suez, reliant la Méditerranée aux pays de l'océan Indien et de l'Extrême-Orient, ont des conséquences sur l'économie locale. Alors que l'activité industrielle et portuaire de Marseille s'intensifie et qu'un tourisme de luxe se développe sur la côte méditerranéenne, la Provence intérieure, elle, reste à l'écart de cette expansion économique. La crise du ver à soie et des magnaneries (bâtiments pour l'élevage des vers à soie), le phylloxéra (maladie de la vigne due à un minuscule puceron, *Phylloxera vastatrix*) et le déclin des vieilles manufactures touchent la région. La haute Provence commence à se dépeupler.

Les divisions sociales de l'entre-deux-guerres

L'effervescence politique et sociale qui prévaut dans l'immédiat après-guerre à Marseille et à Toulon préfigure les troubles des années 1930. D'une part, les grèves et les manifestations s'intensifient dans les ports et les chemins de fer. D'autre part, les idées de l'Action française prennent de l'ampleur, même si elles rencontrent en Provence moins de succès que dans le Languedoc voisin.

Dans les années 1930, la fracture "Midi rouge, Midi blanc" s'accentue et, en 1935, la poussée de la gauche et de l'extrême gauche est forte dans le Midi, l'un des fiefs du radicalisme. Comme ailleurs, les grandes villes connaissent de puissants mouvements de grève. En octobre 1934, l'assassinat, sur la Canebière, du roi Alexandre de Yougoslavie et du ministre français des Affaires étrangères Louis Barthou ne provoque pas de remise en question.

1943
Les Allemands bombardent les vieux quartiers de Marseille.

Août 1944
Débarquement allié en Provence.

1950-1962
Arrivée de populations venues d'Algérie ; installation des camps de harkis.

★ Les meilleurs... musées d'Histoire

Musée Calvet à Avignon (p. 202)

Musée départemental de l'Arles antique (p. 125)

Musée d'Histoire de Marseille et port antique (p. 57)

Port antique de Marseille

L'onde de choc de la crise de 1929 touche le port de Marseille, dont le trafic dans les années 1930 correspond au niveau de celui de 1913 (soit environ 9 millions de tonnes). Le tourisme, réservé jusqu'alors à l'élite aisée de la Belle Époque, change de visage avec les premiers congés payés et des visiteurs moins fortunés.

Dans l'arrière-pays, le dépeuplement des régions montagneuses est considérable. Certains villages perdent plus de 50% de leur population. Dans les plaines, le fossé entre zones irriguées et zones rhodaniennes s'accentue. La Crau, la Camargue et le plateau d'Albion redeviennent des déserts. Parallèlement, des mouvements migratoires très importants apparaissent : à Marseille, comme dans d'autres villes de la côte et de l'intérieur, les premières vagues d'immigration concernent les Arméniens, les Italiens et les Espagnols.

La guerre de 1940-1945 et le débarquement

Le déclenchement de la Seconde Guerre mondiale et les opérations militaires de l'été 1940 ont épargné le Midi. Située en zone non occupée, la Provence devient une région de transit ou de refuge pour les personnes pourchassées. À partir de novembre 1942, l'occupation allemande s'étend au Sud. Le 27 novembre, les chefs de la flotte de guerre décident de la saborder plutôt que de se rendre aux Allemands. En janvier 1943, à Marseille, l'occupant entreprend la destruction des vieux quartiers populaires situés au nord du Vieux-Port.

En parallèle, les différents mouvements de résistance s'organisent. La population de la cité phocéenne se soulève au printemps 1944 contre le rationnement du pain. Les bombardements alliés des 25 et 27 avril 1944 coûtent la vie à de nombreux Marseillais. En juin 1944, les maquisards du Ventoux sont massacrés. Les premières libérations avortées de Valréas et de Forcalquier entraînent de sanglantes représailles. La libération de Sisteron et des prisonniers de sa citadelle connaît, en revanche, un dénouement plus heureux.

Le 15 août 1944, les forces armées américaines du général Patch et les troupes de la France libre du général de Lattre de Tassigny débarquent sur les côtes varoises et le massif des Maures. Des dizaines de petites embuscades tendues par les FFI et les communistes harcèlent l'armée allemande et permettent aux Alliés de rallier la vallée du Rhône en moins d'une semaine.

1965
Création de la région PACA (Provence-Alpes-Côte d'Azur) ; le département des Basses-Alpes devient les Alpes-de-Haute-Provence.

1980-1990
Montée du Front national qui obtient , aux élections législatives de 1986, quatre députés dans les Bouches-du-Rhône.

1992
Les inondations de Vaison-la-Romaine font plus de 30 morts et entraînent de lourdes pertes matérielles.

De gauche à droite

La Provence a donné à la IVe et à la Ve République quelques-unes de leurs grandes figures politiques : Félix Gouin, président du gouvernement provisoire de la République de janvier à juin 1946, et Gaston Deferre, maire socialiste de Marseille, de 1953 à 1986.

Durant cette période, la région continue toutefois de se distinguer du reste de l'Hexagone. C'est à Marseille que les premières grèves de novembre 1947 éclatent. C'est encore à Marseille que les manifestations contre la guerre d'Indochine, en 1950, sont les plus importantes. Enfin, lors du référendum de 1962 sur l'élection du président de la République au suffrage universel, les "non" du Vaucluse (40,50%), des Bouches-du-Rhône (39%) et des Basses-Alpes (37,2%) contrastent avec le "oui" national.

À partir de 1950, la région Provence-Côte d'Azur affirme son caractère de terre d'immigration. La fin de la guerre d'Algérie draine dans la région des dizaines de milliers de personnes.

L'entité régionale Provence-Côte d'Azur-Corse, regroupant les départements des Bouches-du-Rhône, du Vaucluse, du Var, des Basses-Alpes, des Hautes-Alpes, des Alpes-Maritimes et de la Corse, a été créée en 1960. En 1965, un nouveau découpage est admis : la Provence-Alpes-Côte d'Azur (ou PACA), les Basses-Alpes devenant le département des Alpes-de-Haute-Provence. En 1970, la Corse est détachée du groupe.

Les années 1960-1970 sont celles des grands travaux : construction de barrages, électrification des voies ferrées, création en 1969 du complexe sidérurgique de Fos-sur-Mer, début des travaux en 1970 de l'autoroute du Sud reliant Lyon à Marseille. Les axes de communication entre le Sud et le Nord ne cessent de s'améliorer. Pourtant, une part de la population active du Midi migre vers Paris ou Lyon.

La population agricole diminue, malgré l'image rurale encore vivante de la région. De fait, en Provence, la gauche perd du terrain peu à peu à partir des années 1970.

Le virage à droite de la Provence a été marqué par le développement du Front national dans le paysage politique méridional. En 1986, ce parti obtient quatre députés dans les Bouches-du-Rhône. Si Marseille conserve, après le départ de Gaston Defferre, un maire socialiste en la personne de Robert Vigouroux, la droite domine dans la plupart des grandes municipalités : Aix, Arles, Avignon, Salon, Toulon. Les élections des années 1990 confirment la poussée de l'extrême droite. Même divisée, celle-ci fait élire en 1995 trois des siens comme maires à Toulon, à Orange et à Marignane. La suprématie éclatante de la gauche à l'époque du Front populaire et de la IVe République appartient désormais au passé. Depuis les années 1960, la vieille gauche laïque, rurale, socialiste ou radicale a perdu ses bases paysannes, et le Parti communiste, sa base ouvrière. Au fil des élections, la droite institutionnelle confirme son enracinement local. De son côté, l'extrême droite continue de progresser. Aux municipales de 2014, le Front national et la Ligue du Sud ont remporté pas moins de sept communes dans la région, dont Fréjus et le 7e secteur de Marseille.

1995
Élection d'un maire Front national à Orange, à Marignane et à Toulon.

2013
Marseille est Capitale européenne de la culture.

2014
Lors des élections municipales, l'extrême droite remporte la victoire dans sept municipalités de la région.

Cloître de l'abbaye de Sénanque (p. 179)

Culture et patrimoine

L'héritage antique, des traditions vivantes et l'ouverture sur les cultures méditerranéennes : tous les éléments étaient réunis pour faire de la Provence une source inépuisable d'inspiration pour les artistes et les poètes. Encore très active aujourd'hui, la région ouvre les portes de l'art et de la culture au grand public grâce aux nombreux festivals organisés tout au long de l'année.

Architecture

Préhistoire et période gallo-romaine

Le musée d'Histoire de Marseille (p. 57), le musée de Préhistoire des gorges du Verdon à Quinson (p. 269), le Musée Promenade axé sur la géologie (p. 299), à Digne-les-Bains, et le village des bories (p. 178), près de Gordes, permettent d'appréhender au mieux ce bel héritage.

L'attractivité de la région, dès l'Antiquité, et l'installation très ancienne des Grecs puis des Romains ont laissé à la Provence des trésors architecturaux d'une richesse inestimable. On peut aujourd'hui admirer de nombreux monuments antiques parmi les plus beaux du monde : les vestiges romains de Vaison-la-Romaine (p. 239), les arènes

Mucem, Marseille (p. 53)

SERGE 1885/ADOBE STOCK ©

★ Les meilleures... créations contemporaines

Mucem, à Marseille (p. 53)

Fondation Vasarely, à Aix-en-Provence (p. 104)

Pavillon noir, à Aix-en-Provence (p. 108)

FRAC Paca, à Marseille (p. 62)

d'Arles (p. 124), le théâtre d'Orange (p. 218), les Antiques de Glanum à Saint-Rémy-de-Provence (p. 152), la crypte de l'abbaye Saint-Victor (p. 59), ainsi que le jardin des Vestiges et le port antique à Marseille, les arcs de triomphe d'Orange (p. 219) et de Carpentras (p. 222).

Les villages perchés

Au sommet des collines de l'arrière-pays, en nid d'aigle sur un éperon rocheux ou en balcon face à la mer, d'innombrables villages perchés émaillent la Provence. Héritiers des oppidums celto-ligures, ces villages, souvent surmontés d'un château et entourés de remparts, constituaient de véritables places fortes où les populations se réfugiaient pour se protéger des pillards, venus de l'intérieur ou de la mer, notamment des sarrasins qui menèrent des razzias jusqu'en 973 (voir l'encadré p. 311). La tradition des villages escarpés se poursuivit durant tout le Moyen Âge, où la recherche de sécurité se doublait de l'envie des paysans de se regrouper pour ne pas empiéter sur les rares terres défrichées.

Avec les mutations agricoles, ces villages escarpés furent progressivement abandonnés par la population paysanne traditionnelle... Ils ne retrouvèrent vraiment vie qu'avec l'arrivée, au siècle dernier, d'artistes et d'écrivains séduits par leur beauté. Dans leur sillage se pressa une nouvelle population d'artisans et de citadins venant s'y ressourcer à la belle saison.

Au palmarès des plus beaux villages figurent, très subjectivement, d'ouest en est, Les Baux, Bonnieux, Lacoste, Ménerbes, Gordes, Banon, Simiane-la-Rotonde, Bonnieux, Lurs, Mane ou encore Dauphin, mais les plus charmants sont souvent les plus discrets, ceux que l'on découvre dans l'arrière-pays, au détour d'un chemin.

L'art roman provençal

Loin d'anéantir la foi des populations du Midi, la terreur que firent régner les sarrasins pendant plus d'un siècle et la peur de l'an mille provoquèrent une renaissance du christianisme qui se manifesta par la construction de nombreux édifices religieux. L'abbaye paléochrétienne de Saint-Victor à Marseille (p. 59) fonda des petits prieurés dans les campagnes. D'autres grandes abbayes plus récentes multiplièrent aussi les petites fondations.

Du XIe au XIIIe siècle, la Provence connut une brillante école d'architecture romane. Des monastères s'implantèrent dans des sites isolés et sauvages, dont les joyaux sont les abbayes de Sénanque et de Silvacane, deux des "trois sœurs cisterciennes" de Provence (la troisième étant l'abbaye du Thoronet dans le Var). La sobriété et la force de l'art roman, héritées des influences romaine, languedocienne et lombarde, correspondent bien à la rudesse des sols de Provence. Elles mettent en valeur la beauté nue des pierres, soigneusement appareillées, et la qualité acoustique des voûtes, qui donne aux chants la puissance d'un chœur céleste.

★ Les plus belles… abbayes

Abbaye de Sénanque (p. 179), près de Gordes

Abbaye de Silvacane (p. 109), à La Roque-d'Anthéron

Abbaye de Montmajour (p. 128), près d'Arles

Abbaye de Montmajour

WJAREK/ADOBE STOCK ©

Tous les édifices religieux se parent d'un style épuré et d'une grande harmonie de lignes. Parmi les plus belles manifestations de l'art roman provençal figurent l'église de Valréas (p. 246), ainsi que la cathédrale de la Major à Marseille (p. 62), la primatiale Saint-Trophime à Arles (p. 125), un chef-d'œuvre du genre, et l'ancienne cathédrale Notre-Dame de Vaison-la-Romaine (p. 239). Citons aussi la chapelle Saint-Sixte (XIIe siècle), à Eygalières (p. 162), sans oublier le prieuré Notre-Dame de Ganagobie (p. 290), construit au Xe siècle, près de Lurs. Enfin, les abbayes cisterciennes de Sénanque (p. 179), près de Gordes, et de Silvacane (p. 109), près de La Roque-d'Anthéron, sont l'image même de cet art, tout en sobriété et élégance.

L'art gothique méridional

L'art gothique fait soudain entrer la lumière dans les églises, les voûtes s'élèvent vers les cieux et les porches s'ornent de sculptures de plus en plus fines et raffinées. L'installation des papes à Avignon a favorisé l'éclosion de talents venus du royaume de France, mais aussi des Flandres, d'Allemagne et, bien sûr, d'Italie. Le palais des Papes à Avignon (p. 199), la chartreuse du Val-de-Bénédiction à Villeneuve-lès-Avignon (p. 209), l'église de L'Isle-sur-la-Sorgue (p. 210) et la cathédrale Saint-Siffrein de Carpentras (p. 222) comptent parmi les plus beaux exemples de style gothique en Provence.

La Renaissance et l'époque classique

Le château de Lourmarin (p. 188) s'inscrit dans les rares témoignages de l'architecture Renaissance dans la région.

Aux XVIIe et XVIIIe siècles, de superbes hôtels particuliers s'élèvent à Aix-en-Provence, Arles, Avignon, Beaucaire, Tarascon ou Carpentras. Façades, portes et fenêtres s'ornent de frises finement sculptées, de cariatides ou d'atlantes (figures de femmes et d'hommes supportant un entablement). Les balcons se bordent de ferronneries délicatement ouvragées. Des fontaines majestueuses agrémentent les places.

Du modernisme à nos jours

La Cité radieuse (p. 66), construite à Marseille de 1946 à 1952 par Le Corbusier, et la Fondation Vasarely à Aix-en-Provence (p. 104), signée Victor Vasarely, ont ouvert la voie aux architectures modernes. Parmi les édifices plus récents, citons le Pavillon noir (p. 108), inauguré à Aix-en-Provence en 2006. Conçue par Rudy Ricciotti, cette structure de verre et de béton ajouré accueille le Centre chorégraphique national. À Marseille, sur les rivages des anciens docks s'élèvent désormais la tour de la CMA CGM, dessinée par l'architecte Zaha Hadid, le Mucem (p. 53), de Rudy Ricciotti, le FRAC Paca (p. 62) de Kengo Kuma, ou encore le nouveau pôle tertiaire Euromed Center de l'architecte italien Maximiliano Fuksas.

Librairie Le Bleuet à Banon (p. 286)

Littérature

Au temps des troubadours et de la langue d'oc

L'un des plus célèbres apports de la Provence à la littérature française est né au Moyen Âge avec la tradition des troubadours. Cette poésie lyrique, écrite en provençal (et non plus en latin), émerge au XIIe siècle et se répand rapidement dans toute l'"Occitanie". Elle fait de cette région la terre nourricière des troubadours, dont le prince Raimbaud d'Orange, Raimbaud de Vaqueiras et Folquet de Marseille sont les plus célèbres. Pendant deux siècles, leurs chants d'amour courtois, imprégnés de valeurs chevaleresques, nourrissent un répertoire très prisé des grandes cours européennes. Après le XIIIe siècle, si la langue d'oc tombe progressivement dans l'oubli, la poésie amoureuse demeurera le fil conducteur d'une puissante création provençale, à commencer par l'œuvre de Pétrarque.

La Renaissance de Pétrarque

Aux XIVe et XVe siècles, l'installation des papes à Avignon favorise le développement de mouvements artistiques : la Provence s'ouvre à d'autres courants intellectuels venus d'Italie. Les bibliothèques enrichissent nombre d'esprits, à commencer par Francesco Petrarca, dit Pétrarque (1304-1374), qui a représenté pendant près de trois siècles le code lyrique amoureux de la civilisation européenne (voir l'encadré p. 213). L'œuvre maîtresse de Pétrarque est sans conteste le *Canzoniere*. Reprenant les canons de la lyrique courtoise, il compte 366 poèmes et s'articule en deux parties, l'une précédant, l'autre suivant le trépas de Laure, véritable inspiratrice du recueil. Le *Canzoniere* sublime la personne aimée au point de la confondre avec l'amour lui-même, et aborde au passage des thèmes moraux et politiques.

Des éditeurs provençaux

Depuis les années 1970, la Provence voit également se développer la création éditoriale, marquée, dès 1925, par la naissance de la revue *Les Cahiers du Sud*, à Marseille, qui fit connaître une multitude d'œuvres et d'auteurs. Depuis, les éditions Jeanne Laffite, Rivages, Autres Temps, EEMP, Tacussel et Parenthèses ont élargi les champs d'investigation. Arles est associée aux éditions Actes Sud, fondées par Hubert Nyssen (voir la librairie p. 135). Marion Mazauric, elle, a choisi le village de Vauvert pour lancer sa propre maison d'édition, Au Diable Vauvert. Les Éditions de l'Aube, créées par Jean Viard, ont établi résidence à La Tour-d'Aigues, un village du Vaucluse. Cette maison s'est illustrée en publiant l'œuvre de l'écrivain de langue chinoise Gao Xingjian, Prix Nobel de littérature en 2000.

Le retour à la terre Provence

Alphonse Daudet (1840-1897), né à Nîmes, vécut un temps à Maillane, comme Frédéric Mistral. Ses livres donnent une image bucolique de la Provence, exaltant avec un réalisme mêlé de fantaisie les petits riens de la vie quotidienne. Chacun a lu au moins un conte de son recueil *Lettres de mon moulin* (1869), écrit à Fontvieille, si ce n'est *Le Petit Chose* (1868), récit de l'enfance de Daudet, ou la trilogie de Tartarin (*Aventures prodigieuses de Tartarin de Tarascon*, 1872, *Tartarin sur les Alpes*, 1885, et *Port-Tarascon*, 1890) – un personnage qui a quitté la littérature pour entrer dans le langage courant et évoquer un vantard et un fanfaron. C'est aussi à Daudet que l'on doit *L'Arlésienne*, qui a inspiré le compositeur Georges Bizet.

Topaze en 1928, *Marius* l'année suivante et *Fanny* en 1931 : ces pièces de Marcel Pagnol (1895-1974), né à Aubagne, ont eu un succès immédiat. Cette réussite le conduisit à prendre la caméra pour adapter ses propres œuvres, mais aussi d'autres, signées par Giono notamment (*Angèle, Regain, La Femme du boulanger*). Ses souvenirs d'enfance et de jeunesse (*La Gloire de mon père, Le Château de ma mère* et *Le Temps des secrets*), écrits entre 1957 et 1960, révèlent une autre facette de ce conteur tendre et généreux. Ancrée dans son époque, l'œuvre de Pagnol témoigne aussi d'un monde en changement, du dépeuplement des campagnes, et du fossé, de plus en plus profond, entre villages et villes.

L'œuvre poétique d'Henri Bosco (1888-1976), né à Avignon, se teinte d'un puissant réalisme fantastique. De *Malicroix* (1948) à *Un rameau de la nuit* (1950), il retranscrit un univers où terre, surnaturel et croyance se confondent. *Le Mas Théotime* recevra, en 1945, le prix Renaudot.

C'est un chant à la terre et à la nature bien plus profond que pousse Jean Giono (1895-1970). Voici sans doute l'écrivain qui, sa vie durant, a été le plus profondément attaché à la Provence. Un centre lui est dédié à Manosque (p. 266).

Conjuguant la dimension mystique et amoureuse, René Char, né à L'Isle-sur-la-Sorgue, est l'un des poètes les plus importants du XXe siècle (voir l'encadré p. 203).

Cinéma

Des tournages marquants

C'est à La Ciotat que les frères Lumière, Auguste et Louis, tournent en septembre 1895 le premier film de l'histoire du cinéma, *L'Arrivée d'un train en gare de La Ciotat*. Avec Vigo et Renoir, Marcel Pagnol invente, dans les années 1930, le cinéma parlant en France. D'abord scénariste de ses films (*Marius* réalisé par Alexandre Korda, *Fanny* par Yves Allégret), il décide en 1936 de passer derrière la caméra. *César* est son premier film, suivi par *La Femme du boulanger* et *La Fille du puisatier*. Marseille, mais surtout Aubagne et ses

Théâtre d'Avignon

LAMAX/ADOBE STOCK ©

★ **Les meilleurs... lieux de spectacles**

Opéra-Théâtre d'Avignon (p. 210)

Grand théâtre de Provence à Aix-en-Provence (www.lestheatres.net)

Théâtre de la Criée à Marseille (www.theatre-lacriee.com)

collines constituent ses lieux de tournage privilégiés. En 1935, Pagnol invite Renoir à venir y tourner *Tony* en décor naturel. Dans les années 1950, la Nouvelle Vague va préférer, aux décors de la Provence, ceux de la Côte d'Azur.

En 1986, Claude Berri donne une nouvelle version de *Jean de Florette* et de *Manon des sources*. Ces films, qui ont rencontré un grand succès public, ont été tournés à Vaugines, un petit village du Luberon. C'est Cucuron, au pied du Mourre Nègre, dans le Grand Luberon, qui sert de cadre au film de Jean-Paul Rappeneau, *Le Hussard sur le toit* (1995), d'après le roman de Giono. Au début du XXe siècle, la Camargue accueillit les tournages des westerns français.

Le Rendez-vous des quais, de Paul Carpita, évoque un cinéma à connotation sociale : racontant la révolte des dockers de Marseille contre la guerre d'Indochine, le film fut saisi dès sa première projection, en 1955, et censuré jusqu'en 1989, où il suscita un vif intérêt des cinéphiles et eut un certain succès.

Le cinéma de Robert Guédiguian s'inscrit dans le registre d'un cinéma militant plein de tendresse pour sa ville, Marseille. *Marius et Jeannette* connut un grand succès en 1997. *Marie-Jo et ses deux amours* (2001), *La Villa* (2018) ou *Gloria Mundi* (2019) témoignent encore de l'amour du réalisateur pour la cité phocéenne.

Par ailleurs, la région entretient un lien étroit avec le cinéma en demeurant un lieu privilégié de tournages, dont les plus célèbres sont sans doute la saga *Taxi* de Luc Besson (1998, puis *Taxi 2* en 2000, *Taxi 3* en 2003 et *Taxi 4* en 2007).

C'est en revanche par le petit écran, avec le succès fulgurant de la série télévisée *Plus belle la vie* que Marseille est désormais entrée dans tous les foyers de France.

Musique et danse contemporaines

La musique provençale ne se limite pas aux tambourins et à la farandole. C'est aussi la terre d'accueil de mouvements musicaux et chorégraphiques bien contemporains.

Quelques musiciens provençaux

Né à Aix-en-Provence, Darius Milhaud (1892-1974) a été influencé par Debussy et par la musique russe. Profondément méditerranéen, il a puisé aussi son inspiration dans le folklore sud-américain, le jazz et la tradition antique, comme en témoignent ses opéras (*Christophe Colomb*, *Médée*, *David*), ses ballets et ses musiques pour orchestre (*Suites provençales*, *Cantique du Rhône*...).

Olivier Messiaen (1908-1992), né à Avignon, est une autre grande figure de la musique du XXe siècle. Le mysticisme, les chants d'oiseaux et les rythmes de musiques traditionnelles (de l'Inde à l'Indonésie et à l'Amérique latine) ont influencé ce compositeur prolifique.

Le festival d'Avignon

Avignon est aujourd'hui indissociable de son festival de théâtre. Durant 3 semaines au mois de juillet, la ville se met en scène et fête avec brio les arts du spectacle. Nul recoin de la cité des Papes n'échappe à la fièvre théâtrale durant cette période de folie. Cloîtres, chapelles et placettes sont investis par les acteurs, des amateurs aux comédiens les plus en vue, le tout dans une ambiance animée, au milieu d'affiches et de tracts qui recouvrent les murs de la ville.

Créé en septembre 1947 par Jean Vilar (1912-1971), le festival débute de façon confidentielle. Seules trois pièces sont jouées, mais les grands axes de sa politique sont déjà tracés. Malgré l'immensité de cet espace et le vent qui s'y engouffre, la cour du palais des Papes, véritable défi aux éléments, est choisie comme lieu de représentation. Autre symbole : la programmation associe grands classiques et créations contemporaines dès sa première édition. Les années suivantes, le metteur en scène renouvelle l'expérience et monte une troupe qui revient chaque été sur les planches de la cour d'honneur du palais des Papes. Selon la volonté militante de son fondateur, le festival est orienté vers un public populaire, grâce à un réseau d'associations et de comités d'entreprise. Devant son succès, l'État français confie en 1951 à Vilar l'administration du Théâtre national de Chaillot, rebaptisé le Théâtre national populaire (TNP), dont Avignon aura été le laboratoire.

Au cours des années 1960, ce rendez-vous désormais incontournable s'ouvre à de nouveaux metteurs en scène (Roger Planchon, Jorge Lavelli...) et à diverses disciplines : la danse avec Maurice Béjart, la musique, mais aussi le cinéma, avec *La Chinoise* de Jean-Luc Godard, projeté en 1967 dans la cour d'honneur. D'autres sites accueillent également des représentations : le cloître des Carmes à partir de 1967, le cloître des Célestins à partir de 1968, année de crise où la structure du festival est remise en question.

Cette expansion se perpétue dans les années 1970, décennie de toutes les expérimentations. Les spectacles deviennent de plus en plus audacieux (Ariane Mnouchkine, Bob Wilson, Peter Brook...), et Avignon affirme sa vocation de recherche, subtil mélange entre avant-garde et classicisme. Parallèlement, des troupes non invitées officiellement investissent Avignon durant le festival. C'est la naissance du "off", fédéré en 1982 au sein de l'association Avignon-Public-Off. Dans les années 1980, Avignon accueille plus de troupes étrangères et de pièces venues d'ailleurs, affirmant sa vocation internationale. Devenu une grosse machine dotée d'un budget de 10 millions d'euros, subventionnée par l'État, la région et la ville, le festival regroupe une quarantaine de spectacles "in" répartis sur 24 scènes, et plus de 800 "off". Les pièces données dans la cour d'honneur du palais des Papes sont les moments forts du festival. Le public, connaisseur, peut les encenser ou, comme en 2005, les boycotter. Plus détendue, l'atmosphère du "off" incite à la découverte d'auteurs ou de troupes inconnues. Depuis 2006, une association Avignon Festival & Compagnies (AF&C) – Le OFF gère l'organisation et la promotion des spectacles.

Réservation des billets

Festival in : billetterie du cloître Saint-Louis (☎ 04 90 14 14 14 ; www.festival-avignon.com ; 20 rue du Portail-Boquier, Avignon)

Festival off : Avignon Festival & Compagnies (AF&C) – Le OFF (☎ 04 90 85 13 08 ; www.avignonleoff.com ; 5 rue Ninon-Valin). La carte du Off (14 €, disponible à l'office du tourisme) permet d'avoir une réduction de 30% sur les tarifs des spectacles.

La musique populaire, de l'opérette au rap

La Provence a été le terreau de l'opérette et du music-hall, longtemps concentrés à Marseille, à L'Alcazar ou aux Variétés. Le Marseillais Vincent Scotto (1874-1952) a donné à ce genre musical ses plus grands succès (*Violettes impériales*) et à la chanson quelques grands airs (*Sous les ponts de Paris*).

Dans un tout autre registre, le rap marseillais connaît aujourd'hui une large audience. En véritables hérauts du rap phocéen, on trouve évidemment IAM, mais également Fonky Family, 3e Œil, Faf Larage ou Keny Arkana, pour n'en citer que quelques-uns.

Les vétérans du Massilia Sound System mêlent quant à eux influences reggae et rub-a-dub jamaïcain, ajoutés d'éléments provençaux (notamment dans les paroles). Cette démarche identitaire s'est illustrée par le passé à travers leur collaboration avec les éclectiques niçois de Nux Vomica.

Danseurs et chorégraphes

Le ballet classique a été marqué par le talent de Marius Petipa, né à Marseille en 1818. Ce danseur, chorégraphe et maître de ballet, dont toute la carrière s'est déroulée à Saint-Pétersbourg (où il est mort en 1910), a œuvré à la naissance de l'école des Ballets russes de Diaghilev, et ses collaborations avec Tchaïkovski ont donné les chefs-d'œuvre *La Belle au bois dormant, Casse-Noisette et Le Lac des cygnes*.

Le XXe siècle et le début du XXIe siècle sont attachés au nom de deux danseurs chorégraphes. Le premier est celui de Maurice Béjart (1927-2007). Né à Marseille, ayant créé en Belgique la compagnie Le Ballet du XXe siècle, il fut invité, en 1966, à se produire dans la cour d'honneur du palais des Papes d'Avignon. Cette performance fera date dans l'histoire de la danse contemporaine. L'autre est celui de Roland Petit (né en 1924), fondateur (1972) et directeur du Ballet national de Marseille jusqu'en 1998.

Plus récemment, Angelin Preljocaj (né en 1957), considéré comme un chorégraphe contemporain majeur, s'est installé au Pavillon noir (p. 108) d'Aix-en-Provence, où il dirige le Ballet Preljocaj – Centre chorégraphique national d'Aix-en-Provence.

Champs Van Gogh, à Saint-Rémy-de-Provence (p. 152)

Une peinture de lumière

Hormis les XIVe et XVe siècles marqués par l'école d'Avignon, l'âge d'or de la peinture s'épanouit de la fin du XIXe siècle à nos jours. La douceur du climat, qui a attiré de nombreux artistes, la luminosité des couleurs et l'intensité des ombres, qui détourent les formes, les brasillements de la mer, qui décomposent la lumière, la beauté tantôt caillouteuse, tantôt luxuriante des paysages ont contribué à faire de la Provence un creuset artistique majeur.

L'école d'Avignon, la peinture au temps des papes

L'arrivée des papes à Avignon au XIVe siècle a provoqué un afflux d'artistes italiens, favorisant l'éclosion d'une "école d'Avignon". Figure de proue de l'école de Sienne, le peintre Simone Martini (vers 1282-1344) insuffla à la cité des papes l'esprit d'innovation de la pré-Renaissance italienne, caractérisé par le sens de la profondeur et l'expressivité des personnages. Martini est l'auteur des fresques du tympan de la cathédrale Notre-Dame-des-Doms. Un autre artiste de renom, Matteo Giovanetti, fut chargé de la décoration du palais des Papes.

Les peintres français prirent ensuite la relève. Enguerrand Quarton (1412-1466), né à Laon mais établi à Avignon, en est le plus célèbre représentant. Autre trait typique de son art : le découpage net des volumes par la lumière. On peut admirer son retable du

L'Estaque et les peintres

Entre 1860 et 1920, l'Estaque, petit port de pêche progressivement industrialisé, au nord du territoire marseillais, devient l'un des creusets des avant-gardes picturales. Impressionnistes, fauves et cubistes y élisent successivement domicile.

Fuyant la guerre franco-prussienne tout comme son ami Zola, Cézanne s'installe pour la première fois à l'Estaque en 1870. Il travaille sur le motif et s'intéresse autant au paysage maritime qu'à l'émergence des sites industriels. De retour à l'été 1876, fasciné par l'intensité du soleil, il retravaille sur le motif et remet en question les principes classiques du modelé et de la vision perspective hérités de la Renaissance. Il revient ensuite avec Auguste Renoir (1841-1919) qui s'intéresse à la richesse colorée de la végétation jouant sur les roches claires. Puis l'industrialisation croissante du site pousse de plus en plus Cézanne vers d'autres paysages plus sauvages, comme la montagne Sainte-Victoire.

Après avoir travaillé avec Matisse à Collioure, André Derain (1880-1954), désormais résolument fauve, arrive à l'Estaque durant l'été 1906. Il intensifie ses recherches sur une couleur délibérément exaltée, puissante, éclatante. Georges Braque (1882-1963) séjourne sur le site à l'automne 1906. Son fauvisme tout de nuances s'attache à la problématique cézannienne des modulations du relief. C'est après sa rencontre avec Picasso que Braque développe, durant l'été 1908, sa vision cubiste du paysage. Il essaie alors de convaincre, sans vraiment y parvenir, son ami Raoul Dufy (1877-1953) qui, cette année-là, travaille à ses côtés. Désormais mythiques, les paysages de l'Estaque vont attirer d'autres artistes, comme Henri Matisse (1869-1954) ou Albert Marquet (1875-1947).

Couronnement de la Vierge (1453-1454) au musée Pierre-de-Luxembourg, à Villeneuve-lès-Avignon. Parmi les autres artistes provençaux de cette période, on retiendra également Nicolas Froment (1425-1483/1486), Jean Changenet, Josse Lieferinxe et Simon de Châlons, artiste du XVIe siècle dont plusieurs des œuvres sont visibles au musée Calvet à Avignon (p. 194).

Les premiers paysagistes

Ce sont les peintres provençaux qui, les premiers, se sont inspirés de la palette de couleurs et des somptueux décors naturels de la Provence. Citons Joseph Vernet (1714-1789), François Marius Granet (1775-1849), Paul Guigou (1834-1871), Auguste Aiguier (1814-1865) et Marius Engalière (1824-1857). Ces derniers ont créé l'École provençale de paysage, où la nature environnante était l'objet privilégié d'une peinture romantique, teintée de réalisme.

Les impressionnistes et l'explosion de la couleur en Provence

Vincent Van Gogh et Paul Cézanne ont sans aucun doute immortalisé la Provence de manière la plus percutante.

Lors de son séjour à Arles, qui n'a duré que quinze mois (1888-1889), Van Gogh a peint ses plus grands chefs-d'œuvre. La lumière, les champs de blé, les tournesols et les nuits étoilées lui inspirent quelque 185 toiles. Tout semble enflammer sa palette : les Arlésiennes, les cafés qu'il fréquente, le Rhône et ses ponts, mais aussi les Saintes-Maries-de-la-Mer et Saint-Rémy-de-Provence, où il sera interné. Gauguin, qui le rejoint un temps, peindra aussi quelques toiles à Arles, aux Alyscamps notamment.

Paul Cézanne (1839-1908) est également l'artiste de référence en Provence, et son travail le point d'ancrage des recherches picturales qui ponctuent la première moitié du

XXe siècle. Avec sa série de *La Montagne Sainte-Victoire*, l'enfant d'Aix-en-Provence innove. En se débarrassant de toutes les références pour réorganiser ce qu'il voit de l'intérieur, il préfigure le cubisme.

Bien d'autres artistes ont trempé leur pinceau dans les couleurs de la Provence, comme Bonnard, Matisse, Vuillard, Derain. Les recherches du peintre marseillais Adolphe Monticelli (1824-1886) suscitent l'admiration de Cézanne et surtout de Van Gogh. Les peintures de René Seyssaud (1867-1952), d'Auguste Chabaud (1882-1955) et de Verdilhan (1875-1928) réinterprètent, elles aussi, la nature provençale. Tous les trois furent des membres actifs du fauvisme, avant de poursuivre leur propre voie. En 1905 et 1906, le Marseillais Charles Camoin (1879-1965) participe à Paris, avec Manguin (autre peintre provençal), Matisse, Derain et Marquet, au lancement du mouvement fauve, l'une des premières révolutions artistiques du XXe siècle.

L'art contemporain

La fin des années 1930 et la Seconde Guerre mondiale marquent une rupture avec cette époque. Pendant la guerre, la Provence devient une terre de transit ou de refuge pour nombre d'artistes. Certains d'entre eux décident de s'y installer, la guerre terminée. Si, sur les hauteurs de la Côte d'Azur, s'arriment Picasso, Chagall ou Dubuffet, la Provence accueille Nicolas de Staël (1914-1955) à Ménerbes, André Masson (1896-1987), à Aix-en-Provence, et le maître de l'art cinétique, Victor Vasarely (1908-1997), à Aix, où il fait construire sa fondation. Né à Marseille, César (1921-1998) appartient à cette génération d'artistes du Sud marquant la seconde moitié du XXe siècle. Germaine Richier (1904-1959), née dans les Bouches-du-Rhône, est une autre grande artiste méridionale.

Une politique artistique active

Les contacts établis entre ces artistes et certains grands marchands d'art (Aimé Maeght, en particulier) vont être déterminants. Leurs échanges et leurs collaborations donnent à la région une place incontournable, après Paris. La politique d'acquisitions et d'expositions des musées, des galeries et des fondations a, depuis, renforcé cette position. Que ce soit le musée d'Art contemporain de Marseille ou la Collection Lambert à Avignon, toutes les grandes tendances d'aujourd'hui s'exposent. Reste que les paysages provençaux ont disparu des toiles des nouveaux maîtres de l'art contemporain, exception faite des artistes Yves Brayer ou Vincent Roux.

HELENEDEVUN/ADOBE STOCK ©

Traditions provençales

Des films de Pagnol aux défilés de Christian Lacroix, les costumes, les tissus et le folklore provençal ont traversé les âges. Le parler marseillais et les couleurs chatoyantes des robes, portées notamment par les Arlésiennes, illustrent tout un pan de la culture populaire de la région. Sans oublier les traditions liées à la période de Noël, encore bien enracinées aujourd'hui dans le territoire.

Folklore

La farandole

Peu de danses évoquent mieux la Provence que la farandole, qui compte parmi les danses les plus populaires, notamment dans les environs d'Arles. Datant du Moyen Âge, elle clôture traditionnellement les fêtes de village et le bal. Elle se forme dans la plus grande spontanéité apparente, entraînant les participants qui se tiennent par la main ou par un mouchoir à travers les rues du village. Les farandolaires dansent au son des tambourins et des galoubets (petite flûte à bec provençale, au son aigu). Chaque musicien joue de ses deux instruments simultanément, le tambourin accroché sur le côté et le galoubet au bec.

Les ferias

Arles compte trois ferias par an (l'une à Pâques, l'autre en juillet, la dernière en septembre ; voir p. 129). Pendant ces quelques jours de folie, toute la passion pour la tauromachie se dévoile au grand jour. La journée d'une feria est rythmée par les corridas. Entre les combats, les courses de manades (troupeaux camarguais) mettent le taureau à l'honneur : *abrivado* (taureaux encadrés de gardians), *bandido* (retour des taureaux) et *ancierro* (lâcher de taureaux dans les rues). C'est l'occasion de voir les gardians menant leurs bêtes dans la ville : à cheval, fiers dans leur chemise colorée et leur veste de velours noir, le chapeau noir sur la tête, ils portent un trident marqué du sceau de leur manade.

Aujourd'hui, les ferias sont aussi l'occasion de faire la fête. Au départ tenues par les aficionados, les bodegas, des bars improvisés sur des tréteaux, déversent leur flot de musique, de la techno à la musique espagnole. Les boulevards sont transformés en pistes où défilent les *peñas*, des *bandas* (orchestres) , qui, à l'origine, manifestaient leur soutien à tel ou tel torero. De gigantesques paellas et des marchands de *churros* (beignets) témoignent de l'héritage espagnol de la tauromachie.

À Arles, la feria de Pâques attire le plus de monde. En septembre, lors des Prémices du riz (ou feria du Riz), la ville rallume les derniers feux de la saison. Enfin, début juillet, les fêtes d'Arles offrent un condensé de culture camarguaise. Au programme : des corridas, mais aussi des défilés en costume, la course de Satin, où s'affrontent les cavaliers camarguais, et la Cocarde d'or, la course camarguaise la plus célèbre.

D'autres villes de Provence organisent également des jeux taurins ou des corridas : les Saintes-Maries-de-la-Mer, Saint-Rémy-de-Provence, Beaucaire, Tarascon...

Tissus provençaux

Le boutis

L'origine du boutis, ou "broderie en bosses", se situe en Provence. Développé d'abord dans les ateliers de draperies, puis dans les manufactures royales, le boutis est devenu, au XVIIIe siècle, un art populaire. Le mot boutis vient de l'aiguille à bout rond, qui sert à pousser la mèche, et du verbe bouter, signifiant pousser. Les brodeurs commençaient par dessiner des motifs sur la toile, avant de les "broder en bosses". Roi des "étoffes piquées", le boutis est donc une broderie de l'intérieur, qui donne du relief ou de la transparence à deux étoffes superposées.

Les indiennes

C'est au XVIe siècle, sur le port de Marseille, qu'arrivent en provenance des Indes les premiers ballots d'étoffes dites "indiennes". Ces toiles de coton, peintes ou imprimées, s'ornent de motifs de fleurs, de feuillages ou d'oiseaux. Initialement utilisées en décoration, elles se déclinent assez vite en vêtements d'intérieur et accessoires. Le succès est tel qu'il inquiète les manufacturiers lyonnais et les autres corporations textiles, qui obtiennent l'arrêt de la confection et de l'importation de ces tissus. Celles-ci ne reprendront que 75 ans plus tard, en 1759. De nos jours, ces tissus sont essentiellement commercialisés par trois entreprises familiales : Souleïado, Les Olivades et Les Indiennes de Nîmes.

Les costumes

Lors de certaines fêtes ou cérémonies, le port du costume traditionnel fait partie des coutumes provençales. En Camargue, et particulièrement à Arles, l'attachement au vêtement est resté particulièrement puissant et dépasse le simple "pittoresque" des dépliants touristiques. Il est très courant de voir les femmes habillées en Arlésiennes lors des mariages ou des baptêmes. On distingue trois types de costumes d'Arlésiennes :

Les boules : entre tradition et sport

La création du jeu de boules remonterait à la fin du XVIIIe siècle. et connaît depuis un engouement croissant en Provence. Vous verrez à Marseille de nombreux boulodromes où les joueurs de toutes les générations viennent s'affronter.

Le jeu se dispute en équipe. Le but est de lancer (pointer) des boules d'acier le plus près possible du cochonnet ou "bouchon", une petite bille en buis. On peut aussi déloger les boules bien placées de l'adversaire avec nos boules (tirer). On fait "un carreau" lorsque l'on déloge la boule de l'adversaire en la remplaçant par la sienne. L'appréciation des distances entre les boules et le cochonnet est sujet aux plus vives controverses. Mais le verdict du mètre pliant met fin à la plus mauvaise foi !

Sa forme originelle est le jeu provençal ou "longue". Il se dispute sur un terrain de 15 à 21 m et les joueurs peuvent faire quelques pas avant de lancer la boule. La pétanque aurait été inventée plus tard, à La Ciotat, au début du XXe siècle. Contrairement à la longue, elle se joue a *pié tanca* (les pieds plantés), c'est-à-dire immobiles, et se pratique sur un terrain de 11 m maximum.

Pour les boulistes, les deux grands rendez-vous de l'année sont les tournois du mois de juillet. Le Mondial la Marseillaise à pétanque, compétition mixte, ouverte à tous, licenciés ou pas et sans limite d'âge, se joue en triplette au parc Borély et sur une trentaine d'aires de jeu réparties dans Marseille. Plus de 10 000 joueurs s'affrontent chaque année devant près de 150 000 spectateurs.

le costume en cravate, le plus simple, le costume en "ruban", plus habillé et le costume de cérémonie qui mêle une pèlerine de dentelle blanche, une jupe et l'eso (fichu). Le tout est assorti des accessoires de rigueur : éventail, ombrelle, châle, aumônière et la fameuse croix, bijou arlésien par excellence. Côté masculin, c'est l'habit des gardians qui symbolise le mieux la Camargue. La chemise imprimée, le mouchoir noué autour du cou et le chapeau de feutre noir en sont les principaux attributs.

Santons et Noël provençal

Dans certains villages et villes de Provence, on perpétue d'anciennes traditions lors de la fête de la Nativité. La période des fêtes calendales (Noël se dit *calendo* en provençal) commence dès le 4 décembre, date à laquelle on plante des grains de blé ; si le blé a germé le 25 décembre, la récolte sera bonne. Cette période calendale se poursuit jusqu'à la Chandeleur, le 2 février.

Le soir du 24 décembre, le "gros souper" est un repas maigre, qui doit comporter treize desserts (rappelant les treize membres de la Cène), parmi lesquels figurent les fruits secs (ou "mendiants"), les fruits frais, les nougats, les calissons et la pompe à l'huile (gibassier).

La messe de minuit en provençal est parfois précédée par la cérémonie du pastrage : les bergers apportent en procession un agneau qu'ils offrent à Jésus. Le pastrage perpétue la tradition de la crèche vivante, tout comme les pastorales, saynètes racontant l'histoire de Joseph cherchant un abri pour Marie.

Vous pourrez notamment entendre une messe de minuit en provençal aux Baux-de-Provence, aux Saintes-Maries ou à Séguret, un petit village des Dentelles de Montmirail, connu pour son Oustau dei Santoun, qui rassemble une belle collection de santons.

Chaque année en décembre, la foire aux santons se tient à Marseille, en bas de la Canebière (voir p. 62). Les amateurs se donnent aussi rendez-vous dans les foires de Fontvieille et de Gréoux-les-Bains, à Aubagne, ainsi que dans des villages du Luberon (Ansouis, Séguret).

Les olives noires de la vallée des Baux-de-Provence sont classées en AOC

ILLUSTREZ-VOUS/ADOBE STOCK ©

Saveurs provençales

Les gourmets seront à la fête en Provence. Cette cuisine du soleil, colorée et odorante, largement inspirée des produits du terroir, contribue à l'agrément d'un séjour dans la région. Les légumes, le poisson, l'huile d'olive et les aromates y ont la part belle. Les spécialités sont nombreuses, et chaque plat est un festival de saveurs et de couleurs qui laisse rarement les palais insensibles.

Un terroir riche

Les saveurs de la cuisine provençale tiennent essentiellement à la qualité, à la diversité et à la fraîcheur des produits du terroir. Les herbes de Provence, dont la réputation n'est plus à faire, parfument la plupart des mets. L'ail, l'oignon, la tomate et, bien sûr, l'huile d'olive, le produit phare de la région, constituent la base de la cuisine provençale.

La Provence compte peu de fromages de vache. En revanche, les fromages de brebis ou de chèvre sont nombreux. Les plus appréciés et les plus connus sont sans doute le banon, une spécialité du pays de Forcalquier, dans les Alpes-de-Haute-Provence, enveloppé dans une feuille de châtaignier, réputé pour son goût puissant, et la brousse du Rove, un fromage frais au lait de brebis, élaboré près de Marseille (voir p. 81, l'adresse d'un des derniers producteurs de brousse du Rove). On trouve aussi d'autres fromages de chèvre, appelés plus simplement tommes.

Fruits et légumes ont toujours prospéré sur le terroir provençal, notamment dans la vallée du Rhône, par exemple à Cavaillon, où le melon a la vedette. Les légumes se consomment frais ou cuisinés en gratins dans des tians, en farcis ou en soupe, comme dans la soupe au pistou, à base de légumes, d'ail, de basilic haché et d'huile d'olive

La flore provençale fait le bonheur des apiculteurs, qui récoltent diverses variétés de miels, dont le célèbre miel de lavande, produit sur le plateau de Valensole et dans la partie orientale du Vaucluse, et le miel toutes fleurs, lui aussi très parfumé.

La truffe noire (*Tuber melanosporum*), *rabasse* en provençal, pousse au pied des chênes. On la ramasse en hiver, avec un chien dressé à cet effet. La production est localisée dans les Alpes-de-Haute-Provence, dans le Vaucluse et dans la Drôme provençale. Ce produit rare se négocie plusieurs centaines d'euros le kilo sur les marchés.

Les produits de la mer sont bien entendu à l'honneur, à commencer par les poissons, très consommés sur la côte, les coquillages et les fruits de mer (voir page suivante).

En matière de produits carnés, signalons le taureau de Camargue et l'agneau de Sisteron, qui bénéficient du label AOC. La Camargue est également une région productrice de riz. On y cultive plusieurs variétés, dont le riz blanc à grains longs et le riz complet rouge (voir l'encadré p. 339).

L'huile d'olive

Elle est inséparable de la Provence. Présente sur toutes les tables de la région, elle donne toute sa richesse à la cuisine du soleil. La culture de l'olivier est plurimillénaire : les Grecs l'introduisirent voici 26 siècles. Plusieurs variétés d'olives sont exploitées en Provence : l'aglandau, la grossanne, la tanche, la salonenque et la picholine. La récolte a lieu à l'automne et en hiver. Les olives sont ensuite broyées par une meule de granit. La pâte obtenue est malaxée puis pressurée, avant d'être placée sur des plateaux ronds (scourtins), qui sont pressés. Le liquide obtenu est ensuite mis à décanter. Le fief de l'huile d'olive est la région des Alpilles (p. 152), où les oliveraies, qui se déploient à perte de vue, donnent une huile très réputée.

Sauces, herbes et aromates

Les herbes et les aromates – thym (farigoule), romarin, sarriette (pèbre d'ai), origan, fenouil, laurier, serpolet, estragon, sauge, basilic (pistou), marjolaine, ciboulette – sont d'une grande importance dans la cuisine locale. Lorsqu'on indique bouquet garni dans une recette, il s'agit d'un mélange de thym, de persil et de laurier. Le basilic, frais, haché ou en sauce, est également fréquemment utilisé, notamment dans les salades.

Parmi les sauces, l'aïoli est une mayonnaise à base d'huile d'olive, relevée d'ail pilé cru. Il est servi en accompagnement des poissons et des légumes et accompagne un plat que l'on nomme "grand aïoli" ou "aïoli garni", composé de filets de morue dessalée, de supions, d'œufs durs, de radis et de légumes bouillis. Une véritable institution en Provence.

L'anchoïade est une pâte à base d'anchois, d'ail, de vinaigre et d'huile d'olive, que l'on savoure sur des tranches de pain grillé. Autre spécialité, la tapenade, une purée d'olives noires, relevée de thym, de câpres (*tapena* en occitan) et parfois d'anchois, est servie en apéritif, sur de petits toasts. Vous en trouverez sur la plupart des marchés provençaux.

Poissons et fruits de mer

La bouillabaisse est une spécialité marseillaise que l'on retrouve dans toute la région. À l'origine, il s'agissait d'un plat familial, que préparaient les pêcheurs à leur retour de pêche. Ils plongeaient dans l'eau bouillante les invendus de la criée. Cette coutume a été reprise

Pour faire une bonne bouillabaisse...

par des cuisiniers, qui l'ont améliorée et lui ont donné sa forme actuelle. La bouillabaisse se compose d'au moins quatre variétés de poissons de roche (rascasse, saint-pierre, congre, rouget grondin, girelle...), d'oignon, de tomate, d'ail, de fenouil et de laurier, entre autres. Elle se déguste accompagnée de croûtons tartinés de rouille, une sauce à base d'ail, de safran, de piment rouge, de mie de pain écrasée, d'huile d'olive. La bourride est une variante, préparée uniquement à base de poissons blancs.

Reportez-vous à l'encadré p. 68 pour une sélection des meilleures bouillabaisses de Marseille.

On ne quittera pas la côte sans avoir englouti un délicieux plateau de coquillages (tellines...) et de fruits de mer, dont les supions (petits calmars), les favouilles (petits crabes) et les oursins. À Martigues, vous aurez l'occasion de consommer de la poutargue (p. 119), le caviar de Méditerranée. Il s'agit d'œufs de muge (mulet) salés, pressés entre des pierres puis séchés. On peut déguster la poutargue à l'apéritif, coupée en fines lamelles.

Viande

Le bœuf en daube ou estouffade de bœuf, typique de la Provence, est le principal plat local préparé à base de viande. Pour préparer la daube, on laisse longtemps mijoter la viande avec du thym, des oignons, de l'ail, de la coriandre, des clous de girofle, du vinaigre, des carottes coupées, des pieds de porc, du vin rouge et de l'écorce d'orange. L'ensemble mijote pendant plus d'une demi-journée. Elle se déguste avec des pâtes ou des pommes de terre. En Camargue, la gardiane de toro est une variante à base de viande de taureau.

Les amateurs d'abats pourront déguster une autre spécialité provençale venue de Marseille et présente notamment dans l'arrière-pays varois : les pieds et paquets. Il s'agit d'une préparation de pieds de mouton et de tripes farcies d'un hachis de jambon, d'ail et d'herbes et enroulées et ficelées en forme de petits paquets. L'ensemble mijote avec un bouillon, du thym, de l'ail, de l'oignon et des tomates.

Desserts

Côté desserts, plusieurs spécialités sortent du lot, à commencer par les calissons, originaires d'Aix. Ils se composent de fruits confits et d'amandes douces, parfumés à la fleur d'oranger. L'enrobage est en pain azyme. À Noël, il est de coutume de servir les treize desserts, que l'on prend après la messe de minuit. Il faut au moins des nougats, des noisettes, des figues sèches, des amandes, des raisins secs, des dattes, des noix, de la pompe à l'huile (ou gibassier) – une sorte de brioche parfumée à la fleur d'oranger – et des fruits frais. À Marseille, on apprécie les navettes, petits biscuits secs, dont la forme évoque une coque de bateau. Leur goût caractéristique, dû à la fleur d'oranger, est délicieux. Dans la région d'Apt, ce sont les fruits confits qui ont la vedette.

Le riz camarguais

La Camargue est une région productrice de riz. On y cultive plusieurs variétés, dont le riz blanc à longs grains et le riz complet rouge. La riziculture camarguaise possède une histoire étonnante, que relate le musée du Riz (voir p. 137). Si Napoléon III, le premier, fut désireux de faire de la région un "grenier à céréales", il fallut attendre la Seconde Guerre mondiale et les conseils prodigués par des paysans venus du delta du Mékong pour atteindre une production digne de ce nom. Il s'agissait en l'occurrence de la 25e compagnie de travailleurs indochinois, affectée en 1942 à la culture du riz dans le delta du Rhône.

Vins

À l'instar de l'olivier, l'exploitation de la vigne occupa, dès les origines, une place prépondérante en Provence. Les Grecs de Phocée, lorsqu'ils s'installèrent sur les rivages du Lacydon (l'actuelle Marseille) en 600 av. J.-C., apportèrent en effet avec eux l'art de tailler la vigne et de presser le raisin.

La Provence s'enorgueillit de nombreuses AOC (appellation d'origine contrôlée) : Cassis, Coteaux d'Aix, Palette, Côtes de Provence, Coteaux des Baux, Côtes du Luberon, auxquels s'ajoutent les AOC de la vallée du Rhône (Châteauneuf-du-Pape, Gigondas, Vacqueyras). La Provence ne produit pas uniquement des vins rosés : les trois couleurs sont représentées, avec des pourcentages différents selon les AOC et les domaines. L'éventail gustatif conviendra à toutes les attentes.

Partout, vous pourrez vous livrer à une dégustation, au domaine des propriétaires-récoltants. Demandez la liste à l'office du tourisme, et assurez-vous de leurs horaires d'ouverture.

Autres alcools

Impossible de ne pas mentionner le pastis, appelé familièrement "pastaga". D'origine marseillaise, cette boisson anisée a su s'imposer dans tous les troquets du sud de la France. N'hésitez pas à le déguster sous différentes formes. Ainsi, s'il est agrémenté de sirop d'orgeat, on parlera de mauresque. Si on y ajoute du sirop de menthe, il s'agit d'un perroquet et avec de la grenadine, il devient tomate ! Pour les amateurs, la Maison du Pastis (p. 75), à Marseille, permet de s'approvisionner. Dans la Montagnette, près de Tarascon, la liqueur produite par les moines de l'abbaye Saint-Michel-de-Frigolet (p. 168), appelée "Frigolet", incorpore de nombreuses plantes. Ce n'est pas la seule ; on trouve bien d'autres liqueurs à base de plantes aromatiques dans la région, des vins doux parfaits pour l'apéritif (vin d'orange, de noix, de myrte ou muscat), ainsi que divers marcs, dont le Garlaban, fabriqué depuis 1928 à Aubagne.

Randonneuse dans le circuit des Calanques (p. 78)

AQUAPHOTO/FOTOLIA ©

Sports et activités

Sportif en mal de sensations fortes ou simple promeneur sensible à la beauté des paysages, la Provence est votre paradis ! Des centaines de sentiers qui sillonnent la région, à parcourir à pied, à cheval ou à vélo, aux parois rocheuses idéales pour l'escalade et la via ferrata, sans oublier les eaux bleues de la Méditerranée, vos vacances pourront être des plus actives !

Randonnée

La Provence offre quantité d'activités terrestres. Les montagnes, les vallées parsemées de villages perchés ou la campagne rayonnante permettent de s'adonner, chacun à son rythme, à la randonnée. Munissez-vous d'un sac, de chaussures de marche et d'un chapeau, et partez à l'aventure.

À pied

Impossible d'énumérer tous les chemins qui parcourent la région. Les Baux et la chaîne des Alpilles, la crête du Grand Luberon, les gorges du Verdon et le secteur de Digne et de Sisteron comptent parmi les itinéraires les plus spectaculaires. Les calanques, entre Marseille et Cassis (p. 78) sont évidemment le paradis des randonneurs. Que l'on opte

À l'assaut du mont Ventoux (p. 230)

EMMANUEL DAUTANT ©

★ Les plus belles... randos VTT

Dentelles de Montmirail (p. 243)

Camargue (p. 140)

Gorges du Verdon (p. 258)

Massif de la Sainte-Victoire, Aix-en-Provence (p. 111)

pour la grande traversée, de Marseille à Cassis ou pour certains tronçons, le spectacle est au rendez-vous, prolongé par la route des Crêtes (p. 92). Sur la Côte Bleue (p. 82), le sentier des douaniers offre également une vue imprenable.

En Camargue, des randonnées pédestres sont également possibles, notamment autour du marais du Vigueirat (p. 138), où des guides naturalistes vous font découvrir les secrets de la faune et de la flore camarguaises.

Deux itinéraires de Grande Randonnée® traversent la haute Provence pour rejoindre la Côte d'Azur :

- Le **GR®4** relie l'Atlantique à la Provence. C'est la vedette des GR® que l'on trouve dans le Verdon. Il traverse le massif dans son intégralité et passe notamment par Gréoux-les-Bains, Moustiers-Sainte-Marie, Castellane, Entrevaux avant d'arriver à Grasse.

- Le **GR®49** part des gorges du Verdon et rejoint la côte jusqu'à Saint-Raphaël.

Pour des randonnées accompagnées dans le pays de Forcalquier, contactez l'**Association des accompagnateurs en montagne** (☎04 92 76 66 32 ; sabrinagdp@free.fr) ou la **Compagnie des Grands Espaces** (☎06 68 69 04 50 ; jbletemple@club-internet.fr ; www.compagniedesgrandsespaces.com), qui organise également des sorties dans le Luberon. Les offices du tourisme de **Digne-les-Bains** (p. 303), du **pays de Forcalquier et montagne de Lure** (p. 287) pourront aussi vous renseigner sur les guides accompagnateurs.

À vélo

Le cyclotourisme et le VTT font de plus en plus d'adeptes. Si le littoral est assez riche en pistes cyclables, l'arrière-pays n'est pas en reste. Sentiers forestiers, petites routes de montagne, chemins sinueux, il y en a pour tous les goûts. Vous trouverez votre bonheur dans le Luberon, les Dentelles de Montmirail, le massif de la Sainte-Victoire ou les gorges du Verdon (p. 258). "Le Luberon à vélo" (p. 28 et p. 284), créé par le parc naturel régional du Luberon, est un itinéraire de 235 km formant une boucle qui passe par Cavaillon, Apt, Forcalquier, Manosque et Lourmarin et permet de découvrir l'ensemble du massif.

Les moins expérimentés apprécieront les étendues plates et sauvages de la Camargue, mais aussi le plateau d'Albion, l'Enclave des papes, la région de Grignan, le pays de Forcalquier ou les Alpilles. Enfin, les sportifs aguerris s'attaqueront au mont Ventoux, étape mythique du Tour de France culminant à 1 912 m ou aux pentes raides de haute Provence (vallées de la Durance ou du Jabron).

Les plus sportifs adoreront eux se confronter aux dénivelés des gorges du Verdon qui offrent des points de vue exceptionnels, à condition d'avoir le souffle et de bons mollets ! Des balades plus familiales sont aussi possibles le long du mythique cours d'eau en s'adressant à l'**office du tourisme de Gréoux-les-Bains** (☎04 92 78 01 08 ; www.greoux-les-bains.com ; 7 pl. de l'Hôtel-de-Ville) ou à Karim Touré, moniteur diplômé, au ☎06 88 55 07 87.

Pour préparer au mieux vos balades, vous pouvez télécharger ces itinéraires :

Promenade à cheval en Camargue

- **Provence à vélo** (www.provence-a-velo.fr). Une carte de la Provence à vélo, ainsi que de nombreux circuits détaillés.
- **Visit Provence** (www.myprovence.fr). Plusieurs circuits dans les Bouches-du-Rhône.
- **Voies vertes** (www.voiesvertes.com). Entre autres itinéraires en France, le tracé du Luberon à vélo.
- **Vélo Loisir Provence/Le Luberon à vélo** (leluberonavelo.com). Des parcours avec cartes autour du Luberon.

À cheval et avec des ânes

Cavalier émérite ou débutant, laissez-vous tenter par une balade à cheval. Les nombreux massifs forestiers s'y prêtent bien sauf l'été, période durant laquelle l'accès est réglementé et la chaleur pénible. De nombreuses structures proposent des sorties d'une heure à plusieurs jours, avec bivouac. Les enfants pourront chevaucher des poneys ou se promener avec des ânes, et parfois profiter d'un guide qui vous fera découvrir les merveilles des alentours. Des prestataires sont signalés tout au long de ce guide. Pour les randonnées avec un âne de bât, voir p. 282, à Forcalquier et p. 284 à Lurs.

Le pays de Forcalquier, la montagne de Lure, le Luberon ou encore les Alpilles sont les coins les plus agréables, mais la côte offre aussi de multiples possibilités. Quant à la Camargue, les balades à cheval représentent le moyen le plus typique de découvrir les rizières, les bords de mer et les marais camarguais. Sur place, les prestataires proposent des formules d'une heure à une journée (voir p. 140). Un minimum de quelques heures est nécessaire pour explorer de façon satisfaisante le delta du Rhône.

La Grande Bleue

Comment résister à ces eaux translucides, à ces criques paradisiaques, à ces plages de sable, à ces fonds magnifiques et à ces vagues ? Ne vous privez de rien, le long de la côte

Baignade dans les calanques, Cassis

FRANK MONNOT/ADOBE STOCK ©

★ **Les meilleures... baignades en pleine nature**

Les îles du Frioul (p. 58)
La Côte Bleue (p. 82)
Les Calanques (p. 78)
Les criques des Goudes (p. 79)

méditerranéenne, tout est possible en matière d'activités nautiques ! Et, contrairement à une idée reçue qui veut que la Méditerranée ait des airs de lac inoffensif, les amateurs de surf et autres sports de glisse ne seront pas déçus.

Plages

Le long du littoral, se suivent sans se ressembler grandes plages de sable fin surveillées et équipées, rochers moins accessibles et petites criques secrètes et ombragées. Selon les goûts, on partagera son carré de sable avec de bruyants voisins ou on préférera marcher quelques minutes sur les sentiers pour gagner en tranquillité. À l'abri des regards, certains pourront même se baigner en tenue d'Adam, ou d'Ève... Une chose réunira tout ce petit monde : une eau magnifiquement transparente et rafraîchissante en été, où il fait bon plonger et barboter ! L'automne est également une période très agréable pour piquer une tête : la région s'est vidée de ses foules de touristes et la température de l'eau ne s'est pas encore refroidie.

Plongée sous-marine

Sous les flots, les spots de plongée au large de Marseille, Cassis, La Ciotat et de la Côte Bleue sont tout simplement exceptionnels, bénéficiant du cadre naturel des calanques et des îles au large de la rade. On peut y nager parmi plusieurs épaves réputées, et les prestataires locaux offrent des services de qualité.

Tous les centres proposent, bien sûr, des explorations sous-marines, souvent à thème (grotte, biologie marine, gros poissons), mais aussi des baptêmes, des formations et le passage des brevets. La plongée de nuit est parfois au programme, de même que, de plus en plus, la rando aquatique (snorkeling ; voir p. 344) et la plongée enfant, avec équipements et encadrement adaptés.

Côté tarifs, il est difficile d'établir un barème, tant ils varient d'un centre à l'autre et en fonction de la prestation. Une plongée "explo" ou "de nuit", avec mise à disposition du matériel complet, peut varier de 50 à 65 €. Sinon, soyez très attentif à la qualité du matériel, qui doit être récent, bien entretenu et... à votre taille (essai préalable indispensable). Pour un baptême, comptez autour de 65 €. Là aussi, informez-vous auprès des centres desservant le secteur où vous souhaitez plonger. Reste enfin l'ambiance : une plongée commence avant et se poursuit après la mise à l'eau : bien-être, relation de confiance avec le moniteur, services rendus à terre, briefing complet et efficace au départ, douche, relaxation devant un verre au retour : autant de paramètres à considérer au moment de faire votre choix.

Pour les baptêmes, aucun certificat médical de non-contre-indication à la pratique de la plongée n'est demandé. Pour l'exploration, en revanche, vous devez présenter ce certificat à jour, plus vos certificats de niveau et, enfin, votre carnet de plongée. Attention : la quasi-totalité des centres sont extrêmement stricts sur le respect de ces formalités.

Quelques adresses utiles

Pour de plus amples renseignements sur la discipline qui vous attire, vous pouvez vous adresser aux fédérations :

- **Fédération française de randonnée pédestre** (01 44 89 93 93 ; www.ffrandonnee.fr)
- **Fédération française de cyclotourisme** (01 56 20 88 88 ; www.ffct.org)
- **Fédération française d'études et de sports sous-marins** (04 91 33 99 31 ; www.ffessm.fr)
- **Fédération française d'équitation** (02 54 94 46 80 ; www.ffe.com)
- **Fédération française de voile** (01 40 60 37 00 ; www.ffvoile.fr)
- **Fédération française de ski nautique et wakeboard** (01 53 20 19 19 ; www.ffsnw.fr)
- **Fédération française de canoë-kayak** (01 45 11 08 50 ; www.ffck.org)
- **Fédération française de la montagne et de l'escalade** (01 40 18 75 50 ; www.ffme.fr)
- **Fédération française de vol libre** (04 97 03 82 82 ; federation.ffvl.fr)
- **Fédération française de ski** (04 50 51 40 34 ; www.ffs.fr)

Randonnée aquatique

Très répandues sur la côte, les randonnées aquatiques se pratiquent librement ou en sortie organisée, le plus souvent en saison, par les offices du tourisme. Il suffit d'un masque, de palmes et d'un tuba pour découvrir les merveilles qu'abrite le littoral. Des panneaux pédagogiques, installés sous l'eau, informent sur la faune et la flore marines, tout en sensibilisant le plongeur à la protection de son environnement. Ces randonnées peuvent être suivies par les enfants à condition bien sûr de savoir nager.

À Marseille, le club de plongée Dune Snorkeling (p. 67) propose des balades palmées à la découverte des calanques.

Surf, windsurf et kitesurf

On le sait peu, mais la Méditerranée n'est pas toujours plate et certains endroits de la côte se prêtent particulièrement bien au surf et à ses dérivés. Ces sports se pratiquent partout où le vent souffle, notamment quand le mistral se lève l'été.

Carro et Sausset-les-Pins sur la Côte Bleue (p. 86) sont des spots de surf bien connus des amateurs.

Côté windsurf, Marseille (p. 52), Cassis (p. 88), La Ciotat (p. 92), Carry-le-Rouet (p. 85) ou Carro (p. 87) et les Saintes-Maries-de-la-Mer (p. 136) sont des rendez-vous incontournables des Bouches-du-Rhône. Carro, en particulier, est un spot de windsurf réputé, grâce à sa grosse prise au vent. Autre option : mettre le cap sur les eaux douces du lac de Sainte-Croix (p. 264).

Le kitesurf a le vent en poupe sur la côte. Sur la Côte Bleue, la plage de Carro (p. 87) est un spot réputé. En Camargue, la plage sauvage de Beauduc (p. 138) est également très renommée.

Voile

Les adeptes de voile privilégieront les secteurs de Marseille, Cassis, La Ciotat, Carry-le-Rouet, Carro et des Saintes-Maries-de-la-Mer, qui disposent de bases nautiques.

Kayak

En monoplace ou en biplace, seul ou en sortie accompagnée, le kayak est un moyen très agréable de découvrir à son rythme les atouts du littoral. En plus, c'est un moyen de déplacement fort écolo et silencieux ! Les enfants, même jeunes, pourront souvent vous accompagner, à condition que votre embarcation soit adaptée. N'hésitez pas à employer ce moyen de transport pour vous éloigner en été des plages bondées et vous retrouver seul au monde dans une crique sauvage aux eaux translucides ! Vous pourrez ainsi atteindre selon votre dose de courage la calanque de Sugiton au départ de Marseille ou celle d'En-Vau, depuis Cassis. Mais ne sous-estimez pas cette activité : malgré son aspect tranquille, elle nécessite une bonne condition physique.

Voir *Sports d'eau vive*, ci-dessous, pour le kayak en eau douce.

Le grand frisson

Glisser sur l'eau, s'élancer dans le vide, s'envoler ! Tout est possible en Provence, il suffit de choisir son secteur et son sport. Pour une poussée d'adrénaline, cap sur le Verdon, les calanques de Marseille et les vallées de la haute Provence, où varappe, parapente, kayak sont rassemblés dans une même zone. D'autres spots plus spécifiques et isolés existent, dans le Vaucluse notamment. De nombreux prestataires offrent de bonnes conditions de sécurité pour démarrer ces sports en toute confiance.

Escalade et via ferrata

La région compte de nombreux sites réputés : les calanques de Marseille (p. 81), le rocher de la Baume, à Sisteron (p. 295), les Dentelles de Montmirail (p. 243), le fort de Buoux dans le Vaucluse (p. 176) ou encore le massif de la Sainte-Victoire (p. 111) dans le pays aixois. Mais ce sont les gorges du Verdon (p. 256), avec 1 500 voies aménagées, principalement dans le secteur de La Palud-sur-Verdon, qui réunissent les meilleures conditions pour la discipline : qualité de la roche, verticalité et ensoleillement. Les nombreux prestataires se regroupent à La Palud-sur-Verdon (p. 261).

Côté via ferrata, des voies d'escalade câblées parcourues d'échelons, de rampes et de ponts de singe, dirigez-vous vers Sisteron (la Grande Fistoire ; p. 295), Digne (Rocher de Neuf Heures ; p. 301) ou Cavaillon (p. 216).

Sports d'eau vive

Les gorges du Verdon constituent la région phare du canyoning, du rafting, du canoë et du kayak. Les prestataires ne manquent pas (voir p. 255 et p. 260). Le cadre y est particulièrement grandiose et fait figure de référence dans la France entière.

Le canoë-kayak se pratique aussi tranquillement sur la Sorgue (p. 211), dans le Vaucluse, ou sur le lac de Sainte-Croix (p. 267).

Parapente et vol à voile

Les Alpes de Haute Provence regroupent la majorité des spots, vers Moustiers-Sainte-Marie (p. 265), dans les gorges du Verdon, mais aussi vers Digne (p. 296) et Sisteron (p. 293) – notamment dans la vallée de la Durance, à Saint-Auban (p. 290). Les Alpilles (vers Apt pour le parapente, p. 172, et Saint-Rémy pour le vol à voile, p. 154) et les calanques offrent un autre décor grandiose à vos envols, de même que le sommet du mont Ventoux (p. 231).

Ski

Dans le Vaucluse, le mont Ventoux (p. 231) offre quelques pentes de ski à dévaler, plus destinées aux débutants et à un public familial.

Saut à l'élastique

Les mordus de sensations fortes pourront se frotter au plus haut site de saut à l'élastique d'Europe : le pont de l'Artuby, dans les gorges du Verdon (p. 261).

Vol de flamants roses en Camargue (p. 136)

KUSHNIROV AVRAHAM/ADOBE STOCK ©

Environnement

Une terre de contrastes. L'expression n'est pas ici galvaudée pour évoquer la diversité des paysages, la richesse de la faune et de la flore. L'ensoleillement exceptionnel et le climat ont leur revers : les foules de vacanciers qui débarquent dans la région et les infrastructures construites pour les accueillir sont souvent une menace pour cet environnement qu'il faut absolument protéger.

Géographie et géologie

La partie orientale de la Provence se caractérise par une succession de chaînes montagneuses, en majorité calcaires, qui descendent jusqu'à la mer : le mont Ventoux, les Dentelles de Montmirail, les Préalpes de Digne, la montagne de Lure, les monts de Vaucluse, le Luberon, la Sainte-Victoire, la Sainte-Baume, la chaîne de l'Étoile et le massif des Calanques. Altitude maximale : 1 909 m, au mont Ventoux, dans le Vaucluse (on trouve également des altitudes du même ordre dans les Préalpes de Digne, notamment le mont Chiran, à 1 905 m, entre Digne et Castellane). Ces massifs sont entrecoupés de plateaux et de vallées profondes : gorges de la Nesque, gorges du Verdon, vallée de la Durance, vallée d'Asse, vallée de la Bléone, plateau du Vaucluse, plateau de Valensole, plateau d'Albion, etc.

On compte plusieurs lacs, d'origine artificielle, dans le secteur des gorges du Verdon (lac d'Esparron, lac de Sainte-Croix).

La partie occidentale de la Provence est en revanche dominée par des plaines, de part et d'autre du Rhône. Ces terres fertiles, d'origine alluviale, sont consacrées aux cultures maraîchères. Vers le sud-ouest s'ouvrent la plaine de la Crau (l'ancien delta du Rhône), en partie désertique, et la Camargue, délimitée par les deux bras du Rhône, en partie marécageuse. Deux petits massifs interrompent la monotonie de la vallée du Rhône : la Montagnette, au sud d'Avignon, et la chaîne des Alpilles, entre Avignon et la plaine de la Crau.

La côte est très échancrée entre La Ciotat et Martigues ; elle fait alterner falaises et calanques (sortes de fjords), très spectaculaires. Le cap Canaille, entre Cassis et La Ciotat, est la plus haute falaise de France (409 m). Vers l'ouest, le relief s'aplanit, avec la plaine de la Crau et le delta camarguais. Cette extraordinaire diversité du relief fait partie intégrante des attraits de la Provence. Quelques petites îles, au large de Marseille (archipels du Frioul et de Riou) et de La Ciotat, achèvent de parfaire le tableau.

Climat

Le climat ici est des plus enviables ! L'été est sec, voire caniculaire, et l'hiver est plutôt doux sur la côte mais souvent froid, voire glacial, à l'intérieur des terres. Les statistiques sont formelles : l'ensoleillement bat des records, puisqu'on compte de 2 600 à 2 900 heures de soleil par an. Les précipitations sont faibles, surtout le long du littoral. Il existe cependant des nuances régionales, dues au relief. Le nord-est de la région accuse un caractère plus continental, soumis à l'influence alpine.

On peut visiter la région en toute saison, mais c'est incontestablement le printemps et l'automne qui réservent les moments les plus agréables. Même au cœur de l'hiver, il fait couramment 10°C dans la journée. L'hiver est court, et les températures sont printanières dès le mois de mars. En été, attention aux orages, qui peuvent être très violents et provoquer des dégâts importants. Quant à la température de l'eau, elle atteint 22 à 23°C en août-septembre et 12 à 13°C en hiver. Les coups de mistral peuvent la faire chuter de plusieurs degrés en quelques heures.

L'autre trait majeur du climat local est le vent, le fameux mistral, qui balaie la vallée du Rhône environ 100 jours dans l'année (surtout entre décembre et avril). Sec et froid, ses rafales atteignent régulièrement les 100 km/h. Les Provençaux tantôt le maudissent, tantôt exaltent ses vertus. En effet, le mistral purifie très rapidement le ciel de tout nuage et garantit une luminosité et des couleurs extraordinaires. Son principal inconvénient est qu'il s'insinue partout et accentue la sensation de froid. À savoir : il existe différents types de mistral en fonction des saisons (blanc, noir, rhodanien...). Un épisode de mistral dure rarement plus de 7 jours. Ils sont généralement plus courts en été.

Faune

Les principaux représentants de la faune provençale sont les insectes, dont la cigale, emblème de la Provence, les moutons, les chèvres, les lézards et les couleuvres, ainsi que les cerfs et les chevreuils.

Il faut insister sur la Camargue, paradis faunique, et plus spécifiquement ornithologique. Les étangs camarguais forment une zone d'hivernage privilégiée et accueillent des dizaines d'espèces d'oiseaux, dont des milliers de flamants roses, qui viennent s'y reproduire. On observera également de multiples espèces de canards, des hérons, des sternes, des aigrettes, des passereaux, des busards, entre autres. Cet univers mi-terre, mi-eau abrite également des espèces amphibies, telles que les anguilles. Ajoutons les renards,

Lavande et lavandin

De cette plante aux effluves si forts et à la couleur parcourant toute la gamme des bleus, on fait des bouquets, et de son essence, des parfums. En Provence, le plateau de Valensole, les environs de Digne et le pays de Forcalquier, le plateau d'Albion et le Luberon sont les grandes régions de production de la lavande. De manière générale, la récolte se fait de juillet à fin août, selon la région. On distingue trois types de lavande. La lavande fine ou lavande vraie, dont l'arôme est utilisé par les laboratoires de cosmétiques et les parfumeurs. L'aspic se différencie de la lavande fine par ses larges feuilles et sa haute tige aux épillets multiples, espacés les uns des autres. Enfin, le lavandin est un hybride, obtenu par la pollinisation de la lavande fine et de l'aspic. Il est surtout utilisé pour la confection de bouquets. Si vous souhaitez fêter la lavande au moment de sa récolte, rendez-vous à Valensole en juillet et à Digne en août.

les ragondins, les sangliers, sans parler des deux espèces emblématiques de la Camargue, le cheval et le taureau.

Dans le Verdon, on a réintroduit des couples de vautours fauves. Ils peuvent être observés du côté de Rougon (voir p. 259).

Quant à la faune marine, elle est abondante, grâce à des écosystèmes variés et à la bonne qualité des eaux. Les plongeurs pourront ainsi observer des loups, des sars, des dorades, des chapons, des mostelles, des liches, des dentis, des oblades, des congres, des girelles, des gobies, des corbs, ainsi que des mérous. La faune fixée est également riche : éponges, gorgones, anémones et ascidies colorent les fonds marins.

Flore

Le grand seigneur est l'olivier, importé par les Grecs voici 25 siècles, qui prospère sous les climats chauds et secs. Plusieurs espèces sont cultivées, essentiellement pour la production d'huile d'olive : l'aglandau, la picholine et la salonenque. Dans le nord de la région s'épanouissent des forêts de chênes blancs et de chênes verts. Poussent également des hêtres, des amandiers, des pins et des cyprès. Également caractéristiques de la Provence, platanes et micocouliers ombragent cours et places de nombreux villages.

La Provence occidentale se caractérise par ses étendues de garrigue, des buissons ou des broussailles, associant généralement cistes, thym, myrte, romarin, lavande et chênes, ou des taillis mêlant chênes et pins.

La Camargue présente un autre visage. C'est un monde amphibie, associant eau douce et eau salée, où se déploient des roselières, des sansouires (zones imprégnées de sel marin, où poussent les plantes comme la salicorne et la saladelle) et sur les dunes, des oyats.

Parmi les cultures, on rencontre également celle de la vigne, de la lavande (voir l'encadré ci-contre), du riz en Camargue et les multiples cultures maraîchères et fruitières de la vallée du Rhône.

Parcs et réserves

La région subit depuis longtemps les assauts des promoteurs immobiliers et des industriels qui se soucient peu de l'impact de leurs réalisations sur l'environnement. La protection de certains espaces a été mise en place et a permis de préserver une partie du patrimoine naturel et culturel de la région. En 1990, l'Unesco a par exemple classé le mont Ventoux réserve mondiale de biosphère. La réserve de biosphère de Camargue (1977) a, quant à elle, été élargie au Gard en 2006.

On compte plusieurs aires ayant le statut de parc naturel régional : le **parc naturel régional de Camargue** (85 000 ha ; www.parc-camargue.fr), le **parc naturel régional du**

Vautours à Rougon

★ Les meilleurs... lieux d'observation des oiseaux

Parc ornithologique de Pont de Gau, en Camargue (p. 136)

Rougon, pour ses vautours réintroduits (p. 259)

Lac de l'Escale, à Saint-Arnoux (p. 289)

Luberon (164 200 ha ; www.parcduluberon.fr ; p. 174), le **parc naturel régional du Verdon** (146 000 ha ; www.parcduverdon.fr) et le **parc naturel régional des Alpilles** (50 ha ; www.parc-alpilles.fr ; p. 154). Ce statut, qui favorise le développement durable et qui protège le patrimoine culturel et naturel, ne met malheureusement pas ces étendues à l'abri de toute dégradation mais vise à la ralentir et à la contrôler.

On dénombre également deux réserves maritimes : le **parc régional marin de la Côte Bleue** (www.parcmarincotebleue.fr) et le **parc régional marin de La Ciotat**. L'étang de Vaccarès (voir l'encadré p. 139), en Camargue, a, quant à lui, le statut de réserve nationale.

Quant à la **réserve géologique de haute Provence** (www.geoparchauteprovence.com), elle s'étend sur 2 300 km² et englobe 59 communes (dont 52 dans les Alpes-de-Haute-Provence et 7 dans le Var). Elle a pour vocation de protéger et de mettre en valeur l'extraordinaire patrimoine géologique du secteur, riche de fossiles et de roches vieux de 300 millions d'années.

Le **parc national des Calanques** (www.calanques-parcnational.fr) a vu le jour au printemps 2012 : sur environ 11 200 ha de terres et 48 000 ha marins, il inclut les calanques de Marseille, Cassis, ainsi que la zone littorale entre Cassis et La Ciotat.

Le **Conservatoire du littoral** (www. conservatoire-du-littoral.fr) possède une vingtaine de sites dans les Bouches-du-Rhône, notamment en Camargue. Cet organisme public a pour mission d'assurer la protection définitive des espaces naturels remarquables situés en bord de mer, grâce à une politique d'acquisition et de réhabilitation.

Problèmes environnementaux

La Provence est sous la menace de l'activité humaine, notamment près des côtes et le long de la vallée du Rhône. L'urbanisation et l'industrialisation font peser une grave menace sur l'environnement. Il n'est que de regarder l'étang de Berre, rongé par les infrastructures industrielles et chimiques. La plaine de la Crau, toute proche, ainsi que la Camargue subissent elles aussi une pression croissante.

Autre menace, celle des incendies de forêt. Chaque année, en période estivale, des milliers d'hectares de forêt ou de garrigue partent en fumée. Le plus souvent, il s'agit d'incendies criminels. Le département des Bouches-du-Rhône est le plus touché, notamment dans le secteur de Marseille et des calanques, très réglementé en été (voir l'encadré p. 353 pour le détail des réglementations). L'engouement touristique a également son revers. La Camargue et le Verdon reçoivent chaque année plus d'un million de visiteurs, dont le passage a des incidences notables sur l'environnement. La surcharge, notamment l'été sur le littoral, entraîne également la pollution des eaux, des plages et de l'air, tandis que les constructions anarchiques, les emprises routières et la saturation automobile dénaturent fortement les paysages.

MURIEL B/ADOBE STOCK ©

Carnet pratique

Infos utiles

Argent

Aucun problème pour retirer de l'argent dans les distributeurs automatiques (DAB) des grandes villes. En revanche, tous les petits villages de l'arrière-pays ne sont pas équipés d'un distributeur automatique. Sachez également que certains établissements, même situés dans des endroits très touristiques, n'acceptent pas toujours la carte bancaire. Il est préférable de prévoir suffisamment d'espèces.

Assurance

Il est conseillé de souscrire à une police d'assurance qui vous couvrira en cas d'annulation de votre voyage, de vol, de perte de vos affaires, de maladie ou encore d'accident. Lisez avec la plus grande attention les clauses en petits caractères : c'est là que se cachent les restrictions. Vérifiez notamment que les "sports à risques", comme la plongée, la moto ou même la randonnée, ne sont pas exclus de votre contrat, ou encore que le rapatriement médical d'urgence, en ambulance ou en avion, est couvert.

Attention ! Avant de souscrire une police d'assurance, vérifiez que vous ne bénéficiez pas déjà d'une assistance par votre carte bancaire, votre mutuelle ou votre assurance automobile. C'est bien souvent le cas.

Bénévolat

Curieusement, les grandes associations de chantiers bénévoles délaissent un peu la région. Pour ceux qui veulent s'initier aux techniques de construction et découvrir la région autrement, mieux vaut donc s'adresser à des associations locales comme **Alpes de Lumière** (☎04 92 75 22 01 ; www.chantiers-benevoles-al.com), basée à Forcalquier, qui organise quelques chantiers bénévoles pour adultes dans la région. Même chose pour l'**Association pour la participation et l'action régionale** (☎04 90 85 51 15 ; www.apare-gec.org), basée à L'Isle-sur-la-Sorgue et spécialisée dans la restauration du patrimoine en pierre sèche. Elle coordonne quelques chantiers pour adultes et adolescents dans le Vaucluse, les Bouches-du-Rhône et les Alpes-de-Haute-Provence.

Cartes et plans

La carte routière Michelin n°527, *Provence-Alpes-Côte d'Azur*, à l'échelle 1/200 000 (1 cm = 2 km), donne une excellente vue d'ensemble de la région et fait ressortir les routes les plus intéressantes pour le visiteur. Les cartes Michelin *Drôme-Vaucluse* n°332 à l'échelle 1/150 000 et *Bouches-du-Rhône, Var* n°340 à l'échelle 1/150 000 vous seront aussi d'une aide précieuse.

Les cartes de l'**IGN** (www.ign.fr) sont aussi très utiles, comme la *Provence/Alpes/Côte d'Azur* (REG18 au 1/250 000).

Celles de la série Top 100 (au 1/100 000) comportent des indications touristiques

Soyez prévoyant

- Nombre de restaurants et de maisons d'hôtes n'acceptent pas les cartes bancaires. Munissez-vous d'espèces et d'un chéquier.
- Lors de vos escapades en montagne, planifiez vos points de ravitaillement en essence pour ne pas tomber en panne sèche au milieu de nulle part, avec, en prime, aucun accès au réseau téléphonique.
- En été, certains commerces font une longue pause à l'heure de la sieste. Vous trouverez donc parfois porte close entre 13h et 16h.
- Le réseau de téléphonie mobile n'est pas toujours très performant dans l'arrière-pays.
- L'avant-saison (avril-juin) et l'arrière-saison (septembre-octobre) sont des périodes idéales pour profiter de la région.
- Une grande partie des établissements touristiques démarrent la saison à Pâques et ferment fin octobre.

et relatives aux activités de pleine nature ; il s'agit des cartes *Cavaillon-Digne* (TOP100060), *Marseille-Carpentras* (TOP100067) et *Toulon-Aix-en-Provence* n°172. Pour les calanques, procurez-vous *Les Calanques de Marseille à Cassis* (IGN n°82011) au 1/15 000.

Pour les randonnées, vous pourrez choisir parmi les nombreuses cartes de la série bleue Top 25 de l'IGN (toutes au 1/25 000).

À de rares exceptions près, tous les offices du tourisme proposent gratuitement des plans et des cartes plus ou moins détaillés des villes et des localités qui les bordent.

Météo

Le portail **Météo France** (☎3250 ; www.meteofrance.com) est accessible depuis n'importe quel téléphone. Les prévisions départementales, jusqu'à 9 jours, sont accessibles par téléphone au ☎08 99 71 02 + n° du département concerné. Un service coûteux depuis les portables.

Climat

Il fait bon vivre de ce côté-ci de l'Hexagone, tout le monde le sait ! En été, climat méditerranéen oblige, les températures peuvent monter assez haut et la chaleur, sèche, devenir pénible. Les températures dépassent alors aisément les 30°C. Si vous voulez vraiment profiter de votre séjour, préférez les saisons intermédiaires, plus clémentes. Les mois de mai, juin, septembre et octobre sont les plus agréables et on peut facilement se baigner. En plus, à ce moment-là, les terrasses sont moins bondées et les serveurs, détendus et souriants.

Avec 300 jours de soleil par an, les précipitations ne sont pas vraiment la préoccupation locale, même si, quand il pleut dans le Sud (plutôt en automne et au printemps), c'est souvent avec violence.

En hiver, la bande littorale connaît des températures assez douces, sauf quand le mistral s'en mêle... Dès que l'on entre dans l'arrière-pays, le climat est un peu moins tempéré, le thermomètre chutant facilement l'hiver et grimpant vite l'été.

Climat

Marseille

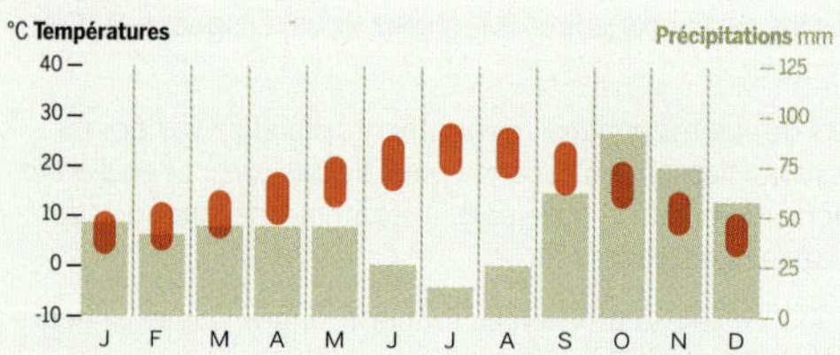

Avignon

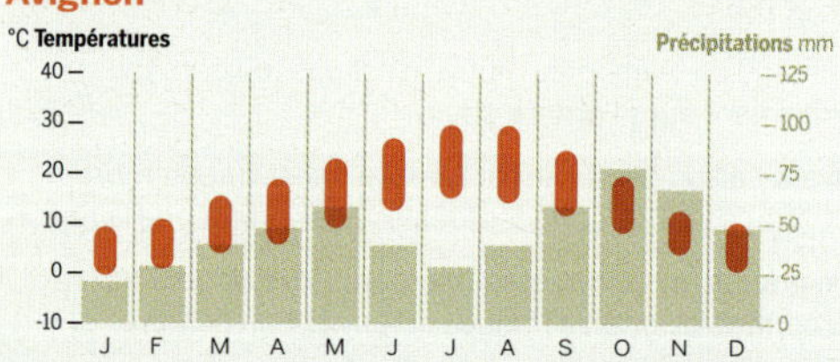

Désagréments et dangers

La mer présente certains dangers qu'il ne faut pas négliger. Baignez-vous sur les plages surveillées, suivez les conseils des sauveteurs et tenez compte de la signalisation relative à la sécurité (drapeau vert, orange ou rouge). Le canyon et les lacs du Verdon, tout comme les baignades en rivière présentent des dangers spécifiques (brusques montées d'eau, siphons, tourbillons, etc.). Là encore, renseignez-vous sur les éventuels pièges du secteur.

Attention aux feux de forêt. Certains massifs, comme les calanques, sont interdits d'accès en période estivale en raison des risques d'incendie. Avant de partir en balade, informez-vous sur les conditions d'accès aux massifs et respectez les consignes d'interdiction (voir l'encadré ci-dessus).

Comme dans toute région hautement touristique, vous

ne serez pas à l'abri des vols, surtout en été. De simples précautions suffiront à les éviter : ne laissez aucun objet de valeur dans votre voiture ou dans votre chambre d'hôtel, gardez votre sac à main près de vous et ne laissez pas votre smartphone en évidence, en particulier aux terrasses des cafés.

Autre désagrément : la conduite sportive, voire indélicate, des habitants. Ne cédez pas aux appels de phares et aux coups de klaxon des conducteurs impatients et suivez votre route. Enfin, quelle que soit la météo, soyez extrêmement prudent sur les routes de montagne, que vous devrez partager avec les camions et, en été, avec les nombreux cyclistes.

Le feu, un fléau pour les massifs

Chaque été, la sécheresse, le vent et les incendiaires menacent les massifs forestiers. Renseignez-vous sur place pour connaître les conditions d'accès aux massifs et respectez les consignes d'interdiction :

Dans les Bouches-du-Rhône :

L'accès aux massifs est réglementé du 1er juin au 30 septembre. En fonction des risques météo, la préfecture fixe chaque jour un niveau de vigilance :

- **Noire** : accès, circulation et stationnement interdits toute la journée
- **Rouge** : risque très sévère, accès autorisé entre 6h et 11h le matin
- **Orange** : risque sévère, accès autorisé

Informations : ✆ 08 11 20 13 13 ; existe également une application pour mobile "myProvence Envie de balade" quotidiennement mise à jour.

Dans le Vaucluse :

L'accès aux massifs est réglementé du 1er juillet au 15 septembre. En fonction des risques météo, la préfecture fixe chaque jour un niveau de vigilance :

- **Risques météorologiques exceptionnels** : accès interdit.
- **Risques très sévères** : accès autorisé uniquement de 5h à 12h dans les massifs forestiers du Luberon, des monts de Vaucluse et des collines de basse Durance. Exception : accès autorisé de 5h à 20h pour le Colorado Provençal à Rustrel, la vallée de l'Aiguebrun à Buoux et la Cédraie de Bonnieux.
- **Autres risques** : accès autorisé.

Informations : ✆ 04 88 17 80 00

Handicapés

Avec ses villages perchés, ses vieilles maisons et ses ruelles en pente, la Provence n'est pas facile d'accès pour les personnes à mobilité réduite. Mais les choses sont doucement en train de changer. La région encourage les établissements touristiques à s'adapter, en finançant en partie les installations nécessaires, mais beaucoup reste à faire. Depuis plusieurs années, des plages du littoral sont accessibles à la baignade, grâce à des fauteuils amphibies et à des cheminements amovibles. Une plaquette sur le site Internet de la région PACA (www.regionpaca.fr) recense tous les lieux équipés.

Par ailleurs, le label **"Tourisme et handicap"** (www.tourisme.gouv.fr), créé par le gouvernement, permet d'identifier les prestations adaptées aux personnes handicapées.

L'**APF** (www.apf.asso.fr) peut vous fournir d'utiles informations sur les voyages accessibles et les conditions d'accès dans la région. Deux sites Internet dédiés aux personnes handicapées comportent une rubrique consacrée au voyage et constituent une bonne source d'information : **Yanous** (www.yanous.com, rubrique "pratique", puis "tourisme") et **Handica** (www.handica.com).

Hébergement

La gamme des hébergements est particulièrement diversifiée en Provence. Bien entendu, les prix augmentent fortement en saison, particulièrement en juillet-août, et les meilleures adresses sont souvent complètes. Il est donc recommandé de réserver bien en avance pour cette période, ainsi que durant les week-ends de mai à octobre.

Pour les visiteurs étrangers

- **Formalités et visas :** Un séjour en Provence est soumis aux mêmes conditions que toute autre région française. À ce titre, Belges, Suisses et Canadiens n'ont pas besoin de visa pour une période maximale de 90 jours. Les Canadiens sont limités, quant à eux, à 2 séjours de 90 jours par an et doivent présenter un passeport en cours de validité. Une simple carte d'identité suffit pour les Belges et les Suisses. Pour plus de précisions, reportez-vous au site officiel du ministère des Affaires étrangères français : www.diplomatie.gouv.fr.
- **Argent :** Les bureaux de change sont rares. Installés dans les villes touristiques du littoral, certains pratiquent des commissions exagérées. Mieux vaut passer par l'intermédiaire des banques. Les banques, bureaux de change et bureaux de poste acceptent souvent les chèques de voyage.
- **Heure locale :** La Provence vit au même rythme que le reste de la France. Elle a donc 1 heure (hiver) ou 2 heures (été) d'avance par rapport à l'heure de Greenwich. Lorsqu'il est 14h à Marseille ou à Avignon, il est 8h à Montréal. L'heure est la même qu'en Suisse et en Belgique.
- **Électricité :** En France, les prises électriques ont deux fiches rondes (220 V, 50 Hz). Les Canadiens auront besoin d'un adaptateur.
- **Téléphone :** Pour appeler la France depuis l'étranger, composez le code d'accès international de votre pays (00 pour la Suisse et la Belgique, 011 pour le Canada), suivi de l'indicatif de la France 33. Pour appeler l'étranger depuis la France, composez le code d'accès international 00, suivi de l'indicatif du pays (32 pour la Belgique, 41 pour la Suisse, 1 pour le Canada).
- **Permis de conduire :** Les permis de conduire délivrés dans les pays membres de l'UE, en Suisse et au Canada sont valables pour circuler en France.

Ambassades et consulats étrangers en France

- **Ambassade de Belgique** (☎ 01 47 54 07 64 ; www.diplomatie.be/paris ; 9 rue de Tilsitt, 75017 Paris) ; **Consulat** Marseille (☎ 04 96 11 69 55 ; diplomatie.belgium.be ; 112 bd des Dames, 13002 Marseille)
- **Ambassade du Canada** (☎ 01 44 43 29 00 ; www.canadainternational.gc.ca ; 35 av. Montaigne, 75008 Paris)
- **Ambassade de Suisse** (☎ 01 49 55 67 00 ; 142 rue de Grenelle, 75007 Paris) ; **Consulat** Marseille (☎ 04 96 10 14 10 ; 7 rue d'Arcole, 13006 Marseille)

Ambassades et consulats de France à l'étranger

Belgique

- **Ambassade** (☎ 02 548 87 11 ; www.ambafrance-be.org ; 65 rue Ducale, 1000 Bruxelles) ; **Consulat** (☎ 02 548 88 11 ; 42 bd du Régent, BP 82, 1000 Bruxelles)

Canada

- **Ambassade** (☎ 06 13 789 17 95 ; www.ambafrance-ca.org ; 42 Sussex Drive, Ottawa, Ontario K1M 2C9) ; **Consulats** Montréal (☎ 0514 878 43 85 ; www.consulfrance-montreal.org ; 1501 McGill Collège, 10e étage, bureau 1000, Montréal (QC) H3A 3M8) ; Québec (☎ 0418 266 25 00 ; www.consulfrance-quebec.org ; 25 rue Saint-Louis, Québec (QC) G1R 3Y8)

Suisse

- **Ambassade** (☎ 031 359 21 11 ; www.ambafrance-ch.org ; Schosshaldenstrasse 46, 3006 Berne) ; **Consulat général** (☎ 022 319 00 00 ; www.consulfrance-geneve.org ; 2 cours des Bastions, 1205 Genève)

Beaucoup d'établissements pratiquent plusieurs tarifs saisonniers. La plupart usent d'une basse/haute saison (généralement de mai à septembre), mais certains incluent aussi une très haute saison pour juillet-août : les prix peuvent alors doubler, voire tripler.

Bon nombre de structures sont fermées en hiver, bien qu'il reste un choix honorable d'établissements ouverts toute l'année.

Attention, consultez le calendrier des festivals (voir p. 36) : lors de ces événements réputés, les tarifs augmentent d'au moins 20% (par rapport aux tarifs déjà haute saison) et les établissements sont littéralement pris d'assaut. Il est vivement recommandé de réserver bien à l'avance.

Campings

Étant donné le prix parfois exorbitant des hébergements l'été, le camping peut être une solution économique et agréable. La solution la plus rentable reste évidemment la tente, mais la location à la semaine d'un mobile home entièrement équipé vous reviendra toujours moins cher qu'un hôtel, surtout si vous êtes en famille.

Enfin, le "camping à la ferme" est une formule originale et bon marché : on plante sa tente sur une parcelle d'une exploitation agricole, avec la possibilité d'acheter les produits de la ferme.

Bienvenue à la ferme (www.bienvenue-a-la-ferme.com)

Chambres d'hôtes

De plus en plus appréciées, les chambres d'hôtes se sont multipliées dans la région et sont souvent de très bonne qualité. Le prix, l'accueil et le style des chambres varient d'une adresse à l'autre, mais les prestations sont en général de qualité.

Certaines font également tables d'hôtes : l'occasion de faire plus ample connaissance avec les propriétaires et les autres hôtes. Elles proposent généralement des produits du terroir, de la propriété, voire bio. Certaines sont ouvertes aux clients extérieurs.

Notez que la plupart des chambres d'hôtes n'acceptent que les paiements par chèque ou en espèces.

Gîtes de France
(www.gites-de-france.com)

Clévacances
(www.clevacances.com)

Fleurs de Soleil
(www.fleursdesoleil.fr)

Gîtes ruraux et meublés de tourisme

Les meublés de tourisme désignent des studios, des appartements et des villas équipés, loués à la semaine – une excellente formule pour ceux qui privilégient l'indépendance. Les tarifs sont très variables selon le site et la saison. Comptez une moyenne de 400 à 800 € la semaine en haute saison.

Gîtes d'étape et refuges

Destinés en principe aux randonneurs, les gîtes d'étape font également le bonheur des petits budgets, qui y trouvent une excellente alternative au camping et à l'hôtel. Ces structures, privées ou gérées par les mairies, se trouvent dans des villages traversés par des sentiers de randonnée. Ces gîtes proposent un hébergement en dortoir, avec des sanitaires communs. Leur niveau de confort est généralement très satisfaisant. La demi-pension est en principe demandée en haute saison, mais ce n'est pas systématique. Si cette formule vous intéresse, pensez à emporter des draps, sinon vous devrez les louer.

Hôtels

La plupart des hôteliers tiennent leur métier à cœur et mettent un point d'honneur à recevoir les touristes toute l'année dans de bonnes conditions. Les chambres de catégorie moyenne sont généralement équipées d'une TV, d'une salle de bains privée, du double vitrage et en général de la climatisation (ou, au moins, d'un ventilateur).

Si vous voyagez en dehors de l'été, renseignez-vous sur les tarifs : certains établissements baissent considérablement leurs prix pour remplir leurs chambres.

Homosexualité

Les grandes villes de Provence ont un réseau gay et lesbien relativement bien implanté, avec bars et clubs. Dans les villes de moindre importance, les lieux gays se font rares. De très belles maisons d'hôtes du littoral et de l'arrière-pays s'affichent plus ou moins gays ou gay-friendly.

Association Gay Provence
(www.gay-provence.org)

Offices du tourisme

La région dispose d'un réseau efficace d'offices du tourisme et de syndicats d'initiative. Même les petites localités ont ne serait-ce qu'un bureau ou un point d'information. Certains ouvrent toute l'année, d'autres seulement pendant la saison touristique. Ils disposent de brochures en général d'excellente qualité et proposent parfois des visites guidées. De plus en plus d'offices du tourisme possèdent leur site Internet.

Organismes à connaître

Alpes-de-Haute-Provence (04 92 31 57 29 ; www.tourisme-alpes-haute-provence.com ; immeuble François-Mitterrand, 8 rue Bad-Mergentheim, 04005 Digne-les-Bains)

Bouches-du-Rhône (04 91 13 84 13 ; www.visitprovence.com ; 13 rue Roux-de-Brignoles, 13006 Marseille)

Vaucluse (04 90 80 47 00 ; www.provenceguide.com ; 12 rue du Collège-de-la-Croix, 84000 Avignon)

Comité régional du tourisme PACA (04 91 56 47 00 ; www.tourismepaca.fr ; Maison de la Région, 61 La Canebière, 13001 Marseille)

Voyager en solo

Les voyageurs solitaires devront s'attendre à quelques déconvenues, surtout en haute saison, où tout semble avoir été pensé pour les couples et pour les familles. La tarification en "simple" dans les hôtels n'est pas courante. En revanche, les prestataires habitués à la fréquentation des randonneurs facturent les nuitées par personne.

Aucun danger particulier ne menace a priori les voyageuses. Observez simplement des règles de précaution élémentaires : ne partez pas seule en randonnée, évitez le stop de jour comme de nuit et ne vous égarez pas dans des ruelles désertes la nuit.

Transports

Depuis/vers la Provence

Voie aérienne

- L'**aéroport Marseille-Provence** (08 20 81 14 14, infos voyageurs 04 91 42 14 20 20 ; www.marseille.aeroport.fr) se situe à Marignane, à 25 km au nord-ouest de la ville. Il assure des vols depuis/vers plus d'une centaine de destinations directes. Le terminal *low cost* **Mp2** (www.mp2.aeroport.fr) permet de partir à prix cassés vers près de 40 destinations. Les principales agences de location de voitures possèdent un comptoir à l'aéroport. Pour se rendre en ville, de fréquentes **navettes** (www.navettemarseilleaeroport.com) relient de 4h10 à 0h10 l'aéroport à la gare Saint-Charles (25 min, 8,20 €). Une carte (24,70 €) combine navette et transports en commun à Marseille pendant une semaine. En taxi, comptez entre 50 et 60 €.
- L'**aéroport de Nîmes-Alès-Camargue-Cévennes** (04 66 70 49 49 ; www.aeroport-nimes.fr), à 15 km du centre-ville de Nîmes (direction Arles/Saint-Gilles) assure des vols directs vers Bruxelles-Charleroi (5 vols hebdomadaires avec Ryanair), Londres-Luton, Fez et Marrakech.
- L'**aéroport d'Avignon-Caumont** (04 90 81 51 51 ; www.avignon.aeroport.fr) assure des liaisons depuis/vers Birmingham et Southampton.

Voie terrestre

Voiture

La Provence possède un très bon réseau autoroutier. Marseille, Aix-en-Provence, Nîmes, Arles et Avignon se situent chacune à un carrefour autoroutier sur les axes nord-sud (Lyon, Paris) et est-ouest (Toulouse, Nice ou vers l'Espagne et l'Italie).

À titre d'exemple, la cité phocéenne se trouve à 780 km de Paris (environ 8 heures) par les autoroutes A6 et A7, à 100 km d'Avignon, à 655 km de Bordeaux, à 1 000 km de Lille, à 320 km de Lyon.

Train

Le **TGV Méditerranée** (3635 ; www.oui.sncf) assure quotidiennement la liaison entre Paris et Marseille (3 heures), Lyon (1 heure 40) et Avignon (2 heures 30). Le TGV *low cost* **Ouigo** (www.ouigo.com) relie ces mêmes villes depuis les gare de Lyon, Marne-la-Vallée et Aéroport Charles-de-Gaulle.

Bus

Eurolines (0 892 89 90 91 ; www.eurolines.fr) dispose d'une agence à Marseille (3 allée Léon-Gambetta ; lun 9h-12h et 14h-18h, mar-ven 9h-18h, sam 9h-13h et 14h-17h) et permet de rallier la cité

Si vous venez de l'étranger

Depuis/vers la Belgique

- **En avion :** Les voyageurs belges trouveront sans difficulté un vol au départ de Bruxelles (voire de Lille) pour **Marseille** (☎33 (0)4 42 14 14 14 ; www.marseille.aeroport.fr). Depuis Bruxelles, **Brussels Airlines** (☎0 892 64 00 30 ; www.brusselsairlines.com) assure sept vols directs par jour Bruxelles-Marseille et **Ryanair** (www.ryanair.com) propose des vols pour Marseille et Nîmes.
- **En train :** Comptez 5 heures 30 de Bruxelles pour rejoindre Marseille, et 4 heures 40 pour Avignon.
- **En voiture :** Comptez 9 heures pour rallier Avignon depuis Bruxelles par la vallée du Rhône (A7) et 9 heures 30 pour Marseille.
- **En bus :** La compagnie **Eurolines** (www.eurolines.be) assure des dessertes depuis Anvers et Bruxelles pour Marseille, Aix-en-Provence ou Avignon. Départ tous les soirs de Bruxelles à 19h15 pour une arrivée à Marseille à 12h15 le lendemain. À partir de 84 € aller-retour.

Depuis/vers la Suisse

- **En train :** Comptez entre 3 heures 30 et 4 heures 30 de Genève pour rejoindre Marseille, 3 heures à 3 heures 30 pour Avignon.
- **En voiture :** De Genève, Marseille est à 4 heures 30 de route en passant par Grenoble, Sisteron et Aix-en-Provence (A51). Avignon à 3 heures 30 en passant par la vallée du Rhône (A7) après Valence.

Depuis/vers le Canada

- **En avion : Air Transat** (☎0800 872 672 83 ; www.airtransat.com) propose des vols directs depuis Montréal et Toronto pour Marseille (environ 8 heures de trajet).

phocéenne à partir de Paris, Lyon, Dijon, Perpignan, Valence et Chalon-sur-Saône.

Plusieurs compagnies de car *low cost* permettent également de rejoindre Marseille et la Provence à tarifs réduits. Citons notamment **Blablabus** (www.ouibus.com), une filiale de la SNCF qui propose de multiples trajets entre Marseille et le reste de l'Hexagone ; **Isilines** (www.isilines.fr) ou la compagnie allemande **Flixbus** (www.flixbus.fr).

Voyages organisés

Certains voyagistes, spécialistes de la randonnée (comme Atalante) ou du voyage culturel (comme Clio), proposent des circuits qui incluent la plupart du temps les calanques, la Camargue et le mont Ventoux. Cela peut être une bonne solution pour faire une randonnée de quelques jours en famille, à son rythme et en étant encadré.

Atalante Paris (☎01 55 42 81 00 ; www.atalante.fr ; 18 rue Séguier, 75006 Paris) ; Lyon (☎04 72 53 24 80 ; www.atalante.fr ; 36 quai Arloing, 69256 Lyon Cedex 09) ; Bruxelles (☎02-627 07 97 ; rue César-Franck 44A, B-1050 Bruxelles)

Clio (☎01 53 68 82 82 ; www.clio.fr ; 34 rue du Hameau, 75015 Paris)

Nomade Paris (☎0825 701 702 ; www.nomade-aventure.com ; 40 rue de la Montagne-Sainte-Geneviève, 75005 Paris) ; Lyon (10 quai de Tilsit, 69002) ; Marseille (12 rue Breteuil, 13001) ; Toulouse (43 rue Peyrolières)

2CV Experience (☎04 13 68 01 46 ; www.2cvexperience.com). Week-ends et circuits en 2CV au départ d'Aix-en-Provence.

Comment circuler

Bus

Si vous ne disposez pas de voiture pour vous déplacer, le bus constitue une bonne alternative, à condition de le combiner avec le train (pour les grandes distances) et/ou avec le vélo (pour découvrir campagne, villages ou sites). Chaque département recense une ou deux compagnies d'autocars, voire davantage, qui relient les grandes villes entre elles. Ce mode de transport suppose d'établir à l'avance son parcours et d'organiser ses déplacements en fonction des villes desservies, des horaires des bus et des agences de location de vélos.

Le site **PACA Mobilité** (www.pacamobilite.fr) regroupe l'ensemble des informations sur les transports régionaux et permet d'établir son itinéraire trans-départemental. Il rassemble aussi les informations du réseau **LER** (Lignes Express Régionales ; ☎0821 202 203 ; www.info-ler.fr).

Bouches-du-Rhône

- Le site **www.lepilote.com** répertorie tous les déplacements en transport en commun du département.
- De la **gare routière Saint-Charles** (☎04 91 08 16 40 ; www.rtm.fr/guide-voyageur/se-deplacer/gare-routiere-saint-charles) à Marseille, une quinzaine de compagnies régionales de bus desservent l'ensemble des villes du département, les Alpes du Sud, Avignon, Grenoble, Toulon, mais aussi de nombreuses destinations européennes.
- La société **Cartreize** (☎0810 00 13 26 ; www.lepilote.com, onglet Réseau) dessert régulièrement Aix-en-Provence, Arles et Avignon.
- Le réseau urbain **Libébus** (www.libebus.com) dessert les communes du pays salonais, au départ de Salon-de-Provence.
- À Arles, le réseau **Envia** (☎0810 000 818 ; www.tout-envia.com) centralise les informations et la vente de billets vers les principales villes des environs (Salin-de-Giraud, Tarascon, Saint-Martin-de-Crau, Boulbon).

Vaucluse

- Le réseau départemental des cars **TransVaucluse** (☎04 90 16 15 14 ; www.vaucluse.fr/deplacements/transports-cars-transvaucluse) assure les liaisons dans le département et propose sur son site un plan complet du réseau, ainsi qu'un guide utile aux voyageurs.

Certaines collectivités organisent par ailleurs les réseaux de transports urbains sur leur territoire :

- Les **Transports en commun de la région avignonnaise** (TCRA ; ☎04 32 74 18 32 ; www.tcra.fr) disposent, outre un kiosque dans le centre-ville (1 av. de Lattre-de-Tassigny), d'un site Internet fourni avec plan du réseau.
- **Transcove** (☎04 90 67 20 25 ; www.ventoux-comtat.com) organise les transports en commun de la Communauté d'agglomération Ventoux-Comtat Venaissin (COVE).
- Le réseau **TCVO** (☎04 90 34 15 59 ; www.tcvo.fr) organise les transports en commun de la ville d'Orange.
- Le réseau **Sorgu'en bus** (☎04 90 63 01 82 ; www.sorgues.fr) organise les transports en commun autour de Sorgues.

Les 35 lignes régulières du réseau TransVaucluse sont exploitées par des entreprises de transport :

- Les **Cars Lieutaud** (☎04 90 86 36 75 ; www.cars-lieutaud.fr) assurent des liaisons quotidiennes avec Vaison, Avignon et Buis-les-Baronnies.
- Les **Voyages Arnaud** (☎04 90 63 01 82 ; www.voyages-arnaud-carpentras.com ; 8 av. Victor-Hugo, Carpentras) desservent en car, quotidiennement, Avignon, Aix-en-Provence, Cavaillon, L'Isle-sur-la-Sorgue, Marseille, Orange ou Pernes-les-Fontaines.

Train

En Provence, les **TER** (☎3635 ; www.ter-sncf.com) desservent bon nombre de villes, même si la couverture ferroviaire régionale est presque inexistante pour les transversales – aucune ligne de chemin de fer n'existe dans certains sites isolés. En revanche, vous pourrez circuler assez facilement d'une ville à l'autre (attention à la fréquence des trains), par

Vos déplacements en un clic !

Le site **www.pacamobilite.fr** répertorie tous les modes de transport (TER, bus, vélo en libre service, bateau, covoiturage, etc.) et les liaisons disponibles sur la région PACA. En un clic, vous saurez comment rejoindre Moustiers-Sainte-Marie depuis Marseille ou aller d'Arles à Sisteron. Plan, durée du trajet, correspondances ou perturbations du trafic s'affichent et vous pouvez indiquer le moyen de transport à privilégier et la date du départ.

Autre site régional utile : les **Lignes Express Régionales** (☎0 821 202 203 ; www.info-ler.fr).

exemple entre Marseille et Avignon via Arles et Tarascon ou via Cavaillon et L'Isle-sur-la-Sorgue.

Taxi

Toutes les grandes villes et agglomérations de taille moyenne comptent des services de taxis, notamment au départ des gares ferroviaires et des aéroports. Le site www.taxi.fr référence de nombreux taxis régionaux.

Vélo

La Provence se prête parfaitement à une découverte à vélo. Bien entendu, les amateurs de petite reine ne manqueront pas une escapade sur les flancs légendaires du mont Ventoux (p. 230). Mais il existe de multiples autres itinéraires, bien balisés, et des dénivelés plus ou moins difficiles (voir aussi p. 341). Les grandes villes, qui comptent des magasins de cycles, permettent de louer ou de faire réparer son deux-roues.

Les offices du tourisme constituent une incontournable base d'informations sur les itinéraires à suivre : ils sont de plus en plus nombreux à avoir aménagé des circuits "découverte" sur leur commune et proposent des brochures à cet effet.

Le Vaucluse et les Alpes-de-Haute-Provence proposent des circuits à thème autour de la lavande ou du vignoble. Citons aussi "Le Luberon à vélo", aménagé par le parc naturel régional du Luberon à cheval sur le Vaucluse et les Alpes-de-Haute-Provence.

La Provence à vélo (www.provence-a-velo.fr)

My Provence (www.myprovence.fr)

Voies Vertes (www.voiesvertes.com)

Le Luberon à vélo (leluberonavelo.com)

Location

Il existe bon nombre de prestataires offrant des vélos à la location, et vous aurez la plupart du temps le choix entre VTT et vélo de ville. Comptez autour de 15-20 € pour une location à la journée. Il est possible aussi de louer des vélos électriques.

À noter : comme Paris, Marseille possède son réseau de vélo en libre service, **Le Vélo** (www.levelo-mpm.f).

Voiture et moto

Voiture ou moto sont assurément les plus adaptées à la découverte de la région.

En haute saison, toutefois, la circulation sur certaines petites routes touristiques et dans certains villages (Gordes, Bonnieux, L'Isle-sur-la-Sorgue) gâche le plaisir de la découverte à la fois pour les automobilistes et les cyclotouristes. Les jours de marché, prenez vos précautions, que ce soit pour le stationnement ou pour la traversée du centre-ville.

Nombre de localités ont aménagé des parkings en centre-ville et dans ses abords immédiats. Leur gratuité est loin d'être systématique (3 à 4 € à Gordes ou à Fontaine-de-Vaucluse en saison).

Le tracé sinueux de certaines routes, la conduite de certains automobilistes et la présence de cyclistes requièrent la plus grande prudence.

En hiver, si vous traversez des cols, certaines routes peuvent être fermées. Pour vous renseigner, consultez le site de la **DIR Méditerranée** (www.enroute.mediterranee.equipement.gouv.fr) et, pour le mont Ventoux, l'**agence routière de Carpentras** (☎04 90 67 99 80).

Une offre pour mieux voyager

Entre le 1er juin et le 30 septembre, la **carte Zou ! Pass** permet de voyager librement en TER dans un des départements de la région durant toute une journée. Elle coûte 15 € (prix unique adulte et enfant).

Location

Si vous ne disposez pas de voiture, vous trouverez sur place, dans les gares et dans le centre des grandes villes, des sociétés de location. Renseignez-vous au préalable sur les prestations incluses dans le prix (kilométrage illimité ou non, assurance, taxes, rachat de franchise, etc.) et sur votre responsabilité en cas de problème. Mieux vaut souscrire une assurance complète (demandez des précisions à votre assureur, notamment si vous disposez de la carte Premier) couvrant les bosses et éraflures que vous risquez de faire à la carrosserie.

Autoescape (☎0899 87 65 00 ; www.autoescape.com)

Easycar (www.easycar.fr)

Ada (www.ada.fr)

Budget (☎0825 00 35 64 ; www.budget.fr)

Hertz (www.hertz.fr)

Europcar (☎0825 358 358 ; www.europcar.fr)

Avis (☎0821 230 760 ; www.avis.fr)

En coulisses

Un mot des auteurs

Emmanuel Dautant

Un grand merci aux incontournables : Jeanne, Lucien et Christelle qui m'ont permis d'avoir une base arrière et un ravitaillement lors de mes tournées provençales. Merci aux habitants de Brantes pour leur accueil et à Marcel Richaux pour ses vins délicats et enivrants !

Caroline Delabroy

Mille mercis tout d'abord à toute l'équipe de Lonely Planet, d'une écoute toujours au top. Merci aussi à toutes les personnes rencontrées en amont et sur place, professionnels du tourisme et rencontres au détour de visites, pour enrichir les informations du guide. Enfin, plein de pensées à mon petit Marseillais Hippolyte, venu rejoindre en 2017 notre joyeuses équipée, avec Fred et Angèle.

Élodie Rothan

On ne part jamais seul dans une telle aventure et il y a, à chaque étape, des personnes clés sans qui rien ne serait possible. Merci donc à Pierre-André, sans qui rien n'aurait commencé, et à Frédérique et à Didier, qui m'ont fait confiance. Merci aux équipes des office du tourisme pour leurs précieuses informations. Merci à Isabelle, pour son accueil et ses précieux conseils. Enfin, merci aux habitants de la Provence pour leur hospitalité et leur bonne humeur : ce guide est en partie le fruit de leurs conseils avisés !

Christophe Corbel

Comme toujours, le mas Au coeur de la Provence fut une étape réjouissante sur le chemin du retour. Merci à Jérôme d'avoir renoncé à un match de foot à la télévision et Christine d'avoir rouvert la chambre des hôtes. La prochaine fois, je viendrais pour mettre les pieds en éventails sous les platanes de la Romane.

Amandine Rancoule

Un grand merci aux professionnels du tourisme pour leur accueil. Merci à Didier et Nicolas pour leur confiance. Et une spéciale dédicace à Paul venu rejoindre notre aventure, avec Adèle et Éric.

Crédits photographiques

Photographie de couverture Culture de la lavande © Gérard Sioen/OnlyFrance.fr

Fond des pages 26 à 35 Créé à partir d'une image Freepik.com.

À propos de cet ouvrage

Cet ouvrage est la 3e édition du guide Provence. Ont collaboré à cet ouvrage Élodie Rothan, Emmanuel Dautant et Caroline Delabroy, Amandine Rancoule et Christophe Corbel.

Direction éditoriale Didier Férat
Coordination éditoriale Nicolas Guérin
Responsable prépresse Jean-Noël Doan
Maquette Marie Dautet
Cartographie Afdec (Martine Marmouget)
Couverture Laure Wilmot
Fabrication Emmanuelle Laine

Merci à Marjorie Bensaada pour sa relecture attentive ainsi qu'à Vahagn Terzian pour son travail de référencement.
Un grand merci à Dominique Spaety pour son soutien et à toute l'équipe du bureau de Paris.

Vos réactions

Vos commentaires nous sont très précieux et nous permettent d'améliorer constamment nos guides. Notre équipe lit toutes vos lettres avec la plus grande attention. Nous ne pouvons pas répondre individuellement à tous ceux qui nous écrivent, mais vos commentaires sont transmis aux auteurs concernés. Tous les lecteurs qui prennent la peine de nous communiquer des informations sont remerciés dans l'édition suivante, et ceux qui nous fournissent les renseignements les plus utiles se voient offrir un guide.

Pour nous faire part de vos réactions, prendre connaissance de notre catalogue et vous abonner à notre newsletter, consultez notre site Internet : **www.lonelyplanet.fr**

Nous reprenons parfois des extraits de notre courrier pour les publier dans nos produits, guides ou sites web. Si vous ne souhaitez pas que vos commentaires soient repris ou que votre nom apparaisse, merci de nous le préciser. Notre politique en matière de confidentialité est disponible sur notre site Internet.

A–Z

Référence des cartes

D

E

F

G

H

I

J

K

L

M

N

O

P

Q

R

Référence des cartes

W

Comment utiliser ce guide

Ces symboles vous aideront à identifier les différentes rubriques :

- À voir
- Activités
- Cours
- Circuits organisés
- Fêtes et festivals
- Où se restaurer
- Où prendre un verre
- Où sortir
- Achats
- Renseignements et transports

Ces symboles vous donneront des informations essentielles au sein de chaque rubrique :

- Adresse éco-responsable
- GRATUIT Entrée libre

- Numéro de téléphone
- Heures d'ouverture
- Parking
- Non-fumeur
- Climatisation
- Accès Internet
- Wi-Fi
- Piscine
- Bus
- Ferry
- Tramway
- Train
- Végétarien
- Familles bienvenues

Choisissez des lieux sur mesure grâce aux symboles suivants :

- Argent
- Gastronomie
- Prendre un verre
- Vélo
- Sports
- Art et culture
- Fêtes et festivals
- Sites photogéniques
- Paysages
- En famille
- Achats
- Vaut le détour
- Randonnée
- 100% local
- Histoire
- Sortir
- Plages
- Patrimoine
- Faune et flore
- Scène LGBT
- Hébergement
- Château
- Activités nautiques
- Infos pratiques

À voir

- Cave/vignoble
- Château
- Église
- Monument
- Mosquée
- Musée/galerie/édifice historique
- Plage
- Réserve ornithologique
- Ruines
- Synagogue
- Temple bouddhiste
- Temple confucéen
- Temple hindou
- Temple jaïn
- Temple shintoïste
- Temple sikh
- Temple taoïste
- Zoo/réserve animalière
- Autre site

Achats

- Magasin

Activités

- Bodysurfing
- Canoë/kayak
- Cours/circuits organisés
- Plongée/snorkeling
- Randonnée
- Sentô (bain public)
- Ski
- Snorkeling
- Surf
- Piscine/baignade
- Planche à voile
- Autres activités

Où se loger

- Camping
- Hébergement

Où se restaurer

- Restauration

Où prendre un verre

- Bar
- Café

Où sortir

- Salle de spectacle

Renseignements

- Accès Internet
- Ambassade/consulat
- Banque
- Bureau de poste
- Centre téléphonique
- Hôpital/centre médical
- Office du tourisme
- Police
- Toilettes
- Autre adresse pratique

Géographie

- Aire de pique-nique
- Cascade
- Col
- Montagne/volcan
- Oasis
- Parc
- Phare
- Plage
- Point de vue
- Portail
- Refuge/gîte

Transports

- Aéroport
- Bart
- Bus
- Ferry
- Gare/chemin de fer
- Métro/MRT/Tube Station
- Monorail
- Parking
- Piste cyclable
- Poste frontière
- Station-service
- Subway
- T/T-Bane
- Taxi
- Téléphérique/funiculaire
- Tramway
- U-Bahn
- Autre moyen de transport

Caroline Delabroy

Arles et la Camargue. Journaliste indépendante, Caroline sillonne régulièrement la France et le Québec pour Lonely Planet. Quand elle n'est pas en vadrouille, elle travaille pour *20 Minutes* et d'autres titres de presse depuis Marseille, sa ville d'adoption. Pour Lonely Planet, elle a œuvré sur de nombreux titres : *Marseille En quelques jours*, *Pays basque*, *Normandie*, *Pays de la Loire* et *Québec*, entre autres.

Christophe Corbel

Alpilles et Luberon. Né à Paris dans le quartier des Lorettes, élevé en banlieue, passé par Bruxelles et la frontière belgo-française, Christophe a finalement échoué sur les coteaux est de Montmartre, côté tissus, tout en gardant un pied dans la baie de Saint-Brieuc ou le lac d'Aiguebelette. Après la presse d'entreprise et la presse informatique, c'est Lonely Planet qui lui permet de prendre la tangente. Rien de tel qu'un bon guide pour vous défouler.

Amandine Rancoule

Marseille, les calanques et la Côte Bleue. Après plusieurs années passées entre le Luberon, Toulouse et la Corse pendant lesquelles elle collabore avec plusieurs titres de presse, Amandine revient vivre sur ses terres natales. À Marseille, elle travaille désormais sur différents projets d'écriture.

Les guides Lonely Planet

Une vieille voiture déglinguée, quelques dollars en poche et le goût de l'aventure, c'est tout ce dont Tony et Maureen Wheeler eurent besoin pour réaliser, en 1972, le voyage d'une vie : rallier l'Australie par voie terrestre via l'Europe et l'Asie. De retour après un périple harassant de plusieurs mois, et forts de cette expérience formatrice, ils rédigèrent sur un coin de table leur premier guide, *Across Asia on the Cheap*, qui se vendit à 1 500 exemplaires en l'espace d'une semaine. Ainsi naquit Lonely Planet, dont les guides sont aujourd'hui traduits en 13 langues.

Nos auteurs

Élodie Rothan

Itinéraires sans voiture ; Haute Provence et Verdon. Depuis son enfance à Aix-en-Provence, des études à Paris et à Maastricht, Élodie n'a cessé de prendre la poudre d'escampette. Son diplôme de Sciences-Po Paris en poche, elle sillonne le monde avec curiosité. De l'Europe à l'Asie, des Seychelles à l'Argentine, chaque départ est enthousiaste, et confirme sa volonté de travailler dans l'univers du voyage. Responsable d'une rubrique Voyage pour un magazine en ligne, elle collabore ensuite à plusieurs rubriques Art de vivre & Décoration et devient aussi photographe. Revenant vivre dans sa région natale, elle l'explore sans répit, dénichant de nouveaux lieux et des adresses d'exception. Fondatrice du site www.greenlatitudes.fr, elle a collaboré à de nombreuses édition des guides Lonely Planet (*Côte d'Azur*, *Provence*, *Languedoc-Roussillon*, *Bordeaux*, *Gironde et Landes*, *Lot*, *Aveyron et Vallée du Tarn*, *Catalogne*, *Seychelles*).

Emmanuel Dautant

Pays Aixois et salonais, Avignon, mont Ventoux et nord du Vaucluse. Journaliste et photographe freelance basé dans le Luberon, Emmanuel travaille pour la presse tourisme, l'édition et encadre des voyages photo en Provence. Il a déjà collaboré à plusieurs guides Lonely Planet (*Provence, Corse, Languedoc-Roussillon, Côte d'Azur, Maurice et Rodrigues*). Spécialiste des sports de plein air et de la randonnée, il est également l'auteur de plusieurs topo-guides sur les massifs provençaux (*Calanques, Verdon, Luberon*)..

Nos auteurs (suite)

Explorer la région Provence
3e édition

Dépôt légal Avril 2020
ISBN 978-2-81618-422-8

92 avenue de France - 75013 Paris

Photographes © comme indiqué 2020
Imprimé par Pollina, Luçon, France - 93152

En Voyage Éditions | un département édi8

Text
Ulrike Gerold, geboren 1956 bei Hannover, studierte Germanistik, Theaterwissenschaften und Kunstgeschichte in Berlin. Sie arbeitete als Dramaturgin an verschiedenen Theatern. Seit 1993 ist sie als freie Journalistin für die Bereiche Kultur, Wissenschaft und Reise tätig und schreibt Sachbücher und Reisegeschichten.
Wolfram Hänel, geboren 1956 in Fulda, studierte Germanistik und Anglistik in Berlin. Er arbeitete als Plakatmaler, Theaterfotograf und Dramaturg. Seit 1987 sind über neunzig Bücher von ihm erschienen, für die er zahlreiche Auszeichnungen erhielt. Er lebt mit Ulrike Gerold in Hannover.

Illustration
Daniela Kirchlechner, geboren 1965, studierte Visuelle Kommunikation in Augsburg, Wien und Berlin. Sie verantwortet seit 1996 als Creative Director die Kommunikation großer Kulturinstitutionen und internationaler Auftraggeber. Als Illustratorin hat sie bereits mehrere Bücher veröffentlicht.

Wer war ...?

Grace O'Malley

Ulrike Gerold | Wolfram Hänel

Verlagshaus Jacoby & Stuart

Familienwappen der O'Malleys

Inhalt

Belclare, der
Wohnturm der
O'Malleys auf
Clare Island

Ein Mädchen an Bord

Kindheit auf Clare Island

Prustend und keuchend schnappte Grace nach Luft, strampelte mit den Beinen und stieß die Arme vor. Aber genau so schien es zu gehen! So hatte sie es doch auch bei Abban, ihrem schwarzweißen Hütehund, gesehen, als dieser neulich ein verirrtes Schaf von den Klippen zurücktreiben wollte und von der steilen und vom Regen nassen Felsnase geradewegs ins Wasser gerutscht war. Mit allen vier Beinen hatte er Bewegungen gemacht, als wollte er im Wasser rennen, und er war mit dem Kopf über den Wellen geblieben, bis er zum Glück von Grace' Vater herausgefischt worden war.

Langsam beruhigte sich Grace. Sie trat das Wasser mit den Füßen und blieb oben, dann legte sie sich etwas nach vorne – und schwamm los. Einmal traute sie es sich sogar auf dem Rücken, und das Wasser trug sie, obwohl sie kaum Bewegungen machte. Sie drehte sich zurück und schwamm mit kräftigen Zügen in Richtung Ufer. Es funktionierte, sie konnte schwimmen! Nie wieder würden Bran und Cian sie hänseln, dass sie ein Mädchen war, das nicht schwimmen konnte und niemals zur See fahren werde.

Der dicke Bran mit seinen roten Locken und der bleiche, dünne Cian konnten nicht schwimmen,

aber trotzdem würden sie in ein paar Jahren an Bord der Schiffe von Grace' Vater gehen. Auch Grace' Halbbruder Donal würde eines Tages das Seefahrerhandwerk lernen. Das war schließlich Tradition in der Familie. Die O'Malleys waren Seefahrer, und sie trieben Handel mit Schottland, Spanien und Portugal. Vor ihrem Vater hatte das schon der Großvater getan und dessen Vater vor ihm. Und so sollte es auch bleiben.
Und nur weil sie ein Mädchen war, sollte Grace davon ausgenommen sein? Das konnte nicht sein. Allen würde sie es zeigen. Ihr Bruder wollte sowieso nichts anderes als Flöte spielen, alle nannten ihn deshalb schon *Donal of the Pipes*. Und das letzte Mal war er auf einer Schiffsreise seekrank geworden! War der Besatzung nur im Weg gewesen, grün im Gesicht, und hatte gejammert. Das erzählten jedenfalls die Seeleute ihres Vaters und amüsierten sich prächtig über diesen „missratenen" Sohn. Also könnte sie doch seine Stelle einnehmen, dachte Grace, sie hatte keine Angst vor dem Meer!
Sie schwamm ans Ufer zurück, schüttelte das Wasser aus ihren langen, schwarzen Locken und machte sich auf den Weg nach Hause, zurück in die Burg von Clare Island, dem Familiensitz der O'Malleys. Ihr Vater Owen O'Malley, der wegen seiner enormen Größe und seiner dunklen Haare auch „Schwarzeiche" genannt wurde, war der Baron von Murrisk auf der Insel Clare und das Oberhaupt des Familienclans*. Ihre Mutter Margaret saß bestimmt zu Hause in den dunklen und muffigen Räumen des fast fensterlosen Gemäuers und wartete auf ihre ungezogene Tochter, die, statt zu sticken und zu kochen, sich mal wieder draußen herumgetrieben hatte, wo die Sonne auf die felsigen Hänge und die Klippen der großen Insel schien.

Die mit einem * bezeichneten Worte werden im Anhang „Wichtige Namen und Begriffe" (S. 113) erläutert

Seit 400 vor Christus lebten keltische Stämme in Irland, und diese Stämme bildeten ihre eigenen kleinen Königreiche. Jedes dieser 150 Königreiche hatte einen Kleinkönig, der dem König eines größeren Gebietes untergeordnet war.
Irland war aufgeteilt in fünf große Gebiete: Ulster, Connacht, Meath, Leinster und Munster. Über allen stand der Hochkönig, der seinen Sitz in Tara hatte. Doch es hat nie ein gesamtirisches Königtum gegeben, die Clans waren unabhängig, und die Stammesfürsten trafen ihre eigenen Entscheidungen.
Die Gebietskönige und der Hochkönig wurden gewählt. Großen Einfluss auf das tägliche Leben hatten die Druiden; sie waren die Berater der Clanführer, sie waren Astrologen* und Magier, und sie bestimmten die religiösen und kultischen Pflichten der Kelten*. Man muss sich das ein bisschen wie bei Miraculix, dem Druiden aus den* Asterix*-Comics, vorstellen.*

An der Stellung der Druiden und den keltischen Riten änderte sich zunächst nichts, als Irland ab dem 6. Jahrhundert christianisiert wurde. Die Druiden stellten sich den Missionaren wie dem heiligen Columban oder St. Patrick entgegen, doch nach und nach traten viele auch freiwillig zum christlichen Glauben über. Und so hielten sich im christlichen Irland etliche heidnische Gebräuche, und ebenso beständig waren der Einfluss und die Macht der Clans und Familien.*

Auch als die Wikinger um 795 erste Beutezüge nach Irland unternahmen und sich später dann hier ansiedelten, änderte sich nichts an dieser Gesellschaftsform, in der es häufig nicht gerade harmonisch zuging. Nur ganz zu Beginn der Überfälle verbündeten sich die verschiedenen Clans gegen die Wikinger, und so konnte der Hochkönig Brian Boru die Eindringlinge 1014 vernichtend schlagen. Aber schon kurze Zeit darauf gab es wieder die üblichen Stammesfehden: kleinere Kriege, Gebietsstreitigkeiten, Viehdiebstahl und so fort. Trotzdem war das Leben über einige Jahrhunderte hinweg friedlicher als die Zeit, in der England begann, Irland zu erobern und zu einem Teil des englischen Königreiches zu machen. Zugegeben, die Iren waren nicht ganz unschuldig an den Eroberungsplänen – ein Streit zwischen zwei Clans um eine Frau führte dazu, dass einer der Kleinkönige den englischen König Heinrich II. um Unterstützung bat, woraufhin dieser sich dachte, als König von England könne er doch auch König von Irland sein, und 1171/72 zum ersten Mal versuchte, die Insel zu unterwerfen. Aber so einfach ließen sich die irischen Familien ihr Land nicht wegnehmen. Und daher war auch Owen O'Malley um 1530, als seine Tochter Grace geboren wurde, immer noch das Oberhaupt der Familie O'Malley auf Clare Island.*

Grace war noch nicht weit gekommen, als sie vom Hafen her laute Rufe hörte. Das musste ihr Vater sein! Schon seit Tagen erwarte-

ten sie ihn und seine Schiffe zurück, die hoffentlich beladen waren mit Wein, Kleiderstoffen und anderen Waren, die es in Irland nicht gab und die an der unwirtlichen, rauen und immer windigen Westküste schmerzlich vermisst wurden.
An der Hafeneinfahrt hatten sich alle schon versammelt, die daheim geblieben waren. Grace rannte den schmalen Klippenpfad hinab zum Hafen und weiter auf der Hafenmauer aus grob behauenen Feldsteinen. Da waren die Schiffe ihres Vaters, und sie waren so nah, dass Grace ohne lange zu überlegen ins Wasser sprang und ihnen entgegen schwamm.
Vor Schreck verstummten die Bewohner von Belclare, Clare Islands Burg. Grace würde untergehen, da waren sie sich sicher. Umso mehr staunten sie, als die Tochter des Clanoberhaupts jetzt mit kräftigen Zügen die Schiffe erreichte. Behände kletterte sie an der Strickleiter hoch, die einer von der Besatzung eilig am Heck für sie hinunterließ. Als ihr schwarzer Lockenkopf über der Reling* erschien, ergriff der Vater seine Tochter und wirbelte sie kurz durch die Luft, bevor er sie in die Arme nahm und rief: „Was für ein Mädchen! An dir ist wirklich ein Junge verloren gegangen!"
Gute Geschäfte hatten Owen O'Malley und seine Männer in Spanien gemacht, die Vorratskammern waren wieder gefüllt, und es blieb immer noch genug zum Tauschen oder Verkaufen. Abends am Kaminfeuer in der Burg sprachen sie von Grace' übermütiger Tat.
„Jetzt, wo ich schwimmen kann, nimmst du mich doch mit auf deine nächste Fahrt?", bettelte das Mädchen.
Ihr Vater schüttelte den Kopf, und noch ehe er den Bitten und Flehen seines Kindes nachgeben konnte, stand Grace' Mutter resolut auf, nahm ihre Tochter an die Hand und schickte sie ins Bett mit den Worten: „Schlag dir das aus dem Kopf! Du bist ein Mädchen, und das Leben eines Seemannes ist nichts für junge Ladys!"
Wer jetzt aber dachte, Grace würde weinend auf ihrem Lager lie-

Grace O'Malley als Junge verkleidet auf dem Schiff ihres Vaters

gen, der kannte den starken Willen der Tochter von Schwarzeiche nicht.

An einem klaren Spätsommermorgen versammelte sich die Familie zum Frühstück an dem großen Eichentisch in der Küche, in der zu jeder Jahres- und Tageszeit ein Feuer brannte. Wie immer gab es Haferbrei mit Milch und Honig. Es sollte wieder auf

Fahrt gehen, wieder nach Spanien, die Männer wollten die letzten warmen und windstillen Tage nutzen, um weitere Waren zu erwerben.

Nur Grace fehlte, um sich zu verabschieden.

„Sie wird es nicht ertragen können, zu sehen, wie du wieder zu einer Reise aufbrichst“, mutmaßte ihre Mutter.

Schwarzeiche brummte etwas in seinen Bart und drängte zum Aufbruch.

Bei schönstem Wetter hissten sie die Segel, und kurz darauf legten zwei Schiffe ab, die schnell Fahrt aufnahmen. Der Wind stand günstig; ohne lange hin und her kreuzen zu müssen, verließen sie die Clew Bay, bis sie die langen Wogen des offenen Atlantiks unter dem Rumpf spürten.

Es gab ein paar Neue bei der gut zwanzigköpfigen Besatzung, auch Bran und Cian waren dabei und machten ihre erste Fahrt – Cian auf dem Schiff des Clanoberhaupts, Bran auf dem zweiten Boot. Dort entdeckte am nächsten Tag der Reise ein Besatzungsmitglied einen mageren Schiffsjungen, der sich wohl vor der Arbeit drücken wollte.

„Besonders kräftig scheinst du ja nicht zu sein“, lachte er den schwarzhaarigen Jungen an, als er ihn hinter einem Fass mit gesalzenen Heringen hervorzog. „Aber das wird schon noch. Hier, nimm die Bürste und hilf dem dicken Bran beim Schrubben der Planken.“ Mit diesen Worten packte er den Kleinen am Hemdkragen, drückte ihm eine Bürste in die Hand und stieß ihn in Richtung Schiffsbug, wo Bran schon auf den Knien lag und mit Seewasser den Boden bearbeitete.

Bran sah ihm neugierig entgegen. „Wer bist du denn, du magerer Hering? Haben wir uns schon mal irgendwo gesehen?“

„Bin neu dabei“, nuschelte der Schiffsjunge und begann mit gesenktem Kopf, die Planken zu scheuern.

„Du kommst mir aber bekannt vor“, ließ Bran nicht locker.

„Kann nicht sein", bekam er zur Antwort, „bin erst vorgestern nach Clare Island gekommen."
„Und wie heißt du?", fragte Bran.
„Gran", kam es kurz angebunden zurück.
Der Neue schien nicht besonders gesprächig zu sein, dafür bürstete er umso eifriger das Holz. Bran beobachtete ihn. Irgendwas stimmte hier nicht, so viel war klar, doch dann zuckte Bran die Achseln und fuhr mit der Arbeit fort.
Mittags setzten sich die beiden auf eine Rolle Tau. Es gab Brot und Buttermilch. Immer noch sagte der Neue nichts. Es blieb ihm nicht verborgen, dass Bran ihn weiter neugierig musterte, aber solange der nichts sagte, hielt auch Gran seinen Mund. Und Bran dachte bei sich, dass der Kleine eigentlich ein netter Kerl zu sein schien. Vielleicht hatte er Heimweh und war deshalb so still.
Am nächsten Tag liefen sie in Galway ein, dem wichtigsten Hafen an Irlands Westküste. Hier lagen alle großen Handelsschiffe vor Anker, die der irischen Seefahrer genauso wie englische, spanische und portugiesische Schiffe, sogar türkische Lastsegler gab es. Am Kai herrschte ein reges Treiben, viele Sprachen schwirrten durch die Luft. Owen O'Malleys Leute nahmen eine ganze Reihe von Ballen mit schwerem irischen Leinen an Bord, das sie in Spanien gut gegen andere Waren eintauschen konnten.

*Schon seit Jahrhunderten lebten die Menschen davon, dass sie mit Schiffen die Meere befuhren, Tauschgeschäfte abschlossen und Handel trieben. Als Christoph Kolumbus 1492 den Seeweg nach Amerika entdeckte und Vasco da Gama 1498 einen Seehandelsweg nach Indien fand, blühte der Handel auf, und die Länder, die eine große Handelsflotte hatten, wurden reich. Das waren vor allem England und die Niederlande, Spanien und Portugal. Reich wurden sie auch durch die Kolonien**, durch die Länder, die sie in Afrika, Asien und Amerika eroberten und ausbeuteten. Aus Südamerika holte man*

die Kartoffel nach Europa, aus Indien und vor allem aus dem malayiischen Malakka kostbare und teure Gewürze, Tee und Seide aus China.
Irland war keine große Nation, und das Land besaß keine Handelsflotte, aber Irland war eine Insel, und die meisten Iren waren Küstenbewohner, die von der Seefahrt und der Fischerei lebten. Sie handelten mit Britannien und Schottland, sie fuhren nach Frankreich, Spanien und Portugal. Und es heißt, dass viele Jahrhunderte vor Kolumbus, schon um 530, der irische Mönch Brendan mit ein paar Gefährten in einem Segelboot die nordamerikanische Küste erreicht hatte. Owen O'Malleys Familie trug also mit Fug und Recht den Wahlspruch „Mächtig zu Lande und zu Wasser" in ihrem Wappen.

Bran und der Schiffsjunge lehnten an der Reling und beobachteten das Gedränge und das Aufladen der Leinenballen. Kurz bevor sie ablegten, kam Schwarzeiche an Bord, um mit Seon, dem Steuermann, noch einmal über ihre Route sprechen.
Seon und Schwarzeiche standen am Mast, als sie die beiden Jungen an der Reling sahen, den rothaarigen, dicken Bran und den mageren, schwarzen Gran. Owen O'Malley stutze, sah noch einmal genau hin und fragte dann Seon nach den beiden Jungen.
„Der Dicke mit den roten Haaren ist Bran, der Sohn meines Bruders." Der Steuermann zeigte auf den roten Lockenkopf. „Du hast ihn bestimmt schon oft in der Burg getroffen." Dann verstummte er und überlegte eine Weile, bevor er sagte: „Den anderen habe ich noch nie gesehen."
Seon hatte seinen Satz noch nicht beendet, da stürmte Schwarzeiche auch schon vor, schnappte sich den kleinen, dunklen Bengel und riss ihn mit seinen kräftigen Armen in die Höhe.
„Soll dich die Katze fressen und der Teufel die Katze!", fluchte er so laut, dass es alle auf dem Schiff hörten. „Das hier ist kein Schiffs-

junge, das ist ein Schiffsmädchen. Was um alles in der Welt hast du hier zu suchen, Grace?"
„Vater, lass los, du tust mir weh!", verlangte die Tochter. Und Schwarzeiche tat ihr den Gefallen, er ließ Grace einfach auf die Planken fallen.
„Du hättest mich doch nie mitgenommen!", beschwerte sie sich. „Und Mutter hätte es sowieso nicht erlaubt, also musste ich doch zu einer List greifen ..."
„Und dir deshalb die Haare abschneiden?", polterte der Vater.
Von nun an wurde die Tochter des Clanoberhaupts von den Seeleuten nur noch *Grainne Mhaol* genannt: Grace mit den stoppeligen Haaren, weil sie aussah wie ein Getreidefeld nach der Ernte. Murrend nahm Owen O'Malley seine Tochter mit auf sein Schiff, schließlich konnte er sie ja schlecht in Galway zurücklassen.
Grace lernte auf dieser und auf späteren Fahrten das Seefahrerhandwerk. Und sie war eine gelehrige Schülerin. Schnell begriff sie, was ihr Bruder nie verstanden hatte: alles, was der Wind und die Wellen dem Seemann sagen konnten, alles über Ebbe und Flut, wie ein Schiff zu lenken war, wie man Untiefen* erkannte oder gefährliche Strömungen. Sie prägte sich die Handelsrouten ein, und bald kannte sie auch jeden Stern am Himmel und wusste, wie man navigierte. Sie überstand ihren ersten Sturm und ihre erste Seekrankheit. Nie wieder wurde sie danach seekrank, sie schien wie geschaffen für Schiffsplanken und Wind und Wetter.
In den fremden Häfen, in denen sie ankerten, merkte sie sich bei den Gesprächen über Waren und Mengen jedes Wort. Bald schon konnte sie sich auf Spanisch oder Portugiesisch verständigen. Und weil sie nun mit den Menschen in den fremden Ländern in deren Sprache reden konnte, war sie bald auch geschickter im Handeln als ihr Vater.
Owen O'Malley war zu Recht stolz auf seine Tochter. Aber er dachte doch auch, dass die Bestimmung der Frauen darin lag, zu

Grace und ihr Vater Schwarzeiche

heiraten, ihrem Mann eine gehorsame Frau zu sein, ihm Kinder zu gebären und sie zu erziehen, so wie es Grace' Mutter Margaret getan hatte und wie es auch Grace' künftiges Schicksal sein sollte. Allein seine Tochter machte sich darüber keine Gedanken.
Als sie nach Hause zurückkehrten, sprach Margaret erst einmal kein Wort mit ihnen, sie ärgerte sich über ihre Tochter ebenso

wie über ihren Mann. Owen hatte Grace immer schon bevorzugt und ihr viel zu viel durchgehen lassen! Grace hätte der Sohn sein sollen, den er sich immer gewünscht hatte, nicht der Weichling Donal. Als gehorsame Ehefrau aber wagte Margaret nicht, gegen Owen aufzubegehren. Noch nicht.

Grace fuhr weiter mit ihrem Vater zur See. Wenn sie keine Waren kauften, tauschten oder handelten sie, und wenn ihnen ein Schiff in die Quere kam, das eine leichte Beute zu sein versprach, kaperten sie es ganz einfach mitsamt der Ladung. Wer sich nicht freiwillig ergab, wurde über Bord geworfen; wenn er schwimmen konnte, erreichte er vielleicht das rettende Ufer, sonst diente er den Fischen als Futter.

Der Küstenstrich vor Clare Island gehörte den O'Malleys, solange sie denken konnten. Und ebenso wie die anderen Clans betrachteten die O'Malleys es als ihr gutes Recht, in ihren Gewässern auf Beutezug zu gehen.

Genauso gut konnten sie aber auch selbst zur Beute werden und mussten dann um ihr Leben fürchten. So sichtete eines Tages der Ausguck hoch oben im Mast ein fremdes Schiff am Horizont, das sich schnell näherte und dessen Absichten nicht unbedingt friedlich zu sein schienen. Kaum war die Galeere* herangekommen, erkannte die Mannschaft die Fahne am Mast. Engländer! Sie hassten die Engländer, die schon seit mehr als hundert Jahren zu Lande und zu Wasser versuchten, den Iren ihr Land wegzunehmen und sie zu unterwerfen.

Hätte es im 12. Jahrhundert, vierhundert Jahre vor der Geburt von Grace, nicht den Streit zwischen den Oberhäuptern zweier Clans gegeben, vielleicht wäre Heinrich II. nicht auf die Idee gekommen, die Nachbarinsel zu einem Teil seines Königreiches zu machen. So aber fiel er 1171 in Irland ein und setzte englische Barone anstelle der irischen Könige ein. Die Barone bauten ihre Burgen vorwiegend

im Osten, also nahe ihrer Heimat, und versuchten, weitgehend im Frieden mit der irischen Bevölkerung zu leben. Im Südwesten und Nordwesten der Insel aber behielten die irischen Familien die Macht. Im Hundertjährigen Krieg, der von 1337 bis 1434 dauerte, musste sich das englische Königreich auf den nicht enden wollenden Kampf mit Frankreich konzentrieren und vernachlässigte daher seine Besitztümer in Irland, die auf einen schmalen Landstreifen im Osten des Landes zusammenschrumpften.
1541 aber ließ sich Heinrich VIII. zum König von Irland ausrufen. Er fürchtete, dass Spanien sich mit dem katholischen Irland zusammentun würde, und das musste, so nah vor der Haustür Englands, verhindert werden. England verstärkte deshalb seine militärischen Maßnahmen und seine Siedlungspolitik auf der Nachbarinsel.
Vierhundert Jahre lang hatten die Engländer nun schon versucht, das kleine Irland zu beherrschen, doch die Iren ließen sich ihr Land nicht nehmen und wollten ihre Religion und ihre Sprache nicht aufgeben. Auch wenn ihre Dörfer niedergebrannt, ihre Klöster zerstört, irische Ländereien an Engländer gegeben wurden, ihr Widerstand war erbittert. Und immer wieder gab es Gebiete auf der Insel, in denen sich die Engländer besser nicht blicken ließen. Schließlich kannten die Iren jeden Wald, jeden Gebirgszug, jede Bucht und Küstenlinie.

Schwarzeiche schickte seine Tochter unter Deck* und verbot ihr, sich aus ihrem Versteck zu rühren. Kaum hatte er ihr aber den Rücken gekehrt, nutzte Grace die Gelegenheit und kletterte ungesehen in die Takelage*. Von hier oben konnte sie das Geschehen gut verfolgen. Es stand schlecht um die Leute ihres Vaters.
Als Grace voller Entsetzen sah, wie ein englischer Pirat ihren Vater mit gezücktem Dolch hinterrücks überwältigen wollte, zögerte sie keinen Wimpernschlag. Sie griff nach einem Tau, schwang sich schreiend durch die Luft und landete auf dem Rücken des über-

raschten Piraten, der kopfüber zu Boden ging. Die Iren nutzten die Situation, um die Oberhand zu gewinnen, und entsetzt flüchteten die Engländer auf ihr Schiff und suchten das Weite. Grace war die Heldin des Tages.

„Grace wird bald alt genug für eine Heirat sein“, klagte Margaret, nachdem Vater und Tochter, glücklich dem englischen Angriff entronnen, zurückgekehrt waren. „Sie beherrscht noch nicht mal die einfachsten häuslichen Tätigkeiten! Sie kann nicht kochen, sie kann nicht spinnen, sie kann weder lesen noch schreiben, wie kann sie da ihrem zukünftigen Mann eine gute Frau sein?“

Schwarzeiche musste dem Drängen seiner Frau schließlich nachgeben. Die Eltern beschlossen, ihre Tochter in die Obhut der Mönche aus der Abtei* von Murrisk zu geben. Dort sollte das Mädchen die für eine Ehefrau und Mutter notwendigen Fähigkeiten erwerben. Es halfen kein Flehen und Bitten, es halfen keine Wutausbrüche, kein Weglaufen und kein trotziges Verharren auf ihrem Lieblingsfelsen hoch über dem Meer. Grace kam zu den Mönchen in die kleine, aber altehrwürdige Abtei von Murrisk, die eine Tagesreise entfernt an der Clew Bay im Schatten des Croagh Patrick lag, des heiligen Berges von Irland. Als sie begriff, dass aller Widerstand zwecklos war, fügte sie sich in ihr Schicksal und wurde zu einer ebenso gelehrigen wie fleißigen Schülerin. Wer wusste schon, wozu es noch gut sein sollte, Schreiben, Lesen und Latein zu lernen, dachte sie sich. Wenn sie später die Flotte der O’Malleys befehligen würde, könnte ihr das nur nützlich sein.

Nur eines lernte Grace nicht bei den Mönchen: die englische Sprache. Als Irin müsse sie kein Englisch sprechen können, erklärten die frommen Männer, Gälisch wäre ihre Muttersprache und Latein die Sprache der christlichen Welt, das würde für jeden guten Mann reichen und für ein Mädchen erst recht.

Nach der Erziehung in Murrisk kehrte Grace zurück zu ihrer Fa-

milie und nahm ihr altes Leben auf. Wieder fuhr sie mit ihrem Vater nach Spanien, Portugal und Schottland.
Eines Tages, als das Schiff voll beladen mit Waren auf dem Rückweg war, geschah etwas Schreckliches.
„Feuer!“, hallte es gellend über das Schiff, „Feuer an Bord!“
Die Flammen loderten schon aus den Luken des Laderaums empor. Grace’ Vater stand erstarrt hinter dem Ruder. Die Männer waren wie gelähmt, aber vom Kapitän kam kein Befehl.
„Holt die Segel ein“, schrie Grace da den Männern zu. „Lasst sie zu Wasser, aber haltet sie gut fest.“
Der rothaarige Bran reagierte als Erster: „Los, Männer, tut, was sie sagt!“
Jetzt kam endlich Bewegung in die Mannschaft. Die Männer, die Grace mit Äxten in den Laderaum schickte, hackten Löcher in den Schiffsrumpf, und das einströmende Wasser löschte das Feuer. Grace selbst drängte ihren Vater zur Seite und übernahm das Ruder, um das Schiff an eine seichte Stelle zu lenken, an der es knirschend auf den sandigen Grund lief.
Sie waren am Leben, und das Schiff war gerettet. Grace wurde gefeiert, mit Hochrufen trug man sie über die Planken. Der Einzige, der zu all dem kein Wort sagte, war Schwarzeiche. Zu Hause verstand Grace endlich den Grund. Sie hatte ihren Vater beschämt, sie hatte ihn bloßgestellt und seine Fähigkeiten als Kapitän vor der Mannschaft angezweifelt. Das konnte Schwarzeiche auch seinem Lieblingskind nicht durchgehen lassen. Grace war jetzt sechzehn Jahre alt, es war höchste Zeit, sie zu verheiraten.

Aufs Meer hinaus

Grace auf Kaperfahrt

Der Auserwählte war Donal O'Flaherty, auch *Donal of the Battles* genannt: Donal der Schlachtenreiche. Er war der Sohn des Clanoberhauptes der O'Flahertys, deren Gebiet im Süden an das der O'Malleys grenzte und in deren Besitz die Burgen von Ballinahinch und Bunowen waren. Die Burg von Bunowen sollte von nun an Grace' Heimat sein.

Auserwählt war Donal, aber nicht von Grace O'Malley. Sie wurde gar nicht erst gefragt. Owen O'Malley war der Meinung, den bestmöglichen Mann für seine Tochter gefunden zu haben. Durch die Verbindung der O'Malleys mit den O'Flahertys vereinten sich zwei mächtige Familien und zwei große Gebiete, Clare Island und Connacht. Das konnte nur von Vorteil sein, und das hatte Grace einzusehen. Frauen hatten zu gehorchen, wenn das Oberhaupt des Clans befahl.

Connacht war ein unwirtlicher, baumloser Landstrich, mit grauen Felsen zwischen moorigen Tümpeln und winzigen, armseligen Hütten neben kleinen Feldern. Die Menschen sprachen wenig und konnten kaum von ihren kargen Ernten leben, die ganze Gegend wirkte so einsam und trostlos, dass sogar die struppigen Esel die Köpfe hängen ließen. Freiwillig jedenfalls ging niemand nach Connacht! Und Donal selber machte die Sache nicht besser, er war ein aufbrausender und jähzorniger Kerl, dessen Beiname „der Schlachtenreiche" eher auf seine ständigen Streitereien zurückzuführen war als auf ehrenvolle Heldentaten. Zur Hochzeit kam der wilde Donal dann auch mit einem Haufen zerlumpt aussehender Männer und wenigen schäbigen Schiffen nach Clare Island.

Donal und Grace verlassen nach ihrer Hochzeit Clare Island.

Aber Grace hatte sich in die Dinge zu fügen, und damit dies auch ein für alle Mal klar war, wurde die Hochzeit gleich zweimal vollzogen, einmal nach altem gälischem Recht und einmal in einer katholischen Zeremonie.

Bei einer Hochzeit nach gälischem Brauch hatten Mann und Frau die gleichen Rechte und Pflichten, sie waren einander ebenbürtig, keiner war dem anderen untertan. Grace hätte dieses Gelöbnis durchaus gereicht, zumal sie dann nach einem Jahr hätte ent-

scheiden können, ob sie weiterhin Donals Frau sein wollte. Diese Möglichkeit aber wurde ihr mit der zweiten Zeremonie genommen. Die kirchliche Trauung in der kleinen Familienkapelle im Jahr 1546 machte sie für ihr ganzes Leben ihrem Manne untertan und verpflichtete sie dazu, ihm viele Kinder zu gebären.
Donal durfte weiterhin seine Beutezüge in der Umgebung unternehmen, während Grace von nun an das Leben einer treusorgenden Frau und Mutter zu führen hatte. Bei den Prahlereien ihres Mannes während der Feierlichkeiten wurde Grace immer stiller und wütender. Als sie in See stachen, um in ihre neue Heimat zu segeln, waren die Schiffe reich beladen mit Hochzeitsgeschenken, mit Schafen, Pferden und allerlei Haushaltsgegenständen. Grace stand am Heck und verabschiedete sich mit Tränen in den Augen von ihrer Heimat, ihrer Kindheit, von ihren Träumen. Sie war mit einem Mann verheiratet worden, den sie nicht mochte, der weder kühn noch heldenhaft oder schön war.
Sie bemerkte nicht, dass auch ihr jemand traurig hinterhersah. Bran mit den roten Haaren stand am Ufer und kehrte erst wieder zur Burg zurück, als nicht der kleinste Fetzen Segel am Horizont mehr zu erkennen war. Sechzehn Jahre sollte es dauern, bis er Grace O'Malley wiedersah.

Grace war nun verheiratet, das Oberhaupt der Familie war ihr Mann Donal. Er bestimmte, sie musste gehorchen. Als Frau hatte sie zwar auch Aufgaben – die Dienerschaft beaufsichtigen, Kinder versorgen und aufziehen, sich um Kleidung, Essen und Trinken kümmern, um Garten und Vieh –, aber in der Rangordnung stand sie unter ihrem Mann. Eigentlich stand sie unter allen Männern. Sie hatte keine eigenen Rechte, und sie durfte nicht an den Ratsversammlungen der Männer teilnehmen.
Zur Zeit der Kelten war das noch anders gewesen. Frauen und Männer waren rechtlich und sozial gleichgestellt, keine Frau konn-

te gegen ihren Willen verheiratet werden, und sie konnte sich auch wieder von ihrem Mann trennen und behielt dabei ihren Besitz. Starb der Mann, so erbten nicht nur die Söhne, sondern erst einmal die Frau und mit ihr die Töchter.
Es war Grace' Pech, dass sie sowohl nach altem keltischem Brauch wie nach neuem christlichem Recht verheiratet wurde. Aber kann man sich eine Grace O'Malley zufrieden am Herdfeuer vorstellen?

Bunowens Mauern waren düster und grau. Die Burg lag hinter einem mächtigen Felsen versteckt direkt am Meer, das bedrohliche Riffe* und gefährliche Strömungen aufwies. Hinter der Burg erhoben sich in der Ferne die dunklen Gipfel der Twelve Bens, der Berge von Connacht.
Die Bewohner der Burg waren raue Gesellen, die oft unzufrieden murrten, wenn die Handelsfahrten wieder einmal nur geringe Erträge eingebracht hatten. Das lag jedoch vor allem daran, dass sich Donal O'Flaherty einem Bann zu fügen hatte – aufgrund einer seiner vielen Streitigkeiten hatte der englische Gouverneur* ihn bei Strafe angewiesen, sich von Galway fernzuhalten; auch keines seiner Schiffe durfte sich der Galway Bucht nähern. Galway aber war das Handelszentrum Irlands und der wichtigste Hafen an der Westküste, dorthin und praktisch direkt an Donals Nase vorbei segelten die reich beladenen Schiffe der Kaufleute. Donal blieb diese Beute vorenthalten. Er hatte nicht genug Leute, und seine eigenen Schiffe waren zu alt und zu schwerfällig, um sich dem Bann zu widersetzen. Die wenigen Handelsmöglichkeiten, die ihm blieben, brachten keinen großen Gewinn. Außerdem war Donal nach wie vor in nachbarschaftliche Streitereien verstrickt. Das führte eines Tages dazu, dass der Clan der O'Flahertys einem anderen jungen Mann aus der Familie den Vorzug gab und ihn anstelle von Donal zum Oberhaupt wählte.
Seinen Zorn ließ Donal an Grace aus, die ihm nichts recht mach-

Grace mit ihren drei Kindern Owen, Murrough und Margaret

te, die mit ihrem losen Mundwerk sogar seine Männer gegen ihn aufbrachte und jedem erzählte, was für ein schlechter Seemann Donal war.

„Zu Lande magst du vielleicht kämpfen können, aber als Seemann taugst du so viel wie eine plumpe und ungeschickte Kröte!", warf sie ihm eines Tages auf einer Versammlung der Männer an den Kopf, bei der sie sich eingeschlichen hatte.

„Frauen bringen nur Unglück auf Schiffen", schrie Donal zurück.

„Die Flausen, die dein Vater dir in den Kopf gesetzt hat, werde ich dir schon austreiben! Kümmere du dich um die Kinder und halte dich gefälligst raus aus Sachen, die dich nichts angehen!“, befahl er und schickte sie zurück in ihre Kammer.

Sechs Jahre war Grace nun schon mit Donal verheiratet, drei Kinder hatte sie zur Welt gebracht: Owen, Murrough und die kleine Margaret. Owen und Murrough kamen ganz nach ihrem Vater, sie waren Raufbolde, schneller mit den Fäusten als mit Worten. Grace allerdings war nicht unbedingt eine liebevolle, fürsorgliche Mutter. So wie sie sich schon als Mädchen lieber draußen herumgetrieben hatte, tat sie das auch in Bunowen Castle, dessen Enge und Düsternis sie kaum ertragen konnte. Die Kinder überließ sie der Obhut einer Magd. Kein Wunder, dass die drei kein besonders inniges Verhältnis zu ihr hatten.

Grace wurde mit den Jahren immer ruheloser, immer öfter hielt sie sich nicht an Donals Anweisungen, sondern mischte sich in die Gespräche der Männer ein, immer öfter kritisierte sie dabei ganz offen auch ihren Mann. Und als wieder einmal die Lebensmittel knapp waren und auf Bunowen Castle gehungert wurde, während Donal irgendwelche Scharmützel* mit dem verfeindeten Clan der Joyces austrug, scharte sie die zu Hause gebliebenen Männer um sich.

„Galway mag eine mächtige Stadt sein, aber auf See könnten wir die Herrscher werden. Warum fahren wir nicht hinaus und machen den Weg frei für den Handel mit Spanien oder Frankreich?“, fragte sie ruhig.

Den Männern verschlug Grace’ Vorschlag zunächst die Sprache, bis der Älteste sagte: „Hört euch das Weib von Donal an! Wir sind ja viel gewöhnt von dir, aber jetzt erzählt du Unsinn. Wer soll uns denn nach Spanien führen? Donal darf nicht an Galway vorbei, und von uns kennt keiner den Weg!“

Doch Grace wischte seine Bedenken einfach zur Seite. „Ich weiß, wie man ein Schiff führt. Ich kenne auch den Weg nach Spanien,

und wie man auf Kaperfahrt* reiche Beute macht, habe ich von klein auf gelernt."
Letzteres war nicht ganz richtig, Schwarzeiche hatte es meistens vorgezogen, Handel zu treiben, statt andere Schiffe zu überfallen. Doch was spielte das jetzt für eine Rolle? Grace wollte die Männer überzeugen, eine Frau als Kapitän zu akzeptieren. Sie!

Jetzt erinnerten sich die Männer an das, was man vor Jahren an der ganzen Küste von ihr erzählt hatte, bevor sie von ihrem Vater und ihrem Mann hinter die Mauern von Bunowen Castle verbannt worden war: Sie war die Tochter von Owen O'Malley, dem seefahrenden Helden, der für seinen Clan Handelswege in weit entfernte Länder gefunden hatte, sie war bei vielen Reisen dabei gewesen und hatte angeblich sogar gegen englische Piraten gekämpft. Was zählten da schon Tradition und die drei Kinder, die sie zur Welt gebracht hatte? Und wenn sie nicht demnächst die Steine essen wollten, die so zahlreich auf ihren Feldern lagen, blieb ihnen ohnehin kaum eine andere Möglichkeit, als Grace zu folgen. Grace O'Malley lässt sich die Seefahrerei nicht austreiben, dachten sie, und schlimmer, als es schon ist, kann es nicht werden.

Die Männer nickten, zunächst noch unentschlossen, aber bald voller Überzeugung. Und als Grace bestimmte: „Wir laufen aus! Macht die Schiffe klar, das nächste Segelschiff, das vor unserer Küste kreuzt, gehört uns!“, waren sie alle dabei.

„Wir folgen dir!“, riefen sie und lachten schon über das Gesicht, das Donal bei seiner Rückkehr machen würde. Dasselbe dachte auch Grace und fühlte sich nach vielen Jahren endlich wieder frei und glücklich. Es ging auf See, und sie würden den Kaufleuten schon zeigen, wer das Sagen in der Bucht hatte!

Schon die erste Kaperfahrt war erfolgreich. Sie kreuzten zwischen den Aran Islands und dem Festland, und bereits nach kurzer Zeit erspähten sie eine Galeere, die auf dem Weg nach Galway war. Als das Handelsschiff die Segler der O'Flahertys zwischen Inishmore und Inishmaan auftauchen sah, war es auch schon zu spät. Die Kauffahrer* hatten hier keine Piraten erwartet und waren nicht darauf vorbereitet, sich verteidigen zu müssen. Starr vor Schreck sahen sie mit an, wie eins der Boote plötzlich aus dem Verband ausscherte, schnell Fahrt aufnahm und so nahe an ihrem Rumpf kreuzte, dass alle hölzernen Ruder des Schiffes auf dieser Seite

zerstört wurden. Die Galeere war nicht mehr zu steuern. Hilflos musste der Kapitän zusehen, wie sein Schiff geentert* wurde und ein Haufen zerlumpter Kerle sich über die Ladung hermachte. Der Kapitän und die Mannschaft waren nicht nur erschrocken angesichts der Kühnheit dieses Manövers, sondern wollten kaum glauben, dass eine Frau mit langen, schwarzen Locken die Piraten anführte und ihnen, eine Pistole in der Hand, Befehle erteilte. Das Ganze erschien ihnen wie ein Spuk, und ehe sie begriffen hatten, was eigentlich geschehen war, drehten die Boote auch schon wieder ab und ließen die Galeere leergeräumt bis auf die letzte Kiste zurück.
Umso schwerer beladen waren die Schiffe der O'Flahertys, und als sie in Bunowen festmachten, war der Jubel groß, und es gab niemanden, der Grace O'Malley nicht hochleben ließ.

Piraterie oder Freibeuterei ist eine uralte Tradition. Schon in der Antike überfielen seefahrende Völker mit ihren Ruderbooten vor allem Küstenorte oder Schiffe, die nahe der Küste unterwegs waren. Auch die Wikinger waren ein Volk von Seeräubern. Vom Norden Europas aus drangen sie bis ins Mittelmeer vor, fuhren auf Flüssen oft weit ins Land hinein, überfielen die Dörfer, Städte, Klöster und plünderten, raubten und mordeten.*
Im Mittelalter wurden Piratenkapitäne von ihren Landesherren, Fürsten oder Königen oft mit Kaperbriefen ausgestattet. Das waren Briefe, mit denen die Herrscher es den Seeräubern erlaubten, andere Schiffe zu überfallen – natürlich nur solche, die nicht der eigenen Nation angehörten. Das war dann sozusagen gesetzlich erlaubte Piraterie.
So lauerten Piraten seit Jahrhunderten auf hoher See Handelsschiffen auf, und waren keine wertvollen Waren an Bord, nahm man den Kaufmann, den Schiffsbesitzer oder eine andere hochrangige Person gefangen und erpresste hohe Lösegeldzahlungen.

In der Ostsee waren Piraten unterwegs, in der Nordsee ebenso, auch im Mittelmeer und im Atlantik und später in der Karibik. Und so manche Besatzung von Handelsschiffen zitterte, wenn sie sah, dass ein entgegenkommendes Schiff die Piratenflagge hisste: den weißen Totenkopf auf schwarzem Tuch.

Als Donal von seinem Streifzug zurückkehrte, tobte und schrie er vor Empörung – sein Weib hatte nichts auf dem Meer zu suchen! Er hatte gedacht, ihr diese Flausen ein für alle Mal ausgetrieben zu haben. In seiner Wut fiel Donal nichts anderes ein als das, was er ohnehin am liebsten tat – einen Überfall auf einen der benachbarten Clans zu unternehmen. Dass seine Männer nun teilweise offen den Sinn einer solchen Unternehmung anzweifelten, machte ihn nicht nur noch wütender, sondern auch umso entschlossener. Er würde es ihnen allen zeigen, und vor allem Grace sollte sehen, was für ein Kerl er war!

Er versammelte so viele seiner Leute, wie ihm unter wüsten Drohungen folgen wollten, und zog wieder los. Seinen Zorn über Grace wollte er am Clan der Joyces kühlen und ihnen endlich Castlekirk nehmen, das mehrere Tagesreisen entfernt im Landesinneren lag: ein mächtiger Wohnturm mit hohen, zinnenbewehrten Mauern, der als uneinnehmbar galt. Und genau diese scheinbare Sicherheit war der Fehler der Bewohner. Sie waren unachtsam, und Donal überraschte sie im Schlaf. Als sein Rammbock* ihr Eingangstor niederstieß und seine Männer über sie herfielen, waren sie völlig wehrlos. Nur wenige Bewohner Castlekirks entkamen.

Von dem Tag an herrschte ein erbitterter Krieg zwischen den O'Flahertys und den Joyces. Grace war das nur recht, nun konnte sie ungehindert genau das tun, was sie immer schon gewollt hatte. Als Erstes wurden die Segelschiffe wieder in einen tadellosen Zustand versetzt; klein, schnell und wendig, so waren sie für ihre Aufgabe am besten geeignet. Dann besetzte Grace die wichtigsten Küstenabschnitte mit Beobachtungsposten und wies ihre Männer an, sofort Meldung zu machen, sobald ein Handelsfahrer gesichtet worden war.

Nach kurzer Zeit hatte sie den gesamten Küstenabschnitt unter Kontrolle. Alle Handelsschiffe, die von Schottland kommend den Norden Irlands passiert hatten, mussten an ihren Posten vorbei. Und Bunowen lag günstig für Grace' Vorhaben, von dort aus war sie sofort zur Stelle. Sie schnitt den Schiffen den Weg ab und forderte Wegezoll, bei Weigerung enterte sie kurzerhand das Schiff und nahm sich die ganze Ladung. Sie verstand es, mit dem Schwert ebenso gut umzugehen wie mit der Pistole. Bald schon waren Grace O'Malley und ihre Männer gefürchtet, und mehr als einmal mussten die Kaufleute es büßen, wenn sie dachten, mit einer Frau könnten sie es wohl aufnehmen.

So auch der englische Kaufmann, der eines Tages mit seinem Schiff in Richtung Galway segelte.

„Das Wetter ist viel zu stürmisch“, bemerkte er, als sie auf die Bucht von Galway zuliefen. „Da wagt sich niemand aufs Meer, und eine Frau schon gar nicht.“

„Das sehe ich auch so“, brummte der Kapitän der Galeere. „Wir können dicht unter der Küste kreuzen, wo der Sturm nicht ganz so schlimm ist.“

Aber als sie um die Spitze der Halbinsel Mannin kamen, sahen sie das Verhängnis genau vor sich: mehrere Schiffe, die in gerade Linie auf sie zuhielten. Der Kapitän gab den Befehl zum Wenden, aber auch hinter ihnen waren plötzlich schnelle und wendige Boote und schnitten ihnen den Weg ab.

Noch ehe die Kanonen klargemacht werden konnten, waren die Piraten rechts und links von ihnen, und schon enterten bis an die Zähne bewaffnete Männer das Schiff. Bleich vor Wut sahen der Kaufmann und der Kapitän mit an, wie die Kisten mit Gold und Silberwaren umgeladen wurden.

„Königin Elisabeth, Englands neue Königin, wird dich dafür verfolgen und dir deinen schönen Kopf abschlagen, Grace O'Malley!“, schrie der Kaufmann, als Grace mit gezücktem Messer auf ihn zutrat und ihm die silbernen Knöpfe von seinem Überrock schnitt.

„Meinetwegen kann sie ruhig Königin von England sein“, erwiderte Grace kalt. „Wir sind hier in Irland, und du bist in meinem Gebiet. Hier bin ich die Königin, merk dir das, du englischer Bastard*!“

Damit schien Grace jedes Interesse an den Engländern verloren zu haben. Sie hatte die Ladung, das reichte ihr, der Besatzung krümmte sie kein Haar. Das unterschied sie von vielen anderen Piraten: Sie verschonte die Mannschaft der überfallenen Schiffe. Oft genug bot sie den Männern sogar an, samt Schiff zu ihr zu wechseln. Und mehr als einmal musste ein Kapitän oder ein großmäuliger Kaufmann schließlich mit nichts als dem, was er auf dem Leib trug, in einem Ruderboot versuchen, bis Galway zu kommen. Ohne Schiff, ohne Ladung, ohne Mannschaft – und ohne silberne Knöpfe am Überrock.

Grace' Gefolgschaft war inzwischen auf einige hundert Mann angewachsen. Noch nie war es den O'Flahertys so gut gegangen wie unter ihrer Führung. Nach außen hin war Donal zwar immer noch der Herrscher auf Bunowen, aber seine Überfälle, die oft hinterlistig und heimtückisch waren, und seine feigen Angriffe auf die Mitglieder anderer Familien ließen seinen ehemals großen Namen immer kleiner werden. Donal war ein Warlord* geworden, ein Raufbold und Unruhestifter, der sich mit allen und jedem anlegte.

Als Grace und ihre Männer wieder einmal im großen Saal von Bunowen Castle einen erfolgreichen Überfall feierten, stürmte einer der Leute ihres Mannes in den Saal.

„Donal ist tot! Wir sind in einen Hinterhalt der Joyces geraten", berichtete er atemlos. „Ich konnte gerade noch entkommen!"

„Dann hat er also seine gerechte Strafe erhalten!", sagte Grace nur, bevor sie ohne ein weiteres Wort hinausging, um ihre Kinder von dem Tod des Vaters zu unterrichten.

Dass es um die Ehe von Donal und seiner Frau nicht gut gestanden hatte, wussten alle. Aber dass Grace jetzt offensichtlich sogar froh über seinen Tod war, gab Anlass zu neuen Gerüchten. Hatte sie ihn nicht aus der Burg gedrängt, hatte sie ihm nicht auch den Tipp gegeben, wo er den verhassten Joyce finden würde? Und nun also ein Hinterhalt! Hatte da etwa Grace selbst ihre Hand im Spiel gehabt?

Wie auch immer, Donal hatte dem Joyce-Clan Castlekirk weggenommen – nun hatten sie sich gerächt, und Donal war tot. Lange noch redeten die Bewohner von Bunowen in dieser Nacht darüber, wie es weitergehen sollte. Nach altem Recht gehörte der Ehefrau ein Drittel der Besitztümer. Der Clan der O'Flahertys aber verweigerte Grace ihren Teil der Erbschaft. Das war nicht weiter verwunderlich. Grace hatte sich nicht nur Freunde in der Familie gemacht, viele neideten ihr den Erfolg, viele sahen in ihr ein Mannweib, das ihren Mann in den Tod getrieben hatte. Ihr Anrecht auf den Besitz wurde also einfach missachtet.

Grace befand sich plötzlich in der Rolle der Geduldeten, der Bittstellerin. Das war eine Situation, die ihr überhaupt nicht gefiel. Als die Söhne Owen und Murrough sich zwei der wichtigsten Ländereien nahmen, ohne die Grace nicht mehr die Kontrolle der Küstenlinie innehatte, fasste sie einen Entschluss: Es gab keinen Grund mehr für sie zu bleiben. Sie würde zurück nach Clare Island gehen.

Ein paar Tage nach der Totenfeier für Donal rief sie ihre Männer zusammen.

„Wer will, kann mir folgen“, erklärte sie. „Clare ist wunderbar, das Land ist ertragreich, Meer und Flüsse sind voller Fische, und das Wichtigste ist, dass man von dort aus die Route aller Schiffe verfolgen kann, besser noch als von hier. Von Clare Island kann man die ganze Clew Bay kontrollieren, und auch nach Galway ist es nicht weit. Also, Männer, was sagt ihr dazu?“

Die ihr ergebenen Gefolgsleute brauchte sie nicht zweimal aufzufordern, auf der Stelle erklärten sich die meisten bereit, mit ihr zu gehen. Hatte sie nicht immer gut für sie gesorgt? Und war sie nicht viel mehr eine richtige Anführerin als ihre beiden Söhne? Fast zweihundert Männer gingen schließlich mit Grace nach Clare. Mancher war dabei, der sie wenige Wochen zuvor noch als Anführerin abgelehnt hatte.

Die Piratenkönigin

Der Geliebte aus dem Meer

Nach sechzehn Jahren kehrte Grace nach Clare Island zurück. Sie war kein hübsches Mädchen mehr, sie war eine schöne Frau geworden. Das erkannte der rothaarige Bran sofort, als er zur Anlegestelle eilte, kaum dass die Ankunft ihrer Schiffe gemeldet wurde.

Grace' Eltern lebten noch, aber ihre Mutter hatte sich mehr und mehr in die Kapelle zurückgezogen, in der sie schon während Grace' Kindheit stundenlang gebetet hatte. Und ihr Vater, der stolze Seemann? Owen war alt geworden, er fuhr nicht mehr aufs Meer, er trieb keinen Handel mehr, die Schiffe lagen im Schlick des Hafenbeckens und vermoderten. Nur einige kleinere Boote wurden noch zum Fischfang genutzt.

Doch wenn Grace gedacht hatte, ihr Vater würde sie glücklich in die Arme schließen, hatte sie sich getäuscht. Der Alte freute sich nicht, seine Tochter wiederzusehen, ganz im Gegenteil.

„Was willst du hier?“, herrschte er sie an. „Dein Mann ist tot, aber du gehörst nach Bunowen, und du hast deinem ältesten Sohn zu gehorchen. Das ist der Brauch.“ Und es kam noch schlimmer. „Was muss ich sehen“, schimpfte Owen weiter, „du trägst Männerkleidung!? Du fährst zur See, du befehligst die Männer an Bord? Du bist eine Piratin, eine Räuberin, eine Mörderin? Du bist kein Weib; mit so einer Brut will ich nichts zu tun haben!“

Er drehte ihr den Rücken zu und ging. Grace war enttäuscht und verwirrt, dann begriff sie – in den Augen ihres Vaters hatte sie ihre Pflicht nicht erfüllt, und nun hatte er sie verstoßen.

Trotzdem blieb sie mit ihren Männern in Belclare, dem Wohnturm der O'Malleys auf Clare Island. In der folgenden Zeit sprach sie weder mit ihrem Vater noch mit ihrer Mutter, aber beharrlich setzte sie von Belclare aus fort, was sie in Bunowen begonnen hatte.

Sie war mutig, sie war listig, sie beherrschte ihr Handwerk. Auch den Angehörigen der O'Malleys blieb das nicht verborgen, zumal der rothaarige Bran, der zu einem erfahrenen Seemann geworden war, ihr sofort und bedingungslos folgte. Die Burg von Belclare war ein idealer Standort. Kein Schiff konnte in die Clew Bay hinein- oder aus ihr hinausfahren, ohne von ihren Posten erspäht zu werden, und so machten sie und ihre Männer oft reichte Beute.

Aber nicht nur in der Clew Bay mussten die Schiffe auf der Hut vor der Piratenflotte sein, das Gebiet, das Grace kontrollierte, wurde immer größer. An der gesamten Küste Irlands, von Donegal im Norden bis Waterford im Süden, war man nicht mehr sicher vor Grace O'Malley, der Piratenkönigin, wie sie nach einiger Zeit voller Ehrfurcht wie auch Angst genannt wurde. Und tatsächlich regierte sie wie eine Königin und kannte nur das eine Ziel – ihre Macht zu vergrößern. Nicht um Reichtum ging es ihr, nicht um das Ansammeln teurer Stoffe und kostbarer Schmuckstücke, sondern um Macht.

Auf der kleinen irischen Insel Inishbofin beschlagnahmte sie einfach alle Schiffe der Einwohner, um ihre Flotte zu vergrößern. Und als sie auf den Aran Islands nicht willkommen geheißen wurde, hörte man das Donnern der Kanonen, mit denen sie die Hafenanlagen zerstörte, noch Meilen über das Meer.

Mit Schottland aber schloss Grace ein Bündnis und begleitete die schottischen Schiffe sicher die irische Küste entlang, wofür sie sich gut entlohnen ließ. Auf dem Weg zurück nahm sie die eine oder andere Beute zwischen den schottischen Inseln.

Aber nicht nur zu Wasser, auch zu Lande machten Grace O'Malleys

Clare Island

Männer von sich reden. Sie wiesen die benachbarten Clans in ihre Schranken, sie überfielen, plünderten und unterwarfen, sie zerstörten und eroberten Burgen und Befestigungen, sie brachten riesige Herden von Vieh in ihren Besitz. Grace' Gefolgschaft wuchs, ihre Flotte wurde größer, ihre Siege waren legendär. Sie kontrollierte inzwischen fünf Burgen, alle günstig gelegen für ihre Unternehmungen. Sie hatte eine gewaltige Flotte der unterschiedlichsten Schiffe: schnelle, leichte und wendige Curraghs* und Hooker* ebenso wie große Galeeren und Galeassen* und sogar kriegstaugliche Karavellen*, die mit Kanonen bestückt waren. Die Schar mutiger Männer, die ihren Befehlen folgte, setzte sich nicht mehr nur aus den Leuten des O'Flaherty- und des O'Malley-Clans zusammen. Wilde und unerschrockene Gesellen anderer Familien waren schon zu ihr gestoßen. Zur Gefolgschaft der Piratenkönigin zu gehören versprach Abenteuer, reiche Beute und gutes Leben.

Als Grace O'Malley ihre ersten Überfälle unternahm, hatte sie nur die Boote Donals zur Verfügung, vor allem Curraghs, leichte Ruderboote, deren Holzgerippe mit geteerter Leinwand überzogen war. Diese etwa fünf Meter langen und einen Meter breiten Boote wurden an der gesamten irischen Westküste zum Angeln und Fischen benutzt, und es hieß, sie seien so gut wie unsinkbar. Donal hatte sicherlich auch einige Hooker, Boote, die auf dem offenen Meer gesegelt werden konnten, aber auch in der Lage waren, im flachen Wasser zu fahren – ideal also für die zerklüftete Küste und die vielen Inseln der Connemara. Die Hooker waren etwa zehn bis vierzehn Meter lang, sie besaßen einen Mast mit Hauptsegel und zwei Vorsegel, der Rumpf war schwarz geteert, die Segel meistens braun oder rot. Und vor allem waren die Hooker kaum weniger schnell und wendig als ein Curragh, aber auch für weitere Fahrten bis in andere Länder geeignet.

Mit ihren wendigen kleinen Schiffen überfallen Grace
und ihre Leute eine englische Galeere.

Bei erfolgreichen Überfällen eroberte Grace' Seemacht auch große Schiffe, die den englischen oder spanischen Handelsflotten einen ziemlichen Schrecken einjagen konnten. Diese Galeeren und Galeassen waren Kriegsschiffe, die zwar mehrere Masten für die Segel hatten, zusätzlich aber gerudert wurden. Ihr Kennzeichen war ein Rammsporn am Bug, mit dem andere Schiffe zum Sinken gebracht werden konnten. Beide Schiffstypen waren sich ziemlich ähnlich –*

die Galeasse war größer, dafür aber auch langsamer und nicht besonders wendig und mit Kanonen bestückt.
Die Kriegsgaleeren waren 42 Meter lang und über fünf Meter breit. 300 bis 400 Mann Besatzung gehörten auf ein solches Schiff, viele davon waren Ruderer. Der Steuermann und der Kapitän befanden sich meistens auf dem hinteren Deck, von wo aus man über einen Steg, der in der Mitte verlief, auf die Back kam. Dort warteten Grace' Männer auf ihren Einsatz beim Entern der feindlichen Schiffe. Ein Deck tiefer saßen die Ruderer. Rudern auf einer Galeere war eine schwere, kräftezehrende Arbeit, eben eine „Galeerenstrafe". Früher, noch vor Grace' Zeit, setzte man oft Sklaven oder Sträflinge für diese Arbeit ein. Die Männer in Grace' Gefolgschaft aber waren durchweg wilde, verwegene Freiwillige.*
Viel lieber als diese großen, unhandlichen Schiffe aber benutzte Grace O'Malley ihre Karavellen, leichte Kriegsschiffe, die lange Strecken schnell zurücklegen konnten, die genauso auf offenem Meer wie in flachen Küstengewässern und auf Flüssen einsetzbar waren und zudem noch ausreichend Proviant tragen konnten. Karavellen waren in der Regel Zweimaster, etwa 30 bis 35 Meter lang, und hatten sechzig Mann Besatzung. Das Ruder lag mitschiffs, sie waren mit leichter Artillerie bestückt und gut in der Lage, hoch am Wind zu segeln, und damit äußerst schnell. So konnte man Verfolgern ohne große Probleme entkommen oder eben ein verfolgtes Schiff mühelos einholen.*

Nach dem Tod ihrer Eltern übernahm Grace O'Malley die Herrschaft über den Clan. Sie brachte ihn sogar dazu, sie zu seinem Oberhaupt auf Lebenszeit zu wählen. Das war bis dahin unvorstellbar gewesen, eine Frau als Clanchef! Aber diese Frau war ja auch anders als alle anderen. Sie verstand ihr Handwerk als Anführerin besser als so mancher Mann, sie kämpfte mit ihnen, sie würfelte mit ihnen, sie machte grobe Scherze. Ihr Ruhm ging weit über ihre Gebiete hinaus. Irgendwann würden sich die Engländer, die immer noch versuchten, ganz Irland unter ihre Herrschaft zu bekommen, das nicht mehr gefallen lassen. Aber noch war es nicht so weit. Und Grace war auf der Hut.

Am St. Brigid's Day, einem der vielen irischen Feiertage zu Ehren eines Heiligen, war Grace gerade auf dem Pilgerweg zu einer heiligen Quelle, als einer ihrer Verbindungsmänner im schnellen Galopp angeprescht kam.

„Ein Schiff, eine große Galeere, ist von der Strömung vor Achill Island in die Felsen geworfen worden", berichtete der Mann atemlos.

Die Aussicht auf reiche Beute und das Abenteuer einer Sturmfahrt waren allemal wichtiger für Grace als der Besuch einer heiligen Quelle.

„Dann muss St. Brigid wohl bis zum nächsten Jahr auf uns warten", rief sie und befahl ihre Männer zurück aufs Schiff. Unverzüglich ließ sie die Segel setzen, um als Erste an Ort und Stelle zu sein und sich die Ladung der Kauffahrer zu sichern.

Aber so sehr sie sich auch beeilten, das Schiff samt Waren war nicht mehr zu retten. An der Spitze Achills fanden sie das Wrack. Die Galeere war im Sturm auf einen aus dem Wasser ragenden Felsen geworfen worden und mitten entzwei gebrochen. Mann und Maus waren in der tosenden See untergegangen, die Ladung lag auf dem Meeresboden oder war von den Wellen davongetragen worden. Auch für Grace und ihr Schiff war es schwierig, sich in den tosenden Wasserwirbeln vor der schroffen Felsküste zu halten. Schon wollte sie beidrehen, als sie auf einem der Riffe eine leblose Gestalt entdeckte.

„Bran!", rief sie ihren Steuermann zu sich. „Kannst du erkennen, was das ist?"

Bran nahm sein Fernrohr und suchte die Felsen ab, bis auch er die Gestalt entdeckte.

„Da scheint einer von dem verunglückten Schiff auf einen Felsen geworfen worden zu sein", sagte er. „Aber ich kann nicht sehen, ob er noch lebt."
Grace ließ ein Boot klarmachen, um den Schiffbrüchigen zu bergen. Ihre Leute brachten den Mann an Bord und legten ihn auf einen Ballen Segeltuch. Grace beugte sich über ihn. Er war ohnmächtig und übersät mit Wunden. Aber er lebte!

Der Schiffbrüchige
Hugh de Lacy

Sie kehrten heim in das sichere Belclare. Dort ließ Grace den Fremden auf ihr Lager betten und pflegte ihn gesund.
Ihre Männer schüttelten die Köpfe. So etwas war noch nie vorgekommen! Dachte Grace vielleicht an ein Lösegeld? War der Fremde der Sohn eines reichen englischen Adligen, oder warum sonst gab sie sich solche Mühe für einen ihr unbekannten Mann?
Grace wusste selbst nicht, was mit ihr geschah und warum sie das Gefühl hatte, sich um diesen Mann kümmern zu müssen. Er war schön, hatte dunkles, welliges Haar, ebenmäßige Züge. Aber schöne Männer gab es auch unter ihren eigenen Leuten ... Nach zwei Tagen Pflege, in denen Grace nicht von seinem Lager wich, schlug der Fremde endlich die Augen auf. Mit schwacher Stimme berichtete er, dass er der Sohn eines reichen Kaufmanns aus Wexford an der Ostküste Irlands war, der mit der Galeere unterwegs gewesen war, als sie vom Sturm überrascht wurden.
Hugh de Lacy, wie er hieß, wurde wieder gesund. Grace versorgte ihn mit Essen und Trinken, sie brachte ihm die besten Weine und Kuchen, und nachts teilte sie mit ihm das Bett und wärmte ihn. Sie hatte nur noch Augen für den Fremden, alles, was sie tat, tat sie für ihn – die Piratenkönigin war verliebt. Und Hugh de Lacy dachte nicht daran, in seine Heimat zurückzukehren, das Leben auf Belclare an der Seite der schönen und klugen Grace O'Malley war verlockend angenehm.
Statt Befehle schallten jetzt die Lieder der Spielleute durch die Burg, statt zu hämmern und zu sägen und die Schiffe instand zu halten, saßen die Seeleute an den Kaminfeuern. Es gab Wein und Bier, und man lauschte den Geschichtenerzählern. Das Leben auf Belclare wurde behaglich, und die herrische und sonst so kratzbürstige Clanchefin schnurrte wie eine Katze am Herdfeuer.
Anfangs empfanden ihre Gefolgsleute dieses Leben als angenehme Abwechslung. Aber nachdem auch die nächsten Monate ohne Veränderung so vergingen, fingen die Männer an zu murren.

Ausgerechnet der rothaarige Bran wurde ausersehen, mit Grace zu sprechen – Bran, der Grace selbst schon lange im Stillen liebte und vor Eifersucht seit Wochen kein Wort mehr mit ihr wechselte! Aber er war derjenige, der ihr am nächsten stand, also machte er sich missmutig auf den Weg in Grace' Kammer, um den Auftrag der Männer auszuführen.

„Grace", begann er stotternd, „du weißt, dass ich alles für dich tun würde, was du verlangst. Und ich habe nie an deinen Entscheidungen gezweifelt, selbst wenn ich sie manchmal nicht richtig fand. Aber so, wie du es jetzt machst, geht es nicht weiter!"

Grace stellte sich taub. Doch Bran gab nicht auf.

„Grace", setzte er wieder an, „du bist das Oberhaupt des Clans! Seit Wochen sind wir nicht mehr draußen gewesen, wir haben kein Schiff gekapert, wir haben uns nicht um unsere Burgen und die Bobachtungsposten gekümmert. Wir müssen auf der Hut sein und die Nachbarclans in Schach halten, wir ..."

Brauchen neue Vorräte, wollte er sagen, aber da schnitt ihm Grace das Wort ab. „Willst du etwa andeuten, ich würde meine Pflichten vernachlässigen? Oder nicht gut genug für euch sorgen?", fuhr sie ihn an.

„Nun ja", wagte Bran einen neuen Vorstoß, „seit Hugh de Lacy hier ist, hast du nur noch Augen für ihn. Ja, du vernachlässigst deine Pflichten. Du machst dich lächerlich mit deinem Geturtel, Lacy hier, Lacy dort. Und seit wann überhaupt hält sich eine Frau einen Mann nur fürs Bett, ohne ihn zu heiraten!", platzte es aus ihm heraus. Nun war es gesagt. Erleichtert atmete Bran auf.

„Du … du bist ja eifersüchtig", lachte Grace. „Aber du hast nicht ganz unrecht. Schick die Späher aus, die nächste Galeere ist unsere. Und", fügte sie hinzu, „schick ein paar Leute zu unseren Vorposten. Ich will wissen, ob alles in Ordnung ist."

Hugh de Lacy blieb Grace' Geliebter, er blieb auch in Belclare, und Grace war weiterhin bei jeder Gelegenheit mit ihm zusammen.

Grace O'Malley und Hugh de Lacy

Aber sie stand auch wieder an Deck und erteilte wie gewohnt ihre Befehle. So war es gut, und bis auf Bran waren auch die Männer wieder zufrieden – das war die alte Grace O'Malley, ihre Piratenkönigin!
Allerdings wurde es Hugh de Lacy in den Zeiten, die er allein in Belclare verbrachte, mitunter ein wenig langweilig. Wenn Grace zu ihren Eroberungen aufbrach, war er tage-, manchmal wochenlang allein. Er hatte keine Freunde, was sollte er tun? Er erkundete die Gegend, er ging auf die Jagd, um sich die Zeit zu vertreiben. Und eines Tages kehrte er nicht zurück.
Grace war aufgebracht, als sie erfuhr, dass ihr Geliebter allein ausgeritten war, dass ihn keiner begleitet hatte und keiner zu seinem

Schutz bei ihm gewesen war. Hugh wusste nicht, wo die Grenzen der Clangebiete verliefen und wo er sich besser nicht aufzuhalten hatte.
„Warum habt ihr ihn alleine ziehen lassen?", fuhr Grace ihre Leute an. „Seid ihr wirklich so dumm, oder habt ihr das mit Absicht gemacht, um mich zu treffen? Ihr wisst, dass er sich nicht auskennt! Was wollte er überhaupt da draußen? Warum konnte er nicht einfach hierbleiben?"
Die Männer zuckten nur die Schultern. Hugh war schließlich keiner von ihnen, und es war ihnen völlig egal, ob er alleine durch die Gegend streifte oder vorm Feuer saß. Sie wussten nur, dass er ihre Anführerin dazu brachte, weich und schwach zu sein, sodass sie nicht mehr sie selbst zu sein schien.
„Er ist jagen", sagte einer schließlich.
„Dann seht zu, dass ihr ihn findet", rief Grace. „Jetzt sofort!"
Sie fanden Hugh de Lacy mit Pfeilen im Rücken, tot, in einem Waldstück, das den MacMahons von Ballycroy gehörte.
Als sie mit dem Leichnam zurückkehrten, heulte und schrie Grace außer sich vor Trauer und schwor den Mördern blutige Rache.
„Alle Feuer der Hölle über die MacMahons! Das werden sie mir büßen!", tobte sie.
Noch am selben Tag befahl sie, ein Schiff zu bemannen, und segelte nach Cahir Island. Ihre Späher hatten beobachtet, dass die MacMahons zu einer Wallfahrt* auf die einsame Felseninsel aufgebrochen waren.
Die Boote des Nachbarclans lagen in der sandigen Bucht, die MacMahons selbst waren in der kleinen Kapelle auf dem Hügel. Es gab einen alten Brauch, an den sich jeder hielt – geweihter Boden durfte nicht im Kampf betreten werden, und Pilgerfahrer mussten unversehrt bleiben. Cahir war so ein heiliger Boden und die Kapelle eine uralte christliche Kultstätte*. Doch Grace O'Malley war das egal. Sie war noch nicht einmal darauf bedacht, sich still

und heimlich Cahir zu nähern – so schnell es ging, ließ sie die Männer in die Bucht rudern und setzte die unbewachten Boote der MacMahons in Brand.

Die Flammen aber reichten nicht, um ihren Rachedurst zu stillen. Mit ihren Männern stürmte sie auf den Hügel und umstellte die Kapelle. Als die Betenden bemerkten, was geschah, war es zu spät. Der Mönch, der die Kapelle als Erster verließ, wurde niedergeschlagen, dann fielen Grace und ihre Horde mit Dolchen und Säbeln über die anderen her. Keiner entkam ihrer Vergeltung.

Und immer noch war es Grace nicht genug. Sie befahl ihren Männern, Kurs auf Doona zu nehmen. Doona war die Schutzburg der MacMahons in der Blacksod Bay. Die Bewohner von Doona rechneten nicht mit einem Angriff. Und viele waren sie ja ohnehin nicht, die meisten waren mit nach Cahir gefahren und hatten schon den Tod gefunden. Auch die MacMahons auf Doona wurden bis auf den Letzten von ihnen getötet, als die Piratenkönigin, einer griechischen Rachegöttin gleich, die Burg stürmte und ohne Erbarmen alle niedermetzelte.

Der eiserne Richard

Hochzeit nach gälischem Brauch

Fast die gesamte Clew Bay war damit in Grace O'Malleys Hand. Die gesamte? Nein, eine Burg im nordwestlichen Zipfel der Bay gehörte Richard Burke, auch bekannt als Iron Burke oder der „eiserne Richard". Sein Rockfleet Castle aber lag strategisch so günstig, dass Grace O'Malley diesen Posten unbedingt haben wollte, um ihre Macht und ihr Gebiet zu festigen. Rockfleet war ein mächtiger grauer Turm und schien uneinnehmbar, es war also zwecklos, die Burg zu belagern oder zu stürmen. Außerdem befehligte Iron Burke eine ganze Schar von Gefolgsleuten, ein Kampf hätte also nicht unbedingt einen Sieg versprochen und Grace' eigene Mann-

schaft nur geschwächt. Sie musste eine andere Lösung finden. Viele Nächte saß Grace O'Malley am Feuer des Kamins und sann über eine mögliche Einnahme von Rockfleet Castle nach. Eines Abends hörte sie im Hintergrund das Geschwätz der Mägde. Sie tuschelten über eine Hochzeit, darüber, wie leid einem das arme Ding doch tun konnte, so jung einen Greis heiraten zu müssen, nur damit der Familienbesitz gesichert sei. Plötzlich hatte Grace

Rockfleet, die Burg von Richard Burke, an der Clew Bay

eine Idee. Rockfleet musste gar nicht im Kampf eingenommen werden, da gab es vielleicht eine viel bessere Möglichkeit!
Mit Bran und einigen ihrer engsten Vertrauten brach sie am nächsten Morgen auf. Sie nahmen ein kleines Boot und segelten die Bucht hinauf nach Rockfleet. Keiner von Grace' Leuten wusste, was sie vorhatte.
Vor Rockfleet ließ sie die Mannschaft im Boot zurück und stieg allein die aus Felssteinen gefügten Stufen zum Turm hinauf. Kein Wunder, dass Rockfleet Castle als uneinnehmbar galt, zu ebener Erde gab es nur einen Zugang, eine eichene Tür, und erst in drei Metern Höhe das erste kleine Fenster, das eher einer Schießscharte glich. Hatte man genügend Wasser und Vorräte, konnte man hier jeder Belagerung standhalten.

Statt großer Burgen besaßen die irischen Clans oft sogenannte Wohntürme. Sie waren massiv gebaut, widerstanden jeglichen Angriffen und dienten gleichzeitig als befestigter Wohnsitz. Komfortabel war es im Inneren nicht; einen Kamin gab es meist nur im großen Saal, alle anderen Räume waren nicht beheizbar. Nun waren die irischen Winter zwar nie besonders kalt, trotzdem froren die Turmbewohner bestimmt.
Die englischen Lords dagegen saßen in ihren hochherrschaftlich eingerichteten Landsitzen, aber weder boten diese Schutz vor feindlichen Angriffen, noch konnte man von ihnen aus die gesamte Umgebung überblicken – ein großer Nachteil gegenüber den irischen Wohntürmen. Rockfleet Castle hatte vier Stockwerke, war achtzehn Meter hoch, stand am Rand einer schmalen Bucht und bot einen hervorragenden Blick auf die gesamte Clew Bay und die See um Clare Island.

Grace trat an die Tür des mächtigen Turmes und klopfte. Nichts rührte sich. Sie schlug mit der Faust gegen das Eichenholz. Da endlich öffnete sich quietschend die schwere Tür, und heraus trat ein Mann, zu dem der Name „eisern“ nur zu gut passte: groß, kräftig, mit einem wilden Bart und zotteligen Haaren; in der Hand hielt er das Schwert, bereit, zuzustoßen.

„Ich habe dich kommen sehen, Grace O'Malley, aber ich bin nicht interessiert an deinem Besuch. Was willst du hier vor meiner Burg?“, fragte er mürrisch.

Grace O'Malley begegnet Richard Burke.

„Genau das“, sagte Grace. „Deine Burg will ich, Iron Burke!“
Richard Burke brach in dröhnendes Gelächter aus. „Dann hol sie dir, wenn du es vermagst!“, rief er.
„Du hast mich nicht ausreden lassen“, entgegnete Grace ganz ruhig. „Ich will deine Burg, und ich will dich. Die Heirat wird nach gälischem Recht stattfinden. Eine Verbindung der O’Malleys mit den Burkes wird uns zu einer Kraft machen, mit der die Engländer nicht so einfach fertig werden.“
Auch wenn die Worte von einer Frau kamen, so war dies doch eine Sprache, die Richard Burke verstand. Diese Frau gefiel ihm. Sie wusste, was sie wollte. Und sie hatte recht! Um die Gebiete ihrer Clans herum wurden die Engländer immer dreister. Entweder nahmen sie den irischen Familien durch ihre militärische Übermacht den Besitz oder sie kauften die Clans mit Silber und Gold und machten sie so zu Untertanen der englischen Krone. Nur wenn die Iren ihre Streitigkeiten, die sie untereinander austrugen, begraben und sich zusammenschließen würden, bestünde die vage Hoffnung, den Engländern zu widerstehen, das wusste Iron Burke.
Richard musterte Grace. Eine stolze und schöne Frau stand da vor ihm. Der Gedanke, sich mit dieser Frau zusammenzutun, war reizvoll. „Ich werde über deinen Vorschlag nachdenken“, sagte er. „Und ich werde nach Belclare kommen, um dir Bescheid zu geben.“
Ohne ein weiteres Wort schlug Richard ihr die Tür vor der Nase zu.
Aber Grace war mit der kurzen Unterredung durchaus zufrieden. Richard schien ein Mann zu sein, der klug genug war, die Vorteile ihrer Verbindung zu sehen – und er war nicht zu stolz, um sich von einer Frau einen Vorschlag machen zu lassen.
Ihre Männer blickten fragend, als sie den Befehl zur Rückfahrt gab. Doch Grace fand, sie würden noch früh genug erfahren, was sie vorhatte.

Es dauerte eine ganze Weile, bis Richard mit seinen Leuten den Gegenbesuch in Belclare machte. Aber er war einverstanden mit der Heirat. „Du willst Rockfleet haben, ich will Belclare. Also haben wir beide etwas davon."
Und so wurde Hochzeit gefeiert, für Grace zum zweiten Mal – diesmal allerdings, wie sie es gewünscht hatte, nach gälischem Brauch und gälischem Recht.

Wieder einmal musste Bran mitansehen, wie Grace sich mit einem anderen Mann verband. Und wieder fuhr ihm die Eifersucht wie Messerstiche mitten ins Herz. Aber er musste zugeben, dass die Verbindung der beiden Familien durchaus Sinn ergab.
Dass Grace und Richard den Bund der Ehe als gleichberechtigte Partner eingingen, erwies sich als eine gute Entscheidung. Richard war der kampferprobte, erfahrene Soldat, der mutige Clanchef, Grace die kluge Unternehmerin. Nach altem Recht brachte Grace eine reiche Mitgift* mit in die Ehe, vor allem Vieh und Pferde. Dafür erhielt sie von Richard die Garantie über eben diesen Wert im Falle ihrer Scheidung oder seines Todes. Altes Recht bedeutete auch, dass jeder der beiden Partner nach einem Jahr ohne Angabe von Gründen die Ehe wieder auflösen konnte.
Richard staunte nicht schlecht, als er ein Jahr später von Verhandlungen zurückkehrte, die er mit dem Clan der MacDonnells in Antrim geführt hatte. Die im Lande vorrückenden Engländer

machten auch den großen Clans zu schaffen, und langsam dämmerte ihnen allen die Einsicht, dass man sich nur gemeinsam gegen die Eindringlinge wehren konnte. Richard war lange fort gewesen, nun kam er zurück nach Rockfleet, wo Grace inzwischen ihr Hauptquartier aufgeschlagen hatte.
Grace sah ihren Ehemann schon von Weitem, und noch bevor er ganz heran war, trat sie vor die Burg.
„Ein Jahr ist vorüber, Richard Burke! Und ich habe mich entschieden, den Ehevertrag zu lösen und dich ziehen zu lassen", rief sie ihm ohne Willkommensgruß entgegen. „Rockfleet aber bleibt mein Besitz, und ich will dich hier nicht wieder sehen!"
Noch nicht mal die Tatsache, dass sie ein Kind von Richard Burke erwartete, ließ sie an ihrer Entscheidung zweifeln, und ob Richard damit einverstanden war oder nicht, interessierte sie wenig. Sie waren gleichberechtigte Partner, sicher, aber Gleichberechtigung hieß für Grace, dass sie ihren Willen durchsetzen konnte.
Richard schäumte vor Wut, er drohte und flehte, aber Grace blieb hart. Ihm war klar, wenn Grace O'Malley einen Entschluss gefasst hatte, brachte sie nichts auf der Welt mehr von diesem ab. Richard blieb nichts weiter übrig, als sich mit seinen Leuten nach Burrishoole, seiner Hauptburg, zurückzuziehen.
Bereits am folgenden Tag nahm Grace wieder das Piratenleben auf. Obwohl hochschwanger, ließ sie sich nicht davon abhalten, ihre „Handelsfahrten" zu befehligen. Sie stach mit einer Galeere in See, mit Bran als Steuermann und einigen mutigen Kerlen als Mannschaft. Doch die Reise dauerte länger als erwartet, dafür sorgten ungünstige Winde und die Handelsfahrer, die auf der Hut vor Grace' Schiffen waren und ihren Weg möglichst weit entfernt von den unsicheren Gewässern vor der Clew Bay suchten. So wurde Grace' Sohn Tibbot bei aufziehendem Sturm auf dem Meer geboren. Während die Mannschaft an Deck gegen meterhohe Wellen und gefährliche Strömungen ankämpfte, gebar Grace

in der Kajüte allein und ganz auf sich gestellt ihr Kind. Kaum hatte das Neugeborene zum ersten Mal die blauen Augen aufgeschlagen, als sich der Sturm legte und nur noch eine milde Brise über das Wasser strich. „Toby vom Meer“ war der Beiname, den das Kind von der Mannschaft erhielt.

Grace war noch schwach nach der Geburt und lag mit dem Baby in ihrer Koje, als neues Unheil drohte: Am Horizont kamen die Segel eines algerischen Piratenschiffes in Sicht! Doch die Segel von Grace' eigenem Schiff hingen noch zerfetzt vom Sturm am Mast, das Ruder war gebrochen – hilflos waren sie den Piraten ausgeliefert. Schon gingen die Fremden längsseits und enterten die Galeere der Piratenkönigin. Mit dem Mut der Verzweiflung kämpfte Grace' Mannschaft gegen die Übermacht. Unten in der Kajüte hörte Grace das Schreien und Toben, das Splittern von Holz, das Klirren der Waffen und das Stöhnen der Verwundeten. „Nicht einen Moment kann man sie alleine lassen“, seufzte sie, wickelte das Kind in eine Decke und ließ es in der Koje zurück. Nur in ihrem Nachthemd, mit wildem, zerzaustem Haar, warf sie sich in das Kampfgetümmel. Den algerischen Piraten schien sie wie ein Geist oder eine Banshee*, eine gälische Todesbotin! Und schon hatte sie einem Piraten die Muskete aus der Hand gerissen und richtete die Waffe jetzt auf die Angreifer: „Nehmt dies von einer irischen Frau!“, schrie sie und erschoss den Mann. Sie benutzte das Gewehr wie einen Knüppel und schlug drei oder vier Piraten zu Boden, ergriff den Säbel eines Toten und drang weiter vor, ohne auch nur einmal zu zögern. Angestachelt vom Mut ihrer Anführerin, verdoppelten nun auch ihre Männer die Anstrengungen und drängten die Piraten an die Reling. Wohl versuchten noch einige der Fremden verzweifelt, sich auf ihr eigenes Schiff zu retten, aber die meisten von ihnen wurden niedergemacht oder ins Meer geworfen. Die Flotte von Grace O'Malley war wieder einmal um ein gutes Schiff größer geworden.

Grace gewinnt eine Schlacht

… und führt die Engländer an der Nase herum

Zu Hause in Rockfleet konnte sich Grace erst einmal ein paar Tage erholen. Das Schiff wurde instand gesetzt, und die Männer pflegten ihre Wunden. Viel Zeit aber blieb Grace nicht für Tibbot, den gerade geborenen, von ihr über alles geliebten Sohn.

Die verhassten Engländer übernahmen immer mehr irisches Land. Mitunter hatten sie leichtes Spiel, waren sie doch viel besser bewaffnet und hatten mehr Soldaten. Allzu oft nur mussten irische Clans ihre Burgen, ihr Land, ihren Besitz den englischen Besatzern nach erbitterten Kämpfen überlassen. Oft aber fiel den Engländern das Land auch einfach in den Schoß, sie boten den irischen Oberhäuptern englisches Geld, englische Titel, englischen Schutz an, und dem konnten einige der Clanführer nicht widerstehen. Sie nahmen das Angebot an und beugten sich der englischen Krone und der Macht von Königin Elisabeth I.

Grace führte ein unstetes Leben, sie reiste von Clan zu Clan, von Oberhaupt zu Oberhaupt, und versuchte, ein Bündnis gegen die Engländer zu schmieden. Aber oft kam sie zu spät oder scheiterte an dem sprichwörtlichen irischen Eigensinn. Auf das Angebot einer Frau eingehen? Lieber ertrugen die Clans die Engländer – wer konnte schon wissen, was diese keltische Hexe wollte? Ein gemeinsames Bündnis war vielen Clanführern nicht geheuer, seit Jahrhunderten hatten sie schließlich schon Kriege untereinander geführt, sich gegenseitig Land, Frauen, Herden weggenommen. Und das sollte jetzt anders werden? War es nicht möglich, dass die O'Malleys sich einfach nur den Besitz der anderen Familien aneignen wollten?

So kehrte Grace immer wieder unverrichteter Dinge nach Rockfleet zurück. Ihr diplomatisches Geschick schien bei Weitem nicht so groß wie ihr Erfolg auf See.
Das ging ein paar Jahre so, aber die Clanführerin ließ sich nicht unterkriegen, schon gar nicht von diesen Engländern. Sie war und blieb unabhängig; sie ließ sich nicht kaufen, egal, was die Engländer ihr boten, und sie setzte ihre Rebellion* gegen die englischen Eindringlinge fort. Das tat sie vor allem auf See. Immer wenn ihre Späher ein englisches Handelsschiff meldeten, war Grace O'Malley kurz darauf zur Stelle. Dass die gefürchtete Piratenkönigin immer wieder englische Schiffe erbeutete, konnte sich die englische Krone nicht gefallen lassen. Und so wurde in London beraten, wie man Grace' Treiben ein Ende setzen könnte.
Einen Verbündeten hatte Grace O'Malley: Richard Burke, ihr einstiger Mann, hatte sich zwar voller Zorn über die Schmach, die Grace ihm zugefügt hatte, zurückgezogen, aber sowohl die Liebe zu einer ihm ebenbürtigen und ebenso mutigen wie schönen Frau wie auch der Hass auf die Engländer, die sich in seiner Heimat breit machten, führten den eisernen Richard schließlich nach Rockfleet zurück.
„Diese verfluchten Engländer", brach es voller Zorn aus ihm heraus, nachdem ihn Grace voller Verwunderung über seinen Besuch an das Kaminfeuer gebeten hatte. „Und diese Narren um uns herum!", fluchte er weiter. „Sie wollen nicht begreifen, dass wir nur gewinnen können, wenn wir gemeinsame Sache gegen die Eindringlinge machen!"
„Ich habe versucht, die Familien zu einigen", sagte Grace. „Genau wie du schon vor mir. Wir sind beide gescheitert."
„Weil sie alle denken, sie wären alleine stark genug! Aber diese rothaarige Hexe, die jetzt in England auf dem Thron sitzt, hat viel mehr Macht, als sie glauben. Sie wird ihnen ihr Land nehmen, sie wird es ihnen einfach abkaufen, und sie werden noch nicht mal

merken, dass sie reingelegt worden sind. Und dann ist es zu spät", sagte Richard verbittert. „Kein Ire wird mehr frei sein, sondern sein Leben als Sklave der Engländer fristen!"
„Du hast mit allem recht, was du sagst", erwiderte Grace und legte Richard die Hand auf den Arm. „Elisabeth Tudor ist eine kluge Frau und eine gefährliche Königin noch dazu."

Elisabeth I. war eine der bedeutendsten und mächtigsten Herrscherinnen Englands, obwohl sie „nur" eine Frau und noch dazu ein „Bastard" war, eine illegitime Nachfahrin von Heinrich VIII., denn ihre Mutter Anna Boleyn war wegen angeblicher Untreue und vor allem aber wegen eines ausbleibenden Thronerben von Heinrich geköpft worden.
Elisabeth kam an die Macht, nachdem sowohl ihr jüngerer Halbbruder Edward IV. als auch ihre ältere Halbschwester Mary I. früh gestorben waren. Ihre Rivalin Maria Stuart, die Anspruch auf den Thron erhob, ließ Elisabeth nach langjähriger Kerkerhaft im Tower und einem Hochverratsprozess hinrichten.*
Die ebenso intelligente wie machthungrige Königin hat Zeit ihres Lebens nicht geheiratet; sie ließ sich in keine Ehe zwingen, hielt Bewerber hin und spielte sie gegeneinander aus. Ihr gelang es, den Krieg mit Frankreich zu beenden, die blutigen Religionsstreitigkeiten beizulegen, die englische Kirche zu festigen und die Staatsfinanzen zu ordnen.
Mit Hilfe der kundigen Seefahrer Sir Walter Raleigh, der auch ihr Liebhaber gewesen sein soll, und Sir Francis Drake baute Elisabeth die englische Handels- und Kriegsflotte aus. König Philipp II. von Spanien wollte nicht zulassen, dass seine Vorherrschaft auf See gefährdet wurde, er bereitete eine Invasion Englands vor. Die Armada aber, die spanische Flotte mit 130 Galeeren und 27000 Mann, wurde vernichtend geschlagen; den Teil der Flotte, der noch versuchte zu entkommen, zerstörte ein Sturm vor den Küsten von Ir-*

land. Der Untergang der Armada 1588 machte die spanischen Hoffnungen zunichte und begründete das britische Empire.*
Die Königin übrigens soll ungeheuer eitel gewesen sein. Ihre roten Haare leuchteten über ihrem immer weiß geschminkten Gesicht. Sie trug die kostbarsten Kleider, geschmückt mit Perlen und Juwelen. Von ihren Hoffräulein verlangte sie, „so jungfräulich wie möglich zu bleiben", und ahndete Verfehlungen mit großer Härte. Weil sie selbst unverheiratet blieb, nannte man sie auch die „jungfräuliche Königin". Elisabeth förderte die Musik, die Kunst und die Literatur; es war die Zeit von William Shakespeare und anderen großen englischen Dichtern und Malern. Nach 44 Regierungsjahren starb die Regentin im Alter von 69 Jahren. Eine ganze Epoche wurde nach ihr benannt: das „Elisabethanische Zeitalter".*
Noch aber war es nicht so weit, noch machte die „rothaarige Hexe" Grace und den irischen Clans zunehmend zu schaffen ...

„Wenigstens wir beide sollten gegen sie zusammenhalten", sagte Richard. „Der eiserne Burke und Grace O'Malley, die größte Piratenkönigin, die Irland je gesehen hat!"
Grace ging auf ihn zu und legte für einen Moment ihren Kopf an seine Schulter. Sie hatte damals wohl doch den richtigen Gatten gewählt: Er war ein starker und vor allem ein ehrlicher Mann, und er würde sich nicht beugen, solange er ein Schwert führen konnte. Sie nahm sich vor, von nun an gemeinsam mit ihm zu kämpfen. Nicht mit ihm zu leben, das wäre zu viel gewesen. Zu viel Gefallen hatte sie mit der Zeit an ihrem Leben als Clanführerin gefunden, der niemand etwas zu sagen hatte und die alle Befehle gab.
„Ich möchte dir jemanden vorstellen, den du schon längst hättest kennenlernen sollen", sagte Grace leise. Sie winkte Bran, der am Ende der Halle mit einigen anderen zusammenstand und aufmerksam das merkwürdige Zusammentreffen der beiden beobachtete. „Hol Tibbot her!"

Richard Burke trifft zum ersten Mal seinen Sohn Tibbot.

Als Bran mit dem dunkel gelockten Jungen zurückkam, nahm Grace den Fünfjährigen an die Hand und führte ihn zu Richard. „Das ist dein Vater, von dem ich dir erzählt habe. Begrüße ihn!"
Zögernd ging der Kleine auf den fremden Mann zu, dessen Größe und wildes Aussehen ihm Angst einflößten. Richard musterte den Jungen, dann lachte er übers ganze Gesicht. „Du also bist mein Sohn! Komm her, lass dich umarmen!"
Der Kleine überwand seine Scheu und ließ sich von seinem Vater zum ersten Mal in die Arme nehmen, kletterte dann aber schnell auf den Schoß seiner Mutter.
„Aus dir wird einmal ein irischer Kämpfer!", sagte Richard. „Dafür werden deine Mutter und ich schon sorgen. Und du wirst nicht so feige und hinterhältig sein wie dein Bruder Murrough."
„Was ist mit Murrough?", wollte Grace verwundert wissen.
„Hast du noch nicht gehört?", fragte Richard. „Er hat sich bezahlen lassen und macht jetzt gemeinsame Sache mit den Engländern!"
„Du lügst!" Grace fuhr auf, Tibbot konnte gerade noch rechtzeitig zu Boden springen.
„Nein, Grace, das ist leider nur zu wahr."
Sofort befahl Grace O'Malley, die Schiffe klar zu machen. Ihr Sohn, ihr eigenes Fleisch und Blut war ein Verräter an ihr, an ihrem und seinem Land, an allem, was ihr heilig war!
Schon am nächsten Morgen machte sie sich zusammen mit Richard und Bran und einer Anzahl getreuer Männer auf nach Bunowen. Sie umschifften Riffe und Klippen, an denen schon viele Schiffe gekentert waren. Aber Grace wäre nicht Piratenkönigin gewesen, wenn sie nicht jeden Felsen vor der Westküste gekannt hätte. Direkt und ohne Umwege segelte sie genau vor die Burg ihres Sohnes.
Noch bevor Murrough sie mit seinen Männern am Ufer begrüßen konnte, befahl Grace ihren Leuten, die Burg zu stürmen.

„Mutter, was tust du?“, rief Murrough entsetzt. „Ich bin dein Sohn, warum willst du gegen mich kämpfen?“
„Du bist ein elender Verräter!“, schrie Grace zurück. „Und ich werde dir zeigen, was es heißt, die Familienbande zu missachten!“
„Die Engländer sind zu mächtig“, stammelte ihr Sohn, der plötzlich genau wusste, worum es ging. „Was sollen wir ihnen entgegensetzen? Uns bleibt doch keine andere Wahl. Wir müssen uns beugen, sonst riskieren wir unser Leben!“
Seine Mutter sprang von Deck, eilte auf ihn zu und verpasste ihm zwei schallende Ohrfeigen. „Die eine ist für das Gold, mit dem du dich hast bestechen lassen“, wütete sie, „und die andere ist für dein niederträchtiges Verhalten, das dich gemeinsame Sache mit den Engländern machen lässt.“
Sie wies ihre Männer an, Murroughs Vieh zusammenzutreiben und es auf ihr Schiff zu bringen. Damit war die Sache für sie erledigt. Sie hatte ihrem Sohn eine Lektion erteilt. Nun wollte sie nie wieder etwas mit ihm zu tun haben.
Aber als sie zurück auf Rockfleet war, bekam sie bald zu spüren, dass mit den Engländern tatsächlich nicht mehr zu spaßen war. Grace' Überfälle auf englische Schiffe, ihr Versuch, eine irische Rebellion zu schüren und die Clans zu vereinen, und nicht zuletzt ihre ständig wachsende Gefolgschaft hatten die Königin in London so verärgert, dass sie dem Treiben der eigensinnigen Frau unbedingt ein Ende setzen wollte. Und so wurde auf die Piratenkönigin ein Kopfgeld* ausgesetzt: 500 Pfund, eine gewaltige Summe, so viel Geld verdiente ein irischer Bauer in seinem ganzen Leben nicht.
So arm die meisten Iren jedoch waren, eine der Ihren auszuliefern, war undenkbar für sie. Ihre Landsleute also verrieten Grace O'Malley nicht. Trotzdem sah die Piratenkönigin eines Morgens von der Aussichtsplattform ihrer Wohnburg, wie sich am Horizont Segel näherten. Und schon kam auch einer ihrer Späher her-

angehetzt und stieß hervor: „Engländer! Die Bucht ist voll von englischen Schiffen!“
Grace war nicht wirklich überrascht, sie hatte geahnt, dass die Engländer irgendwann versuchen würden, sie in ihrer geschützten Burg festzusetzen. Auf See war sie ihnen bisher immer entkommen, niemand kannte die irische Küste wie sie, niemand beherrschte seine Schiffe besser, niemand war vorausschauender. Und Grace hatte Rockfleet nicht umsonst als Wohnort gewählt, galt die Burg doch als uneinnehmbar. Jetzt war sie froh, dass sie nicht nur immer genug Trinkwasser und Vorräte für den Fall einer Belagerung angelegt hatte, sondern auch nie ihre gesamte Flotte vor Rockfleet ankern ließ. Die Schiffe in der Bucht waren zwar verloren, aber Grace hatte vorgesorgt und weitere Schiffe in sicheren Verstecken an der Küste.
Zunächst jedoch ließ sie ihre Schutzbefohlenen Zuflucht in der Burg suchen. Dann zog sie die Leitern ein. Kein Feind konnte jetzt mehr in den Turm gelangen, die einzigen Zugänge befanden sich in mehreren Metern Höhe. Nun hieß es abwarten und ruhig Blut bewahren.
Aber die Angreifer hatten es nicht eilig, sie hofften auf eine günstige Gelegenheit. Doch weder Grace noch ihre Leute zeigten sich. Andererseits aber hatte Grace auch keine Möglichkeit, Angehörige ihres Clans, die mit den anderen Schiffen unterwegs waren oder verstreut im Land wohnten, über die Lage zu informieren. Und sie wusste, dass sie eine Belagerung nicht über Monate überstehen konnte.
„Bran“, sagte sie nach einigen Tagen zu ihrem engsten Vertrauten, „Bran, habt ihr den geheimen Gang instand gehalten, wie ich es euch immer gesagt habe?“
„Sicher, Grace“, antwortete der Freund. „Was hast du vor? Hast du einen Plan, wie wir ihnen eine Falle stellen können?“
„Ich finde es langweilig zu warten, bis sich die Engländer ent-

schließen, anzugreifen oder wieder davon zu segeln. Ich denke, wir helfen ihnen, eine Entscheidung zu treffen.“

Am Abend brachte Bran einen Trupp schwer bewaffneter Männer zum Eingang des schmalen Tunnels, der unterirdisch vom Turm zu einem dicken Holundergebüsch hundert Meter von der Burg entfernt führte. Vorsichtig und leise tasteten sich die Männer im Dunkeln voran. Der Gang war schmal, der Boden nass und schlüpfrig, sie mussten sich gebückt langsam hintereinander vorwärtsbewegen. Endlich sahen sie einen hellen Schimmer – draußen war eine sternenklare Nacht angebrochen. Einer nach dem anderen traten sie im Schutz der Hecke ins Freie und schlichen geduckt weiter zum Lager der Engländer, die nichts ahnend betrunken am Lagerfeuer saßen oder in ihren Zelten schliefen. Ihre Schiffe hatten sie ohne Bewachung zurückgelassen.

Die Hälfte von Brans Männern umstellte die Engländer, die anderen schlichen zu den Schiffen und kappten heimlich die Taue. Dann warteten sie auf das Zeichen ihrer Anführerin. Das ließ nicht lange auf sich warten.

Grace erschien auf der obersten Plattform des Wohnturms. Im hellen Vollmondlicht stand sie da und rief zu den Engländern hinunter: „Wer mich kriegen will, muss sich schon ein bisschen mehr einfallen lassen!“

Die Engländer blickten verblüfft nach oben, sie hatten nicht erwartet, dass Grace sich mitten in der Nacht als Zielscheibe auf den Zinnen ihrer Burg darbieten würde. Nachdem sie sich einigermaßen von ihrem Schrecken erholt hatten, eilten sie zu den Zelten und den Schiffen, um ihre Waffen zu holen. Aber es war zu spät. Die Schiffe trieben mit der Strömung in die Nacht hinaus, und von der Landseite her drangen plötzlich die irischen Rebellen wütend auf die Soldaten ein. Ein Hauen und Stechen begann, bei dem die Belagerer ohne ihre Waffen das Nachsehen hatten. Nur einigen Wenigen gelang die Flucht.

Grace O'Malley mit ihrer Mannschaft

Die gewaltsame Einname von Rockfleet war vereitelt worden, aber Grace O'Malley wusste, dass sie von nun an doppelt vorsichtig sein musste.
Doch noch viel mehr lachten dann alle über das, was sich Grace als Nächstes leistete ...
Sie und ihre Leute befanden sich auf der Rückfahrt von einem Abstecher nach Schottland, sie hatten schottischen Handelsschiffen sicheres Geleit in den Heimathafen gegeben und segelten nun an Irlands Ostküste entlang. Im Hafen von Howth, nicht weit entfernt von Dublin, wollten sie Wasser und Vorräte aufnehmen. Wie es unter den irischen Clanführern üblich war, erwartete Grace O'Malley, dass auch der Earl of Howth sie gastfreundlich in seiner Burg aufnehmen würde. Aber dem englischen Landadeligen waren diese irischen Bräuche unbekannt und wohl auch egal, und mit einer dahergelaufenen Clanführerin von der weit entfernten Westküste wollte er ohnehin nichts zu tun haben. Vor Grace' Nase wurden die Tore geschlossen, und man teilte ihr mit, dass der Earl of Howth beim Dinner* säße und nicht gestört zu werden wünsche.
Über eine solche Unfreundlichkeit zutiefst erbost, wollte Grace gerade auf ihr Schiff zurückkehren, als ihr am Strand von Howth zufällig der Enkelsohn des Lords begegnete. Das war ihre Gelegenheit zur Rache! Kurzerhand kidnappte sie den Kleinen und segelte zurück zur Clew Bay, in ihre Heimat.
Als der Lord von der Entführung seines Erben erfuhr, machte er sich selbst auf den Weg in den Westen. Er hoffte, gegen eine ansehnliche Lösegeldsumme seinen Enkel wohlbehalten zurückzubekommen. Schließlich war es das, was Piraten immer wollen: Gold und Silber! Nicht aber Grace O'Malley. Sie erteilte dem Lord vielmehr eine Lektion in Sachen Gastfreundschaft, indem sie ihn bei sich aufnahm und fürstlich bewirtete. Dann zwang sie ihm das Versprechen ab, nie wieder in seinem ganzen Leben die guten

Sitten der Gastfreundschaft zu verletzten. Die Tore von Howth Castle hätten für jeden, der Einlass begehrte, offen zu stehen, und jeden Abend sollte ein zusätzlicher Platz am Tisch gedeckt sein für einen möglichen Gast.

„Das ist alles, was ihr von mir begehrt?“, staunte der Lord.

„Ich bin keine mordlüsterne und geldgierige Piratin, Lord Lawrence“, entgegnete Grace höflich. „Wir sind hier in Irland, und in Irland gelten die Gesetze der Gastfreundschaft. Es wäre schön, wenn Ihr Euch, als Fremder in diesem Land, auch daran halten würdet. Und jetzt danke ich Euch für die angenehme Unterhaltung. Hier habt Ihr Euren Enkel wohlbehalten zurück. Ich wünsche Euch eine gute Heimreise.“

Damit erhob sie sich von der Tafel und schritt einer Königin gleich aus dem großen Saal.

Diese Geschichte machte sofort die Runde; alle bewunderten Grace’ Kühnheit und Verwegenheit, und ihr Ruhm als Clanführerin wurde größer als jemals zuvor.

Im Kerker von Galway

Mit List gegen die Besatzer

Im ganzen Land sprach man von Grace' Siegen und Erfolgen. Das ärgerte die Engländer von Tag zu Tag mehr. Schlimmer aber war, dass der Ruhm Grace unvorsichtig machte. Hatte sie sich nicht bisher aus jeder misslichen Lage befreit und war immer Siegerin geblieben? Weder ihr noch Richard Burke konnte irgendjemand etwas anhaben, davon war Grace mittlerweile überzeugt.
Immer wieder hatte Richard in den letzten Jahren englische Besitzungen überfallen und mehr als nur einmal sogar die Lagerhäuser der englischen Kaufleute in Galway ausgeraubt. Fast immer war er mit reicher Beute zurückgekehrt. Aber die Engländer waren überzeugt, dass Richard nur ausführte, was Grace erdachte. Sie hielten die Piratenkönigin für die Rädelsführerin*. Grace würde ihren Mann und alle Iren zu einer Rebellion anstacheln, so hieß es, sie sei die Ursache für alles Unheil, das die Engländer an der Westküste traf. Grace hätte also allen Grund gehabt, mehr als vorsichtig zu sein. Doch nachdem sie mit dem Minister der englischen Königin, Sir Sidney von Galway, bei einem zufälligen Zusammentreffen ein höfliches Gespräch geführt und den Minister mit ihren Kenntnissen beeindruckt hatte, fühlte sie sich sicherer denn je.
Grace wollte weit im Süden Irlands Beute machen. Ihr Ziel waren die Ländereien des Earl of Desmond. Der irische Lord war immer wieder in Streitigkeiten mit den Engländern verstrickt, aber er beraubte auch ohne Skrupel die irischen Clans in seiner Nachbarschaft. Keiner wusste so recht, auf welcher Seite der Earl eigentlich stand. Desmond tat einfach nur das, was ihm gerade einen

Vorteil versprach, und so war es nur folgerichtig, dass Grace ihm eine Lehre erteilen wollte.
Unbeobachtet war sie mit ihrem Schiff an der Küste der Desmonds gelandet und hatte nach kurzer Zeit schon deren Herden ausgemacht und die große Vorratshalle erspäht. Die Gelegenheit schien günstig. Von Desmonds Männern war keiner zu sehen. Sie begannen also, das Vieh zu den Schiffen zu treiben. Doch dann ging alles schief. Die Tiere wurden unruhig, die Schafe blökten und die Pferde wieherten, und plötzlich waren Grace und ihre Leute umzingelt. Desmonds Männer mussten sie erwartet haben! Grace zog ihr Schwert und stürzte sich auf die Angreifer, obwohl die in der Überzahl waren. Mit wild ausholenden Schlägen gelang es ihr, eine Lücke in ihre Reihen zu schlagen.
„Schnell, zu den Schiffen!“, schrie sie ihren Gefolgsleuten zu, und es schien, als sollten sie noch einmal Glück haben. Doch gerade als Grace ihren Männern nacheilen wollte, traf sie ein Schlag von hinten. Ihr wurde schwarz vor Augen. Ohnmächtig sank sie zu Boden.
Als sie erwachte, war es dunkel um sie. Sie lag auf einer nackten Pritsche in einer engen, feuchten Gefängniszelle. Ihr Kopf hämmerte, als wollte er bersten, und es gab kaum eine Stelle an ihrem Körper, die nicht schmerzte. Wie hatte das geschehen können? Hatte sie zu wenige Männer dabei gehabt? Warum waren ihre Späher nicht sorgfältig genug gewesen? Sie war in einen Hinterhalt geraten und lag nun in den Verliesen des Earl von Desmond.
Nach Stunden des Wartens hörte Grace endlich ein Geräusch. Sie sprang auf und trommelte mit den Fäusten gegen die Tür. Doch es wurde nur eine kleine Klappe geöffnet, durch die ein Wärter einen Teller mit schimmligem Brot und einen Becher mit fauligem Wasser schob. Grace tobte, schrie und schlug weiter gegen die Tür, aber nichts geschah. Kein Mensch ließ sich blicken.
So ging es tagelang, wochenlang. Grace hatte keine Ahnung, was

Desmond mit ihr vorhatte und wie viel Zeit inzwischen vergangen war. Es war immer dunkel in ihrer Zelle, der Tag war nicht von der Nacht zu unterscheiden. Die einzige Abwechslung war die tägliche Essensration. Aber wann immer Grace ein Geräusch hörte, nutzte sie die Gelegenheit, ihre Widersacher wüst zu beschimpfen. Keiner sollte denken, dass Grace O'Malley aufgab, wenn sie auch zunehmend spürte, wie ihre Kräfte und ihre Zuversicht nachließen. Ihre Stimmung schwankte zwischen Angst um ihre Männer und vor allem ihren Sohn Tibbot und der Verzweiflung, was mit ihr selbst geschehen würde, der Wut auf den Verräter Desmond

und der stillen Hoffnung, dass Iron Burke und Tibbot versuchen würden, sie aus dem Gefängnis zu holen.
Richard und Tibbot war keine Atempause vergönnt. Sie hatten alle Hände voll damit zu tun, die englischen Angriffe auf ihre Schiffe, ihr Land, ihre Leute und ihr Vieh zurückzuschlagen. Jetzt, da Grace in Ketten lag, frohlockten die Besatzer und dachten, mit den Burkes und den O'Malleys leichtes Spiel zu haben.

Dem Earl of Desmond war die Gefangennahme von Grace gerade recht gekommen. Damit die Engländer ihn in Ruhe ließen, bot er sie ihnen einfach als Lösegeld an. Und die Besatzer stimmten dem Handel zu. Bewacht von schwer bewaffneten Soldaten wurde Grace von einem Verlies ins nächste gebracht, weit hinauf nach Galway, in die Hände der Engländer.

Grace' Lage hatte sich damit noch verschlimmert. Hier in Galway drohte ihr als Piratin und Rebellin der Strick. Aber wieder verging die Zeit, ohne dass etwas passierte. Jeden Tag rechnete Grace damit, dass man sie aus ihrem Kerker holen und auf das Gerüst mit dem Galgen schleppen würde, dann wieder meinte sie den Waffenlärm von Männern zu hören, die zu ihrer Befreiung geeilt kamen – aber nichts geschah.

Während Grace die Ratten zählte, die ihre einzige Gesellschaft in dem düsteren Kerker waren, zettelte Richard Burke erneut eine Rebellion gegen die Engländer an, ohne diese allerdings vertreiben zu können. Und Grace' Schwiegersohn, der Mann ihrer Tochter Margaret, bot sich dem englischen Gouverneur zum Austausch mit der Gefangenen an, was der Gouverneur hohnlachend verweigerte. Jetzt, da man die verhasste Piratenkönigin endlich in seiner Gewalt hatte, würde man sie nicht einfach wieder hergeben! Grace O'Malley war das Pfand der englischen Besatzer, mit dem sie die letzten aufständischen Clans der Iren in die Knie zwingen wollten. Und sollte das nicht gelingen, konnten sie die schwarzhaarige Hexe immer noch als abschreckendes Beispiel am Galgen aufknüpfen.

Eines Tages, als Grace schon nicht mehr wusste, wie viele Wochen oder Monate sie in dem Verlies von Galway schmorte, hörte sie Lärm vor der eisenbeschlagenen Zellentür. Aber es ging keine Klappe auf, um sie wie gewohnt mit Brot und Wasser zu versorgen. Stattdessen wurde ein rostiger Schlüssel im Schloss gedreht. Quietschend schwang die Tür auf, eine Fackel verbrei-

Grace O'Malley wird aus dem Verließ in Galway befreit und auf einem Boot in Sicherheit gebracht.

tete flackerndes Licht. Grace schloss geblendet die Augen. Grob wurde sie von ihrem Lager gerissen, dann stülpte man ihr einen Leinensack über den Kopf und stieß sie vorwärts. War der Tag ihrer Hinrichtung gekommen? Sollte sie ihr Leben durch das Beil verlieren, oder hatte man den Strick für sie vorgesehen?
Oft genug hatte Grace O'Malley den Tod vor Augen gehabt, nie hatte sie ihn gefürchtet, aber das hier war etwas anderes. Sie hatte kein Schwert; geschwächt und gefesselt war sie ihrem Schicksal

ausgeliefert, sie konnte ihm nur erhobenen Hauptes entgegentreten. Eine Piratenkönigin würde nicht um ihr Leben betteln! Brutal wurde sie einen Gang entlang gestoßen, über Treppenstufen und durch ein schweres Tor ging es nach draußen. Zum ersten Mal seit Monaten roch Grace den Hafen, den Teer der Schiffe, das Salz des Wassers, die Gewürze fremder Länder. Fast hätte sie geschluchzt, so viel Sehnsucht hatte sie nach der Freiheit, die ihr entgegenwehte.

„Nehmt mir den Sack ab, ich will meinem Tod mit offenen Augen entgegensehen!", forderte sie ihre Bewacher auf.
„Ach, was du nicht sagst", brummte ein Soldat hinter ihr und verpasste ihr einen Stoß. Grace taumelte vorwärts. Aber statt auf ein hölzernes Gerüst wurde sie immer weiter gezerrt, von einer Gasse zur nächsten. Und immer näher kam sie dem Hafen, immer stärker wurde der Geruch des Meeres.
Kräftige Arme ergriffen sie und hoben sie hoch, unsanft setzte man sie auf eine hölzerne Bank. Unter ihr schwankte es, das musste ein Boot sein. Sie hörte die Wellen plätschern. Wollte man sie etwa ertränken wie eine räudige Katze?
„Was habt ihr mit mir vor?", fragte Grace, doch ihre Bewacher gaben keine Antwort. Grace konnte sich keinen Reim auf dieses merkwürdige Geschehen machen. Tief sog sie den Seewind ein; wenigstens durfte sie noch einmal ihr geliebtes Meer riechen. Plötzlich ging es vorwärts, mit kräftigen Schlägen wurde das Boot aufs Meer hinaus gerudert.
Grace spürte, wie das Ruderboot gegen die Bordwand eines Schiffes stieß. Jemand schnürte ein Seil um sie, sie schrie und trat mit den Füßen um sich, bis einer im Boot ihr einen derben Schlag versetzte. Gleich darauf wurde sie an dem Seil nach oben gezogen und über eine Reling gehievt. Hilflos landete sie auf den Planken des Schiffes.
„Pscht, kein Wort, sei still!", flüsterte eine vertraute Stimme. Grace konnte es kaum glauben … sie hatte nicht gedacht, dass sie diese Stimme noch einmal hören würde! Das war Bran, der beste Steuermann, den es gab, ihr Vertrauter seit Kindertagen ...
„Wo bin ich? Was ist los?", fragte sie.
„Sei leise, gleich erfährst du alles!", erwiderte Bran. Er zog ihr den Leinensack vom Kopf und befreite sie von ihren Fesseln.
Verwirrt blickte Grace sich um. Sie war auf ihrem eigenen Schiff, alle Segel waren gesetzt. Aber außer Bran sah sie nur Frauen –

Frauen in Männerkleidung allerdings, die schon dabei waren, das Schiff vor den Wind zu drehen. Aber noch blieben alle still. Jetzt bemerkte Grace auch die anderen Schiffe, eine ganze Flotte lag vor dem Hafen von Galway! Es war ein beeindruckendes Bild.

Erst als sie mit allen Schiffen ein gutes Stück von Galway entfernt über die lang gestreckten Wogen des Atlantiks rollten, erfuhr Grace die Geschichte ihrer Befreiung. Sie saßen auf dem Vordeck, Grace war fürsorglich in Decken gewickelt und hatte eine Schüssel Haferbrei mit Honig und einen Krug Bier vor sich. Bran erzählte, und die Frauen nickten nach jedem Satz, um seine Worte zu bestätigen.

„Die Engländer waren schlau. Sie vermuteten, dass Iron Burke und deine Söhne versuchen würden, dich aus dem Verlies zu befreien. Deshalb haben sie ständig deren Burgen und Schiffe angegriffen und sie all die Monate über nicht in Ruhe gelassen, sodass sie nichts zu deiner Befreiung unternehmen konnten", berichtete Bran. „Dann bot sich Margarets Mann im Tausch gegen dich an."

„Das hätte ich weder von ihm noch von meiner Tochter erwartet", wunderte sich Grace.

„Es sind viele, die ihr Leben für dich gegeben hätten", erwiderte Bran. „Aber die Engländer ließen sich nicht darauf ein, und da wussten wir, dass sie dich als Pfand behalten wollten. Aber wir fürchteten, dass du im Kerker sterben würdest. Wir mussten uns beeilen, aber wir hatten keine Männer, um einen Überfall zu wagen. Wir haben hin und her überlegt, immer wieder, und die Zeit verrann, ohne dass uns eine Lösung einfiel. Schließlich hatte die Tochter deiner Köchin eine Idee … Wir wussten nicht, ob es funktionieren würde, aber es war unsere einzige Chance. Die Männer wurden losgeschickt, um die englischen Soldaten abzulenken, die Frauen zogen Männerkleidung an und segelten unter meinem Kommando mit allen uns zur Verfügung stehenden Schiffen nach Galway. Wir durften nicht zu nah an die Stadt heran, damit sie nicht entdeckten, dass nur Frauen auf den Schiffen waren, und so haben wir Lord Sidney von Galway und seinen Soldaten einen gehörigen Schrecken eingejagt."

„Ihr habt damit gedroht, Galway in Schutt und Asche zu legen, wenn sie mich nicht freilassen?", fragte Grace ungläubig. „Mit Frauen und Mädchen an den Kanonen? Und nur einem Mann an Bord?"

„Du bist doch auch eine Frau!", schmunzelte Bran. „Der Trick hat funktioniert, du bist hier und du bist frei! Ach ja, und noch etwas ...", wollte er gerade hinzusetzen, doch da hob Grace schon ihren Krug: „Danke. Ich danke euch allen! Und ich trinke auf alle tapferen Frauen, die so mutig sind wie manche Männer nicht!"

Jubel und Hochrufe von allen Schiffen waren die Antwort. Grace beugte sich wieder zu Bran: „Du wolltest noch etwas sagen?"

„Nur dass du dich geirrt hast. Ich bin nicht der einzige Mann an Bord, es gibt noch einen zweiten ..."

Im gleichen Moment trat eine Gestalt hervor – ein kräftiger, junger Mann, mit schwarzen Locken und einem verwegenen Grinsen.

„Tibbot", stammelte Grace ungläubig, dann konnte sie nicht mehr an sich halten, sie umarmte ihren Sohn, als wollte sie ihn nie wieder loslassen, während ihr Freudentränen die Wangen hinunterliefen.

Für Irlands Freiheit

Ein Gefährte stirbt, ein neuer Feind tritt an

Eine Weile blieb Grace in Rockfleet. Sie kam wieder zu Kräften und bereitete sich auf eine neuerliche Begegnung mit den englischen Besatzern vor. Sie versammelte also ihre Leute um sich; Waffen und Vorräte wurden in die Burg gebracht, die Hafenbefestigung verstärkt, die Beobachtungsposten an der Küstenlinie verdoppelt, die Schiffe instand gesetzt, die Kanonen gereinigt. Eines hatte sie gelernt, sie durfte die Engländer nie wieder unterschätzen!

Richard kam nach Rockfleet Castle. Er war alt geworden, der Bart grau, die Schultern gebeugt. Man sah ihm an, wie sehr ihm die Kämpfe der vergangenen Jahre zugesetzt hatten, aber seine blauen Augen strahlten Grace wie eh und je voller Leben an.

„Schön, dich wieder in Rockfleet zu sehen, Grace“, begrüßte er sie. „Wo ist der Schiffsjunge vom Frauenschiff? Wenn ich mich nicht irre, soll er Tibbot heißen, und sein Vater soll ein berühmter Kämpfer hier aus der Gegend sein ...“

Grace lachte. „Dein Sohn ist in der Burg, er hat Unterricht. Ich wollte ihn nicht zu den Mönchen nach Murrisk schicken, da könnten ihn die Engländer zu leicht erwischen. Aber ich finde es wichtig, dass er alles lernt, was auch ich kann. Und vor allem muss er Englisch lernen!“

„Aus welchem Grund sollte er ausgerechnet die Sprache unserer Unterdrücker sprechen?“, fragte Richard verständnislos.

„Will man den Gegner bekämpfen, muss man wissen, was er vorhat“, erwiderte Grace. „Und da ist es besser, wenn man ihn auch versteht! Wir werden noch lange mit den Engländern zu tun haben, und die Sache wird sich sicher nicht zum Guten wenden.“

„Das sehe ich genauso, und deshalb bin ich auch hier. Grace, ich glaube, es gibt eine Neuigkeit, von der du noch nichts weißt“, berichtete Richard nun. „Die rothaarige Hexe auf dem Thron in London hat einen neuen Gouverneur für Irlands Westen bestimmt: Sir Richard Bingham.“

„Der wird wohl kaum anders sein als seine Vorgänger?“ Die Piratenkönigin blickte Richard fragend an.

„Es heißt, er soll besonders blutdürstig und machthungrig sein, und er schreckt vor nichts zurück! Sei vorsichtig, Grace, er hat es vor allem auf dich abgesehen“, warnte Richard, dann setzte er plötzlich mit müder Stimme hinzu: „Ich kann dich bald nicht mehr beschützen. Meine Tage sind gezählt. Und jetzt hol bitte meinen Sohn, damit er seine Nase auch mal in den Wind und nicht nur in die Bücher steckt.“

Grace erschrak, aber sie legte ihre Hand auf Richards und sagte nur leichthin: „Wir werden noch oft am Kaminfeuer sitzen und uns über die Niederlagen der Engländer freuen. Du bist noch lange nicht am Ende deines Lebens angekommen, mein Lieber. Vielleicht hast du nicht mehr die Kraft von früher, doch dein Verstand ist ungebrochen!“

Doch Richard behielt recht. Einige Wochen nach seinem Besuch auf Rockfleet Castle brachte man Grace die Nachricht von seinem Tod.

Viel Zeit zum Trauern blieb ihr nicht, berichteten doch ihre Späher von einer immer größeren Zahl englischer Soldaten im Land. Richard Binghams Herrschaft hatte begonnen, und diese Herrschaft war blutig und grausam, wie Iron Burke es vorausgesehen hatte. Bingham ließ Dörfer niederbrennen, Felder verwüsten und die Boote der Fischer zerstören. Bald nannte man ihn nur noch den „Schlächter“. Und auch wenn sich einzelne Clans erbittert zur Wehr setzten, gab es bald kaum noch irischen Boden, der nicht unter englischer Herrschaft stand.

Richard Bingham, Gouverneur der irischen Provinz Connacht

Richard Bingham war ein paar Jahre vor Grace in England geboren worden und hatte dort schnell eine militärische Karriere gemacht. Er nahm an einer Marineexpedition nach Schottland teil und kämpfte im Mittelmeer gegen die Türken. 1579 wurde Bingham nach Irland geschickt, um die Rebellion des Desmond-Clans unter Kontrolle zu bringen und dem Treiben der Piraten vor den irischen Küsten Einhalt zu gebieten. 1584 wurde er Gouverneur der Provinz Connacht und holte seine nicht weniger brutalen Brüder George und John als Kommissare an seine Seite. Für die irische Bevölkerung in Connacht begann eine schwere Zeit.

Die Iren hungerten und froren. Sie dürsteten nach Rache, aber keiner traute mehr dem anderen. Viele Monate hindurch folgte Grace dem Rat Richards. Sie rührte sich kaum aus ihrer Burg, denn in Rockfleet war sie sicher. Ihr Gebiet war nach wie vor eines der wenigen, das noch nicht unter englischer Herrschaft stand.
Das war natürlich ein Dorn im Auge des Gouverneurs Bingham, denn gerade diese verdammte Piratenkönigin war es ja, die er für die fortgesetzte Rebellion der irischen Clans verantwortlich machte. Bingham wollte Grace O'Malley um jeden Preis das Handwerk legen. Und wenn er sie nicht kriegen konnte, hielt er sich an ihre Familie. Ihren Sohn Owen, der sich nie an Aktionen gegen die Besatzer beteiligt hatte, traf es als einen der Ersten. Owen war nach Süden gezogen, um mit dem Baron von Ballinahinch darüber zu reden, wie dessen Vieh besser geschützt werden könnte, als er auf John Bingham, den Bruder des Gouverneurs, traf. Der nichtsahnende und naive Owen brachte den Engländer auch noch mit seinen eigenen Booten zu der Insel, auf der das Vieh des Barons weidete, und wurde von John Bingham dort hinterrücks ermordet.
Als Grace vom Tod ihres Sohnes erfuhr und zugleich die Nachricht von plündernden und mordenden englischen Truppen erhielt, die entlang der Küste das Land der Burkes und O'Flahertys unsicher machten, gab es für sie nur eins: Sie musste ihrer Tochter Margaret und ihrem Schwiegersohn zu Hilfe eilen. Ganz sicher war auch Kildawnet Castle bedroht. Grace ließ alle Schiffe rüsten

und segelte mit ihren Männern Richtung Achill. Das Meer war ruhig, sie kamen gut voran, aber als sie gerade in die Meerenge von Curraun einbiegen wollten, tauchten plötzlich englische Kriegsschiffe auf. Grace befahl, die Flotte zu wenden und sich vor den Kanonen der Engländer in Sicherheit zu bringen. Doch hatte sie den Befehl kaum ausgerufen, als sich auch hinter ihr eine Reihe Schiffe zeigte, an deren Masten die englische Flagge wehte. Grace war eingeschlossen, und ihre Schiffe waren ein willkommenes und leichtes Ziel für die englischen Geschütze.

Schon pfiffen die ersten Kanonenkugeln durch die Luft, schon brach neben ihr ein Mast. Kurz entschlossen manövrierte Grace ihre eigenen Schiffe dicht an die Linie der englischen. Die Flotte der Feinde folgte prompt, um sie nur ja nicht aus der Zange zu verlieren. Aber genau das war ihr Ziel gewesen! Die englischen Kriegsschiffe waren viel schwerer, vor allem hatten sie höhere Aufbauten, und ihre Kanonen waren fest installiert. Die englischen Kugeln flogen also über Grace' Flotte hinweg, trafen auf der anderen Seite die eigenen Kriegsschiffe und versenkten sie. Die kleineren Boote der Engländer, die in der zweiten Reihe gelegen hatten, wurden jetzt das Ziel von Grace' Kanonieren. Die Piratin befahl ihren Leuten, alle Schiffe zu verlassen, die Feuer gefangen hatten, vorher aber sollten die Steuermänner noch die Ruder verkeilen. Bingham musste voller Wut und mit knirschenden Zähnen mit ansehen, wie die brennenden Schiffe mitten in seine Kanonenboote hineinfuhren und diese, lodernden Fackeln gleich, eines nach dem anderen untergingen. Seine Männer konnten längst nicht mehr auf Grace' Flotte zielen, der Pulverdampf und die Rauchschwaden machten jedes Ziel unsichtbar.

Aber auch von Bran, der einen Teil der irischen Schiffe anführte, war plötzlich nichts mehr zu sehen. Eben noch hatte Grace ihn am Steuer der von ihm befehligten Galeere gesichtet, nun hörte man nur noch das Donnern der Kanonen, das Brechen der Masten, das

Bei der Seeschlacht vor der Meeresenge von Curraun kämpfen Grace O'Malley und ihre Männer erfolgreich gegen die Engländer.

Bersten der Schiffsrümpfe und das Geschrei der Kämpfenden.
Das Gefecht dauerte Stunden, und als die Kanonen endlich schwiegen und sich der Dampf langsam aufgelöst hatte, war Grace verschwunden und Richard Bingham hatte die größte Niederlage seines Lebens eingesteckt. Fast alle seiner Soldaten waren umgekommen und nahezu seine gesamte Flotte war zerstört.
Allerdings sah es um Grace' Flotte kaum besser aus. Auch sie hatte fast alle Schiffe verloren, die wenigen, die noch segelbar waren, wiesen große Schäden auf.

Und Brans Galeere war nicht dabei! War sein Schiff untergegangen? Hatte Grace ihren vertrauten Freund verloren?
Grace zog sich zunächst nach Clare Island zurück. Die Männer versuchten, die größten Schäden notdürftig zu flicken. Sie wollten nicht in Clare bleiben, den Winter wollten sie lieber im sicheren Rockfleet Castle verbringen. Um Margaret und ihren Mann auf Achill Island konnten sie sich nicht mehr kümmern, dazu waren sie zu wenige. Aber auch Bingham war zu geschwächt, um in nächster Zeit einen Angriff auf Kildawnet Castle zu unternehmen, Grace' Tochter war also erst einmal in Sicherheit.
Gerade als ihre Leute die Anker für die Heimfahrt lichten wollten, sahen sie am Horizont ein Schiff mit schwerer Schlagseite auf sie zutreiben, eher ein Wrack, das sich nur durch ein Wunder überhaupt noch auf den Wellen hielt. Es war Brans Galeere, die sich aus dem Schlachtengetümmel hatte lösen können und dann, kaum noch manövrierfähig, den Strömungen hilflos ausgeliefert gewesen war, bis ein glücklicher Wind den Männern zu Hilfe kam. Und so stand Bran, außer einigen Schrammen unverletzt, mit rußgeschwärztem Gesicht am Steuerrad! Grace liefen die Freudentränen übers Gesicht. Bran war nicht tot, er lebte! Sie hatte den treuen Freund nicht verloren.

Zwei Königinnen
Grace trifft Elisabeth

Es kam die kalte Winterzeit. Monatelang war es eisig, schwer jagten die grauen Wolken über den Himmel, und der Westwind heulte um den Turm von Rockfleet. Die Engländer ließen Grace und ihre Leute in Ruhe. Und die Piratenkönigin und die Bewohner der Burg gingen nur hinaus, um Torf oder Holz für das Feuer oder ein Schaf für den Bratentopf zu holen. Tagelang hockte Grace vor dem qualmenden Kamin und grübelte. Sie wusste, dass sie kein weiteres Jahr im Krieg gegen diesen neuen Gouverneur durchhalten würden. Sie war nahe daran, ihren Mut zu verlieren. Schließlich ließ sich Grace Papier und Feder bringen: Sie wollte an die englische Königin schreiben. Wenn diese auch nur annähernd so viel Verstand besaß wie sie, würde sie begreifen, warum die Piraterie die einzige Möglichkeit war, den Lebensunterhalt der Menschen an der Westküste Irlands zu sichern. Sie wollte berichten, wie grausam Bingham und seine Soldaten das Land ausbluteten und zerstörten. Sie schrieb von ihrer Kindheit und ihren zwei Ehemännern, von ihrer Familie, für die sie verantwortlich war und deren Mitglieder sie als Clanoberhaupt zu ernähren hatte. Sie berichtete von dem harten und entbehrungsreichen Leben auf diesem gottverlassenen Stückchen Erde am tosenden Atlantik. Und zum Schluss bot sie Elisabeth einen Pakt an: „Unter Berücksichtigung und Beachtung meines hohen Alters und der wenigen Zeit, die ich noch zu leben habe, möge sie, die englische Königin, gnädigerweise meine Freiheit und die meiner Familie garantieren. Ich, Grace O'Malley, verpflichte mich im Gegenzug dazu, ihr bestimmte Teile meines Gebietes zu überlassen und alle Feinde

ihrer königlichen Hoheit mit dem Schwert zu verfolgen. Ich werde mein Leben lang mit Schwert und Feuer alle Feinde Englands bekämpfen."
Es war erstaunlich, dass Grace eine Antwort erhielt. Elisabeth bekam unzählige Bittschriften und Gnadengesuche, einige las sie gar nicht, andere erst nach Monaten. So erwartete Grace auch eigentlich keine Nachricht von der Königin. Was auch immer aber der Grund war, Grace' Brief hatte offensichtlich das Interesse Elisabeths geweckt. Nach einigen Monaten wurde ihr mitgeteilt, dass man ihrer Bitte entsprechen würde, ihr Schutz gewähre und sie von allen Punkten freispräche. Bingham hatte sich erstens zu verpflichten, Grace O'Malley und ihre Familie in Ruhe zu lassen, und sollte sich zweitens in Dublin vor einem Gericht verantworten.
Solange das Verfahren in der Schwebe war, kehrte Ruhe in Irlands westlichen Landesteilen ein. Aber der Anklage folgte keine Verurteilung. Das nächste Jahr zumindest hielt sich Richard Bingham zurück. Tatsächlich ließ er Grace' Familie und die anderen Clans in Frieden.
Die Zeit verging, aber die Lage der Clans besserte sich nicht. Im Gegenteil, unter der englischen Herrschaft ging es den Menschen schlechter und schlechter, die Abgaben, die sie leisten mussten, ließen ihnen häufig weniger, als sie fürs nackte Überleben brauchten. Und natürlich dauerte auch der von vornherein wenig glaubhafte Frieden nicht ewig. Ein Mann wie Richard Bingham würde niemals aufgeben; er hatte sich geschworen, Grace zu vernichten, und wenn es das Letzte wäre, was er tat. Grace war inzwischen über sechzig Jahre alt, als ihr Bingham wieder einmal übel mitspielte. Der Gouverneur verlangte Tibbot, Grace' über alles geliebten Sohn, und seinen Halbbruder Edmund als Faustpfand. Natürlich begaben sich weder Tibbot noch Edmund freiwillig in die Hände des Statthalters der Krone. Und ohne Zweifel war diese

Aufforderung auch nur die Rechtfertigung dafür gewesen, Tibbot zu verfolgen und in Haft zu nehmen. Das gelang den Soldaten Binghams kurz darauf in einem Hinterhalt, und nur wenige Tage später konnten seine Häscher auch die Ergreifung von Grace' Halbbruder Donal melden – Donal of the Pipes wurde des Mordes an englischen Soldaten angeklagt. Natürlich war die Anklage frei erfunden, aber das machte einem Mann wie Bingham wenig Kopfzerbrechen.

Der Krieg hatte aufs Neue begonnen.

Grace fürchtete um das Leben ihres Sohnes wie um das von Donal; sie war sich sicher, dass Bingham beide hängen würde, ohne mit der Wimper zu zucken oder ein ordentliches Gerichtsverfahren durchzuführen.

„Bran, wir werden eine Reise unternehmen müssen", sagte sie zu ihrem vertrauten Freund. „Lass die Schiffe rüsten, wir segeln nach England."

„Nein, nicht nach England!", rief Bran entsetzt. „Die Reise ist zu gefährlich, das können wir nicht riskieren. Wenn wir englischen Schiffen begegnen, werden sie nicht zögern, dich an den nächsten Mastbaum zu hängen."

„Habe ich nicht von der englischen Königin freies Geleit zugesichert bekommen?", unterbrach ihn Grace. „Und nun hör auf, dich wie eine Memme zu benehmen, und gib den Leuten ihre Anweisungen! Ich muss mit der englischen Königin persönlich sprechen, das ist unsere einzige Hoffnung!"

„Tu, was du nicht lassen kannst", knurrte Bran, der doch keine Entscheidung seiner Piratenkönigin je wirklich in Frage gestellt hätte. „Aber ich glaube nicht, dass du vorgelassen wirst. Die Sache wird böse enden!"

„Das werden wir sehen", erwiderte Grace. „Es kommt jetzt auf jede Stunde an, bevor dieser gemeine Schuft von Bingham mein eigen Fleisch und Blut aufknüpfen lässt!"

Schon am nächsten Tag segelten sie los: an der Westküste Irlands nach Süden, um Kerry herum und weiter in Richtung Wexford, dann nach England hinüber und zwischen den gefährlichen Scilly Islands mit ihren Untiefen hindurch an der Kanalküste entlang bis zur Mündung der Themse ganz im Osten. Sie segelten den Fluss hinauf durch sanftes, grünes Hügelland, und nach Tagen endlich erreichten sie den Hafen von London.

Aber wie anders war London als alles, was Grace und Bran je gesehen hatten! An den Kaimauern drängte sich Schiff an Schiff aus aller Herren Länder, in der Stadt selbst stießen die Häuser dicht aneinander, und die Menschen schoben sich durch die Gassen. Bis zum Bersten war die Stadt gefüllt, selbst außerhalb der gewaltigen Stadtmauern war das Gedränge zwischen den armseligen Hütten unbeschreiblich. Grace und ihre Leute hörten viele Sprachen, und endlos schien die Reihe der Wagen, die mit Waren voll beladen waren, die weder Grace noch Bran jemals zuvor gesehen hatten.

„Das ist kein Ort für mich, nicht um alles in der Welt möchte ich hier leben!", sagte Bran, während er sich dicht an Grace hielt und sie sich durch die engen und stickigen Gassen ihren Weg suchten, in denen Bettler, Diebe und Huren ebenso unterwegs waren wie Kaufleute und vornehme Adlige.

London ist eine Gründung der Römer. Im Jahre 47 nach Christi als Londinum errichtet, wuchs die Stadt schnell und nahm an Bedeutung zu. Schon 197 war Londinum die Hauptstadt Britanniens mit 30 000 Einwohnern, um 1300 waren es bereits 100 000, noch einmal dreihundert Jahre später hatte sich die Bevölkerung schon wieder verdoppelt. Kein Wunder, dass Grace O'Malley und der Besatzung ihres Schiffes vor Staunen die Münder offen standen. Eine so riesige Stadt hatte noch keiner von ihnen zu Gesicht bekommen – und auch noch niemals so viele Menschen auf einem Fleck.

Und dann sahen sie auch den Tower, die gewaltige Festung mit dem hoch aufragenden Turm, und ein Schauder durchlief sie, als sie an die Gefangenen dachten, die hier in ihren Zellen hockten.

Schon im Hafen hatten Grace und ihre Leute davon gehört, dass wieder einmal die Pest in London umgehen sollte. Gleich nachdem sie angelegt hatten, waren sie auf Quacksalber* und Straßenverkäufer getroffen, die lautstark ihre Arzneien und Kräuter gegen die ansteckende, tödliche Krankheit anpriesen, und sie hatten beschlossen, ihr Schiff so selten wie möglich zu verlassen. So machten sich Grace und Bran allein auf den Weg, um sich zum Regierungssitz der Königin durchzufragen. Aber es kam, wie es kommen musste. Bran sollte recht behalten, Grace O'Malley konnte noch so bitten und flehen oder fluchen und die Wachposten beschimpfen, ihnen wurde kein Einlass gewährt.

Doch Grace gab nicht auf. Stunde um Stunde, vom Morgengrauen bis zum späten Abend, harrte sie mehrere Tage lang vor den hohen Mauern des Tower of London aus und versuchte immer wieder ihr Glück, ohne auch nur das Geringste zu erreichen. Bis endlich ein vornehm gekleideter Mann aus dem Tor kam und – kaum dass er Grace entdeckt hatte – ausrief: „Heiliger Strohsack, ist das denn die Möglichkeit? Sehe ich da wirklich die berühmte und berüchtigte Piratenkönigin Irlands höchstpersönlich vor mir?"

„Lord Burghley, ich bin hocherfreut", erwiderte Grace und begrüßte den Schatzmeister Elisabeths, den sie vor Jahrzehnten in Irland als einen aufrichtigen englischen Edelmann kennengelernt hatte.

„Was macht eine irische Rebellin in der Höhle der Löwin?", wollte der Lord wissen, und Grace erzählte ihm, dass sie den Tod ihres Sohnes befürchtete und sich daher zu diesem Schritt entschlossen hatte, aber nicht vorgelassen wurde, egal, was sie versuchte.

„Die Regentin ist gar nicht in London. Sie ist aus Furcht vor der

Der Tower of London

Pest in ihren Palast nach Greenwich geflüchtet", antwortete der Lord. „Und in dieser Situation ist es erst recht nicht einfach, eine Audienz* bei ihr zu erhalten." Er musterte Grace eindringlich. „Wir stehen auf verschiedenen Seiten, Grace O'Malley, aber mutige Frauen haben mich schon immer fasziniert. Ich will sehen, was ich tun kann – aber erwartet nicht zu viel."

Nachdem ihm Grace den Ankerplatz ihres Schiffes genannt hatte, trennten sich ihre Wege. Grace war sich nicht sicher, ob der Lord wirklich etwas für sie erreichen würde, aber eine andere Hoffnung blieb ihr nicht. Doch tatsächlich erschien nach ein paar Tagen ein Bote Burghleys auf ihrem Schiff. Er hielt Grace ein Pergament hin. „Ihre Lordschaft bittet, dies auszufüllen und ihm wieder zukommen zu lassen", richtete er aus.

Achtzehn Fragen wollten beantwortet werden, um auch nur die Chance auf eine Audienz zu erhalten. In den folgenden Tagen und Nächten saß Grace in der Kajüte und versuchte, so ausführlich wie möglich zu berichten, was die Königin von ihr wissen wollte. Wer ihr Vater und ihre Mutter waren, ihr erster Mann, ihr zweiter, wie viele Kinder sie von wem hatte, die Namen der Kinder, ihre Wohnorte, ihr Besitz, mit wem sie verheiratet waren, wie sie ihren Lebensunterhalt bestritten … und damit nicht genug, sollte Grace auch noch beantworten, welche Rechte die Frauen in Irland hatten, was sie nach dem Tod der Männer zu erwarten hatten, welche Besitztümer neben denen von Grace lagen, wie die Familien untereinander verwandt waren, wem die Abtei von Murrisk gehörte und wer der Besitzer der Insel Achill war.

Alle Iren waren stolz auf ihren Stammbaum, Grace O'Malley bildete da keine Ausnahme. In aller Ausführlichkeit also beantwortete sie die Fragen nach ihrer Familie und ihren Nachbarn, mit noch größerer Sorgfalt beschrieb Grace das Leben der irischen Frauen und Witwen und nutzte schließlich die Gelegenheit, auch über das Treiben von Sir Richard Bingham zu berichten – und über ihre Angst, dass dieser ihren Sohn hinrichten lassen würde. Dann unterschrieb sie das Dokument, versiegelte die Rolle und ließ sie auf schnellstem Weg zu Lord Burghley bringen. Anschließend fuhr sie flussabwärts nach Greenwich, so wie sie es mit dem Lord verabredet hatte, und ging dort vor Anker, um auf eine Antwort zu warten.

Einige Wochen verstrichen. Grace wurde immer unruhiger und verzweifelter, vor allem ihre Angst um Tibbot wurde immer stärker; sie hatte ja keinerlei Nachricht aus der Heimat und wusste nicht, was dort inzwischen geschah. Endlich kam der Tag, an dem Lord Burghley sie unterrichtete, dass ihr die Audienz am Hof der Königin gewährt worden war. „Ihr habt ihr Interesse geweckt, Grace O'Malley, Elisabeth billigt Euch eine Unterredung zu", berichtete der Lord. „Außerdem habe ich Neuigkeiten von Eurem schlimmsten Feind, Richard Bingham. Es scheint fast so, als hätte er Angst vor Euch, und es scheint ihm jedes Mittel recht zu sein, um Euch bei der Königin anzuschwärzen. Ich habe einen Brief abgefangen, in dem er mit Nachdruck Eure Rolle als irische Rebellin erläutert und Euch wie auch seine Gefangenen des Verrates an der englischen Krone bezichtigt. Es sieht so aus, als wolle er auf jeden Fall eine Unterredung mit der Königin verhindern. Nun, es ist ihm nicht gelungen", setzte er hinzu und drückte Grace' Arm, als wollte er ihr Mut machen.

„Aber was ist mit meinem Sohn?", fragte Grace wenig beruhigt. „Ich selbst bin alt, um mich muss sich keiner mehr Sorgen machen! Aber was ist mit Tibbot, ist er überhaupt noch am Leben?"

„Nach allem, was ich weiß, ja", erwiderte der Lord. „Tibbot ist ein Pfand, das Bingham nicht so schnell aus der Hand geben wird. Das ist die einzige Hoffnung, die ich Euch machen kann. Seid vor allem pünktlich zu Eurer Audienz, die Königin lässt man nicht warten. Denkt daran und macht Eure Sache gut, eine zweite Chance werdet Ihr nicht bekommen."

Am nächsten Morgen zog Grace ihr bestes Kleid an. Sie war sich darüber im Klaren, dass sie niemals mit Elisabeths Garderobe mithalten konnte, aber sie wollte auch nicht als arme irische Bettlerin vor den Thron treten.
Greenwich Castle lag eingebettet zwischen grünen Wiesen am Ufer der Themse. Je näher Grace und Bran mit zwei ihrer treuesten Gefolgsleute dem Palast kamen, umso mehr staunten sie über den Reichtum und die Großartigkeit, die ihnen doch gleichzeitig als maßlose Protzerei erscheinen wollten. Ihre Burgen zu Hause in Irland waren nichts als dunkle, trutzige Wohntürme, hier war alles prächtig. Es gab große Fensteröffnungen mit in Blei eingefasstem Glas, im Inneren dann folgten riesige Säle, einer nach dem anderen, mit endlosen Reihen von Marmorsäulen und prachtvoller, als sie sich das in ihren Träumen jemals hätten vorstellen können. Und endlos war der Weg, den die Wachen sie durch den Palast führten, bis sie schließlich zum Audienzsaal der Königin kamen.
Nur Grace alleine durfte eintreten. Am Ende des Saales saß Elisabeth auf einem kostbaren Thron. Die Seide ihres Kleides schimmerte, Schmuck und Edelsteine funkelten an ihren Armen und ihrem Hals, ihr Gesicht war schneeweiß geschminkt, und die roten Haare leuchteten im Licht der unzähligen Lüster, die von der Decke hingen.
Für einen kurzen Moment schloss Grace geblendet die Augen, dann atmete sie einmal tief durch, machte eine kurze Verbeugung und trat entschlossen auf die englische Königin zu.
„Ich bin Grace O'Malley." Sie streckte Elisabeth die Hand hin, so wie sie es aus Irland gewohnt war. Dort gab man sich die Hand, wenn sich zwei Ebenbürtige begegneten.
Ein Raunen ging durch die Reihen der Höflinge, die rechts und links im Saal aufgereiht standen. Diese Frechheit hatte sich noch niemand in Elisabeths Gegenwart erlaubt!

Grace O'Malley ...

Die Königin machte eine wegwerfende Handbewegung. „Wir sind informiert. Und was ist das Begehren, das Euch herführt?"
Grace hatte sich schon seit Tagen überlegt, wie sie ihr Anliegen am besten vortragen konnte, nun entschloss sie sich, die Situation so kurz wie möglich zu schildern. Sie sprach Latein, für ein Gespräch mit der Königin war ihr Englisch nicht gut genug.
Überraschend geduldig und mit der Zeit fast ein wenig bewundernd hörte die Königin zu, wie Grace Richard Binghams Maßlosigkeiten bei der Verfolgung ihrer Familie und anderer Clans in Irland schilderte. Doch Grace war die stark parfümierten und

ungelüfteten Räume nicht gewohnt, und so musste sie am Ende ihrer kurzen Rede niesen. Huldvoll reichte die Königin ihr ein besticktes Taschentuch. Grace nahm das Tuch, schnaubte sich ordentlich die Nase und warf es anschließend in den Kamin.
Wieder ging ein ungläubiges Raunen durch den Saal. Und einer der Günstlinge der Königin fragte Grace, wie sie dazu käme, ein Geschenk der Königin so zu missachten. Grace musterte den Mann, der ihr augenblicklich bekannt vorkam, ohne dass sie sagen konnte, woher. Schnippisch meinte sie dann: „Schmutzige Dinge werden bei uns in Irland weggeworfen, hebt Ihr sie etwa auf?"

… bei der englischen Königin Elisabeth I.

Die Königin lachte, als würde sie dem Günstling die freche Antwort gönnen. Dann fragte sie: „Was können wir für Grace O'Malley tun? Verlangt Sie nach einem Titel, ist es das? Wie wäre es mit Gräfin?"

„O nein", erwiderte Grace, „ich brauche keinen Titel. Ich habe schon einen! Sind wir nicht beide gleich? Ich bin eine Königin wie Ihr, und ich möchte nichts für mich, doch Ihre Majestät könnten sich für meinen Sohn Tibbot einsetzen und für meinen Halbbruder Donal. Das ist alles, worum Euch Grace O'Malley bittet, als Clanoberhaupt der Familie der O'Malleys."

Lange musterte Elisabeth diese stolze Frau, die da aufrecht und ohne Furcht vor ihr stand, in ein schlichtes Kleid gekleidet und mit bloßen Füßen. „Ich dachte, ich wäre die einzige Frau, die sich in einer Männerwelt zu behaupten weiß ...", sagte sie wie für sich. Dann nickte sie Grace noch einmal huldvoll zu und verabschiedete sie mit einer Handbewegung. Die Audienz war beendet.

Draußen auf dem Flur des Palastes wurde Grace von Bran und ihren Männern mit Fragen bestürmt. „Kommt Tibbot frei? Wie war sie, die Königin? Was hat sie gesagt? Hast du etwas erreicht, oder müssen wir nun um unser eigenes Leben fürchten?"

Die letzte Frage war nicht ganz unberechtigt, schließlich galt Grace immer noch als Rebellin, und jeder, der bei ihr war, ebenso.

Aber Grace schüttelte nur den Kopf, ohne eine Antwort zu geben. Stattdessen rief sie: „Ich habe Walter Raleigh gesehen, den größten Piraten, den Elisabeth je hatte!"

Der Günstling, der sie wegen des königlichen Taschentuchs zurechtgewiesen hatte, war Sir Walter Raleigh, der Seefahrer, der bis Nord- und Südamerika gesegelt war und in der Karibik die großen Segelschiffe der Kauffahrer überfallen hatte – ein Pirat wie Grace, nur mit dem Unterschied, dass er auf Befehl der Königin handelte. „Vielleicht ist das ein gutes Zeichen", sagte Grace, „vielleicht hat die englische Hexe ja ein Herz für Seeräuber."

Die Entscheidung Elisabeths ließ auf sich warten. Wieder vergingen die Tage, wieder und wieder hielt Grace an Bord ihres Schiffes Ausschau nach einem Boten der Königin. Die Männer wurden unruhig, sie waren es nicht gewohnt, mit ihrem Schiff mitten im Land des Feindes zu liegen und zum Nichtstun verdammt zu sein. Auch Grace wurde immer nervöser, die Zeit zerrann ihr zwischen den Fingern, und sie wusste nach wie vor nicht, ob Tibbot noch am Leben war. Sollte sie versuchen, noch einmal zu Elisabeth vorgelassen zu werden? Oder sollten sie lieber zurücksegeln nach Irland, in ihre Heimat, und sich in ihr Schicksal fügen?

Als schließlich ein Bote erschien und ihr zwei Rollen Pergament mit dem Siegel der Königin überreichte, zitterten Grace' Hände so sehr, dass sie kaum das Siegel brechen konnte. Ein Brief war für sie, der zweite für Richard Bingham. Hastig überflog Grace die Zeilen, die die Königin ihr geschrieben hatte.

„Wir, die Königin von Gottes Gnaden, sind zufrieden und danken Grace O'Malley für ihr Versprechen, so lang sie lebe das Königreich England zu verteidigen und jeden Feind Englands zu verfolgen. Dafür und weil sie Witwe ist und ihre Söhne den Besitz ihres Mannes erbten, ermächtigen wir sie, das, was ihre Söhne an die englische Krone zu zahlen haben, als Betrag für ihren eigenen Lebensunterhalt zu nehmen. Und wir weisen Sir Richard Bingham an, Grace O'Malley ihr Hab und Gut zurückzugeben, sie und ihre Familie zu schützen, in Frieden leben zu lassen und die Mitglieder ihrer Familie unverzüglich in Freiheit zu setzen."

Grace jubelte, das war weit mehr, als zu erwarten gewesen war und sie gehofft hatte. Laut las sie den Brief der Königin ihren Männern vor und wies sie gleich darauf an, die Segel zu setzen: „Schnell, wir müssen nach Irland zurück und Bingham diesen Brief persönlich übergeben, bevor ..."

Sie brachte den Satz nicht zu Ende, aber jeder an Bord wusste, was sie meinte.

Sie kamen rechtzeitig. Tibbot war noch am Leben, wie Grace erfuhr, als sie dem Gouverneur den Brief der Königin überreichte. Bingham hatte schon von seiner schmachvollen Niederlage gehört. Wie konnte die Königin es ihm nur antun, dieser Verräterin zu Gefallen zu sein? Er kam doch lediglich seiner Pflicht gegenüber seinem Vaterland nach! Und jetzt sollte er sich vor einer dahergelaufenen Piratin beugen, die es gewagt hatte, der englischen Königin barfuß entgegenzutreten und sie mit Handschlag zu begrüßen?

Zwei Wochen lang tat Bingham einfach so, als ob es den Brief der Königin nicht gäbe, und missachtete ihre Anordnungen. Grace suchte ihn ein weiteres Mal auf, um ihn daran zu erinnern, dass er als Untertan der englischen Königin ihren Befehlen zu gehorchen habe. „Oder muss ich erneut nach London fahren, um die Königin höchstpersönlich zu informieren, dass Ihr Euch ihren Anweisungen widersetzt?“, fragte sie ihn.

Bingham gab endlich auf. Er ließ seine Gefangenen frei, wenn auch mit großem Widerwillen und nicht ohne im Stillen erbitterte Rache zu schwören.

Grace schloss ihren über alles geliebten Sohn in die Arme. Tibbot konnte kaum noch stehen, als er das Gefängnis verließ. Die Kerkerhaft hatte ihn so geschwächt, dass er mehr an ein mit eitriger Haut überzogenes Skelett erinnerte als an den jungen Mann, der er gewesen war. Donal ging es nicht viel besser; die Rettung war wirklich in letzter Minute gekommen, beide hätten schwerlich die nächsten Tage überstanden. Und Grace vermochte es kaum, ihr Entsetzen hinter einem wie einen Fluch hervorgestoßenen Vorwurf zu verbergen: „Habe ich dich denn aus dem Arsch geboren, damit du dich dahin wieder verziehst, wenn es brenzlig wird?“

Tir-Nan-Og
Das Land unter dem Meer

Grace hatte das Spiel gewonnen, aber sie wusste auch, dass Bingham immer weiter nach Mitteln und Wegen suchen würde, ihr das Leben schwerzumachen. Zunächst jedoch musste sie als Clanoberhaupt für ihre Familie sorgen. Der lange Kampf gegen Bingham und seine Soldaten hatte sie nahezu aller finanziellen Mittel beraubt.

Mit Hilfe des Goldes, das sie von der Königin erhielt, schaffte sie drei neue Galeeren an, von denen jede mit bis zu dreihundert Mann gesegelt werden konnte, und nahm ihr altes Leben wieder auf. Mit königlicher Erlaubnis und zum Schaden der Feinde Englands setzte sie ihre Raubzüge fort. Spanische und französische, auch schottische Kaufleute mussten sich nun erneut vor Grace' Schiffen hüten. Über sechzig Jahre alt, fuhr Grace O'Malley wieder aufs Meer hinaus, und die Schiffe unter ihrem Kommando verbreiteten unter den Kauffahrern ebenso viel Angst und Schrecken wie in früheren Zeiten.

Aber auch wenn Grace' Familie nun unter dem Schutz Elisabeths stand – die Königin war weit und die englischen Soldaten nah. Und die Rebellion ging weiter. Im Norden Irlands und in Connacht kam es immer wieder zu Aufständen gegen die englische Besatzung. Zeitweise verloren die Engländer sogar jede Kontrolle über die besetzten Gebiete, und die englische Königin fürchtete um ihre „Kolonie Irland".

Und immer noch war es Richard Bingham ein Dorn im Auge,

Grace wieder ungehindert auf See zu wissen. Er wies die Kommandanten seiner Flotte an, Ausschau nach den Schiffen der Piratenkönigin zu halten und sie zu beobachten. Mit englischen Schiffen als Begleitung wurde es für Grace zunehmend schwierig, ihre Beutefahrten zu unternehmen.

Allerdings fühlte sich die Piratenkönigin auch nicht länger an ihr Versprechen gebunden und unterstützte von nun an wieder die irischen Rebellen, wo immer sie konnte. Schließlich war Irland ihr Land, Connacht ihre Heimat. Und hatte sie nicht der englischen Königin gesagt: „Sind wir nicht beide gleich?" Jetzt würde sie sich noch einmal als ebenbürtige Gegnerin zeigen.

Binghams Tage als Gouverneur waren jedoch gezählt. Für Grace war es eine große Genugtuung, als sie erfuhr, dass sein Ansehen in England immer schlechter wurde und er für seine Grausamkeit mehr als einmal rüde getadelt wurde. Sie lachte, als sie erfuhr, dass der Gouverneur heimlich nach England geflohen war, und sie fand es nur gerecht zu hören, dass dieser Bluthund dort um Gnade winseln musste. Kurz darauf starb Bingham an einer schweren Krankheit. Endlich konnten Grace und ihre Männer wieder ungehindert ihren Raubzügen nachgehen. Sie wurde fast so mächtig wie einst.

Der neue Gouverneur, Sir Clifford, war gänzlich anders als sein Vorgänger. Er verhandelte mit den Clanführern, bot ihnen Geld und Posten, achtete ihren Stand und hatte tatsächlich ein offenes Ohr für ihre Sorgen. Tibbot und ein paar andere erkannten, dass es gut war, unter Clifford einvernehmlich mit den Engländern zu leben, solange sie im Gegenzug ihren Besitz und ihre Rechte behalten konnten. Mehr noch, der neue Gouverneur sorgte dafür, dass das Land und das Vieh, das Bingham beschlagnahmt hatte, wieder an die irischen Familien zurückgegeben wurden.

Zehn Jahre nach der Begegnung von Grace O'Malley und Elisabeth befand sich auf diese Weise ganz Irland in englischer Hand

– jetzt erst konnte man wirklich von Elisabeth I. als Königin von England und Irland sprechen. Doch diesen Triumph konnte Elisabeth nicht lange genießen. Sie starb, krank und schwach, im Jahr 1603.

Keltischer Lebensbaum

Im selben Jahr starb auch Grace O'Malley in ihrer Burg Rockfleet. In einer stürmischen Nacht ging sie spät zu Bett und wachte nicht mehr auf.
Als ihr Sohn Tibbot von einer Reise zurück nach Rockfleet kam, um nach ihr zu sehen, traf er nur ihren alten, treuen Steuermann an.
„Bran, was ist mit Mutter?", wollte Tibbot beunruhigt wissen. „Wo ist sie? Sitzt sie irgendwo und macht schon wieder neue Pläne?"
„Ganz sicher geht es ihr gut", erwiderte der alte Bran. „Und ebenso

sicher macht sie neue Pläne! Sie ist uns vorausgegangen, Junge, ins Tir-Nan-Og, in das Land der ewigen Jugend, das weit im Westen unter dem Meer liegt. Und es wird nicht mehr lange dauern, dann werde ich ihr folgen."

In den alten Geschichten, die sich die Iren erzählen, gibt es ein Land des ewigen Glücks und der ewigen Jugend. Dort ist immer Frühling, Alter und Krankheit sind unbekannt, dort wohnen die Götter, Geister, Kobolde, die Elfen und die Zwerge. Tir-Nan-Og heißt dieses versunkene Land.
Wo es liegt, erklärt keine Karte, und kein Mensch weiß den Weg dorthin. Keiner ist je von dort zurückgekehrt. Aber eine irische Sage erzählt von Oisin (sprich Euschien), dem Sohn von Finn Mac Cumhail, der ebenso wie sein Vater ein berühmter Held und Krieger war. Oisin erschien eines Tages eine wunderschöne Frau, Niamh vom goldenen Haar (sprich: Niahw), die Tochter von Manannán Mac Lir, dem Gott des Meeres. Niamh verliebte sich in Oisin und nahm ihn auf ihrem Zauberpferd mit in das Land unter dem Meer. Oisin und Niamh hatten zwei Kinder zusammen und waren glücklich. Doch irgendwann bekam Oisin Heimweh, und er wollte unbedingt seine Familie besuchen. Er musste lange bitten, bis er die Erlaubnis dazu erhielt, dann gab ihm Niamh ihr Zauberpferd und nahm ihm das Versprechen ab, auf seiner Reise nie einen Fuß auf den Boden zu setzen.
Zu Hause in der Heimat war alles verändert. Oisins Vater lebte nicht mehr, seine Gefährten waren schon lange tot, große Schlachten waren geschlagen, und die Menschen glaubten inzwischen nicht mehr an die keltischen Götter, sondern an Jesus. Oisin hatte nicht drei, sondern dreihundert Jahre im Land Tir-Nan-Og verbracht!
Voller Trauer machte er sich auf den Heimweg, da begegneten ihm drei Männer, die sich damit plagten, einen großen Stein aufzuheben. Als er sich vom Pferd beugte, um zu helfen, riss der Sattelgurt,

und Oisin stürzte zu Boden. Augenblicklich verschwand sein Pferd, und er selbst verwandelte sich in einen alten, gebrechlichen, blinden Mann. Viele Jahre wanderte er so durch Irland, dann fand ihn der heilige Patrick. Oisin erzählte ihm von seiner Jugend, von den alten Heldentaten der Krieger und schließlich auch von seiner Zeit unter dem Meer.
Seitdem glaubten die Iren, dass ihre berühmten Helden nach ihrem Tod in das Land der ewigen Jugend gelangen, denn Tir-Nan-Og fand nur, wer ein Leben voll beschwerlicher Abenteuer geführt hatte oder von einer Fee dorthin geführt wurde. Und ein abenteuerliches Leben hatten Grace O'Malley und der ihr treu ergebene Bran ganz sicherlich gelebt.

Chronik

Um 400 v. Chr.
Keltische Einwanderer aus dem Volk der Gälen besiedeln die Insel Irland im Atlantik. Es entstehen viele kleine Königreiche, die sich zu fünf Herrschaftsgebieten zusammenschließen: Ulster, Connacht, Meath, Leinster und Munster. Tara wird der Sitz des Hochkönigs (High King).

Um 500 n. Chr.
Irland wird christianisiert, vor allem der Missionar Patrick spielt dabei eine wichtige Rolle. St. Patrick wird noch heute als Irlands Nationalheiliger verehrt.

795 bis ins 11. Jahrhundert
Immer wieder überfallen Wikinger Irland. Manche lassen sich auch auf der Insel nieder und gründen Städte wie Dublin, Wexford, Limerick und Waterford.

1014
Der irische Hochkönig Brian Boru besiegt die Wikinger.

1171/72
Die Engländer unter König Heinrich II. fallen zum ersten Mal in Irland ein. In den folgenden Jahrhunderten erheben sich die Iren immer wieder gegen die englische Oberhoheit.

1337–1434
Während des Hundertjährigen Krieges zwischen England und

Frankreich messen die Engländer Irland wenig Bedeutung bei und haben am Ende kaum noch Einfluss auf der Insel.

1530
Grace O'Malley wird als Tochter des Clanoberhauptes Owen O'Malley auf Clare Island geboren.

1546
Grace wird mit Donal O'Flaherty, einem Sohn des Clanchefs der O'Flahertys, verheiratet.

1547–1552
Grace' Söhne Owen und Murrough und ihre Tochter Margaret werden geboren.

1558
Elisabeth I. wird Königin von England und lässt eine große Handels- und Kriegsflotte bauen. England wird Seemacht. Elisabeths Konkurrentin, die schottische Königin Maria Stuart, wird 1568 verhaftet und 1587 hingerichtet. Irland wird erneut der englischen Krone unterstellt.

1560
Donal O'Flaherty wird bei einer Clan-Auseinandersetzung getötet.

1564
Grace kehrt nach Clare zurück, sie wird Oberhaupt der Familie, befehligt zweihundert Mann und eine stattliche Flotte.

1566
Grace heiratet Richard Burke und macht die Burg Rockfleet zu ihrem Stützpunkt.

1567
Grace' Sohn Tibbot wird geboren.

1577–1579
Grace wird von den Engländern gefangen genommen, nach langer Kerkerhaft aber wieder freigelassen.

1583
Richard Burke stirbt.

1584
Grace führt eine Rebellion an gegen Richard Bingham, den neuen Gouverneur der englischen Krone in Irland.

1586
Binghams Bruder tötet Grace' ältesten Sohn Owen. Bingham bezeichnet Grace als die Anführerin der Rebellen und als Verräterin.

1588
Wegen der englischen Freibeuterei und der Hinrichtung Maria Stuarts sendet Spanien eine Flotte mit 130 Schiffen aus, um England einzunehmen. Die spanische Armada aber wird vernichtend geschlagen. Die Hälfte der Armada entkommt, gerät in einen Sturm und sinkt vor der Küste Irlands.

1591
In einer Seeschlacht verlieren sowohl Richard Bingham als auch Grace O'Malley viele Leute und den größten Teil ihrer Flotten.

1592
Grace beschwert sich in einem Brief an die Königin über die Verfolgung seitens Richard Binghams.

1593

Richard Bingham nimmt Grace' jüngsten Sohn Tibbot gefangen. Grace O'Malley segelt nach London und bittet Königin Elisabeth I. um das Leben ihres Sohnes. Die Königin setzt Grace O'Malley wieder in ihre alten Besitztümer ein, gibt ihr einen Freibrief für ihre Seeräuberei und ordnet die sofortige Freilassung ihres Sohnes an.

1593

Der irische Clanführer Hugh O'Neill beginnt eine Rebellion gegen die englischen Besatzer, der darauf folgende Krieg ist für beide Seiten äußerst verlustreich.

1594

Bingham kehrt nach England zurück; Grace stellt ihre alte Seemacht wieder her.

1601

In der Schlacht von Kinsale schlagen englische Truppen die aufständischen Iren. Es wird ein Waffenstillstand ausgehandelt.

1603

Königin Elisabeth von England stirbt, Grace O'Malley stirbt.
Der Nachfolger auf dem englischen Thron, König Jakob I., beendet das herkömmliche System der irischen Clans. Der englische Adel verdrängt die bisherigen Landbesitzer und herrscht in Irland.

1648/49

Immer wieder versuchen die Iren, ihr Land zurückzuerobern. Der Engländer Oliver Cromwell unternimmt eine mit großer Härte geführte Strafexpedition. Viele Iren werden im Kampf getötet, hingerichtet oder in die Verbannung geschickt.

1845–50

Die Kartoffelfäule führt zu einer der größten Hungersnöte in Irland; zwei Millionen Iren sterben, weitere 1,5 Millionen wandern nach Amerika aus. Da England keine Unterstützung gewährt, kommt es wieder zu einem Aufstand. In der Folgezeit kämpfen die Iren wieder für ihre Eigenständigkeit.

1916

Die Engländer schlagen einen Aufstand, der zu Ostern in Dublin stattfindet, blutig nieder.

1919–21

Der irische Unabhängigkeitskrieg endet mit der Gründung eines irischen Freistaates. Aber die Insel wird geteilt, der Norden bleibt unter englischer Herrschaft.

1949

Irland wird Republik. In Nordirland gehen die Unruhen weiter.

1998

In Nordirland wird ein Friedensvertrag zwischen den katholischen irischen Rebellen und den protestantischen englandtreuen Unionisten geschlossen.

Woher wir von Grace O'Malley wissen

Das genaue Datum ihres Todes ist ebenso ungewiss wie das ihrer Geburt. Möglicherweise hat Grace O'Malley – oder Granuaile Uí Mháilee, wie der gälische Name lautet – noch den Ausgang der letzten Schlacht miterlebt, die bei Kinsale im Süden Irlands stattfand und das Ende der irischen Herrschaft und den Beginn der englischen Besatzung bedeutete. Vielleicht hat sie auch noch vom Tod Elisabeths erfahren, die ihr sowohl Widersacherin wie auch Wohltäterin gewesen war.

Sicher überliefert ist nur, dass Grace O'Malley in den Ruinen einer Abtei auf Clare Island begraben wurde – eine angemessene letzte Ruhestätte für die Piratenkönigin, die fast ihr ganzes Leben auf dem Meer verbracht hatte. Der Wohnturm der O'Malleys auf Clare Island und die Mauern der Burg Rockfleet haben alles überdauert, auch die englische Herrschaft. Sie stehen fest wie eh und je im Westen der Republik Irlands, in der Clew Bay nahe dem Städtchen Westport.

Die beiden überlebenden Söhne von Grace, Murrough O'Flaherty und Tibbot Burke, übernahmen Grace' Erbe. Maude Burke, Grace O'Malleys Ururenkelin, ließ neben der Burg von Grace' Halbbruder Donal Westport House erbauen, heute eine der größten Attraktionen für Irlandtouristen – der jetzige Besitzer ist tatsächlich ein Nachkomme der berühmten Piratenkönigin.

Grace' Familiengeschichte reicht weit zurück. Die O'Malleys waren Nachfahren des High King Brian Orbsen. Der High King von Irland war der König, der über allen anderen Clankönigen stand.

Dem Clan der O'Malleys gehörte seit Anbeginn alles Land von der Clew Bay im Süden bis nach Burrishole im Norden.
Aber auch wenn es zahlreiche Hinweise und Dokumente gibt – so das Pergament mit den Fragen, die Grace O'Malley für die Königin von England schriftlich beantwortet hat –, ist es trotzdem schwierig, zwischen der wirklichen Grace O'Malley und der Person zu unterscheiden, die in den Legenden und Geschichten beschrieben wird.
Dass sie sich ihre Haare abgeschnitten hat, um unerkannt auf einem Schiff ihres Vaters mitfahren zu können, dass sie als Ehefrau die Führung der Familie ihres ersten Mannes übernahm und zur Piratin wurde, dass sie sich in einen Fremden verliebte, den sie nach einem Schiffbruch rettete, und nach dessen Tod blutige Rache nahm, all das gehört in den Bereich der Legenden, die über sie erzählt wurden und werden.
Aber Legenden bilden sich nicht um unbedeutende Personen.
Grace wurde nicht umsonst schon zu Lebzeiten „Piratenkönigin" genannt – um einen solchen Titel zu erwerben, musste sie mindestens so skrupellos und hart im Nehmen sein wie ein Mann. Sie gab die Befehle an Bord ihrer Schiffe wie an Land, sie war bereit zu töten, aber auch bereit, getötet zu werden. Sie konnte mit dem Messer und dem Schwert ebenso gut umgehen wie mit Pistolen und Kanonen. Sie trank, sie spielte, sie fluchte und sie nahm sich ihre Geliebten, wann immer sie wollte, genauso wie sonst die Männer. Sie tat genau das, was den Männern erlaubt, den Frauen aber verboten war.
In den Legenden wird Grace O'Malley als Nationalheldin gefeiert, als die Frau, die Elisabeth I. mutig gegenübertrat, als die freiheitsbewusste und schöne Irin, die die irische Sache und die gälische Sprache immer wieder mutig gegen die englische Krone verteidigte. Aber das ist ein geschöntes Bild. In Wirklichkeit wissen wir nicht viel von Grace O'Malley. Sicher ist nur, dass sie

eine unabhängige, eine für die damalige Zeit hoch gebildete und äußerst tapfere Frau war.
So wird sie auch von den irischen Autorinnen Anne Chambers in *Granuaile – Ireland's Pirate Queen* und Judith Cook in *Pirate Queen – The Life of Grace O'Malley* beschrieben, die versuchen, anhand von vielen kleinen historischen Hinweisen das Leben der Piratenkönigin nachzuzeichnen.

Wichtige Namen und Begriffe

Abtei
Ein großes Kloster mit einer bestimmten Anzahl von Nonnen oder Mönchen. Manchmal wird auch das Haus eines Abtes, also eines Klostervorstehers, Abtei genannt.

Artillerie
Kanonen und Geschütze. Das Wort kommt aus dem Französischen, es bedeutete so viel wie „mit Gerätschaft ausrüsten".

Astrologe
Jemand, der anhand der Position von Himmelskörpern, also Sternen und Planeten, Ereignisse vorhersagt

Audienz
Eine persönliche Unterredung, bei der jemand zu einer höher gestellten Person vorgelassen wird und dieser sein Anliegen vortragen darf

Back
Aufbau auf dem Vorschiff

Banshee
In den irischen Sagen und Märchen ist die Banshee eine Frau aus dem Feenreich, die einen bevorstehenden Tod in einer Familie ankündigt.

Bastard
Eine abwertende Bezeichnung für ein uneheliches Kind; meistens handelt es sich um Söhne oder Töchter, die ein adliger Mann mit einer Frau aus dem niederen Stand gezeugt hat. Der Ausdruck wird oft als Schimpfwort verwendet.

Curragh
Ein altes irisches Ruderboot, das zum Fischen und Angeln genutzt wird

Deck
Das Schiffsdeck ist eine Art Abdeckung, der obere Abschluss eines Schiffsrumpfes bzw. einer Schiffsetage. Es gibt ein Hauptdeck oder Zwischendeck, ein Oberdeck, ein erstes, zweites, drittes Deck, je nach der Größe der Aufbauten auf einem Schiff. Als Achterdeck bezeichnet man das hintere Schiffsdeck.

Dinner
Das warme Abendessen in englischsprachigen Ländern wie in England und Irland

Druide
Bei den Kelten waren sie die Priester, die für den Opferdienst zuständig waren. Druiden galten aber auch als Philosophen, Astrologen, Rechtsgelehrte und Magier, also Zauberer, und waren oft die Berater der Fürsten und Könige.

Empire
Das englische Wort für Imperium, was so viel wie Weltreich bedeutet. Es wird nur für das englische Weltreich benutzt, für die Zeitspanne, in der England viele Kolonien in der ganzen Welt besaß.

Entern
Der Vorgang, bei dem die Mannschaft eines Schiffes mit Hilfe von Enterhaken, Tauen oder hölzernen Brücken auf ein anderes Schiff übersetzt

Familienclan
Bezeichnung für eine Gruppe von Personen, die sich meist durch eine gemeinsame Abstammung miteinander verbunden fühlen. Aber auch wenn es sich um einen Familienclan handelt, heißt das nicht, dass alle dazugehörigen Personen miteinander verwandt sein müssen. Der Anführer, Häuptling, das Oberhaupt regiert seinen Clan unabhängig von übergeordneten Personen wie zum Beispiel Königen.

Freibeuterei
Gleichbedeutend mit Seeräuberei oder Piraterie

Galeasse, Galeere
Ein Kriegsschiff mit Rudern und Segeln. Die Galeasse ist die größere Form einer Galeere.

Gouverneur
Der Gouverneur wird eingesetzt von einem Herrscher und regiert ein bestimmtes Gebiet.

Hooker
Altes irisches Segelboot, bei dem das Segel quer zum Mast steht

Invasion
Das Eindringen von Militär in fremdes Gebiet

Kaperfahrt
Ausgestattet mit einem Kaperbrief seines Königs, war man zur Kaperfahrt berechtigt, hatte also das Recht oder den Auftrag, Schiffe anderer Länder auszurauben und zu versenken.

Karavelle
Ein hochseetaugliches, schnelles Segelschiff, das für die besonderen Wind- und Strömungsverhältnisse auf dem Meer gebaut ist. Entdecker wie Christoph Kolumbus sind mit Karavellen unterwegs gewesen.

Kauffahrer
Kaufleute, Händler, die auf See unterwegs sind

Kelten
Die erste Volksgruppe, die Irland besiedelte und hier heimisch wurde

Kolonie
Von einem Mutterland abhängiges, unterworfenes Land. England betrachtete Irland über lange Zeiten hinweg als seine Kolonie.

Kopfgeld
Belohnung, die für die Ergreifung oder Tötung einer Person ausgesetzt ist

Kultstätte
Ein heiliger Ort (auch heilige Steine, Berge, Höhlen oder Grabstätten), an dem man Gottesdienste oder Opferhandlungen vollzieht

Missionar
Jemand, der in einem fremden Land seinen Glauben verbreiten

will. St. Patrick zum Beispiel war ein Mönch, der in Irland das Christentum eingeführt hat.

Mitgift
Alle Güter und Geschenke, die die Braut mit in die Ehe einbringt und die meistens vom Vater der Braut an den Bräutigam übergeben werden

Quacksalber
Personen, die Kranke behandeln und Arzneimittel verkaufen, ohne medizinische Kenntnisse zu haben

Rädelsführer
Anführer einer Gruppe, die eine Verschwörung oder einen Aufstand planen und durchführen

Rammbock, Rammsporn
Waffe, die vor allem im Mittelalter bei Belagerungen verwendet wurde und mit deren Hilfe man Mauern, Tore oder Türme einzureißen versuchte. Mit dem Rammsporn am Bug eines Schiffes sollte ein gegnerisches Schiff leckgeschlagen werden.

Rebellion
Ein anderes Wort für Aufstand. Ein Rebell ist ein Aufständischer.

Regent/in
Staatsoberhaupt, zum Beispiel ein König oder eine Königin. Das Wort kommt aus dem Lateinischen und heißt so viel wie Leitender, Lenkender.

Reling
Geländer, das um das Deck eines Schiffes herumläuft

Riff
Schmale Sand- oder Felserhebungen auf dem Meeresboden; sie können unter Wasser liegen oder bis über die Wasseroberfläche hinausragen. Am gefährlichsten für die Schifffahrt sind die unter Wasser liegenden und damit nicht sichtbaren Riffe.

Scharmützel
Kleines Gefecht oder Handgemenge

Stammesfehde
Ein schon seit langem andauernder Streit zwischen zwei Stämmen, Clans oder Volksgruppen

Takelage
Masten, Tauwerk und Segel eines Schiffes

Tower
Festung in London, lange Zeit auch Wohnsitz der englischen Könige. Hier wurden die Kronjuwelen aufbewahrt; der Tower diente aber auch als Kerker für adlige Gefangene.

Untiefe
Bereich im Meer, der besonders flach und damit besonders gefährlich für Schiffe ist

Wallfahrt
Reise, um ein heiliges Gebot zu erfüllen oder eine Pilgerstätte zu besuchen

Warlord
Kriegsherr

Gestaltung, Litho & Satz:
up designers berlin-wien / Walter Lendl
Druck und Bindung: CPI, Ulm
Printed in Germany

ISBN 978-3-941087-27-9
www.jacobystuart.de

Wer war ...?

»Das könnte für Kinder und Jugendliche so was werden wie die Rowohlt-Monographien für Erwachsene.«

Ulrike Timm, mdr figaro

128 Seiten
ISBN 978-3-941087-11-8

Barbara Sichtermann

Wer war **Sophie Scholl?**

»Barbara Sichtermann hat eine Art über Sophie Scholl zu schreiben, die direkt auf die Person hinführt, es wird nicht episch, das heißt, es wird nicht das, was Schüler so hassen. Man muss sich durch diesen Text überhaupt nicht durchquälen, man ist sofort drin.«

Süddeutsche Zeitung

96 Seiten
ISBN 978-3-941087-09-5

Edmund Jacoby

Wer war **König Artus?**

»Edmund Jacoby, ein ausgewiesener Artus-Freund, hat sich dieses Sujets nun neuerlich angenommen. Wer war König Artus? ist eine Handreichung, die auf 88 Seiten knapp und klar eine Lesart der Sage vorlegt, orientiert vor allem an Thomas Malory.«

FAZ

112 Seiten
ISBN 978-3-941087-10-1

Nina Schindler

Wer war **Karl May?**

»Nina Schindler hat über den sächsischen Phantasten ein sorgfältig gemachtes Buch für junge Leute herausgebracht. Sie berichtet erfreulich leichtfüßig vom ›Leben und Streben‹ des begabten Knaben Karl aus dürftigsten Verhältnissen.« *Süddeutsche Zeitung*

112 Seiten
ISBN 978-3-941087-13-2

Kirsten John

Wer war **Klaus Störtebeker?**

»Wir haben in Deutschland durchaus auch einen berühmten Seeräuber zu bieten: Klaus Störtebeker. Kirsten John und Stefanie Roth begeben sich in ihrem neuen Buch auf die Spur des Seeräubers und seiner Geschichte.«

Coburger Tageblatt

112 Seiten
ISBN 978-3-941087-25-5

Kirsten John

Wer war **Arminius?**

»Ganz pfiffig kombiniert dieses Buch die Geschichte des berühmten Cheruskers, der von seinem Vater zur Ausbildung nach Rom geschickt wird, mit den Sachinformationen über das römische Reich und die rebellischen Germanen.«
Westfälische Nachrichten

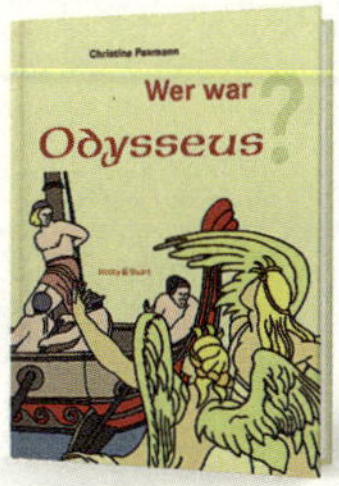

128 Seiten
ISBN 978-3-941087-16-3

Christine Paxmann

Wer war **Odysseus?**

»Wer war Odysseus?« Kluge und spannende Antworten gibt Christine Paxmann in ihrer modernen Biografie des alten Sagenhelden.«
Neues Deutschland

112 Seiten
ISBN 978-3-941087-19-4

Werner Färber

Wer war **Florence Nightingale?**

Florence Nightingale will keine brave Ehefrau werden, sondern selbst entscheiden, was sie aus ihrem Leben macht. Eindringlich schildert Werner Färber, wie ein engagiertes Mädchen zur weltberühmten Pionierin der modernen Krankenpflege wird.

128 Seiten
ISBN 978-3-941087-28-6

Ulrike Gerold / Wolfram Hänel

Wer war **Robin Hood?**

»Ulrike Gerold und Wolfram Hänel erzählen die spannenden Geschichten, die sich um Robin und seinen Kampf gegen den habgierigen Sheriff von Nottingham ranken, wieder neu ... Das ist Dichtung und Wahrheit in einem: sehr gelungen!« *FAZ*

112 Seiten
ISBN 978-3-941087-43-9

Nina Schindler

Wer war **Sitting Bull?**

Sitting Bull vom Volk der Lakota war einer der tapfersten Männer seines Volkes. Nina Schindler erzählt lebendig und spannend vom Leben des stolzen Häuptlings, der Siedlern und Soldaten trotzte und am Ende hinterrücks ermordet wurde.

128 Seiten
ISBN 978-3-941087-52-1

Axel Brüggemann

Wer war **Wolfgang Amadeus Mozart?**

Axel Brüggemann lässt das Klischee vom »Wolferl«, dem »Donnerblitzbub«, hinter sich und zeigt, dass Mozart kein braver Knabe, sondern ein irrer Typ war, ähnlich wie ein Popmusiker von heute, und führt behutsam in die Musik Mozarts ein.